神 话 的 诗 学

〔俄〕叶·莫·梅列金斯基 著

魏 庆 征 译

商 务 印 书 馆

2009 年·北京

Е. М. Мелетинский

ПОЭТИКА МИФА

Издательство《Наука》, Москва, 1976

本书据莫斯科"学术"出版社 1976 年版译出

(本书俄文版于 2006 年发行第 4 复印版)

内 容 提 要

神话是文学艺术的武库,又是其土壤和原初质料。神话不失为人类历史上异常重要的文化现象,左右人类精神生活长达千万年之久。它对人类的自我意识以及种种意识形态的形成有着不可忽视的作用。

本书为苏联学术界近年来一本极有价值的神话学论著;它包容丰富的例证和精到的见解。

第一编,对柏拉图以来的古希腊、罗马哲学家以及詹·维科、弗·威·谢林、爱·泰勒、马·米勒、詹·乔·弗雷泽、布·马利诺夫斯基的有关理论作了概括的介绍,并着重对以吕·莱维-布吕尔、克·莱维-斯特劳斯、埃·迪尔凯姆、乔·迪梅齐尔、恩·卡西勒、齐·弗洛伊德、卡·古·荣格、诺·赫·弗赖等为代表的众多有广泛影响的学派以及俄国和苏联学者的观点作了翔实的探讨。

第二编,对神话诗学、神话本身所具有的种种特质、神话思维、神话逻辑、神话的演化以及神话同叙事诗(史诗)和神幻故事(童话)的关联进行了集中的、深入的探讨。作者并广征博引,援用了新发掘的大量实例和资料。

第三编,对20世纪以来呈现于文学中的异常纷繁的神话化现象进行了深入的探讨,并对托·曼、弗·卡夫卡、詹·乔伊斯、托·斯·艾略特、威·巴·叶芝、加·加西亚·马尔克斯以及为数众多的现代作家的有关作品进行了缜密的剖析。

本书将对哲学和理论研究者、文学爱好者以及广人读者有所助益。

致中国读者

亲爱的中国读者：

　　我很高兴，拙著《神话的诗学》即将在中国这样一个有10亿多人口、有无比丰富的古老文化的国家问世。早在青年时期，我就阅读了蒲松龄名著《聊斋志异》的优秀译本（译者为院士 B. M. 阿列克谢耶夫）。从那时起，我就对中国文学产生了兴趣，渴望将得到的中国资料（小说、传奇小说、章回小说）用于我的研究。袁珂教授的《中国古代神话》在 60 年代译为俄文出版。这部著作对我颇为有益；我在从事学术研究时，曾借助于此书。

　　如果我的这部著作对中国读者有所裨益，我将感到高兴。非常感谢魏庆征同志，他承担了一项艰巨的工作，把我这本书介绍给中国读者。

叶·梅列金斯基

1987 年 8 月 18 日

目　　录

前　言

　　本书定名为《神话的诗学》，或许不十分恰切；神话创作所蕴涵的只
是无意识诗歌的基原，因此不宜将诸如艺术手法、表现手段、风格等属
诗学①探讨的对象加之于神话。然而，神话具有这样一种特性，即将一
般的意象呈现于具体的、感性的形式，即所谓的形象性；而形象性正是
为艺术所特有，在一定意义上说来，又是为艺术承袭于神话。最古老的
神话，作为某种浑融的统一体，不仅孕育着宗教和最古老的哲学观念之
胚胎（诚然，诸如此类的观念又形成于神话的本源被克服的过程中），而
且孕育着艺术的，首先是口头艺术的胚胎。艺术形态之于神话，既承袭
具体的、感性的概括手法，又承袭浑融体②本身。文学在其发展进程
中，长期以来将传统神话直接用于艺术目的。有鉴于此，我们姑且把
"神话的诗学"这一术语运用于探讨神话在文学之史前阶段的特征（神
话在宗教学范畴的问题，自然不予涉及）。不仅如此，20 世纪以来，"神

---

　　① "诗学"（Поэтика；希腊文 poietike），古希腊哲学家亚里士多德一部系统论述文艺基
本规律的著作即以此为题名；后来，欧洲学术界相沿成习，将文艺理论统称为"诗学"；并可理
解为"诗艺"。——译者
　　② "浑融体"（Синкретизм，源于希腊文 synkretismos），系指艺术的种种形态（音乐、歌
曲、舞蹈、诗歌等）混同一体的状态，是为人类文化萌生时期的特征；又指人类原始时期文化的
种种形态浑然不分的状态。在《神话与神话学》（苏联神话百科全书《世界各民族神话》绪论）
中，谢·亚·托卡列夫和叶·莫·梅列金斯基对神话的基本概念及其浑融性有所阐释："所谓
神话创作，被视为人类文化史上至关重要的现象。回溯原始社会，神话乃是认识世界的基本
手段。神话是其萌生时期的世界感知和世界观念的反映。"神话是"原始人借以认识世界并对
世界和自身加以阐释的一种方式"，是"通过人们的幻想用一种不自觉的艺术方式加工过的自
然和社会形式本身"（卡·马克思语）。由于其浑融性，神话在种种意识形态形成过程中有着
不可忽视的作用，并成为哲学、科学观念和文学赖以发展的原初资料。正因为如此，不仅神话
同宗教，乃至同种种体裁和萌生时期与神话相近的口头创作（诸如神幻故事、英雄叙事诗、传
说、轶闻等）之区分，成为十分繁难的课题。"（《世界各民族神话大观》，国际文化出版公司
1993 年版）——译者

话的诗学"(或"神话创作的诗学"、"神话化的诗学")更加引人注目。这是由于本世纪的一些作家(如詹·乔伊斯、弗·卡夫卡、戴·赫·劳伦斯、威·巴·叶芝、托·斯·艾略特、尤·奥尼尔、让·科克托,以及未置身现代主义范畴的托·曼、加·加西亚·马尔克斯等)对神话持自觉的态度,通常视之为对素材进行艺术处理的工具,视之为表现某些"永恒的"心理因素或至少是稳定的民族文化模式的手段,而且是由于独树一帜的仪典—神话论学派在文艺学领域兴起,——据这一学派看来,任何诗学均为神话的诗学(莫·博德金、诺·弗赖等即借助于神话和仪典的术语,对文艺作品进行释析)。

文学和文艺学中的这种神话主义,为现代主义①所特有;但是,由于作家的思想倾向和艺术倾向千差万别,它又远非可归结于现代主义。所谓神话主义取代了 19 世纪传统的现实主义;后者自觉地着力于对现实的真实反映,着力于当代艺术历程的开拓,——它之所以容纳神话主义成分,无非是寓情状物而已。

综观文学领域的神话主义,居于首要地位的是这样观念,即:原初的神话原型以种种"面貌"周而复始、循环不已,文学和神话中的英雄人物以独特的方式更迭递嬗;作家试图将世俗生活的平庸神话化,文艺批评家则热中于揭示现实主义之潜在的神话基原。

20 世纪的文学领域之所以出现这样的神话"复兴",在一定程度上是由于"生命哲学"(弗·尼采、昂·柏格森)再度将神话奉为具有永恒生命力的本原,是由于理·瓦格纳别具一格的创作尝试,是由于齐·弗洛伊德、特别是卡·古·荣格所致力的心理分析,是由于人种学种种新说的相继兴起。诸如此类新说有助于当时盛行的哲学探索,并大大加深了对传统神话的认识(詹·弗雷泽、布·马利诺夫斯基、吕·莱维-布吕尔、恩·卡西勒等)。在他们的著述中,神话已不再被视为满足原始

---

①   现代主义(Модернизм;Modernism),19 世纪下半期以后产生于资产阶级文学艺术领域的种种颓废主义、形式主义流派和倾向(立方主义、未来主义、达达主义、超现实主义、抽象主义等)的统称,其哲学基础为唯我论,亦即:醉心于标新立异,以荒诞奇特的形象表现不可思议的事物。——译者

人求知欲的手段（19 世纪的实证论"遗存说"即持此论），而被看作与部落仪礼生活紧密相关并在很大程度上以部落为渊源的"圣典"（其实用功能在于：对一定的自然秩序和社会秩序进行调整和加以维系；这也正是永恒复返循环说之滥觞），被看作与人类想象和创作幻想的其他方式有亲缘关系的前逻辑象征体系。作家虽直接涉猎人种学种种最新理论（始于 20 世纪初，人种学与文学渐趋接近），其文艺观点虽受种种学术理论的明显影响，却在很大程度上反映 20 世纪前数十年西方社会之文化和历史的日暮途穷，而对原始神话本身的属性之反映则不能与其同日而语。

　　神话主义作为现代主义的一种现象，在很大程度上无疑产生于对资产阶级文化之危机的意识，即对整个文明之危机的意识，——它导致对实证主义的唯理论和进化论以及自由派的社会进步说之厌弃（美国评论家弗·拉夫将神话的理想化视为那种面对历史景况而产生之恐惧的直接反映；詹·乔伊斯的主人公则幻想从对历史景况的恐惧中"觉醒"）。哲学的影响终究是对历史产生之迷惘的间接体现，加之精密科学领域种种非古典理论中的新说迭起，心理学、人种学等领域的新思潮勃兴等等；此外，还应看到：第一次世界大战的震荡、现代文明赖以存在的社会基础的岌岌可危，而震撼这一基础的混沌之力又异常强大。对资产阶级"平庸"之浪漫主义抗争①，对法西斯主义的预感（法西斯主义同样力图仰赖"生命哲学"，并"复兴"古日耳曼神话）及其带来的创伤，对历史前景和在某种意义上对以革命手段摧毁现今世界的惊骇（尽管它已处于风雨飘摇之中），——以上所述使现代主义范畴的神话主义应运而生。

　　社会的震荡使西欧知识界许多人确信：在文化的薄层下，确有永恒的破坏和创造之力在萌动；它们直接来源于人之本性和人类共同的心理因素及玄学因素。为揭示人类这一共同的内蕴而力求超越社会—历史的限定以及空间—时间的限定，是 19 世纪现实主义向现代主义过渡

---

　　①　浪漫主义派力图消除艺术和生活之间的界限；他们认为：美学范畴不是生活的反映，而是生活本质构成的力量。他们企图以此克服现实的平庸。据他们看来，具有创造性的主观之力，应消除资本主义世界的丑恶。——译者

的契机之一;而神话因其固有的象征性(特别是与"深蕴"心理学①相结合),成为一种适宜的语言,可用以表达个人行为和社会行为的永恒模式以及社会宇宙和自然宇宙的某些本质性规律。

以上所述,尚须有所补充:20世纪的神话主义不仅可与直觉主义相结合,而且还可与唯理主义的态度相结合;既可借助于"右"的口号,又可借助于"左"的口号见之于世(如无政府工团主义理论家乔·索雷尔以及其他许多人);神话主义并非总是与历史主义相悖,而往往对之有所补,并成为典型化之表达手段(托·曼竭力以人文主义化的神话与纳粹主义的神话创作相抗衡;"第三世界"的作家则运用与民间创作仍有关联的神话,以显示民族文化模式的稳定性);至于神话与文学的相互关系,则已成为苏联学术界探讨的课题,如此等等。由此可见,在某种意义上说来,20世纪的神话主义较之现代主义牵涉更广,是一种尤为复杂、尤为矛盾的现象;如对之进行剖析,须涉及众多的因素和范畴(我们坚持的正是这一现象的合复性,并认为它无法化整为零,譬如说,分解为若干"不同的"神话主义)。

在其整个发展历程中,文化史确与原始时期和上古时期的神话遗产有着这种或那种关联;这种关系虽变化不定,但总的演化趋势则是"非神话化"(18世纪的启蒙运动和19世纪的实证论,堪称"非神话化的高峰")。迨至20世纪,"再神话化"之风崛起(至少见诸西方文化领域),其声势之大远远超过19世纪初浪漫主义对神话的崇尚,并同非神话化的总进程相抗衡。如不探明纯真的神话(即原始神话和上古神话)的特征,并对它们之间的相互关系加以探究,则无法理解20世纪神话主义的实质。

西方文学和文化领域的"再神话化",使神话成为亟待研究的课题;无论是总的说来,抑或就其诗学而言,无不如此。毋庸置疑,必须探究神话诸古典形态与其所由产生的历史现实的关系,特别是探究20世纪

---

① "深蕴"心理学(《Глубинная》психология;德文 Tiefenpsychologie),现代西方心理学领域一些派别的统称;它们以个人之深蕴的力量、欲望和意向为研究对象。所谓深蕴心理学,大致包括齐·弗洛伊德、卡·古·荣格、阿·阿德勒等人的理论以及新弗洛伊德主义等。——译者

的神话主义与当代社会情势的关系,并揭示原始神话与当代神话化的差异,——其差异即来自这种所谓神话化。然而,即使如此,犹嫌不足;其原因在于:现代的神话种种理论将神话(以及宗教仪典)视为某种包容极为广博的形式和结构,可体现人类思维、社会行为以及艺术实践之最基本的特征。因此,对神话的结构必须加以剖析。既然人种学与文学开始出现特殊的相互作用,势必要在这一范畴加深对神话的认识。有鉴于此,本书将负有双重任务,即:联系现代种种理论对纯真的神话进行探讨;同时,基于现今对神话诸古典形态的认识,研究当代对神话之种种学术的和艺术的阐释及"神话——文学"的问题。

这样一来,我们在论及古代神话与当代文学时,对 20 世纪前的种种神话理论和神话与文学之相互关系的沿革,只能简略述及。本书也将适当地探讨神话领域最重大的理论问题(包括所谓仪典—神话论的文艺观和苏联学者有关神话诗学的种种见解)、神话诸古典形态、神话向文学过渡这一过程的某些特点,以及 20 世纪文学中神话化的诗学(神话化主要凭借长篇小说的质料)。 11

世界文学史研究所世界文学史研究室的研究人员曾参与本书的讨论,谢·谢·阿韦林采夫、维·弗·伊万诺夫和德·弗·扎通斯基曾协助审阅书稿并提出许多宝贵意见,谨此一并致谢。

第一编　现代种种神话理论以及仪典—神话论的文学观

历史概述[1]

古希腊罗马哲学的发展[2]，既然始于对神话质料的理性再思，则势必提出理性知识与神话的关联问题。智者派对神话持比喻说。柏拉图与民间神话格格不入，他对神话持哲学—象征说。当代最著名的柏拉图研究家阿·费·洛谢夫指出：在柏拉图看来，"关于无所不在的、有灵性的生命体之说，实则是整个神话学先验的、辩证的基原。"[3]亚里士多德的论点大多未超脱其《诗学》的窠臼，他将神话视为作品的情节。①嗣后，比喻说盛极一时，——斯多葛派将神祇视为其职司的神格化；据伊壁鸠鲁派看来，神话为基于自然事实所编造，其功能在于对祭司和统治者的公然支持；新柏拉图派甚至将神话与逻

---

① 古希腊哲学家对神话有颇多精辟之见。埃利亚学派哲学家、科洛封的色诺芬尼、雅典学者阿那克萨哥拉和安提丰认为：人是按自身的状貌为己造神。据智者派看来，神是其所负职司的人格化。其主要代表普罗塔哥拉在《论神》中对神的存在持怀疑态度。他不相信所谓"黄金时期"，认为人类历史是由野蛮至文明的演化和发展；他并借助神话予以阐释。柏拉图将神话用以寓意，并编织了一些神话。据他看来，所谓最高理念，即善的理念，亦即神。他并对民间神话持之以贬抑，将荷马、赫西奥德等逐出其理想国。据亚里士多德看来，神话之所以具有某种意义，无非是作为表达其关于实体的思想之形式。在其《诗学》中，亚里士多德将神话只不过是视为悲剧的情节，并非涉及神话与现实的对应，而无非是对神话进行文艺理论的探讨。——译者

辑范畴相提并论。① 欧赫美尔(公元前 3 世纪)将神话形象视为神化的历史人物。中世纪基督教神学家依据字面之义和隐喻对《旧约全书》和《新约全书》进行释析,并对古希腊、罗马神话妄加贬抑;他们或因袭伊壁鸠鲁和欧赫美尔之说,或将古希腊、罗马诸神斥为魔鬼。

　　迨至文艺复兴时期[4],崇尚古希腊、罗马神话蔚然成风;古希腊、罗马神话被视为见诸文学的道德劝喻,或作为人之个性力求挣脱禁锢的那种激情和热忱的体现,或作为某些宗教的、科学的或哲学的真理之比喻。弗·培根曾进行一项尝试,但很少为人注意;他试图透过古希腊、罗马神话之比喻的帷幕,展示古人的智识。18 世纪的启蒙运动者对神话持否弃态度,视之为愚昧和欺骗的产物。

　　18 世纪初,约·弗·拉菲托的《美洲未开化者的风习与原始时期风习综述》、贝·德·丰特奈尔的《虚构之由来》以及詹·维科的《关于诸民族共同性的新科学原理》,几乎同时问世。

　　约·弗·拉菲托是耶稣会传教士,曾在加拿大印第安人中生活多年;他将印第安人的文化与古希腊文化加以对比(这是进化论的历史比较人种学的初探),并断定两者存在同一性。在多神信仰的神话和宗教中,拉菲托寻得启示宗教的胚胎。笛卡尔派学者和启蒙运动的忠实追随者丰特奈尔认为:神幻形象(神祇)之萌生于原始人,是由于原始人力图探索令人茫然莫解的种种自然现象的始因,赋以人的特征,并加以夸张,使之具有神异的属性。据贝·德·丰特奈尔看来,所谓迷信和成见,无

13

------

　　① 据斯多葛派之说,雅典娜是"智慧"的化身,赫菲斯托斯是火的化身。早期斯多葛派(斯多阿派),具有素朴的唯物主义倾向,将神视为原动者,将逻各斯视为世界理性,亦即神。所谓"至高无上的威力",有时称之为"神",有时则称之为"宙斯"。据伊壁鸠鲁等原子论者看来,神形成于特殊的原子,栖身于星际的空间安享福乐,不干预世界的和人类的进程。就此说来,神话成为自然哲学的构想。伊壁鸠鲁既反对柏拉图的唯心主义,又反对亚里士多德的"第一推动力"之说。他力图克服对神灵的恐惧和迷信,被称为"无神论的奠定者"。据他看来,物质是唯一的实体,神居于世界与世界之间的罅隙,亦即"中间世界",与自然界和世人没有任何关联。又据原子论的创立者谟克利特看来,人们之所以获致神的意象,是由于世间的奇异现象;古代人看到雷电、星辰、日食、月食等,感到惊恐,并认定造成诸如此类现象者为神。公元 3～6 世界的新柏拉图主义者将神话形象视为逻辑范畴。据其关于神之说,从始初的唯一者中,"世界理性"、"世界灵魂"通过流溢而生,后两者又产生自然界。"流溢"的过程为万物复归于唯一始源,即至高神。基督教自新柏拉图主义承袭了一系列观念。——译者

非是诸如此类荒诞观念的残余。拉菲托和丰特奈尔的方法论准则,不乏
一定的相似之处(两者均开 19 世纪人种学的先河);至于对神话"构想"的
认识,则各执一端。伏尔泰尤为激进,对拉菲托作了无情的嘲讽。作为
声名显赫的作家——教会伪善之鞭挞者,他将神话连同《圣经》中的"神
迹"一概斥为"呓语"。伏尔泰和狄德罗均致力于对祭司欺骗的抨击。

意大利学者詹·维科——《新科学》一书的作者,破天荒第一次创
立了名副其实的神话哲学。神话哲学作为历史哲学的一部分,其萌生
于资产阶级的"平庸"方兴未艾时期,绝非偶然。伴随文艺复兴时期的
文化之没落,伴随基督教的中世纪与多神教的古希腊、罗马之有意识复
合而成的传统之衰颓,神话传统也荡然无存。而神话传统历经审美的
改铸和人文主义化,又滋育了这一文化,成为其文学性的特质。这一切
并非发生于法国,而发生于意大利,绝非偶然。在当时的法国,启蒙运
动的唯理论乐观主义盛极一时,乐观主义执著于按理智准则改造社会;
而在意大利,文艺复兴时期绚烂多彩的繁荣已成过去,文化和政治的总
衰退业已降临。就方法论而言,维科的论战锋芒所向,针对笛卡尔的历
史进步说。笛卡尔派的代表人物贝·德·丰特奈尔,善于将想象的时
代与"机械技术"的时代加以对比,却只作出有利于后者的结论,因为前
者显然产生于愚昧和野蛮,有碍于文明。

詹·维科与贝·德·丰特奈尔不同,他遵循的是辩证的历史发展
观;据这种发展观看来,得与失息息相关。他倾向于将文明史视为一个
循序递进的过程,认为神祇时代、英雄时代和凡人时代乃是社会及共同
理智的童年、少年和成年 3 种状态的反映。在这一历史哲学的范畴内,
维科对有关神话和诗歌的理论也有所发展。

"初人犹如人类的儿童,对事物尚不能构成心智的类概念,自然只
能编造诗歌人物,即幻想的类或共相,并视之为一定的范型或理想的摹
本,以期将与其类相近似的各个种归摄于其中。"[5]

"所谓诗歌之智,即多神教始初之智,应发端于玄学;这并不是现代
学者那种理性的和抽象的玄学,而是初人所特有的那种感性的和幻想
的玄学,因为初人绝无理智可言,他们具有的是强烈的情感和炽盛的幻

想……这样的玄学正是他们名副其实的诗歌；而创作诗歌是他们的天赋本能，它产生于对起因的茫然莫解……初人的诗歌起初均为圣歌：他们将所感知的和深感惊异的事物的起因归之于神……他们尽其想象所及，随意将某种本质加之于使他们深感惊异的事物，其情景酷似儿童。儿童将无生命的物体拿在手上把玩，与之嬉戏、谈笑，宛如对待活生生的人一般。信仰多神民族的初人，作为新生人类的儿童……按其表象构拟事物；他们以己度物，任凭想象驰骋……其格调之高雅，令人赞叹……"（同上书，第 132 页）。"如上所述，如此高雅的诗歌，萌生于人类理智之低下；继而，哲学、艺术、诗学、评述见之于世，而且正是由于它们的见之于世，另一种即使可与之相媲美的诗歌始未见踪迹，至于高此一筹者，更不待言……由于诗歌基原的揭示，古人之智不可企及之说不攻自破。始于柏拉图，迄至费鲁拉姆的男爵培根，它始终为人们所潜心探求……这是为人类氏族奠基的立法者的那种常人之智，而非学识深湛、世所罕见之哲人的那种玄奥之智。"（同上书，第 137 页）

15

　　由以上所援引的片断可知：詹·维科将诗歌与历史上尚未臻于发达的文化相联系；然而，维科又不同于法国启蒙运动者，他断言古代诗歌之高雅为后世所望尘莫及。

　　据詹·维科看来，荷马式的英雄史诗源于"神圣"诗歌，即源于神话；而后者的特征在很大程度上取决于那种尚不发达的、特殊的思维方式，它可与儿童的心理相比拟。维科系指：可感的具体性和实体性、因理性的匮乏而产生的感情之冲动和想象之丰富（前逻辑论？）、把自身的属性移于周围世界的事物（乃至将宇宙与人体等同看待）、将氏族范畴人格化、未从主体绅绎属性和形式、以"细节"替代本质，即叙事性。总的说来，有关神话"诗歌"思维的这一论述，不仅超越浪漫主义，而且为当代所不及。况且，维科对神话的隐喻性以及诗歌比兴的神话渊源确有精辟之见；其论点在一定程度上与有关神话的象征说相近似。

　　詹·维科的见解极为深刻，他认为：每一隐喻或换喻，就其起源而论，均可成为"小小的神话"。维科指出："所有辞格……迄今一向被视为来自作家的苦心孤诣，都是一切始初的诗歌民族所必需的表达手段；

而且它们一经出现,便具有其本身的真正意义。然而,伴随人类智力的发展,人们获致抽象形态或类概念赖以表达的语言,并借以将其所属各个种加以统摄或将其各个部分与整体相连属;于是,始初民族的这种表达手段遂成为所谓转义。"(同上书,第149页)

詹·维科关于诗歌语言萌发于神话("神祇和英雄人物")和散文体语言萌发于诗歌之说,尤其是维科关于隐喻转化为语言符号、关于希腊时代的象征语言的思想,是颇为人们所关注。

詹·维科认为:所谓远古时代,统观其一切领域(逻辑学、玄学、经济、政治、物理、地理等等),堪称"诗歌时代";就上述种种而论,它又植根于神话。由此可见,维科将原始意识视为浑融体。

詹·维科确信:远古的神话诗歌,无非是亚里士多德所说的"自然之模仿",只不过是透过原始的神话想象罢了。维科下述见解颇为中肯;他指出:鉴于神话对现实的反映之特点,可将神话用作别具一格的史料,借以探索氏族的种种属性和事迹如何按照神话法则赋予一定的历史人物,神话地理学、宇宙志等等又是如何形成于现实基础之上。然而,维科在实践中将尚属幼稚的欧赫美尔说、比喻说以及较为深刻的象征说相混淆,并未基于民族志学(尽管囿于约·弗·拉菲托涉猎的范畴),因而势必诉诸极不精确的语文学研究和词源探索等领域的方法;这样,也就无法完满地解决历史学和民间文化学中的实际问题。由此可见,我们称之为"维科的神话哲学"者,并不是真正的科学方法。

詹·维科的神话哲学并未对神话学的历史沿革作出总结,而只是有所探究,对其总的历程作了天才的预见,犹如他之对于其他一些我们尚未予以关注、同样至关重要的知识领域。马克思有这样一句名言:在维科那里,"以萌芽状态包含着沃尔夫(《荷马》[①])、尼布尔(《罗马帝王史》[②])、比较语言学基础(虽然是幻想的),以及还有不少

---

① 即弗·奥·沃尔夫所著《荷马绪论》;作者对荷马史诗的由来有所探究,认为它源于民间诗歌。——译者

② 即巴·格·尼布尔所著《罗马史》(1810年);作者将罗马人的生活视为人民智慧的成果。——译者

天才的闪光。"[6]一般认为,维科的历史哲学先于约·戈·封·赫尔德的许多观念和黑格尔历史哲学的某些原理。迨至 20 世纪,维科的文化循环论又借奥·施彭格勒和阿·约·托因比的现代主义论说①复现。

　　不仅如此,维科的神话哲学早在其胚胎中,即浑融时期,几乎包蕴神话研究领域一切主要思潮,诸如:约·戈·封·赫尔德和浪漫主义派对神话和民间创作所持两种迥然不同、甚至彼此相悖的诗歌化,弗·马·米勒、亚·阿·波捷布尼亚乃至恩·卡西勒对神话与诗歌语言之关系的释析,英国人类学派的"遗存"说,民间文化学中的"历史学派",埃·迪尔凯姆对"集体表象"的初步揣测,吕·莱维-布吕尔的前逻辑论。詹·乔伊斯倾慕维科对神话的阐释及其所倡始的循环说,在其神话化之作《芬尼根的苏醒》(1939 年)②中,亦庄亦谐,多方借助于维科的声名,并运用维科的理论从事作品的布局。

　　著名的德国启蒙运动者约·戈·封·赫尔德,为启蒙运动神话观向浪漫主义神话观过渡阶段的代表人物。神话以其浑然天成、感染力、诗情和民族性引起赫尔德的关注;而对神话的民族性,赫尔德尤为关注。他对不同民族的,特别是原始民族的神话进行了探究(就此而论,他一度与《古代艺术史》的作者约·约·温克尔曼的希腊化

---

　　①　奥·施彭格勒认为:历史无非是若干各自独立的文化形态循环交替的过程;任何一种文化形态,犹如生物的有机体,都要经历少年期、壮年期,最后衰老、消亡。他将第一次世界大战中德国的战败和战后西欧资本主义的危机均视为"西方文化的没落";主张建立一种由军国主义和"社会主义"相结合的"新文化",以期摆脱这一"悲剧"的厄运。阿·约·托因比是"永恒复返"说的主要代表,被称为"英国的施彭格勒"。他将一些文明同另一些文明相比较,试图从其发展中引出某些共同的特征,并进而得出结论:西方文明史似乎是古代文明史的复现;无论巨细,一切均在复返。他并认为:为了挽救西方文明,使之免遭"亚洲野蛮"的侵蚀,西方宗教的复兴势在必行。——译者

　　②　《芬尼根的苏醒》(《Поминки по Финнегану》;《Finnegan's Wake》),詹·乔伊斯的最后一部小说,作者试图借以晓谕世人:情欲制造人,战争消灭人,如此循环不已,是为人类的历史。这是一种以原罪为滥觞、以情欲和战争为表现形式的历史循环说。为了适应这一主题,作者在写作手法上也采取所谓循环方式:小说开篇的第一词与终篇最末的一词恰将两段文字联成一句,以暗示整部作品亦为"循环体"。——译者

时期至美说①相对峙）；但是，神话之所以引起他的悉心探究，并非由于
神话本身，而是由于神话不啻民众所创造的诗歌瑰宝以及民众智慧的
结晶。

浪漫主义派的神话哲学，孕育于赫·亨·海涅、歌德之友卡·弗·
莫里茨的著述和施莱格尔兄弟等的学术和文学理论之作，最终完成于
弗·威·谢林的著作（与此同时，弗·克罗伊策、约·格勒斯、约·阿·
康纳、格林兄弟、H. 舒伯特等，均有关于神话和象征的著作问世[7]）。浪
漫主义派的神话哲学，大多将神话解释为美学现象，并将神话视为艺术
创作的原型，赋之以深刻的象征意义；以有关神话的象征说克服传统的
比喻说（早在亨·海涅的著述中即已见端倪），这正是浪漫主义派神话哲
学的基调。此外，浪漫主义派神话哲学并孕育着对神话及其种种"民族"
形态的历史主义观点之胚芽，当然均属极为抽象的和唯心主义的状态。

某些浪漫主义者对现代个人主义或基督教中世纪之崇尚，有时与
古希腊、罗马的传统崇拜相结合。然而，弗·施莱格尔[8]仍在古希腊、
罗马的宗教仪礼和阿里斯托芬的喜剧中寻求狄奥尼索斯庆典②的特
质，弗·谢林[9]依然将歌德和温克尔曼有关古希腊、罗马神话和艺术的
见解视为至理名言③（以后的黑格尔亦然）。

早期的谢林将泛美主义和艺术（他认为，就其内蕴而言，艺术与
有机生活类质同相）视为最重要的认识举动，视为主体与客体、必然
与自由、自然的与精神的、现实的与理念的赖以归于同一的手段，视

---

①　在近代欧洲，约·约·温克尔曼最先对古希腊、罗马的造型艺术进行了缜密的探考，
并予以热情赞扬，从而导致崇尚希腊古典艺术之风，对文艺的理论和实践以及美学思想具有
深远的影响。——译者

②　狄奥尼索斯崇拜仪式纯属狂热的纵欲之举，参加者多为妇女，仪式进行中，人们狂欢
乱舞。一般认为，古希腊戏剧即源于此。——译者

③　约·沃·封·歌德 1786—1788 年的意大利之行，对其美学观点的形成具有重大意
义。在此期间，他如饥似渴地探考古希腊、罗马的艺术，并成为其热忱的景仰者。他放弃了哥
特式建筑是艺术顶峰的观点，转而以温克尔曼的观点对待古典艺术，确认其中蕴涵"高尚的纯
朴和宁静的庄严"。约·约·温克尔曼认为：希腊的大师们在创造人和神的形象时，超越通常
的物质形式；即使在肖像画中，希腊人也力求不仅将人物再现得逼真，而且再现得优美。由此
可见，温克尔曼主张艺术表现理想；按照他的解释，理想就是摒除一切自然的局限性。这种理
想的特质，便是"高尚的纯朴和宁静的庄严"。——译者

为反映万事万物的方式,视为绝对之自我直观。毋庸赘述,谢林的美学及其整个哲学,萌生伊始便是沿袭柏拉图之说的客观唯心主义的典范。通观谢林的美学体系,神话具有举足轻重的作用。谢林凭借神话构拟艺术的质料;他立足于下列诸点:神话中的"诸神"作为实际直观的理念,对艺术具有至关重要的意义,犹如"理念"本身之于哲学;每一形式无不蕴涵"完全的神性";在神话中,幻想把"绝对者"与"限制"结合起来,并将普通者的全部神性再现于特殊者中。谢林在《艺术哲学》中指出:

"神话是任何艺术所不可或缺的条件和原初质料…… Nervus probandi〔论证的核心〕之纳入艺术理念,乃是绝对美好者以及自身美好者凭借特殊美好的物体之显现,即:绝对者显现于限制中,而绝对者并未遭摈弃。这一矛盾只有在神的理念中方可解决。从自身而言,诸如此类理念唯有凭借其充分发展并臻于独立世界和被称为神话的诗歌整体,始可获致独立的、真正客观的实存。……神话乃是尤为庄重的宇宙,乃是绝对面貌的宇宙(Universum),乃是真正的自在宇宙、神圣构想中生活和奇迹迭现的混沌之景象;这种景象本身即是诗歌,而且对自身说来同时又是诗歌的质料和元素。它(神话)即是世界,而且可以说,即是土壤;唯有植根于此,艺术作品始可吐葩争艳、繁茂兴盛。唯有在这一世界的范围内,稳定的和确定的形象始可成为可能;只有凭借诸如此类形象,永恒的概念始得以呈现。……

"……既然诗歌是质料的构成体(Bildende),即较狭义形态的艺术,那么,神话则是绝对的诗歌,可以说,是自然的诗歌。它是永恒的质料;凭借这种质料,一切形态得以灿烂夺目、千姿百态地呈现。"①

弗·威·谢林着重探讨了神话中纯属美感以及自然美的现象,并将神话视为一切赖以萌发的"原初质料"和"初象的世界",即任何诗歌的(维科亦持此论)、乃至任何艺术的元素、土壤和范型。

---

① 弗·威·谢林:《艺术哲学》,中国社会(中国社会出版社 2005 年中文版第 54 页)出版社 2005 年中文版第 53~54 页。——译者

综观弗·威·谢林整个哲学体系诸层次,艺术和自然所处地位极为相近,而神话则似为艺术和自然两者的中介:多神教神话被视为诉诸幻想施之于自然现象的神化,即施之于自然的象征化。谢林不同于维科,他断然摈弃有关神话的欧赫美尔说和比喻说。他将模式(特殊者凭借普遍者)、比喻(普遍者凭借特殊者)以及象征三者截然分开,象征则是前两种想象形态之综合,是为第 3 种,即绝对的形态——较高级的、第 2 级次的综合,其特点是普遍者与特殊者浑然呈现于特殊者中。谢林坚持这样一种见解,即:神话为这种表述(描述)所凭借的总质料,而象征主义则是神话赖以构成的律则。在神话中,特殊者并非普遍者,却又是这个普遍者。神话的象征主义"亘古有之"。谢林还将象征与"形象"加以区分,他认为"形象"是事物之真切的、具体的再现。谢林的下述见解颇引人注目,他认为:比喻之在神话中,乃是一种契机,构想之无限性正来源于此;这种构想在某种程度上体现于那些比喻式的、从根本上说来并非诗歌的表述中。然而,综观谢林的著述,这样的见解,即将神话视为见诸对神祇之表述的、基于整体性与"限制"之结合的模拟体系,已露端倪(莫里茨亦然[1])。诚然,将神话视为一种"语言",浪漫主义派只是就纯隐喻和转义而言;浪漫主义派的象征主义失之于朦胧,始终为神秘主义的象征说大开方便之门。然而,对神话的象征主义之探讨,无疑加深了对神话的认识,并对 20 世纪种种有关神话的象征主义理论产生一定的影响。

弗·威·谢林所谓的神话,一般是指古希腊神话而言,他并视之为神话 par excellence(法语,意为"最突出的"。——译者)("希腊神话乃是诗歌世界的最高原型")。基于歌德和温克尔曼的古希腊、罗马至美说,谢林兴致勃勃地大谈其希腊神系乃是自混沌的排离以及无定形的克服,并对混沌之作为存在的始原不无仰慕之情。谢林的艺术哲学,对

---

[1] 卡·菲·莫里茨将古希腊诸神的世界视为一个整体,弗·威·谢林则将这个业已设定为整体的世界依样构拟。莫里茨清晰地表述了有关艺术作品的有机性、象征乃是一般与特殊的合一以及艺术作品的整体性等的概念,并阐明有关天才的观念,认为天才所模仿的并不是自然的创作,而是自然的能动性。凡此种种,均成为谢林所持一系列观念的总前提(参阅 C. Ph. 莫里茨《诸神论》,1794 年德文版)。

古希腊、古代东方和基督教 3 种神话作了十分翔实的比较探讨,并揭示了一定的文化—历史感。希腊神话富于象征性,印度神话极重比喻性,波斯神话则流于公式化。希腊神话注重现实,由无限者归于有限者;而"沉湎于理想的"东方神话,则反其道而行之。所谓东方的"理想性"(重在本质、理念、理想),据谢林看来,在基督教中臻于逻辑的完成。谢林认为,基督教神话的质料并非自然,而是历史,特别是见诸历史的奇闻轶事,即所谓的预言和道德劝诫;在这里,理念世界的象征已不是自然和存在,而是人与人之行为;人的神化已为神的人化所取代,泛神论则为神级制(天使)和善与恶(天使与魔鬼)的针锋相对所取代;同时,诗歌宗教则为启示宗教所取代。上述颇为精辟之见,嗣后在黑格尔的美学中得到进一步的阐发。由此可见,谢林的美学不失为别具一格的哲学神话诗学。

基于"神话既是永恒本原的象征,又是任何艺术的质料"这一论断,谢林认为:神话创作延续于艺术之中,并被赋予个人创作之神话的样态。他在《艺术哲学》中指出:

"任何伟大的诗人理应将展现给他的世界之局部转变为某种整体,并以其质料创造自己的神话;这一世界(神话世界)处于形成中,而诗人所属的时代可向他展示的,无非是这一世界的局部;其景象始终如此,直至处于不确定的邈远之处的一点;其时,宇宙精神本身将使其自身所构想的伟大诗歌宣告终结,并将近代世界诸现象的依次更迭转变为共时性。"(中国社会出版社 2005 年中文版第 91 页)谢林列举下列诗人为其佐证,诸如但丁(基于对历史景况之惊恐和现存等级制的质料创作神话)、莎士比亚(基于民族史实和当代习尚创作神话)、塞万提斯[①]、《浮士德》的作者歌德[②]。谢林指出:"凡此种种,均

[①②]　弗·威·谢林指出:塞万提斯·萨维德拉基于所处时代的质料创作了唐吉诃德的故事;这一人物至今仍带有神奇人物的特质。《浮士德》,共两部;第 1 部于 1808 年脱稿,第 2 部于 1831 年完成。谢林依据其所见第 1 部的部分章节,却对前后两部的题旨作了精辟的论述。他指出:"正如我们根据所拥有的片断对歌德之《浮士德》所持见解,这一作品是我们时代最神圣的、最纯粹的精华(Essenz);质料和形式,是以整个这一时代所包容于自身者以及为它已构拟或尚在构拟中的一切所造就。因此,《浮士德》又叫称为真正的神话之作。"(《艺术哲学》,中国社会出版社 2005 年中文版第 92 页)。——译者

不失为永恒的神话。"时至 20 世纪,诸如此类论点又为所谓"仪典—神话"文艺论所发展。新的神话和象征手法赖以萌生的契机,谢林甚至拟索之于"高级思辨物理学"①,——而在 20 世纪,这并非咄咄怪事。

　　神话哲学的雏形始见于谢林 1801～1809 年的著述,并成为其嗣后种种关于神话的著作,特别是《神话和启示的哲学》一书的基石。这些著作均完成于 1815 年以后,谢林当时已从"同一哲学"转至"启示哲学"②,理性与存在的同一以及理性的直觉,均已为他所摈弃。他对神话哲学的阐发已不再限于纯美学范畴,而移至神智学领域;神话哲学从而成为纯属宗教的"启示哲学"之先导。在这里,神话被解释为形式因、质料因、动力因和目的因(亚里士多德用语)的实体统一;自然的象征性再度被强调;从人类意识的角度,千方百计突出神话的作用和必要性。这种必要性本身植根于超历史范畴,因为神话本身即先于历史。在这一著作中,神话历程被视为神系的形成;在此历程中,所谓"神",即绝对,凭借人类意识渐次呈现于历史。在谢林看来,主观的之臻于客观的,其途径即是如此。通观多神教的神话,不难发现一定的历史内蕴;这种内蕴与纯真宗教的内蕴恰相契合,并先于神的自我启示。我们较为详尽地介绍谢林的论点,是因为他的见解影响极大,对 20 世纪有关神话的,特别是有关神话诗学的论争,至关重要。

　　黑格尔在朝向深湛的、彻底的历史主义(只限于客观唯心主义范畴)方向,较之谢林迈出了尤为重要的一步,但并未创立自己的神话理论。就其对神话及神话与艺术的相互关系的认识,就其对神话种种文

---

　　① 在谢林的自然哲学中,磁学和电学方面的卓越发现已获得反映,并获得唯心主义的解释。他并未把电、磁、光看作物质运动的特殊形式,而视之为纯粹精神的力量,认为这种力量先于物质而存在,并形成物质所固有的一切特性和结构。——译者

　　② "启示哲学"为谢林后期的种种神秘主义哲学学说的统称;他宣扬信仰高于理性、宗教高于哲学;据他看来,哲学是"宗教的婢女",其功能仅在于论证基督教教义或上帝的启示(神启)。谢林并主张以"新的神话"取代科学世界观,进行所谓"基督学"的研究,因而成为恩格斯所说的"基督教哲学家"。——译者

化—历史类型的比较分析而言,黑格尔基本上阐发了谢林的思想,然而两者所侧重却大相径庭。黑格尔着力探讨的,与其说是他视为艺术之基原的神话象征手法本身(黑格尔甚至并未将它同隐喻手法加以严格区分),毋宁说是艺术的种种历史形态,即:基于古代东方质料的象征主义形态、基于古希腊罗马质料的古典主义形态、基于中世纪质料的浪漫主义形态。况且,黑格尔赋予艺术的象征主义形态一个精辟的定义,它与下列见解正相吻合,即将神话表述为先于艺术之思想的和文化的形态,或将神话表述为以囊括一切的象征主义为旨趣的文化(在某种意义上也包括中世纪),而这是就神话与那种为实在把握世界的情致所充溢的艺术之相互关系而言(这种把握始于文艺复兴时期;而诸如此类过程已见诸古希腊罗马时期,但较为逊色)。①

　　早在对神话的科学研究尚未切实开展以前,从赫尔德到黑格尔的德国哲学,即已对神话的探索作出了重大贡献(主要是从客观唯心主义的立场出发),对此不容忽视。同时还应着重指出:马克思 22 的立场与19世纪后半期"实证论者"所持的立场截然不同,马克思不仅不抹杀他们的成果,而且直接加以借鉴。众所周知,马克思曾高度评价古代神话的文学价值,他指出:古代神话具有不自觉的艺术的性质,成为艺术的土壤和武库;艺术的特征同艺术的神话前提血肉相关。他揭示了一条确定不移的规律,即神话和英雄史诗萌

---

　　① 乔·威·弗·黑格尔将所谓"理想"发展的诸阶段称为"艺术的形态",系依据理念与外在形态的相互关系划分:倘若外在形态只是理念的表征,称之为"象征主义艺术"(为古代东方所特有);在古典主义艺术(古希腊、罗马艺术)中,理念与外在形态全然契合;在浪漫主义艺术(中世纪和近代艺术)中,外在形态已不足以呈现居于自然之上的理念。又据他看来,世界艺术的发展分为3个划时代的阶段:(1)"象征主义形态"(象征形态),堪称"人类意识的闪光"——实际者并非内容赖以呈现的形式,而是内容或其范畴的象征,诸如古埃及的金字塔;(2)"古典主义形态"(古典形态),在精神徘徊数千年后始获致的谐美艺术——实际形式与精神内容臻于高度统一,所谓艺术美得以付诸实现;(3)"浪漫主义形态"(浪漫形态),注重主观性和自我表现,着力于"内在精神"以及"外在王国"的表现,精神内容处于绝对优势地位,诸如诗歌、戏剧、小说等。又据一般理解,象征主义注意以更富主观性的推理或情感想象为表现内容,致力于以象征的方法表现"潜在的"奥秘;古典主义通常用以指与古代艺术相关联的特征,诸如和谐、壮伟、素朴、宁静、严谨、普遍性、理想主义;浪漫主义则与个性、主观性、非理性、想象、情感相融合,并往往以历史、民族斗争及和谐优美的自然为素材。——译者

生于较低的发展阶段,始终是后世审美的范型;而在资产阶级"平庸"的背景下,绝无复兴之可能。著名的德国马克思主义者文艺学家 R. 韦曼[10]指出:马克思的上述论点,是对莫里茨和格林兄弟关于民众幻想之作的观点及谢林关于神话同人类童年相连属的见解的支持(谢林的这些见解,又与维科所持的观点极为相近)。韦曼此说颇为中肯。不仅如此,马克思也与黑格尔持同一见解,同样认为神话和英雄史诗阶段已一去不复返;谢林和浪漫主义派则认为可能存在永恒的神话创作契机(维科则持循环说,即关于复返野蛮状态之说。——译者)。如果说黑格尔把问题归结为向精神自我发展之更高阶段的过渡,马克思则认为:随着人们进入对自然力的切实制驭,神话也就随之消亡。[①]

我们不拟对神话学术研究的方法和成果详加论述(神话的学术研究始于浪漫主义时期,盛于 19 世纪后半期,颇受实证论的影响)。对20 世纪前的种种神话理论,我们也不能一一赘述,况且我们所关注的并不是神话研究的状况,而是对神话的认识本身。

在 19 世纪下半期,神话研究领域已基本上形成两大派别对垒之势。一派深受雅·格林所著《德意志神话》的陶冶,与浪漫主义传统藕断丝连(阿·库恩、威·施瓦茨、马·米勒、安·德·古贝尔纳蒂斯、费·伊·布斯拉耶夫、亚·尼·阿法纳西耶夫等[11])。它凭借对印欧语言之科学的历史比较研究所取得的成果,并凭借印欧语言的词源对比,致力于古印欧神话的构拟。基于上述种种探索,这一学派的首领马克斯·米勒创立了一种语言说,即神话产生于"语言弊病";据说,原始

---

① 卡·马克思对神话以及神话与艺术和文化的关系作了下列论述:"大家知道,希腊神话不只是希腊艺术的武库,而且是它的土壤。成为希腊人的幻想的基础,从而成为希腊[神话]的基础的那种对自然的观点和对社会关系的观点,能够同自动纺机、铁道、机车和电报并存吗?……任何神话都是用想象和借助想象以征服自然力,支配自然力,把自然力加以形象化;因而,随着这些自然力之实际上被支配,神话也就消失了。……希腊艺术的前提是希腊神话,也就是已经通过人民的幻想用一种不自觉的艺术方式加工过的自然和社会形式本身。……为什么历史上的人类童年时代,在它发展得最完美的地方,不该作为永不复返的阶段而显示出永久的魅力呢?"(《政治经济学批判·导言》,《马克思恩格斯选集》中文版第 2 卷第 113、114 页)——译者

人，即古雅利安人①，借助于隐喻性的代称或修饰语，并凭借某些具体
的表征，以表达抽象的概念。后来，诸如此类隐喻性的修饰语之初意 23
被人遗忘或渐趋朦胧；于是，伴随其语义之变易，神话遂应运而生。
这不仅令人忆起维科之说，但两人却是相互反其道而行之：一为由神
话而至语言，一为由语言而至神话。实质上，维科更接近真理。这一
点后来为亚·阿·波捷布尼亚等的著述所肯定。

　　据马·米勒看来，神祇本身大多为太阳的象征，而弗·阿·库恩
和威·施瓦茨则视之为气象（雷雨）的化身。嗣后，星辰神话和月亮
神话脱颖而出，动物在神话形成中的作用也为人们所关注，如此等
等。后来，威·曼哈特把与当代民间创作紧密相关的所谓"低级神
话"（即"精灵说"）同出自构拟的古印欧天界神话相比拟，而且曼哈特
与英国古典民族志学的研究方法颇有殊途同归之势。② 这样一来，神
祇被视为自然的象征，而其赖以构拟的途径则与谢林截然相反：前者
所凭借的是感觉论观念，而非形而上学观念。

　　在西方，通常将这一学派称为"自然论"学派（"自然主义学派"），
而我们不习惯于运用这一术语。民间文化学中一般称之为"神话"学
派③；因其代表者将神幻故事和叙事创作等题材均归之于神话的，即
太阳的和雷雨的象征及气象、太阳、月亮等系统，故名。由此可见，同

————————————

　　①　雅利安人（Арийцы；Aryan），19 世纪文献中对印欧语系诸民族的统称；这一术语并不
科学。从印度和波斯的古籍比较研究中可推知：远古时期，中亚地区曾有一个自称"雅利阿"
（Arya）的部落集群。19 世纪欧洲语言学界发现梵语同希腊语、拉丁语、克尔特语等存在共同之
处，遂构拟"雅利安语"一词，用以概括诸如此类相互有关的语言。有些人并由此错误地假定：一
切使用这些语言的古代或近代诸民族必然源出于同一祖先，并设定为"雅利安人"。——译者

　　②　威·曼哈特认为：民间的种种信仰、习俗和仪礼，均为远古神话世界观的遗存（主要
是天体现象的体现）；继而，他摈弃了神话学派诸如此类举流于偏颇和公式化之见。在其所著
《黑麦狼与黑麦犬》《谷物精灵》《森林崇拜与田野崇拜》中，他对见诸欧洲一些民族的宗教仪
礼和信仰进行了深入的研究。曼哈特关于植物精灵死而复生这一司空见惯的宗教观念的见
解，颇引人注目。他所搜集的材料极为珍贵。——译者

　　③　自然主义说（Натуралистическая теория），旨在说明神话和宗教起源的理论；持此说
者认为：神话和宗教产生于人类对种种自然现象，特别是对天体和气候现象之困惑莫解。其
基本思想始见于杜毕伊的《一切崇拜的起源》，后为致力于古印欧语诸民族语文和神话之研究
的学者格林兄弟、阿·库恩、威·施瓦茨、马·米勒（缪勒）等人所进一步阐发。——译者

这一学派针锋相对的"人类学派"奉为圭臬之"遗存"说,已在潜移默化中为它所兼收并蓄。

通观嗣后的学术历程,人们所探讨的课题有了重大变化:印欧学本身以及词源分析法已不同于往昔,"语言弊病"说之虚妄已昭然若揭,无法再以"谬误"和"无意的错觉"来解释神话的由来。早在 19 世纪,将神话归结为天体自然现象之说的片面性,已不言自明。此外,运用语言来构拟神话这一首次重大尝试获得较有成效的进展,而诸如凭借太阳、月亮等的象征手法,特别是在种种自然系统范畴内,则已成为纷繁万千的神话模拟的诸层次之一。

24

人类学派(爱·泰勒、安·兰格以及其他众多学者[12])的发祥地并非德国,而是英国。它是最初的名副其实的科学探索之结果,只不过已不再囿于比较语言学,而属比较民族志学。这一学派赖以进行探讨的主要质料,已非印欧范畴,而是古老部落,并致力于古老部落与文明人类的对比。《原始文化》一书的作者爱德华·泰勒,即潜心于此。他遵循的是人类心理同一的公设和文化直线式进化的律则,即:凡属在"原始"民族中成为有生命力的思想或习俗者,均可作为"遗存"见诸较文明的民族。这再一次证实人类亘古有之的同一和思维类型的同一。泰勒并认为:思维类型的同一纯属理性,但又受这种或那种历史经验的限定。据泰勒看来,神话和宗教之萌生远较米勒所揣测的为早,纯属原始状态的产物,其渊源并非"自然说",而是万物有灵信仰①,即灵的观念。而这种灵的观念,又产生于"蛮人"对死亡、疾病、梦境等纯理性的观察

---

①　万物有灵论(Анимизм;Animism),英国人类学家泰勒最先应用于学术领域的术语,意指宗教发展的原初阶段。他并将对万物有灵之笃信视为"最低限度的宗教"。据他看来,原始人通过种种现象的观感,觉得人的物质身体内存在一种非物质的东西,使人具有生命;当它离开身体而不复返时,身体便丧失活动和生存能力,呼吸亦随之停止。原始人并将自己的观察所得扩及自然界,从而得出这样的结论:有一种特殊的灵体,赋予有生命者以生命,在该有生命者亡后仍续存不灭。泰勒借用拉丁文 anima 命名之。泰勒并认为:原始人借助于推论,断定一切具有生长和活动现象者皆具有 anima。泰勒并以英语 animism 作为其构想之称谓。近代一些宗教学家认为:原始人,特别是宗教尚未形成前的原始人,其思维尚未达到可进行抽象推理的地步;并指出:考古发掘以及对原始社会之遗存的考察迄未提供任何实例,足以证明历史上确曾存在与"万物有灵"观念相契合的现象。泰勒认为:始而萌生的关于灵之说,后成

和思索(赫·斯宾塞的灵魂说[13]，系此论的变异①)。泰勒认为:原始人正是通过这种纯理性的、逻辑的途径创造了神话,以期为其面对种种令人茫然莫解的自然现象而产生的疑团寻求解答。

安·兰格对神话颇多著述②,并基于人类学派的立场,同马·米勒多方辩难。兰格与爱·泰勒不同,他将文化英雄以及其他神幻人物的形象视为一神教的胚芽。泰勒的观点与浪漫主义传统大相径庭,而与启蒙运动的唯理论和英国的经验主义则极为接近。

奥·孔德以及其他实证论思想家,对泰勒产生了决定性的影响③。人类学派在世界学术界起有巨大的作用,对纷繁的人种学(民族学)研究领域具有很大影响。然而,他对神话的认识却有相当大的局限性,——既是因为拘泥于直线式进化说和对社会心理的本质特征估计不足,又是由于将神话与那种理性主义的"原始科学"等量齐观,并否认其中含有即使是特殊的诗歌内蕴。这样一来,伴随文化的发展,神话似乎完全失去独立存在的意义,被归结为谬误和遗存,被归结为纯属幼稚的、前科学的、赖以对周围世界进行阐释的手段。

应当指出:就此而论人类学派与自然主义学派并非如此针锋相对; 25

为尤为广泛的关于精灵的观念。据斯宾塞看来,在灵的观念进一步发展的过程中,自然界灵化的观念应运而生。许多学者并将万物有灵信仰视为任何宗教所不可或缺的因素,其有关形象为已故祖先之灵、死者的亡灵、自然界之力的化身、繁见众多的自然精灵。——译者

①　赫·斯宾塞对宗教的起源进行了探讨,并提出宗教产生于对祖先灵魂的崇拜之说。赫·斯宾塞、约·卢伯克与爱·泰勒等人类学派学者,试图对宗教的产生和发展作出较之过去更为完备的阐述,其观点不尽相同,彼此又不无共同之处,人们通常一概称之为"万物有灵论"。——译者

②　参阅安·兰格所著《习俗与神话》(1884 年)、《神话、仪典与宗教》(1887 年)、《现代神话学》(1897 年)等。安·兰格在《现代神话学·导言》中指出:语言,特别是"病"态中的语言,是全世界神话的主要来源,抑或神话作为一个整体,并非起源于语言,而是古老阶段的人类思想的遗存——这是问题的症结所在。马·米勒(缪勒)持前一观点,而人类学派则持后一论断。马·米勒认为:语言导致神话赖以产生的思维方式;而人类学派则认为:语言仅仅赋予这种思维一种表达方式。——译者

③　实证论的奠基人之一奥·孔德,在其所著《实论哲学教程》(1832 年)中写道:人类历史可分为 3 个阶段:第 1 阶段为神学阶段,其特点是超自然力和超自然体干预人的生活。孔德并认为,拜物教应视为宗教史的第 1 阶段,依次为多神教和一神教。爱·泰勒接受了孔德的这一划分,只是认为其发展的第 1 阶段并非拜物教,而是万物有灵信仰——宗教的童年。——译者

即使马·米勒也认为：神话产生于逻辑的谬误，民间创作与其说是神话见诸诗歌的发展，毋宁说是遗存。不仅如此，这两个学派实则已将神话学最先切实置于坚实的科学基础上。这在当时造成一种印象，似乎它们对神话的阐释已详尽无遗；而同时，其阐释却又是对神话的肆意贬抑。

哲学和文化学中的"再神话化"

在德国，浪漫主义传统以潜在形态持续于整个 19 世纪（譬如，德国籍的瑞士学者约·雅·巴霍芬即将浪漫主义与社会学熔于一炉），而对西方资产阶级文化岌岌可危的早期征象有所意识，则导致赞扬神话之风在一定程度上复萌，——无疑是在这一新的（恰恰是十分不景气的）基础上（而且始而并非见诸学术领域，而是见诸文艺和哲学领域）。首先应当提及的是理·瓦格纳（前文已述及）和弗·尼采，他们深受阿·叔本华的影响。尼采又受益于瓦格纳——当然，他接受的主要不是仿古—浪漫主义美学，而是艺术创作。对尼采说来，瓦格纳不啻艺术家的楷模，尽管尼采后来批评瓦格纳一味追求"戏剧性"，从事社会蛊惑，转而崇尚纯属基督教的规范。

弗·尼采所著《悲剧产生于音乐精神》（1872 年）一书[14]，溯源于席勒和德国浪漫主义者叔本华（特别是瓦格纳）的思想。通观这一著作，在唯美化的、和谐的、见诸希腊神话和戏剧的"阿波罗崇拜"本原之遮翳下（欧洲文化传统，包括谢林的浪漫主义，对希腊神话正是持此态度，并予以接受和运用），存在着狄奥尼索斯崇拜①和古老的提坦崇拜②那种自然的、下意识的、生活范畴的、非和谐的、属魔怪说的，乃至前宗教的仪典—神话传统。尼采将希腊戏剧视为阿波罗崇拜和狄奥尼索斯崇拜两者的复合，因为狄奥尼索斯崇拜仪式那种狂热的音乐节律，据他看

——————

①② 狄奥尼索斯崇拜（Дионисийство），与古代化装仪式紧密相关，其庆典并具有神秘仪式的特点，被视为古希腊戏剧的滥觞。提坦崇拜（Титанизм），被称为"提坦"的诸神，为先于奥林波斯诸神的古老神，一般指天神乌兰诺斯和地神盖娅及其所生 12 子女（6 男 6 女）。众提坦与奥林波斯众神之鏖战，成为西方艺术作品的题材。——译者

来,与阿波罗崇拜范畴种种优美的、见诸文艺创作的形象相得益彰①。尼采的这一观点,客观上将希腊神话与原始神话等量齐观,过分强调仪典对神话本身以及各种类别和体裁的艺术之起源的作用,从而开对神话之现代主义阐释的种种有代表性的倾向之先河。就此而论,另有一点同样十分引人注目,即:尼采将神话与下意识的、非理性的、紊乱的本原相混淆,而置匀称的和理性的和谐于不顾。有关神话的问题屡见于尼采那繁冗纷杂、自相矛盾的著述。大家知道,尼采指责苏格拉底和"苏格拉底主义"以怀疑论的理性主义使古希腊的神话世界观沦于窳败;据他看来,古希腊神话世界观最终促使古希腊文化归于衰亡,因为它使其与生俱来的创造力丧失殆尽。尼采的一系列见解均带有前现代主义性质;譬如,他将神话与历史对立起来,将世界的形成视为同一世界的永恒复返,认定哲学与逻辑学的诸范畴纯属虚妄(尼采将诸如此类范畴视为主观的),将意志与对已湮灭的神话之意识对立起来,最后,将神话创作视为文化和世人赖以更生之不可或缺的手段。

众所周知,德国法西斯的理论家借重于瓦格纳和尼采的声望,试图人为地重振古日耳曼的多神信仰,并炮制政治范畴的和种族主义的纳粹神话。② 而仰赖于瓦格纳和尼采的威望者,不仅有纳粹分子,而且还包括自由派思想家;其影响之广,遍及不同政治营垒中的作家。毋庸置疑,瓦格纳和尼采确实开 20 世纪神话主义某些重要范畴之先河。

我们知道,尼采是所谓"生命哲学"最著名的代表。"生命哲学"

---

① 阿波罗崇拜(Аполлонизм),阿波罗为古希腊神话中最著名的神之一,备受尊崇;德尔斐、提洛和狄迪玛(小亚细亚)为古希腊时期的阿波罗崇拜中心,后又为其营建神庙、举行四年一度的赛会。古希腊的雕刻艺术往往以其形象表现男性美。狄奥尼索斯崇拜狂欢豪饮、恣肆妄为、亢奋无度,阿波罗崇拜宁静、壮伸、协调、优美。据尼采看来,古典时期古希腊人的悲剧形成于两者之综合,其神话亦从见诸狄奥尼索斯和阿波罗两形象之基本要素中获致象征性。——译者

② 谢·亚·托卡列夫和叶·莫·梅列金斯基在《神话与神话学》中对此有所表述:"在政治意识形态以及与之紧密相关的社会心理领域,神话思维某些所谓'定型'之生命力,在一定条件下,可使群众意识成为'社会'神话(即'政治'神话)赖以传布的沃土(例如,德国纳粹主义不仅力图重振古日耳曼多神教神话,使之为己所用,并别出心裁地创作了种种奇特的神话,即与元首崇拜、群众集会仪式等浑然一体的所谓'纳粹'神话)。"(《世界各民族神话大观》,国际文化出版公司 1993 年中文版)

与 19 世纪大多数哲学派别的理性主义精神针锋相对。万变不离其宗,所谓"生命哲学"通常执著于对神话的襃扬。例如,其最极端的代表之一路·克拉格斯[15],将神话幻想与民族意识对立起来(他将神话幻想视为哲学最重要的研究对象),似乎民族意识压抑了精神和宇宙生活。至于施彭格勒的文化论,则基于某种接近于神话原始现象者。他对维科的循环说作了现代主义的诠释(奥·施彭格勒和阿·约·托因比的循环说,对人种学有一定的影响)。

现代主义文化领域颇有影响的思想家昂·柏格森[16],也是"生命哲学"的代表,他对神话的见解颇引人注目。据柏格森看来,神话创作想象中主要的和有益的旨趋,在于它同理智的意向相悖;而这种意向旨在摧毁社会凝聚性,以利于个人主动性和自由。柏格森认为:神话和宗教是自然的一种防卫性反映,其目的在于抵制理智的涣散力,特别是人人皆死的理智性观念。据他看来,神话具有积极的生物功能,即维系生活、抑制危及社会和个人之理智的过度。

神话问题与存在主义不无关联,而存在主义在某种意义上又是从"生命哲学"脱胎而来。永恒周而复始说以强烈的悲剧格调呈现于阿·加缪所著《西叙福斯的神话》[17]中。对神话的实证主义态度,在马·海德格的著作[18]中已见端倪,海德格将前苏格拉底的意识理想化。

应当指出,尽管哲学中的"再神话化"始而与非理性本原之在神话中跃居首要地位息息相关,"再神话化"的进一步演化及其总和,却无论如何既不能归结于非理性主义,也不能归结于思想意识的保守主义。

无政府工团主义的理论家乔治·索雷尔(《暴力随感录》,1906 年[19])对政治的、"革命的"神话创作加以颂扬;这不无弗·尼采和昂·柏格森(以及皮·约·蒲鲁东和恩·约·勒南)的影响。在西方,人们称他为"新马克思主义者",而其政治观点更接近于爱·伯恩施坦的"修正主义",并从中承袭了革命过程重于最终目的这样一个命题①。索雷尔是旨在震

---

① 德国社会民主党和第二国际右派首领爱·伯恩施坦在弗·恩格斯逝世后公开提出"最终目的是微不足道的,运动就是一切"这样一条修正主义的公式。——译者

撼资本主义世界的总罢工的拥护者；然而，他认为，关键不在于实际变革——它或许并不发生，而在于唤起个人的意志感奋之力，并使群众在总罢工神话的感召下联合起来。这种神话无非是世界历史动荡和继之而来的种种根本变革那虽尚朦胧、却令人难忘的景象。对他说来，革命的神话并不是实际的政治纲领，甚至又非旨在对未来的社会主义结构进行理性构拟的乌托邦，而正是想象和意志的产物；这种产物与任何宗教同根同源，而宗教则可维系群众一定的亢奋和热忱。为了论证他的"革命"神话，索雷尔对历史上的转变关头和法国大革命及历次拿破仑战争时期之政治神话的实用功能进行了探考。值得注意的是：索雷尔（瓦格纳、尼采和柏格森，亦然）不仅对神话持实证主义态度，而且将神话解释为当代活生生的思想现象，而这对认识 20 世纪的西方神话却有至关重要的意义。政治性的神话创作，是为神话"复兴"诸范畴之一。　28

　　始于 20 世纪最初 10 年，所谓"再神话化"，即神话的"复兴"，盛极一时，囊括欧洲文化的各个领域。这一过程的各主要环节已不是对神话的颂扬（至于这种颂扬，尚可视为神话与资产阶段"平庸"相悖之特殊的浪漫主义化），而是将神话视为常驻永在的、在当今社会仍负有实际功能的因素，此其一；在神话范畴使神话与仪典的关联和永恒周而复始说尤为突出，此其二；使神话和仪典与思想和心理（以及艺术）最大限度地接近，甚至相同一，此其三。一味步索雷尔后尘，置历史主义法则于不顾，执意将现今思想意识（特别是政治思想意识）作为神话而加以阐释，这是不应称道的。这种作法有时形同社会蛊惑的披露（试以纳粹的社会蛊惑，或以当代资产阶级的所谓"大众文化"等为例）。恩·卡西勒和托·曼也不乏有关所谓政治神话的论述（他们希图以神话抵制纳粹主义神话创作）。除乔·索雷尔外，就政治神话著书立说者大有人在，诸如：巴·格·尼布尔、罗·巴尔特、H. 赫特菲尔德、J. T. 马尔库斯、米·埃利亚德、A. 索维等[20]。其观点接近存在主义的米·埃利亚德，主要致力于传统神话的研究（见下文）；他试图将当代社会主义也解释为新的世界末日神话，并将与所谓"历史主义"格格不入的远古古典神话置于同这种神话相对立的地位。

在其所著《神话学》(1957年)一书中,法国结构主义者罗·巴尔特借助于"神话使历史成为意识形态"之说,阐明政治神话的由来。巴尔特认为,来自"右"的神话尤为危险,因为资产阶级不愿"抛头露面",意欲借助神话超脱于政治之外。值得注意的是:巴尔特认为当代现实是神话化赖以实现的、得天独厚的场所(有关巴尔特的论点,详见有关结构主义的部分)。法国社会学家 A. 索维在其所著《当代神话》(1965年)一书中,将下述种种一概纳入所揭示的神话范畴,诸如:传统的惯用情节("黄金时期"、"美好的旧时"、永恒复返往昔、"乐士"和"福地"、命运前定)、法西斯主义和资产阶级民主的政治神话、政党的和国家的政治蛊惑、公众社会舆论的"神话"、某些集团和个人一己之偏见。索维将任何与经验相悖及经科学检验不相契合的议论一概称为"神话"。骤然看来,索维的立场与启蒙运动施之于所谓"偏见"的、伏尔泰式的抨击①极为近似,而两者却有本质的差别,——据索维看来,这些偏见并不属于过去,也不可能在理智的光辉下销声匿迹,而必然永无休止地产生于社会心理。

我们只是对政治神话作了简略的探讨,以期对人种学和文艺学的思想所赖以发展的背景有所了解。

在当代社会学中,"神话"一词被赋予不同的理解和含义,导致其作用之不适当的扩大和现代化。一篇论著(作者道格拉斯[21])的见解十分中肯;其作者认为:20世纪的"神话"一词具有下列含义:幻想、谎言、蛊惑、迷信、信仰、幻想形态的规范或价值观、对社会习俗和遗产之虔敬化的和教条式的表述。道格拉斯指出:"神话"主要不是释析性的术语,而是论辩性的术语;这一术语的论辩式运用,正是起源于诸如传统与紊乱、诗歌与学术、象征与论断、一般与特殊、具体与

---

① 伏尔泰认为:经验是认识的源泉,非物质的实体是不可能理解的。伏尔泰始终是温和的不可知论者和自然神论者。同时,他又是反对天主教、迷信、偏见、宗教狂热的战士。伏尔泰对天主教会的黑暗统治进行了无情的揭露和抨击,给同时代人以极大影响。但是,伏尔泰的哲学又充满矛盾;他猛烈抨击天主教和僧侣主义,却又承认神的存在和宗教的不可或缺,认为可借以约束民众。他甚至认为:如果没有神,就应当造一个神。卡尔·马克思写道:伏尔泰在文章里宣传废除宗教信仰,而在文章的注解里却又维护宗教。——译者

抽象、秩序与混沌、张与弛、构成与结构、神话与逻各斯等之对比。

应当承认：尽管对有关神话的定义众说纷纭，神话仍是 20 世纪社会学和文化论的中心概念之一。不仅如此，由于心理分析风靡一时，社会学本身也极度"心理学化"。在卡·古·荣格的"分析心理学"中，神话作为"原始型"已成为集体下意识的同义语。通观哲学领域，对神话的趋重几与人种学的新思潮毫无关联，而与 19 世纪末至 20 世纪初西欧文化中普通的历史和思想变动则有着不解之缘。

然而，远古神话的人种学研究的转变，是逐渐完成的。我们拟对施之于神话本质的阐释中这种别具一格变革之某些要点加以说明（我们一向所指，主要不是研究方法，而是认识方法）。这种变革无疑已发生于 20 世纪的科学人种学（民族学）这一领域，并促成文艺学中仪典—神话论之萌生。

如上所述，20 世纪的人种学形成于一定的意识氛围，——它有利于反进化论的倾向，在某种程度上有利于非理性主义的倾向。然而，除这种或那种意识色彩外，我们势必触及重大的科学发现，而诸如此类发现则往往是摈除哲学领域众多迷误的结果。神话阐释中萌现的范畴颇为重要，有助于种种新说广泛扩展于其理性主义运用的限度之外。尽管矛盾百出、偏颇之见层出不穷，20 世纪的人种学仍促使对神话的认识大大深化。我们应重视上述成果，至于偏颇之见则应予以抨击。

如果说 19 世纪的古典民族志学将神话主要视为一种幼稚的、前科学（或反科学）的方式（亦即："野蛮人"因震慑于自然威力和经验十分匮乏而产生"好奇心"并亟欲索解，进而试图对周围世界加以说明），那么，有关神话的种种新说（再次说明：其中虽颇多流于偏颇，偶尔也不乏较为深邃之见），则于 20 世纪初为弗·博阿斯、詹·乔·弗雷泽和埃·迪尔凯姆所倡始，并完整地见诸布·马利诺夫斯基的仪典主义功能论、吕·莱维-布吕尔的原始"集体表象"前逻辑论、恩·卡西勒的逻辑"象征说"、卡·古·荣格的心理—逻辑"象征说"、克·莱维-斯特劳斯的"结构"分析。有关的学者为数众多，尚有：罗·

拉·马雷特①、威·施米特②、康·泰·普罗伊斯、阿·费尔坎特③、保·拉丁、A.E. 延森、约·坎贝尔、米·埃利亚德、乔·迪梅齐尔、A. 居斯多夫,以及苏联神话学家阿·费·洛谢夫——他在思想上和学术上经历了复杂的演化过程。笔者列举上述学者,是就对原始神话的阐释而言,并非扩及神话与文学的相互关系。

　　弗兰茨·博阿斯被誉为"20 世纪美国人种学之父"。他在其著作中述及许多意向;嗣后,这些意向均从根本上获得发展。弗·博阿斯摈弃总体进化论(在美国民族志学领域,它源于亨利·摩尔根),提出对各个种族文化区域及其成分扩散进行研究的方法。他对神话和原始思维所持见解非常重要。[22]

　　弗·博阿斯不同于爱·泰勒,他以传统观念的状况来说明原始思维的逻辑缺陷,似乎这些传统观念可同任何新的感知产生联想,——这只不过是一种机械论罢了,实则与当代欧洲文明的代表者如出一辙。不仅如此,原始智力的联想为异源多相,富于情感、注重象征;动物被想

---

　　① 罗·马雷特在《前万物有灵信仰的宗教》(1899 年)中最先运用这一术语。马雷特反对泰勒所提出的万物有灵论,而主张"无生物有意识论",并提出早期人类的"原始心灵逻辑"说。据他看来,对无人格的超自然力量的信仰,先于万物有灵信仰。宗教的基原,并非思想、信仰、神话、崇拜、仪礼。原始人的行为,不是受制于某种理性的观念,而是为通常的无意识情感所左右。作为源出于诸如此类情感之举,种种仪礼和舞仪相继萌生。马雷特指出:"蒙昧时期的宗教,与其说是产生于思,毋宁说是产生于舞"。罗·马雷特既反对泰勒将唯智论过分绝对化,又对弗雷泽只注重理智而置情感于不顾持有异议。他指出:当原始人未能赶上所追逐的仇敌而怒不可遏或暴躁不安时,则用木棒敲打沿途的石块和树木。他们相信:这样即是追赶并击败了仇敌。据马雷特看来,诸如此类举动,便是一种法术,即原初的法术;笃信木、石中寓有"灵力"的意象,便由此而生。由此可见,马雷特亦将感觉、情绪视为渊源。又据他看来,原始人关于超自然者的表象,始而具有无人格性,并体现于对法术和塔布(禁忌)之笃信。——译者
　　② 威·施米特在《一神观念之由来》中指出:一神观念亘古有之;对至高存在的信仰,乃是远古时代人类文化的重要部分;而这种信仰并不以时间、空间为转移,其原因在于:它源出于上帝的启示。据他看来,这种亘古有之的上帝启示,既是历史事实,又是《创世记》最初几章所包蕴之真谛的直接佐证。施米特又指出:迷信、法术、幻术等等,败坏了这一源出于上帝启示的宗教,而留存于世者无非是一些残余罢了。——译者
　　③ 康·普罗伊斯特地对中美洲和南美洲诸民族的宗教进行了探究;他将仪礼活动(属法术和幻术)视为一切宗教观念之滥觞。"这是因为宗教形成的历史只能见诸仪礼;而其发端则应是人本身的法术。"(《宗教与幻术的起源》,1904 年)神祇形象,无非是幻术活动的人格化。据阿·费尔坎特看来,万物有灵观念和信仰萌生之前,存在一种对无人格的、超自然的精神之力的信仰,——这种所谓"力",似乎可主宰世界。——译者

象为与人同形同性;那些被我们视为表征者,在土著居民的思想中则是自成一体的客体,具有独立不羁的现实性;在土著居民的思想中,人与动物两者的分野迥然而异,甚至其分类也全然不同。博阿斯并未否定神话的阐释功能,却认为神话意象、习俗和仪典往往形成于不自觉的、机械的过程。他认同神话中存在与世俗生活质料相辅相成的补偿因素,并认为将事态归之于神幻时期是神话所固有的特征。

仪典论和功能主义

关于仪典先于神话之说,为著名的闪米特学家和宗教学家威·罗伯逊—史密斯所力主;20 世纪仪典论的奠基人,无疑是承袭其观点的詹·乔·弗雷泽,——他曾对大量溯源于祭仪并与种种时序周期紧密相关的神话有所探考[23]。弗雷泽虽脱离爱·泰勒和安·兰格的英国人类学派,实则亦持遗存说。诚然,他对泰勒的万物有灵论提出了重大修正,将法术置于与其相对立的地位,认为法术与人类思维较为古远的阶段相契合,而且并非仰赖于人格化之灵,而是凭借无人格之力。

詹·乔·弗雷泽以类似联想(类感法术,即模拟法术)和接近联想(触染法术,即感染法术)对法术加以说明,并全然基于 19 世纪的精神,将法术解释为原始人幼稚的迷误。举凡献祭、图腾崇拜以及节期祭仪,弗雷泽几无不完全归源于法术。诚然,他认为必须肯定法术对于强化王权以及维护婚姻制、私有制和社会秩序的积极作用。弗雷泽这一表述得如此纯理性、如此直截了当的思想,先于其他著作家(特别是布·马利诺夫斯基)有关神话积极作用的、较为深刻的见解。不仅如此,弗雷泽也不同于泰勒;据他看来,神话越来越不成其为对周围世界进行有意识的阐释之手段,而尤非是日趋湮灭的仪礼的模塑品罢了。将法术作为确有效能的本原(与万物有灵论截然不同)进行探讨,把弗雷泽推向仪典论;而这又导致对神话之具有认识作用和内涵丰实这一侧面的估计不足。

詹·乔·弗雷泽不仅以其仪典先于神话的命题,而且在更大程度上以其探考（主要见诸《金枝》）对神话学有着巨大的影响；这些探考施之于神话以及"死"而"复生"（更确切地说，"再生"、"复返"）之神的农事节期祭仪，——诸如此类祭仪是为《新约全书》题材和基督教神秘仪礼的古老对应者。① 弗雷泽从届期诛弑并取代法王之仪俗（据信，法王与丰稔和部落安泰确有法术关联）中揭示了神话成分，确切地说，揭示了"仪典成分"，——这使人们尤为关注。遵循这一构想，弗雷泽将狄安娜圣地的古罗马祭司视为法王。据说，法王手执利剑，时刻戒备不速之客（潜在的继任者）来撷取阿里齐亚地方的树木枝条，——弗雷泽将它与埃涅阿斯的金枝②等同看待。弗雷泽构拟这一神话成分，系借助于不同来源的民族志史实（希卢克人③的弑王之俗、某些美索不达米亚王国每逢军情紧急实行"代王秉政"制、巴比伦新年节日所行的贬王仪式、相当朦胧之一些古老社会弑王的传说）。弗雷泽的神话成分说已博得仪典论者的赞同，并为这些学者详加论证（参见 M. 霍卡特所著有关王位承袭的种种方式一书[24]；其实，霍卡特与其先行者不同，他对传统习俗逐一加以释析，其论点中并含有结构主义成分）。

至于王位的更迭（加之以"片时王"和"替罪羊"），詹·乔·弗雷泽及其追随者将其置于旨在祀奉死而复生之神的仪典、圣婚以

---

① 詹姆斯·弗雷泽在其卷帙浩繁的巨著《金枝》（1911～1915 年）中阐述了对人之灵魂及其种种变异的信仰，并对植物化身、农事崇拜、林木崇拜、"塔布"、法术、禳除仪礼、人祭、"圣婚"等均有释析。通观弗雷泽的种种著述，其主旨在于阐明人类智力发育诸阶段更迭的理论。据弗雷泽看来，人类的智力发育，普遍经历了 3 大历史阶段，即：法术阶段、宗教阶段、科学阶段。在法术阶段，人之智力所及，尚未臻于精灵或神祇；他们崇信自身的法术之力，诸如：呼风唤雨、以舞仪拘招兽类、"咒杀"（"厌蛊"）、诱惑异性等。迨至宗教阶段，人们已不再笃信自身拥有如此法力，而将诸如此类超自然之力加之于精灵和神祇，并顶礼膜拜或对之祈祝。伴随第 3 阶段（即科学阶段）的到来，人们终于获得这样的结论，即：左右世间万物者，并非其自身，亦非精灵，而是自然规律。——译者

② 据《埃涅阿斯纪》所述，埃涅阿斯经历了千难万险，率众从特洛伊终于来到意大利。他遵照先知西彼尔的预示，在阿雷诺斯湖畔的树林中寻得"金枝"，因而得以降至冥世，得以与为他殉情的狄多及亡父安基塞斯之灵；安基塞斯之灵并为他预卜未来的命运和古罗马的前景。埃涅阿斯信心百倍地安然返回阳世。——译者

③ 希卢克人（Шиллуки；Shilook），古老民族，分布于苏丹境内白尼罗河左岸和马拉卡勒附近地区，属尼洛特族一支；注重自然力崇拜和祖先崇拜；语言属尼罗-撒哈拉语系沙里-尼罗语族；人口共约 65 万（《简明不列颠百科全书·2006 年鉴》）。——译者

及尤为古老的献身仪式（成年仪式）等背景下加以认识。弗雷泽所 33
记述的神话和仪礼，不仅引起民族志学家的重视，而且为作家所关
注；这是由于：在他的笔下，作为死亡与再生必由之途的人类劫难颇
富戏剧性；人生与自然的并行性、与有关自然和人生中永恒周而复始
更迭的观念相契合的循环性，清晰可见。弗雷泽的学术论著是为仪
典论赖以传布的基点。

　　法国人种学家和民间文艺学家阿·范·赫内普所著《澳大利亚
的神话和传说》（1906 年）、《过渡性仪礼》（1929 年）[25] 等，具有一定
的影响。范·赫内普和詹·弗雷泽，同为英国人类学派所培育者；而
范·赫内普又不同于弗雷泽，他执著于反对该学派的进化论。范·
赫内普有关过渡性仪礼的研究，具有异常重要的意义。至于过渡性
仪礼，行之于人生的转换关头（诸如：降生、臻于生物的和社会的成
熟、婚配等等，直至亡故与安葬）以及自然界的交替时节（时序周期）。

　　古典语文学领域的所谓"剑桥学派"，直接导源于詹·乔·弗雷
泽的学说：这一学派的代表人物有：简·艾·哈里森、F. M. 科恩福
德、亚·伯·库克、吉尔伯特·马里[26]（后者实际上不在剑桥大学任
教，而在牛津大学），以及其他一些学者。他们在其著述中始终遵循
仪典绝对先于神话之说，并将仪典视为古代世界的神话、宗教、哲学、
艺术赖以发展之最重要的渊源。就对种种形态的文化（包括文学）之
起源的探讨而论，剑桥学派堪称为人种学化和仪典说化之传导者。

　　在其所著《希腊宗教探考绪论》（1903 年）中，简·哈里森力主把
神幻的弥诺托视为饰以牡牛仪式面具的克里特王；而在《女神忒弥
斯》（1912 年）中，则对仪典中幽冥精灵异常关注，视之为希腊神话至
关重要的成分。① 哈里森把神话描述为仪礼举动（Dromenon）的语言

_____

① 《希腊宗教探考绪论》为简·哈里森的第 1 部专著；出版伊始，即拥有广大读者，影响
极大，把英国读者的注意力引向希腊宗教和思想意识的早期形态。哈里森注重探索希腊民间
宗教中对魔怪以及其他幽冥精灵的崇拜。《女神忒弥斯》全称《女神忒弥斯。希腊宗教的社会
起源考》。在这一著作中，哈里森力图从所谓"献祭仪式"中导出古希腊某些仪礼，并认为：诸
如此类仪礼中被膜拜的神祇，无非是溯源于所膜拜的社会之主观的"投影"，该社会则被借以
体现人们对丰年的憧憬。——译者

相应者(Legomen),并基于以上所述对希腊造型艺术的起源加以阐释;而吉·马里则致力于为希腊史诗中主要人物以及希腊悲剧(后者堪称根深蒂固)寻求仪典的根源。对阿提卡喜剧的仪典根源,F. M. 科恩福德进行了类似的探考。在其另一部著作(《从宗教到哲学》,1912年)中,科恩福德断言:希腊的哲学思想起源于仪典范型。

34　　时至30和40年代,仪典论学派从古典语文学领域扩及古代东方文化、叙事诗理论、宗教学和艺术学诸课题的探讨,并处于举足轻重的地位。在其所著《神话与仪典》(1933年)和《迷宫》(1935年)中,C. H. 胡克论证了仪典在古代东方文化中属第一性;在《忒斯皮奥斯》(1950年)中,T. H. 加斯特提出古代东方一些神圣典籍无不具有仪典基原之说。[27]此说在很大程度上为较晚期的 E. O. 詹姆斯所采纳,并在其鸿篇巨制《古代近东的神话与仪典》(1958年)[28]中加以论证。

　　早在30和40年代,F. R. S. 拉格伦和S. E. 海曼即已基于仪典主义新神话论提出尤为偏颇之说。据拉格伦看来[29],一切神话均为仪典的解说;而与仪典互不相干的神话,只能称为"神幻故事"和"传说"。拉格伦认为,詹·乔·弗雷泽、C. H. 胡克、M. 霍卡特所描述的、行之于一定节期的诛弑法王以取代其位的仪俗,即是最为古老、包蕴丰富的仪典类型。据他看来,这种仪典类型可溯源于新石器时代,其发祥地为近东,寓有水(洪水)和火毁灭旧世之意;佯作征伐以及圣主之被弑,并寓有下列含义:其躯体被分解以及新世以其诸部位形成、以泥土和牺牲之血造人类始祖(兄——妹),他们被赋以生命并结为圣婚。甚至附丽于具体人物(如托马斯·贝克特)的历史传说,①拉格伦也一概视为旨在对仪典中迭次复现的场面加以诠释的神话。拉格伦基于仪典以及与之相伴而生的神话之移徙和扩散(这与反进化论相吻合,而与弗雷泽之说相悖),并力主任何民间创作的和文学

_____

① 托马斯·贝克特(Thomas Becket,1118~1170),曾任英格兰国王亨利二世的枢密大臣,后任坎特伯雷大主教,因反对亨利二世把持宗教事务而遭杀害。——译者

的体裁之基原均为仪典。

F. R. S. 拉格伦的极度过甚其词,甚至引起仪典论某些追随者的激烈反对,如扬·德·弗里斯即指责拉格伦治学有失严谨[30]。

S. E. 海曼[31]则未脱詹·乔·弗雷泽和简·哈里森之窠臼。他将有关神祇的神话一概视为始初的神话(据埃·迪尔凯姆之说,神祇形象是集体情感的聚集——见下文),而释源神话①,则被视为派生者。继哈里森之后,海曼将仪典和神话视为以戏剧结构为基础的统一体之两个互不可缺的部分。据海曼看来,神话—仪典样式不仅是诗歌传统之源,在某种意义上说来,也是学术传统的起源,又是结构的"同义语"。海曼并提出仪典论与其他学术构想和理论乃至达尔文主义相结合的问题。据他看来,只有两种对待神话的态度同仪典论格格不入:一为断言神话的基原为真实的历史人物和事件(欧赫美尔说),一为认定神话是满足求知欲的手段。

由于仪典—神话论的文学观,仪典论对其他许多作者具有直接或间接的影响,下文还将述及。对当代著名神话学家米·埃利亚德,我们也将作扼要介绍。在纯属起源问题上,他并不执著于仪典先于神话的命题,却一味着眼于神话在仪礼中的作用并拘泥于仪礼的类型对神话进行观察,从而提出神话范畴的永恒复返论。

近 30 年来,一系列对仪典论之偏颇持批判态度的著作问世。美国人种学家克·克拉克洪、W. 巴斯科姆、V. I. 格林韦、G. S. 柯克,特别是 J. 冯滕罗兹的著作,即属之。不久前,法国学者克·莱维-斯特劳斯的著作则享有广泛声誉[32]。

J. 冯腾罗兹的批评,旨在贬抑詹·乔·弗雷泽在《金枝》一书中所述的神话成分;这种神话成分正是仪典论者赖以立论的良好基础。冯腾罗兹对此虽已深思熟虑,却也不无偏颇之处。他指出,法王届期遭弑以及王位更迭(与死而复生之神相类比),这一构想基于不同来

---

①　诸如此类神话旨在"推本溯源"(Этиологизм;源于希腊文 aitia,意即"起因"),即对人类周围世界的某些现象的起源加以探究和阐释,此乃神话思维至关重要的特征。——译者

源的资料,乃是依据来自不同文化的民族志片断资料予以构拟,无论何处都无法全部(就其一切主要成分而言)得以确立。由此可见,冯滕罗兹不仅对王位更迭这一仪典传布之广泛性及其形态之标准性表示异议,而且对这一饶有意味的民族志学现象实质上予以全盘否定。然而,有利于这一现象之种种前所未有的、有价值的资料纷至沓来,其中甚至包括对灵长目动物首领更迭方式的探考之所得[33]。此外,冯滕罗兹的下述论点无疑是正确的,诸如:原始仪典是为神话的演示,为数众多的古代戏剧样式(神秘剧、希腊悲剧、日本的能剧①,等等)均自神话中汲取质料。仪典论者实则并未将具体的神话与具体的仪典加以对比,而是通过纯属思辨的途径获致其理论的众多原理。他对仪典论者的批评同样恰如其分。他指出,仪典论者将仪典、神话、信仰、神幻故事、文学形象和社会典范混为一谈,忽视必要的体裁区分,对神话的叙事性也未予以应有的估价(W. 巴斯科姆对后一现象亦有论述)。

一般说来,克洛德·莱维-斯特劳斯持仪典属第二性说。他认为,仪典与神话截然不同,堪称连绵不绝的生活之流的模拟。

至于神话和仪典两者孰先孰后,颇似鸡与卵,很难予以说明。在原始文化中,毋庸置疑,神话与仪典浑然难分、相依并存。然而,甚至在最古老的社会中,为数众多的神话并非源于仪典;反之,每逢节期仪典举行之际,则盛行演现神话之风。例如,澳大利亚中部诸部落,每当举行成年仪式,则为新领受此仪礼者演示有关图腾祖先游徙的神话;诸如此类神话又有其神圣的内核,无法归结于仪典,——这便是神圣的游徙路线。与戏剧—舞蹈艺术的特点相契合,这种仪式的哑剧首先着力模拟图腾兽类的习性;而其伴唱,则具有祝颂之意。就此而论,现代澳大利亚民族志学家 E. 斯坦纳的探考颇引人注目。他在其专著《论土著的宗教》[34]中指出,澳北区诸部落既有相互全然等

---

① 能剧(Ho;No theatre),日本剧种之一,源于猿乐;14 世纪后半期至 15 世纪,发展为歌舞剧;大多取材自历史故事和神话传说。能剧的表演者既非通常意义的演员,亦非扮演者,而无非是讲故事者。——译者

同的神话和仪式,又有与神话并无关联的仪式以及与仪礼不相连属、并非源于仪礼的神话。这并不有碍于两者具有类似的结构。据 W. 马修和克·克拉克洪的考察,在普埃布洛人和纳瓦霍人①中,神话与仪礼的关系同样十分繁复、十分驳杂:神话与仪礼所表征者并非完全契合,有些神话显然并非源于仪礼。此外,通观远非那样古老的文化,如在地中海地区、印度、中国和前哥伦布美洲之早期阶段的农业社会中,确有为数众多的时序神话及其他神话显然源出于崇拜,——其景况正如詹·乔·弗雷泽所探考。诚然,古代地中海地区的神话,在一定程度上也为仪典论者所简约和公式化;例如,他们并未察觉,苏美尔之神杜穆济(阿卡得之神塔穆兹的原型)不同于塔穆兹,这一形象并未复生("复生"的情节至少未见诸传世典籍),而且亦非农事神,而是畜牧神;或者并未注意到:古代近东等地区弑王之俗等等,并无直接材料可资佐证,尽管赫梯人和亚述人之诛戮王者替身确有据可寻[35]。

仪典重于神话以及神话绝对源于仪典的命题,尚无法加以论证;总之,并无论据可资凭依,尽管瑞士心理学家让·皮亚热令人信服地揭示了理智的感觉运动内核的作用,法国心理学家亚·瓦隆正确地揭示行动在思维准备中的作用。如上所述,仪典论必然导致对神话的理智的和认识的作用之估计不足。剑桥派将仪典论加以扩展,用以解释一切文化形态的起源(哲学也不例外),上述现象则尤为显而易见。

神话既不是辅之以语言的举动,又不是仪式的反射。至于神话与仪礼在原始的和古代的文化中基本上臻于某种同一(即世界观的、

①　普埃布洛人(Пуэбло;Pueblo,西班牙文意为"聚落"),北美印第安人部落集群,分布于美国西南部的新墨西哥州和亚利桑那州,包括霍皮人、祖尼人、特瓦人、赫梅斯人、蒂瓦人等,人口共约 5.3 万(20 世纪 90 年代);语言属阿兹特克-塔诺语系,保持传统信仰(自然力崇拜、太阳崇拜、行业崇拜、图腾崇拜、对所谓神与人之中介"卡钦"的崇拜),并行鹿舞、蛇舞、雨舞等,祈雨仪式十分隆重。纳瓦霍人(Навахо;Navajo),美国境内最大的印第安人部族;"纳瓦哈"(Navaha),特瓦语,意即"拥有耕地之宽阔的河谷";又称"迪内"(意即"人"),为北美洲最大的印第安人部落集群,分布于美国的亚利桑那、新墨西哥州;人口约 19.8 万(《简明不列颠百科全书·2006 年鉴》),信萨满教,信万物有灵,崇拜多神。——译者

功能的、结构的同一），至于仪式中对神圣往昔之神幻事迹的再现，至于神话和仪式之存在于原始文化体系中乃是作为它的两个范畴（即语言范畴和行动范畴，"理论"范畴和"实践"范畴）——凡此种种，理应另当别论。对神话与仪礼的内在同一、两者活生生的关联以及两者共同的实际功能作如此理解，始于布罗尼斯拉夫·马利诺夫斯基。

　　布·马利诺夫斯基是英国的民族志学家（原为波兰籍奥地利人，第一次世界大战初期被俘），为人种学领域的所谓功能学派奠定了基础。应当承认，关于神话与仪典的相互关系的问题，广而言之，关于神话在文化中的作用和地位的问题，真正的开拓者正是马利诺夫斯基，而非弗雷泽。马利诺夫斯基的功能主义与英国古典人类学派（在一定程度上也包括弗雷泽）的观点截然不同，前者趋重于将神话置于"原始状态"的异域诸部落那种活的文化环境中加以探考，而不是囿于比较进化论范畴；就后者而论，民族志学的实地考察，无非是为古希腊罗马世界或欧洲诸民族现代"弗克洛尔"①中某些风习和神话题材之遗存性提供佐证。马利诺夫斯基的这种意念尚不成其为新见，但有助于新见之萌生。

　　布·马利诺夫斯基曾在大洋洲地区特罗布里恩群岛的巴布亚人②中进行考察（其他一些地区也有他的足迹），其所得载于他的《原始心理中的神话》（1926年）[36]这一颇负盛名之作。马利诺夫斯基指出：神话在古老社会，即其尚未成为"遗存"之时，并不具有理论意义，也不是人们赖以对周围世界进行科学的或前科学的认识之手段，而只是负有纯实践的功能，即诉诸史前事迹的超自然现实来维系部落文化的传统及其延续性。神话使思想法典化，使道德强化，使一定的处世准则得以确

38

---

　　① "弗克洛尔"（Фольклор；Folklore），现代国际学术界对这一术语的理解，不尽相同。最为习见的是这样一种广义之说，即：它等同于民间传统、习俗、仪礼、观念、信仰、艺术等之总和；苏联等国家的学者则将这一术语视为一切民间创作的统称。我国学术界曾约定俗成地将这一术语译为"民俗"、"民俗学"等。——译者

　　② 巴布亚人（Папуасы；Papuan），西南太平洋伊里安岛（新几内亚岛）及其附近若干岛屿的原居民，一般从事刀耕火种，兼营采集、狩猎、捕鱼，保存氏族制，盛行图腾崇拜和祖先崇拜；人口共约500万（20世纪90年代）。——译者

立,使种种仪礼获致认可,使社会体制合理化并获得认证。马利诺夫斯基立足于神话的实用功能,对神话进行评析。他把神话视为一种工具,人们赖以释解涉及个人和社会之吉凶祸福的种种令人困惑的问题;又把神话视为一种手段,人们借以维系与经济因素和社会因素的和谐。据他看来,神话——不仅是具有诸如比喻、象征等意义的逸事和叙述;神话——土著居民视之为特殊的口头"圣典",视之为某种可以左右世界和人们之休咎的效能。

据这位探考者所述,神话这一现实溯源于史前神话时期的种种事迹;由于神话之再现于种种仪礼及仪礼之具有法术作用,对土著居民说来,它又是见诸心理范畴的现实。

正是布·马利诺夫斯基苦心孤诣地论证,将神话与法术和仪礼联系起来,并明确提出神话在古老社会中的社会—心理功能的问题。这一问题似为众所关注,即始于马利诺夫斯基其时。康·泰·普罗伊斯的名著《神话的宗教形态》[37] 不久问世。在这一论著中,他坚持这样一种见解,即神话与仪礼根本同一,两者使似乎见诸史前时期(Ur-zeit)之举再现、重演,——而这些举措又为确立,继而为维系宇宙秩序和社会秩序所必需。A.E. 延森、米·埃利亚德、A. 居斯多 ³⁹夫以及其他许多学者,也循此著书立说。

法国社会学派

新神话理论的开拓者,除揭示原始神话的功能—仪典范畴的詹·乔·弗雷泽和布·马利诺夫斯基外,尚有埃·迪尔凯姆(又译"杜尔干"、"涂尔干");尤以吕·莱维-布吕尔为其中的佼佼者。①

詹·乔·弗雷泽和布·马利诺夫斯基与英国人种学的传统有不

---

① 法国哲学家吕西安·莱维-布吕尔致力于原始思维的研究。他认为:所谓"前逻辑(prelogique)思维",为原始社会和现代的未开化社会所特有,而不同于所谓"文明社会"的逻辑思维。据吕·莱维-布吕尔看来,"集体表象"(représentations collectives)与"个体表象"迥然不同;其原因在于:"集体表象"并非来自个人的生活经验,而是源于人们周围的社会环境,

解之缘(前者已成为古典英国人类学派的集大成者,后者是新兴的功能学派之创始人)。埃米尔·迪尔凯姆则是所谓法国社会学派的奠基人,属于这一学派的尚有吕·莱维-布吕尔等。从根本上说来,英国人种学是从个体心理出发。甚至布·马利诺夫斯基在探讨神话的社会作用时,也把特罗布里恩人的公社设想为个体的聚集,而把文化视为旨在满足人类种种需求(系指生物范畴的)之功能的总和。埃·迪尔凯姆及其追随者是以集体心理和社会共同体①的质的特征为出发点。法国社会学派的基本术语——"集体表象",便应从这一意义来理解。

埃·迪尔凯姆对人作了双重的表述:既视之为个人生命体,又视之为社会生命体。他认为:由于个体的心理特征,在外界客体的作用下,产生了始初的感觉和经验范畴的体验;而与事物的共同属性相适应的"范畴",则是集体思想的结果。据迪尔凯姆看来,感觉的复合与时间的社会范畴或与空间的社会范畴之间,或与因果关系的社会范畴之间存在着根本的差异;前者服务于空间和时间领域的个体趋向,时间的社会范畴则同作为社会生活节律的仪典周期性相适应,空间的社会范畴则反映部落的地域体制。迪尔凯姆断言,理智无法归结于个体的经验,并提出所谓集体的理念和表象与之针锋相对,——据说,它们为社会加之于个体。同时,他所注重的不是社会存在,而是集体理念本身。据他看来,这种集体理念可再现、反映、"移印"社会

而且世代相传,强制地加之于每一社会成员;宗教信仰、神话、道德准则,首先是语言,均属之。吕·莱维-布吕尔等法国社会学派的代表人物,趋重于社会心理,强调社会意识心理和集体心理的质的特征。吕·莱维-布吕尔认为:所谓"集体表象"乃是信仰对象;如果说现代欧洲人将属自然者与属超自然者加以区分,那么,未开化者的集体表象中的世界则是浑然一体。又据吕·莱维-布吕尔看来,在集体表象中,所谓"联想"为"参与律"所左右,——图腾群体与世俗世界之间,世俗世界与花、风、神幻动物、森林、河流等之间,呈现所谓"神秘参与"。又据莱维-布吕尔看来,在历史发展的晚期阶段(即使在"高级社会"),这种"神秘参与",也不会消泯,而其比重较之"低级社会"要小得多。这便是神秘主义等的不同表现。——译者

① 所谓"社会共同体"(Социум;拉丁文 Socium),既指具有一定的共同性(价级、职业、意向、社会条件)之人群,又指一定的社会群体,诸如氏族、部落、民族等(具有共同的物质生活和精神生活条件、自然条件以及共同的历史沿革,其宗教信仰和文化亦具有共同性)。——译者

状况,是为诸如此类状况的隐喻、象征。然而,迪尔凯姆又欣慰地说, 40
这些象征异常贴切可信,并未过分雕琢,因为社会仍是自然的一部
分。迪尔凯姆关于集体表象的学说,不仅延续于马·莫斯、沙·布隆
代尔、R. 于贝尔、吕·莱维-布吕尔等法国社会学派的直接代表的体
系中,而且为结构主义者克·莱维-斯特劳斯所承袭。这一学说还对
瑞士心理分析论者卡·古·荣格,并通过弗·德·索绪尔对整个欧
洲的符号学,均产生一定的影响。

在其所著《宗教生活的基原形态。澳大利亚的图腾体系》(1912
年)[38]中,埃·迪尔凯姆对宗教、神话、仪典的产生及其早期形态等
问题不乏新见。他的探究始于对 19 世纪居主导地位的种种有关宗
教和神话的理论之评析——其中既包括"自然主义"说,又包括泰勒
的万物有灵论。据迪尔凯姆看来,无论是自然主义,抑或万物有灵
论,它们自宗教和神话中所导出的均为迷茫的表象体系、"形同无本
之木的隐喻",其原因在于:客体本身、对自然界现象的观察本身或者
所谓内省,并不能产生宗教信仰,而对周围世界的那种纯属谬误的阐
释(如果仅仅是阐释),倘若不依托于某种现实,则无法持久。这一论
说颇为中肯。至于宗教,迪尔凯姆一向紧密联系神话予以探考,却又
将它置于同法术相对立的地位(后者则无须仰赖于"教会",即无须仰
赖于社会组织),实则将其与反映社会现实的集体表象视为同一。在
宗教中,社会似乎自我再现、自我神化。迪尔凯姆将宗教的特征首先
同虔敬者范畴及虔敬的和世俗的两者之对立相连属。虔敬的和世俗
的作为意识状况的两种形态,与集体的和个体的相适应。

在探索宗教(以及神话)的基原形态过程中,埃·迪尔凯姆并未
求助于对宇宙自然元素或者主宰精灵的崇拜(也不像詹·乔·弗雷
泽那样局限于法术范畴),而是趋重于图腾崇拜,——其古典形态呈
现于澳大利亚土著居民的宗教信仰。据他看来,图腾崇拜的单元为
克兰(即氏族),而克兰又实在化,并被想象为可感知的动物和植物图
腾物种。

埃·迪尔凯姆有一项重要的发现。他指出,图腾神话是对氏族 41

体制的模拟,它又服务于氏族体制的维系。迪尔凯姆既然提出神话领域的社会学探讨问题,则势必步马利诺夫斯基的后尘,背离 19 世纪民族志学有关神话之阐释宗旨的论述。他的主要注意力集注于神话观念和宗教观念的起源,而非诸如此类观念之功能。但是,他对作为社会生活赖以实施的方式之仪典又极为重视,认为社会集团借助于这一方式周而复始自我确立。迪尔凯姆将图腾崇拜与所谓"前万物有灵信仰"相连属(这一术语及相应的构想,为英国人种学家罗·拉·马雷特提出),认为图腾崇拜是玛纳类型无人格之力的宗教,[①]而这种无人格之力又非如此抽象。

至于对神话的阐释,埃·迪尔凯姆的思想极为重要。据他看来,图腾崇拜实则与其说将个别客体,毋宁说将部落本身及世界的某种模式虔敬化。这种世界模式恰与世界万物皆为部落的一部分之说相契合。迪尔凯姆从部落的社会共同体中导出作为特殊逻辑体系的图腾类别之特征,并揭示种种逻辑对立的作用。而诸如此类逻辑对立,不仅仅局限于神圣的与世俗的两者之对立,而且包括其他基于社会直觉的类似和差异(客体分别与不同的图腾相连属,而这些客体的对比又具有显而易见的标志)。

埃·迪尔凯姆有关隐喻和象征在宗教—神话思维中的作用的论述,同样十分重要。据他看来,宗教和神话并不是经验的自然之局部范畴,而是为人的意识置于其中。因此,神圣的存在之局部,势必引起整体所导致的情感(试与吕·莱维-布吕尔的论点相较,详见下文)。据迪尔凯姆看来,宗教情感的基本要素为"表记",不仅应把诸如此类表记视为社会现实的标志,而且应视为社会现实的体现。因此,他认为:在其一切范畴和历史的各个时刻,社会生活唯有诉诸广泛的象征手法始有可能成为现实。据他看来,只有将种种概念凝聚

---

① 玛纳(Mana),太平洋地区波利尼西亚和美拉尼西亚两岛群诸民族(以及非洲地区一些民族)所笃信的一种特异的超自然之力,似为某些人、动物、无生命客体所据有。据说,任何成败利钝,皆系于玛纳。又据一些学者看来,自然界之力和种种现象的化身、法术、图腾崇拜、万物有灵信仰等,均与所谓玛纳观念不无关联。——译者

为社会必然之力,才有可能对世界进行最初的阐释,继而为哲学和科学开拓道路。迪尔凯姆并未脱离进化论的窠臼,因而未能察觉宗教—神话逻辑与科学逻辑之间存在着不可逾越的鸿沟。

埃·迪尔凯姆的命题及其有关神话思维特征的某些论述,开吕·莱维-布吕尔和克·莱维-斯特劳斯的理论之先河,[①]而他们则已背弃迪尔凯姆所持彰明较著的社会学观点。迪尔凯姆的理论屡经探讨,已成为民族志学文献中众所关注的对象。综观晚近的种种评述,就所援用的资料而论,熟谙澳大利亚土著居民优秀文化的学者之一——W. E. H. 斯坦纳所作的释析,尤为引人注目(参见注 34)。斯坦纳基于该时期对澳大利亚土著居民的探考水平作出下列论断:其"世界模式"无法归结于虔敬的与世俗的两者的二分体制,而澳大利亚神话的象征并非局限于"虔敬"范畴。

吕·莱维-布吕尔在其一系列著作[39]中所表述的、有关原始思维特征的思想,在神话理论的发展中起有巨大的作用。莱维-布吕尔的理论,更彻底地动摇了 19 世纪古典民族志学的观点,即将神话视为先于科学的、幼稚的理性认识和赖以满足原始人求知欲的手段。莱维-布吕尔对有关原始思维质的差异及其前逻辑性这一问题的提法,同样冲击了进化论,因为它要求对由一种思维形态至另一种思维形态的飞跃作出阐释(诚然,莱维-布吕尔在理论上承认这种过渡的可能性)。莱维-布吕尔对从爱·伯·泰勒到詹·乔·弗雷泽的英国人类学派之"片面的唯智论"持反对态度,并创立法国社会学派与之抗衡(泰·里博、汉·迈耶等学者,并提出种种心理学理论与之对垒)。

---

　　① 法国哲学家、社会学家埃·迪尔凯姆倡导所谓"集体表象"论,认为集体表象不同于个人意识,具有外在性和强制性,亦即:宗教在个人之外具有独立的存在,对个人具有强制力。迪尔凯姆认为:社会事实成为社会学研究的对象,而社会事实只能通过社会原因加以说明,不能以个体心理解释社会现象。他曾提出"集体意识"(conscience collective)这一概念,后代之以"集体表象"(représentations collectives)。据他看来,为这一或那一社会之成员所共有的信仰和情感之总和,构成某种独立存在的体系;这种体系,可称之为"集体的",即"共同的"意识。所谓"集体意识",亦即"集体表象",迪尔凯姆系指下列概念而言:它们并非人们得之于其自身的直接经验,而似为社会环境加之于人。他所著《个体表象与集体表象》一文,对此有较详尽论述。——译者

法国社会学派不仅提出"集体表象"这一概念,而且揭示运动的和情感的激奋因素在诸如此类集体表象中的作用。他认为,集体表象因而已成为信仰的对象,而非议论的对象;它们具有绝对恪守的性质。正如莱维-布吕尔所强调,现代欧洲人(信道者乃至迷信者)无不将自然的与超自然的两者加以区分,而"野蛮人"在其集体表象中则将世界视为浑然一体。这正是就集体表象而言;至于个体的、来自个人经验的表象,莱维-布吕尔则在其中未发现"野蛮人"与文明人之间存在重大差异。

似以埃·迪尔凯姆的思想为出发点,吕·莱维-布吕尔却与他存在着极大的差异。他断言,集体表象"不具备逻辑的特征和属性"[40]。他认为,集体意识并非溯源于经验,并将事物的魔幻属性置于来自感官的感觉之上,因而是神秘主义的。按照莱维-布吕尔的表述,"神秘主义的和前逻辑的,是同一属性的两个侧面"(参见注40,第21页)。据莱维-布吕尔看来,情感的和运动的因素在集体表象中居于逻辑的内涵与外延的地位。莱维-布吕尔援引众多例证,说明神话意象的纯逻辑阐释之不足。神话思维的前逻辑性,特别反映于对逻辑规律"排中律"的违背,即:客体既是自身,同时又是他者;不存在规避矛盾的意向,单一与众多、相同与相异、静与动之对立,则居于次要地位。

据吕·莱维-布吕尔看来,在集体表象中,联想为参与律所左右;图腾集团与世俗境域之间、世俗境域与花、风、神幻动物、林木、河溪等等之间的神秘参与则应运而生。自然界成为神秘的相互作用之活动的总体,有关神秘之力的"连续统"①的表象先于灵的形象之萌现(试与前文埃·迪尔凯姆有关图腾崇拜与无人格之力的表述相较)。神话中的空间并非单一,其各个方面蕴涵着不同的特质和属性,其各个部分则同存在于其中者相参与。关于时间的表象也具有质的属

---

① "连续统"(Континуум;拉丁文 continuum),数学术语,用以表示具有某种连续属性的构成体;在数学中,系指任一空间包含至少两个点、具有某种强连续性的集合体。——译者

性。至于所谓因果,它在每一具体时刻被领悟的只是其中一个环节,另一环节则属于冥冥之力的世界。

在前逻辑思维中,综合无须先行分析。种种综合,对矛盾说来是不可分解的、无感的;对经验说来,是不可渗透的。就此而论,记忆与逻辑功能在某种程度上是对立的:另一表象在记忆中所唤起的表象,具有逻辑推理之力,符号因此被视为"因"。记忆可进行剔选,它有利于可见之力与冥冥中之力的神秘关联。逻辑的抽象与神秘的抽象处于相对立的地位。集体表象取代共同的概念。集体表象之包容,堪称广博;其原因在于:它们依然是具体的,可运用于异常众多的场合。对神秘参与说来,既无任何偶然决定论,也无绝对决定论可言。

运用民族志学领域某些已属残存集群者的语言资料,吕·莱维- 44
布吕尔揭示了神话思维的下列特点:承认空间的非单一性、将同一表象从空间范畴移至时间范畴(空间范畴的参与先于时间范畴的参与);形象—概念具有鲜明的视觉、听觉和运动的色彩,而且诸如此类形象—概念十分丰富;既定的属性与单一的客体不可分,数与总和不可分,不同的数因其神秘意义甚至可能等同。诸如此类参与,莱维-布吕尔在对种种仪典进行释析之时予以揭示,诸如:成年仪式——旨在参与公共图腾集团之举;卜算——将种种关系与往昔和未来相混淆;与降生,特别是与死亡相关联的仪礼——将这些事态呈现为持续不断的过程(而且是极端非逻辑的)。

据吕·莱维-布吕尔看来,神秘成分是为神话中最为"珍贵"者。就此说来,"参与"具有表征性,"参与"在这里已非直接为人们所感(呈现为对文化英雄或者半人半兽属性的神幻始祖之"参与")。莱维-布吕尔力主否弃将神话视为用以阐释周围世界的手段之说;继布·马利诺夫斯基之后,他将神话视为旨在维系与社会集团之亲缘的手段。

吕·莱维-布吕尔的理论博得广泛的响应。然而,在《札记》(他逝世后的 1949 年出版)一书中,莱维-布吕尔放弃了他的某些极为重要的论点。

对神话思维的质的特征的揭示,是吕·莱维-布吕尔的重大成果;众多有价值的、可信的考察同样如此。但是,莱维-布吕尔显然有重大失误,即将原始思维的某种弥漫性、不可分性视为十分独特的、非逻辑的"逻辑",视为一种封闭的体系,与个体的和社会的经验以及逻辑的思维能力全然隔绝。莱维-布吕尔对神话思维如何发挥其功能,如何进行概括,即如何既是具体的而又运用符号,作了十分详尽的阐释;然而,因囿于"神秘参与",他未能发现那种别具一格的神话思维功能所具有的理智意义及其实际认识效果。

种种象征主义理论

20 世纪前数十年人种学探究的成果,为德国哲学家恩斯特·卡西勒在其著作,特别是在鸿篇巨制《神话思维》(1925 年)中所袭用;这一专著是三卷集《象征形态的哲学》[41]的第 2 卷。

继康·泰·普罗伊斯之后,卡西勒接受了仪典论的立场,即承认仪典先于神话;他步普罗伊斯和马雷特之后尘,同样认为原始宗教肇始于对法术之力的浑然不分的直觉。恩·卡西勒与布·马利诺夫斯基和埃·迪尔凯姆毫无二致,承认神话的实用功能,并认为:这种功能在于使自然的和社会的协调得以确立。毋庸置疑,他那有关宇宙的形成仰赖虔敬的/世俗的之对立的思想,源于迪尔凯姆。在对原始思维加以表述时,他已不称之为"原始的",则索性以"神话的"相称;而将后者与科学的、逻辑的思维加以对比时,他又依托于吕·莱维-布吕尔一系列重要的论点。至于在古希腊罗马神话领域,恩·卡西勒主要得益于赫·乌森纳和威·奥托的著述。然而,卡西勒有关神话的探讨不仅较之前人尤为翔实、尤为系统,而且立足于许多崭新的原理,其中最重要的是将人的精神活动,首先是作为这一活动最古老类型的神话创作,视为(即"象征"活动)(在其最后一部著作《人之试析》[42]中,卡西勒将人称为"象征的动物")。

　　恩·卡西勒将神话（连同语言和艺术）视为独立的文化象征形态，认为：它具有特殊的模态性，具有诉诸象征使感性材料、情感具体化客体化之别具一格的手段。神话之作为封闭式的象征体系呈现于世，既仰赖于神话的功能性，又凭借于对周围世界加以模拟的手段。

　　在探求对神话的正确认识的过程中，恩·卡西勒摒弃了形而上学演绎法（譬如，据谢林的神话哲学，神话是为"绝对"之自我发展以及神谱演化中不可或缺的因素），并摒弃流于经验—心理力量范畴的心理学归纳法。据卡西勒看来，民族心理以人性的同一以及表象赖以形成的共同规律取代"绝对"之同一；上述两者均始于起源和经验，而卡西勒却认为应从民族幻想的功能和结构形态出发。他将神话视为与文化生活其他类型相对应的现象，并未将神话归之于这些类型。这种见解与 19 世纪的科学思维针锋相对。须加以说明的是：卡西勒有关"结构"的概念，仍是十分静止的，属完形心理学①范畴。这种静止性使卡西勒有异于嗣后的结构主义者，尽管他在晚年曾参加《信息》杂志的工作，同他们有直接的联系（这是纽约语言学小组的刊物，罗·奥·雅科布松和克·莱维-斯特劳斯均为该组成员）。

　　恩斯特·卡西勒以所谓"批判的"、先验的方法，即以所谓"新康德主义"〔亦即凭借马尔堡学派（赫·科亨、保·纳托普等）精神离弃有关"自在之物"（物自体）之说所造就的"二元论"之康德学说〕，同形

———————————

　　①　完形心理学（Гештальтпсихология），又称"格式塔心理学"（"格式塔"为德文 Gestalt 的音译，意谓"组织结构"或"整体"），为欧美现代心理学领域的学说和流派之一，马·韦特默、库·考夫卡、沃·克勒于 1912 年创立。他们及其追随者的基本出发点在于：整体无法以部分之和加以理解；整体的特性是基本的，而部分的特性则系于它们在整体中的地位。据他们看来，意识经验中显现的结构性或整体性，应视为心理现象最基本的特征；知觉不是感觉相加的总和，思维也不是观念的简单联结；理解是已知事件之旧结构（格式塔）的改组或新结构的形成。克勒并认为：经验结构和生理结构之间不存在因果关系，两者之间也不存在机制和过程的关系，它们无非是结构样式相同而已。根据这种心物同形理论，格式塔心理学的代表者提出"心理物理场"、"心理环境"等概念来解释人的心理和行为；这样一来，势必混淆意识和存在、主观和客观的界限。——译者

而上学演绎法和经验主义归纳法相对峙。① 主体与客体之二律背反的问题(即"形而上学"问题)并遭屏弃,而主体则被视为文化发展的无人格过程。文化成为客体赖以创造的内在性逻辑(理性由自身创造性地产生世界),因为世界之被认识是在形成过程中,而不是在其物的规定中。就理论意义而言,卡西勒将关系范畴,而非事物、实体范畴置于首要地位。新康德主义马尔堡学派的逻辑斯提情致,与巴登学派的心理学论相对立②(事物的本质并未因卡西勒在某些场合对埃·胡塞尔现象学的反心理学论进行抨击而有所更易③);毋庸置疑,它也与埃·迪尔凯姆的社会学说相对立。然而,实质上,恩·卡西勒以及马尔堡学派其他成员将主体视为某种"普通意识"的见解,几等同于迪尔凯姆的"集体表象"说。无论是前者,抑或后者,对主体均以客观唯心主义精神加以认识。依据其对主体和认识之客体的哲学观点,恩·卡西勒设定:神话的"客观性"并非取决于"客体"本身,而是取决于客观化手法;世界的神话模式之演化历程,可与世界的科学构想之逻辑起源相比拟;他并将客体种种文化形态之关联的状貌与形

---

① 马尔堡学派(Marburg School),19 世纪 70 年代以后兴起的新康德主义主要派别,否定康德关于"物自体"之说的唯物主义因素,注重认识论和逻辑问题的探究,以逻辑结构解释世界的结构,力图为数学、自然科学乃至人类的普遍经验寻求逻辑根据。其创始人为赫·科亨,保·纳托普、恩·长西勒为其主要代表。科亨及其追随者主张从先验逻辑出发,并以逻辑结构对康德的认识论加以阐释,因而又被称为新康德主义的"先验逻辑学派"。保·纳托普自视为科亨的追随者。据他看来,先验方法的任务为探究全人类文化的逻辑根据。他抛弃了康德式的直观和思维方法的二元论,力图将科学知识建立在纯粹逻辑的基础之上,因而使康德的唯心主义彻底化。——译者

② 巴登学派(Baden School),19 世纪末、20 世纪初兴起的新康德主义主要派别,又称"弗赖堡学派",其主要代表人物为威·文德尔班、海·李凯尔特。犹如马尔堡学派,巴登学派亦否弃康德关于"物自体"之说的唯物主义因素。巴登学派将伦理学和美学作为主要研究领域,注重基于价值论对康德学说进行阐释。据文德尔班看来,人不仅有"个个意识"和"特殊价值",而且有先验的"普遍意识"和"普遍价值"(即人们估价的"绝对标准")。据李凯尔特看来,价值凌驾于一切存在之上,在主体和客体之外形成一个独立的王国。——译者

③ 心理学论(Psychologism),哲学领域一种观点;持此说者认为:认识论的问题(人类知识确实性的问题),可凭借对思想过程的探考获得解决。其中有些学者认为:心理应成为其他学科的基础,特别是逻辑学的基础。在其《逻辑研究》中,埃·胡塞尔对上述论点进行了抨击。——译者

象、符号相比拟。① 恩·卡西勒把有关客体的表象视为具有客观化功
用的意识（包括评价在内）之自生性举动而加以阐释。新的符号世界
在意识面前应呈现为完备的客观现实。就精神而论，神话在形象中　47
高居于物的世界之上（事物则为形象所取代）。

　　这里不拟对恩·卡西勒的哲学本身进行评析。就此而论，我们所
关注的，首先是他那作为科学理论的神话理论；这种科学理论在神话探
讨领域昭示某些新的重要见解。卡西勒并未，也不愿将神话视为自然
现象和社会现象的直接反映（尽管埃·迪尔凯姆曾持这种见解），或者
相反，将神话视为个人的自我表现（参阅下文有关心理分析的部分）。
但是，对神话思维的某些重要的结构特征和模态特性、神话思维的象征
性和隐喻性，他确有所察觉（尽管是有限的、片面的、静止的）。

　　恩·卡西勒对神话中直觉的情感因素进行了探考，并对神话作了理
性的分析，视之为对现实进行创造性调整乃至认识的方式。同时，不应
忘记：卡西勒在很大程度上对"现实"作了形式的理解，认为"认识"完全与
不以意识为转移的客体相隔绝，把语言、神话、宗教和艺术均视为使经验
整体化的先天形态；据他看来，只有诉诸象征所创造的事物，才可被认
识。然而，诸如此类认识论范畴的不可知论和先天论，其对神话意识之
分析的消极作用，较其对艺术意识本身之分析的消极作用为小。

　　恩·卡西勒把神话思维的特征视为现实的与理念的、事物与形
象、本体与属性、"肇始"与始源的浑融不分，②因为雷同或近似形成因

----

　　① 恩·卡西勒继承并发展了赫·科亨所开创的马尔堡学派的新康德主义。据他看来，
哲学的根本任务，并不是研究思维与存在之间的关系，而是探考人类普遍经验的先验基原。
他将康德的先验律则运用于宗教、神话、语言、艺术、科学等领域；人类的每一种符号功能，造
就一个独特的世界；表达、直观、概念3种不同的符号功能，造就神话、知识和科学3种不同类
型的世界。——译者

　　② 始源（Принцип，Principle；希腊文 arche），哲学用语，古希腊哲学家阿那克西曼德（约
公元前610～前546）最先使用的概念，系指所谓"无限定者"（希腊文 apeiron），即无固定限界
和规定者，万有皆生此，灭后复归于此，且为万有的本原。据他看来，"无限定者"不生不灭、永
恒存在，热与冷、干与湿从其中分离而出，形成运动，万有遂见之于世。阿那克西曼德并对宇
宙起源有种种猜想，诸如：日月星辰产生于火，生物产生于因太阳之热而蒸发的湿，人类由水
中之鱼演变而来，等等。——译者

果序列,而因果过程则具有物质变异的性质。种种关系并非综合,而是相互混同;具体的、划一的形象取代"规律";就功能而论,局部等同于整体;整个宇宙按统一模式构拟,借助于神圣的与世俗的两者之对立并基于对人寰的认识而加以表述。卡西勒所详加探讨的有关空间、时间、数的概念,即系于此。神话中的生活统一感,呈现于人对切身攸关的诸现实范畴的意念,呈现于人类群体之与动物物种的神幻结合(图腾崇拜)。

48　　既然对恩·卡西勒有关神话的见解的实质已有所了解,则可对其理论的诸范畴进行较为详尽的阐释。

　　卡西勒竭力强调:客体之呈现于神话意象乃是作为"现象",而非作为幻想;神幻现实之见纳于信仰,有异于美感意识;见纳于美感意识者,则是形象本身。然而,神话思想无法衡量现实的深度,无法区分其程度,而对区分的各个级类则混淆不分。对直接的现实与中介作用、实际感知与表象、愿望与其体现、形象与事物,其区分亦十分微弱。梦的经验在神话意识中的作用,尤可为之佐证。梦与醒、生与死很难严加区分,生往往呈现为死者的复返;换言之,神话意识将存在与非存在并不视为对立者,而视为存在的两个同质部分。神话意识宛如代码,对之须加以译解。中世纪的哲学家或 19 世纪的浪漫主义者,对神话即持此说(中世纪的哲学家已对神话所含比喻的、隐秘的、神秘的意义加以区分);而卡西勒认为,我们所涉及的实则为符号与客体的浑然不分(叙事之作的魔幻意义即来源于此!)。由此可见,卡西勒的象征说同施之于种种神话情节与题材的象征说和比喻说截然不同,而同现今施之于神话的符号学阐释却十分近似。

　　然而,据恩·卡西勒看来,逻辑分析在神话思维中并不存在。神话中的因果性无非是表现为:每一类似、接近、触联均形成为因果序列,因而对原因则可作充分任意的择取。

　　应当指出,恩·卡西勒在此所凭借的为吕·莱维-布吕尔的理论及不以神秘参与为前提之前莱维-布吕尔的联想说。卡西勒对莱维-布吕尔那别具一格的思想之锋芒有所磨灭,从而似乎突出了神话的理智作用。卡西勒对神话的因果性继续进行探讨,并指出:神话所特有的并不是以普遍规律为前提的演变,而是奥维德所描述的变形,——所谓变形,乃是为偶然的、个体的事态以及自由意志的行为等提供诠释。偶然性似乎产生因果性,因为神话思想将"如何"、"为何"等问题正是用于局部的和绝无仅有的范畴。卡西勒认为:在神话中,因果关系以及局部与整体的关系两者之间存在某种对应(就局部与整体的关系而论,局部取代整体,又与整体相等同)。整体与局部之间不存在明确的界限,这与严格的因果性之阙如确有关联。在神话中,时间诸片断之间以及空间的局部之间,不存在所谓壁垒。神话中的"肇始"取代始源,并等同于实体。由事物到条件的推移,则无从提及;变易所涉及者,并不是"如何",而是"何者"、"自何而来"以及"归于何处",并以一定事物为其形态,即:仅仅局限于"肇始"和"终结"之分,种种关系归结于前此的物质实体。属性则成为实体,而原初的客体(Ur-sache)呈现为始因。因果之间形成持续性,但须借助于物质环节。从物至物,所谓力似乎作为物质实体在转移。因此,卡西勒指出:神话幻想具有一种特质,即宇宙的灵化与精神内蕴的物化相结合。

　　以上所述为"对客体的神话认识"。恩·卡西勒竭力强调,神话不同于经验科学,其特点并不在于诸范畴的属性,而在于其模态性:因与果之序列为力与神之序列所取代,规律为具体的、臻于划一的形象所取代;纳入种种关系的成分,并非趋于综合,而是相连缀或者相混同。卡西勒认为,"神话思维的诸局部范畴"也具有上述规律性。就"数量"而论,总数(复数)与单数相混同;而就"质量"说来,事物与其表征相混同(借助于具体化、实在化)。在所谓"类似"中不存在外在与内在之分,因为类似与本质相混同。所谓"类似"之所在,也是整个物之所在。试以烟草之烟为例,——它不仅是象征,而且是"唤雨"的手段,被视为所期待的云雨之形象。局部被神话连缀为形象或人物。至于神话幻想,卡西勒仍认为:只有当生活情感的动力继之而现,它始能产生神话意象的世界。所谓探究的必由之途,即源出于此;它归结为:由种种思想方式至种种直觉方式和相应的生活方式。就此说来,不妨重温上文所述,即卡西勒对生活方式的考察系凭借极为间接的形式。

恩·卡西勒将神话作为"直觉方式"加以剖析;他断言:尚未将幻想与真实、主体与客体加以区分的神话意识,系于一种直接之力;借助于此力,客体作用于意识。

然而,呈现于神话意识的事物系列,尽管仍是绝无仅有的、独立自存的、不受规律和必然性制约的事物之组合,却仍具有一种特殊的所谓"调性",并构成封闭式的王国。恩·卡西勒认为:神圣的与世俗的两者之对立(前者为神幻的、精粹的,并带有特殊的奇幻印迹),有助于空间、时间以及数之客观化的主要手段和阶段之表述。依附于空间或时间某一特定片断的表征,化为被赋予该片断的内涵;而反之,内涵的特征则以特殊性赋予空间和时间的相应点。

恩·卡西勒的这一探考十分切实可信,也十分深刻。卡西勒的见解同样十分中肯;于是,对神话别具一格的形态学进行探考的前景,豁然展现。据他看来,在神话空间中,任一方向、任一范畴均有其特殊的侧重点;这种特殊的侧重点导致神圣的与世俗的两者的区分。尽管神话空间就其内涵而言并不等同于几何空间,而就形式说来,其构拟在一定程度上则与后者的构拟相类似。每一非空间性的质的差异,通常等同于空间性的质的差异;反之,与此相应,一般的空间用语,成为语言中的理智表达方式;这样一来,客观世界则为智力所可企及。

图腾关系以及图腾标志,通过空间意象得以清晰地呈现;空间的直觉则无不予以囊括。

所谓"神话空间",是与纯数学的功能空间迥然不同的结构空间。在神话空间中,凝集关系是静态的,形态并不分解为同质成分,一切关系则依托于始初的同一。因此,整个宇宙按既定的模式构成。据恩·卡西勒看来,空间的种种关系体系在一定程度上源于人对自身的直觉(试以上/下,前/后等对立为例)。卡西勒援引有关宇宙由躯体诸部位形成的神话（即有关普鲁沙的印度神话①，等等），作为例证。
应当指出，M. 格里欧尔及其门生有关多贡人②神话的民族志学探考
中，不乏新的有价值的资料，可作为卡西勒上述思想的佐证。卡西勒
指出：有关方向的意念，不仅同虔敬的/世俗的这一具有重大意义的
范畴，而且同白昼与黑夜、光明与黑暗之物理性差异紧密相关。不仅
如此，始初的神话—宗教情感与空间的"阈限"紧密相关。"过渡性"
仪典及相应的神话中进与出之超凡的调整，可资佐证。

　　有关时间的神话构想，同神话总是意味着萌生、形成、生存、行
为、沿革、叙事相对应。正如恩·卡西勒所表述，往昔在神话中是为
事物之因，即"因何而起"；存在之神圣性溯源于起源的神圣性。这样
一来，时间成为精神论证之最初的、绝无仅有的方式。据卡西勒看
来，神话中的原初之时，借助于种种空间关系的显示，转化为现实和
经验之时。最基本的空间关系，为北——南这一特定的垂直线所区
分（白昼与黑夜、光明与黑暗之对立，也与其紧密相关）。对时间间隙
的直觉，同样导源于诸如此类相互交叉之线。卡西勒力图论证：神话
的时间感是定性的、具体的（空间感亦然），并与神话人物和形象相关
联。至于同抵达和离去、同节律性形成相伴的时间划分，卡西勒将其
比作音乐格板。卡西勒运用罗·马雷特和法国社会学家（吕·莱维-

----

　　①　据古印度神话，原人（普鲁沙）躯体为宇宙万有之源：婆罗门（祭司）生于其目，刹帝利
（武士）生于其臂，吠舍（务农者、经商者等）生于其髋骨，首陀罗（最低种姓）生于其腿部；太阳
生于其目，月亮生于其心，因陀罗和阿耆尼生于其唇，风生于其气息，空界生于其脐，天宇生于
其首，大地生于其足，天地四方生于其耳。——译者

　　②　多贡人（Догоны；Dogon），西非洲民族，又称"哈贝人"、"卡多人"、"托姆博人"，分布
于马里与布基纳法索边境地区，语言属尼日尔-科尔多凡语系。大多保持传统信仰，祖先崇拜
之风极盛。据《简明不列颠百科全书. 2006 年鉴》，多贡人共约467 000人，约 430 000 人居于
马里，约 44 000 人居于布基纳法索，主要从事刀耕火种，畜牧业等。其民间创作以及传统文
化十分丰富，流传有较为繁复的神话。据 M. 格里欧尔等学者考察，多贡人的宇宙起源神话，
堪称别具一格。相传，原初的生命胚胎化为"宇宙之卵"，即原初的子宫，后分解为两胎盘。每
一胎盘生一对孪生者，称为"诺莫"（一为男性，一为女性）。大神安玛将两诺莫之一奉献与天，
其躯体的碎块抛向四方；其锁骨的颗粒——种子，上下扬撒，首批树木便由此而生。安玛收拢
诺莫躯体的碎块，并以"天土"黏合，使其复生。诺莫乘子宫制作的方舟，携带人类的祖先、动
物、植物、矿物来到大地。又说，安玛造天和地，又造诺莫、精灵以及植物、动物和人。——
译者

布吕尔、R. 于贝尔、马·莫斯)的资料,展示了宗教活动的时间历程:
神话的生物时间感(所谓"生物时间",即生命周期),先于对宇宙时间
的直觉。宇宙时间本身萌生伊始,即呈现为生命过程。运动犹如在
空间范畴,始于生活的主观形态,归于对自然的客观直觉。对事态永
恒循环的直观之注重,渐趋强化。卡西勒认为:这里所指并非演变的
一般内涵,而是纯粹的形式。自然现象,特别是天体,成为时间、周期
性、普遍的秩序、命运等之标志。据卡西勒看来,时间赋予存在以协
调、调整的属性(它本身则获致超人格属性);天文宇宙与伦理宇宙之
间的关联应运而生。卡西勒认为:神话的时间形态,以虔敬的与世俗
的两者之区分为转移。

据恩·卡西勒看来,神话中的数为个体化的手段,但并非作为世
俗者之渐纳入神圣化的过程之诠释,而是作为其标志。

将神话作为生活形态加以探讨和对神话意识之主体的阐释,是
恩·卡西勒神话哲学的特殊部分。据卡西勒看来,个人、"自我"、精
神之范畴的分离,是一个渐进的过程,是外在世界与内在世界相互作
用以及两者相互协调的结果(此时此刻,期望与目的之间的中间环节
也被意识)。精神最初亦具有躯体所具有的属性;然而(伴随由生物
范畴转向伦理范畴),它逐渐转变为伦理意识的主体。

恩·卡西勒认为,神话中人的"界限"是变幻不定的:人与其行
为以奇幻方式所施之于的那些现实成分构成统一体。据卡西勒看
来,尚属朦胧、与有生命者同一之感,转化为尤为特殊、与某些动物和
植物物种具有亲缘之感;而体态的差异则成为"面具和服饰"。据他
看来,纯属人的意识发展迟缓。就外观而论,它表现为神祇的人化和
人物的神化。人类生活诸范畴,始初既作为精神的,又作为实体的被
同时领悟;而神话则以人类社会的语言表现自然现实,或者相反。据
卡西勒看来,神话意识的复杂性和特殊性,正是表现于这样的情状,
即此不可能归结于彼。恩·卡西勒认为:埃·迪尔凯姆基于社会学
的探讨尚嫌不足。

自然在神话中具有特定内涵,无非是与客体相互积极作用的结

果;这种相互作用见诸劳动,见诸通过非法术途径对工具的运用。恩·卡西勒对劳动作用的这种认同,颇值得注意。据卡西勒看来,对个性的认识,与人类之创造世界以及置身于这一世界相伴同。这里所指不仅是物质世界,而且包括象征世界。卡西勒着重指出:神话呈现于形象世界,而诸如此类形象并未被视为完全契合;象征表述本身,实质上包含意义与形象的冲突;神话思想的形态使整个现实转化为隐喻。如上所述,依据卡西勒的理论,只有在艺术中,形象与意义两者之间的这一矛盾始可获得解决,形象本身始可获得认可。在其晚期著作(《人之试析》、《国家的神话》)中,卡西勒在很大程度上既关注社会学范畴,又关注心理学范畴,特别是探讨了神话对否定死以及确认生之绵延和恒定的特殊作用①。

　　我们如此详尽地阐述思·卡西勒的体系,其原因主要是在于:它是独树一帜的体系,是久经磨砺的神话哲学。卡西勒的理论中确有某些矛盾;据他看来,神话的实用功能在于对自然界与社会相协调一致的论证;而对自然界与生活之同一的直觉,同样有此功效。这一矛盾与其他某些矛盾毫无二致,乃是卡西勒实际上并未进入非神话现实的范畴所致;而在非神话现实领域,却存在神话形象的重要渊源和神话的认识论根源。引人注目的是:神话之独立于其他文化形态之外(卡西勒力主此说),因神话本身具有浑融性,无非是相对而言罢了。

　　如上所述,卡西勒理论的最可贵之处,是他对神话思维某些基础结构和神话象征主义特质之阐释。在所谓信息理论创立之前,恩·卡西勒无法理解神话象征语言之功能作用的动力机制和神话创作的某些深度机制,并加以描述,这是不足为奇的。然而,就此而论,哲学壁垒同样不容忽视;这一壁垒决定于新康德主义关于沟通之先决条

---

　　①　在其所著《象征形态的哲学》(第 2 部分),恩·卡西勒写道:"通观上述种种类别,无论其差异伴随时光的推移如何彰明较著,对神话意识和神话情感说来,所谓'生命恒定一致'的理念依然如故。生命的运动和节奏被视为恒定一致,——无论呈现于何种具体的形态。不仅对人与动物界说来,而且对人与植物界说来,无不如此。在图腾崇拜的演化中,动物与植物同样并未截然区分。"——译者

件的先验论观点。这种论点忽视了下列现象:沟通过程为既定的社
会活动;人类思维的象征主义,不仅在语言中,而且在神话中均与社
会沟通不可分割,并在一定意义上即缘此而生。正是法国社会学派
(而非新康德主义),已成为仰赖信息理论的结构人类学和神话学之
众所周知的"跳板",——这绝非偶然。

　　有关沟通的先验论观点,基于有关某种玄奥的、超主体的结合和
概括的表象,将沟通的社会性及认识的社会性神秘化;这种结合和概
括为作为某种共同理智的先验之"我"所创造,而这种理智则可构拟
象征世界。至于在神话中构拟世界,这一理念本身十分深刻;而对有
关所构拟的世界和构拟过程与真实和社会存在之相互对应的问题
恩·卡西勒却未予以认真论述。

　　恩·卡西勒关于神话的象征说,承袭者大有人在。持同一新康
德主义先验论观点的 W. M. 乌尔班[43],其见解与卡西勒最为接近。
乌尔班同样将神话视为宗教的基原(据他看来,宗教运用神话语言,
以期将非神话现实象征化),视为并不忽视价值范畴的、极为高级的
认识形态。

　　苏珊娜·兰格也是恩·卡西勒关于神话的象征说的承袭者。为
了介绍卡西勒的理论,她写有专著[44],在书中称其为"象征主义哲学
的先驱"。她并自称为阿·诺·怀特赫德的追随者。综观苏·兰格
的著述,其论点同查·威·莫里斯的符号学理论①及逻辑新实证论其
他代表人物所持见解的直接关联,颇引人注目。据她看来,有关沟通
的先验论构想在很大程度上让位于"自然主义的"、经验论的观点;这
种观点基于个体之"我"和个体之"我"对其所感质料的领悟。

---

　　①　美国哲学家查·威·莫里斯的哲学观点为实用主义同逻辑实证论观念的结合。他
发展了查·皮尔斯的社会心理学构想,并基于行为主义原理提出一种理论;按照这种理论,人
的行为通过对符号的反映予以确定,而符号的意义则通过作为人的行为之协调者的功能作用
予以确定。莫里斯试图依据这一理论,对人类活动的种种范畴加以分类。他并提出符号学的
主要概念和原理。他在所谓"科学的经验主义"的基础上建立了一套关于符号的理论,后又建
立关于价值的理论。其符号学和价值学的理论,对心理学、社会学和逻辑学等有所影
响。——译者

如上所述,就整个英、美人种学说来,其特点在于:将个体的心理,而非将集体的(亦非先验的)心理视为出发点。这种意向在 20 世纪美国人种学之宗主弗兰茨·博阿斯有关神话的观点中有所显示;据我们看来,弗·博阿斯的观点对苏·兰格不无影响。博阿斯认为,神话的构想,即关于世界构成及其起源的基本意象,见诸神话和神幻故事(据他看来,神话对自然现象的诠释不同于神幻故事,并将事迹归之于现今世界秩序之前的时期),并以人格化为其首要特征。博阿斯将施之于日常经验成分的童话般的想象视为神话幻想的始初形态;这种所谓童话般的想象,则是以下述种种为背景,即:日常经验的渲染和夸张,或幻想和"日常憧憬"付诸实现所导致的这种经验之转化为迥然不同者。

在其引人注目的著作《哲学新解》(1951 年)[45]一书中,苏珊娜·兰格辟有题为"生活象征。神话的根源"专章;综观此章,她在某种程度上遵循弗·博阿斯的学说,将神话的象征主义视为幻想手法发展的最高阶段(与神幻故事相比较而言)。苏珊娜·兰格将"全然主观的和局部的梦幻现象"视为幻想的原初形态;这种梦幻现象中所呈现的是某种象征化的个体,所发生的是主观的自我表现。伴随在神幻故事和传说中的扩延,人格的象征为包容尤为广泛的象征(动物、精灵、女妖等)所取代。兰格认为:一旦动物故事和旨在描述与精灵相搏的壮士歌演化为魔幻故事,旧传承中的猿猴、鳄鱼、嗜血鬼、死者则为王子、龙、暴戾的君主等所取代。神幻故事所面对的是个人,旨在描述个人怎样如愿以偿;它趋重于主观,因而其主人公是人,而不是神,亦非圣者;他们所实施的从未超越法术范畴。据兰格看来,作为幻想叙事的最高形态,神话所呈现的,并不是个人的幸"免"于难,而是世界基本真谛的揭示;神话亦展现了世界的图景,并对为非人之力所制约的人的意愿之纯属现实的自然冲突最终予以认可。据她看来,神话不仅包容社会之力,而且囊括宇宙之力(所谓宇宙之力,系指天体、四季的更迭、昼夜的交替,等等)。兰格指出:如果在神幻故事中,凡人主人公置身于神幻世界,而在神话中,则恰恰相反,主人公为神祇,却置身于现实世界。两者之间的过渡性形态,据她看来,是关于文化英雄的故事。

在同一著作的另一章中,苏·兰格将神话与音乐相比拟(类似的比拟已司空见惯,参阅下文有关凯雷尼·卡尔和克·莱维-斯特劳斯的部分);音乐似乎同样处于直接的"生物"经验与高度精神领域之间的中介范畴。她把音乐称为"内心生活的神话",并断言:无论在神话中,抑或在音乐中,结果与过程两者赖以区分的行动均未完成,神话与音乐的象征因而亦未终结;由于同种种生活感受相应而萌生的含义络绎不绝,其所示之意则永无限量。

这样一来,苏·兰格似乎使恩·卡西勒的象征理论有所依托,她将神话的象征主义解释为个人情感力量之把握的别具一格的扩延(个人情感力量诉诸特殊的原始哲学获得调整,这种原始哲学将渴望如愿以偿的个人导上宇宙舞台)。与此同时,社会环节则处于"压抑"中,而兰格并非像所预期的那样,并未将社会环节与宇宙力量的幻想加以比拟,却将其与神幻故事中个人为其福运而进行的搏击相比拟。她正确地指出:社会范畴在魔幻故事的潜在语中起有重大的作用,却未能将社会范畴视为神幻故事中产生冲突的某种客观场景。神幻故事的主观性并不表现于这种场景之阙如,而实则见诸主人公个体摆脱这种冲突的重负之意向。由于执著于经验主义,由于一味将个人心理视为出发点,苏·兰格将神话和神幻故事两者各自所属的历史阶段予以颠倒,无视归根结底先于魔幻故事的神话之古老性和浑融性,——这确是一种失误。当然,这并不排斥神话的秘传思辨之晚期的发展。苏·兰格与著名的美国人种学家保·拉丁的偏颇之见不谋而合。在其所著《作为哲人的原始人》(1927年)[46]一书中,拉丁将原始神话视为凌驾于普通人之上的原始时期上层人士之个人创作。

有关神话的象征说的介绍,到此可告一段落。最后,对 E. W. 康特所著《作为世界观的神话。生物社会学综合》[47]稍加评述,——此文已辑入为纪念保·拉丁所撰写的论文专集(1960 年)。康特认为,凭借象征施之于现实的表述和神话诗作的象征化过程,是人之智能化、文化脱胎于蒙昧的至关重要的范畴。所谓"工艺"和"社会调整",同作为与现实相联结之手段的象征化紧密相关。

E. W. 康特执著于这样一种见解,即:人之象征能动性,甚至可囿于人脑的内脏部位和位于视丘下部之特殊的"时间"叶解;它们使中枢神经系统中往昔的与现今的环境、外部的与内在的环境整合(据某些最新论著所述,象征活动——姿态的、形象的、音乐的,其中枢位于人脑右半球)。康特一味执著于生物遗传决定论立场,作出世界观发端于心理生态的揣测。据康特之说,神话诗作思维与"象征式创作模式"及其产物——因起源近同而趋于同一的神话、神幻故事及仪典相连属。神话—神幻故事与仪礼,据康特看来,乃是神话赖以呈现的两种方式:前者包蕴的象征能是潜在的,后者包蕴的象征能则是动态的。这样一来,仪典和神话属第一性或第二性的问题已不复存在。不仅如此,E. W. 康特与 R. 切斯以及仪典—神话论的其他代表人物相似,往往将神话与文学混为一谈,在任何情况下赋予两者同一的"神话语法"。又据康特看来,神话之反映世界,是借助于人格化;而个人的目的和价值观念,均在关注之列。神话运用事迹的用语反映世界,而非凭借过程的用语,——但并不排除复现(因仪典所致),并从而导入某种节律性。康特强调神话和神幻事迹与"神圣社会"的关联,并承认科学的"世俗"性,而且认为:神话诗作思想对世界一定节律性的认定,从而为科学开拓了道路。康特将"情节"、"主题"和"形素"①视为"神话语法"赖以构成的诸范畴("形素"无不呈现为人物、形象);围绕上述种种,质料丛生云集。一旦出现种种情节所表现的若干主题之独立不羁的契合,康特则视之为主题的"同质异相"。

E. W. 康特此文,对神话象征语言的探讨并未从根本上提出可称为新见的论点,文章侧重于象征化的解剖学基质问题(因其对生物

---

① "形素"(Mopф; Morph),亦即"词素变体"或"语素变体",词素的语音或拼写法的体现。词素是一种抽象形式的成分,为言语的最小单位,在不同的环境中可由若干不同的形素体现。在此系借用。——译者

遗传决定论之注重所致）。不仅如此，象征行为的神经学基质，在一些最新著述中（出自 K. 普里布拉姆等人之手）则尤为繁复（就其动态说来）；就定位而论，亦有所异。有关神话的象征说，又是卡·古·荣格分析心理学理论的组成部分，下文将予以介绍。

分 析 心 理 学

德国心理学家威廉·冯特，其观点与英国人类学派相接近，发展了万物有灵论之说；通观其有关著作（多卷本的《部族心理学》、《神话与宗教》等）[48]，人种学与心理学极为接近；① 就神话的起源而言，情感状态和梦境的作用以及联想链锁的作用，尤为作者所强调。依据他的理论，情感之移于客体，导致特殊的客体化和神话的人格化（类似审美的"感悟"）。冯特认为：神话的"统觉"是第一性的；在神话的意象中，他寻得直接呈现的现实；这种现实又为补充的联想意象（诸如呼吸——气息——浮云——飞鸟——苍穹，等等）所充实。在一定程度上以冯特的理论为凭依的，有 L. 赖斯特纳、弗里德里希·封·德尔·莱恩[49]等民间文艺学家。他们认为：神话和神幻故事的原初情节溯源于梦境。情感状态和梦境作为与神话确有亲缘的幻想之产物，在"深蕴"心理学中，即在精神分析学派代表人物，更确切地说，在追随齐·弗洛伊德、阿·阿德勒、卡·古·荣格等所代表的学派之学者的理论中，居于尤为重要的地位。然而，所谓精神分析与冯特的学说不同，而且与 19 世纪至 20 世纪初传统的心理学也迥然而异，它将诸如此类幻想产物与潜意识，或者始终与人类心理之无意识的、深度的层次相连属。

---

① 威·冯特为实验心理学的创始人。他在《生理心理原理》一书中提出关于直接意识经验的心理学体系以及关于统觉或有意识知觉的概念。据他看来，存在所谓"独立的、具有创造性精神的本原"，而"统觉"正是这一本原的表现。根据莱布尼茨的哲学思想，他将统觉视为基本心理过程中一些特殊联系之源，是复杂的心理现象的基础。据他看来，统觉的联系只是存在于主体内的创造积极性的产物。冯特搜集了有关各民族神话和宗教信仰的大量资料，对拜物教、图腾崇拜、万物有灵信仰、祖先崇拜以及关于自然的神话有所阐释，并将纯理性的成分——情感、意志置于首要地位。——译者

精神分析的倡始者齐格蒙德·弗洛伊德所关注的，主要是积郁于潜意识的情欲复合体，首先是所谓"奥狄浦斯情结"；这种"情结"的基原，为对异性生育者的幼稚型性欲望。① 在其所著《图腾与塔布》[50]这一闻名于世的著作中，弗洛伊德力图论证宗教、道德、社会和艺术等的本原并存于"奥狄浦斯情结"中：伴随乱伦和弑父遭到严禁，原始团群②演化为氏族，道德规范随之产生；面对亲父（神的原型）所同感负有的罪愆之被作为原罪加以领悟，为宗教赖以创立的基础；"奥狄浦斯情结"的恒定压抑、被抑制和被禁锢的性欲望之积郁于潜意识并升华，构成人性发展之极为重要的范畴。这样一来，一则著名的神话竟然成为对心理情结的诠释。据弗洛伊德看来，这种情结对理解整个人类心理说来至关重要。弗洛伊德在希腊神谱中发现同样的或类似的心理情结。据神谱所述，父神与众子女神间的权力之争此伏彼起（乌兰诺斯将诸子，即称为"提坦"的诸神，打入塔塔罗斯③；

---

① 齐·弗洛伊德所创立的精神分析理论，后发展为弗洛伊德主义。所谓"精神分析"，无非是通过种种心理现象，揭示隐匿在内心深处的"精神始因"。弗洛伊德认为：诸如此类始因大多隐藏于潜意识领域，而且大多与性欲有关。据他看来，人的性欲本能——他称之为"里比多"，被压抑在潜意识领域时，逐渐积郁为所谓的"情结"。古希腊神话中奥狄浦斯之弑父娶母、埃勒克特拉之怂兄弑母（亦即所谓的"恋母嫉父"和"恋父嫉母"），即属之。弗洛伊德的理论，无非是一种泛性论，即基本上诉诸所谓性欲冲动来解释人的精神和实践活动。他往往忽视有着决定性作用之社会与历史的因素，而趋重于将所谓性欲冲动以及受压抑的"意底"视为文学创作的基本动机，并执著于将文化、道德和宗教赖以萌生的根源归结于由弑亲而生的懊悔以及其他反应。弗洛伊德试图以其心理分析方法解释文化现象与宗教现象，将宗教视为个人心理的产物，即对愿望和动机之怅惘的产物，将宗教视为"全人类的顽固精神症"。他试图借助于所谓"奥狄浦斯情结"来解释图腾崇拜之由来。据他看来，亲子因恋生母而弑其父，乃是图腾崇拜之基原，——其父被杀后，亲子深感愧疚和悔恨；为了减轻这一心理冲突，则将情感从其父移至图腾动物，图腾逐渐演化为神。弗洛伊德的理论并没有历史基础，因而受到大多数人种学家和宗教学家的抨击。——译者

② 团群（Орда），在民族志文献资料中，"团群"似用以表示从事游牧、游猎生活的原始氏族之尚未定型的社会结构单位（如澳大利亚原居民）。据考察，澳大利亚各部落由于人数众多，远没有结成统一的整体；部落通常分为地域性分支，——民族学中一般称为"地方群体"（西方学者往往称之为"团群"）。这种群体是较为单一的、牢固的、闭塞的经济集体；它在澳大利亚原居民生活中的现实意义较部落为大。——译者

③ 据希腊神话，塔塔罗斯为一境域，位于冥府哈得斯之下，被视为宇宙或地之最底层，四周为铜壁；暗夜女神尼克斯即居于此。相传，塔塔罗斯有一深渊，诸神望而生畏。诸提坦为宙斯所败，即被囚禁于塔塔罗斯一处所，有百臂巨灵看守。——译者

克罗诺斯对其父乌兰诺斯施以阉割,并将众子女吞入腹内,宙斯幸而为其母所救)。据弗洛伊德看来,这种争斗起源于对母神(地神盖娅和瑞娅)之情欲角逐。

弗洛伊德主义者将神话视为最重要的心理情境之不加掩饰的表露和家庭形成前似曾见诸历史的那种性欲望之现实化。就此而论,奥托·兰克[51]将神幻故事置于同神话相对立的地位,似乎神幻故事与家庭—氏族关系的调整相伴而生,并"为父计"将原初那种赤裸裸的性欲情结加以掩饰。据他看来,为了使父亲得到慰藉,神幻故事将幼子(即父亲最危险的竞争者,因对生母的性欲属幼稚型)描述为英雄,甚至描述为父亲的救助者,——试以生命水以及永生苹果等题材为例。据兰克揣测,神幻故事中的父与子之争,相应地为兄弟之争所取代;而对母亲的幼稚型情欲幻想,则改制为对继母的情欲追求。F. 里克林同样认为:在神幻故事中,因亲父引起的母女情欲之争,也诉诸以继母取代生母的方式予以掩饰。

基于同一精神,弗洛伊德主义者格佐·罗海姆[52]从神话和神幻故事与弗洛伊德所说的超我的关系出发,并将神话置于词神幻故事相对立的地位:神话是立足于"父"的立场而创作,因而对"始祖父"的亡故和被奉为神作了悲剧性的描述;而神幻故事则是立足于"子"的立场而创作,这导致下意识的替代(例如,"有劣迹的"父母被代之以魔幻人物),导致爱情的胜利和美满的结局。弗洛伊德所说的超我,即因双亲和培育者所决定的心力内投之产物的心理结构,凌驾于以"它"以及我为表征的、较古老的结构(所谓"它",即是蕴涵里比多[①]的心理能量以及直接的深度欲望之贮存;而所谓"我",则呈现为内心世界与外在世界之间以及欲望与满足之间的中介)。

有关超我的学说,齐·弗洛伊德创立于第一次世界大战之后,并

---

① 里比多(Либидо;Libido),奥地利心理学家齐·弗洛伊德用语,他把人的性欲本能以及与性冲动相关联的生理能量称为"里比多"。据弗洛伊德看来,这种性欲本能被压抑在潜意识领域时,逐渐郁积为"情绪";古希腊神话中奥狄浦斯之杀父娶母、埃勒克特拉之怂兄杀母(亦即所谓的恋母嫉父和恋父嫉母),即属之。弗洛伊德后又用以指生理能量,即爱的本能或生存本能。荣格赋予"里比多"这一术语更广泛的含义,用以表示心理能量,即与肉体范畴并无关联的心理实在。——译者

作为其理论始初状态的补充;它对社会环境的作用予以一定的关注。然而,从根本上说来,弗洛伊德的精神分析注重个体心理(嗣后,新弗洛伊德主义者基于社会学对之作了某些修正)。有鉴于此,潜意识的内涵被解释为受抑制的本能和欲望自意识范畴排出的结果;而神话或神幻故事的幻想之象征手法,则解释为自意识排出的性欲情结之某种明晰的和同义的比喻。正如我们所知,基于个体心理,神话只能借助于比喻,而且实质上凭借表述的意旨始为人们喜闻乐见。

在卡·古·荣格的论述中,我们发现尤为引人注目的尝试,即将神话与心理中的无意识因素相连属。综观其分析心理学理论,荣格已不再孜孜以求地探索性欲情结,也不再专注于"被排出"的过程,而致力于有关深度的、集体的、无意识的心理层次之假设。

就此而论,卡·古·荣格的出发点在于:他曾加以修正的、法国社会学派关于"集体表象"的概念,以及与恩·卡西勒学说不无亲缘关系的、有关神话的象征说。

不久前,谢·谢·阿韦林采夫发表一篇颇为深刻的、有关卡·古·荣格的文章[53]。该文试图揭示荣格学说的合理内核,揭示他那十分活跃的思想中具有创造性的、有益的方面,甚至在某种程度上对在 20 世纪的文艺作品中寻求永恒的神话模式之举加以论证。我们不拟援引此文,也不拟同其作者进行论争,只想对荣格在其学说的有关部分的基本论述作扼要的介绍;正是这一部分,对神话文艺学的发展有所影响,并在根本上同神话和美学相关联[54]。

鉴于卡·古·荣格的学说对仪典—神话论文艺观的发展有着巨大的作用,必须对荣格的原始型①理论进行简要的论析。遗憾的是,

---

①　原始型(Архетипы, Archetype;源于拉丁文 arche 和 typos),意即原初的"样态"、"模式";卡·古·荣格运用于心理学范畴。荣格曾对所谓"无意识者"进行探考,并获致"存在尤为广泛,尤为潜在的集体无意者"的结论。荣格并在现代人的梦中发现最古老的神话情节,并发现精神病患者的呓语同古老的宇宙起源和世界末日种种观念的相类似,最为古老的、人类共同的意象(形象),荣格即称之为"原始型"。在后期的著作中,荣格将原始型视为外在经验的某种模式。总的说来,荣格的所谓"原始型",是集体的无意识幻想之始初意象的某些结构,是将自外而来的意象加以组合的所谓象征型构想。——译者

未必有可能对荣格的假设作恰如其分的实验性检验;而从哲学角度
看来,他的分析心理学堪称极端的心理学还原主义。心理本身同外
在世界的对应实质上微不足道,而荣格将它称为人之品格以及想象
中的形象结构赖以形成的终极渊源;意识的表征起源于思想和情感
之最古老的、世代相传的原始因素。对无法予以论证的原始型传承
性,他并在一定程度上作了目的论的阐释。然而,荣格有关人类之想
象的种种形态相同一的思想以及有关梦境和神话两者中的象征相契
合之体察入微的见解,为人们所关注。

　　犹如齐·弗洛伊德,卡·古·荣格也致力于无意识范畴者之心
理学研究。据荣格看来,无意识者在人之心灵(精神)中据有较大的
部位。[①]他认为,下意识完全集注于人的内心世界,是为诸如恐惧、男
女之情、长幼有序、爱憎等典型反应的贮存;它不同于意识,具有无分
化性。下意识与意识处于相互补充和补偿的关系中。据荣格看来,4
种基本功能(思想和情感、直觉和感觉)中,一些为意识所延及,可充
分分化,因而居于主导地位;另一些则仍处于下意识中。居
于主导地位的功能,在很大程度上决定人之个性与周围环境的"让

61

_____

　　① 据卡·古·荣格之说,精神的存在——精神(Psyche),亦即弗洛伊德所说的种种相互关
联的体系之繁复的统一体。据荣格看来,"我"(Ego)、"外象"(Persona)、"幽影"(Schatten,Om-
bra)、"灵气"(Anima),与复合体相关联的个人无意识者、与原始型相关联的集体无意识者,均为
自我(das Selbst)联结在一起;自我与我之整体化,是为个人的发展(个体化)之最终目的。关于
"我"这一概念,荣格并未予以特殊的阐释。荣格将"外象"(即个人"社交场合的伪装")与"我"区
分开来。"外象"作为"我"之掩护者,则可能成为其衰败之根源,以自身代之,使内在的我失去
个性;据荣格看来,"外象"与"我"臻于和谐,乃是所谓"治疗"的任务之一。幽影(即"我"之幽暗
的等同者),亦即个人的幽暗范畴("旧人")。不同于弗洛伊德的"它"(无人格的),荣格所说的
"幽影"首先是有人格的,亦即"我之恶",所谓"我"便"寄寓"其上,不可逐之和弃之,只能昭示于
自身。据荣格看来,"与自身幽影之遇合",乃是个人发展之必不可少的阶段。荣格并将所谓
"兽人"(Tiermensch),即纯动物本能范畴,置于尤为低下的层次。"灵气"(Anima),被视为精神
范畴,其功能在于保持"我"与无意识者之间的联系。母之伊玛戈(内在形象)为其本源,并使
其与幼稚型的情欲本源相关联。所谓"灵气",为某种理想的形象,不与"沉溺于情感"之我相
整合;"母、女性和灵气的意象,融合于其中"。又据荣格之说,尚有另一阿尼玛(灵气),被视
为少量女性基因在男性肌体中的反应。据荣格之说,尚有所谓男性的"等同者"(Anima,Ani-
mus),"父、男性和英雄"的意象融合于其中,被视为豪迈、理智之特质的载体。荣格有一颇为
著名的论点,即:无意识者赋有异性别的属性,人总的说来一向是两性体(Androgyne)。如果
说弗洛伊德将无意识者视为所谓"屏弃"所致,而且"屏弃"的质料失去与"我"之关联,则

步"性和人之个性外化之外象(有时具有特殊的伪装性)。行为的两种类型——外倾型(集注于客体、外在世界)和内倾型(与 4 种功能中一居于优势地位者相结合),使一系列心理类型应运而生。诸如此类类型,荣格及其门生在各自著作中曾多次加以描述。据荣格看来,心理体系始于对立者的对峙和对立者的相互渗透,处于旨在实施积极的自身调节的动力运动中。依据可适用于此的熵①定律,欲在这一封闭性动力系统中求得持久的、有价值的结果,所谓强度对立则成为不可或缺。

然而,卡·古·荣格有关心理能量功能化之说,却酷似萌生甚晚的信息理论和结构主义理论。荣格认为,心理能量施之于意识的方向是进行性的,而施之于下意识的方向则是逆行性的。人之个性的和谐化、一切心理功能的分化过程和意识与下意识间生动的联系之确立(在最大限度地扩大有意识者范畴的情况下),荣格称之为"个体化",因为通过这一途径可以获致价值的人性聚合,由人体(伪装)过渡到最高的利己(它以有意识的与无意识的、个体的与集体的、外在的与内在的之最终综合为前提)。

卡·古·荣格认为,文化—历史范畴之与个体化相对应者,为佛教的"八正道"②、中国的"道"、术士的点金石,等等。荣格把密宗和藏传佛教的宇宙图式视为上述完善的综合典型的表征(具有法术意义的圆形,有四域和中央,即所谓的"曼荼罗");这种图式,同荣格治

流于衰退,而荣格在其早期著作中即已提出"复合体"这一概念(亦即无意识质料在稳定联系中的组合)。荣格的主要注意力,并非在于"强行遗忘者",而是在于从未被意识的无意识者。这使荣格获致关于集体无意识者范畴的结论。荣格并在现代人的梦中发现最古老的神话情节。他所提出的"原始型"与此亦不无关联。——译者

①　在热力体系中,热能之能否被利用,与温度的降低有关。如果蒸气周围的温度同蒸气一样高,蒸气的热能则无从利用;周围的温度稍低,蒸气的一部分热能就变为功,而一部分仍无法利用。无论在任何热力体系中,这种无法利用的热能,可用热能除以温度所得的商来测量。这个商,即称为"熵"(Энтропия)。——译者

②　"八正道"(Восьмеричный благородный путь;梵文 Aryāstāṅgikamārga 的意译),即八种通向涅槃解脱的正确途径;据经典所载,为释迦弁尼在鹿野苑初转法轮向五弟子所述:(1)正见,即对佛教"真理"四谛等的正确见解;(2)正思维,即对四谛等佛教教义的正确思维;(3)正语,即不说一切非佛教之语;(4)正业,即从事清净之身业;(5)正命,即符合佛教戒规的生活;(6)正精进,即勤修涅槃之道法;(7)正念,即铭记四谛等佛教"真理";(8)正定,即修习佛教禅定、观察四谛之理。佛教认为:按此修行,可由"凡"入"圣"。——译者

疗的众多患者所绘及表达同一心理学含义的图画之习见状貌相应。

卡·古·荣格将艺术的作用同个体化过程，同仰赖于有意识的与无意识的、个体的与社会的等之综合而进行的和谐化历程相连属。荣格认为，艺术与精神的自身调节过程紧密相连。据他看来，心理过程呈现于象征之持续不断的萌生，而表征具有意义（理性因素）和形象（非理性因素）。卡·古·荣格不同于齐·弗洛伊德，他并未将象征归结于符号，归结于被抑制的本能和欲望的征兆。据他看来，艺术家将其个人命运置于与人类命运相等同的地位，以期有助于他人使其内在之力获得解脱并摆脱种种危难。其原因在于：艺术家同无意识者有着直接的、频繁的关联；他之得以表现诸如此类关联，不仅仰赖想象的丰富和诡谲，而且仰赖塑造力和表现力。

如上所述，尽管在其晚期著作中将所谓"超我"有时解释为在一定程度上为个体所部分意识的集体意识，而从根本上说来，齐·弗洛伊德却将下意识与排出于意识之外者相混同起来。据他看来，下意识乃是个人范畴。荣格与弗洛伊德不同，他将下意识分为两个层次：较浅层，即与个人经验相连属的个体层次，是为任何心理病理"复合体"贮存之处；较深层，即集体层次，其发展并非凭依于个体，而是借助于传承，而且只有历经再传，始可成为有意识的。在梦境和幻想中，某些与神话和神幻故事中的形象或情节相类似的意象，显示与人。依据荣格的思想，深度的下意识集体底层，并不是"复合体"的容纳之所，而是"原始型"的贮存之处。"原始型"这一术语本身，荣格归源于亚历山大的斐洛，后又归源于伊里奈乌斯和狄奥尼西奥斯。就其内涵而言，这一术语同柏拉图的"相"（Эйдос）①有关，它在柏拉图主义传统中广为运用，并非偶然。类似概念亦见诸奥古斯丁的著述。荣格将原始型视为一种现象，它与神话学中称为"情节"者、法国社会学中称为"集体表象"和"想象范畴"者、巴斯蒂安视为"原初

---

① "相"（Эйдос；希腊文 eidos，意即"形象"、"样态"），在柏拉图的著述中，所谓"相"有"内在"、"外在"之分，甚至相当于"本体理念"。在荷马叙事诗中，这一用语始而指外在形象，后被赋予较深的含义；在古希腊哲学中，则为一极为抽象的概念，与直觉相关联。——译者

意念"者相近似。荣格述及原始型时,其意既指柏拉图的"理念",又指康德的"先天理念"。他认为,原始型与行为主义者的"行为范型"相类似。

　　卡·古·荣格在其著作中对原始型所作的种种阐释,不尽契合。原始型有时被视为某种类似"复合体"者(只是外于个人的经验)和"伊玛戈"的深化("伊玛戈"既是独立存在于"我们"中的意象,又是为客体所现实化的心理情境的集中显示),有时被视为心理学范畴不可逆的本能反应之形象再现,有时被视为情节、典型、原型、模式、结构心理因素。

　　值得注意的是:卡·古·荣格在《论集体的范畴无意识者的原始型》一文中,将原始型与原始型的"理念"加以区别,注重其形式方面,使这一概念与柏拉图和康德所说的理念相脱离。"诸如此类往昔诸形态,只有历经传承,始可成为有意识的,并可赋予一定的心理内涵以形态。"[55]"这是一种无内涵的形态,不失为某种类型的意象和行为之契机。情境则使意象和行为现实化"(同上书,第 48 页)。荣格在《生母原始型的心理范畴》一文中写道,原始型堪称"固定的意核",这只是就下一意义而言,即:原始型使观点得以形成,但并未将其包蕴,因为始初的形象只有在幻想的产物中,只有为意识所充溢,才能成为可见的。这无非是"意象的契机"。他把原始型与结晶的立体几何结构相比拟。在《论原始型及其与阿尼玛之特殊关联》中,荣格着重提出这一思想。"原始型处于静止的、未投射的状态时,不具备确定不变的形态,其自身为非确定的结构,只有处于投射中才具有确定的形态"(同上书,第 70 页)。对我们说来,荣格将原始型视为神话赖以形成之无意识心理的结构因素之说,尤为值得关注。依据以上援引的荣格种种论述,可作如下结论:原始型是集体的无意识幻想之始初形象的某种结构,是旨在对来自外界的表象加以组合的象征意念范畴。

　　卡·古·荣格设定:原始型的承袭类似人体形态学成分的承续。甚至有关某种形象地表现的内涵之结构前提的承袭这一论

题,也是荣格最为敏感的观念之一。即使有关语言教授的前提的
承袭之假设,也无法予以摈除(这一假设来自诺·霍姆斯基、加·
莫诺等);而在这种情况下,并非指原始型本身而言,而是意指某种
尤为不确定者。荣格有关较为确定的原始型的象征之说,同样颇
有争议。诚然,卡·古·荣格不同于齐·弗洛伊德,他设定无意识
的内涵因情境之不同而具有多义以及梦境和幻想具有双重释义
(主体范畴与客体范畴);荣格将原始型含义之一系列契合解释为
"共时化"过程,即诸始初的邈远范畴在时间上的契合。总之,至于
作为集体幻想的特殊"语符"的"承袭性"象征之稳定,仍是众说纷
纭的假设。

64   如上所述,卡·古·荣格及其追随者执意认定:作为心理结构成
分的原始型,与神话和神幻故事中的情节和形象相近似。原始型作
为形成于意识低强度状态的幻想之产物,据荣格看来,同作为原始意
识之产物的神话相近似。卡·古·荣格基于莱维-布吕尔的理论看
待原始思维,将其视为区分主体与客体之力尚嫌微弱、趋重于神秘参
与的意识,等等。荣格认为:在原始思维中,思想与意志同样并未区
分,意象自生于无意识者的底层。荣格把莱维-布吕尔的"参与"视为
"投射";借助于此,人将自身的内涵赋予其他"存在"。荣格对原始型
与名副其实的神话形象之相互关系的表述,在不同的论著中不尽相
同:有时加以类比,有时则予以混同。试以"儿童原始型的心理学"为
例,此编之"绪论"不乏将上述两种态度相混淆之处,其他章节也有所
表述:"神话是前意识心灵之始初的昭示,是有关无意识的精神情态
之无意的表述。"[56] 这一混淆不容忽视,其原因在于:如何对待种种
文化现象这一问题上的泛神话主义,正是产生于上述两范畴之混
淆。由于泛神话主义,个人文学创作以及梦境、幻觉等中之任何幻
想的情状,无不被视为神话。就此而论,荣格在这一问题上的立论
流于含混,神话文艺学的代表人物因而对任何幻想的神话创作属性
以及民间文学范畴神话创作之纯心理学意义确信不疑。当然,荣格
本人对此负有相当大的责任。荣格认为:神话不是实际事态的一般

比喻，它在一定程度上以"原始部落的精神生活"为依托；这一见解无疑是可取的。然而，荣格将神话心理学化，有时则走得很远。他断言："神话中对自然的认识，无非是无意识的心理过程之语言和外装"，"心理包蕴曾见纳于神话的形象"[57]。上述偏颇之见，在荣格对民族心理学和种族心理学的探讨中变本加厉。就此而论，问题并不在于"种族主义"本身（作为"高等种族"的乌托邦）；荣格并无过错，对他的责难有欠公允。卡·古·荣格的立论导致社会者过多地消溶于心理者中；他忽视社会的特征，——尽管整个荣格学说的"社会学性"65大大高于弗洛伊德学说（乃是受法国社会学派影响所致）。不仅如此，荣格无疑夸大了心理学中的非理性范畴；就此而论，在与理性主义者和教条主义者弗洛伊德的对比下，荣格的神秘主义倾向尤为彰明较著。

　　综观有关原始型①以及神话中与之相对应者的理论，其中最引人注目和最深刻者，似为有关原始型之象征的隐喻性之说；这与齐·弗洛伊德在很大程度依然持有的有关幼稚的比喻之说相对立。

　　卡·古·荣格指出，原始型已无法加以诠释，它已十分完尽。"即使怀有试图加以迻译的最美好的企望，也无非是将其译为另一形象语言，这已十分难得。"[58]"原始型内蕴一向赖以表述者，最接近于比拟"（同上书，第114页）。如果幻想中呈现太阳或狮子等形象（后者与前者相混同），或者呈现某王或守护宝物之龙等形象，荣格则认为，这既非此亦非彼，而是某一第三者，即与诸如此类比拟所示最近似者。上述论断，大大先于克·莱维-斯特劳斯关于神话的结构主义理论。荣格所阐述的里比多（心理能量）之象征化的两种类

---

　　① 原始型（Архетипы，Archetype；源于拉丁文 arche 和 typos），意即原初的"样态"、"模式"；卡·古·荣格运用于心理学范畴。荣格曾对所谓"无意识者"进行探考，并获致"存在尤为广泛，尤为潜在的集体无意识者"的结论。荣格并在现代人的梦中发现最古老的神话情节，并发现精神病患者的呓语同古老的宇宙起源和世界末日种种观念相类似。最为古老的、人类共同的意象（形象），荣格即称之为"原始型"。在后期的著作中，荣格将原始型视为外在经验的某种模式。总的说来，荣格的所谓"原始型"，是集体的无意识幻想之始初意象的某些结构，是将自外而来的意象加以组合的所谓象征型构想。——译者

型,即"类比"类型和"因果"类型,同样令人惊异,竟然开克·莱维-斯特劳斯继罗·雅科布松之后提出的、关于隐喻和换喻相对比的理论之先河;而荣格某些骤然看来纯属随意提出的、关于心理能量"辩证法"以及关于"熵"之运用于心理现象的论断,如上所述,开信息论某些原理之先河;荣格的无意识者与有意识者之对立同莱维-斯特劳斯的自然与文化之对立,堪称不谋而合,——其他一系列二元对立,也是如此。

就此而论,我们认为有必要指出:卡·古·荣格理论的某些方面之所以在一定程度上与结构神话学和莱维-斯特劳斯的见解相近,其原因无非是在于:克·莱维-斯特劳斯对心理学方法极为反感;于是,对倾向于将神话和文化溶于心理学的荣格之学说中的一些重要论点,则了如指掌。

卡·古·荣格力图借助于实验资料论证:他所观察的神经官能症患者之梦境和幻想,与各民族的神话间最重要的深度成分之极度近似。

66 应当指出:诸如此类对比十分引人注目,它无疑表明人之幻想(集体的和个体的)中存在共同的心理成分。然而,这种所谓类似,远远不像荣格及其追随者所认定的那样契合,那样令人惊异。

卡·古·荣格无非是致力于设定原始型的分类。他所关注的主要是与个体化过程相关联的原始型,而且似乎与其诸阶段相适应的。这便是幽影、阿尼玛(阿尼穆斯)[①]、智叟(媪)。幽影乃是"精神的另一范畴",为其整个无意识的、未分化的部分。荣格认为,歌德所著《浮士德》中的瓦格纳和梅菲斯托费尔、《尼贝龙根之歌》中的哈根、《埃达》中的洛基等等,均为这种原始型的文学样态。阿尼玛(阿尼穆斯)这一原始型,通过异性呈现无意识者(隐匿个体异性之心灵的局部、我们有关异性的体验之贮存)。阿尼玛是天然原始型,它将无意识者所示的一切(即意识范畴之外的生活本身)聚集于其纷然杂陈的完整性中。

---

① 阿尼玛(Анима;Anima)、阿尼穆斯(Анимус;Animus),为"灵"、"气"之意,被视为精神范畴,其功能在于保持"我"与无意识者之间的联系;又被视为某种理想的形象,不与"沉溺于情感"之我相整合;"母、女性和灵气的意象,融合于其中"。——译者

它将人之"我"与其内在世界相连属,并向外投射至母亲个体(与齐·弗洛伊德相比,属第一性者与属第二性者则处于倒置状态),继而投射至其他女性(对男性而言)。既然这里所指为自身向外之投射,那么,荣格同样将阿尼玛与原始神话中的"偶性",即中国的阴、阳二性等相连属。据荣格看来,隐匿于混沌之后的精神、功用之原始型,即是"智叟",颇似睿智的术士和萨满、尼采所谓的查拉图什特拉,等等(就女性说来,乃是"睿智的老媪")。阿尼玛之与睿智的术士相应,犹如生与死(即因功行圆满而证得涅槃),又宛如自然之与文化。凡此种种原始型,均呈现于繁复的具体形象,呈现于肯定的和否定的样态。

除上述与个体化过程相伴的、极为重要的原始型外,据卡·古·荣格看来,还存在另一类原始型,即以典型情境、处所、道路和工具为其形态的变形之原始型,——凡此种种,使变形之类型象征化[59]。

卡·古·荣格与凯雷尼·卡尔合著的学术专论《神话本质导论》一书,对神话中的形象作了翔实的阐述,并对"神子"和"神女"等神话成分作了探讨。凯雷尼所剖析之民间文学和神话的质料(故事中的孤儿、曼西人的文化英雄[①]、芬人的库莱尔沃、印度的创世者—造物主、阿波罗——赫尔墨斯——宙斯——狄奥尼索斯、得墨忒尔与科勒、赫卡忒与阿芙罗狄忒以及印度尼西亚神话中与之相对应者[②]),在荣格撰写的数 ⁶⁷

---

① 曼西人(Манси)分布于今苏联境内乌拉尔山脉以东地区,属乌戈尔语系芬—乌戈尔语族,人口共约8300(20世纪90年代)。努米—托鲁姆被视为西伯利亚地区乌戈尔人(汉特人、曼西人)神话中的至高神、天神、造物主,又被视为文化英雄。据曼西人的神话,他是天神科尔斯—托鲁姆之子。相传,他曾造大地,并造种种动物,将疾病和死亡遣至世间,教人捕鱼、狩猎、制作衣物和器皿;又说,禁止血缘婚、禁止杀戮、将人与熊的关系纳入正轨、确立宗教崇拜的章规,亦与作为文化英雄的努米-托鲁姆相关联。——译者

② 印度尼西亚地区民族众多。据西印度尼西亚地区的神话,至高神和造物主为玛哈塔拉、穆拉·贾迪、洛瓦兰吉、托帕兰罗韦,尚有众多神在宇宙起源中起有辅助作用,有时又被视为文化英雄和始祖(诸如巴塔拉·古鲁、曼伽拉布兰、拉吉、桑根、桑吉昂、索里帕达等)。恩达拉被视为冥世女神(以头和臂托负大地),拉图雷·达内被视为地下世界的主宰以及疾疫、死亡、灾厄、地震之源。据东印度尼西亚地区的神话,至高神奥波·格巴·斯努拉特(又称"奥波·拉哈塔拉"),又对亡灵进行审判。韦马莱人所信之哈利塔、布鲁人所信之埃雅巴特,亦被视为与创世相关联之神灵。韦马莱人神话中的海努维勒,被视为三联神之一(另两神为穆卢阿·萨泰涅和拉比耶);相传,被害后,其遗体之一半衾割后埋于地下,种种块茎植物便由此而生。——译者

章中被阐释为原始型。两位作者共同撰写的一篇论著——附于保·拉丁所著有关神话中施骗术者〔恶作剧者〕一书,对民间创作中的恶作剧者形象作了恰如其分的阐释。[60] 荣格所著《精神的象征》,大部分篇幅为论述有关墨丘利的神话。卡·古·荣格对卡·施皮特勒所著《普罗米修斯与埃庇米修斯》进行剖析,并着重探讨这两个人物的原始型意义。荣格的这一专著,重在探讨魔幻故事的质料。

卡·古·荣格和凯雷尼·卡尔赞同这样一种见解,即神话之创造并非旨在对世界进行阐释;但是,他们认为:阐明起因的功能为神话之不可或缺的属性,神话因而集注于作为人之宇宙赖以创立的渊源的集体心理之深度,似也集注于有机的根源(其形态为细胞完形,"男性"和"女性"的数之原始型——3 与 4,似即由此而生),甚至集注于非有机的(?!)根源。据他们看来,第一"跳"(亦即 Ur-sprung——起源),包含精神本原的必然性以及同出一源的集体体验的可能性。就此说来,荣格那众所周知的神秘主义倾向已清晰可见。

据卡·古·荣格看来,神话和文学创作中的"童年",与神话之诉诸初源,并与集体心理之原初的、无意识的、本能的状态有着直接关联。对诸如此类情节的诉诸,因臻于完备的、分化的意识有同集体的"根源"相脱离之虞,可具有补偿、补救等功用。据两位作者看来,神祇、英雄之降生和童年与始初物质的关联,呈现于水(混沌以及原初洪濛等的原始型象征)、太阳、始初之卵(此时,人与世界、主体与客体浑然不分)等形象。然而,幼子的神话成分,据荣格看来,与广义的形成不无关联。这种形成包括个体化以及无意识者与有意识者之结合于某种完整性中。因此,神话中幼子之丑陋不堪、孤独无依等情节以及危难重重,似乎表明获致这一完整性之艰难。龙与蛇之呈现于神话,说明意识行将为本能之力所完全制驭。神子作为"媒介者"和"文化英雄"的作用,便源出于此。荣格不仅将幼子的神话成分与降生和形成,而且与死的"预期"(先于意识以及后于意识!)相连属,不仅如此,甚至与新生的情节和象征相连属,——卡·古·荣格认为(继弗洛伊德主义者奥托·兰克之后):诸如此类情节和象征,为英雄神话和叙事诗所特有。荣格的专论《关于新生的种种范畴》(1939 年)[61]，即为此而作。该文对神话中这一情节的种种形态(转世、托化、复生、新生、借助于仪典的再生)及与之相伴而生的心理学现象有所探讨。

在其所著《英雄的凯旋。关于若干宏伟叙事诗中英雄神话心理分析的探讨》[62] 中，卡·古·荣格著名的追随者沙·博杜安将各有所异的古老叙事诗(《吉尔伽美什》、《伊利昂纪》、《罗摩衍那》)视为同一英雄神话的变异，其基原为死亡和再生的复合体以及与之相关联的形同一体者、替代者等的情节；壮烈的搏斗，被解释为"再生"的象征之一。嗣后，再生的观念为"神话学文艺论"所广泛运用。

科拉(佩尔塞福涅)作为神话中之"少女"和"女儿"par excelence("突出者")，荣格将其与得墨忒尔这一形象(以及与其截然不同的类型，诸如赫卡忒)加以剖析，视之为一种特殊的偶神——母与女，在女性崇拜和女性心理中起有特殊的作用，与至尊女性实在的原始型相关联；至于同阿尼玛之原始型(对男性说来)的关联，则无非是限于一定程度罢了。母与女在这里被想象为长幼更迭及可获永生(试以埃莱夫西斯神秘仪式为例)之机缘的体现。据说，按照参与律，儿童的精神参与母亲的精神，反之亦然。这样，年幼、羸弱及儿童的其他特质，则为母亲的年长和聪慧所填补。时光的制约似乎因而被克服；个体的意识及个人的命运已臻于女性命运之某种原始型及"永生"。母亲这一神话成分种种正面的和反面的变异(女神和女妖、诺恩和摩伊拉、得墨忒尔、基伯勒、神母等)以及母亲的原始型与母亲的复合体之相互关系，卡·古·荣格在其专著《母亲原始型的心理范畴》(1938年)[63] 中也有所论述。荣格基于魔幻故事的质料，对阿尼玛的原始型(未婚妻——王后)及聪慧之灵的原始型(偶遇之老者——襄助者等)，以及对其类动物的形体(图腾配偶、动物襄助者)进行探讨。同时，荣格将神幻故事视为精神的自生产物。 69

至于恶作剧者，即神话中以欺骗和戏弄为能事者(文化英雄的反面形体)，卡·古·荣格则视之为邈古的神话成分——刚刚与动物界分离的、尚未分化的人类意识之"摹本"以及个性所有低级属性之体现。然而,据荣格看来,只有克服绝对的心理蒙昧,始可唤起"我"对集体意识之古远往昔的追溯。这一形体似乎与人并存,而且高于人(超自然之力),又因其无意识性和自发性而低于人。

卡·古·荣格对有关普罗米修斯的神话进行了剖析,并试图(意在同弗洛伊德辩难)揭示"前奥狄浦斯"阶段,将两母并存(变异)和复活(新生)置于首要地位。荣格按利己/人格的脉络将普罗米修斯和埃庇米修斯加以对比。荣格及其门生沙·博杜安或凯雷尼·卡尔(后者熟谙古典神话,又是瓦·奥托的学生)致力于神话和民间文学领域,较之致力于文艺学领域尤为积极,尽管荣格在其著述中曾借助于歌德、席勒、乔伊斯(荣格对后者撰有篇幅不大的专著)及其他作家的著作,并广征博引。至于荣格对有关神话的论著之影响,可见诸许多学者的著述,诸如:亨·齐默、米·埃利亚德、E. 诺伊曼、И. 卡泽涅夫、约·坎贝尔。

约·坎贝尔和米·埃利亚德(更甚于前者),为神话学领域当代两位最知名的学者,均有综述性的论著问世。坎贝尔从根本上赞同卡·古·荣格的学说,埃利亚德只是对分析心理学理论有所涉猎,以期求得更广泛的综合。在其早期专著《千面英雄》(1948 年)中,约·坎贝尔[64]使仪典论方法从属于心理分析,并屏弃范·赫内普关于过渡性仪礼的理论,而构拟某种"单一神话"——将英雄人物那包罗万象的经历纳入统一的情态链条:始于离家,中经超自然襄助的获取、加入仪式的磨砺、法术之力的据有,最后以返回家园告终。英雄、神祇、先知的上述奇幻经历,与魔幻故事惊人地相似(尤其见诸弗·雅·普罗普之说);约·坎贝尔复加之以宇宙论和玄学范畴的某些相对应者。游荡及人生本身的诸阶段和相应的象征,坎贝尔则借助于分析心理学予以阐释。

在其 4 卷本专著《神的面具》(1959~1970 年)中,约·坎贝尔试图基于心理分析,特别是卡·古·荣格的心理分析,并辅之以叔本华和尼采的哲学遗产及瓦格纳对传统题材之说,对各个时代和众多民族的神话进行评析。坎贝尔将神话解释为产生于"超正常的"符号刺激作用之诗歌形象的体现。他倾向于以彰明较著的生物遗传决定论观点对待神话,将神话视为人之神经体系的直接功能之载体:符号的刺激使能量获得解脱,并予以引导。为了探寻荣格提出的原始型之生物基质,坎贝尔诉诸比较心理学和动物心理学领域关于遗传之形象印记的假设;诸如此类形象,激发情境中之正常的本能反应,不为个体之往昔的个人经验所增益。除上述似属遗传的意象,坎贝尔还关注为数众多的个人经验之所得。至于后者,坎贝尔则主要基于古典精神分析的立场予以阐释。

　　始于下列物理—心理因素,诸如地心引力、昼夜交替,光明与黑暗的更迭(暗夜则导致梦境及其变形逻辑)、岁月之周而复始及其与人之肌体内部种种过程的关联、雌雄两性之二律背反等等,坎贝尔后又转而关注神话形象赖以萌生的机制,其萌生则诉诸人之童年、成年和老年所特有的(在这一意义上为普遍性的)印象。我们在这里面对精神分析范畴的情结和象征之组合,诸如:生之创伤(奥·兰克用语)、奥狄浦斯情结(齐·弗洛伊德用语)、成年仪式抑制和改铸幼稚型里比多意向(基本上为格·罗海姆用语)之心理分析的作用、老年人之睿智及弥留世间的心理(卡·古·荣格用语)。种种神话象征也获得相应的诠释:水与胎儿期的追忆相比拟,食人则与对哺乳的恐惧相连属,如此等等。

　　始于个体的生物进化之进程所产生的精神分析情结,约·坎贝尔转而对其在各个民族文化区的种种情态详加阐述(系指古老的务农者和古老的狩猎者、东方的新年仪礼或印第安人和西伯利亚土著居民的萨满教神秘仪式等所属地域)。仪典论者的论点被广为援用,众多仪式和神话中弑王、圣婚、死而复生之神、宇宙祭以及生与死、爱与死相互关系之释析等为人们所熟知的神话成分,时有所见。归根结底,坎贝尔将神话视为下列种种意趣之反映,诸如情欲的追求(据齐·弗洛伊德之见)、对权力的觊觎、侵越的欲望(据阿·阿德勒之见)[1],并视为其仰赖对秩序、法律、道德的遵循而获致的和解,即社会

____

① 据阿·阿德勒看来,一个人即使生理器官没有缺陷,也总会感到在这些或那些地方不如别人,即难免有自卑感,并因而具有力图超越他人、追求权力的欲望,以摆脱自卑感带来的苦恼。——译者

化,亦即心理途径的完善过程中之克服(就卡·古·荣格之个体化而
论)①。

　　约·坎贝尔从原始神话转向对古埃及神话、巴比伦神话、印度神
话、中国神话、希腊神话、克尔特神话、斯堪的纳维亚神话的研究。据
他看来,在这些神话中,诸如以上所述的心理功能和原始型比比皆
是。在《神的面具》第 4 卷中,坎贝尔对"创作的神话"也进行了探讨;
这种神话在一定程度上摆脱了传统的宗教象征手法,而实际上因种
种人类想象赖以呈现的方式相同及其心理的、原始型的基原之同一
而与之相契合。至于"创作的神话"之例证,中世纪某些浑融的和被
视为异端的学说、骑士文学以及理·瓦格纳、弗·尼采、詹·乔伊斯、
托马斯·曼的作品均属之。坎贝尔的著述因袭了分析心理学的种种
弱点,——特别是当他阐述种种情节和象征时;尽管不无诸多保留,
神话仍被强行纳入个人分析生物学。然而,坎贝尔某些一般性论点
仍值得关注,特别是他的关于超正常刺激作用,即关于人为刺激之
说;据他看来,人为刺激作用较天然刺激作用为强,因为人施之于活
动的游戏形态之能力大于动物,而诸如此类形态先于审美活动。坎
贝尔关于神的"面具"及神话象征主义种种级类和形态的那些引人注
目的见解,与此不无关联。阿·巴斯蒂安曾将理念分为"基原的"和
"民族的"(卡·古·荣格认为前者与他所说的原始型相近似)。正是
基于这一划分,坎贝尔认为:就功能而论,神话和仪典或者是人类本
性中普遍的、恒定的本原之诠释,或者是文化—历史的"语境"之表
述。前者属心理范畴,导致个性的转化,——乃是生活经验、忧患、净
化和聪慧所致(犹如在悲剧中)。后者则属种族的、历史的范畴。坎
贝尔坚持这样的看法:这一二律背反至关重要,——将其置于脑后,

---

　　①　卡·古·荣格在遵循遗传学和系统发育学关于个人的原理之同时,并提出与其截然
相反的律则,即关于个人创造性的发展、个人追求完满和完整的欲望之律则(亦即个体化或臻
于所谓"真我"的过程)。而这正是荣格的医疗体系的最终目的之所在;荣格并意欲将这一最
终目的与古代关于"修身养性"的诸说相联系。据荣格看来,这种修习和自我完善的途径,可
见于诸斯提派、种种神秘主义派别、瑜伽派以及萨满教等。又据荣格之说,"真我"最终与
"宇宙之我"相合。——译者

则导致迷误。遗憾的是,他本人在实践中却未予以足够的关注。

对骑士文学(爱情/死亡的悲剧原始型,从巴布亚人到《特里斯丹与绮瑟》①等),约·坎贝尔施以瓦格纳式和尼采式的现代化,并将詹姆斯·乔伊斯和托马斯·曼的神话创作解释为自然的自我表现。凡此种种,笔者不敢苟同。关于上述现象,我们在有关20世纪文学中神话化诗学的专编中将述及。约·坎贝尔对骑士文学或当代现代主义中神话主义问题的论述(约·坎贝尔也是詹·乔伊斯所著《芬尼根的苏醒》的评析者之一),则陷入"仪典—神话论"的窠臼。坎贝尔试图将卡·古·荣格的学说与仪典主义熔于一炉,其观点势必同"仪典—神话论"趋于极度接近。

如果说约·坎贝尔只是涉猎文学问题,那么,米·埃利亚德作为罗马尼亚的现代主义作家,则着手从事创作活动(在30年代)。埃利亚德潜心于神秘主义的及时间的艺术实验。关于时间之克服问题的探讨,使他的文学创作和学术生涯结合在一起。就此而论,他的观点有些与昂·柏格森、马·海德格、马·普鲁斯特相近,在一定程度上与托·曼相近。

现为美籍哲学家的米·埃利亚德的一系列著述[65],集注于阐述神话理论(1949年出版的《有关周而复始之神话》以及1963年出版的《神话诸范畴》,尤甚)、仪典理论以及有关瑜伽②、萨满教、澳大利亚人宗教等的理论。

如上所述,米·埃利亚德曾在一定程度上受到荣格学说的影响。从根本上说来,其神话观与仪典中神话的功用相关联。埃利亚德并

---

①　《特里斯丹与绮瑟》(《Тристан и Изольда》;《Tristan et Yseult》),中世纪广泛流传于克尔特人中的传说,1900年,经法国中世纪文学家约瑟夫·贝迪耶整理,完整的《特里斯丹与绮瑟》得以问世。故事描述勇敢英俊的青年特里斯丹与金发绮瑟产生了炽烈的、永恒不变的爱情,最终又双双殉情而死。两个恋人的悲惨遭遇,是对封建婚姻的控诉,又是对"比生死还强烈的爱情"之讴歌。——译者

②　瑜伽(Иога;梵文 Yogā),意即"结合"、"相应",系指"修行";佛教则指通过现观思悟佛教"真理"的修行方法。古印度的瑜伽派注重调息、静坐等修行方法,增加了神秘主义成分,并承认有一个"自在"(大神)。许多古典籍曾提及作为修行方法的"瑜伽",一些宗教和哲学派别吸收了"瑜伽"方法。现代神秘主义者并对"瑜伽"加以利用。——译者

不是名副其实的仪典论者,即并非将神话题材归源于仪典,而试图在神话中揭示深蕴的"玄学"内涵及古老人类那独特的哲学。他对神话的认识,基本上仍囿于仪典中神话的功用。对其观点的了解,极有助于理解 20 世纪神话主义(包括文学中的)某些范畴,因为埃利亚德是同历史主义相悖的神话创作的赞颂者。

米·埃利亚德使布·马利诺夫斯基关于原始的神话本体论的观念趋于深化。他指出:在神话中,不仅人类实存的现实,而且包括人类实存的价值,均取决于人类实存与虔敬的神幻时期和超自然祖先的"原始型"行为之相应;原始本体论具有"柏拉图式的"结构(感性的客体与绝对理念相应);印度那种沉思冥想的修持法与其要义相应。同时,埃利亚德从仪礼中之神话功用出发,将神话加以分类,并将神话意识现代化。他不仅将历史时期之贬抑,而且把与"世俗"时期、与历史、与时光的不可逆性之坚持不渝的搏击加之于神话意识。仪典中周期性的廓清、再创及周而复始的弃旧更新,其主旨似也包蕴于此。米·埃利亚德断言:集体记忆与历史相悖,集体记忆所认可的是范畴和原始型,而非历史事迹和个体,因为个体似与历史的真实性和不可逆性相关联。

对历史的不可逆性和"新奇事物"的关注,米·埃利亚德视之为人类生活中晚近的发现。他强调指出:在仪典中,奇幻的、神圣的、"纯净的"时期似乎重现,而现时似乎在消逝(犹如古代东方春节的辞旧岁)。据埃利亚德看来,周而复始及迭现,无非是赋予事迹以众所周知的实在性。他力图论证:"传统的"人并不把历史视为其自身实存的方式,而对其持敌视态度。埃利亚德断言:举凡历史时期依然见纳于神话之处(试以"圣经"系统为例),反历史的圭臬亦得以留存;先知们所预言的"纯净的"神圣时期,作为世界末日论范畴的希冀(而主要的希冀之所在,并非终结,而是肇始),移向未来。

米·埃利亚德断言:甚至在基督教产生之前,神话构想同样赋予人类苦难以一定的意义;神话构想贵在具有一种意向,即诉诸周期性的、与自然界的重新整合,以求得平衡和安宁。据埃利亚德看来,具

有某些变异的神话构想，留存至 17 世纪；而在民众中，则留存至 20
世纪。他对奥·施彭格勒、阿·约·托因比和皮·亚·索罗金之重
振有关历史的循环说表示赞赏。埃利亚德并不掩饰他对历史进步观 74
念，特别是对"黑格尔以后的"历史主义世界观的敌视。他认为：这种
世界观无法使苦难获得论证，无法使人摆脱面对历史所产生的永恒
惊恐。同时，埃利亚德力图将有关共产主义社会建立的观念与有关
黄金时期终将到来以及届时历史时期将毁灭的世界末日神话相
混同。

　　我们上文曾援引美国批评家 Ph. 拉夫的一种见解，即神话创作
不失为使人们摆脱面对历史所产生的惊恐的手段。拉夫的论点，完
全为埃利亚德所承袭。米·埃利亚德同样不无失误，他将关于时间
的神话意象视为特殊的玄学体系，并从而使诸如此类意象现代化。
见诸历史的事迹，更确切地说，关于这些事迹的朦胧的记忆，在神话
中投射于史前之往昔；这并不意味着对历史、对"世俗的"现时等之彰
明较著的"敌视"。见诸神话之历史时光的"消泯"，为一定的思维方
式的副产品，而非神话的鹄的，亦非面对历史所产生的惊恐的直接体
现。此外，对 20 世纪神话创作说来至关重要的时间循环构想，严格
说来，非属神话本身，而属"仪典范畴"，同诉诸法术手段维护自然秩
序和社会秩序的意向紧密相关；就此而论，乃是重在以法术手段保持
日趋匮竭的丰饶之力等，而非重在复现和循环。只是在较为繁盛的
神话中，循环的意象以有关死而复生之神的农事神话形态，继而以有
关各个历史时期周而复始再现的神话形态，居于主导地位，其过程也
非一蹴而就。这样一来，神话与仪典之过度混同（弗雷泽学派开其先
河），则是对现代主义关于神话和神幻时期之说的支持。关于时间的
神话意象，其弥漫性较之埃利亚德所述尤甚；诸如此类意象包孕因果
构想（"往昔"——"现今"之因的范畴）。对神话说来至关重要的观
念，即化混沌为宇宙的观念，其与时间之不可逆性的关联，较之与其
复现性的关联为大。

结 构 主 义

　　最晚近的一种为人们所关注的神话理论，为法国人种学家克洛德·莱维-斯特劳斯基于结构主义立场所提出[①]。对神话进行结构研究的意向，在莱维-斯特劳斯之前已见诸恩·卡西勒和卡·古·荣格关于"象征"的构想。然而，如上所述，卡西勒关于结构的之说，尚具有极大的静态性和完形性；他对交往的社会性和神话象征语言与社会交往的密不可分的关联之认识，仍嫌不足。正如上文所述，荣格的某些论点同莱维-斯特劳斯的极为接近，但并未有所阐发；而荣格和莱维-斯特劳斯两人各行其是，从事所谓释析：前者属心理学，后者属逻辑学。荣格之本能者与有意识者的相互关系，同莱维-斯特劳斯之自然与文化的相互关系相对应；荣格的"熵"（这一概念显然袭自热力学），适用于心理能量；而莱维-斯特劳斯的，则适用于信息。在其关于莱维-斯特劳斯的一部篇幅不大的专著[66]中，埃·利奇着重指出：克·莱维-斯特劳斯与齐·弗洛伊德两者的观点相类似（克·莱维-斯特劳斯在《悲凄的热带》一文中的自白，与此不谋而合，——参见注72）。然而，正如我们所知，

---

　　① 结构主义（Структурализм；Structuralism），20 世纪 50 年代后兴起于人文科学众多领域（语言学、人类学、哲学、心理学、社会学、文艺学等）的思潮。结构主义者认为：任何事物，无不具有一种内在的体系；这一体系又由该事物的种种要素按一定的规律组合而成。他们主张立足于该事物的整体以及构成该事物整体的诸要素之关联去考察、认识和把握事物。最先借助于结构主义理论从事研究的，是瑞士语言学家斐迪南·德·索绪尔。他曾提出语言研究中的"共时性"概念，即从构成语言的诸成分的相互关系中，而非从其历史演化中进行考察。法国学者克·莱维-斯特劳斯主张以结构主义方法对人类社会进行考察。前苏联学者弗·雅·普罗普首先运用模式对文学作品加以剖析。在《民间故事的形态学》（1928 年）一书中，普罗普指出：俄罗斯民间故事虽纷繁异常，其内在规律却相互雷同。结构主义者执著于剖析作品的内在抽象结构，以期探求作品赖以产生的"总法则"，而置种种历史因素和社会因素于不顾。克·莱维-斯特劳斯将结构主义运用于社会学领域（包括对原始人的社会结构和思想结构的研究），并认为结构主义社会学旨在寻求同语言相类似的、社会生活诸成分间形式的关联或结构，诸如夫妻关系、亲属关系、家庭关系、神话体系以及社会风习结构等。其研究方法旨在探求一种"客观的"、"绝对的"结构和模式。所谓"二元对峙"，意即"两对偶之对峙"，诸如：上——下、天——地、男——女、人——兽、丰足——饥馑，等等。而居于核心地位者则是"自然——文明"之对峙；它体现于诸如衣食、音乐、婚俗、神话等领域的诸般对比中。——译者

尽管对荣格颇多抨击,荣格对莱维-斯特劳斯仍有较大影响,——总之,其观点较为接近。看来,莱维-斯特劳斯之将神话创作解释为集体的、无意识的活动,不无荣格的影响。然而,莱维-斯特劳斯指责荣格设定原始型赖以传袭的遗传机制并提出原始型形象的恒定性之说(即使就"语境"的和情境的变异而论),并非言之无据。莱维-斯特劳斯所指,为民族文化"语"范畴内尤为广泛的变异和象征化(与其说是施之于事物或状态,毋宁说是施之于客体与人物之间的关系)。这一差异至关重要,是为莱维-斯特劳斯神话理论的基石之一。

从事印欧语诸民族神话之比较研究的大师乔治·迪梅齐尔,可视为克·莱维-斯特劳斯的先驱者之一。迪梅齐尔曾提出印欧语诸民族神话、宗教和其他文化现象之三功能结构的理论(所谓三功能,乃是宗教性的统摄—智能、武力、丰饶)[67]。就某些论点看来,迪梅齐尔既与"太阳"神话论,又与新神话学派的仪典论,并与人种学和民间文化学中的功能主义思潮相接近。这位多产的博学者和缜密的分析家,以娴于使功能与结构相契合并将结构设想为分级序者而著称。他指出:三联结构模式,既作为属社会范畴者(据迪尔凯姆看来)而萌生,嗣后又可成为分类和分析赖以进行的手段。上述包蕴较广的观点,见诸迪梅齐尔 1950 年以来的著述。然而,将对印欧人说来堪称同一的静态结构形态作为某种极为古老的原型加以论证,是为迪梅齐尔所关注的焦点。看来,乔·迪梅齐尔对克·莱维-斯特劳斯有所影响;而后者又不同于前者,后者所关注的是结构之动态,是神话形态的变异所仰赖的机制。C. 斯科特·利特尔顿试图基于迪梅齐尔的众多著述建立统一的体系,并视之为经典的学说[68]。

结构主义的发展及其在现今之备受推崇,在一定程度上有赖于克·莱维 斯特劳斯的声望。他在人种学领域的著作,特别有关美洲印第安人神话的探考,博得学术界的广泛称道。J. M. 奥齐亚在其所著《结构主义解说》[69]这一学术普及读物中明确指出:"结构主义思想,似乎完全定型于莱维-斯特劳斯的著述","结构主义——即莱维-斯特劳斯"。而其他法国结构主义者(米·福科、J. 拉康、路·阿尔蒂塞、罗·巴尔特等)在历史、心理学、文学评论及哲学领域的活动,则应视为一种扩延。人类学在当代所起的作用,相当于哲学之于往昔。毋庸置疑,时至今日,就这一领域而论(如不包括语言学),正是莱维-斯特劳斯具备赖以运用结构主义方法的有利条件;而在其他领域,结构主义的成就则大为逊色。诚然,莱维-斯特劳斯从未希冀:人种学乃至结构主义,完全取哲学而代之。他与结构主义的某些追随者和反对者不同,并不把结构主义视为崭新的人之哲学(1960年1月在为表彰其学术成就而授予金质奖章时的讲话)[70]。然而,他基于方法论观点,仍然提出人种学及其探讨对象处于优先地位的问题。莱维-斯特劳斯所指,乃是同其他时间节奏相契合的、有助于客观化的、同观察者之间的"天文"遥距,又是就民族志学而论微小的遗存社会同自然界之相对邻近(这导致同生物学之有益的接近),亦为其思维方式(感性级类的逻辑思维)的自然性;这种思维方式与其共同的、集体的、无意识的结构基原完全等同。诸如此类"冷"社会(即无"熵"可言、接近历史零度的社会),与变易相悖;其社会结构的直观性、总体性和稳定性,赋予人种学以根本的符号性。上述方法论观点,无疑为意识形态范畴的观点所附丽;这表现于莱维-斯特劳斯对古老的部落集体之卢梭式的理想化;据他看来,这些古老的部落集体,似乎遵循"社会契约"精神,而与"喧嚣的"文明社会迥然不同。据说,自有文字以来,这种文明社会便建立在社会对立和剥削之上。原始逻辑也成为理想化的对象,因其感觉的具体性,而成为赖以对周围世界进行分类、分析、理性把握的手段,以期掀起新石器时代的技术革命,并造就当代文明的"基质"。莱维-斯特劳斯认为,思维的这一"战略级类"趋重于所谓第二性质和数的方法,在一定程度上为当代自然科学所重振。

根据克·莱维-斯特劳斯的观点,"民族学的"阐释作为"空间的"、共时的、结构的科学阐释,对历史的、"时间的"、历时的、注重事态的阐释"有所补益";不仅如此,前者较之后者更具有一定的优势。历史科学归根结底为莱维-斯特劳斯所推崇;就其现今的状况而论,他认为:因与个体意识及探考者所处社会环境之关联过度紧密,因注重肤浅的"事太纷呈"之层次而使众所周知的历史延续性全然不可信,历史科学则陷入主观主义。至于对历史持超批判主义,莱维-斯特劳斯妄图借助于马克思;他将马克思视为力图论证所谓事件并不构成历史科学之基础的思想家,并一向将马克思视为结构主义之先驱者,——这当然是徒劳无益。

让-保·萨特极力反对克·莱维-斯特劳斯的上述历史观。他认为,人首先在施之于凝滞结构的克服中表现自己,而结构人种学则无力揭示这一范畴。另一方面,莫·梅洛-蓬蒂却从克·莱维-斯特劳斯的人种学结构主义中引出极度的、属认识论范畴的结论[71]。梅洛-蓬蒂是法国哲学家,被视为埃·胡塞尔的现象学与存在主义之间承前启后的人物。梅洛-蓬蒂试图以其途径克服主体—客体之古典的二律背反,则诉诸"超反射的"意识;在这种意识中,人体似为意识与自然之间显而易见的中介,而知觉借以径直导致含义。莱维-斯特劳斯之"灵活的"结构人类学(基于这样一种论点,即结构为含义内在地赋予的形式),梅洛-蓬蒂则将其置于同传统社会学的主观主义相对立的地位。值得注意的是:莱维-斯特劳斯虽是梅洛-蓬蒂之友,对现象学(力主由感受到实在须经"持续的"过渡),尤其是对存在主义(同主观的幻想有不解之缘),却持批判态度,认为两者均无法克服形而上学[72]。

克·莱维-斯特劳斯对历史科学所持的超批判主义,并不可取;然而,毋庸置疑,人种学的客体,包括民间创作,为结构主义的分析所渗透;对在其相对稳定的限度内研究较为发达的文化说来,结构主义方法同样十分适宜。此外,结构主义的"反历史主义"与历史主义的"反结构主义",必然相得益彰。共时描述与历时描述之间、民族志学与政治史之间、民间文化学与文艺学之间,无疑存在补偿关系;但是,结构主义与历史主义基质之间,并不存在不可消除的对立。譬如,法国符号学家阿·茹·格雷玛斯[73]认为结构是非持续的,并断言:历史的重要功能在于巩固体系、限制对偶然事件之诉诸,因而主张亦将结构主义分析应用于历时性范畴。

克·莱维-斯特劳斯曾受益于法国社会学派;这一学派对理论问

题的探讨,主要基于民族志学资料。作为既是美洲学家又是民族志学家的学者,他对美国文化人类学派有所贡献(这一学派的成员为:弗·博阿斯、罗·洛伊、阿·克罗伯等)。仰赖诸如此类传统并袭用语言学结构主义的经验,特别是借助于罗·雅科布松有关音位学(音韵学)的学术著作,克·莱维-斯特劳斯创立了结构人类学。

79　在《亲缘的基本结构》(1949 年)[74]一书中,克·莱维-斯特劳斯联系为一定的规范所制约的交换和沟通之发展,对社会生活的起源进行了探讨。对交换乃至其象征意义,马·莫斯(埃·迪尔凯姆最得意的门生)已有所剖析,而莱维-斯特劳斯则予以结构—符号学的阐释:没有符号体系,则无所谓沟通;社会事实之呈现于在符号体系,既是作为事物,又是作为意象。婚姻交换所产生的婚姻规范(其中最古老的为严禁"血缘婚")和亲缘谱系,是一种符号体系;人们诉诸结构主义方法,施之以共时性探考,犹如对待自然语言。后来,莱维-斯特劳斯又作了下列论证:图腾表征也是符号的模拟体系。诸如此类体系,据他看来,使事物成为沟通者;而集体的、无意识的精神结构的功效,则使体系本身为智能所可企及。

只是由于诉诸结构主义,克·莱维-斯特劳斯始可对原始思维之逻辑机制的有效作用加以阐述。这使他有可能在方法论范畴把神话作为"原始"精神文化的特定产物加以分析。

关于神话领域,克·莱维-斯特劳斯有一系列学术著作问世[75]——始于 1955 年关于神话结构主义研究的篇幅不大的"纲领性"论著,终于 4 卷本专著《神话论》(1964～1971 年)。通观诸如此类专著,结构主义的神话研究已付诸实现,被置于对美洲印第安人千百则神话的实际分析中;直接开其先河的,则是关于原始思维的专著(《野蛮人的思维》,1962 年)。

克·莱维-斯特劳斯是神话结构类型学的创始人(神话结构类型学,是结构人类学的最重要组成部分)。他对神话探考异常关注,并视之为人类精神之自我意识的途径之一,其出发点在于这样一种论断,即:神话那种集体的、无意识的幻想化,在一定程度上同部落生活活动其他形态的影响和社会—经济的基础结构不无关联,并因而成为"理智解剖"的等同反映。莱维-斯特劳斯关于"神话化具有一定程度的自由"之命题,同关于原始思想的智力灵活性的之说紧密相连。原始思想重在广泛运用种种逻辑契机,而不仅仅囿于一味直接地反映部落社会体制。例如,莱维-斯特劳斯认为:部落之分为两胞族,并不必然导致有关孪生兄弟(胞族始祖)的神话之萌生,却使"狄奥斯库里之说"其他变异的逐一再现成为可能;诸如此类变异为:互为仇雠的两兄弟、祖母——孙子,等等。与此如出一辙,两性神话可体现为作为不同性别的灵体之太阳和月亮的形象,可体现为天与地、积极的与消极的、善的与恶的形象,等等。莱维-斯特劳斯正是基于这样的论点,即:神话中的表征者之组合在一定意义上先于被表征者,而表征者在被表征者消泯后仍可续存于神话。然而,表征者之余裕,由于神话成分因"级类"和"代码"的差异趋于分解而得到克服,——系于民族文化"语境",其中包括社会—经济范畴的基础结构。至于以民族志学为背景,克·莱维-斯特劳斯视之为对抗卡·古·荣格那种原始型普遍化及对抗形式主义的有效手段。在实践中,这使他时而甚至陷入超决定论;而在理论上,由人种学到认识论的先验飞跃的前景,仍可导致神话信息的"风化",——这是代码和级类的游戏之揭示所致;继之而来的,应是"纯"精神结构的展现。这种前景实则有导致非决定论和形式主义之虞,而且有使结构失去其内在丰实性的危险。由于希冀对众皆同一的"智能解剖"加以认识,加之,对土著居民神话中集体的、无意识的成分认识尚嫌不足,莱维-斯特劳斯有时对互有"补偿"的描述手段未能充分严加区分,——诸如此类手段在于,"外在的",即以民族志学家的目光观察,"内在的",即着眼了"神话者"本身(土著居民的意象,有时则在遵循塞皮尔—沃尔夫假设[①]而

----

① 美国语言学家爱·塞皮尔在《语言》(1921年)一书中提出一种理论,即语言是一个严整的体系,对现代美国结构主义的发展影响极大。他强调认识语言的社会本质。他提出的"语言对人们有关周围世界的观念之形成有所作用"的假设,成为民族语言学的基石。在爱·塞皮尔思想的影响下,并基于对南部阿兹特克人的考察所得,本·沃尔夫提出语言相应性的假设,即所谓"塞皮尔—沃尔夫假设"。——译者

从事的某些民族语言学探究中获得较为严谨的表述)。

对克·莱维-斯特劳斯说来,神话首先是无意识的逻辑效能得以实施的场所,是矛盾赖以解决的逻辑手段。据我们所知,这种逻辑斯提必然导致仰赖叙事横组合对逻辑纵聚合之注重,必然导致对神话体系的注重胜于对个别的题材。①

我们评析克·莱维-斯特劳斯有关神话的论著,不拟对其观点之并不显著的演变详加评述。只想提请注意:在其关于神话的处女作(1955 年)中,他还完全囿于语言学模式;语言本身作为信息赖以传递之广为运用的手段,成为神话的"样本"。神话被解释为语言现象(然而属于高级类别:并非"音位"和"义素",而是"语句"),并同两种索绪尔范畴(langue——"语言"和 parole——"话语")相适应;从根本上说来,可以"迻译"。人们曾多次指责一些学者(如艾·丹德斯和乌·韦恩里希)亦步亦趋地追随克·莱维-斯特劳斯的结构语言学方法,这并不完全公允。

在《神话论》(1964 年)第 1 卷"前言"中,他在一定程度上从语言转而借重音乐,把音乐视为神话的"样本"[76]。克·莱维-斯特劳斯指出,神话介于语言同音乐之间;而据他后来的论述,语言却与音乐相近,而音乐是"不可迻译的"(它无非是言语的隐喻),是直感的艺术结构的典范。神话犹如音乐,是为"摧毁时间的机器";在神话中,不可逆转的、持续的时间与离散结构之二律背反得以克服,而听者的心理时间得以形成;不论在此或在彼,"传递者"与"承受者"的关系都处于倒置状态,听者本身呈现为"被表征者";结果,不是人诉诸神话有所思,而是诸神话本身"互有所思"。克·莱维-斯特劳斯沿袭理·瓦格纳之借助音乐手段对神话加以释析的方法,在《神话论》第 1 卷中借用对位法从事探讨;不仅如此,他还将音乐术语用于章名,诸如:"巢

---

① 20 世纪 60 年代以来,结构主义者开始借用结构语言学的方法和概念。文学现象分为若干结构级类,亦即所谓"级次"("等级"),属上层者居于属下层者之上。在每一级类,诸多最基本的成分加以组合,称为"横组合"("组合结构"、"组合体系"),结集为不同"等级",称为"纵聚合"("聚合结构"、"聚合体系")。——译者

穴毁坏者的咏叹调"、"优雅风度的奏鸣曲"、"五种情感赋格曲"、"负鼠的颂歌",等等。

以上所述之其注重从语言转而借重音乐,在一定程度上与克·莱维-斯特劳斯这样一种观念有关,即神话和音乐两者对无意识结构的表现毫无二致。于是,一种幽影随之而现;这便是莱维-斯特劳斯本人也无法接受的形式主义。这一现象是神话信息范畴的贫匮所致:同一内蕴,借助于不同的代码进行表达;而代码的对应性本身以及从这一结构级类到另一结构级类的"音乐性"跨越,则置于被强调的地位。总之,通观《神话论》,关于神话的表述已被极度充实,导致神话与艺术趋于接近的属性置于被强调的地位;对嗣后理解艺术本身的某些范畴来说,这似有极大助益。

据克·莱维-斯特劳斯所述,神话既属历时性(作为对往昔的历史追述),又属共时性(作为对现今乃至未来加以阐释的手段)。因此,神话成分堪称与这两种尺度(即历时性的和共时性的)相连属的"系词";作为诸如此类"系词",神话成分也显示其所蕴涵者。① 历时性尺度与题材的横组合扩展相适应,为通览神话所不可或缺;而共时性尺度,则为理解神话所必需。由此可见,莱维-斯特劳斯对横组合范畴以及纵聚合范畴均十分重视。而他所关注的主要是思维本身的结构,而非叙事的"结构"。然而,莱维-斯特劳斯似乎忽略了这样一点,即:诉诸事迹的语言对无所不包的模式的描述之纳入神话的特质,对其纵聚合具有深刻的影响;然而,他对另一侧面深有所知,即:神话将事迹用作对结构加以重新配置的质料,并凭借结构来构拟具

---

① 据克·莱维-斯特劳斯看来,人类社会的一切,唯有凭借历史始可被理解;所谓"历史的态度"(即"从历时性角度"),无非是有助于认识这种或那种社会规制,对社会的科学研究的主要目的,为从"共时性角度"进行探讨,产生于"集体现象"的无意识性,亦即揭示"相互关系"的形式结构。所谓"无意识者",乃是对各个时期和所有民族说来无所不在的意念,即将现实之见诸历史的、具体的纷繁多样纳归于传统、仪典、语言之象征形式。据他看来,对历史的和民族的事实进行研讨,只是对集体的无意识者进行探究的第一步;诸如此类事实无非是外壳,应揭示包蕴于其中之种种关系的恒定的象征结构。又据他看来,所谓"社会结构",并非经验的、既定的实在,而是一种模式,理应符合一定的逻辑要求——整体与部分的统一、过程(时间范畴的变异)与结果(结果)类质同相等。(《人种学史》、《社会结构》)——译者

体可感的、纷繁万千的世界。与此相应,莱维-斯特劳斯虽主要诉诸
纵聚合分析对各个情节加以探讨,却重在神话题材的整体。这一整
体结构具有某种不可按横组合环节加以分解的共同含义,其展示首
先是由于种种"复现",而其本身却基于逻辑的"对立"。一旦从"对
立"的结构过渡到一般"重叠"之结构,"系列"神话便应运而生,——
是为"长篇"体裁的雏形。莱维-斯特劳斯展示神话无所不包的结构
性,既诉诸绝无仅有的题材之内在逻辑同一性的例证(据南美印第安
人神话的一细节,女嗜血鬼捕鱼时,一条即刻食用,另一条则予以贮
存;另一细节,大致雷同,即将主人公之一即刻杀害,另一则留作兄
弟);又诉诸以神话思想将种种互不连属的主题加以连缀的例证(诸
如:星辰同死者相婚与培育作物之由来、生命树与人生短促之缘起)。
种种题材一横组合的关联,是那种虽然离奇、实则纯属逻辑的关联所
致。例如,克·莱维-斯特劳斯认为:关于奥狄浦斯的神话以及北美
印第安人类似题材中的乱伦同谜语之间,即不乏这种合理的内在联
系。注定分解的"项值"(禁绝与之发生性爱关系的双亲、不解之谜的
破译[1],等等),在两种交换中趋于接近(即通过婚姻交换妇女和通
过对话交换语言)。同时,"奥狄浦斯"神话成分中的无度乃至乱
伦,以及不解之谜的破译(无问之答),与中世纪骑士文学中加以
改铸的"圣杯"[2]神话成分中矢志于持守节操的结合以及城堡主人蒙
难始因的理所当然之问的匮缺(无答之问)相互对称、相互补充。由
此可知,莱维-斯特劳斯如何轻而易举地由题材结构逻辑转向广博的
神话体系。

83

---

① 系指希腊神话中"斯芬克斯之谜"。斯芬克斯为一女妖,狮身、人面,生有双翼。相
传,斯芬克斯曾问奥狄浦斯:"什么生物清晨用四条腿行走,中午用两条腿行走,晚间用三条腿
行走;腿最多之时,又走得慢、力气最小?"奥狄浦斯猜破谜底(即"人"),斯芬克斯羞愧万分,跳
崖而死。——译者

② "圣杯"(Грааль;Grail),据罗贝尔·德·波隆的《圣杯传奇》中所述,"圣杯"与耶稣在
最后的晚餐时所用的杯联系起来,亦即亚利马太的约瑟用以接耶稣被钉在十字架上时所滴之
血的杯子。中世纪欧洲骑士文学中即有关于"圣杯"的传说。在亚瑟王传奇中,"圣杯"为骑士
们所寻找的神秘圣物。据说,圣洁的骑士加拉哈寻找圣杯,从而寻求与上帝的神秘结合。圣
杯的主题逐渐成为"亚瑟王传奇"的主题,并为作家们所津津乐道。——译者

　　克·莱维-斯特劳斯所从事的神话探究的最重要方面,是在美洲印第安人民间叙事创作中揭示特殊的神话思维机制。他认为:神话思维是完全符合逻辑的,甚至是完全"科学的"。莱维-斯特劳斯的原始思维理论,是为学术领域继莱维-布吕尔的学说之后又一长足的进展;而前者恰与后者针锋相对,——前者注重原始思维的功用价值和认识效力,但并未摒弃其特质。甚至恩·卡西勒也立足于吕·莱维-布吕尔的研究成果。据克·莱维-斯特劳斯看来,原始逻辑既然赋有具体性,又同直接感觉相关联,则可从事概括、分类和分析。自然分类的基础是图腾崇拜:动物和植物物种的自然区分,被用于对文化范畴的社会世界进行分析。具体的分类者复现于不同的级类,并与较为抽象的(数的以及其他类型的)分类者相关联。神话思维被视为"随心所欲的"手段之有限制的"聚集"。诸如此类手段,既可用作质料,又可用作工具;既可作为被表征者,又可作为表征者;不仅如此,已具有象征意义并用于某种神话体系的成分,可借助于神话思想付诸实现。这样,势必要发生别具一格的重新配置、重新组合,其情景犹如在万花筒中。神话思维的成分确实不失为具体的,并与直接感觉、物体的可感属性相关联;而诸如此类成分则可成为形象同概念之间的中介,作为符号克服感觉的与思辨的两者之对立,并可成为重新组合所凭依者。神话的逻辑可达到其目的,似乎纯属偶然,乃是通过迂回的途径,借助于并非特定用于此的质料。克·莱维-斯特劳斯将神话逻辑视为一种特殊的理智的 bricolage(源于动词 bricoler,用于台球、狩猎、骑术,即一种"反弹"、"回撞")。

　　神话思维从根本上说来富于隐喻性,含义的展示具有无穷变易的属性,但它并不有碍于为理智所企及。关于神话之不可消泯的象征性,关于象征的展示本身在神话中保持形象性,早在克·莱维-斯特劳斯以前,论述者即不乏其人,——精神分析学者即属之;他们却以象征所固有的、有机的意义为出发点,而不是像莱维-斯特劳斯那样,以种种关系的逻辑为出发点。进化过程中所发生的变化,据他看来,与共时性结构相适应。对纷繁的印第安人神话的综合分析,展示了神话逻辑的机制。此外,为数众多的二元对立,诸如高/低、暖/冷、左/右等等,因其离散性遂先行分离而出。上述种种二元对立,其始初质料为人周围之事物和现象的可感属性(然而,可感属性的逻辑,其对主观知觉同宇宙客观属性两者之区分则较弱)。

种种二元对立的揭示,是莱维-斯特劳斯方法的极重要方面;它溯源于结构语言学原理,却又依托于法国社会学经典学者(埃·迪尔凯姆和马·莫斯)的研究成果及民族志学家对部落社会体制二元形态和图腾分类二元性的实地考察所得。克·莱维-斯特劳斯确信:对生物差异范畴二元对立的术语之理解,是为从自然向文化过渡的重要方面。毋庸置疑,莱维-斯特劳斯的二元逻辑,同某种公式化并非格格不入。现代实地考察材料表明:在实践中,这种二元性通常并非如此清晰可见,而是同不可分解的三元结构相竞并存;隔离两极的中介区,起有巨大的作用。据我们看来,则须作如下补述:对相互对峙的神幻之力的那种相应的、颇具影响的对立(诸如生/死、自身者/异己者、善/恶,等等)以及通常的"同质异晶"现象,莱维-斯特劳斯未作充分的区分,——诸如此类"同质异晶"现象,与同一主题见诸不同范畴(空间的和时间的、男性的和女性的、陆地的和海洋的,等等)的变异相适应。毫无疑问,过渡性的类型成为可能,种种对立则有可能被领悟——或较为强烈,或较为适中。归根结底,据我们所知,克·莱维-斯特劳斯并非一贯将左右土著居民实际思想的二元对立与萌生于人种学者与分析学者的思维之对立加以明确区分。例如,莱维-斯特劳斯所注重之自然与文化的对立,对土著居民的思维说来是绝对内在的;即使在有关文化英雄及他们所获取之成果的神话中,土著居民也常常在造物的质料、获取的方法等方面将自然成分与文化成分相混淆(太阳之热很容易与灶火相混同,文化范畴之物被视为亘古有之,而自然客体则被视为出自铁匠或陶工之手)。显然,文化与自然的区分只见诸古老的神话。古老的神话正处于由未区分到区分的途程中。在莱维-斯特劳斯所剖析的、有关图腾属性的怪妻神话中,人类的(文化)与动物的(自然)两者之对立,未必与之相应,——系指图腾崇拜术语所表达的那种惯常的外婚制。

　　然而,我们所援引的表述,不会有损于二元对立律对思维以及思维之运用的科学成效的重大价值。

　　如上所述,二元对立首先对初级感性知觉的材料加以调整,并使之概念化。抽象化过程通过感觉属性的相类似和不相容而成为现实。例如,克·莱维-斯特劳斯指出:南美印第安人有关"人生短暂"(死)之由来的神话主题,借助于同5种感官(眼、耳、鼻、身、口)相应的对立得以表述。据说,死之缘起在于:主人公违迕视、听、嗅、触、尝之命,或者,相反,违迕不视、不听⋯⋯之禁忌。

　　干与湿的对比——为烟草与蜂蜜的神话之出发点。在南美博罗罗人[①]、热斯人[②]及其他部落的民间创作中,这种神话具有重要作用;而凭借腐败与新鲜、生与熟的区分,关于"炊爨"(火与熟食)由来这种尤为重要的神话应运而生。继之而来的逻辑阶段,其特征在于形态区分的二元对立,诸如:空虚者与中空者、容纳者与被容纳者,如此等等(关于隐避处和捕捉器、种种食物、乐器的神话)。自然之物或者文化范畴之物,同时用于不同的目的(例如,南瓜或者空心树干,可用作捕捉器、乐器、盛蜜器、隐避处),在神话意象的发展中起有特殊的作用,势必成为一组分类标志。某些动物的属性(实际的或奇幻的),使其中一些动物成为异常复杂的象征性形象(诸如南美印第安人的豪猪、负鼠或貘);借助于诸如此类形象,神话思想则发挥其逻辑功用。它们的具体象征方式有所不同;伴随这一部落文化向另一部落文化之过渡,其象征方

_____

　　① 博罗罗人(Бopopo;Bororo),南美印第安人部落,分布于玻利维亚和巴西;人口共约3 000(20世纪90年代);从事刀耕火种、捕鱼、狩猎、采集;语言属热斯-帕诺-加勒比语系;仍保持传统信仰,行丧葬和追荐仪式、成年仪式,神话和民间创作十分丰富。——译者

　　② 热斯人(Жeз;Gez),南美印第安人部落集群,分布于巴西东部、中部和南部,人口共约4万(20世纪90年代);语言属热斯-帕诺-加勒比语系,基本上保持传统信仰和仪式(图腾崇拜、面具舞),神话和民间创作十分丰富。——译者

式也发生变异。由此可见,神话思想构拟"设想",继而构拟"判断";在把握成分之间对比的同时,并对各种对比的关系加以把握(从关于炊爨之由来的神话到关于独木舟的神话;据说,主人公曾乘此舟与日、月遨游天宇;于是,空间的移徙转化为近与远之空间—时间的多层次历程)。

克·莱维-斯特劳斯将神话视为诉诸媒介(即渐进的调和)解决种种根本矛盾的逻辑手段。这里所指的,实则并非实际解决,而是诉诸一种特殊的规避予以克服;而这种"规避"同莱维-斯特劳斯所阐述的神话"反弹"说十分契合。"媒介"的机制在于:生与死这一根本的对立,譬如说,为植物与动物两王国那种较为和缓的对立所替代,而后者又为食草类与食肉类这种较为狭隘的对立所替代。最后一种对立,则因作为"文化英雄"的兽形灵体之呈现而消逝。相传,诸如此类灵体以鸟兽之尸为食(诸如:祖尼人[①]神话中的郊狼氏,北美西北沿海地区印第安人[②]神话中的渡乌氏)。上述对印第安人神话的分析,使莱维-斯特劳斯忆起有关希腊神话中奥狄浦斯这一题材的既定阐释。就此而论,他把这样一种矛盾视为主要矛盾,亦即:有关犹如植物在地球上繁生的人类之存续的观念同见诸世间的那种作为生死交替的世代更迭两者之间的矛盾。这一矛盾表现于家庭关系过度密切(乱伦)同对家庭关系的关切匮乏(弑亲)两者之间的摇摆所引起的冲突。

在博罗罗人(属印第安人)的许多释源神话中,诸如此类家庭关系之失度(诸如:乱伦及对乱伦者的严惩、弑亲,等等),则导致通常相

---

① 祖尼人(Зуни;Zuni)北美印第安人部族,自称"阿希维人",分布于美国新墨西哥州西部;人口共约 8 000(20 世纪 90 年代);保持前基督教信仰:农事崇拜、行业崇拜等。郊狼氏被视为北美印第安人一些部落神话中的创世者、文化英雄;相传,曾造陆地、人及万物;又说,曾造星辰,并教世人耕种、狩猎,曾盗取太阳之火。又据祖尼人之说,郊狼氏曾命世人按部族划地而居;灭世洪水后,再造人类。——译者

② 北美西北沿海地区印第安人,其语言分属不同语系,主要有特林基特人(约 14 300,20 世纪 90 年代)、努特卡人(约 4 700)、夸扣特尔人(约 3 500)、客姻什安人(约 11 000)、海达人(约 3 000)。渡乌氏为北美印第安人一些部落神话中的创世者,与郊狼氏相近似;其形象既类人,又与动物相似;既具有文化英雄的特质,又具有恶作剧者的属性。北区地区的楚克奇人、科里亚克人、伊捷尔缅人的神话中。亦有渡乌氏这一形象。——译者

关联的成分之分离（不仅社会成分，宇宙成分亦然）。诸如此类成分因中介成分的作用而重新结合；所谓中介成分，即：水（天与地之间的媒介者）、丧葬仪礼和饰物（生者与死者之间的媒介者）、疾病（生与死之间的媒介者）。这里所说的媒介者，是神话中对其由来有所表述的客体。莱维-斯特劳斯不仅将神话逻辑化，而且执著于采用几何学和代数学的符号，主张通过媒介过程的模式表示神话结构。试看下列公式：

$$f_x(a) : f_y(b) \simeq f_x(b) : f_{a-1}(y)$$

a 与消极作用 x 相关联，b 则是 x 与积极作用 y 两者之间的媒介。就 b 而论，论据同作用处于倒置状态，a 被否定；其代数符号表明：神话的扩展是螺旋式的，这种螺旋式的发展导致始初情态的摈弃和新情态的相继获致。在其合著的《民间创作中的结构模式》[77] 一书中，埃·肯加斯和 P. 马兰达对这一公式有详尽的分析。加拿大民间文艺学家马兰达夫妇指出：这一公式适用于民间文学各种体裁；而对神话本身说来，其适用则是有限度的，——媒介者可以并不存在，或并未展示，即成分的"倒置"并未出现。试援引魔幻故事之而易见的例证，对莱维-斯特劳斯的理论进行通俗易懂的阐释，并予以补充。在魔幻故事中，这一公式可诉诸横组合予以诠释。始初的消极情态——对手(a)之为非作歹(x)，为英雄—媒介者(b)的行动所制服；英雄—媒介者以施之于对手(a)的消极行为(x)，不仅使后者无可逞之伎，而且使神奇成分有增无已（神奇成分即：奇异的褒奖、与公主之良缘，等等）。

　　通观《神话论》一书，对神话逻辑的分析，在整个研究过程中渐渐转变为对神话语义的分析。至于神话语义，则凭借广阔的民族志背景予以探考。对神话的语义结构，不乏比较阐释（较之其他结构主义者，克·莱维-斯特劳斯以采用纯比较语言学方法从事类型学研究而著称）。一些神话被解释为另一些神话变异的结果。莱维-斯特劳斯的研究，始于对博罗罗人一则关于暴风雨由来的神话之探讨。为了对这则神话的种种因素加以说明，他援用了数百则神话，将探究向广度和深度扩延,揭示一系列区分性语义标志及种种神话体系那繁复的对称关系和等级关系。

　　博罗罗人神话中的主人公,犹如奥狄浦斯,也有乱伦和弑父之行。相传,其父对之曾出以"难题",以剪除大逆不道者。例如,其父迫使主人公攀登悬崖,捕捉鹦鹉雏儿,却悄然离去,让他备受兀鹫啄食之苦;而主人公的脱险,完全是出于偶然。据克·莱维-斯特劳斯推断,这一神话乃是同博罗罗人有亲缘关系的热斯人诸部落有关"鸟巢捣毁者"的神话之变异;这是十分可信的。相传,这一人物被其亲属遗于树顶(并非其母之夫,而是其姊妹之夫),后为美洲豹所救。美洲豹以一印第安人为妻,理应视为"鸟巢捣毁者"姊妹之夫,将火以及炊爨之奥秘传予其"姻亲",并通过其"姻亲"传予众人。无论是就前者,还是就后者而论,婚姻均为社会交往的基础:火有其主(热斯人神话中为美洲豹,博罗罗人神话中为兀鹫),而最终为主人公所据有。在博罗罗人神话中,后一情节稍显朦胧;而在这一神话中,其情节也不外乎:暴风雨使一切火源化为乌有,主人公却保住了火种;主人公之名,意即"薪柴之树的美洲豹"。使一切火源不复存在的暴风雨,为"火之对立者"。热斯人关于炊火由来的神话,其变异则与此大相径庭。图皮人①关于野猪及其捕猎的神话,即为其演化的结果。在这一神话中,正常的亲属关系同样遭到破坏。烟草点燃,烟雾弥漫,人们即变为野猪。他们因拒不向半神人物(即其妻子的众弟兄)奉献应享供物,而遭此严惩。查科人②关于烟草由来的神话,则似乎复归有关"鸟巢捣毁者"的神话:妻子迫使丈夫历尽攀缘之苦、捕来金刚鹦鹉的雏儿,食后变为食人的雌美洲豹。雌豹后遭火焚,烟草即生长于其墓上。在该神话中,与角色的彻底变易相应,美洲豹由

---

　　①　图皮人(Тупи;Tupi),南美人数众多的印第安人部落集群,分布于巴西、秘鲁、圭亚那、巴拉圭,人口共约 15 万(20 世纪 90 年代),语言属安第斯-赤道语系;从事刀耕火种、捕鱼、狩猎、采集。传统信仰(萨满教等),依然留存。——译者

　　②　查科人(Чако;Chaco),南美印第安人部落,人口约 2 000(20 世纪 90 年代),分布于哥伦比亚东北部和委内瑞拉西北部,保持传统信仰,民间创作和神话十分丰富。——译者

雄性成为雌性。

　　由此可见，有关炊爨缘起的神话，形成闭合式的锁链。一系列变化的这种联结，克·莱维-斯特劳斯视之为据以判断结构分析正确与否的重要尺度。诸如此类环状体的另一实例（其长度大大超过前者），为圭亚那关于奇夫异妻的神话。综观此类神话，从这一神话到另一神话的转换，与性别或图腾丈夫的动物形体之更易相契合。

　　有关"炊爨"由来之释源神话的其他变异，导致蜂蜜神话的形成；蜂蜜神话的传布，又与烟草神话相对应。在蜂蜜神话中，同样不乏人（亲人和亲属）、美洲豹、金刚鹦鹉等形象，却处于不同的组合中；其纯属饮食的对立（生食／熟食、肉食者／素食者，等等），亦有所异。同有关熟肉的由来（由自然向文化过渡，即由生食向熟食过渡）的神话相对应者，为有关培育植物的由来（由陈腐蘑菇向新鲜植物食品过渡）的神话。有关培育植物的神话，与有关捕鱼所用毒饵的神话（印第安人把这种毒饵同培育植物归于一类），与鸟类羽毛颜色的由来的神话及有关虹的神话属同一语义体系，因为分色现象与动物物种和人类部落的离散性可产生联想；所谓"离散性"，则产生于因中毒和疾疫而发生之人类和动物的"稀疏化"。

　　于是，一个又一个新的神话体系和亚体系相继萌现。诸如此类体系和亚体系，是别具一格的"形成中的语义"之产物，是无限的变易之结果；凡此种种变易，使神话之间出现繁复的级序关系。在这一神话转化为另一神话的过程中，其总的"骨架"得以保留和呈现，而其"信息"或"代码"则有所变易。"骨架"通常由亲属关系构成（参观以上所引数例），诸如此类亲属乃是妻子的"提供者"和"接纳者"，——妻子宛如交换物。不仅如此，社会行为的类型可取决于较为抽象的对立，即沟通性／非沟通性以及适度／非适度。神话中"信息"的变易，首先是释源主题的变易：博罗罗人关于"天水"（暴风雨）由来的神话，是由热斯人关于火之缘起的神话演变而来；而博罗罗人关于饰物由来的神话，则是由图皮人关于野猪由来的神话演变而成。所谓"信息"，诉诸种种具有各自的

⁸⁹

"语法"和"词汇"的代码予以表达。上文已援引一颇为典型的例证,可资说明一种"信息"的表达,——人之早亡的起因,借助于同5 种感官相应的代码予以表达。

　　南美印第安人生活中不可或缺的南瓜,具有上述多功能性,导致 3 种代码(烹饪饮食三段式、音响三段式、空心树三段式)的类质同相。树种的坚实和腐朽程度之差异及其所发出的声响(神异的"呼唤"),同食物品种、食物体系、经济生活的形态、一年四季、水域的品类等属类质同相;正因为如此,同一内容则借助于音响代码、味觉代码、基原代码等予以表达。秩序的任何破坏均可代码化,既可诉诸音响(声音),又可诉诸社会途径(乱伦、过远或过近的婚配),并可诉诸天象(日月之蚀)。烹饪饮食代码与音响代码,大多错综交织:例如,进饮食时有声或无声,——对美洲豹的宾客或者对太阳的宾客说来,是一种特殊的考验。炊火可与社会调整和宇宙平衡产生联想。同时,食用某种特殊食品(蜂蜜)的无度,则可导致婚姻的失常;乘独木舟之迁徙,同样可导致上述结果——烹饪饮食代码、地理代码和社会代码三者错综交织。立足于民族志学"语境"对种种代码及其相互关系进行探讨,是为《神话论》一书最引人注目之处。种种代码所构成的级序,使美洲印第安人生活方式和世界观的种种范畴汇集于一个统一的、十分繁复的神话渊薮。

　　施之于神话的"变异分析",可展示神话之间及其种种成分之间相互关系的某种逻辑。据克·莱维-斯特劳斯看来,各种主题的改铸,使条件与结果、手段与目的、事物与表述、人与名、被表征者与表征者、思想意识的与经验的、显露的与隐秘的(藏匿的)、字面的与转义的等等之相互关系得以显示。

　　在神话变异的情况下(神话思维的特征在此显现无遗),"信息"(即代码)的更易,大多具有形象性和隐喻性。于是,这一神话遂完全或在一定程度上成为另一神话的"隐喻"。

　　克·莱维-斯特劳斯曾多次将同族之间、亲属之间、不同性别之间、人与动物之间关系中的"无度"视为神话冲突的基础。这种"无度",可具有无节制和贪婪的特点;而这对无度者本身说来是致命的。圭亚那神话中女主人公对蜂蜜的贪婪,不仅与另一人物的色情"狂"(乃至极尽苟切之能事),而且与隐喻性贪婪的种种形态(诸如:某一瑟西极度好奇,欲探知男子会社的奥秘;一老人迫不及待地欲招一养老女婿)相对应。一些神话中那名副其实的"炊爨"之肮脏,与贪色之貘那种隐喻性的"道德"沦丧相对应;然而,名副其实的贪色者,又不同于隐喻性的饕餮者,诸如,贪食蜂蜜者。那种隐喻性的、妇女对男性的苦苦追求,演变为圭亚那神话中雌性青蛙对主人公之名副其实的爱恋。关于蜂蜜节由来的神话,据克·莱维-斯特劳斯看来,乃是关于蜂蜜由来的神话之隐喻。诸如此类例证,不胜枚举。莱维-斯特劳斯有时将隐喻置于同提喻相对立的地位。例如,太阳以鱼为食(犹如卡伊曼)的情节,与卡伊曼食鱼(太阳的部分食物)的情节相对应,——其景况宛如隐喻之与提喻;关于烟草及某些种类烟草由来的神话,其相互关系与上述毫无二致。莱维-斯特劳斯通常立足于隐喻同换喻之对立,将种种神话主题加以比拟(例如,瑟西即是普勒阿得斯的隐喻,其名即"普勒阿得斯"之意①;而女嗜血者,堪称普勒阿得斯的换喻——该组星辰即来源于此)。他认为,对诉诸"倒装"而展示的种种变异说来,这一对立尤为典型。

　　在即将结束对克·莱维-斯特劳斯的神话结构类型学之简要评述时,必须强调指出:克·莱维-斯特劳斯并不主张把赖以研究美洲印第安人神话的方法以及其研究所得广泛用于文化发展的其他领域和阶段。上文已述及,他把神话体裁置于同长篇小说体裁相对立的地位。就此而论,他同著名的法国结构主义者罗兰·巴尔特大相径庭;后者把现代社会视为"神话作用之得天独厚的场所"。

_____

　　① 普勒阿得斯为希腊神话中阿特拉斯 7 个女儿(迈娅、埃勒克特拉、泰格忒、克莱诺、斯忒罗佩、墨罗佩、阿尔基奥涅)的统称。相传,她们曾遭猎者奥里翁追逼,被迫向宙斯求救,宙斯将她们化为 7 个星辰。天文学称之为"昴星团"。——译者

克洛德·莱维-斯特劳斯与罗曼·雅科布松合写的、关于沙·波德莱尔之诗作《猫》的评述,则属例外。他赖以剖析这一诗作的方法,同在其有关印第安人神话的鸿篇巨制中所采用的方法毫无二致;他并在波德莱尔的著作中发现无疑属神话创作类型的形象[78]。

在《现今的神话》[79]这一概论中,罗兰·巴尔特将神话与语言(就广义而言)和信息相连属,将神话学视为语义学的一部分,注重探讨种种作用,而置其内涵于不顾。据巴尔特看来,神话是一种特殊的"语义手段",是一种形态,——它具有历史根基,却全然不受事物属性的制约。就费·索绪尔(以及克·莱维-斯特劳斯)所提出之表征者与被表征者的对立这一范畴而论,巴尔特力主被表征者的"空泛"和联结该两项值之符号之意义的"充实"。巴尔特将神话视为第二性的语义体系或"符号语言",并试图探考神话同语言的相互关系。据他看来,在语言中作为"符号"者,在神话中则成为表征者。神话之从"意义"蜕化为"形式",似乎与此相应。诚然,意义的贫乏化,并不会导致意义的完全湮没;它虽失去质,却葆其活力。据巴尔特看来,神话即系于意义与形式之间这种永无休止的"捉迷藏"游戏。他认为:神话因理念、概念而有声有色;后者与历史相契合,具有意向性,并为情态所充实。神话的理念颇为朦胧,它们形成于联想。其根本效用具有功能性,亦即"被赋予"某者。理念在某种程度上较表征者贫匮,为数众多的被表征者可与表征者相应。表征者的意义与形式势必有所更易。理念的迭现,使神话作用的释解成为可能(神话的作用,亦即神话本身)。神话的作用不同于语言,它并非随心所欲,在一定程度上取决于类比。神话凭借意义与形式的类比,而形式本身则甚至可赋予荒诞以某种意义(超现实主义)。巴尔特认为:类比使形式具有历史沿革,神话选择贫乏单调的形象,确切地说,选择意义贫匮的形象,——这些形象始可被赋予新的作用(模仿、模拟、象征)。巴尔特认为,神话(就符号级类而言)将历史变为思想意识。这样一来,对政治神话赖以萌生之机制的阐释,便有据可寻。

罗·巴尔特坚持这样一种见解,即:神话既不是赤裸裸的欺骗,
又不是对真理的确认,神话同这一两刀论法无关,它使理念趋中,
从而使"历史"成为"自然";神话的意旨并未隐匿,而是"自然化",
被赋予自然的特性;给读者造成这样印象,似乎任何变易均不存
在,表征者与被表征者的相互关系全然正常。据巴尔特看来,神话
中的意义转化为形式,伴之以"珍贵者"为"事实"所替代。他认为:
神话与严谨的逻辑语言和诗歌之不同,正在于此。据巴尔特看来,
诗歌所寻求的并不是通过自然语言的迻用而获致的超作用(犹如
神话),而是同语言的前符号—逻辑状态相应的低作用,即事物本
身的意义,而非语言的意义。诗歌力图使符号重新转化为意义。
从巴尔特的观点看来,诗歌尤重现实,而神话则尤重形式。正如本
书"前言"中所述,巴尔特认为:正是当代成为神话化赖以实现之得
天独厚的场所。

为了同当代的神话化抗衡,罗·巴尔特主张创造第三性语义体
系样态的创作神话。这种创作神话(其"样本"为福楼拜所著《布瓦尔
与佩居谢》①中的神话语言)所"袭用"的,并非自然语言,而是神话本
身,它使那虚拟的神话自然性一览无余。

正如我们所见,罗·巴尔特始于对克·莱维-斯特劳斯的思想之
传布和阐释,却迅即改弦易辙,令人莫解地既倾向于承认历史的威权 93
(这是值得肯定的),又倾向于神话之形式主义阐释(这一倾向已露端
倪,在莱维-斯特劳斯的论述中又始终为他所克服)。这样,在巴尔特
的笔下,神话成为原始的形象思维之工具(它具有逻辑的弥漫性,就
智能而论又不失为强有力者,——据克·莱维-斯特劳斯之论断),成
为旨在赋予一定的思想意识以"自然"形态的政治蛊惑手段。据克·
莱维-斯特劳斯看来,从中世纪至近代的过渡,——与之相应,即到长
篇或文艺复兴时期的世俗艺术之过渡,已是非符号化和非神话化的

---

① 《布瓦尔与佩居谢》(《Бувар и Пекюше》;《Bouvard et Pécuchet》),一译《布法与白居
谢》。这部小说揭露了外省生活的保守、闭塞和落后。作者描述了政治事件对各阶层人物的
影响,并通过种种人物的表现,揭露丑恶的现实。——译者

过程(而非施之于世界的象征化——对世界加以模拟、加以把握等等的尝试)。据罗·巴尔特看来,则恰恰相反,当代也可产生神话。就此而论,巴尔特所说的政治神话,正是所谓创作神话(也无须创作属第三类之创作神话),它具有与古老的神话相似之处,但相距甚远,而且在很大程度上陡具形式。巴尔特始于对历史威权的恢复,却未能对这两种范畴的神话之间的巨大历史差异加以认识和说明,其结果最终则较之克·莱维-斯特劳斯更加缺乏历史主义。

如上所述,克·莱维-斯特劳斯主要是从逻辑斯提角度对神话加以探讨;他考察了神话的语义纵聚合,而对反映题材在时间范畴的扩展之横组合范畴却关注不足。换言之,作为世界观的神话屏斥,作为叙事的神话。在一定程度上说来,这同莱维-斯特劳斯那种从根本上重结构胜似重事态的态度相契合。然而,举凡叙事,无不具有结构;没有叙事,也就没有神话。莱维-斯特劳斯原则上对此予以承认,实则将这一"坐标轴"置之不顾。

骤然看来,这似乎是结构主义方法本身的缺陷所在;而这一揣测并不可信,至少并不完全可信。其原因在于:一方面,诸如此类缺陷或多或少为一切神话理论所固有,甚至为神话理论凭借的一切所固有;另一方面,对叙事横组合结构的极为深刻的探讨,已见诸苏联民间文艺学家弗·雅·普罗普所著《民间故事的形态学》。诚然,弗·雅·普罗普所着意探考的并非神话,而是神幻故事。就神幻故事说来,叙事中寓有诗歌模型,题材的处理首先为人们所注重,如此等等。毋庸置疑,弗·雅·普罗普为开结构主义之先河者。克·莱维-斯特劳斯曾指责他囿于形式主义,显然失之于偏颇[80]。

94

试图在美国民间文艺学领域寻求致力于研究神话横组合结构者,不乏其人(如 B. P. 阿姆斯特朗或 J. L. 费舍[81])。艾·丹德斯继而在《北美印第安人民间故事的形态学》(1964 年)[82]一书中,将弗·雅·普罗普的方法直接用于北美印第安人的神话和民间故事,并将其置于同克洛德·莱维-斯特劳斯的方法相对立的地位(艾·丹德斯的术语,在一定程度上来源于语言学家肯·派克的著述)。此外，丹德斯是从下一正确的论题出发，即：就其结构而论，印第安人的神话同民间故事无显著差异。尽管丹德斯恪守共时律，并与进化论相距甚远，然而，甚至将俄罗斯民间故事的释析结果（弗·雅·普罗普）同印第安人神幻故事的释析结果（艾伦·丹德斯）进行表面上的比较，便足以认定：对两者进行历史比较探讨是适宜的。如上所述，这种探讨的可能性，追随克·莱维-斯特劳斯的法国结构主义者阿·茹·格雷玛斯对之确信无疑。

正是阿·茹·格雷玛斯，致力于创立所谓"叙事语法"，并在其一系列著作[83]中作了重大尝试，致力于克·莱维-斯特劳斯的"纵聚合"和弗·雅·普罗普的"横组合"之综合，特别是将其运用于神话。同时，他力图使其探讨具有较为严谨的形态，同逻辑学和语义学的现状相适应。这种新的"综合性"的诠释，格雷玛斯既施之于俄罗斯神幻故事，又施之于博罗罗人的神话。克·莱维-斯特劳斯所著《神话论》第 1 卷，即始于对博罗罗人神话的释析。

阿·茹·格雷玛斯对普罗普的所谓"功能"（人物的概括性行为）有所减化，由 31 种减至 20 种；而每一对偶不仅因其蕴涵关系（就两者衔接而言），而且因逻辑离接而相连贯，——而逻辑离接，乃是某种不以题材的平直扩展为转移的纵聚合关系。他并诉诸语义的相互作用（否定的和肯定的），将两对偶功能加以联结。神幻故事或神话开端中之否定成分组合，应转化为终局中之的肯定成分组合；而这种转化之付诸实现，又诉诸实验。据格雷玛斯看来，实验是并无对偶的媒介功能。他将全部功能分为 3 类：**实验功能**、**连接—分离功能**、**契约功能**（即对行为的**赞同**和**否弃**）。据他看来，神幻故事或神话的基本主题构成，分为**否定的**和**肯定的**两组，同开端和终局两部分相应。每一功能的展示，格雷玛斯均诉诸两种叙事手法，即叙实和虚构。格雷玛斯最先提出的人物结构模式，构成**授予者—接受者**和**主体——客体**的体系；在叙事过程本身，格雷玛斯并发现角色某种再分配的动向，并对之有所分析。据他看来，神话内容之借助于种种代码的表述，与叙事的"结构段"相连属。历时性的繁多同深度内涵的变异相比拟。

阿·茹·格雷玛斯的逻辑探讨,堪称无懈可击。他对某些要点(诸如实验的关键作用、角色再分配的动向)并作了极为成功的揭示。然而,由于格雷玛斯的探究脱离具体的民间文学创作,诸如建立普罗普的"功能"新体系(不同类别的功能,有时在逻辑上相连属),特别是将具体的普罗普的魔幻故事题材模式移用于神话,种种牵强附会在所难免。实际上,神话中并不存在实验级次,而神幻故事中则不存在"异化辩证法"和"契约的恢复"。格雷玛斯的著述在一定程度上流于公式化;对持符号学理论的学者说来,这种现象势所难免。总的说来,鉴于格雷玛斯对问题的提法尚属恰切、对方法论的探究方向堪称正确,应当承认他的著作不失为重大的成就。

本书已完稿后,又读到阿·茹·格雷玛斯的追随者 J. 库尔泰颇有价值的新著。库尔泰的这一著作是对克·莱维-斯特劳斯的专著《神话论》进行"符号学讲读"的尝试。库尔泰认为:纵聚合之居于主导地位,同源性代码之跃居首要地位(诸如此类代码,主要系于民族志学的"功用",而不仅取决于结构体制),"词汇"(民族志学的"实在")与神话(种种对立的结构)之一定程度的混淆,——凡此种种,有碍于莱维-斯特劳斯理论的最终定型。他主张诉诸格雷玛斯的"叙事语法",对莱维-斯特劳斯的方法加以补充,以期使莱维-斯特劳斯的体系叙事化,并在深蕴语义和"句法"之间架设桥梁,——莱维-斯特劳斯将这种"句法"设定为"连接"与"分离"双重关系。他认为:为此,必须将代码的描述只作为背景,而在诸般对立之间纳入第三成分(媒介者、"分离者"、"诱导者"),作为某种主题角色,即特殊的人物;必须运用莱维-斯特劳斯提出的蕴涵关系的历时性结构。这样,则为严格运用象征逻辑要素开拓了道路。而此类要素并非采取"判断"形态,而是作为 $(x_1 U x_2) \bigcap (x_3 \bigcap x_4)$ 或 $(x_1 U x_2) : (y_1 U y_2)$ 式的"语句",——这种"语句"表达诸般对立之间的关系,即任意语义要素之间种种关系的对比。

澳大利亚民族志学家 W. E. H. 斯坦纳所著《论土著居民的宗

教》,为将神话的纵聚合分析和横组合分析加以综合之另一引人注目的尝试。斯坦纳这一尝试的突出之处在于:对克·莱维-斯特劳斯采取批判态度。他对弗·雅·普罗普的著作显然并不熟悉,其尝试堪称结构人种学的特殊"伴侣";不仅如此,他的分析基于对澳大利亚土著居民(穆林巴塔部落集群)的实地考察,其实际资料确凿可信。斯坦纳十分令人信服地揭示了穆林巴塔人神话叙事片断与宗教象征以及叙事"语言"与仪典"哑剧"的相互关系。斯坦纳致力于论证神话与仪典的结构同一,而两者就起源而论并无关联。

从事实地考察的民族志学家中,在一定程度上与结构主义相接近的,尚有著名的法国非洲学家 M. 格里欧尔及其门生;他们对多贡人的神话进行了探讨,并颇有建树[84]。

M. 格里欧尔对多贡人的神话象征与描述符号进行了比较研究,并诉诸人类解剖学用语将其转化为一系列从属性代码,以期构拟宇宙模式,——凡此种种,颇值得注意。格里欧尔的出发点在于:人与宇宙两者原初的心理同一;综观其著作,心理学范畴已有迹可寻。

近年来,有关《圣经》诸卷书之语义结构的著述[85]相继问世。某些有关叙事结构的著作,虽同神话并无直接关联,也应提及。特别值得注意的,是法国结构主义者克·布雷蒙的著作[86]。犹如阿·茹·格雷玛斯,他对弗·雅·普罗普所著《民间故事的形态学》亦持鄙夷态度。

试图运用新出现的霍姆斯基"语法"、诸伯爵(I. R. 巴克勒——休·塞尔比和 P. 马兰达)的理论以及计算机技术对神话的横组合加以分析者,不乏其人(P. 马兰达、L. 克莱恩和屈泽尼耶)[87]。 ⁹⁷

综观对神话领域的结构探考所作简要评述,不维看出:在结构主义领域,对待神话的态度存在一定的繁复性;而克·莱维-斯特劳斯的论述,无疑居于引人注目的地位,——其论点矛盾百出,颇多争议,却包容一定的有益见解。莱维-斯特劳斯的最重大成就在于:他深刻地揭示了神话思维的特质,并认同其认识作用和实践作用。

在此不拟对整个结构主义加以评价;目前,欲对其科学的方法论

潜力之界限加以确定,并非易事。但是,显而易见,神话作为科学的
客体(因神话从根本上所具有的集体性和符号性以及诸如此类倾向,
任何新的质料均可纳入传统的结构),对结构主义探讨说来,较之近
代文学具有极大的渗透性,——而对认识近代文学说来,历史情势和
个人作用则至关重要。

文艺学中的仪典—神话论学派

迨至 20 世纪,人种学理论扩及文学领域;文艺学中仪典—神话
论学派的兴起,为对文学中的现代主义在上述道路上的实验之把握
所致。仪典—神话论在 50 年代臻于鼎盛[88],它对人种学与文学的持
续接近作了总结,——这一过程肇始于 20 世纪 10 和 20 年代。

F. R. S. 拉格伦、S. E. 海曼、约·坎贝尔及其他一些学者,致
力于传统神话的研究与文艺学之结合;他们的著述,不失为文艺学
"人种学化"之颇为典型的外在表现。

詹·弗雷泽以及由古代文化研究者组成的剑桥派所持的仪典
论,是为这种人种学化的出发点(应当指出:亚·尼·维谢洛夫斯
基所著《历史的诗学》,在西方很少为人所知;在这一著作中,人种
学与文学极度接近,纯属仪典的民间仪式性竞技被视为种种诗歌
的摇篮和浑融性根源)。仪典—神话论者的首领诺斯罗普·弗赖
认为:詹·弗雷泽所著《金枝》一书,可视为文艺学指南。而约翰·
维克里则认为:不仅弗雷泽的思想,其表述手法也先于现代文学的
种种方法[89]。

1907 年,同剑桥派紧密合作的吉尔伯特·马里所著《希腊叙事
诗的起源》一书[90]问世。作者将海伦的被劫与斯巴达和萨摩斯岛
的抢婚相比拟,并认为:阿基琉斯的"愤懑"和忒尔西忒斯的形象中
不乏仪典意义。吉·马里并将后者同充任"替罪羊"的生来有缺陷
者相比拟。据信,每年从悬崖上抛下这一牺牲,可确保公社安泰。
近 50 年来,颇多试图将英雄叙事诗的起源归结于仪典的著作相继

问世。趋重于仪典根源,为有关叙事诗起源的新神话理论与 19 世纪盛极一时的旧神话理论(太阳说等)的区别所在。

里·卡彭特[91]将睡熊崇拜视为《奥德修斯纪》题材的基原。埃·米罗[92]对希腊的英雄崇拜进行了分析,并得出下列结论:阿基琉斯和奥德修斯是死而复生之神或希腊航海者中的"圣者",而有关诸如此类英雄的题材,乃是先于航海术的春季节期仪礼的反映。沙·奥特朗[93]在叙事诗理论中将仪典主义的新神话论与约·贝迪耶关于古籍的教权主义根源(Chanson de geste,法语,意即"武功歌")这一著名论点相结合,执著于希腊叙事诗的根源在于祭仪之说(即与神权主义和祭司阶层及寺庙典制相关联,而叙事诗为仪礼的组成部分,叙事诗的主人公为王者兼祭司、神人)。据他看来,古印度叙事诗、古伊朗叙事诗、古巴比伦叙事诗,同样如此。在其所著《拔自岩石的剑》(1953 年)[94]一书中,G. R. 莱维设定《伊利昂纪》和《摩诃婆罗多》确有历史依据;而《奥德修斯记》、《罗摩衍那》、《吉尔伽美什》之题材的基本成分及其总结构,她则归源于对死而复生之神的崇拜,归源于献身仪式以及对君主兼祭司的崇拜。同有关叙事诗起源的仪典—神话论相近似的,尚有著名的日耳曼学家扬·德·弗里斯的理论。据他看来,英雄叙事情态的原型,是新年所行禳除魔怪——混沌之力的仪式(参见注 30)。上文提及的拉格伦勋爵,对这一理论作了极端的表述。在其所著《英雄》一书中(参见注 29),他从根本上将任何叙事题材,甚至将显然属历史的题材一概归源于仪典。在此以前,伯尔塔·菲尔波茨[95]试图从他所构拟的乌普萨拉①神圣剧中导出古斯堪的纳维亚叙事诗。对洛基以及斯堪的纳维亚神话叙事创作中的其他人物,乔·迪梅齐尔和 F. 斯特勒姆[96]作了仪典主义的阐释。

总的说来,诸如此类尝试并非卓有成效(沙·博杜安将叙事题材归结于新生的荣格原始型,亦然)。叙事诗不同于戏剧乃至抒情诗,

---

① 乌普萨拉(Уппсала;Uppsala),瑞典一城市,曾是古代瑞典的宗教和政治中心,建有多神教寺庙。——译者

其起源同原始的仪礼浑融体相关联,同崇拜的关联则更不待言。古
老的叙事之作为神话所充溢(特别是为有关始祖和文化英雄的神话
所充溢);然而,如果将"始初功业"描述中对武士的献身仪俗及婚嫁
等的考验置之不顾,诸如此类创作起源于仪礼之说则极不可信。诚
然,就古老农事文明的叙事之作而言,应该承认:虽然其起源绝不可
归结于仪典,而其中却肯定袭用了某些属节期仪礼范畴的仪典模式
(诸如为主要人物捐身替死的仪礼),似尚包含圣婚的成分,等等。就
此而论,除吉·马里的处女作外,G. R. 莱维的著作虽在一切问题上
均流于过甚其词,却饶有意味。总的说来,斯堪的纳维亚叙事创作起
源于崇拜之说,很难置信;而《埃达》那"辩难"形式的对歌,则似以仪
典为基原;至于神话中的恶作剧者瑟尔顿和洛基的形象,其仪典范畴
也不能完全予以否定。这样一来,我们对有关叙事创作起源的仪典
主义理论已有所评析[97]。

　　1923 年,保尔·圣伊夫在《佩罗的童话及相应的故事》(1923
年)[98]一书中提出一饶有意味的假设,即欧洲魔幻故事某些题材的
基原为仪典(成年仪礼和狂欢仪典)。保·圣伊夫的这一著作先于
弗·雅·普罗普所著《魔幻故事的历史根源》(1946 年);在这一专著
中,成年仪礼也被视为魔幻故事结构之总的基原。圣伊夫认为:诸如
此类童话故事(诸如《驴皮》和《灰姑娘》),不乏狂欢仪典的成分;婚礼
情节颇有可能再现于其中。在圣伊夫这一著作问世前 3 年,即 1920
年,杰西·韦斯顿著有《从仪典到小说》[99],把艳情文学中的描述同
成年仪式相比拟,从而为有关骑士叙事文学起源的仪典说开拓了
道路。

100　　长篇诗作《高文爵士与绿衣骑士》,成为仪典论者所注目的对象。
J. 斯皮尔斯视之为冬令节期仪典的反映(绿衣骑士为植物之神的后
继者,象征一年一度的死而复苏);而亨·齐默则视之为成年仪式的
反映(并解释为卡·古·荣格所说的原始型,即新生之原始型);据较
为审慎的 Ch. 穆尔曼看来,它可与仅作为以长篇为其表述场所的仪
典—神话模式相比拟[100]。

　　至于有关圆桌骑士的长篇之作,其神幻故事和神话基原毋庸置疑;而从根本上说来,并不排除其与仪典的模式之关联。如果予以揭示,则须诉诸较为缜密的方法,——这种体裁不同于戏剧,其仪典根源之说极不可信。最为可信的是,魔幻故事包容有仪典情节(特别是与成年仪式有关的情节)。诸如此类情节借助于神幻故事再度反映于骑士文学,或反映于这样的体类;亦即与反映于长篇中的世俗骑士仪典的古老原型相关联的体类。

　　剑桥派的著作对探究古希腊罗马戏剧之仪典根源的意义,则无可争议。1914 年,吉尔伯特·马里的专著《哈姆雷特与奥瑞斯忒斯》[101]问世。在这一著作中,他把莎士比亚的剧作同古希腊戏剧相比拟,认为两者具有同一的仪典原型(即同用于禳除的牺牲紧密相关的高潮)。嗣后,戏剧,特别是莎士比亚的戏剧,成为仪典—神话论者所瞩目的探讨对象之一(见 H. 韦辛格、诺·弗赖、H. 沃茨、F. 弗格森等学者的著述[102])。其著作大多完成于第二次世界大战之后;他们对颇多极为重要的问题之见解,显然失之于偏颇,因为戏剧确以仪典为基原,文艺复兴时期的戏剧尚保留有与民间创作—神话渊源之活生生的联系。他们的著作在一定程度上亦不无"新论"的著名代表、莎士比亚学家 W. 奈特之影响,——他主张基于"象征说"对莎士比亚的创作加以释析。

　　在《戏剧的主旨》一书中,F. 弗格森诉诸旨在"禳除"和祈求福乐安泰的国家仪典之用语,对莎士比亚的戏剧加以释析,试图同时揭示莎士比亚的特质及同一主题在不同悲剧中之处理的差异。H. 沃茨同其他某些研究者毫无二致,认为:喜剧的起源与神话在戏剧中周而复始的运用相连属,而悲剧的起源则与所谓神话的一次性说相关联。由于承认时间的不可逆和产生于"一次性"呈现的抉择不可能为人所再现,据他看来,悲剧性便应运而生。例如,关于基督的神话即富有"悲剧性",——基督虽得以复活,却又不同于奥西里斯,并非仍可照例复生。沃茨认为,喜剧与永恒宇宙的关联,就是但丁之所以将其长诗称为"喜剧"的原因。沃茨这一稍显率直、实则深刻的论述,为这样一种观念所冲淡，即戏剧同宗教相近或处于半混同状态；与科学和哲学则迥然不同，它们主要不是给人们提供对人生意义的认识，而是使人们安然度此人生或苟延残喘于世。

据 H. 韦辛格推断，悲剧的意识和原始结构同仪典—神话范型相对应，而就其创作特征说来，则与之迥然而异；悲剧不同于神话和仪典，其中并不存在模拟之举，即其客体和主体的同一；从审美角度看来，主要角色降格为"替代者"。悲剧中并不存在创世、圣婚和巡列仪式、神祇亡故等题材（附带说明，即使在仪典中，并非上述一切成分均属不可或缺）。在悲剧中，抉择的自由和疑难的展现处于突出的地位，而这些疑难又因个人的道德之力得以克服。主人公甚至向神的秩序挑战。虽胜利在望，却并非志在必得，——主人公以此希图达到"禳除"的目的。下文将述及诺·弗赖有关戏剧和莎士比亚剧作的见解。当然，尚无法对莎士比亚研究中的仪典—神话论支派加以具体评述。显而易见，将主要的文学体裁和题材一概归源于仪典，并不能令人信服，即使是由于神话本身并非必须具有仪典性。不仅如此，对仪典模式的研究，特别是对古希腊罗马的、中世纪的及文艺复兴时期的戏剧研究说来，如对仪礼与艺术之间的界限予以关注，则可能极有助益。由此可见，严格加以区别对待，势在必行。至于神话的渊源本身，在一定程度上既可见诸戏剧的古老形态，又可见诸抒情诗的及叙事创作的古老形态。

仪典—神话论不同于文化研究领域詹·弗雷泽追随者们的仪典主义，它并不囿于对在一定程度上同仪典—民间创作—神话传统紧密相关的古老典籍之释析，亦即超越可提出"直接来自仪典—神话根源"这一问题的限度。但丁、弥尔顿和布莱克曾引起仪典—神话论者的极大关注，因为他们的创作直接袭用"圣经"—基督教神话中的情节和形象。但丁和弥尔顿是莫·博德金那本奠基式的论著中的主要人物。诺·弗赖之《可怖的对称》一书，则是为释析威·布莱克的作品而著。F. 弗格森诉诸原始民间创作体裁的用语（仿效布·马利诺夫斯基），对诸如但丁、理·瓦格纳或保·瓦莱里等艺术家进行释析的尝试。他并试图逐一对其"神话成分"的特点加以阐述。[103]

　　所谓仪典—神话论者,势必要对 20 世纪从事有意识的神话化的
作家予以关注。戴·赫·劳伦斯、詹·乔伊斯、托·斯·艾略特、
威·巴·叶芝、托·曼,即属之(他们的创作实践对文艺论析确有直
接的影响);弗·卡夫卡或威·福克纳等作家,尤属之(在他们的创作
中,神话创作的要素较少被意识,或蕴涵较深)。例如,许多学者基于
上述观点,对福克纳的著名小说《熊》①(1942 年)加以论析。约翰·
利登贝格试图在这篇小说中寻得自然神话、成年仪式和图腾崇拜,而
A. 克恩则力主对小说中印第安人神话和仪礼的成分与基督教赋予
蛇和失乐园的象征意义严加区分。[104]赫·梅尔维尔的著作同样引起
仪典—神话论者(R. 切斯、Ch. 奥尔索普、N. 埃尔温、R. L. 库克)
的极大关注;对其名著《白鲸》(1851 年)②尤甚,——在这部作品中,
上述学者发现献身仪式、丰饶祭仪和萨满教之等同者[105]。

　　仪典—神话论者试图在任何作家的作品中寻求神话乃至仪典;
他们索之于约·康拉德的作品(K. 罗森菲尔德和 S. E. 海曼诉诸仪
典用语,对其作品加以论析),索之于弗·吴尔夫的作品(约瑟夫·布
洛特纳试图论证:由于存在同古希腊罗马神话相对应者,其作品中的
题材具有更大的连贯性),索之于马克·吐温的作品(I. 科克斯在马
克·吐温的《哈克贝里·费恩历险记》(1884)年③中发现"成年仪

---

　　① 《熊》(《Медведь》;《Bear》),其内容描写:少年艾克·麦卡斯林通过打猎,从印第安人
和黑人的混血儿山姆·法泽斯身上学到许多优秀品质,体会到原始森林是最纯洁的,对手大
熊也是高贵的。自由、勇敢、智慧、繁衍,无不与大森林紧密相连。而作为文明社会之象征的
大庄园,则罪孽深重。——译者
　　② 《白鲸》(《Моби дик》;《Moby Dick; or The white whale》),其内容描写:捕鲸船"皮阔
德"号船长埃哈伯一心要捕杀咬掉他一条腿的白鲸莫比·狄克,历尽艰险,终于同白鲸相遇。
白鲸被渔叉击中,船却被白鲸撞碎。全船的人落海丧生,只有水手伊斯梅尔(《圣经》中人物,
译作"以实玛利",意为"被遗弃者")一人得救。作者以白鲸的白色象征天真无邪和恐怖,以白
鲸象征善与恶的混同。——译者
　　③ 《哈克贝里·费恩历险记》(《Приключения Геклберри Финна》;《The adventures of
Huekleberry Finn》),其主角是汤姆·索耶的朋友哈克贝里·费恩;他心地善良,正直无私,厌
恶所谓文明和礼法。作者着力描写主人公不受"文明"的沾染,以"自然"的眼光观察事物,对
封建和宗教的丑恶揭露得一览无遗。——译者

式"),索之于托马斯·哈代的作品(学者 L. 克朗普顿),索之于纳·霍桑的作品(亨·亚·马里分析了他对希腊节期神话的隐喻和象征之运用),索之于斯·克莱恩的作品(J. 哈特在其作品中也发现神话的隐喻和象征以及成年仪式的神话成分),索之于亨·戴·梭罗的作品(W. B. 斯泰因肯定其作品同古希腊、罗马神话相关联),索之于约翰·济慈的作品(据 R. 哈里森看来,其作品中的人格化象征与神话中的一般象征十分近似),索之于阿·丁尼生的作品(据 G. R. 斯坦杰看来,其作品依托于古希腊、罗马的节期神话),索之于阿·德·欧比涅的作品(见 J. T. 诺特纳格尔的著作),甚至索之于斯丹达尔和巴尔扎克的作品〔W. 特罗伊将于连·索累尔和吕西安·德·吕班普雷(一译"娄凡"。——译者)视为"替罪羊"的范型;D. 迪朗对《巴马修道院》(1838 年)①作了神话式的诠释〕,并索之于埃·左拉的作品〔Ph. 沃克在左拉的作品中发现洪水灭世和身陷冥府的神话象征,并在《萌芽》(1885 年)中发现有关黄金时期的预言〕[106]。

为了在近代和现代的文学中探求仪典—神话模式,只仰赖于文学传统已嫌不足;诸如此类文学传统,归根结底溯源于已趋湮灭的仪典。有鉴于此,不可一味执著于仪典主义路线;这一路线始而为詹·弗雷泽所创始,继之为布·马利诺夫斯基、埃·迪尔凯姆、吕·莱维-布吕尔、恩·卡西勒及其他学者所延续,并为其旨在论证神话在原始文化中的生命力和囊括一切的作用之理论所增益。基于艺术幻想和作家心理两者中常驻永在的神话土壤,势在必行。诸如此类神话观,文艺理论家发现于心理分析中,特别是卡·古·荣格的原始型理论中。因此,这一"学派"最终正是成为弗雷泽及剑桥派有关起源的仪典论同荣格的理论之综合体。

据我们所知,仪典论者提供了极端抽象化的"纲要",将成年仪式

---

① 《巴马修道院》(《Пармская обитель》;《La chartreuse de Parme》),其内容为描述 1796～1830 年意大利北部地区反抗欧洲封建势力"神圣同盟"的反动统治、争取民族独立和人民自由的正义斗争。主人公布里斯·台尔·唐戈仰慕拿破仑的业绩,并追随卷土重来的拿破仑,与欧洲封建武装奋战。——译者

及他种"过渡性仪式"与施之于死而复生之神的农事祭仪相连属,并通过象征性的亡故(始而为现实的)和法王的复活(诸如"片刻王"和"替罪羊"等祭献替代者的情节,即源出于此)等等与王位更迭仪式相连属。这种由"暂死"和再生(新生)形成的复合体,如今借助于荣格的原始型,特别是借助于"新生"的原始型,似乎获致全人类的、超历史的、心理的意义,并从而最终不再成其为"遗存"。看来,理所当然应予承认:在仪典主义与荣格之说两者相综合的过程中,对仪典的注重(就其先于神话而言)大为减弱;不仅如此,对荣格之原理的崇尚,并非必须伴之以对其种种学说的尽行采纳。正如我们所知,诺·弗赖无论是对弗雷泽的仪典主义,还是对荣格的原始型,都作了理想化的、抽象化的理解。

我们曾多次指出:从事神话化之作家的艺术实践,对仪典—神话论的发展颇有价值。本书第三编将论述:这一艺术实践,依托于同心理分析说,特别是同荣格的心理分析说相结合的仪典主义。仪典—神话论的文艺探讨,势必在人种学领域拥有从事这种综合之经验的神话学家有着不解之缘。约翰·坎贝尔即属之。他主张诉诸荣格之说对范·赫内普的"过渡性仪式"理论加以阐释(参见注64)。

综观有关叙事创作的新神话主义诸说,沙·博杜安以其所持荣格之说同纯属仪典主义的诸说相抗衡。而在亨·齐默关于骑士文学的论著中,两种理论则相辅相成。这种现象为仪典—神话论的文艺研究赖以发展的种种派别所特有。上文提及的著名美国评论家 W. 特罗伊关于斯丹达尔的论著(1942 年)和关于巴尔扎克的论著(1940 年)中述及的"替罪羊",并非从对古老的仪典模式有意识地、直接地加以运用的角度,而是从普遍的原始型出发。卡·古·荣格的术语,在这些论著中并未提及;W. 特罗伊通常诉诸齐·弗洛伊德的术语乃至"奥狄浦斯情结",甚至将此术语加之于斯丹达尔;而在其他场合,特罗伊则崇尚荣格的术语。特罗伊认为:斯丹达尔和巴尔扎克作品中的主人公,往往成为这样的社会角色,其作用宛如古希腊、罗马社会的"替罪羊",即作为个体牺牲,以其死为社会获取福佑和禳除。

特罗伊认为,于连·索累尔是一个双重人物:既多情善感、阴险狡黠,又遭到社会鄙视;他因风流艳情而遭昔日情人嫉恨,又因成为"神圣的"罪犯而闻名遐迩,并在个人的浮沉中显现并展示其所属时代的整个文化的范型:作为一个出类拔萃者,他的才智将加速其死亡。于连本人甘愿承担罪愆;但无论就个人,还是就社会而言,这一罪愆无非是传统道德的维系准则同利己主义欲望的所求或动机之间的平衡遭到破坏所致。特罗伊认为,其丧葬具有神话的属性(颇似施之于奥狄浦斯和希波吕托斯者)。特罗伊并将巴尔扎克笔下的拉斐尔(《驴皮记》)和吕西安·德·吕班普雷同样视为"替罪羊",并认为:诗人、艺术家正是典型的"牺牲",其原因同样在于其多愁善感,在于其理解道德的或宗教的遗产,经得起风霜,处悲凄之中而不悔。特罗伊着重指出:吕西安乃是真正宗教意义的"替罪羊",犹如那些承担尘世的罪愆者(巴尔扎克对宗教和爱的复振所持蕴藉的意向,恰与此相契合)。

105　　据特罗伊看来,就此而论,作为《人间喜剧》[①]作者的巴尔扎克,与作为《神圣喜剧》[②]作者的但丁迥然不同:巴尔扎克并未诉诸传统的象征,他希图掌握科学的世界观,并基于历史资料创作自己的"神话"。

　　因仪典—神话论者的文学研究实践,"神话"这一概念有所扩展,并逐渐延及广泛的、纯属文学的概括,即我们有时称之为"永恒的形象"者,诸如唐璜、浮士德、堂吉诃德、哈姆雷特、鲁滨逊。就此而论,

---

　　① 按照巴尔扎克亲自拟定的《人间喜剧总目》,《人间喜剧》分为 3 大部分,即:"风俗研究"、"哲理研究"和"分析研究";包容小说 137 部(共完成 91 部)。《人间喜剧》被称为"社会百科全书";它展示了 19 世纪前半期整个法国社会的生活风貌。巴尔扎克曾写道:"法国社会将成为历史家(我不过是这位历史家的书记而已)并列恶癖与德行的清单,搜集激情的主要事实,描绘各种性格,选择社会上主要的事件,结合若干相同的性格而组成典型。在这样的时候,我也许能够写出一部史学家们忘记写的历史,即风俗史。"这一段话精辟地阐明了《人间喜剧》的现实主义创作手法。——译者

　　② 但丁这部巨著的 1555 年威尼斯版本,以《神圣的喜剧》为题名问世;我国惯译为《神曲》。这部诗作采取中古梦幻文学的形式,全书情节充满寓意。其主题思想为:在新旧交替的时代,个人和人类从迷惘和谬误中经历苦难和考验,臻于真理和至善的境界。但丁塑造人物形象和描述事物情景,善于运用来源于现实生活和自然界的比喻,并借助于比喻描写人的心理活动和精神状态。鉴于这部作品叙述从地狱到天国、从苦难到幸福的历程,但丁称之为"喜剧"。薄伽丘在《但丁赞》一文中对其推崇备至,称之为"神圣的"喜剧。——译者

扬·沃特述及鲁滨逊·克鲁索的神话性,并视之为纯属比喻式的人物,同神幻的文化英雄相提并论。[107]然而,"神话"这一概念之得以运用于诸如此类文学题材和类型,不仅是由于这些题材和类型具有极大的概括性,而且是由于它们不失为继之而来的文学的"范型",是由于对这些艺术类型进行艺术诠释的尝试层出不穷。由此可见,"神话"这一概念的扩展,一方面,表现于不再有意识地注重古老传统,并将名副其实的神话中的习见形象用于新的目的;另一方面,则恰恰相反,表现于将任何传统与神话传统等量齐观。

　　某些现代文艺理论家对任何"寓意化"一概不加区别;所谓"寓意化",既指传统神话的借用,也指以往其他作家所创造的文学形象以及历史主题和题材的沿袭(这里既不乏"新论"观点的影响,又反映现代艺术实践本身)。凡此种种,统称"神话主义"。例如,在其所著《契诃夫作品中神话之用作艺术手段》一文中,T. D. 温纳[108]将《决斗》、《公爵夫人》、《海鸥》归源于关于纳尔基索斯的神话,将《可爱的女人》归源于阿普列尤斯的《变形记》(一称《金驴记》)①,将《黑僧侣》归源于浮士德,将《海鸥》中的特列普列夫归源于哈姆雷特,将《跳来跳去的女人》归源于安娜·卡列尼娜;不仅如此,正如该文标题所示,凡此种种"寓意化"均被视为神话化(我们不拟对上述那些极不可信的一己之见加以剖析)。在其所著关于现代文学中神话主义的那一颇有价值的著作[109]中,约翰·惠特为了提供"寓意化"的例证,不仅援引了作家对名副其实的神话之借用(不加掩饰的和隐晦的),而且列举了众多作家笔下的形象。前者系指有关奥尔甫斯、奥狄浦斯、奥德修斯、奥瑞斯忒斯、埃涅阿斯、该隐和亚伯等的神话,后者系指唐璜(见诸布·布罗菲的作品)、浮士德(见诸托·曼、米·阿·布尔加科夫、约·赫西的作品)、奥瑟罗和罗密欧(见诸奥·赫胥黎的作品)、麦克

---

　　①　《变形记》(一称《金驴记》)〔《Метаморфы》(《Зопотой осеπ》);《Metamorphoseon》(《Asinus aureus》)〕,为其主要著作;全书11卷,取材于希腊民间故事,描述一个希腊青年误服魔药,由人变驴,历尽艰辛、磨难,最后经埃及女神伊西丝救助,复归人形。小说带有浓重的神秘色彩。——译者

106 白夫人(见诸尼·谢·列斯科夫的作品)、保罗和弗兰齐斯嘉(见诸
汉·埃·诺萨克的作品)、李尔王(见诸伊·谢·屠格涅夫的作品),等
等。上述种种形象中的特列普列夫(安·巴·契诃夫所著《海鸥》中人
物),颇引人注目;T. D. 温纳曾归之于"哈姆雷特式人物";约·惠特则
援引 M. 赫里斯所著中篇《特列普列夫》(1968 年),以资诠释。

正如上文已多次述及,我们所浏览的文学评论实践之出发点,既
在于艺术实践,又在于以人种学构想和心理学构想为凭依的、一定的
文学理论观念。极而言之,从事仪典—神话论文艺研究的某些代表
人物,在很大程度上基于"新论"的原理。下文将对仪典—神话论派
的一些主要论著加以评述。[110]

莫德·博德金所著《诗歌中的原始型范型》(1934 年),在很大程
度上具有创始性,并为这一新派别开拓了道路;它具有强烈的心理学
倾向,主要表现于对卡尔·古斯塔夫·荣格的推崇备至。不仅如此,
这一著作较之该"学派"50 年代的论著,则较为冷静和审慎。莫·博
德金所关注的首先是文学体裁和形象的情感—心理模式及心理隐喻
性。据这位研究者看来,后者趋向于一定的守恒。为了论证这种守
恒,她将两类形象加以对比:前者见诸塞·泰·柯尔律治的《古舟子
咏》①,诸如暴风雨、月、夜与乘舟夜行、海、天、绛红、飞鸟的殒命,等
等(她对上述形象的神话主义诠释的关注虽尚嫌不足,却已臻于一定
程度);后者见诸其他诗人(埃·维尔哈伦、阿·查·斯温伯恩)的诗
作②及宗教典籍,同上述形象相类似。这样,诗歌似在表达情感的、超
个人的生活体验。通过文学人物或作者感受的抒发,个体生活则成
为共同节奏的从属者。博德金诉诸荣格的原始型,特别是"新生"的
原始型,对诗歌中的象征有所探讨,对其时间形态(她把柯尔律治的

---

① 《古舟子咏》(《Поэма о Старом Моряке》;《The rhyme of the ancient mariner》),堪称
英国诗歌中的瑰宝。在诗中,幻想与真实相交织;作者借助于自然、逼真的形象和环境描写,
表现超自然的、神圣的内容,并使人感到真实可信。——译者

② 似指比利时诗人埃·维尔哈伦的诗集《黄昏》(《Les sairs》,1887 年)等;这些作品反
映了作者对资本主义制度的悲观绝望。英国诗人阿·查·斯温伯恩的长诗《日出前的歌》
(《Songs before sunrise》,1871 年),技巧娴熟、色彩丰富、音韵优美。——译者

《古舟子咏》视为其范例）与空间形态的差异加以剖析，并将地狱同天堂、冥世同天界加以对比。据她看来，生活经验中那些周而复始的时期以及常驻永在的成分，其象征为天界类型的形象，诸如人间天堂之奇山异峰、美好的园林及如花似锦的树木；而与之截然相反者，其象征则是另一类形象，诸如幽冥的罅隙和无底深渊。

莫·博德金特地探讨了从死向生之过渡的象征（这种象征同成年仪式以及与之有关的神话相应合）、一切有生命者之生及其对死亡之从属和克服的象征（特别值得注意的是：她的出发点是《埃涅阿斯纪》①中有关金枝的情节，——正是围绕金枝，詹·弗雷泽创立了自己的理论）。莫·博德金不仅对上述情感象征赖以表达的空间形态和时间形态两者之差异，并对"浪漫"诗和"古典"诗两者之差异有所释析；前者（其范例仍为《古舟子咏》）对情感体验作直接表述，后者将这种表述纳入社会结构范畴〔据她看来，约翰·弥尔顿的《失乐园》（1667 年）②，为古典诗的范型；这一见解尚有争议〕。

此外，在对诸如此类象征进行释析时，莫·博德金力图展示因作者（维吉尔、但丁、弥尔顿等）宗教信仰之不同而出现的变异。借助于卡·古·荣格的"投射"论，她对女性人物作了十分随意的分类，并视为不同形态的炽烈爱情的体现（贝雅特里齐和弗兰齐斯嘉象征爱情的天界阶段和尘世阶段；狄多象征为生活的社会秩序所压抑之不可遏制的爱情，格勒欣象征尽善尽美的爱情，等等）。博德金对神圣的、魔幻的、英雄的形象之分析，尤为引人注目。她将英雄视为原始型人物，介乎神祇与魔怪之间。她并据此对弥尔顿诗歌中撒但形象的英雄本原加以阐释。

---

①　《埃涅阿斯纪》（《Энеида》；《Aeneid》），古罗马诗人维吉尔最重要的著作，系根据神话传说写成。相传，特洛伊英雄埃涅阿斯在天神护佑下逃出失陷的伊利昂城（即特洛伊），辗转漂泊，终于来到意大利，是为古罗马人的祖先。文艺复兴以后，塔索、卡蒙斯、弥尔顿等著名诗人，均以维吉尔的史诗为楷模。——译者

②　《失乐园》（《Потерянный рай》；《Paradise lost》），英国诗人约·弥尔顿晚年所写三部长诗之首；作者从《圣经》中借用一个异常重要的题材，即：人类始祖亚当和夏娃中蛇的诡计，误吃禁果，失去上帝恩宠，遂被逐出乐园。——译者

　　莫·博德金将魔鬼的原始型视为危及人类最高成果"至珍"的人格化之力,并以此为出发点,对"魔鬼式"的雅各加以释析,视之为奥瑟罗的"影子"(据荣格之说,即心灵的无意识范畴)。据博德金所述,神话中和文学中的神祇形象,无不具有种种变异:不仅被视为同一、最高成果、永恒秩序、智能等等的象征(即荣格的"利己"原始型或弗洛伊德的"超我"原始型),而且视为罹难并复活的圣子(时间范畴的神圣者)以及专制君主(因涉及人与命运的抗争)。饶有兴味的是:这位女学者将柯尔律治所作《古舟子咏》中那一"新生"之原始型同见诸现代作家戴·赫·劳伦斯①和托·斯·艾略特②作品中的相比拟。他们有意识地借重于神话模式(而且是就极度现代主义形态而论)。值得注意的是:据莫·博德金看来,这种态度意味着摒弃情感冲突之名副其实戏剧性的再现,尽管其描述十分动人、节奏感极为强烈(如托·斯·艾略特的诗作),等等。

　　在《神话探索》(1949 年)及其他论著中,理查德·切斯认为神话同文学相近,把神话解释为艺术的、美学的现象。理·切斯将神话置于同哲学、神学、宗教相对立的地位,却执著于将神话同法术相连属,并确认全部口头艺术乃至现代文学之法术性。据切斯看来,文学的神话主义和法术主义体现于文学的心理意向,体现于那为情感和玛纳式的法术之力所濡染的现实之再现,而这种法术之力又同感觉的能动性相契合:异常之石、怪兽、巫医,均被未开化者视为拥有玛纳者,——试看奥狄浦斯之在索福克勒斯的笔下和齐·弗洛伊德的论著中,约瑟之在托·曼的长篇中,索索斯特里斯女士之在托·斯·艾略特的作品中。

108

----

　　① 系指英国诗人戴·赫·劳伦斯所著长篇《白孔雀》(《Белый павлин》;《The white peacock》,1911 年)。其内容为:描述小康人家姑娘莱绵本来与质朴的农民乔治相爱,后来选择了富商之子莱斯理。这部作品表达了作者对大自然蓬勃生机的礼赞。——译者

　　② 系指英国诗人托·斯·艾略特所著《荒原》(《Бесплодная земля》;《The waste land》,1922 年)。它是现代派诗歌的里程碑。全诗共分 5 章。第 1 章"死者葬仪"中,诗人以荒原象征战后的欧洲文明,——它需要水的滋润,需要春天,需要生命,而现实却充满庸俗和低级的欲念,既不生也不死。——译者

在其所著《炽热的喷泉》(1954 年)、《神话的语义探考》(1955 年)中,菲利普·惠尔赖特基于仪典—神话模式,把神话视为语言艺术的基原。但是,他所关注的首先是语义范畴和神话诗作的思维方法本身;这种方法之萌生,是视觉的和美感的经验具有象征性所致。据菲·惠尔赖特看来,原始神话同语言(就其同虔敬化有关的表达功能而言)及人与动物赖以区分的形象—象征思维尤为紧密相关。经验因素呈现于情感系列,继而逐渐为部落传统所定型。原始神话的象征性,同其隐喻性相近。惠尔赖特选用"换义"一语,既赋之以象征性,又赋之以原始型性。

菲·惠尔赖特对原始神话加以探考,则遵循克·莱维-斯特劳斯、卡·古·荣格、恩·卡西勒、苏·凯·兰格的理论。然而,惠尔赖特希图对无所限定地扩展的"神话"概念加以适当约制,于是将神话的其他阶段(即"浪漫主义"阶段和"完善"阶段)同"原初"神话加以区分。隐喻性的异常炽盛,是为"浪漫主义"阶段的特征(这一阶段,同理·切斯关于神话之说相应);而"完善"阶段,则是趋于繁盛的文化所致(这种文化致力于恢复那已不复存的原始神话诗作所具有的径直性)。菲利普·惠尔赖特认为,埃斯库罗斯[①]和品达罗斯[②]作品中的神话及莎士比亚的《暴风雨》[③]和毕加索的《格尔尼卡》[④]中的神话,均同第三阶段相应。

菲·惠尔赖特的阐释虽嫌不足,却有裨益,因为关于文学中神话 109

---

① 古希腊悲剧诗人埃斯库罗斯借用希腊神话题材,完成《被缚的普罗米修斯》和三部曲《奥瑞斯忒亚》(包括《阿伽门农》、《奠酒人》、《复仇神》)等著名悲剧。 ——译者

② 古希腊诗人品达罗斯以写"竞技胜利者颂"见长;共 4 卷,亦即:《奥林匹亚竞技胜利者颂》、《皮托竞技胜利者颂》、《内梅亚竞技胜利者颂》、《伊斯特摩斯竞技胜利者颂》。各卷通常述及有关的氏族故事,并援用与胜利者的故乡或传说中的祖先有关的神话以及相类似的神话。——译者

③ 《暴风雨》(《Буря》;《Storm》),莎士比亚晚期的主要作品。其内容为:米兰公爵普洛斯彼罗被弟驱逐,携幼女米兰达逃往荒岛;他借助于魔法掀起狂风,将篡得那不勒斯王位的弟弟所乘之船摄到荒岛,却又予以宽恕,一同返回意大利。——译者

④ 《格尔尼卡》(《Герника》;《Gernica》),巨幅油画,融合立方主义、现实主义和超现实主义的风格,表现痛苦、灾难和兽性;其主旨在于抗议德、意法西斯侵略西班牙。——译者

功能机制的观念并未有所更易。

毋庸置疑,诺·弗赖的论著,特别是其《论说之解剖》(1957年)一书尤为重要,尤为引人注目。它不仅是仪典—神话论学派纲领性之作,而且是"新论"范畴内创立诗学的卓越尝试之一(如对诸如此类范畴作十分广义的理解)。

诺·弗赖执著于文学和神话两者之相近同,在很大程度上把文学熔融于神话,而非反其道而行之(犹如理·切斯所力主)。他执著于创立文学人类学,并为种种体裁和形象探寻人种学模式和原始型。据他看来,从对莎士比亚的《哈姆雷特》的分析过渡到对萨克索·格拉玛蒂库斯著作①中的相应传说,并进而对神话所作的分析,并非离弃莎士比亚,而是接近对莎士比亚之尤为深刻的理解。一般说来,文艺理论家从一定的距离观察莎士比亚(犹如观众在一定的距离观察艺术家的绘画),据弗赖看来,可以较为清晰地辨识其精要,——而这种精要正是神话和原始型。詹·弗雷泽和卡·古·荣格为诺·弗赖推崇备至。对弗赖说来,追随他们的理论,也就是致力于论证神话和仪典同心理学之接近,并将两者运用于对文学的理解。在弗赖的心目中,弗雷泽的《金枝》,乃至荣格关于"里比多"的象征之论著,在一定意义上堪称文艺学著作,至少为文艺学家所必读。

诺·弗赖一方面断言神话与仪典的绝对同一,另一方面又断言神话与原始型绝对同一。他主张将"神话"这一术语运用于叙事,而"原始型"这一术语则用于功能,尽管他认为两术语的含义实质上并无差异。"沟通"始于对由愿望决定的某种意识状态之叙述的构拟。据弗赖看来,神话为居中的促成力,它把原始型性传予仪典及先知的、主显的因素——弗赖认为这些因素至关重要。据弗赖之见,如果说戏剧直接起源于仪典,神话叙事和抒情诗则将这些先知的和主显

---

①   系指1200年用拉丁文撰写的《丹麦人的业绩》(《Gesta Danorum》)。该书自古代传说中的国王丹叙述至1185年,主要歌颂阿布萨隆统一国家、抵御外侮的功绩。书中收入丹麦的古代英雄史诗,包括后来成为莎士比亚创作素材的哈姆雷特的故事,并辑录了一些民间传说和民谣。——译者

的因素乃至梦境作为一种模式,加以容纳。仪典倾向于纯叙事,并作为事态的时间系列,成为叙事本身的根源。至于先知的因素及令人难以想象的主显(神迹),据弗赖看来,它们所匮缺的叙事性则由神话赋予之。其作用在文学中亦得以完全保留之主体神话,乃是以寻求 110(quest)为内容的英雄神话。弗赖的出发点在于:诗歌的(广义说来,为文艺的)节律,凭借机体与自然节奏(如太阳年)的共时化,同自然周期紧密相连。在一定程度上说来,仪典正是产生于这种共时化。据弗赖看来,与一定的神话及种种形象和体裁的原始型相对应,自然生活中也存在 4 个阶段:

(1)朝霞、春、出生——关于英雄出世的神话,关于复苏和复生的神话,关于幽暗、严冬、死亡的肇始和消泯的神话。增补的人物——父亲和母亲。酒神颂歌、游咏诗歌及抒情诗之原始型。

(2)中午、夏、结亲、凯旋——关于尊奉为神、圣婚、进入天堂的神话。人物——伴侣和未婚妻。喜剧、牧歌之作、田园诗、长篇之原始型。

(3)落日、秋、死亡——关于衰落、神祇之死、强制以身相殉与献祭、英雄的孤立无援等的神话。人物——背叛者和女妖。悲剧和哀诗之原始型。

(4)黑暗、冬、逆境——关于黑暗势力得逞的神话,关于洪水灭世和混沌复返的神话,关于英雄和神祇亡故的神话。人物——巨灵和妖婆。讽刺之作的原始型。

诺·弗赖把喜剧称为春天的神话,把骑士文学称为夏天的神话,把悲剧称为秋天的神话,把讽刺(揶揄)之作称为冬天的神话。弗赖认为,艺术以解决诸如此类二律背反和对立,并以促使内在愿望与外在情状相契合的境界成为现实为已任。所谓主体神话(即探寻神话),为社会劳顿的终结及自由的人类社会之幻象。这样一来,文艺理论家的作用则归结于艺术家之"幻象"的系统化和诠释。弗赖认为,神话的构成及文学中的原始型象征可分为 3 种类型。第 1 种类型为非变形神话,所涉及的为神祇和魔怪,同所期望者和非所期望者之对立相应，呈现为两个相互对立的世界及两种隐喻化的形态。
诺·弗赖力图将《圣经》和古典神话的象征视为"文学原始型的语法"
（在一定程度上使博德金的思想深化），将《启示录》[①]及"魔鬼说"的形
象性视为与之相对立者（弗赖认为：就形式而论，《启示录》为《圣经》
全书之名副其实的概括）。综观《启示录》的隐喻手法，举凡动物首先
被表述为羔羊和牛犊，基督作为"牛犊"、信众、牧人的形象以及臻于
田园牧歌式作品中形象之途，即导源于此。举凡植物，相应地被表述
为秀美的园林、繁茂的葡萄和生命之树、玫瑰，而矿物则被表述为寺
院、城镇、岩石。试看《启示录》中的象征，火为尘世与神祇世界之间
的媒介，水则系生命之水，意指伊甸园之河，等等。关于基督的构想，
等同于神、人、祭献之牛犊、生命树、寺院。就圣餐的象征而论，面包
和水即是耶稣的体和血，——繁复的隐喻系列亦缘此而生，并因而得
以维系。诸如此类系列同有关教会和国家的统一体、关于该统一体
即是教会或城堡、关于夫妇"同体"等等之说，尤为紧密相关。综观非
基督教的象征手法，譬如说，马（印度）与羊相应，荷花（中国）与玫瑰
花相应；将君主视为民众的牧者之隐喻，唯有见诸古埃及典籍；鸽子
既与金星，又与圣灵相连属；将人体与植物界相等同，这种手法既溯
源于阿卡迪亚（古希腊），又同罗宾汉的林莽相关联，如此等等。据
诺·弗赖看来，魔鬼范畴的想象则同见诸《启示录》者截然不同：天界
始终"不可企及"，食人的形象取代圣餐的象征，乱伦、雌雄同体、同性
恋取代灵与体两者在婚姻中的结合；动物界被表述为魔怪和猛兽
（龙、虎、狼），植物界被表述为险恶的林莽，矿物被表述为废墟、荒漠；
水近似血或汪洋大海，火近似地狱之灼烧，爱情近似淫乱；迷宫取代
坦径通途；暴君与被难者的冲突以及紊乱因素，取代友善与秩序的种
种关系以及普遍的和谐。

　　诺·弗赖认为：《启示录》中及魔鬼范畴的形象表述，在一定程度

---

　　① 《启示录》(Апокалипс; Apokalypsis)，《圣经·新约全书》的末卷。其体裁为当时犹太
人中盛行的"启示文学"，以所谓"见异象"、"说预言"的方式描绘出一幅"世界末日"和"基督再
来"、与魔鬼争战的景象，暗示基督将再次降临人世，建立所谓"千年王国"。——译者

上同演员那喜剧性的和悲剧性的（在某种意义上说来，即讽刺性的）演示相应。

据诺·弗赖看来，就上述神话和原始型象征的体制类型而论，其文学的结构要素囿于神话范畴；这里系指纯隐喻性的等同而言。此外，尚有两种想象体制类型（即不同于隐喻类型的类比类型）：诉诸一定的更易、"排除"而运用的比较、类比、联想，取代隐喻性的等同。所再现的并不是名副其实的隐喻，而是某种与之相应的"情境"。例如，取代关于荒漠因丰饶之神的法力而绿野盈目的神话，关于英雄殛杀巨龙、搭救老王之女的故事呈现于世（在神话中，巨龙与老王未加区分；倘若英雄并非驸马，而是王子，被救妇女则是英雄之母，神话遂凝聚为奥狄浦斯式的题材）。

在诸如此类想象体制类型中，神话则与自然相应。浪漫主义类型接近于《启示录》的幻象，其圭臬则与童年和幼稚相提并论。就此说来，所呈现的为：英雄、美人、驯顺的家畜、繁花似锦的园林、池塘、喷泉，等等。现实主义类型所展示的则非"幼稚之类比"，而是"经验和智能之类比"，并可分为两种结构形态：高级模仿和低级模仿。试以高级形态为例，呈现于其中的动物，是猛狮或巨鸷、骏马或雄鹰；而呈现于低级的（近似戏谑的）形态中者，则为猿猴。见诸前者的园林，近似雕栏玉宇；见诸后者的园林，则近似草舍茅屋，如此等等。

诺·弗赖强调指出：上述 5 种结构本身属静态，若同音乐类比，可与"谱号"相比拟，——借助于诸如此类"谱号"，相应的文学之作得以完成；叙事之作则包括由这一结构到另一结构的过渡，它们在类比结构范畴内才能付诸实现（至于隐喻性等同范畴的结构，从根本上说来则属永恒不变！）。神话与自然相对应，种种成分（诸如城市、园林等）并非呈现为终极目的，而呈现为形成、创建的过程（诸如城市的建立、园林的开拓，等等）。依据正统的仪典学说，弗赖将循环运动、勃兴与衰落、张与弛、生与死视为过程的基本形态。不仅如此，由生至死的过渡并辅之以由死至生的过渡（不间断律）。个体生命之循环使其他自然循环臻于同一，诸如：太阳与星辰的循环、光明与黑暗的循

112

环、动物的循环、植物的循环、水的循环,等等。然而,弗赖认为:这种循环运动在一定意义上同由这一秩序到《启示录》理想世界的"辩证"运动相对应(向魔怪世界的运动较少见,因为循环说本身即包蕴魔怪说):"浪漫型"运动和"经验式"运动辅以"向上"和"向下"的运动。"向上"的运动在一定程度上可同喜剧相对应;而"向下"的运动则在一定程度上可同悲剧相对应。

在威廉·布莱克某些思想的启迪下,诺·弗赖断言:艺术家的创作行动,与文艺理论家的论析意趣之间有着深蕴的、根本上的一致。

然而,据诺·弗赖看来,与神话理论相得益彰的"原始型论析"和"历史论析"(样态理论),同为文艺理论评析范畴诸层次之一,并不失为"关键"层次,——所谓"历史论析"(样态理论),即形象意义的"伦理论析"(象征理论)及"辞格论析"(体裁理论)。在历史论析中,神话"样态"在一定程度上呈现为第一阶段,它先于浪漫主义的样态(神幻故事、传说、中世纪文学)、高级的模仿样态(文艺复兴时期的文学、悲剧、叙事诗)、低级的模仿样态(喜剧、18 至 19 世纪的现实主义),最终并先于讽刺样态(主要见诸 20 世纪)。诺·弗赖认为:摒弃现实主义的讽刺,归根结底将再度趋重于神话(意指 20 世纪文学中的神话创作)。由此可见,神话不仅使 5 种样态的系列发轫,而且使之终结;"由神话至神话"的历史运动,主要不是使文学形态和类型有所变化,而是使社会"语境"有所更易。

就象征的理论而言,据诺·弗赖看来,存在 4 个"阶段",即文学作品可呈现于其中的"语境":神话阶段本身之前为直述阶段和描述阶段(把象征视为情节,即语言结构的一部分;把象征视为同客观世界的关系中的符号,——弗赖仅将前者与审美原理相连属)、形式阶段(象征即是形象,包容取之不尽的含义;它主要不是反映现实,而是"附丽于"现实,——诸如数学性象征,即属之)。迨至最重要的阶段,即神话阶段,象征成为一种沟通单位——原始型。就沟通的能动性而言,文学作品从属于他种作品(因其根深蒂固的"模仿性"所致),并显示不可消除的"程式性";在现实主义作品中,所谓"程式性"只能与神话—仪典的基原同被掩饰。神话堪称仪典与梦境的口头沟通形态之结合。象征之结合为万应的"单子"（"原始型"式的象征，势必成为自然本身的种种形态），据弗赖看来，构成类比阶段。正如我们所知，弗赖并从神话理论中导出有关诗歌类别和体裁的理论。

如上所述，诺·弗赖的论述在一定程度上带有纲领性。因此，神话主义文艺研究论集的编者约·维克里同他的论点极为相近，就不足为奇了。维克里对一切持神话主义之学者的共同见解尤为关注；他着重指出：神话不仅是文学赖以发展的质料，也不仅是艺术家灵感赖以产生的源泉；神话诗作的潜力，同人之一定需求相契合，纳入思维过程。据他看来，神话既为作家，又为评论家提供意象和样本。评论家并用以对文学作品种种至关重要的领域加以论析。维克里断言：仪典—神话论势必使"神话"的概念有所扩延，并将"神话"和"仪典"等术语运用于文艺理论释析，因为神话因素既见诸文学的表层，又蕴涵于文学的"深处"。

对诺·弗赖所持仪典—神话论诗学的认识和评价，在很大程度上系于对其根源（即 20 世纪神话化文学）的认识和评价（弗赖认为，詹·乔伊斯和弗·卡夫卡确实复返纯真的神话），系于有关神话的仪典主义、功能主义和象征主义等理论以及英、美"新论"的认识和评价，——对亚里士多德《诗学》的新释亦属之。应当指出，弗赖对上述种种理论进行了认真的再思。弗赖坚信循环是为神话思维主要的和绝对的属性（而这一见解，据我们所知，同重点的某种变换不无关联：神幻始初时期"范例说"①，被解释为仪典中往昔永恒复返的结果）；与此相应，将时序神话，而不是将创世神话置于首要地位，并将循环视为过程的基本形态。弗赖断言，古典叙事创作中的循环系凭借自然节律。弗赖对分析心理学之说有所增益。他正确指出，自然生活与

① 希腊文 Paradeigma，意即"范例"、"典范"，被视为一种先例，因属始初时期，遂成为供"再现"之用的样本。对原始的意识说来，现今的一切，无非是原初先例扩延所致。所谓"始初时期"，即是众物始现、首创迭起的神幻时期；诸如破天荒第一簇火。第一枝投枪等即属这一时期。据信，神幻时期的一切，无不具有范例性。——译者

人类生活两者的周期可相比拟。他从而执拗地将人类生活周期（过渡性仪式等）视为始原，并因而把"探寻神话"视为主体神话。对仪典—神话论之模式的注重似乎意味着：弗赖力图在超脱于诗歌的文化—历史范畴寻求诗歌创作的根源。然而，弗赖及其志同道合者不同于追随詹姆斯·弗雷泽的仪典主义者（简·艾·哈里森、吉·马里等）；他们不仅不只是，而且与其说将仪典和神话视为诗歌的根源，毋宁说将其视为诗歌的内在本质、诗歌幻想的基础。弗赖断言：并非就时序，而是就逻辑说来，戏剧溯源于仪典，而仪典并不是戏剧之作的源头，而是其内涵；这样一来，詹·弗雷泽的"仪典成分"同民族志学的相互关系则并非至关重要；同样，宇宙论既是神话的支脉，同时又是诗歌的结构要素，犹如但丁或弥尔顿的诗作。如上所述，这种转换在卡·古·荣格有关原始型的理论中有据可寻。弗赖对原始型确曾广泛加以运用，但并未将自身紧紧束缚于荣格的观念体系，并宣称：关于"集体的、不自觉的"之假设未必可取。由此可见，诺·弗赖虽运用詹·弗雷泽和卡·古·荣格提出的所谓仪典—神话论结构模式，在一定程定上却将诸如此类模式同有关其物质基质起源于神话诗歌思维本身之外的假设截然分开。这种对问题的提法不失为弗赖的文学—美学观点的反映，而这些观点在一定程度上又是为"新论"所启迪。

诺·弗赖把文学视为专门化的语言（类似数学）；从这个意义上说来，他把文学视为一种信息，就其表达力而论，具有内在"自足性"，而且并非外在实在的反射，却又附丽于该外在实在（即真实，——它无非是口头符号与现象之间的信息传递）。弗赖对亚里士多德的"模仿说"作了如下阐释：诗歌——无非是现实的第二性模仿，即对史记的和推论的文字之设定的模拟，而这种文字本身即是对行为和思想的模仿。语言结构——堪称思想之语言模仿，而典型的思想则包容双关语、形象和隐喻。据弗赖看来，凡此种种均与神话十分接近，而神话是举动的第二性模仿，是某种典型的举动，——这种举动与其说接近于"历史"，毋宁说更接近于"哲学"。

　　诺·弗赖认为：对文学作品说来，"模仿"的直接对象乃是其他较为早期的文学作品。因此，从根本上说来，任何文学都具有模仿性；就此而论，它又是程式性的。所不同的无非是：这种系于转换或替代（通过怪诞或拙劣的模仿）之程式性的程度，乃至"实验"文字类型之隐晦的、含蓄的程式性的程度（而这种"实验"文字之所求，则是与程式性的脱离）。为了加以论证，弗赖曾援引如下事例：忒奥克里托斯的哀诗是为阿多尼斯仪典的文学"改制"；"反原始型者"沃·惠特曼为悼念林肯而作的哀诗，无论就内容还是就形式而言，均应视为程式性的。凡此种种，似乎同样可视为仪典—神话论之滥觞。而借助于传统和程式性，则势必使弗赖认定：程式性的、氏族的体裁样式（就其起源，主要是就其本质而论，归根结底不失为神话样式），尤重于诗歌个性的个体特征及社会—历史规定性。

　　就此说来，不妨再度提及托·艾略特的观点。他是诗人，又是"新论"的奠基人之一，曾对来自神话和文学传统的同感反响广泛加以运用。艾略特坚决反对传记说和基于文化—历史的文学观，将口头艺术的文学之作视为一种客体；据他看来，这种客体不具有个性，并表达超个体的感受（特别是体现于形象、象征、隐喻）。通观艾略特及"新论"的其他追随者的著述，对社会—历史"语境"及诗人个人独创性的漠然置之，与对传统的注重乃至对某些前资产阶级的传统之推崇相连属（在托·艾略特的著述中，以新古典主义为圭臬；而在艾·泰特、J.K.兰塞姆等美国文艺理论家的著述中，则呈现为对文化的有机基原之探寻）。此外，作品的基本属性和作家的面貌，通过对形象语言和象征的分析同传统相连属，以期对往昔和现今之共同的诗歌本原加以阐释。综观弗赖的论述，对传统作了纯属"新论"式的理解。据他看来，传统必然归源于神话——仪典——原始型；三者透过情节、隐喻和象征得以"显示"。

　　就此而论，诺·弗赖力主文学评论不应对文学古籍的历史功能进行构拟，而应从现代生活之总体的文化形态出发，在新的"语境"中再现其生动的功能。与此相应，弗赖所阐述的文学"语境"之"形式阶段"的特征,系指诗歌语言和象征的含蓄、"多义",——这是从阿·理查兹和 L. W. 恩普森到罗·巴尔特的"新论"之美学的基石之一。如上所述,对亚里士多德用语的新释,也与"新论"的一定趋向相适应。

117   总之,诺·弗赖认为:在文学中,氏族本原对个体本原说来,居于绝对优势的地位;这种氏族本原为文学特征本身的反映,——弗赖即以此为出发点。诺·弗赖并将神话视为诗歌中这一氏族本原的核心,认为:神话并非由文学袭自外部,而是文学要素本身的结构体制(文学结构的单位——象征),是使诗歌同他种想象样式相结合者(这样一来,起源同本质的对立将自行消泯)。仪典径直成为叙事的单位;原始型(从根本上说来,它被理解为带有"人"之意义的自然象征),则成为诗歌的沟通单位。弗赖赋予文学中的神话以装饰功能,将文学中神话的作用与绘画中几何的作用相比拟,其出发点为神话那种根本的、无所不包的隐喻性。据弗赖看来,隐喻性同象征的结构范畴相连属,而符号性则同描述范畴相连属。由此可见,以神话、仪典、原始型的用语对文学进行分析,则属理所当然。弗赖把神话和现实主义形象视为文学的两极,并有意识地加以对比。他认为:前者正是文学特征的体现,后者则是在文学"象征手法"描述范畴的影响下、为求得外在的惟妙惟肖而对这一特征所作的修饰。在现实主义文学("低级"模仿形态)中,据弗赖看来,神话的原始型并未湮灭,只是有所变异,而文学分析则可以,并应当予以揭示。

此外,诺·弗赖并对文学的历史演化进行探讨(其出发点为将历史的诗学视为某种低级真理);他着重指出:就此说来,有所变易的只是社会"语境",而非文学的类型和体裁。最后,历史上最高级的"讽刺"形态,弗赖视之为一种特殊的复返,——由于摇摆于两极之间,这种复返在所难免,亦即始初的神话形态(弗赖系指取代 19 世纪现实主义之 20 世纪那种戏谑性神话创作);文学的历史运动呈环状——从神话到神话;所谓"历史主义",借助于循环说而得以克服(综上所述,对现代文学中神话创作进行分析的重要性显而易见)。文学体裁、象征和隐喻那种基于其亘古有之的仪典—神话属性之守恒性,为《论说之解剖》一书的

主要意旨所在。因此，弗赖的著述中对《圣经》及古代古典神话中的形 118
象之分析，失之于过度文学化；而对继之而来的文学类型的分析，则失
之于过度神话化。弗赖试图论证：古代喜剧的主要类型，不仅按其特有
的方式复现于莎士比亚的剧作中，而且复现于 20 世纪的小说或影片
中；"替罪羊"这一原始型虽溯源于仪典，却既见诸古希腊戏剧、古希腊
叙事诗、《圣经》中约伯的故事，又见诸莎士比亚、本·琼森、莫里哀的作
品（夏洛克、沃尔庞或达尔杜弗的"被逐"），并见诸托·哈代作品中的苔
丝，见诸侦探小说，见诸卓别林的影片，见诸弗·卡夫卡所著小说《审
判》等等，——其情调势必迥然而异；"戏谑性形态"对这一原始型尤为
注重；降生之奥秘的原始型，再现于摩西和佩尔修斯的故事，再现于欧
里庇得斯和米南德的剧作[①]，再现于亨·菲尔丁的长篇小说《托姆·琼
斯》[②]和查·狄更斯的长篇小说《奥列佛·特维斯特》[③]；"死亡——复
生——复返"这一佩尔塞福涅型女性人物的原始型，可见于莎士比亚、
艾·坡和纳·霍桑的作品[④]。据弗赖看来，呈现于分明属现实主义的
文学作品中之原始型象征，则不无一定差异。例如，列·托尔斯泰所
著《安娜·卡列尼娜》中铁路职员之死这一征象（预示女主人公之

---

①　据古希腊悲剧诗人欧里庇得斯所写《阿尔克提斯》，国王阿德墨托斯注定夭亡，如有人
替死，则可长寿；其妻阿尔克提斯甘愿替死。后来，赫拉克勒斯从死神手中把她救出。古希腊新
喜剧诗人米南德著有《恨世者》、《公断》、《割发》等剧。公元 1 世纪，罗马文艺批评家昆提利安将
米南德的剧作比作"人生的镜子"。公元前 3 世纪，学者阿里斯托芬曾赞叹道："米南德啊，人生
啊，你们俩究竟谁模仿谁？"——译者

②　英国小说家、剧作家亨·菲尔丁的长篇杰作《弃婴托姆·琼斯的故事》（《History of
Tom Jones, a foundling》，1749 年），以现实的社会生活作为浪漫主义故事情节为背景，曲折繁
复，丰富多彩，多用对比手法。通过对托姆与布力菲这一对人物的对照，读者对作者的人生哲学
可以获得正确、深刻的理解。——译者

③　英国小说家查·狄更斯所著《奥列佛·特维斯特》（《The adventures of Oliver Twist》，
1838 年），通过孤儿奥列佛的悲惨遭遇，揭示处于社会底层人们之痛苦无告的生活。——译者

④　英国诗人、剧作家威·莎士比亚写有诗作《鲁克丽丝受辱记》，其内容为描述鲁克丽丝被
罗马王政时期末代王之子奸污，嘱其夫报仇雪耻后自杀身死。美国诗人艾·坡写有著名《乌鸦》一
诗（《The raven and other poems》，1845 年）。作者在该诗中悲叹、缅怀亡故的爱人，流露出内心的抑
郁。诗中的乌鸦对诗人的一切问题，都以"永不复返"作答，表达了绝望的情绪。美国小说家纳·
霍桑著有长篇小说《红字》（《The scarlet letter》，1850 年），其内容为描写：一个遭受不合理的婚姻禁
锢的少妇，因犯通奸罪而被示众。作者对经长期赎罪而在精神上自新的少妇海斯特·白兰作了细
致的刻画。小说以监狱和玫瑰花开场，以墓地结束，具有丰富的象征意义。——译者

死),以及托尔斯泰所著《复活》和埃·左拉所著《萌芽》(1885 年)①等长篇小说的象征性题名,均属之。

　　如对有关弗赖和仪典—神话论学派的理论之评述加以总结,则可看出:其一般美学观点存在一系列无法接受或争议之处——对现实主义文学认识不足、潜在的反历史主义、对创作的个体性未予关注、对亚里士多德用语作独出心裁的阐释、对理论—文学概念的分析并非一贯适当。将文学归源于神话和仪典之见的片面性,已昭然若揭。弗赖所依循的仪典主义和分析心理学本身,并不十分"可信";而弗赖对两者的"隐喻式"领悟,将其不可信性这一问题予以摒弃——不能视为万全之策;它为一种笼统的分析,即诉诸神话、仪典和原始型的用语对文学作品加以分析,提供了足够的论据。从根本上看来,R. 韦曼是正确的[111];他抨击弗赖执著于反历史主义的"还原说"(即把文化样式归结于种种类型的神话),并在一定程度上对质料不加区分。我们唯有一点难与韦曼苟同;据他看来,应当承认文学的祭仪根源,从而确认神话本原同原始状态的实际条件之关联,——据此对现代诗歌所作阐释,较之象征说和心理说的阐释更有成效。据我们看来,仪典主义多用于对戏剧起源的论析,如用于现代诗歌则势必导致悖谬,甚至较心理说犹有过之。韦曼并概略阐述一种可取之见,即诗歌情致具有集体的、无意识的根源,颇值得关注。

　　至于诺·弗赖的还原说,尚可予以补充。据弗赖看来,举凡神话,无论属何种体裁,均可通过种种途径改铸为"艺术"。就此而论,弗赖忽略了神话与文学之间的界限。弗赖所提出之神话的等同与类比结构相对立之说,似乎也可运用于此。这样一来,上述忽略则尤为遗憾。对神话在其历史发展过程中演化为种种诗歌题材和体裁,苏联女研究家奥·米·弗雷登堡联系其质的演变,作了精辟的阐述(见下文)。

　　尽管如此,在诺·弗赖的理论中仍不乏某些重要的学术"真谛",

---

　　①　《萌芽》(《Жерминаль》;《Germinal》),以一个矿区为背景,描写法国产业工人的生活和斗争。在法国文学史乃至世界文学史上,它第一次比较成功地在长篇小说中塑造革命的无产者的形象。——译者

这在一定程度上为其先行者的启迪所致。对仪典—神话复合体在文学艺术起源中的作用,特别是对神话作为象征体系和象征的武库对文学的作用,弗赖有所认识。就此而论,弗赖在一定程度上延续了M.博德金的探讨,对《圣经》和基督教的象征手法作了精辟的释析,视之为某些文学传统的原始型"语法"。对隐喻化种种形态的评析,可见于《论说之解剖》一书的精辟篇章。弗赖对诗歌幻想和神话思维的若干共同属性不乏深刻的理解,继而将其绝对化,视之为"隐喻式"想象的特征,——而这种想象终究是集注于人们周围的自然界。由于对历史因素和作家的创作个体性估计不足,弗赖的理论难免有所失误。然而,弗赖却娴于洞察传统的作用,断言传统并非供模仿和运用的孤立情节之总和,而是较为稳定的体裁形态之渊薮。应当指出,弗赖绝不是把文学作品视为既定套式的组合,而是惯于将迭现的题材、体裁和修辞三者的模式视为诗学思想的集中体现,——诗学思想的一般特征及其主要的有机形态,无不呈现其中。

诺·弗赖认为:莎士比亚的《哈姆雷特》[①]一剧,无异于萨克索·格拉玛蒂库斯所述轶事之翻版;对此不敢苟同。据我们所知,莎士比亚对这一故事以及复仇悲剧的传统(正是基于复仇精神,这一题材最初的戏剧构想始有可能)进行了彻底的改制。莎士比亚这一天才的改制,系于他作为诗人和思想家的个人气质以及伊丽莎白时代的某些社会—历史条件。尽管如此,另一侧面也应予以关注,即莎士比亚的《哈姆雷特》属传统题材;无论它经历多么彻底的重新构思,这一剧作仍属"哈姆雷特"类型,广而言之,属有关血亲复仇的故事。而这一较为广泛的类型具有并非虚构的、千真万确的,而且属美学范畴的共性,因为题材本身即属美学范畴。况且,这一切均属悲剧体裁。倘若我们通过想象实验从莎士比亚的《哈姆雷特》中摈弃溯源于悲剧的传

120

---

① 威·莎士比亚所著《哈姆雷特》(《Гамлет》;《Hamlet》),堪称为人文主义思想所充溢的悲剧。父王被叔父杀害,母亲改嫁叔父,父王的亡魂显灵,要求哈姆雷特复仇。哈姆雷特立志为父报仇,并进而思及整个社会和时代,决定担负起"重整乾坤"的责任。哈姆雷特单枪匹马同黑暗势力较量;结果,寡不敌众,误中奸计,以失败告终。——译者

统及中世纪的题材,而只是将莎士比亚所"构想"并直接"反映"伊丽莎白时代英国的一切予以保留,不知将落到何等地步?毋庸置疑,诸如此类想象实验无法付诸实现,而且在理论上并不能成立。然而,莎士比亚的《哈姆雷特》一剧的美学财富在何等程度上归结于传统题材和体裁,这一"冰山"之属集体的水下部分多么可观,则显而易见。

我们既然已踏上隐喻性形象的途程,不妨再借用诸如此类形象。文学史被构想为某种繁花似锦之树。这样,诺·弗赖的方法论,在一定意义上被解释为自上而下的摄像,亦即树的全部枝叶对地面的投射:高部位者遮翳低部位者,最终及于地下的根部。依据这种"投射",很难对树的各个生长阶段作出判断,但其基本结构仍呈现于世,而且清晰可见。不仅如此,弗赖具有敏锐的观察力和体察入微的艺术嗅觉,有时甚至有悖于其专注于模式化的意趣,展示种种"原始型"的差异,(即差别性),展示种种"原始型"在不同的体裁体系和风格体系中的境遇。以上所述,如作一定的保留,可归之于仪典—神话学派的其他代表人物。他们娴于把握迭现的传统象征、隐喻和题材模式。既然试图将以上所述视为该个体创作的主要因素,传统象征、隐喻和题材模式有时则呈现为极度一次性。至于在注重以现实主义方法反映现实之文学作品的范围内提出内在神话结构的问题,这应归功于诺·弗赖。然而,在一定意义上说来,由于实际探讨尚嫌不足,这一问题仍有待考察。欲对文学中的神话遗产加以探考,尚须涉及这一问题。

本章重在对有关仪典—神话论学派加以介绍;而"神话与文学"这一问题以往和现今所涉及,终究超越这一学派的范畴,——无论对这一问题作广义或狭义的阐释,两者皆然。至于克·莱维-斯特劳斯对沙·波德莱尔十四行诗①寓意之分析中神话成分的问题,上文已述

---

①   法国诗人沙·波德莱尔不仅是法国象征派诗歌的开先河者,而且是现代主义的创始人之一。现代主义的美与善,是指诗人用最适于表现他内心隐秘和真实感情的艺术手法,完善而独特地显示其精神境界。诗集《恶之华》(《Les fleus du mal》,1857 年)出色地完成了这一使命。从题材看来,它似在讴歌醇酒、美人,重在描述官能陶醉。而实质上,作者对现实生活十分不满,对客观世界采取绝望的反抗态度。——译者

及。再者,据 R. 韦曼看来,本世纪 20 至 30 年代著名的德国文艺理论家弗·贡多尔夫对约·沃·封·歌德和其他作家的考察[112],并未超脱潜在神话化的窠臼。

某些苏联学者则从另一侧面并基于另一种立场,对神话在文学发展中的作用进行探讨(诸如阿·费·洛谢夫、伊·格·弗兰克-卡梅涅茨基、奥·米·弗赖登堡、米·米·巴赫京、维·弗·伊万诺夫和弗·尼·托波罗夫、谢·谢·阿韦林采夫等)。仪典—神话论学派所提出的问题,并因其著述而得以确立,——欲求得其解决,则须考察其对“神话与文学”这一命题所持的观点。

俄国和苏联学术界论神话创作

就 20 世纪我国神话诗学以前的状况而论,有两位所持见解迥然不同的著名学者颇值得注意,即亚·阿·波捷布尼亚和亚·尼·维谢洛夫斯基。毋庸置疑,他们的方法论深深植根于上世纪(诸如:一般的实证论熏陶、洪堡的学说①及太阳—神话论民间文化学之与波捷布尼亚,英国古典人类学之与维谢洛夫斯基)。尽管如此,这并不有碍于他们提出种种见解,而且大大超越 20 世纪的学术思潮。

亚·阿·波捷布尼亚[113]立足于语言学和语义学对神话进行探考。他把语言、民间文学和文学联结为一个整体,系基于这一出发点,即:诉诸神话和象征所理解的语言,为一切语言艺术的范例。波捷布尼亚认为:关于思之“神话方式”的学说,应在文学史上占有一定 122

---

①　德国语言学家,哲学家威·弗·封·洪堡,曾预示人类文化语言学的发展,对 20 世纪语言科学的发展有深刻的影响。他终生致力于爪哇岛卡维语的研究,有关论著未竟而身死,遗篇由其弟等于 1836 年编辑、整理出版,“序言”论及语言差异及其对人类发展的影响,学者们视之为语言哲学教科书。他发展了语言学说,成为语言学领域历史比较研究方法的创始者之一。据他看来,语言是某种精神力量调整来自外界的繁冗印象之活动;语言是持续不断的创造过程,并使清晰的语音成为思想赖以表达的手段;语言赋有沟通的功能,并世代相传;语言与民族精神紧密相关,如此等等。洪堡关于语言的理论,在德国文化史上留下深刻的印记。——译者

的地位。综观波捷布尼亚的理论,其核心为对"语言的内在形象形式"的理解;这一形式既同语言的外在语音形式、又同语言的抽象意义相对立。语言的内在形式,乃是其语义的感觉符号。据波捷布尼亚的理论,形象与意义之不可分,决定了神话的特征。对波捷布尼亚以及对 19 世纪的整个学术界说来,神话以及科学思维,是为思想和认识之有意识的活动,是为诉诸既有的标志之总和对某一客体进行阐释的活动,——诸如此类表征,结集于凭借语言或语言方式对之有所意识之前。[114] 然而,波捷布尼亚认为:既然我们思想之往昔内涵并不是认识所仰赖的主观手段,而是认识所由产生的渊源,而形象被视为"客观的",从而完全移于意义,这样一来,神话创作遂呈现于世。许多神话还产生于语言的外在形式,特别是产生于语言的内在形式。

亚·阿·波捷布尼亚在很大程度上摈弃了 19 世纪神话学派的观点,特别是马克斯·米勒的观点。在此以前,后者即已揭示语言对神话形成的意义。波捷布尼亚认为:"语言是神话的主要的和原初的手段"(同上书,第 589 页);神话作为形象(谓语)、意象和意义(心理主语)之总和,不可能外在于语言从事思;因此,它附丽于文学和诗歌。然而,亚·阿·波捷布尼亚不同于马·米勒和亚·尼·阿法纳西耶夫,他并不认为:语言始而被有意识地赋予隐喻性,以表达就诗歌说来高超的概念;嗣后,原初的隐喻性被遗忘,神话遂应运而生;他并不认为:神话起源于语言初意之被遗忘——别具一格的"语言弊病"说。波捷布尼亚的见解是完全正确的;据他看来,最初在语言中居于主导地位的并非抽象的意义,而是具体的意义,而且是未被意识的隐喻性意义;"隐喻性是为语言之须臾不可分的属性,我们只能从隐喻到隐喻"(同上书,第 590 页)。他指出:形象以浅近的、直观的、单一的取代繁复的和难以捉摸的,形象的象征具有多义性。对语言的隐喻性和神话的隐喻(象征)属性的这一深邃之见,颇具开创性。波捷布尼亚揭示了原始思维的具体性、与神话象征主义并存之"想象的实体性",——亦至关重要。诉诸对民间文学创作"语本"的分析,他并揭示了原始思维的一系列特征,着重指出:原始人和当代人的思维方法,犹如当时的探索者,"如果掌握古雅利安人那样有关云和牛的知识,那就会将云称为牛"(同上书,第593页)。毋庸置疑,此说堪称一语破的;然而,必须强调指出:波捷布尼亚虽持类似观点,并不有碍于他阐明神话创作的某些特殊机制。

亚·阿·波捷布尼亚广征博引,进行如下论证:种种形象按类似或对立及其在空间和时间的相近之结合、局部与整体的关系、种种隐喻性和换喻性的契合,可导致关于因果关系或等同的意象之萌生;事物的属性延及与该事物相连属、相毗邻、相触连的一切。他并对下述诸点加以论证,即:语言中的音和义不可分,对语言神话颇为深远的"果"即缘之而生;神话语言对实体和属性尚未加以区分,并趋重于实体性的等同和综合,其基础则是诸如"云——牛"、"贝壳——海洋"、"马——渡鸟"、"心——火"等等之比拟。语言之实存本身为其内涵之真实性的佐证;据波捷布尼亚看来,神话中施之于语言的理解,对有关事物初象的意象有所裨益。波捷布尼亚并作了如下精彩的阐述:语言和神话亘古有之的象征、形象与意义的既定关系,有机地、符合规律地、势所必然地产生诗歌的转喻。诸如此类转喻,绝不可视之为诗歌语言一般的"装饰",犹如传统诗学之所示。对诗歌的形象性(特别是民间创作的形象性)起源于语言和神话这一问题作如此翔实的探考,确也难能可贵。波捷布尼亚十分精到地指出:转喻完成从形象到意义的飞跃,而这一距离原初却微不足道。波捷布尼亚对语言和神话亘古有之的"隐喻性"范畴同文学转喻本身的具体方式之间的界限有所表述。据他看来,对形象和意义之差异性的意识,是为"神话的终结"及向纯隐喻的过渡。较之恩·卡西勒对神话象征的某些释析和伊·格·弗兰克-卡梅涅茨基与奥·米·弗赖登堡对古代文学的语义探考之成果,波捷布尼亚的论述要早若干年。

亚·尼·维谢洛夫斯基院士对神话的探考,与亚·阿·波捷布尼亚迥然不同,他着眼于另一范畴。波捷布尼亚着眼于语言和语义学,着眼于语言的"内在形式";而维谢洛夫斯基则着眼于人种学和题材,着眼于外在的体裁形式。在《历史的诗学》[115]一书中(写于其创作生涯即将终结之时,作者逝世于 1906 年,这一杰出著作惜未完成),维谢洛夫斯基成为最先提出人种学对认识诗歌起源的意义的学者之一,并对有关种种艺术和诗歌之原始浑融体的理论进行探讨。据维谢洛夫斯基的构想,这一浑融体的摇篮是原始仪礼、所谓民间仪俗性的表演和竞技。与此相应,维谢洛夫斯基将为数众多的民间题材归源于原始体制、仪礼和习俗。如果说波捷布尼亚离弃民间文化学中的"神话学派",那么,维谢洛夫斯基则基于承袭说,而后又仰赖以爱·泰勒、安·兰格、埃·西·哈特兰为代表的英国古典人类学(在一定意义上说来,詹·弗雷泽亦为其代表者)。维谢洛夫斯基作出如下折中的结论:情节作为对古老社会生活体制的程式化反映而自行萌生,题材则诉诸承袭而扩延。

亚·尼·维谢洛夫斯基仍囿于遗存说,对神话的"语义"等闲视之。其关注所在为原始文化所"决定"的体裁形式和题材模式。诸如此类形式为活生生的内容所充实,据他看来,系于文化的和历史的条件。这样一来,古老的形式在一定程度上同新近的内容脱节。不仅如此,我们确信:神话既然是叙事之作的原初要素,即使将其题材模式归源于仪典,它同仪礼浑融体的关联,远非像与抒情诗和戏剧那样固定不变。亚·尼·维谢洛夫斯基的理论先于剑桥派的仪典论,并在某些范畴开其先河。他提出一种尤为广泛的、尤为重要的构想,即:仪典之与起源紧密相关,不仅涉及个别题材和体裁,而且囊括诗歌,并在一定程度上延及整个艺术。对民间创作在语言艺术及其种种"变异"形成过程中的巨大作用,维谢洛夫斯基同样予以关注。

俄国民族志学领域的经典著作家(他们活动于本世纪初,继而成为苏联第一代民族志学家的导师)——列·雅·施特恩堡和弗·格·博戈拉兹[116],给予神话以极大关注,而对之进行探讨则基本上囿于宗教学范畴,并局限于社会关系的最古老形态在神话中的反映。列·雅·施特恩堡的论点,同爱·泰勒的路线更为接近;弗·格·博戈拉兹犹如 W. 约赫尔松,其见解同弗·博阿斯的理论相似,并接受其某些论点。施特恩堡和博戈拉兹同罗·马雷特持同一见解,他们摈弃爱·泰勒的万物有灵论,并承认原始神话观念演化中的"物灵说"阶段(所谓"物灵说",即对自然界无人格灵性的笃信)①,从而获致对古老世界观之尤为深邃的理解,并力图否认原始人心理之质的特征(列·雅·施特恩堡尤甚)。弗·格·博戈拉兹对古亚细亚人之空间—时间的意象以及神话幻想所特有的变易和演化进行了翔实的论析(他甚至视之为在某种程度上与物理学相对论相对应的现象)。同詹·弗雷泽所提出的"死而复生之神"堪称异曲同工,博戈拉兹构拟溯源于仪典的神话成分——"死而复生之兽",②并试图使之与图腾崇拜的起源相连属。

　　神话之在俄国象征主义的哲学和美学中居于显著地位,首先见诸维亚切斯拉夫·伊万诺夫的著作。他在其一系列著作中[117]探讨了弗·尼采有关狄奥尼索斯庆典的论题,并提出神话创作及诉诸神秘剧创作复兴"有机的"民族世界感知两者的实施纲要。然而,这一论题与本书主旨只有间接关联,须另行探讨。对有关古希腊象征主义的著作及早期阿·费·洛谢夫的神话理论,维亚切斯拉夫·伊万诺夫显然不无一定的影响。

　　下文将着重介绍苏联学术界的"神话诗学"理论。苏联学术界对神话理论的探讨,基本上缘两个轨道进行:一为职业民族志学家所致力,——专注于宗教学领域,神话作为诗体叙事之作始初"内核"的问题只是间接有所涉及;另一为语文学家,主要为"古典语文学家"所致

---

　　①　物灵说(Аннматизм;来自拉丁文 animatus,意即"灵力"、"活力"),为对自然界及其一些现象之"灵力"、"活力"的笃信,亦即对无人格之力的笃信。据此,此力存在于自然界,使自然界及万物赋有灵力,对人之生存亦有所影响。据一些民族志学家看来,这种笃信先于对万物有灵之笃信,为宗教观念的始初阶段。所谓"物灵论",必须与万物有灵论以及哲学范畴的物活说(Hylozoism)和泛神论(Pantheism)区分开来。据说,人们的任何机运(诸如:狩猎中的捕获、征战中的成败、牲畜的繁衍、作物的丰收),均与这种无人格的超自然之力紧密相关。——译者

　　②　弗·格·博戈拉兹曾被流放西伯利亚科雷马河地区,并对极北地区民族的宗教信仰进行考察。据他看来,供捕猎的海生动物(鲸鱼、海象等),并不是古亚细亚语民族神话中习见的形象,而是渔猎节期的崇拜对象。所谓"狩猎",被想象为可供狩猎之兽的"作客",并被想象为"暂死",继之则是"遣送"归海以及"复活"、"再生"、"复归"。——译者

力，——神话在诗歌沿革中的作用问题被明确提出；近年来，在探讨有关古代语义学和文化理论某些范畴的问题时，从事语义学研究的语言学家对神话及文学中的神话主义有所关注。

属第一类者，除弗·格·博戈拉兹和列·雅·施特恩堡之苏维埃时期的论著外，尚有亚·米·佐洛塔迈夫、谢·亚·托卡列夫、A. Ф. 阿尼西莫夫、Ю. П. 弗兰采夫、Б. И. 沙列夫斯卡娅、М. Н. 沙赫诺维奇以及其他某些学者的论著[118]。上述论著所探考的主要对象，为神话与宗教、宗教与哲学的相互关系，特别是生产实践、社会体制、种种习俗和信仰、阶级不平等的最初显示等等在宗教神话中的反映。诸如此类各有所异、内容翔实的著作中之对神话的探究，重在揭示神话幻想的"实在"和宗教功能。这些著作在神话题材和宗教仪礼探考中的重大成就，不容否定。凡此种种题材和仪礼，均属"上层建筑"现象，是这种或那种历史真实和氏族社会社会规制的反映。然而，神话幻想的内在规律及特征，在这些论著中之阐述尚嫌不足。鉴于我们所关注的首先是神话的"诗学"，不拟对这些著作进行深入探讨，而仅稍予涉及。

著名的苏联民族志学家谢·亚·托卡列夫所著《何谓神话？》这一内容翔实之作，对神话领域的"民族志学"探索作了引人注目的总结。托卡列夫明确指出：神话具有其自身的特征，并不与宗教的特征直接契合。正如这位学者所指出，"真实"在神话中的折射，实则并不属宗教范畴；它是人对其所处自然界的频繁观察（特别是其劳动体验）之反映。据托卡列夫看来，关于动物的神话溯源于狩猎生活体制条件下对动物习性的重要观察，而"天界"神话情节则系于具有重大经济意义的天象观测，如此等等。与此同时，自然客体则拟人化，成为人类种种力和关系的化身。神话的内涵并非属于宗教性；而神话用以对仪礼进行阐释（即"仪礼神话"），其内涵则具有宗教性。

对原始神话之分为秘传者和非秘传者，以及嗣后该两范畴之融合于高级一神教体系，谢·亚·托卡列夫予以极大重视。托卡列夫把探求起因的功能正确地视为神话与神幻故事的重大区别之一，似将神话归结于阐释功能,认为神话的根源主要在于原始人那种原初的好奇心(亦即求知欲,伴随其劳动体验的扩延而有所增长)。他的理论在很大程度上同 19 世纪盛极一时的神话观十分近似。谢·亚·托卡列夫亦熟知神话的其他范畴和功能,并对这些范畴有所涉及。对他说来,认识神话特征的关键,依然在于"阐释"功能。托卡列夫并赞同"仪典先于神话"说;就此而论,他成为詹·弗雷泽和布·马利诺夫斯基以及 Ю. П. 弗兰采夫的追随者。据他看来,神话萌生于宗教之前,因而萌生于仪礼之前,同时神话又萌生于仪礼,——至少"大多数神话"是如此。但是,这一提法有些不合逻辑。我们乃是有意识地强调这些具有根本性作用的范畴。如上所述,谢·亚·托卡列夫并不将神话与宗教等同看待。据他看来,神话的仪典性是神话与神幻故事之区别所在。

Ю. П. 弗兰采夫依据神幻故事与仪礼无关律,并将神幻故事,从而将文学创作置于同神话相对立的地位。据他看来,神幻故事并非使人在与自然的斗争中的软弱无力有所增,并因而反映对可企及者的憧憬。同时,弗兰采夫对高尔基的有关论述十分重视。高尔基把神话视为人在同自然界的搏斗中所取得的劳动成果之反映,又视为对未来的技术进步之属望的体现。

А. Ф. 阿尼西莫夫(其著作广征博引,富于思考)以及某些著作家,一味将神话与宗教相连属;又据他们看来,任何题材虽不具有直接的宗教功能,却可与神幻故事相提并论,——而神幻故事是原始人意识中自发的唯物主义倾向的体现者。这样一来,神幻故事成为具有"现实主义"意向的民间创作之体现。这种意向同巫师、萨满和祭司之作那种唯心主义的和宗教的意向迥然而异,而这些宗教人士正是在社会分化过程中从民众中分离而出。据我们看来,上述见解完全不可取。它与有关无宗教时代的观念相适应;诸如此类观念在 В. Ф. 泽布科韦茨的专著《前宗教时代》[119]一书中作了极端的表述。在其不久前发表的关于哲学进化史的著述中,М. И. 沙赫诺维奇对将神话与神幻故事、将唯物主义因素与唯心主义因素置于极度对立的地位表示异议。

持此类论点者，忽视原始神话的浑融性，对其中自然唯物主义因素和自然唯心主义因素的相互交织也置之不顾。据我们看来，对周围自然界的缜密观察所获得的极为丰富的资料，使原始的神话叙事和神幻故事叙事的经验得以充实，并在神话中（以及神幻故事中）同所谓"概括"之幼稚的唯心主义属性相结合。这种十分丰富的、趋重于"实在"的经验，以及对现实中极为实在的因素的直接反映，绝不摈斥神话式的概念化。同一题材、同一体裁范畴内"级类"之间的差异，亦应予以关注。下文将述及这一论题，特别是神话与神幻故事两者之区分。

为此目的，只需涉及我国宗教学文献对神话的阐释中某些居于主导地位的倾向，特别是阐明：神话的阐释功能及由此产生的认识论问题，将神话研究中那些执著于把神话同文学和艺术相连属的见解尽行屏弃，——也就足够了。

通观苏联民族志学家的著作，必须予以特别关注的，为亚·米·佐洛塔廖夫所著《氏族制与原始神话》。该书完成于 30 年代末叶，作者身后由 Л. А. 法因堡编辑，并于 1964 年出版。鉴于二元外婚体制在仪礼和神话中的反映，亚·米·佐洛塔廖夫对二元神话作了深入剖析；就此而论，先于结构人类学的代表人物对二元逻辑领域神话"语义"的探考。亚·米·佐洛塔廖夫这一极为翔实的论著对此的意义，维·弗·伊万诺夫在为数众多的评述中有所阐释[120]。

苏联最著名的民间文艺学家弗·雅·普罗普[121]，是《魔幻故事的历史根源》一书的作者（战争爆发前不久着手撰写，1946 年问世）。就题名而论，他至少介乎两类学者，即民族志学者与古典语文学者之间。众所周知，在其所著第一部论著《民间故事的形态学》（1928 年）中，弗·雅·普罗普开结构民间文艺学之先河。他曾构拟魔幻故事总题材横组合模式，其形态为人物职能的平直序列。在《魔幻故事的历史根源》一书中，他借助于民间文化和民族志学资料，并诉诸神幻故事情节（横组合功能的"同质异晶"）与神话意象、原始仪礼和习俗的对比，将上述模式置于历史—起源的基础之上。这一著作中的方法，在一定程度上可与亚·尼·维谢洛夫斯基所著《历史的诗学》中的原理相比拟，特别是与施之于民间文学的阐释之仪典主义尝试及保·圣伊夫有关佩罗的童话①之作相比拟。弗·雅·普罗普论著的特征，即呈现于这样的背景。弗·雅·普罗普犹如保·圣伊夫，将魔幻故事归源于成年仪式（即所谓"加入仪式"或"献身仪式"。——译者），并非将个别题材归源于个别仪典，而是将整个体裁、其总题材归源于旨在对此仪礼进行阐释的神话；而所谓"传承"，则归之于神话的演现，旨在为在仪式的"语境"中对新加入者施以教练。仪礼和神话两者成分的直接反映，诸如此类成分的再思，以及"仪礼的转换"，并辅之以神幻故事中的反处理（成年仪式的神圣监护者，成为被英雄人物殛杀的蛇妖，等等），——弗·雅·普罗普对之有明确的释析。

　　除成年仪式外，弗·雅·普罗普并在神幻故事中揭示了一系列有关死之观念的广泛反映。毋庸置疑，此乃关于"加入者"的暂死这一根本观念所致。弗·雅·普罗普这一著作对理解神奇漫游的象征颇多论述；作者的种种见解，在一定程度上为其他学者的论析所肯定，诸如：约·坎贝尔及其他学者对关于探寻的英雄叙事之分析（基于截然不同的立场），W.E.H.斯坦纳对澳大利亚地区成年仪式类型的神话和仪礼的释析，等等。不仅如此，就起源而论，魔幻故事同"过渡性仪礼"具有特殊的关联；而这一点确有根本性的论据可寻，——这便是神幻故事趋重于主人公的个人命运。然而，将魔幻故事完全归源于古老的成年仪式，也不无一定的片面性；对婚礼（同样带有"过渡性"）的直接反映以及嗣后的增益，即家庭（社会）冲突，未予以关注。此外，弗·博阿斯、W.E.H.斯坦纳及其他学者所搜集的资料表明：通常不存在仪礼的"转换"，恶蛇（龙）或雅伽婆婆类型的魔怪之被

---

　　①　法国作家沙尔·佩罗以其幼子皮埃尔·达芒古的名义，发表了著名的童话集《鹅妈妈的故事或寓有道德教训的往日的故事》，收入《灰姑娘》、《小红帽》、《小拇指》、《蓝胡子》等8篇散文童话和3篇童话诗。这些作品歌颂善良和光明，鞭挞邪恶和黑暗，在一定程度上反映了劳动者的疾苦及他们对强暴的反抗。——译者

杀,均包蕴于古老神话中,甚至直接附丽于成年仪式。弗·雅·普罗普试图如法炮制,从萨满的漫游中导出古老叙事诗的题材(见《楚克奇人的神话和吉利亚克人的叙事诗》);后来(在《俄罗斯英雄叙事诗》一书中),其着重点移至神话的抑制、神话的转换(英雄人物与奇幻魔怪相搏)。

下文将介绍另一类学者(他们致力于探讨神话的特征及神话在文学起源中的作用,其主要依据为有关古希腊、罗马的文献典籍),首先必须提及的是阿·费·洛谢夫。时至今日,他仍不失为学术界巨擘,对古希腊、罗马神话及与之有关的理论问题颇有见地。与某些民族志学家不同,阿·费·洛谢夫[122]不仅不将神话的功能归结为阐释,而且认为:一般说来,神话并不具有认识的目的。据阿·费·洛谢夫看来,神话是普遍理念与可感形象之直接的、实际的契合。就此而论,阿·费·洛谢夫与吕·莱维-布吕尔和恩·卡西勒毫无二致(在其他问题上则与两学者不无分歧);据他看来,神话中理念的和实在的两者浑然不分;正是由于这种浑然不分,一种诡异者的境界呈现于神话,而这种境界又为神话所特有。阿·费·洛谢夫完成了 20 年代的论著到战后时期的论著之演进。综观前者,柏拉图和弗·威·谢林及黑格尔的一部分思想,诉诸埃·胡塞尔的哲学运用于其中;就后者而论,则有意识地趋重于马克思主义,并对国外种种理论坚决予以抨击。

在其光辉专著(尽管其哲学前提无法接受,或不无争议)《神话的辩证法》(1930 年)中,阿·费·洛谢夫为"概念之现象学—辩证法式清除"所激励,力图(正如他所表述)从"神学家"和"民族志学家"那里夺取神话学说,并"从内"观察神话(即"以神话的观点看神话"),阐述"神话,还其本来面目",……"不知何谓神话——如何与之周旋或予以摒弃,如何施之以爱或恨?"[123]为了赋予神话以确切的定义,阿·费·洛谢夫将神话与科学、艺术、形而上学、宗教相比拟。阿·费·洛谢夫从这样一种观点出发,即:神话并非理念或概念,而是切身感知的和创造的、实际的、实体的实在,并将神话置于同科学针锋相对的地位。尽管如此,他仍在纯粹的科学(逻辑规律体系)的一切阶段发现了主观的、无法认证的意象的成分(这种意象按其本性说来亦属"神话")。据他看来,情感范畴居于突出地位,乃至如痴如狂。阿·费·洛谢夫认为,神话是主体与客体之生动的相互沟通,具有其外在于科学的真实性、可信性和结构性;神话中并不存在二元论或玄学的科学觊觎,尽管神话中所创造的感性现实也脱离通常的现象过程。阿·费·洛谢夫着重指出,神话并不是模式或比喻,而是象征;在象征中,"存在"之两范畴不可分割,理念与事物那并非虚拟的,而是实际的,实在的同一得以实现。尽管无论是神话,还是诗歌,均不失为富有表现力的形态(从根本上说来属于文学),阿·费·洛谢夫仍将神话视为现在的现实(神话虽超脱日常现象),而将诗歌只视为直观的现实、事物的状貌和形象。诗歌超脱实际性,而神话则超脱日常生活的意义,超脱其惯常的思想内涵和目的及纯抽象的和个别的实在。

　　这样一来,基原中即不乏人、人之意识和事物三者最基本的、前反射的、生物—直觉的相互关系,神话的"超脱性"遂转化为形象的具体性。

　　综观阿·费·洛谢夫 20 年代的著述,神话的特征与个性紧密相关。其赖以立论的基础是:"己"与"彼"之对立,即主体——客体之对立,存在于个人并在个人中得到克服;个人势必要求以实体性和意识为先决条件,个人本身即是表达和象征;个人不仅存在,而且其本身确属合情合理。每一事物中,无不存在由个人的存在(即神话)构成的层次;不仅如此,由于实体的和空间—时间的存在,每一"个人"可诉诸变幻无穷的形态得以呈现(正因为这一命题,阿·费·洛谢夫在时间和空间之神话的范畴作了饶有意味、却非属本题的阐述)。继而,神话与宗教相提并论;据阿·费·洛谢夫看来,尽管神话没有宗教则无从产生,神话本身却不能归结于教条和圣事,而归结于个人在永恒中之实体的确立。神话不同于教条,神话作为一个人之异相存在的形成历程,是历史的;该历程见诸这一形成与个人始初纯真性之理想的综合("神圣的历史"),这便是"奇迹"之真("奇迹"是否见诸其

131

中,亦即神话与诗歌的最终差异)。只有凭借历史的异相存在,"个人"始可臻于见诸"语言"的自我意识。个人、历史、语言和奇迹,堪称神话的基本要素。

总之,"神话是为见诸语言之奇迹般的个人经历",而鉴于个人、其自我表现及施之于"名"的文学构思之辩证的综合,"神话可视为奇幻之名的扩展"(同上书,第239页)。

综观这一旧著,对这一主题说来,不乏极为有益的见解,涉及诗歌中的神话成分,诸如瓦格纳作品中真正的象征神话、果戈理天才的神话直觉(他在《维伊》①中提供了"一系列神幻心境"),并涉及亚·谢·普希金、费·伊·丘特切夫、叶·阿·巴拉滕斯基(基于对安德烈·别雷的观察)等作家著作中的"自然神话"。

通观阿·费·洛谢夫的这一早期理论表述,不难发现其哲学根源。对神话中激奋和痴迷的注重,使人不仅忆起作者本人提及的威·冯特(以及吕·莱维-布吕尔),而且忆起维亚切斯拉夫·伊万诺夫;个人的历史异相存在(见诸个人与其未触动的始原等的综合)之理念,使人忆起德国唯心主义的后康德哲学;象征的理论同弗·威·谢林之说非常相近;保·弗洛伦斯基的影响清晰可见;柏拉图"神话辩证法"的反光,无所不在("神话哲学"一语用于柏拉图,正是始于阿·费·洛谢夫);对"个人"中主体——客体有机的、反射的同一之寻求,不仅同生命哲学中"有机因素"的寻求相应,而且在更大程度上同旨在克服主体与客体之二律背反的现象学意图相应(试与嗣后对此有所论述的莫·梅洛-蓬蒂的理论相比拟;他曾试图将其现象学之说与克·莱维-斯特劳斯的神话理论相结合,——参见注71)。

阿·费·洛谢夫无疑基于古希腊、罗马神话研究领域的新思想,特别是基于赫·乌森纳的见解(诸如"名称"在神话中的意义,等等)。

---

① 维伊(Вий),东斯拉夫人神话中的魔幻形象;相传,目有死光,为眼睑和睫毛所掩。据俄罗斯和白俄罗斯的神幻故事,每当其襄助者用叉把它的眼睑撑开,则目射死光,触及者难免一死。据尼·瓦·果戈理的中篇小说《维伊》可知,乌克兰有关维伊的故事,时至19世纪仍有流传。类似的传说,在其他民族民间也有流传。——译者

从唯心主义的辩证法出发,阿·费·洛谢夫把神话解释为外在于历史的范畴(这样一来,即使解决神话与文学的相互关系这一问题所遇到的难题,也不复存在),认为我们的直接感觉与之相关联的联想均属自然;据他看来,神话中所呈现的为原原本本的生活。阿·费·洛谢夫对神话的象征作了反唯智论的和护教论式的阐释,其论点同"生命哲学"相近似;不仅与20年代的苏联民族志学者截然不同,而且在一定程度上与康德主义者恩·卡西勒相对立。总的说来,阿·费·洛谢夫是见诸本世纪初期神话观之根本转变的体现者。当时,就剖析之明彻、探究之深邃、观察之敏锐而论,阿·费·洛谢夫的这一著作不啻新神话论之颇值得关注和异常鲜明的论述之一。毫无疑问,阿·费·洛谢夫早期著作中神话探讨的某些重要成果,后来也为他本人所运用,但已非拘泥于唯心主义辩证法;而在《神话的辩证法》一书中,它们却与其相伴随。其卓有成效的学术活动,可归结为以下几点:对神话同种种意识形态的相互关系的分析、对神话的感觉范畴特殊性的阐释、对神话的象征特性之缜密而深入的认识。

如上所述,现今的阿·费·洛谢夫,作为《古希腊罗马神话》及其他许多有关神话问题之著作的作者,将神话视为一般理念同感性形象的直接契合及由此而生的奇迹异象(如今,他对此无疑另有阐释),并认为:文学艺术幻想之不同于神话无非是在于其隐喻性,而宗教则要求对超感觉世界之笃信,并要求遵循这一信仰而生活。时至今日,据阿·费·洛谢夫看来,神话思维最重要的前提,在于人之未与自然界相分离;正是有赖于此,全面的精灵化和人格化得以萌生。按照阿·费·洛谢夫的观点,人之未与氏族公社分离及自然的集体主义,势必导致氏族关系被视为无所不在;而一切事物和现象,均为氏族关系所维系。

基于古希腊、罗马神话资料,阿·费·洛谢夫对神话的历史沿革作了明晰的阐述。据他看来,神话演化中最重要的分野在于:从采集—狩猎经济到产业经济之过渡、从石器时代到金属器时代之过渡、从母权制到宗法制之过渡以及从拜物教(与之相应的为图腾崇拜、法术)到万物有灵仰(物灵与物本身相分离)之过渡、从地神崇拜到英雄之过渡。至于从地界神祇崇拜[①](系指来自地或生于地者)到英雄崇拜之过渡;阿·费·洛谢夫首先将这样一种演化与之相联属,即从紊乱的、不协调的、提坦—基克洛普斯式的因素到在希腊居于优势地位、以奥林波斯神殿诸神形象为代表的协调因素。

阿·费·洛谢夫学术研究的独到之处在于:他善于分析神话的种种结构布局,揭示见诸种种神话及见诸神话题材任何诠释的世界模式和美学观念。因此,阿·费·洛谢夫的探究,对历史诗学某些范畴的认识说来十分重要。然而,某些为阿·费·洛谢夫所精辟地揭示的神话创作演化趋向,过分硬性地附丽于一定的社会学图式,——未免失之于简单化。综观这一图式,母权制、幽冥精灵信仰、法术、图腾崇拜或宗法制与英雄崇拜等,均绝对共时化;诸如"早期的"与"晚期的"幽冥信仰、"早期的"与"晚期的"万物有灵论等题名,已有所见。每一神祇形象,必然不乏为数众多的幽冥、图腾、拟禽兽、拟人等形态分离而出;我们则可在历史进程中对这些形象进行考察,而历史进程又是神话幻想本身所经历的若干历史阶段之反映。然而,这种分析也有其不足之处,其原因在于:这样一来,神祇形象有时便失去任何明确性,成为难以数计的变异。总之,阿·费·洛谢夫的学术成就非常显著,——不仅对认识神话本身,而且对认识整个古希腊、罗马文化的演化,都是如此。他的众多论述极有价值,诸如:关于象征理论(立足于马克思主义立场)、关于理·瓦格纳(意在对其神话主义加以贬抑)及其他人的评析,以及其载于《百科全书》之关于神话和神话学的条目中的一些见解,特别是关于果戈理现实主义作品中神话成分

---

① 　地神崇拜(Хтонизм,Chtonism;来自希腊文 χθονιος,意即"地的"、"地下的"),一些古希腊与地力和冥世相关联的神祇之统称,诸如哈得斯(冥王)、盖娅(地神)、赫卡忒(幽冥、法术女神)、赫尔墨斯(众神使者、亡灵接引者)等;又被视为宗教领域地(地下)神祇之统称,与天神(诸如天神乌兰诺斯等)相对应。据说,凭借地神崇拜与天神崇拜的对比,地下和地上世界之神的概念得以确立。诸如此类神祇并与农事崇拜、丰饶、情爱以及死而复生之神相关联,诸如:男性神奥西里斯、狄奥尼索斯等,女性神基伯勒、阿斯塔尔特、阿尔忒弥斯、阿芙罗狄忒、得墨忒尔、佩尔塞福涅以及至尊母神等。冥世主宰以及冥世诸神,亦属之。——译者

的论述。至于阿·费·洛谢夫现今基于稍有所异的立场对问题的阐释，谢·谢·阿韦林采夫在其有关古希腊、罗马和中世纪的象征手法以及较为概括的神话问题的论著中[124]对之有所阐释。对神话在希腊哲学发展中的作用，Φ. Χ. 凯西季在其近期问世的论著《从神话到逻各斯》中有专门论述；他对神话作用认识之深刻，胜似斯·汤普森[125]。

回顾 20 至 30 年代，古希腊、罗马神话与民间文化的相互关系问题（特别是有关将民间神幻故事用作一种手段，以构拟原初神话风貌，复原那业经历史化、有时又被崇拜所圣化的古希腊、罗马神话），约·莫·特龙斯基和伊·伊·托尔斯泰[126]等著名学者曾对之进行广泛探讨；这些学者基本上承袭了亚·尼·维谢洛夫斯基的路线。而就我们面临的问题所涉及的领域而言，对语义的探究应予以极大的关注。这些探究姑且称之为"波捷布尼亚路线"，尽管以尼·雅·马尔院士为代表的学派实际上已致力于此。以·格·弗兰克-卡梅涅茨基、奥·米·弗赖登堡及其追随者[127]所崇尚的"马尔"古生物学，本身即带有相当的虚构性，堪称独具一格的学术"神话"。然而，在这一旗帜下进行探考的方法论，已超出马尔体系的界限；近年来，奥·米·弗赖登堡已远远脱离尼·雅·马尔。这些著作不乏争议之处；然而，因其研究成果具有创造性，无疑为人们所异常关注。

以·格·弗兰克-卡梅涅茨基和奥·米·弗赖登堡，就诗学问题对神话进行了探讨（1936 年出版的弗赖登堡的专著蜚声遐迩，即以《题材和体裁的诗学》为名）。据这些著作家看来，对题材构成之阶段性变异及作为其基础的世界直观因素进行探讨，是为其主要任务。他们确信，在题材变换过程中，对每一阶段说来，萌生于迥然不同的历史阶段的情节均可被袭用。他们所以有此见解，是出于认为诗歌创作和宗教形成原初浑融体，并认为内容同形式可相互转化。至于远古阶段，他们发现其同形式逻辑概念相对立的形象思维的特征。就此而论，马尔的追随者乃至尼·雅·马尔本人，在一定程度上堪称吕·莱维-布吕尔的追随者。据伊·格·弗兰克-卡梅涅茨基看来，

135

作为叙事之神话题材的内涵,取决于其古老语义,而后者又被视为一定范围意义的表义同一体,——所谓"语义族"(尼·雅·马尔用语),即由此类意义形成。他们认为:周围世界的事物和现象,最初被置于它们所特有的社会意义中、经济—社会本质中加以领悟。形象意象的逐渐臻于分类及其始初矛盾性(双重性)的克服,被视为题材形成的前提之一。

就提及的著作家而论,题材之所谓"古生物学"探讨中引人注目的为:语言语义与民间创作—文学语义两者的混同、神话探考所遵循的新原则同社会学阐释之直接结合。综观这一阐释,原始社会中社会发展诸阶段(据亨·摩尔根和弗·恩格斯之说)及社会—经济形态等概念,与纯属臆造的、人为的马尔诸思维阶段(诸如"宇宙"阶段、"图腾"阶段等)纷然杂陈或相提并论。[1] 此外,纯"神话性"同"母权制"相关联;神话构想移于实际掌权者、始祖、部落首领,被视为"宗法制"的特征;拟生活题材的出现、潜在的神话构想依然留存以及神之为实在人物所取代,则为"封建制度"所特有。在"母权制"条件下,生与死的对立似体现于死而复生之神的形象;而男性与女性两者的关系则可归结于爱与仇,因为女性形象通常是"恶"的体现,甚至同龙相连属。在"宗法制"条件下,"恶"呈现为禽兽形象,情爱结合则采取婚姻形态,而妇女在一定程度上失去其魔幻性,如此等等。据马尔的追随者看来,凡此种演变都具有阶级性,使题材逐渐更易、改铸,而题材形成的过程则完全消溶于意识形态领域中思维形态的永恒变异。诸如此类变异,与遗存质料(来自较早期阶段)的广泛运用紧密相关。尽管方法论领域的求索方兴未艾,对特里斯丹与绮瑟这一题材的探考,获致并不可信的结论,即其基原为太阳与水相结合的神话成分。"光明"、"水"、"火"和植物同"天与水"的复合,在此似有所显

---

① 尼·亚·马尔创立所谓"语言新说",试图基于历史唯物主义对语言进行探考。据他看来,语言的起源和发展,与思维、社会和物质生产的历史沿革相关联。马尔将社会实际活动与经济等同看待,将原始社会分为若干级次,并将原始思维与其产物(原始的法术、图腾崇拜观念和万物有灵信仰)相提并论。——译者

示;而爱情、丰饶、死的种种双重性概念,又来自这种"天与水"的复合。就此而论,问题不仅在于马尔理论体系本身纯属臆造。尽管以"唯物主义"、"社会学"相标榜,其探考最终获致的却是"纯"神话学和抽象的心理说,而中世纪传奇文学的题材并非萌生于神话根源,而是完全归结于诸如此类根源。

伊·格·弗兰克-卡梅涅茨基进行了一系列引人注目的探讨,试图透过"圣经"宗教形象和文学形象,揭示极为古老的乃至原始的神话构想和基本的"语义族"。宗教的象征似为古老具体性的再度体现(就此而论,他在很大程度上因袭了吕·莱维-布吕布和恩·卡西勒的观点)。他继而援用古希腊的、古埃及的及其他地区和民族的资料,并希图在其中发现上述原初基原。对诗歌的隐喻性以及隐喻之源于"对等的"神话意象,他进行了缜密的探讨(诸如此类意象产生于前逻辑思维)。

综观奥·米·弗赖登堡的专著《题材和体裁的诗学。古希腊、罗马文学时期》,不乏马尔派的共同观点,亦有伊·格·弗兰克-卡梅涅茨基的直接影响、吕·莱维-布吕尔和恩·卡西勒的观念之袭用,追随齐·弗洛伊德的意向在一定程度上亦有所显示。对这种意向说来,3 种"隐喻"——食、生、死,是为古生物学分析的依据和结果。这 3 种隐喻似形成节律—词语形态(有效能的和物的形态)及人格化形态(人物和情节),继而则成为古希腊、罗马叙事诗、抒情诗、喜剧和讽刺作品的基原。

在其所著《古希腊、罗马民间创作理论讲演录》(1941～1943年),特别是在其专著《形象与概念》(1945～1954 年)中,奥·米·弗赖登堡的观点最为成熟、最为完备。综观俄国学术界各阶段的著述,无不对民间创作作出应有的评价,对民间创作在文学形成中的作用亦有阐述。犹如伊·伊·托尔斯泰、伊·莫·特儿斯基和古希腊、罗马哲学领域其他著名学者,奥·米·弗赖登堡同样意识到神话质料正是在民间创作领域演化为文学艺术,并进而论述:古希腊、罗马文学中民间创作的"结构"功能,即源出于此。他并在其《讲演录》中论证:古希腊、罗马的体裁体系属民间创作,并起源于神话意象。然而,其观点不同于诺·弗赖，奥·米·弗赖登堡并不认为文学体裁纳入神话时业已定型，而致力于对神话（作为"过渡性意识形态"及形式与内容之异常繁复的辩证关系）之演变和实在化过程的分析。奥·米·弗赖登堡对神话的认识意趣确信不移，而且不同于苏联某些民族志学家，她对西方学者埃·迪尔凯姆、吕·莱维–布吕尔和恩·卡西勒在神话理论领域的发现作了深入的和批判性的研讨。

奥·米·弗赖登堡认为：原始人之领悟其感觉，系囿于其意识所构拟的范畴（就此而论，她似为恩·卡西勒的追随者，但摒弃其新康德主义的认识论前提）；对原始人的意识说来，其特征在于：所谓具体性、复现，取代因果关系（即导致"非因果性"）、往昔与现今共存（旧亦即新）、人与自然相浑融、主体与客体相浑融、单数与复数相浑融，如此等等。奥·米·弗赖登堡并强调指出：较之任何其他世界观，神话尤为系统化，尽管这一体系由异源多相成分构成。在这一封闭性体系内，居于主导地位的是变异律。神话为非因果的"隐喻"体系（据她看来，吕·莱维–布吕尔和恩·卡西勒对此并不理解）。以上所述，为她最重要的思想之一。

据奥·米·弗赖登堡看来，古老形象的复合内涵表现于形式的纷繁多样，即别具一格的"隐喻"；更确切地说，即"前隐喻"，它既是语义的相互复现，又是神话形象的种种形态（此说与克·莱维–施特劳斯之见几乎毫无二致）；这一相当非定型的意义之统一，与其种种差异的论题方法相结合（语义学并不等同于形态学）。一旦意义内涵同形式之间出现分歧（酒已非酷似血），或产生转义，真正的诗歌隐喻即萌生于"前隐喻"。

奥·米·弗赖登堡认为：正是神话创作的"现实主义"形态学，奠定了神话与诗歌及实在的历史之同一。在《题材和体裁的诗学》一书中，弗赖登堡在一定程度上，径直揭示了世界神话模式范畴的普遍同一性、人与自然（宇宙）、死与生、天界（天体）与地下世界（坟墓）之浑融。神话中的相似者因而具有特殊意义，——奥·米·弗赖登堡对此作了一系列引人注目的探考（有鉴于此，人们不禁忆起亚·阿·波捷布尼亚关于灵魂、命运、初象等的见解）。奥·米·弗赖登堡对下述现象十分关注：主人公（与称为"拉尔"之神、戴面具者、演员、木偶相混同），——始而为"形同一体者"，即非永生者；在神话中，生往往呈现为死亡和冥世，而冥世犹如任一亡故的主人公，乃是整个宇宙的体现。鉴于劣与优在神话中浑然不分，奥·米·弗赖登堡将"被杀和杀人"之父与"被救活和救活他人"之子相混同；这样一来，种种希腊神话题材则有可能在相当大的程度上趋于混同。在"阿尔戈"英雄①、阿特里代及奥狄浦斯等的传说中，奥·米·弗赖登堡在其中揭示了那种见诸膳食、死亡、复苏的语义（限于父母与子女的关系范畴以及人类、动作或事物的种种形态）。然而，遗憾的是，语义的分析却伴之以一定的还原主义；尽管从根本上说来，奥·米·弗赖登堡对区分过程不乏明晰之见，其意趣依然属还原主义。②

　　奥·米·弗赖登堡颇有见地；据她看来，题材通常形成为语义的重叠，形成为某种我们称之为"同质异晶"（"词素变体"）者的聚合。她那关于神话结构是为结构思想的直接体现的见解非常深刻；而她那关于神话中的普遍混同意向，由于神话中的混同通常囿于一定的级类，必然是有限的。据奥·米·弗赖登堡看来，思维古老阶段的语义混同之论，与亚·尼·维谢洛夫斯基关于原始浑融体的理论（注重于语义的同一，而非起源的同一）相对立，——后者不无一定的道理（试以当代澳大利亚民族志学家 W. E. H. 斯坦纳的著作中有关语义的分析为例；据他看来，无论是否同出一源，神话与仪典两者的语义均属同一）。奥·米·弗赖登堡关于"语义化总律则"、关于语义超越经验事实、关于"帝王"或"奴隶"等用语存在于奴隶制和帝制之前等的思想，十分引人注目。从

---

　　① "阿尔戈"英雄（Аргонавты；希腊文 Argonautai），据希腊最古老的传说，伊阿宋曾邀请赫拉克勒斯等众多英雄，乘"阿尔戈"号快船远航，以寻求金羊毛，故有此称。所谓"阿特里代"（Atridae），意即"阿特柔斯之子"，系指阿伽门农和墨涅拉奥斯。——译者

　　② 所谓"还原主义"（Reductionism），哲学领域一术语，即"简化论"，意谓：每种事物均为尤为简单或尤为基本的事物集合体或组合体。凡此种种事物的词句，都可用表示尤为基本的事物的词句加以说明。据 20 世纪的逻辑实证论者看来，涉及存在的事物之词句，都可凭借直接观察的对象或感觉的素材加以解释。——译者

139　方法论角度看来,这位女研究家关于节奏在神话和仪典中的作用,关于节奏把行为变为拟态剧、把语言变为节奏性语言及诗歌和散文体的胚芽之论点,同样十分引人注目。

　　在探考节奏的语义化过程的同时,奥·米·弗赖登堡并对空间和时间的"节奏化"加以阐释,其出发点在于:躯体与宇宙两者诸部位的同一、高与低及诗歌韵律之语义和效能的基础上的提高与降低(步调、声调)之对立的运用。奥·米·弗赖登堡那词源学的及其他语文学的具体补述,为基于现今状况对古典语文的考察所必需;而其探考的总方向,似颇为可取。

　　她的专著《形象与概念》一书的副题为:《对历史诗学的探讨》。作者对古希腊、罗马文学如何萌生于神话和仪典、语言形态和语义化事物进行了探考,认为古希腊、罗马文学本身并无文学传统可供依托。奥·米·弗赖登堡对"概念"这一术语的运用不乏某些独特的见解,似不尽可取,——而这无关大局。她把"概念"用以指神话形象中事物与属性、时间与空间、果与因、"我"与"非我"、认识者与被认识者、主动与被动等等分离以及前者自后者绅绎之初步尝试,其结果为:神话形象实际上成为诗歌的形象,而"前隐喻"则成为名副其实的隐喻。她强调指出:"文艺的"概念作为形象诸形态而萌生,隐喻始于具体意义之移于抽象意义,而完成于"概念式的"比喻。当属性与事物、主体与客体相分离,如此等等,主体仍久久依据客体而被构拟,抽象者则以具体者为表征(如痛苦呈现为病患)。神话中对作为两相混同、相对比的"实在"的现象之领悟,为"概念"中语义的结构范畴所保持。"概念"将该两混同体予以破除,使真实的与貌似的、实存的现象与实在的模拟者之对立得以确立。奥·米·弗赖登堡将古希腊、罗马的拟剧[①]与这种"模拟"相连属,古希腊、罗马拟剧则成为对现实现

――――――――――――――

　　① 拟剧(Мимезия,源于希腊文 mimikos,意即"模拟"),公元前 3 世纪,拟剧体裁比较盛行,它不需要面具和特制的道具,可即兴演出。赫罗达斯为希腊拟剧作家。他注意观察小市民和手工业者的日常生活,特别是他们的心理状态,从中选取某些情景,予以再现。他的拟剧虽缺乏深刻的思想内容,人物性格却十分鲜明。——译者

象的幻想模仿,继而由于本质与外观的对立,似成为模仿之模仿(试与上文评述的诺·弗赖有关拟剧的阐释相较)。

　　奥·米·弗赖登堡对古希腊、罗马的隐喻有精辟剖析;据她看来,隐喻中还存在两种意义,——因同出一源,两者既等同又各有所异。据弗赖登堡看来,古希腊、罗马的隐喻是为双重意义的形象,——就形式而言是神话的,就内容而言则是"概念的"。荷马似曾提及"铁一般的天"、"铁一般的心"、"盐一般的海";在神话中,天和心被描述为铁一般的,而盐和海则是同义语。古希腊、罗马的修饰语(形容词),相当于事物的语义重叠。变换性使事物成为隐喻。"啊,我们尚未领略那一切,深重灾难即由此而生;为了那一切,大海则落得遍布剑痕!"——这些诗句,须以稼穑与武艺的同一为前提。诗中所指乃是海伦和帕里斯之海,因而又出现一种新的含义:"啊,我们摆脱爱情的恶果!"

　　奥·米·弗赖登堡将"貔目"(阿伽门农曾用以辱骂其妻,其中不无冥世狡黠兽类之意味),试与尼·瓦·果戈理作品中"狗崽子"(完全出于"狗"这一概念之绌绎)相比拟。关于神话中的"表述"之由来的论述,颇值得关注;据他看来,神话失去其可信性,则成为旨在对事态加以描述的虚构("概念性神话")。弗赖登堡认为:所叙述的对象始而为叙述的主体,该主体运用直接的语气讲述其业绩和苦痛(如在戏剧中);然而,伴随主体与客体的分离,间接语气有所演变,并进而将两者比作主体与客体二项式构拟赖以改造的两形态。嗣后,间接叙述成为作者之非表述的叙述,但伴之以个人的叙事;于是,此项借助于彼项得以展开,一种类似隐喻的二项式应运而生。在这种二项式中,含义借助于形象和概念得以呈现。然而,空间范畴的神话思维转化为"概念性的"思维,"现今"可凭借比拟与"往昔"相衔接,如此等等。

　　这位女研究家确有极为缜密和正确之见。据她看来,散文育成于不可分割的诗歌环境,同样仰赖对其理解中的"概念性";诗歌和散文通常作为双重形态之交替而呈现。奥·米·弗赖登堡对二项式之仪典—神话结构予以极大关注；结构为艺术形成过程中之形象的一分为二和相互反映提供了必需的框架。对喜剧起源于古希腊、罗马民间歌舞剧的探考，堪称别树一帜。对悲剧题材、布局、内在结构之神话本原，她也作了非常翔实的阐释。奥·米·弗赖登堡探考悲剧起源所循途径，在于将神话中的世界末日（呈现为城市和王国的被毁和建立）转变为伦理；这一转变则是通过"死亡"，——为求得禳解，主角充当献祭之牺牲（据信，其命中注定如此）。奥·米·弗赖登堡特别注意埃罗斯在其致厄职能中的作用。对悲剧人物的分析（在此不拟予以评述），专注于语义范畴，并视之为原初的仪典—神话语义之一系列对应性变异和分化。如果说悲剧对弗赖登堡说来是转变为伦理的世界末日说，那么抒情诗则是成为人之自然。奥·米·弗赖登堡对希腊抒情诗的起源作了出色的探考，她娴于对其中所特有的古老遗存作恰如其分的阐释。诸如此类古老遗存，反映与神话根源之近似及主体与客体分离之不足：歌手在很大程度上与神祇相混同；关于神祇和英雄的神话，成为诗人的生平；基本的感受被客观地加以表述，并通常以第三者的口吻；形象的具体性呈现于既定的形态，而赖以进行比拟的基础已非神话的，而属隐喻范畴。

综观奥·米·弗赖登堡的学术体系，颇多争议之处。同精辟的分析相并而存的，为较为逊色、似非深思熟虑之见；"均属同一"的论断，无疑令人产生异议；其语言有时尚嫌费解，因而被一些人视为"故弄玄虚"的著作家。然而，瑕不掩瑜，弗赖登堡的深刻见解和明晰阐释，并不因而为人们所忽视。她对古老文学种种题材和体裁的演化有所探考，并视之为古老神话语义纵聚合结构项种种范畴和领域之质的种种变异和改铸的结果。如上所述，奥·米·弗赖登堡批判性地借鉴赫·乌森纳、剑桥学派、吕·莱维-布吕尔和恩·卡西勒的学术实验，并作了认真的尝试，以唯物主义观点运用他们的成就。她不仅不拒绝承认神话的认识意义，不仅不拒绝对之采取历史主义的态度，而且将为社会和历史所制约的阶段性置于首要地位。奥·米·弗赖登堡确对所谓变动中的神话和形成中的文学作了值得称道的阐释，——尽管由于摒弃共时性阐释（她不同于将共时性和历时性加以结合的弗·雅·普罗普），她的某些分析过于繁琐和含糊。

在其未发表的论著《古希腊、罗马神话的逻辑学》中，雅·埃·戈洛索夫克尔所持观点不同于奥·米·弗赖登堡；他全然摒弃古希腊、罗马神话的历史根源，而专注于神话之诗学的和美学的逻辑、神话想象范畴的系统性关系。同吕·莱维-布吕尔相似，雅·埃·戈洛索夫克尔指出：神话的每一步骤均为对形式逻辑律则，特别是对"排中"律、逻辑分释的统一标志等等的违背。神话的逻辑诉诸虚妄的论证；而为导出结论所必需的"前提"，先行被视为"默许"。在神话中，一切无条件者均属有条件，一切假设者均属绝对，而无条件者则为有条件。由于施之于种种憧憬和审美需求之创作自由在神话中居于主导地位，所谓"诡异"得以呈现；据说，"诡异"的特征在于：品质和属性以及存在或事物的绝对化、其绝对变易性、一切隐秘者之显明性、一切显明者之隐秘性，等等。然而，雅·埃·戈洛索夫克尔反对对神话创作的幻想进行主观的心理阐释；据他看来，其中一切皆物，任何诗歌形象均实在化为有形体者。

据雅·埃·戈洛索夫克尔看来，神话之审美具有其独特的客观性、本体性。在一定意义上说来，戈洛索夫克尔倾向于克·莱维-施特劳斯的结构主义和思想。他断言，神话思维是创造性的认识活动，具有本身的理性和本身的逻辑（其论点有异于吕·莱维-布吕尔）。就某些问题而言，其论点甚至超越现代学术界的理论（诸如神话中的想象重于经验及量子力学中的理论重于实验之说）；他断言，形象不仅是意象，而且与其说是意象，毋宁说是含义，因为具体的事物在神话中成为象征。

就此而论，雅·埃·戈洛索夫克尔所最关注者，为对某些可感形象循"含义曲线"在该曲线演化为封闭式环状体前之运动状况进行探考。上述运动呈现为最广泛的组合之逻辑（"组合的多层面级次"）及纯属"莱维-斯特劳斯式"的变异之逻辑。对围绕希腊神话中"视觉——目力"主题的形象体系之分析，饶有兴味：循水平向"目力中心线"，含义从独目（单向）的基克洛普斯向眼观四方的多目阿尔戈斯扩延，继而向具有无所不见的神目之赫利奥斯及锐利善视的"阿尔戈"号舵手林凯奥斯扩延；而循垂直向"盲视中心线"，则呈现为由外观之盲向内在之盲的演化：奥狄浦斯由"视力之盲"转化为"盲者之视"，同反其道而演化的提瑞西阿斯形成对比。与此相应，诗人的"内聪"和丰富的想象，在神话中同如癫如痴的狂欢者的"貌似有所见、有所知"形成对比，因盲目而生的踌躇与盲目的信仰形成对比，如此等等。通观这一庞大的语义环状体，呈现为：基克洛普斯——阿尔戈斯——赫利奥斯——林凯奥斯——奥狄浦斯——提瑞西阿斯——彭修斯——卡桑德拉及吕库尔戈斯——达弗尼斯——福尼克斯——菲纽斯——墨罗佩——奥里翁——提瑞西阿斯——奥狄浦斯（环状体闭合）。

雅·埃·戈洛索夫克尔并指出：在神话中，矛盾并未摒除，而是非此即彼的抉择，并诉诸综合予以解决。他的这一见解，不能不使人忆起神话的"媒介"说。

就某些根本论点看来，伊·格·弗兰克-卡梅涅茨基、奥·米·弗赖登堡和雅·埃·戈洛索夫克尔的论著，先于克·莱维-施特劳斯的结构论和符号论（奥·米·弗赖登堡的一些思想与克·莱维-斯特劳斯尤为接近。据他看来，语义是为非因果隐喻的体系；在这一体系中，居于主导地位的是变异律；其"语义化律"更胜于经验说，先于克·莱维-斯特劳斯关于神话语义中表征者与被表征者相互关系的论点）。上述学者对结构主义者的精义所在非常了解；据结构主义者看来，同一成分在这一级类可成为内容，在另一级类则成为"形式"，——尽管他们并未使用"级类"和"代码"之类的术语，也未对神话的语义作明晰的级次划分。他们认为：一些体裁和题材是另一些体裁和题材变异的结果，是另一些体裁和题材的"隐喻"。此说与克·莱维-斯特劳斯的"变异"神话学非常近似，从方法论角度看来极有价值。然而，为了揭示他们的论点与克·莱维-斯特劳斯所持论点之近似，必须将其运用的历时性尺度转换为共时性考察；后者正是莱维-斯特劳斯方法论的出发点。莱维-斯特劳斯之"结构"与"历史沿

革"的对比,同以上所述格格不入。这同样不乏其消极方面(上文已
述及);而其将结构说和历史说相结合以及把世界观基石置于异常重
要地位之尝试,则是有益的。如将这些学者的思想同西方仪典—神
话论学派的思想加以对比,后者则可一目了然(所谓西方仪典—神话
论学派,系指剑桥学派及仪典—神话文学论学派)。

　　苏联学者将仪典和神话并不视为永恒的艺术模式,而视之为人
类思维和诗歌形象性赖以展示的最初场所。被阐释为一定的题材或
整个体裁的原始型者,并非个别仪典,而是仪典—神话世界观样式;
诸如此类样式可演变为不同的题材和体裁,——上述演变并具有质
的差异。奥·米·弗赖登堡对喜剧的、讽刺性模拟之作的再构思以 ¹⁴⁴
及诸如此类再构思与民间创作范畴和民间生活的关联十分关注。弗
赖登堡对仪典—神话形象的矛盾性、客体和主体及积极立场和消极
立场的纷然杂陈、此类形象种种外层的、潜在的诙谐范畴亦不乏精辟
的阐述;米·米·巴赫京把这些形象视为民间狂欢文化的从属者,而
奥·米·弗赖登堡(正如米·米·巴赫京所正确指出)只是把它们同
古老的思维相连属。就对古希腊、罗马民间歌舞剧、哲学对话和喜剧
的剖析而论,弗赖登堡的观点同巴赫京所持观点极为接近;巴赫金所
著关于拉伯雷一书,弗赖登堡当时毫无所知。凭依民众的世界直观
和民间创作传统这一广阔的背景对仪典和神话所进行的探考,是苏
联学者在 30 年代的业绩。

　　米·米·巴赫京关于拉伯雷的论著[128],写于 30 年代,出版于
1965 年,现已蜚声国内外。这一论著与神话的诗学有着直接关联。
"民间笑话创作"是为解开拉伯雷之"谜"的钥匙。就起源而论,此类
创作同为狂欢式仪礼传统所延续的、农事类型的古老节期有关。迨
至阶级社会,民间的仪式性笑话转入非庄重境域,并在艺术同生活交
接处建立其别具一格之节庆的、民间的、非教会的、讽刺性模拟的、戏
谑的、"狂欢式的"世界。它采取仪礼和游艺的形态,并呈现为口头的
和书面的笑话,其体裁则颇似随意无拘的、习见于广场的语言。通观
狂欢式的世界,乌托邦式的自由、平等气氛得以形成,社会等级也不

复存在,萨图尔努斯的"黄金时期"似暂时复返。① 狂欢式的逻辑——堪称反常态的逻辑、"转换"的逻辑、上与下及前与后倒置等等的逻辑、戏谑化的逻辑、戏耍式的和佩戴桂冠和摘除挂冠的逻辑;狂欢式的欢笑,为全民性的、节庆的,普及众生而又不无矛盾性(双重性);它废旧立新,使"圭臬"有所贬抑,使一切降之于地,附着于地,把大地视为吞噬一切、又是一切赖以萌生的本原。怪诞的现实主义表现于实体(即窒息一切、吞噬一切的,又是一切赖以萌生的"下部")之夸张的突出。狂欢、漫无节制、械斗和殴打、谩骂和诅咒,无不汇集于这一狂欢式的"地狱"(食与死的关联,尤为引人注目)。在一定意义上说来,这种"地狱"即是人体的"下部"。这也就是宇宙概括中的人类"下层"。这种吞噬者与被吞噬者相同一的怪诞意象,乃是超个体的、宇宙的。作为其依托者,为这样一种民众观念,即关于"基于永恒复苏之集体的和历史的永生"的观念。

对狂欢式传统那种"现实主义的象征手法"及拉伯雷对这种手法的发展②,米·米·巴赫京进行了翔实的分析;他的"作品(正如所所正确昭示),对民间欢娱文化的数千年历程有所反映;他是文学领域这种文化最著名的代表"(同上书,第 5 页)。"狂欢式文化"与拉伯雷作品加以对比,两者则互为阐释,狂欢式诗歌的特征则似自行显示并异常明晰。在这种诗歌中,最先为我们所发现的是神话意识之某些共同特征:同具体的形体性相伴而存的象征性(符号性)、无意识的矛盾性(双重性)。种种不同的生机形态(饮食的、性欲的、智力的、社会的等),不仅相互交织,而且在象征这一基础上相互等同,如小宇宙(人体)之与大宇宙(属

---

①   相传,萨图尔努斯奉雅努斯之命治理意大利。他教人从事稼穑、种植葡萄和其他果木。在他治理下,大地出现了所谓"黄金时期"。为祀奉此神,古罗马人每年 12 月 17 至 21 日举行萨图尔努斯节;迨至帝国时期,延长至 7 天。每逢节到来,一切劳作均告停息,狂欢式的节庆气氛笼罩于世,奴隶可与主人同席共饮、自由交谈,以体现"黄金时期"的平等和谐。——译者

②   法国小说家弗·拉伯雷借用民间故事完成《巨人传》一书,以反映资产阶级的思想意识。在所谓新旧交替时期,作者爱憎分明,并为进步思潮大声疾呼。他坚信:人性是善良的,人民是善良的。在他的理想社会里,人们只有一条行为准则:"你爱做什么;便做什么!"其艺术特点在于:使读者快意地笑、爽朗地笑,而读者在笑中可有所领悟。——译者

生物学和宇宙论)的等同。拉伯雷作品中那种夸张的、宇宙式的人体形象,即导源于此;这种人体形象的特征为:上与下的对立、人体内的运行、人体突出的(乃至有分离之虞的,其景况犹如古亚细亚人神话中的渡乌氏)及张开的诸部位——通过这些部位,躯体与周围环境相互作用,等等。

综观米·米·巴赫京所述,显而易见,狂欢式诗歌所仰赖的是这样的传统,它们为下列所谓循环观念所贯串,亦即:关于时间的循环观念,关于凭借死亡、丰饶、献祭和情欲及地中海地区各民族诸如此类农事仪典和新年节庆的复生之循环观念。拉伯雷作品中永无休止的佩戴和摘除(如戏谑地将修道院的巨钟变为牝马颈上之铃)以及将国王皮克罗霍尔变为奴隶,或将国王阿纳赫变为一穿戴丑角衣饰者。我们在此所见,不仅是狂欢式的、戏谑的"国王"和种种乔装改扮的狂欢文学对应者,而且有詹·弗雷泽及其追随者所描述法王王位更迭仪典的狂欢对应者;这种"更迭"有时包括贬抑和揶揄,有时包括暂死,始而则包括名副其实的"弑君",即当其显露衰老征象时予以诛杀。"替罪羊"和"瞬间王"(溯源于诸如此类仪典的复合),为狂欢传统和与之相关的文学所运用。然而,狂欢之举及狂欢化文学的周而复始,绝不包蕴永恒循环及历史踏步不前之类的现代派观念,——综观有关资料及米·米·巴赫京的阐释,便可一目了然。就拉伯雷式的人文主义的改制而论,狂欢也有助于世界的历史改造。节庆欢乐和漫无节制(它们为米·米·巴赫京所剖析的、如此怪诞的、拉伯雷笔下的形象之萌生提供了肥土沃壤),直截了当地昭示了仪典的起源;而对这一起源,则基于民众世界观作了极度广义的理解。这里所指并非题材之起源于仪典,而是种种特定的形象之起源于仪典之世界感知的特殊的民间形态。

米·米·巴赫京对狂欢及狂欢式"世界观"传统的剖析,在维·特纳的一部近著[129]中得到颇有价值的论证。这一著作的主旨在于论述:成年仪式及其他过渡性仪式期间(迄至仪式结束和新的社会等级的确立),等级式社会结构暂时遭到破坏,无定形的"公共体制"得以萌生。维·特纳在社会等级毫厘不爽的历史时期与其摧毁的相互关系中发现某种类似现象；所谓"摧毁"，乃是"公有的"、平均主义的观念所致。然而，由此并不能得出结论说，所谓"狂欢性"，无非是原始时期仪典—神话原始型的再现。米·米·巴赫金正确地指出：法术功能的丧失（法术功能乃是上古农事仪礼所不可或缺的成分），有助于狂欢文化思想范畴的深化。此外，显而易见，尽管确属古老的文化（乃至澳大利亚人的文化），其仪典中不乏戏谑成分和引人发笑的恶作剧灵体扮演者（诸如此类成分和形象，乃是某种"途径"，最终可赖以维系总的平衡）。总之，非正式的民间"欢娱文化"的真正发展，同社会分化过程息息相关；迨至稍晚期，则趋于衰落。

正是这种别具一格的、流传于民间的、狂欢式的古希腊、罗马文化和中世纪文化，成为原始神话—仪典与文学的中间环节。由此可见，米·米·巴赫京通过对"狂欢文化"的剖析，揭示了拉伯雷作品的民间创作—仪典—神话根源，广而言之，揭示了中世纪晚期和文艺复兴时期的文学之民间创作—仪典—神话根源。

米·米·巴赫京对莎士比亚戏剧的"狂欢性"或塞万提斯的《堂吉诃德》的论述，饶有意味（前者的"狂欢性"表现于：诙谐调笑、加冕——废黜、物质和实体下层及拙劣可笑和堂而皇之的形象之隐喻）；至于《堂吉诃德》，据米·米·巴赫京看来，则无异于繁复的狂欢仪式剧之模拟。在有关果戈理的专论[130]中，巴赫京认为：果戈理的作品中亦不乏"狂欢式的"（归根结底为"仪典—神话的"）形象性的成分。就我们所涉猎的主要问题而论，巴赫京关于狂欢式怪诞作品在近代和现代欧洲文化中之境遇的见解，同样为人们所关注（诸如：怪诞作品在 17 至 18 世纪文学中的现实生活化和形式主义化、浪漫主义怪诞作品中不可思议的主观世界、20 世纪现代主义的和现实主义的怪诞之作），——尽管其见解并未涉及神话成分问题。人们早已察觉，米·米·巴赫京的分析法，即二元逻辑（诸如上/下，等等）的运用、对两端之间"协调性"过渡的考察、统一的语义核心的分解和实在化、世界"狂欢式"模式符号性的揭示等等，同结构的和语义的分析法极为近似,较之奥·米·弗赖登堡犹有过之(巴赫京更注重"共时性",对历史前景同样并未置之不顾)。民间创作—神话传统本身所具有之深刻的、多方面的符号性,无疑有助于上述方法的运用。毫无疑问,巴赫京的方法不可一概归结于结构主义,——Ю.克里斯捷娃即力主此说[131]。

综上所述,应当承认:米·米·巴赫京不仅未将果戈理的作品,而且未将拉伯雷的作品归结于"狂欢性",似可将其论著视为有关拉伯雷如何克服他所凭依的民间创作、仪典和典籍 3 种传统之作。然而,基于传统对拉伯雷作品所作的阐述,不仅言尽其意,而且就此说来,正是传统表明:拉伯雷作品的特征,譬如说,有异于哈姆雷特题材的中世纪诸说,——它们仍然无法成为莎士比亚剧作《哈姆雷特》的特征之诠释。综上所述,可以看出:米·米·巴赫京的探考,在何等程度上成为对诺·弗赖所持仪典—神话论及整个仪典—神话论之有益的修正。[132]

弗·尼采曾提出狄奥尼索斯崇拜和阿波罗崇拜两种本原的二分制;这种二分制作为与奥林波斯类型美学化神话的古老及仪典式狂热本原之对比,充分移植于科学(颇似阿·费·洛谢夫及其晚期著作中的地神说同古典说的对立)。米·米·巴赫京依据稍有不同的历史资料,提出正式的中世纪文化的二分制,——它处于教会和基督教唯心主义及民间狂欢文化居于盟主地位的条件下;而这种狂欢文化,以怪诞的幻想形象使壮伟化为乌有,并为截然分离的两端之相合创造了前提。克·莱维-斯特劳斯并非凭依古希腊、罗马或中世纪的质料,而是基于纯属古老的质料,在神话中将下述意趋置于前列,即:整顿宇宙,推行戒律和章则,诉诸媒介解决无法克服的二律背反,借助于奇异的、幻想的和"不协调的"表征合理地把握世界神诂。

在其所著《现代神话理论评述》[133]这一引人注目的著作中,著名的苏联美学家米·亚·利夫希茨同克·莱维-斯特劳斯展开论战,并不乏独到之见。据他看来,莱维-斯特劳斯所揭示的、神话对"种种恰当关系"的趋重,这种"原始性之愚昧的抽象"(米·亚·利夫希茨用语），不可能归结于实用性，而且归根结底"把我们导入幻想王国"（同上，№8，第 146 页），导入不受道德准则制约并因而具有奇幻性之诸神的世界，导入"夐远无极的、可怖的或宇宙的、紊乱的、从不知日常生活之狭隘的世界——无所约制的契机之世界，——诸如此类契机则为幻想之力所可及"（同上，第 152 页）。这种幻想翱翔于必然王国和自由王国之间。据米·亚·利夫希茨看来，神话中的崇高者具有"梅菲斯托费尔"①的特点，并开拓了别具一格的"恶之诗学"。

神话的意义在于："符合必然性和人类理智的规律之事物的现存秩序，则有神圣自由和原始混沌之自然与其相对立"（同上，№10，第 146 页）。据他看来，有关创造的神话，乃是以创世者那神乎其神的能动作用补偿因循守旧的现有世界秩序之尝试。原来，"幻想与理智的平庸之间的冲突，在历史的曙光期尤为新颖、尤为尖锐"（同上，№8，第 150 页）。"世界文学的悲剧题材和喜剧题材的本原，正是包蕴于此"（同上）。既然如此，下列事实也就不足为奇了：尽管对现代主义持绝不调和的态度（这本身即是 20 世纪神话主义远非起源于纯"现代主义"及诗歌与神话相接近之间接佐证），米·亚·利夫希茨仍确信："释源神话的结构再现于叙事艺术的高度"（同上，№10，第 149 页），乃至再现于 19 世纪的文学经典之作，即瓦特·司各特、亚·谢·普希金（如《上尉的女儿》或《黑桃皇后》）、奥·德·巴尔扎克等的作品。在他们的作品中，对汹涌澎湃的历史事件和世俗生活事件的描述比比皆是；而主人公那"革命的"奋发有为，却以万事大吉和平庸制度的确立而告终。

米·亚·利夫希茨之构想的精义，最完尽地体现于下列论断："古老民族的神话是诗意对平庸之最初的抗争"（同上，№10，第 152 页）。至于诸如此类原始神话观在何等程度上为黑格尔有关"艺术的

---

① 梅菲斯托费尔是约·沃·封·歌德所著《浮士德》中的魔鬼。歌德笔下的魔鬼作为虚无主义的代表，处处诱导浮士德加重罪恶，阻碍浮士德向上，却以失败告终。其原因在于：无论是帮助作恶，还是阻碍向上，都促使浮士德矢志于追求。浮士德与魔鬼这两个截然不同而又结成伙伴的形象，是为美与丑、积极与消极之辩证关系的体现。——译者

象征主义形态"的阐述（就此而论,利夫希茨亦袭用弗·威·谢林的观点）所示,而这种施之于民众幻想之作的观点又在何等程度上为米·米·巴赫京有关"狂欢文化"的理论所示,则无关宏旨;无须寻求乔·索雷尔关于神话"革命性"的观点之对应者。米·亚·利夫希茨的观点堪称别树一帜,十分引人注目,实质上属典型的浪漫主义（尽管不失为"革命的浪漫主义"）。米·亚·利夫希茨片面地注重神话"混纯"之诗歌（并非纯属荒诞不经）,却对下列事实全然置之不顾,即:任何神话的基本意趋并非在一定程度上确实体现于"狂欢"类型的现象中之混沌"怀念症",而是变混沌为宇宙的情致。据我们看来,这些文章中最可宝贵的是对古老神话中自然的美学本原之生动的体察,——它为广泛提出"神话诗学"的问题奠定了始基。

近 10 年来,一系列同神话直接或间接有关的论著相继问世,均出自苏联持结构主义观点的语言学家之手,对语义学问题进行了广泛的探讨。其中首推维·弗·伊万诺夫和弗·尼·托波罗夫的著作,而且其中大多为合著[134]。其学术探考的核心在于:以现代语义学手段,广泛援用种种非印欧语民族的文献资料,构拟古老的波罗的-斯拉夫语诸民族及印欧语民族的神话语义。为了加以构拟,须对共时性和历时性两范畴进行比较,①并将语义学方法循历史主义方向扩延,——据我们所知,坚持历史主义是整个苏联学术研究的特征。基于结构语言学和莱维-斯特劳斯"结构人类学"的原理,他们运用原有学派的成果,特别是 19 世纪神话学派在民间文化学神话研究领域

———————

　　①　所谓"纵聚合"（ПараДигматика,Paradigmatic）,就语言学而言,系指对于语言诸要素及其级次的研究,即所谓"词形学"（Парадигма,Paradigm,意即"词形变化表"）;一般说来,系指诸组成部分及事务之纵聚合体系。所谓"横组合"（Синтагматика,Syntagmatic）,就语言学而言,意即"结构段学"（Синтагма,Syntagm 意即"结构段"）;一般说来,系指诸组成部分排列及事物关联之体系。据文艺学中的结构主义之说,文学现象分为不同级次,属较高级次者形成于属较低级次者;每一级类之最基本的要素之组合,即所谓"横组合"（Syntagmatic）;每一级类之按级序的聚合,即所谓的"纵聚合"（Paradigmatic）。据克·莱维-斯特劳斯看来,甚至最基本的亲缘结构,亦存在于横组合与纵聚合两范畴;对神话进行探讨,只有研究历史,才能揭示作为横组合与纵聚合两者的基础之结构。法国语言学家阿·茹·格雷玛斯,试图将克·莱维-斯特劳斯的纵聚合模式与弗·雅·普罗普的横组合模式结合起来。——译者

的成果,以期对某些语义级类进行构拟。据他们的论著所述,神话之历史沿革,呈现为语义"产物"之有机的、平稳的过程,——与异源质料赖以构拟和改组之契机,则不无一定的(并非完全的)背离(他们有关神话不变量之表达中稳定因素的见解,颇引人注目)。

对种种二元对立的分析,在他们的论著中居于十分显著的地位;这种分析不仅施之于神话思维的特殊性范畴(主要见诸克·莱维-斯特劳斯的论著),而且旨在:着眼于原始的集体及本原,揭示尤为古老的基本语义共相的聚合;借助于诸如此类共相,肯定的和否定的两者之对比得以在神话的世界模式中呈现。同时,所描述之诸二元对立的聚合,被置于同一级序以及种种不同的联想和等同中加以探考。凡此种种,不失为构成具体的神话体系的基石。为对某些根本的对立,特别是左/右、可见者/非可见者(据维·弗·伊万诺夫所述)等的对立及数的对立(包括作为空间—时间神话连续统之万应参数的基本对比 3 与 4〔据弗·尼·托波罗夫所述〕)进行缜密探考,他们付出极大辛劳。对"宇宙之树"这一重要的神话成分,他们进行了十分翔实的探考。弗·尼·托波罗夫将这一神话成分视为普遍性的象征复合,——这种复合堪称世界及其结构和演化进程之模拟;它高于其他宇宙模式,为古老世界观历史沿革中整整一个时代之所系。

借助于对为数众多的古老典籍,主要是对印欧语民族古老典籍的比较分析,弗·尼·托波罗夫对其原始型特征加以构拟:问答(格言)式、小宇宙同大宇宙之毫厘不爽的契合(据他看来,这种契合最终导致"四大自然元素"所构成的四成分体系,"四大自然元素"并具有相类似的、诸宇宙成分的横组合配置),如此等等。弗·尼·托波罗夫并致力于在古老的历史传统和哲学传统的始初阶段揭示种种神话结构。

151　　至于如何对待文学中的神话成分,维·弗·伊万诺夫和弗·尼·托波罗夫则基于下述观点,即:一些著名作家创作中的某些特点,有时似可归结为施之于神话中为人们所熟知的种种基本的语义对比之不自觉的态度。维·弗·伊万诺夫指出,果戈理某些幻想情节(《维伊》中尤甚),同现今学术界对斯拉夫神话的构拟令人惊异的近似(正如上文所述,阿·费·洛谢夫和米·米·巴赫京对果戈理著作中的神话成分均有论述,所持观点则迥然不同);而弗·尼·托波罗夫则将费·米·陀思妥耶夫斯基的《罪与罚》置于同某些古老的神话结构(主要见诸词汇级类)的对互关系中加以分析,并同时指出普希金和果戈理两者作品中的某些对应(并行)现象。据费·尼·托波罗夫看来,费·米·陀思妥耶夫斯基之说同古老的宇宙图式存在一定的相似;通观诸如此类图式,"混沌"之浩劫,因相互抗衡之力的角逐及对生存这一基本问题的解答之获致而得以克服(上述解答,唯有索之于某种神圣的空间—时间的中央)。弗·尼·托波罗夫据此作出如下论证:陀思妥耶夫斯基笔下的主人公具有"开放性",可适应于种种突如其来的题材变化;小说的空间和时间具有极度的延续性和显示性;"落日"具有象征作用("落日"是一种典型的神话形象,不仅意指时间的周而复始,而且意指厄难之将临),"彼得堡"亦具有象征作用("彼得堡"具有"幻象性"),中央与外域这一空间的"神幻"对比十分鲜明,——"中央"为混沌(即狭窄、灾变、闷郁、纷乱等等)所袭扰;而"外域"则预示自由和出路;种种对立之现实化的获致,则是诉诸主人公的空间易位。据弗·尼·托波罗夫看来,《罪与罚》中不乏同神话创作诸说("语本")相类似的共同图式、基本谓语组合、地域分类者和时间分类者的组合、符号语言之符号的组合、"语本"之语义选用部分的组合、专有名词和普遍名词两者界限的趋于微弱、对数字之质的和象征式的阐释,如此等等。这一饶有意味的探考,为学术研究开拓了一定的前景。我们现今所提出的只是两种"有所限制"之见:其一,同诉诸缜密分析所得的原始型传统性之表征相并而存的,尚有传统原始型倒置的征象(例如,在神话诸说中,正是外域,人多同混沌范畴相毗连);其二,陀思妥耶夫斯基作品中无疑具有鲜明的"语义性",——这是神话和仪典所特有的属性,并同较为广泛的现象级类相连属。以上所述,可促使人们对"属神话者"的界限作较严格的划分。

近年来,在文学"神话主义"的研究领域,另有一些引人注目的尝试相继见之于世。维·弗·伊万诺夫著有专文,阐述韦·赫列布尼科夫对神话主题的运用。著名的文艺理论家和结构主义者尤·米·洛特曼,不仅与 Б. А. 乌斯宾斯基共同撰写《神话——称谓——文化》一文,对神话作了翔实探考,并继赫·乌森纳、阿·费·洛谢夫和奥·米·弗赖登堡之后,把神话同"专有名称的语言"相比拟,对亚·谢·普希金所著《安杰洛》一诗中的神话层次亦予以关注。И. П. 斯米尔诺夫致力于探求俄罗斯小说体裁发展中的神幻故事—神话根源。И. П. 斯米尔诺夫的 А. М. 潘琴科基于伊·格·弗兰克-卡梅涅茨基、奥·米·弗赖登堡和米·米·巴赫京之所得,对古罗斯文学及20世纪初叶的诗歌乃至弗·弗·马雅可夫斯基诗歌中的某些"隐喻原始型"进行了探考。

所谓"符号"语义学方法,为现代某些论著的作者所运用;С. Ю. 涅克留多夫即属之。综观诸如此类论著,作者运用古老的、传统的民间创作资料(特别是西伯利亚和中亚的资料),对原始形式的神话模式同神话诗歌意识范畴的相互关系予以极大关注;这种神话诗歌意识,则按其本身的规律编织其一切级类的表述(从题材体系、结构体系到描述体系)[135]。

以上是对我国学术界有关神话探考的简要介绍。初步看来,俄国和苏联学者对神话诗学提出了一系列创见和精到见解;他们通常遵循历史主义的原理,对内涵丰富的思想意识问题十分敏感。这些学者的上述见解,可作为对西欧学术界神话理论状况和神话诗学的重要修正。

初 步 结 论

对20世纪颇具影响的种种神话学理论(包括文艺学中的仪典—神话论)已加以评述,可作出简要的初步结论,以期判明:诸如此类理论中,哪些应断然予以批判,哪些应基于科学的演进予以探讨。为了进行客观的释析,种种相应的理论同颇有争议的哲学学说之间那种毋庸置疑的、十分深刻的关联,将成为极大的难题(上述哲学学说,即生命哲学、新康德主义、现象学,在一定程度上也包括存在主义);然而,凡此种种哲学学说,仍然不能遮掩其学术成果。

　　总之,如果说 19 世纪下半期的实证主义人种学将神话只视为"遗存"及借以对自然界尚未被认识之力加以阐释的、一种幼稚的前科学手段,那么,20 世纪的人种学则论证:其一,原始社会的神话同法术和仪礼紧密相关,是为赖以维系自然秩序和社会秩序及实施社会整饬的手段;其二,神话思维具有一定的逻辑特殊性和心理特殊性;其三,神话创作是最古老的形态,是一种象征"语言";借助于其用语,人们对世界、社会以及其自身加以模拟、分类和阐释;其四,神话思维的特征,不仅在远古,而且在其他历史时期的人类幻想的产物中可寻得某些相类似者;神话作为囊括一切或凌驾一切的思维方法,为古老文化所特有,而作为某种"级类"或"片断",则可见诸形形色色的文化,特别是文学艺术。就起源而论,文学艺术仰赖于神话;在一定意义上说来,文学艺术又与神话不乏共同之处(如"隐喻手段",等等)。诸如此类晚近的实证论诸说,实际上很难同一系列流于极端的、往往相互矛盾的夸张之说和唯心主义的论断截然分开;而后者则导致认识因素的否定、神话之仪典说的极端化或神话中潜意识范畴的夸大、对历史主义的忽视、对神话社会根源和认识论根源的低估,等等;或者,恰恰相反,导致神话的过度理性化、其"社会学"功能的低估。我们从未将 20 世纪的学术思想和社会思想发展中的矛盾状态置诸脑后,并试图对神话和神话诗学研究中的主要派别进行简要评述并作出概括的结论。

　　詹·弗雷泽——古典人类学派最后一位代表。他提出法术说同爱·泰勒相抗衡,从而把神话研究导向仪典,并对为数众多的仪礼神话加以表述和阐释。

　　功能学派的奠基人布·马利诺夫斯基提出这样一种见解,即:土著居民表象中的神话"实在",溯源于史前神话时期的种种事迹;而由于神话之再现于仪礼及仪礼的法术功用,对土著居民说来,它仍不失为心理"实在"。

第二次世界大战结束以来不胜枚举的人种学探考(特别是 W. E. H. 斯坦纳和维·特纳以及许多学者的探考),展示了神话同仪典两者深蕴的语义一致,但并未为 W. 罗伯逊-史密斯、詹·弗雷泽和简·哈里森下列论题所认证实,诸如:仪典先于神话、任何神话均起源于仪典、神话的横组合结构为仪典举措的依次再现,等等(神话同仪典的真正一致并非在于起源,而在于范例性)。

仪典论有助于时间之神话意象的循环模式之揭示(这种模式尤为鲜明地见诸农事神话和死而复生之神的祭仪,——凡此种种,詹·弗雷泽曾有引人入胜的描述)。然而,神话中较为古老和堪称基原者,却是另一种模式,即创世之神圣的"太初时期"同经验之"现时"两者的对立。存在于此类范畴的世界,它的"创造"、"呈现"和定型全然系于"太初时期"的种种范例,而且仍然是其活力之渊源。施之于"太初时期"及其在法术仪典中之活力的复能化,即导源于此。仪礼本身之真正的意趣,即在于这种复能化,并非在于复现和循环。然而,为数众多的当代人种学家却本末倒置,把"循环"模式视为第一性的和主导的,而把"太初"模式视为第二性的和从属的;正因为如此,神话被赋予(对尼采的种种观念不无影响)这样一种意趋,即作为纯属现代主义的那种别具一格的原地运转式之永恒的周而复始。此说又为文学和文艺学所推崇。米·埃利亚德为阐释"太初时期"的神话成分,曾有颇多著述问世;他仍依据神话在仪典中的功能,对神话加以分类,对这种永恒周而复始的意趣予以极大关注,并将对历史时期的根本贬抑及同世俗时期、其不可逆性、所谓"可憎的"历史之矢志不移的抗争赋予神话意识。据他看来,定期除旧布新及仪典中周而复始"再生"的主旨,正是在于历史时期的消泯。然而,神话中历史时期的"消泯",实际上是一定思维手段的副产品,而不是神话的旨归,亦非面对历史而生的那种主观的恐惧之显示。显而易见,仪典论和功能主义种种新说的理性基础,同种种偏颇之说和现代主义者之论述不无关联。

神话的逻辑特殊性，堪称 20 世纪神话理论领域极其重要的发现（其最早的揭示者为吕·莱维-布吕尔，他屏弃埃·迪尔凯姆那名副其实的社会学观点，并认定集体表象具有前逻辑性）。① 对神话思维的功能、神话思维如何进行概括、如何既不失为具体的而又运用符号，吕·莱维-布吕尔进行了缜密的探考。然而，透过"神秘参与"，他并未发现别具一格的神话思维过程的理性意义及其实际认识结果。他把神话思维的弥漫性视为一种特殊的"非逻辑的"逻辑，对个人的和社会的经验以及逻辑功用说来，处于绝对的封闭状态。吕·莱维-布吕尔注重情感亢奋以及法术观念，将法术观念视为神话思维的基础，并为对他所"非理性化的"神话（卡·古·荣格曾加以运用）进行纯心理学诠释，为促使神话与文学两者在纯非理性的基础上趋于接近开拓了道路。"情感说"和"法术说"（将诗歌激情和美感同法术、同玛纳—奥伦达式之力相提并论），亦同仪典—神话文艺论的某些代表人物所持论点格格不入。伴随恩·卡西勒，特别是克·莱维-斯特劳斯对原始思维理论的进一步发展，吕·莱维-布吕尔的成就和失误已显露无遗。上述两学者均执著于认定神话的理智性，并对莱维-布吕尔所揭示的神话之逻辑特殊性予以赞同。早在莱维-布吕尔之前，"生命哲学"，特别是以昂·柏格森为代表的"生命哲学"，即从哲学直觉主义出发，把神话和理智两者置于相对立的地位；而莱维-布吕尔却以科学论据使貌似可取的两刀论法有增无已，即：神话或逻辑、法术或思维（詹·弗雷泽还将法术视为原始科学的范型）。这种貌似可

---

① 法国社会学派的代表人物埃·迪尔凯姆（又译"涂尔干"、"杜尔干"），趋重于社会心理，强调社会意识心理和集体心理的质的特征。据他看来，社会为一心理的整体，社会意识为集体的意识。据他看来，宗教与神话浑融难分，图腾崇拜为宗教之最古老的形态，图腾神话使氏族体制模式化，并有助于其维系。迪尔凯姆曾对澳大利亚、新几内亚原居民以及爱斯基摩人的社会状况进行探考，并提出"神圣的"（"虔敬的"）、"图腾"等概念。据他看来，宗教信仰是集体的、强制性的；所谓"集体表象"中，不无社会规制的本性。迨至 20 世纪 30 年代，法国人种学家吕·莱维-布吕尔依据非洲、澳大利亚和太平洋岛屿的民族志资料，对原始思维的特征进行了探讨。据他看来，原始思维为所谓"前逻辑思维"，而非"反逻辑思维"。——译者

取的两刀论法,迄今仍有碍于某些民族志学家对莱维-布吕尔的发现
作出应有的评价。就此而论,应对 20 至 30 年代的苏联学者(奥·弗
赖登堡等)有足够的认识;他们对这一发现予以批判性的接受,并依
然坚持神话具有认识作用。认定这一两刀论法之不可解决,不仅导
致对吕·莱维-布吕尔理论的估计不足以及对神话思维特殊性的估
计不足,并导致对神话本身持绝对否定的立场,将其视为使现实面目
全非之非理性思想的产物。

这一两刀论法("两难推理",亦即"假言选言推理"。——译者),
是理解卡·古·荣格思想之所以特别困难的原因之一。他依托于
吕·莱维-布吕尔的理论,而且正是从他那里承袭了埃·迪尔凯姆的
"集体表象"。据卡·古·荣格看来,神话同其他想象形态相接近,并
归结于集体的、潜意识的、心理范畴之类似神话的象征——原始型。
种种形态的人类幻想(包括神话、诗歌以及梦境中完全无意识的幻
想)的某种同质性、共同性的发现,对人类想象那亘古有之的、形象的
象征语言之认定,为这种共同性寻求某种原始形式的、集体的、心理
的基质之尝试,——凡此种种,应予以关注,其本身并不能被视为有
弊无益者。就某些方面而言,卡·古·荣格较之被他所否定的导师
齐·弗洛伊德前进了一步。他从个体心理转向"集体"心理,从神话
的比喻说(被压抑的幼稚型的、乱伦式的性欲等之毫不掩饰的表露)
转向象征说。以其对神话之隐喻性的深刻理解(对神话不能予以全
面理性化,只能使其转化为他种形象语言),以其有关"心理"能量辩
证法之假设、有关把熵运用于心理现象以及无意识内涵的功用众多
之假设,荣格的论述甚至先于信息和符号理论的某些原理(心理说同
唯智论的对立,为理解这一事实的重大障碍)。然而,有关原始型承
袭性的假设,不攻自破;诉诸"集体表象",并不足以克服心理说所固
有的心理学还原主义("心理学中对自然的认识",无非是无意识的心
理过程的语言和外装——参见注 57)。值得特别注意的是:心理学的
还原主义,将人类幻想中对真实的反映归结于对心身疾病起源内在
状况的表述;而神话诗作形象之历史的纷繁多样(包括空间和时间),

则无非是被看作"面具"的组合。

心理学还原主义的上述两种后果,在卡·古·荣格关于神话的论著中灼然可见(约·坎贝尔所著《神的面具》一书,即属之)。断然不将神话归结于心理情结,不将心理情结归结于神话,至关重要。为了避免神话同心理学相融合(这已成为现代主义文化的特征),必须对人类想象的种种产物加以对比,时刻对之进行质的区分,而且不摒弃历史心理学的探讨。即使心理学家亨利·亚·马里,虽致力于对卡·古·荣格的研究(并致力于对马克·绍勒的研究,把神话视为思想结构,视为赖以领悟我们经验的手段),却反对把神话概念扩及一般想象的产物。荣格的理论,极有利于别具一格的、现代主义的泛神话论。

如上所述,荣格理论同仪典论之综合,为仪典—神话文艺论赖以最终形成的前提。无论是仪典,抑或原始型,均在一定程度上填充了因施之于神话的反理性阐释而形成的真空(上文已述及)。对种种神话理论,也应予以极大的关注。它们克服了"生命哲学"的影响及吕·莱维-布吕尔和卡·古·荣格的偏颇之见所造成的这一倾向。倘若回到赫·斯宾塞和爱·泰勒的观点,回到把神话视为对幼稚的、好奇的野蛮人的疑难之释解,则无法克服对神话之非理性主义的讴歌。纵观学术的历程,这种克服之成为现实,乃是凭借诉诸象征和结构语义对神话所作的阐释;而以上所述,并不有碍于认定这些派别(特别是第一种派别)具有一定片面性。至于神话的象征理论,恩·卡西勒基于新康德主义马尔堡学派的立场使之臻于定型。毋庸置疑,所谓"象征形态的哲学",反映了这一学派的一切弱点,而这并不有碍于其倡始者加深对神话思维之理智特殊性的理解。据恩·卡西勒看来,神话连同语言和艺术,是文化领域自成一体的象征形态,又是封闭性的体系;前者可视为对可感的现存者施以客体化的特殊手段;这一体系的结成,则仰赖于其功能的特质及对周围世界加以模拟的手段。恩·卡西勒从民众幻想的功能和结构形态出发(诚然,对其理解在一定程度上限于静态,基于完形心理学)。遗憾的是,遵循新康德主义先验沟通论,恩·卡西勒却忽视:神话的象征与社会沟通不可分,并在一定程度上产生于社会沟通;当然,他对神话思维的独立性尚未给以充分的论证。

结构人类学的奠基人克·莱维-斯特劳斯,对种种符号体系赖以产生的神话思维之逻辑机制的实际作用有所阐释。据他看来,一方面,神话思维呈现于其逻辑特征(隐喻性、感觉级类的"反弹"逻辑等);另一方面(同莱维-布吕尔所见截然不同),神话思维进行概括、分类、分析的能力和神话的理性之力已毋庸置疑(如无这种理性之力,一切古老的文化均不可思议)。莱维-斯特劳斯所阐释的神话思维的逻辑机制,在很大程度上同诗歌思维具有亲缘关系,——尽管远非与之相契合。况且,神话的认识范畴再度获得认可和论证,20世纪神话领域种种理论的积极成果并为人们所关注。

我们认为:结构主义的神话理论,不仅未屏除克·莱维-斯特劳斯或其他学者种种哲学概括的争议,其本身并包蕴一定的内在矛盾和疑难(如"语义"同"结构"两范畴的二律背反,它表现为两刀论法〔两难推理〕:神话是否等同于语言或音乐);而为了排解此类疑难,必须进行新的方法论探讨及实际研究。

用于神话与文学相互关系探考的语义学方法,也为仪典—神话论学派的代表人物所沿袭(诸如诺·弗赖、菲·惠尔赖特,他们同理·切斯或 F.R.S. 拉格伦相对立);据我们所知,语义学方法,继而结构主义方法,为苏联学术界运用于对这些问题的探讨。

本书所评介的种种理论,除精神分析理论外,均以原始神话为主要对象。然而,从根本上说来,并不排除某些同诸历史时期的文化乃至当代文化相类似者。这种现象之所以发生,在一定意义上是由于:这些理论均断然拒绝把神话的特征同知识和经济范畴经验的低级层次相连属,并把实用功能在神话中置于首要地位;而据心理分析理论,则把无意识的心理基质在神话中置于首要地位。就此而论,背离进化论、"遗存"说及一切启蒙传统的意向,已有迹可寻。下列情况,亦应予以关注,即:神话同样为纳粹主义所津津乐道,纳粹主义并居心叵测地执意"复活"日耳曼多神教及其纯属宗教痴狂的蛮勇。本书"前言"中已述及，这一尝试有助于把神话同社会蛊惑等同起来，而且势必有助于对属种种思想意识的神话进行抨击。对神话的贬抑渐次扩及社会生活领域，而社会生活则成为其数众多的短小"神话"和"仪典"赖以展现的场所。

在神话理论家中，克·莱维-斯特劳斯为最明确地揭示将神话创作之、古老的"冷"文化（即具有高度符号性及无所不包的结构性的文化）同"炽热的"历史社会截然分开的壁垒；而另一结构主义者罗·巴尔特与其截然不同，认为现今的当代最富"神话性"。

毋庸置疑，就作为原始浑融体之体现的种种意识形态的起源说来，神话起有相当大的作用；从这个意义上说来，而且正是从这个意义上说来，神话为诸意识形态的原型。此外，原始思维的某些特点（原始思维作为具体的、感性的思维，不无强烈的情感因素，并辅之以对象征套式、虔敬化的历史回忆等之无意识的、机械的运用），[①]片断地再现于某些级类，在一定条件下再现于既定社会领域等，特别是当代西方"大众文化"范畴。最后，行为的某种仪典性之存在于任一社会，既见诸社会范畴，又见诸个体范畴，——趋于衰微或已被替代的"过渡性仪礼"，亦然。

凡此种种类似者，并不能遮蔽诸古老社会（广义说来，在一定程度上也包括高雅的中世纪）与因思想意识不同而严加区分的诸社会之间根本的质的差异。通观诸古老社会，这种或那种形式的神话主义囊括一切，或居于凌驾一切的地位，成为同一的、单一符号化的文化之灵魂，至于后　类社会，所谓神话主义则无非是"片断的"或"隐喻性的"，有时则无非是准神话主义罢了。否则，"神话"这一概念与

---

① 谢·亚·托卡列夫和叶·莫·梅列金斯基在《神话与神话学》中对原始思维的特征有如下阐释："神话的象征主义，是神话至关重要的特征。原始思维的弥漫性和浑融性，在神话思维中则呈现为主体与客体、对象与符号、事物与叙述、存在与其称谓、事物与其属性、单数与复数、空间关系与时间关系、肇始与始源（即起源与本质）等等的浑融难分。""具有具体性、感性，惯用隐喻，注重情感等，是为原始思维的特征，使神话成为别具一格的象征（符号）体系。"——译者

"文化"将相互消融。

160   在一定意义上说来，以上所述也适用于文学中的神话主义；但是，对神话在语言艺术起源中的特殊作用及两者共同的隐喻性、形象性、象征性，应予以关注。在探讨"神话——文学"这一问题时，剑桥学派和英、美仪典—神话论之所得及我国学术界对这一问题所持颇有价值的见解，均须予以注意。如上所述，我国学术界甚至将仪典的原型置于特殊的世界观范畴加以探讨，并揭示民间创作作为神话与文学两者之中间环节的特殊作用，而未重蹈浪漫主义将神话、民间创作、民族智识三者相混同的旧辙。综观亚·阿·波捷布尼亚、亚·尼·维谢洛夫斯基、伊·伊·托尔斯泰、约·莫·特龙斯基、奥·米·弗赖登堡、米·米·巴赫京及其他许多学者的著作，这一点十分引人注目。就此而论，巴赫京发现的"民众诙谐文学"具有特殊的意义。所谓民间创作，作为为传统象征所充溢的别具一格的语言艺术第二系列，既可成为具体形象的滥觞，又可成为各个时代作家的神话直觉之肥土沃壤。尼·瓦·果戈理的创作堪称鲜明的例证。

一些观点各异的学者（诸如亚·阿·波捷布尼亚、亚·尼·维谢洛夫斯基、恩·卡西勒、奥·米·弗赖登堡、米·米·巴赫京），对神话转化为隐喻的规律、诗歌语言及众多诗歌象征和形象的神话渊源均有阐述。诺·弗赖所进行的阐释，颇为精到（在一定意义上说来，M.博德金亦然）；他们把基督教的象征手法视为一系列诗歌传统的"语法"。他们关于但丁、约·弥尔顿、威·布莱克等创作的论断，颇有价值。

詹·弗雷泽的追随者从仪典模式中导出古代文学的种种体裁，并在有关戏剧体裁起源的问题上有一系列发现（在一定意义上说来，持仪典—神话论观点的莎士比亚学家，则予以延续）；他们的研究成果，为奥·米·弗赖登堡的论述所补益。然而，就种种叙事体裁而言（除保·圣伊夫和弗·雅·普罗普曾将其与成年仪式之仪典相比拟的神幻故事外），这种方法收效甚微。

在传统范畴内，归根结底在神话传统范畴内，对文学作品加以探讨,为仪典—神话论学派之所长,并有助于作家创作中"集体"层次 (即为其所用的题材、体裁、诗歌语言之美学层次)的揭示和分析。毋庸置疑,作家的个人贡献以及社会—历史状况在其作品中的直接反映,则不在此类分析之列。诺·弗赖及以他为代表的学派,不同于以探讨类似课题为己任的苏联学者;总的说来,他们所凭依的为"新论"的美学原则和评析原则。诺·弗赖把各个神话视为体裁的原始型加以深考,并依据卡·古·荣格对"新生"原始型的诠释,对詹·弗雷泽和范·赫内普之极度概括的仪典模式加以广泛运用,——以上所述,无疑会引起争议。见诸各个神话和仪典之处理的这种高度的抽象及其概括性的综合(几可称为"一切皆神话"),既是仪典—神话论的特点,又为 20 世纪那种执著于神话化的文学理论所特有。如果早期那种具体的仪典主义颇有形式主义贫匮化之虞,那么,其形态如此抽象和心理化并与实际传统相隔绝,势必带有象征性和隐喻性(隐喻纯属学术范畴,而非诗歌范畴)。无论莫·博德金、诺·弗赖及其志同道合者所取得的积极成果究竟如何,仪典—神话论作为一个"学派",作为文艺理论问题的总解决,则无法予以接受;它必然导致还原主义,并导致认定:文学作品中仅仅存在神话的"面具"。

如上所述,诺·弗赖毅然提出关于有意识与传统相脱离的、文学中的"蕴藉"神话的问题(诺·弗赖并对象征主义艺术同现实主义艺术两者的历史差异给予关注)、关于趋重现实主义的艺术中那些同神话相类似的深层图式之探考的问题,颇为人们所关注。而有关"蕴藉"神话的探讨,则应超脱于还原主义。唯有反复求索,这一问题才能得到真正的解决;与此同时,诉诸神话和仪典的用语并在索性与传统相脱节的情况下进行文艺评析是否适当的问题,也可迎刃而解。

总之,对诗歌语义中乃至人类幻想的配置和结构中神话和"类似神话的"成分之理解的真正深化,则伴之以对旨在反映现实的种种历史形态之关注的片面减弱。然而,尽管这种片面性无法予以接受,却不应将现代种种神话理论在认识神话现象本身及其内在结构方面的建树一笔勾销。在一定意义上说来,苏联学术界在神话问题上的可取之见,对这一问题的论证颇有裨益。

必须着重指出:"永恒复返"和神话"面具"("人物面貌")永恒本质两者的绝对化,为现代主义的世界模式所特有;它不仅不是神话本身的实质,而且也不是 20 世纪种种主要神话理论的实质,——尽管某些现代神话学家(如米·埃利亚德、约·坎贝尔)把诸如此类观念广泛予以普及,而这些观念则反映施之于当代一定的文化和社会之情势的哲学诠释和文学诠释[136]。

第二编　神话的种种古典形态及其在民间叙事创作中的反映

绪　　论

为了正确认识神话的本性,势必要对神话种种最典型的,即"古典的"形态作一番探讨,尽管是最简略的。凡此种种古典形态不仅为,而且与其说为"古典古代"①所固有(尽管古希腊—罗马神话在欧洲文明领域已有千百年为人们所津津乐道),毋宁说为较之古希腊、罗马社会尤为古老的社会所固有[137]。

在这些社会,神话不啻精神文化的主干,——尽管十分丰富的经验体验和生产实践两者本身为自发的唯物主义表象提供了动因。问题在于"健全的理智"在原始文化中基本上仍局限于经验级类,而神话则成为赖以进行包罗万象的构想之总体的主导方式。作为既定生活形态的特殊反映,神幻的超自然体所形成的世界,被视为此类生活形态的初源及某种高超的

---

① "古典古代"(Классическая древность),"古典的"为拉丁文 classicus 意译,即"典型的"之意。欧洲文艺复兴时期,学者们曾将古希腊罗马时期的优秀作品奉为"典范"。至于"古典古代"一语,弗·恩格斯在《家庭、私有制和国家的起源》一书中曾予以沿用,系指与之相应的古典奴隶制时期,约当公元前 5 世纪至前 4 世纪。回溯这一时期,古希腊、罗马的经济和政治均有高度发展,丰富多彩的文化也相应而生。——译者

实在。然而,原始神话那诡谲的幻想性及其自发的理想主义,并不排斥神话各种类别的认识意义及神话在部落社会生活中的调整作用。在神话萌生伊始及其功能实施之时,实际的需求和目的无疑超越思辨的需求和目的;而神话则使由不自觉的诗歌创作、原始宗教以及处于胚芽状态的、前科学的、关于周围世界的表象三者所形成的那种区分尚十分朦胧的浑融统一体有所强化。在种种古老文明中,神话堪称哲学和文学之发展的起点。认同神话与思想意识浑融体的特殊关联,则同恩·卡西勒之说及庸俗社会学的意向格格不入。前者将神话阐释为"自成一体的精神领域";后者试图将神话视为一种宗教现象,置于同原始艺术相对立的地位,或者视为一种诗歌现象,置于同原始宗教相对立的地位,因为神话既是宗教的,也是诗歌的早期形态之"土壤和武库"。同时应当指出,在一定意义上说来,这种浑融性既寓于宗教,又寓于诗歌,并成为两者的特征。神话作为一种浑融的,而且是极为古老的意识形态,当它仍处于较为发达的、业已区分的种种意识形态的摇篮之中时,则与诸如此类形态同质;但是,绝不能由此得出这样的结论,似乎现代哲学、政治、艺术、法乃至种种发达的宗教都可归结于神话,并在某种程度上融合于神话(20世纪的神话主义中已有此倾向)。恰恰相反,对种种古老文化与现代文明之间本质的历史差异,应予以关注,尽管这种文明本身已处于分崩离析状态。神话想象与心理基质具有一定的不可分性,人类想象的种种结果又不乏某种共性;这绝不能导致神话与梦境、幻象及自发性潜意识幻想的产物相等同,绝不能导致神话融合于心理学或心理学融合于神话。较之这种想象的运用,神话更具有社会性和思想性,其社会性又超越"集体的、不自觉的"创作范畴。[1]同时不应忘记:神

---

① 神话是"通过人民的幻想用一种不自觉的艺术方式加工过的自然和社会形式本身"(卡·马克思:《政治经济学批判·导言》)。神话是其萌生时期的世界感知和世界观念的反映,是原始人借以认识世界并对世界和自身加以诠释的方式,是人类精神文化的始形态。原始人尚未将自身与周围环境(自然的和社会的)分离开来。原始思维尚未与情感的、激奋的范畴分离开来,势必导致对所处自然环境之幼稚的人格化,进而导致呈现于神话之全面人格化,导致施之于自然客体和文化(社会)客体的广泛"隐喻化"(人们将自身的属性移植于自然客体,赋之以生命和情感)。所谓"隐喻"形象,更确切地说,亦即象征的形象。宇宙之力及宇宙的属性和成分,呈现为具体的、可感觉的、有生命的形象。(参见《神话与神话学》)

阿·费·洛谢夫在《神话学》中对神话思维有所论述。"倘若人确与其周围的自然界无重

话感知具有一定的不可区分性、弥漫性,因而既不能将神话思维的逻辑机制与科学的逻辑机制等同起来(爱·泰勒、奥·米·施特恩堡),又不能将两者截然分开(吕·莱维-布吕尔、恩·卡西勒)。

　　童年思维范畴确有许多令人信服的、同"原始思维"相对应者,尽管此类对应者尚囿于个体心理形成过程和儿童逻辑器官形成过程与古老社会中社会经验之间质的差异。

神话思维的一般属性

　　神话思维的某些特征,是"原始"人尚未将自身同周围自然界截然分开并将自身属性移于自然客体所致;他们赋予自然客体以生命、人类的喜怒哀乐,使之从事自觉而适宜的经济活动、具有人的形貌、具有一定的社会体制,等等。据我们看来,这种"浑然不分"主要不是本能地感到与自然界同一及对自然界本身的适宜性予以自然的认识所致,而正是不善于从本质上将自然界同人加以区分的结果。如果没有施之于周围自然界之幼稚的人格化,不仅见诸神话之普遍的拟人化,而且诸如拜物教、万物有灵、图腾崇拜、玛纳、①奥伦达②等原始信仰以及自然客体

165

大区别,人之思与其周围自然界相得益彰。这便是神话思维之最初的、最基本的立场。由于施之于整个现实的神话诠释,并将其表述为绝对有情感的,整体与部分同一的理念便应运而生,人们从而确信"万物皆备于万物",整个神话现实从而分解和配置。最后,人们既然觉得自身为活生生的、有灵的生命体,并将自身与自然界等同看待,则势必将自然界想象为有灵的,并将出于其想象之活生生的生命体赋予自然界。"(《神话学》,载于《哲学百科全书》莫斯科 1964 年版第 3 卷)——译者

　　① 玛纳(Мана;美拉尼西亚语 mana 的音译),太平洋岛屿原居民所信的一种神秘之力。诸如此类宗教现象,英国人类学家罗·亨·科德林顿发现于美拉尼西亚地区。据信,这一种无人格的、超自然的神秘之力,凭借自然之力或物(水、石、骨等)而起作用,可依附于物体或个人,可为人们获得、遗传、转移或丢失。玛纳本身并不被视为崇拜对象。据说,其据有者可使他人得福或惟祸。——译者

　　② 奥伦达(Оренда;Orenda),北美易洛魁人的崇拜对象,即某种奇幻之力,为自然界某种动物、物体或"精灵"所据有,也可因某种缘故而失去。在《"奥伦达"与宗教的定义》(1902年)中,约翰·休伊特力图证明:对于"奥伦达"这一非人格之力的信仰,是人类最古老的宗教形态。据他记述,易洛魁人笃信:此力无所不在,万物均处于其制约之下;人与动物之生,乃是不同的"奥伦达"较量的结果;野兽的猎获和捕杀,无非是猎人的"奥伦达"战胜野兽的"奥伦达"所致。而阳光普照,风之吹拂,雷雨之大作,——凡此种种,无一不是在自然界之"奥伦达"的左右之下。——译者

同文化客体的"隐喻式"比拟,都是不可思议的。上述种种信仰清晰地
反映于神话:万物有灵信仰反映于主宰精灵形象,图腾崇拜反映于既与
人同形同性、又具兽形之双重属性的始祖形象,等等。所谓"隐喻式"比
拟,则导致图腾分类,广而言之,导致神话的象征主义,导致诉诸拟动
物、拟人说用语对宇宙加以表述,导致微观世界与宏观世界的混同(特
别是导致空间关系与人体部位的类质同态)。

原始思维的弥漫性也体现于主体与客体、物质的与理念的(即对象
与符号、事物与叙说、存在与其称谓)、事物与其属性、单一与众多、静态
与动态、空间关系与时间关系等等之区分的朦胧。空间—时间的浑融
不分,表现于宇宙空间结构与神幻时期种种事态的类质同态。

原始思维并具有另一特征,即抽象概念尚处于微不足道的发展阶段
(众所周知,确有大量民族语言学资料可资佐证);这样一来,分类和逻辑
分析借助于具体的、事物的意象相当艰难地进行,而此类意象则既可具
有符号性和象征性,而又不丧失其具体性。初级的感性知觉成为原始逻
辑的直接资料;正是仰赖于这种知觉,始可不脱离具体者而使概括过程
通过感觉属性的类似和不相容性而付诸实现。与此相应,种种空间的和
时间的关系,尚不能超脱那些充斥于空间和时间的具体的、可感的事物、
人物和情态,因而导致空间和时间并非同一的意象。种种客体因其外在
的第二性感性特质以及空间和时间范畴的接近而趋于近似,这种近似可
转化为因果关系;而起源则可在一定意义上替代本质。后一特点至关重
要(对童年的思维说来,亦然),因为它导致神话的特征,——神话正是诉
诸对周围世界诸部分起源的叙述,对周围世界加以模拟。

逻辑思维本身尚未与情感的、激奋的、运动的因素充分区分,这不
仅有利于任何"参与"(据莱维-布吕尔所表述[1]),而且为仪典—法术实

---

① 吕·莱维-布吕尔曾提出前逻辑思维的理论,认为:这种前逻辑思维为原始社会和现
代未开化社会的人们所特有,不同于"文明"社会的逻辑思维。他曾试图论证原始社会中个体
的逻辑思维与"集体表象"的"前逻辑性"共存(据他看来,这种"集体表象"在原始社会居于主
导地位),因而把社会存在同社会意识混为一谈。至于宗教的、法的以及其他范畴的概念和规
范,他并不认为它们产生于与之相应的原始氏族制度,而试图以其构拟的"参与律"和"超自然
的激情"加以阐释。——译者

践中的许多现象提供了依据。

毋庸置疑,不可将神话思维的一切特征,更不可将种种信仰归结于人与自然的"尚未分离",归结于逻辑思想与情感范畴的浑然不分,归结于不善于从具体者进行抽象,等等。上述种种之产生,不仅须以思维的浑融性,而且须以对这种浑融性的初步克服为前提。例如,关于文化英雄的神话,既反映自然与文化之未区分(文化英雄所"获致"者,既有文化成果,又有自然客体,诸如:火与阳光、有益作物与他种植物、劳动工具、社会的和仪礼的典制,等等),又反映这种区分的发轫(它表现于文化英雄本身与造物主两者赖以区分的因素,并表现于有关文化起源的主题之居于首要地位)。

图腾崇拜的出发点,在于对人的一定群体同某一动物物种或植物物种存在血缘关系的笃信;毫无疑问,其先决条件也在于自然与文化的混同渐次向两者的区分过渡,以及将有关业已形成的氏族—部落社会体制的表象移于自然界。一旦涉及社会典制,"原始"思维与童年思维两者的区分便显而易见。万物有灵信仰尚须以有关灵魂和精灵的表象(即物质的与理念的两者之区分的肇始)为先决条件,尽管这一关于灵魂的表象本身,仍久久具有相当的"实体"性(灵魂寄寓于一定的器官——肝脏、心脏,同血液和呼吸相合,具鸟形或人形,如此等等)。

回溯早期诸阶段,原始逻辑即诉诸某些抽象的分类者(如数的分类者),并显示较为抽象的表象渐臻确立的趋向(尽管尚属微弱)。总的说来,纯"神话思维"乃是某种抽象;如果我们考虑到种种来自古老社会的生产实践和技术实验的动因,这就不足为奇了。然而,神话思维不可能处于类似化学那样纯净的状态,这一事实恰好再一次证明:神话思维的起源,同人类文化及思维本身的历史的早期"浑融"阶段紧密相关。神话思维那种精雕细镂及诡谲多变,并不与之相矛盾;神话思维可从事分析和分类,而分析和分类(正如克·莱维-斯特劳斯所令人信服地论证)使新石器时代的技术革命成为可能。神话思维之解决逻辑课题,系通过艰难的途径(在一定程度上系通过"迂回的"途径),但毕竟使之获得解决。神话思维之显然并非无能为力,使我们对它的"非实用性"(如吕·莱维-布吕尔所述)及其"原始性"的问题重新予以估价,但并不能使其古老的根源荡然无存。

神话思维作为一种思维,是具体的、形象的、感性的,同情感范畴区分微弱,着力于对虔敬化"范型"之刻意模仿,其因素在已臻于高度发达的文明社会同样并未绝迹。而神话思维的古老性,并不能因此而被否定。

同时,不可因神话思维具有认识功用(特别是它那因容纳情感的、直觉的因素而具有的特殊的"充实性")及神话思维与科学思维曾在历史上并存,而将前者仅仅视为后者之不完备的前驱。历时性方法看来是可取的,但是不无缺陷;如果在一定程度上摒弃这种方法(因而摒弃弥漫性和浑融性),我们就会着眼于共时性,将神话思维与科学思维视为两种逻辑"类型"或"级类";实际上,这已见诸吕·莱维-布吕尔、恩·卡西勒和克·莱维-斯特劳斯的论述(无论是从历时性角度,抑或从共时性角度,均难免流于公式化)。

如果对科学思维同神话思维的相互关系进行共时性探考,可以说,科学概括是基于诸如从具体者到抽象者及从因到果的逻辑等级体系,而神话概括则诉诸具体者和人格者——凡此种种,均被用作符号,以期"实在化"及具有语义—价值作用之力和神幻体的等级体系同因与果的等级体系相适应。科学的分类建立在内在要素相对比的基础上,而神话的分类则依据同客体本身尚未分离的第二性感性特质。作为类似或关系的另一形态见诸科学分析者,在神话中则呈现为同一;而与神话中之分解为种种征象相适应的,则是化整为零。

正因为如此,同有关科学规律的概念相对的,为种种人格化形象和个体的事态;同科学范畴的始源相对的,为时间范畴的"肇始";而同因果过程相对的,则是物质变异。对科学说来,结构较之事态是第一性的;而对神话说来,结构则生于事态。尤·米·洛特曼和 Б. А. 乌斯宾斯基将神话比作本身的语言(继赫·乌森纳[①]和奥·米·弗赖登堡之

---

① 赫·乌森纳对神的概念之起源进行了探讨,并提出一种可与人类学派所持相比拟的理论。他所创造的用语——"瞬间神"(Augenblicksgötten)和"特别神"(Sondergötten),已被广为采用。"瞬间神"系指一种被认为产生单一现象的媒介物,如闪电;特别神系指作为某种现象的媒介者,如暴风雨。从心理学的观点看来,"瞬间神"相当于敬畏,为一种动人的现象所引起,许多学者认为:宗教的起源即在于此;"特别神"则相当于多神教中品级繁多的神。乌森纳曾将《茵迪吉塔门塔》(意译《礼神典制》)中所载的罗马诸神视为所谓"特别神",但他又认为:这些神无非是神学和法学思辨的产物,相当于语言的演化;神的称谓不能被理解时,特别神便可能成为个人所奉之神。——译者

后），并正确指出：同科学阐述所赖以进行的"纯理语言"相应的，是神话表述中这样一种特殊的"转换体"，即描述所使用的语言同被描述的对象在其中呈现为类质同象（见注135）。

吕·莱维-布吕尔认为：激奋的因素在原始思维中取代科学的、逻辑的内涵和外延，神秘的、奇幻的"参与"便因此应运而生；于是，原始逻辑则置"排中律"于不顾。正如上文所述，克·莱维-斯特劳斯则论证：原始逻辑凭借其特有的手段，可解决类似科学逻辑所应解决的那样的课题。神话逻辑不同于19至20世纪的古典主义科学（据莱维-斯特劳斯看来，当代科学领域存在某种对数的方法及按第二性特征进行的分类估价过高的征象）；它注重隐喻，注重象征，并"拥有"一整套手段，可随意加以运用，——凡此种种手段可作为质料，也可作为"工具"，并因时而异、变幻莫测，犹如万花筒一般；符号则成为这种重新配置赖以实施者。神话逻辑不同于科学逻辑，它所诉诸的是"迂回"途径——莱维-斯特劳斯风趣地称之为"反弹游戏"（法语 bricoler）。

神话逻辑广泛运用感性特质的二元（二分）对立，使带有相反标志的、离散的"环节"分离而出，从而使对周围世界之感知的"连续性"得以克服。① 诸如此类对立更加语义化和意识化，成为表达诸如生/死等基本的二律背反的种种手段。凡此种种二律背反的克服，乃是诉诸持续增强的介入，即通过坚持不渝地寻求神话媒介者（英雄人物和客体），借助于象征使两极的表征臻于契合，——这种克服正是"反弹逻辑"的鲜明表现。

毋庸置疑，冲突之如此"解决"带有虚幻性；而神话媒介之实际的、"调节的"功能，并未因此而被摒除。

---

① 所谓"连续性"，亦即"不间断性"（Connection），与"非连续性"，亦即"间断性"（Disconnection），为哲学领域两范畴，反映事物及其发展过程的差异性和统一性。"连续性"表示客体（事物）、过程的组成成分、状态之有机的统一、相互关联、相互制约，并从客体作为整体的不可分性为基础。"非连续性"亦即"离散性"，则表示客体、过程的组成部分、状态之空间和时间的"隔离性"，并以客体、过程的可分性为基础（亦即客体、过程分为相对独立的实存）。"非连续性"并表示事物的组成成分、状态之差异、相互独立以及其间的飞跃、转化、突变。——译者

神话的功能趋向

就此而论，我们已经超越对神话思维与科学思维进行纯逻辑范畴对比探讨的范围，而涉及神话思维所特有的意向。首先，神话思想集注于解答诸如生死的奥秘、命运等纯属"玄想"的问题，而这些问题，在某种意义上说来，居于科学的外际，——对这些问题之纯逻辑的阐释，即使在现今社会，也未必能使人们感到满足。神话之所以具有一定的生命力，并因而有可能成为共时性探讨的对象，在一定意义上说来，其原因即在于此。然而，问题与其说在于探考的对象本身，毋宁说在于神话所具有的这样的意旨，即将超出永恒不变的社会秩序和宇宙秩序范畴之无法说明的事例和无法解决的冲突予以摒除。神话往往是凭借较为易懂的表达较不易懂的，凭借可理解的表达不可理解的，凭借较易解决的表达较难解决的（遂产生媒介）。神话不仅不能只归结于对原始人好奇心的满足，而且应将其认识意趣置于从属于协调和调整的意旨的地位，其认识意趣又基于这样一种完整的世界观，即使微小的混沌、紊乱因素在其中也无容身之地。变混沌为宇宙，是为神话的主旨；而宇宙萌生伊始即蕴涵价值的和伦理的范畴。

神话的象征具有这样的功能，即促使人的个人行为和社会行为同宇宙观（就价值论而言为意向明确的世界模式）相辅相成于统一的体系中。神话依据当时文化所固有的认识，对实存的社会秩序和宇宙秩序加以诠释，并予以肯定。神话并向人们阐述人本身及周围世界，以期维系现有秩序；而在定期重演的仪典中使神话再现，则是上述维系赖以实现的、行之有效的手段之一。

当然，绝对不可将其归结于见诸仪式的法术：关于周围世界的表象与行为的准则之间，呈现一种特殊的神话平衡；这种平衡"玄妙地"使社会的和自然的和谐及精神的和社会的均衡有增无已。对世界的"阐释"（19世纪对神话的认识即归结于此）同旨在维系社会的秩序和自然的秩序（宇宙）之实用功能两者间，存在着某种类似"回键"者；它保证世界的统一和谐调即使遭到破坏仍可恢复如初。应当再一次强调指出，这里所指的为神话构想本身，为原始本体论，而不是为此而定期重演的种种仪式。

在民族志学文献中，特别是在心理分析学派的文献中，强调神话对解决心理临界状态，特别是萌生于人生转换时刻的心理临界状态的作用（所谓人生转换时刻，即"分娩的阵痛"、行将脱离双亲、性成熟、转入成年男子集团、丧亲，等等）；诸如此类临界状态，并伴之以相应的"过渡性仪礼"（Mythes et rites de passage，意即"过渡性仪礼神话"——范·赫内普用语）。

然而，不应忘记，神话和仪礼趋重于人之个体心理，主要是旨在使个体与社会共同体相适应，使其心理能量转化为在一定程度上为人们所理解的社会效用。

神话不仅协调个体与社会共同体，而且在更大程度上协调社会集团与自然界的相互关系。神话具有深刻的社会性，甚至以社会为中心，因为价值的级差取决于氏族和部落、城市及国家的公共利益。

神话中虚幻的形象，是周围世界实在面貌之广泛的反映。在这种借助于神话的反映中，甚至呈现特殊的"丰实"，因为任何稍具重要性的、自然的和社会的实在者无不植根于神话，在神话中寻得其初源、阐释和认可。在一定意义上说来，它们均应有自己的神话。然而，神话中对生活现实形态的反映究竟如何，如上所述，在很大程度上取决于人类属性和氏族—部落关系之向自然界的投射，而且又取决于以自然用语对社会共同体和文化的表述，取决于原始逻辑的一系列特征以及致力于克服（尽管是虚幻地）人类实存的种种二律背反之意趣，并取决于个人、社会共同体和自然环境三者之理所当然的和谐。此外，神话之反映现实，还取决于这样一种状况，即任何神话都是某种封闭性的象征体系。在这一体系中，表征者的相互依存，对形象与所表征者的相互关系有着极大的影响。归根结底，神话的形象思维具有一定的灵活性和自由性，以致社会结构与象征形体之相应可能呈现为异常近似，甚至呈现为换、倒置，如此等等。

如上所述,神话对种种既有的生活形态予以折射,从而创造某种崭新的、幻想的"高超实在";而这种实在,则被相应的神话传统的负载者奇异地视为诸如此类生活形态的初源和理想的原型(即"原始型"——但并非如卡·古·荣格之所述,而是就其广义而言)。施之以模式化,是为神话的特殊功能。

神话的模式化之付诸实现,实则诉诸对往昔事态的叙述(仅见诸某些晚期的神话体系,在一定程度上则诉诸对未来事态的叙述——见诸所谓世界末日神话,参阅下文有关论述)。任何称得起长足的进展者(从部落意识的角度看来),无不投射于往昔,投射于神话时期的屏幕,纳入对往昔的叙述和稳定的语义体系。

历经伴随现实本身的历史演变,神话语义体系始终趋重于往昔,专注于对往昔的叙述,视之为基本的、别具一格的自我表现手段。

神幻时期及其所属种种"范例"[①]

有关神话的释义不胜枚举,因为人们对神话的功能(阐释功能、心理学功能、社会学功能等等)众说纷纭,对神话与宗教、艺术、哲学、仪典、传说、神幻故事的相互关系各执己见。然而,凡此种种释义,几乎可归结为两类:神话或被确定为关于世界的幻想**意象**,即掌世界的神祇和精灵之虚幻形象所构成的体系;或被确定为**叙事**,即对神祇和英雄的业绩之表述。

神话实则并非始终归结于神幻叙事的总和;某些神话意象,为民族志学家在实地考察中所发掘,并显现于仪典中,等等。例如,克·莱维-斯特劳斯即将"阐释"神话(神话叙事)与"蕴藉"神话(即从对仪礼的分析中导出的意象)两者相对比。另一方面,神话有时具有神幻故事、传说或地方轶事的性质,不仅对神祇,而且对英雄乃至具有历史原型者加

①   范例(Парадигма;希腊文 ραγαdeima,意即"先例"、"范例"),系指在一定的历史时期有所影响的模式、公式、概念等,又指可借以进行论证的事例。相传,所谓"神幻时期"(众物初现、首创选起的时期)之一切,具有"典范"、"范例"的作用。对原始意识说来,现今之一切,无非是原初的先例扩延所致。——译者

以表述。然而,在原始神话中,上述种种通常相契合;世界的模式借助于对其诸成分的表述而显示(我们惯常称之为"神话的古典主义形态"者,其特征在一定程度上也在于此)。就此而论,释源神话是为神话par excellence("突出者"),尽管问题并非归结于阐释。神幻时期的事态、图腾祖先的奇迹、文化英雄的业绩等等,成为一种特殊的隐喻代码;借助于这种代码,可对世界(自然的和社会的)的构成加以模拟。

　　有时,不得不分别对神话意象(世界感知、世界的神幻景象)和神话叙事(题材、"事态")进行探讨;但是,不应忘记:神话的这两个范畴之间存在着根本上的一致,宇宙起源论和宇宙论两者共见于神话;借助于时间范畴展现之"确实可信的"神幻事迹这样的语言,对宇宙的和社会的"空间"加以描述。

　　如上所述,神话的基本特征,特别是原始神话的基本特征,在于对事物本质的推本溯源:对事物的构成加以阐释,即说明其由来;对周围世界加以描述,即讲述天地开辟的经过。我们知道,诸如此类意象的根源,在于肇始与始源、时间序列与因果序列之神话的混同,在于将因果过程视为物质的变异,在于个体事态范围之一种具体物质转换为他种物质。让·皮亚热所剖析的[138]、关于事物起源之儿童的提问和想法,与上述相类似;他所援用的一则有关法兰西人、德意志人和萨沃伊人①起源的神幻故事,更是饶有意味,——相传,他们来自水中的块茎和蠕虫;此类块茎和蠕虫始而显现于水中或海底,后变为儿童。这一故事极似古老的图腾神话。然而,儿童的幻想与原始的神话创作有着本质的差异;它尤其表现于:对似曾存在于邈古时期的超自然生命体所参与的神幻事件之描述,实则并非为了进行解答,而是为了满足一定的精神需求,为其提供某种"诗歌"的诠释。"先天"范畴是为始因范畴,是为"后天"之一切的始源。质言之,始因之阐释的胚胎即在于此,——　戈·

---

　　①　萨沃伊人(Савойцы),历史上的萨沃伊[萨伏伊](Savoie)的原居民。该地区于1860年并入法国。萨沃伊现为法国罗讷-阿尔卑斯大区一地区,包括上萨瓦省和萨瓦省,位于阿尔卑斯山区,与意大利相邻,原为萨沃伊公爵领地。——译者

威·莱布尼茨①和伊·康德②对此作了经典式的探讨[139]。

世界的现状——地貌、星辰、各类动物、各种植物、生活方式、社会集团和宗教典制、一切自然的和文化的客体,乃是邈邈远古的事态及神幻的英雄、祖先或神祇的事迹所致。而神幻的往昔——不仅是一般已逝去的岁月,而且是特殊的始创时代,即神幻时期、始初时期(Ur-zeit)、经验时期肇始前的"原初"、"起始"时期。

在所谓"二分"中,即**原初虔敬时期**和**经验时期**之区分中,正是前者被视为特殊的"时期"。对我们说来,这是难以理解的,因为我们立足于实在的时期,即流逝的和属于历史的时期;而对我们说来,神幻时期尽管为事态所充溢,却并不具有内在广延性,——它是一种"例外",超越于时间之流。

所谓"神幻时期"③,——这是**原初物体**和**原初事迹**的时期,诸如:第一簇火、第一枝矛、第一座屋舍等等,以及原初的、因而堪称"范例"之举——或属生理机能,或属仪典行为,或属祛病延年,或属狩猎举措,或为道德上肯定的和否定的始初举动。既然事物的本质在很大程度上与其起源相混同,那么,知其起源便是事物之运用的关键,知其往昔便无异

---

① 戈·威·莱布尼茨认为:世界是由无数精神实体——单子构成的。据他看来,作为万物存在之基础的,不可能是物质性的存在,而只能是精神性的存在;这种精神性的存在,正是他所谓的"单子"。他进而断言:"上帝不仅是存在的源泉,而且是本质的源泉,是实在事物的源泉,同样是处于可能性中的实在事物的源泉。"他并将宇宙间的普遍关联和相互制约的客观现象加以神秘化,称之为"预定的和谐"。正如弗·恩格斯在分析加尔文的"先定说"时所指出,这种所谓的"先定论",恰恰说明这些关联是不以人们的意志为转移的客观规律,只不过还不曾为人们所认识,更不要说为人们所掌握了。正因为如此,它就成为一种"超人间的"力量。——译者

② 伊·康德认为:人的感性知识具有两个因素:一为"感觉",一为"时间和空间";前者称为"质料",后者称为"形式"。据他看来,前者是"被给予的"、"后天的",即由客观的"物自体"对感官的作用所引起的;后者是"先天的",即脱离感觉经验而属于人的认识能力本身的,是人的头脑里所固有的。据康德看来,时间和空间不是客观事物本身存在的形式(所谓"物自体",并不处于时间和空间中),而是人的认识能力、"感性"所固有的主观形式。——译者

③ 即澳大利亚人神话中的"神幻时期";相传,为天地开辟万物始创的时期。在其民族志学文献中,所谓"梦幻时期"(dream time),即是"神幻时期"的惯称。相传,"梦幻时期"来临之时,神幻人物已渡过其生活周期,赋予人类、动物和植物以生命,使地貌得以形成,使生活习俗得以确立。——译者注

于睿智。探知火、蛇、药草的来历，则可免除灼伤、蛇咬，并可娴于用药。试以维奈默伊宁为例，他一旦探知铁的由来，铁斧的砍伤便顷刻愈合。由于神话思维的浑融性，神幻的往昔作为普遍性的初源，不仅堪称"范例"之历览，而且不啻神圣的渊薮，包容于其中者不仅有初象，而且不乏法术和精神之力（借助于重演神幻时期种种事态及再现创世神话的仪典，这种力仍可维系自然界和社会的既定秩序）。即使司空见惯的咒语，通常也伴之以简短的引述，叙说神幻始祖和神祇相应的典范之行。

　　澳大利亚土著居民神话中的所谓"梦幻时期"（Dream time），堪称神幻创世时期的典范。这一用语实则并不确切，尽管因澳大利亚民族志学家的倡导（始自鲍·斯宾塞和 Ph. 吉伦），土著居民至今仍广泛沿用 dreaming（意即"梦幻"。——译者）一语，以表示以神幻时期为核心的意象复合体。

　　诚然，神幻时期的英雄和图腾，又重现于作为居于主导地位的神话意象之反映的梦境；在许多部落，男子须在梦中亲睹神幻祖先，而祖先之灵则转世为其子女。然而，这种从心理分析角度看来饶有意味的梦境联想（澳大利亚中部阿兰达部落所信之神幻时代，称为"阿尔切拉"、"阿尔蒂拉"、"阿尔齐拉"；而梦幻，则称为"阿尔蒂拉里尼亚"），不应予以过高估计。曾在阿兰达部落居留多年的传教士卡尔·施特雷洛认为："阿尔蒂拉"一语首先是表示以下所述的时期；相传，"阿尔蒂拉里尼亚"（"梦幻"）中的神幻祖先在这一时期游徒于大地。澳大利亚其他部落也有相应的用语（阿卢里贾部落——"朱古尔"、卡拉杰里部落——"布加里"、温加林茵部落——"温古德"、瓦拉蒙加部落——"温加拉"、宾宾加部落——"蒙加姆"、贡维古部落——"毕纳姆"，等等）——其基本含义就是如此。凡此种种均意指混沌初开时期的"太古人"或"境域"本身。在阿兰达部落，神幻英雄有时称为"永生者"。他们虽可在某种意义上"再生"为其后裔或其所造的客体，但仍被想象为只是生存和活动于诸如此类始初时期的灵体，并非视为现今左右世界的精灵。

　　其他部落的神幻人物（如迪耶里部落的穆拉-穆拉）以及屡见于澳北区岩画的神秘形象沃恩，无不如此。换言之，在澳大利亚土著居民的神话中,神幻时期与神幻人物完全契合。通观巴布亚人的神话,这种契合也极为清晰。如果说澳大利亚地区的"远古人"临终变化为种种自然物,那么,巴布亚人所信的类似神幻人物,正如 A. E. 延森所强调指出,则不只是变形,而恰恰是"亡故",——其中也有借献祭、追荐之力化为植物或赴冥世者(如玛林德-阿尼姆部落及其亲缘集团所信之德玛;延森曾选用"德玛"一词作为此类灵体的称谓)。据信,德玛被伤害致死,势必导致世人的死亡,导致每个人的生与死之在所难免。列祖列宗使人与始初的德玛相关联,精灵同样源于德玛,而它们已是属于现今的灵体。[1] 同澳大利亚人和巴布亚人之关于神幻时期和远古人的意象相类似者,在布须曼人中也有发现。[2]

关于神幻时代的意象,亦为美洲印第安人所特有。弗·博阿斯认为:将事迹归之于神幻时期,是为神话体裁最重要的特征。某种类似现象同样见诸东北部古亚细亚人[3]:楚克奇人将创世时期同神幻故事时期及历史传说与之相应的时期加以区分。神话被视为"创世时期的逸闻"。这一时期同渡乌氏的创世业绩相连属;在民间创作中,科里亚克人和伊捷尔缅人(即堪察加人)把神话时期视为渡乌氏及其子民(家族)生存的时期。渡乌氏被想象为始祖和文化英雄。在一定意义上说来,渡乌氏颇似澳大利亚人和巴布亚人所信的神幻英雄。

---

① 玛林德-阿尼姆人的文化和社会状况,与澳大利亚原居民相近似。玛林德-阿尼姆人结为若干克兰;据信,任一克兰均溯源出于其图腾祖先德玛。关于德玛的神话,与伊兰达人诸部落中流传的图腾神话如出一辙,其内容均为讲述半人半兽祖先的功业。其宗教性仪礼,在很大程度上为其图腾祖先德玛之事迹的演现。——译者

② 布须曼人(Бушмены;Bushman),主要分布于西南非和东非的纳米比亚及博茨瓦纳等地区,其称谓意为"林中人",又称"桑人";人口约 5.5～7 万(20 世纪 90 年代);属尼格罗人种科伊桑类型,为南部非洲和东非地区最古老的居民。布须曼人大多从事游猎和采集,信万物有灵,保持图腾崇拜、祖先崇拜、成年仪式等。图腾崇拜观念以及自然界的拟人化,是为古老的布须曼人的神话之特征。其中心人物为茨阿格格恩(草螽—螳螂);图腾式文化英雄、造物主、始祖、成年仪式监护者、神幻恶作剧者等的属性,集于其一身。祖埃为布须曼人北部集群昆人部落神话中与茨阿格格恩相类似者。相传,他造布须曼人、赫雷罗人,又使他们难免死亡;他又教人们用火,并赐予他们食物、弓箭等。——译者

③ 古亚细亚人(Палеоазиаты),分布于西伯利亚北部和东北部地区的众多民族,包括楚克奇人、科里亚克人、伊捷尔缅人、尤卡吉尔人、楚万人、凯特人、爱斯基摩人等,它们的文化均带有新石器时期的特点。——译者

关于特定的始初时代的种种变异意象,亦见诸高级神话。神幻创世的始初时期,成为古老叙事创作所描述的背景和范畴(诸如《卡勒瓦拉》[1]、《埃达》[2]、阿布哈兹人的"那尔特的故事"[3]、雅库特人和布里亚特人的叙事诗[4],等等),或呈现为各民族极为古老的历史传说;在波利尼西亚和藏族的神话传说中,则成为其系谱的始初阶段。

神幻时期的事态、神幻英雄人物的奇迹,再现于仪典(部分再现于"仪典化"的梦境);而这种反映,并不意味着:原始神话所循无非是所谓时间循环的构想或者所持为这样一种观念,即:神幻的往昔实际上转换为某种神秘的实在,似与经验的日常生活实在并存于同一共时性级类。毫无疑问,虔敬之举和虔敬的空间,正是这样同节期和仪典"情景"范畴之外的、世俗的日常生活相对应。而仪典本身,又为所反映的尘世所虔敬化。神幻的往昔仍属"往昔",而其奇幻的流溢[5]仿佛是通过诸如仪典和梦境等渠道达于土著居民。从根本上说来,时序仪典有助于时间循环说,其情景犹如澳大利亚人的婚姻等级体制,——仰赖于此,祖孙两代成为同一用语所表征者。然而,对澳大利亚人、巴布亚人及其他

176

---

①　《卡勒瓦拉》(《Калевала》;《Kalevala》),卡累利阿芬人的叙事诗,一译《英雄国》。19世纪诗人埃·兰罗特依据民间流传的歌谣和神话故事编辑、整理而成。"卡勒瓦拉",意即"卡勒瓦人居住的地方",即现今的芬兰。叙事诗的主旨在于歌颂芬人祖先的英雄业绩。——译者

②　"埃达"(《Эдда》;《Edda》),古代冰岛两部文学典籍的总称。一部为《新埃达》,又称"散文埃达",编写者为冰岛诗人斯诺里·斯图鲁松,为《老埃达》的诠释性之作。另一部为《老埃达》,又称"诗体埃达"(属公元9至13世纪),辑集古代神话传说和有关英雄事迹的诗歌,其中神话诗14篇、英雄诗21篇。神话诗所述为有关奥丁等北欧神祇的传说;英雄诗则是歌颂古代英雄、北欧海盗时期以前的国王和武士。——译者

③　即"那尔特叙事诗"(《Нартовский эпос》),高加索许多民族民间流传的叙事诗,其内容为叙述爱好自由的英雄人物的事迹。所谓"那尔特",为"那尔特叙事诗"中众多英雄人物的统称。——译者

④　雅库特人中流传的叙事诗,主要为《奥龙霍》(《Олонхо》),由题材、人物和风格近似的、浩繁的故事组成。其内容为描述该族勇士与邪恶势力英勇搏斗并战而胜之的事迹。相传,主人公纽尔贡-博图尔,为天神遣至人寰,以剪除魔怪阿巴斯。——译者

⑤　流溢(Эманация;拉丁文 emanatio),古罗马时期希腊哲学家、新柏拉图主义最重要的代表普罗诺诸提出"流溢说"。他认为:万物的始源是"太一"或神秘的精神实体;从这一始源首先流溢出理性,从理性流溢出灵魂,再从灵魂流溢出物质世界。他的学说对中世纪早期基督教教父哲学影响极大(其主要著作为《九章集》)。——译者

"原始"部族集群说来,埃·利奇的理论[140]尤为适用。据他看来,古老的时间感宛如生与死、昼与夜等两端之间的摆动。这种摆动与祖孙两代之混同相对应。诸如此类二分性意象与神幻时期与经验时期之对立相契合。著名的澳大利亚学者伯恩特夫妇也着重指出:土著居民所特有的那种将"老"(早期)民与"新"民视为相对立者的观念,导致时间平直说,而非导致时间循环说。原始神话始终是对往昔的叙述,而往昔则是现今一切实体者的渊源。

奥克·胡尔特克兰茨认为:归结于邈远的往昔——是神话区别于宗教的特征,因为宗教是面向不间断地经历的现时[141]。胡尔特克兰茨未免过甚其词,在一定程度上将原始意识的浑融性置诸脑后,而其论说却使人们对神话所特有的这一侧面的重要性加以思考。

总之,把时间视为两端之间的某种"摆动"或视为见诸原始神话本身的自然循环,这种意象从属于万物始创的邈远往昔同无所变动的现时两者的分立,——尽管这种"无所变动"在近来的探讨中可被理解为某种自行设置的"踏步不前"或"反复回旋";在最古老的社会中,时间循环模式从属于二分模式。

投射于神幻时期的,既有实存的社会关系和氏族—部落社会体制177 (在较为繁盛的神话中,则为早期的国家形态),又有技术、文化和社会关系本身之发展中的某种进化,或许亦不乏有关历史大迁徙、部落冲突等等的某些朦胧的回忆(例如,无论是澳大利亚人本身的迁徙,抑或其文化之自北向南的推移,无不再现于神幻人物的游徙路线)。然而,对任何形式的欧赫美尔说及有关神话题材之具体的历史诠释说来,均无任何较有分量的论据可寻,因为历史的回忆只能用作神话构想的素材。从根本上说来,神话思维是非历史的,它置历史的异源多相于不顾,并将世俗的经验时期之频繁变迁一概归之于超验的、虔敬的神幻时期那一蹴而就的创始之举。反之,纯属神幻的原初事迹继而反复再现于仪礼,并被设想为范例;借助于这种范例,发生于或可能发生于未来的、纯属经验的事迹可获得阐释,或者与此类范例相"契合"。米·埃利亚德兽谈到一切神话的"柏拉图式"结构①,其观点是正确的;一切经验的事物确被神话思维视为某种永恒基原的"影子"。据柏拉图看来,哲学知识可能是灵魂的"回忆",而灵魂当理念处于其两实存之间时予以直观。在成年仪式实施期间,澳大利亚少年笃信自身与其图腾祖先形同一体(类似所谓"即往症")。躯体上的标记则有助于给人以两者确属同一之感。②

　　不言而喻,柏拉图的构想恰恰可作为神话世界观的隐喻,因为它本身即溯源于神话传统。克·莱维-斯特劳斯指出:神话不同于科学,它从往事中导出结构;所谓"往事",在这里是指虚构的题材、有关祖先和神祇的"奇闻轶事"之总和而言。加之,任何确曾有之的史实,嗣后均被置于既定神话结构这一普罗克鲁斯忒斯之床③,结果势必成为它那囿于神幻时期的绝对原型之不完美的再现和重演。然而,不应由此得出结论:神话是赖以对历史和历史世俗时期相抗争并予以克服的工具,——米·埃利亚德及其某些志同道合者,正是持此论。虔敬时期与世俗时期两者的对立本身,并不是绝对的;就神幻时期极端静止的形象而言,时间作为"因"的范畴(见上文),作为"昔"与"今"、过去和现在等基本对比的范畴这种浑融性意象的特征,清晰可见。神话作为同历史时期有意识抗争的工具,其构想堪称极端的现代化,与20世纪既定的反历史主义的哲学立场相呼应。

178

---

　　①　古希腊哲学家柏拉图曾提出"回忆说"。据他看来,感性认识并不可靠,因为感觉的对象只是个别事物,而个别事物只是"理念"(一般概念)的"影子"或"摹本"。人的灵魂未转世而进入肉体之前,处于一种超自然的"理念世界"。他认为:人要想得到真正的知识,只能唤起自己不朽的灵魂对理念世界的回忆。他并把"辩证法"解释为刺激灵魂"回忆"理念的方法。——译者

　　②　许多原始人除在服饰上涂画图腾形象外,甚至以涂色、切痕、黥纹等方法在肉体上留下图腾标记。所谓"涂色",形式繁多。例如,澳大利亚原居民奉袋鼠为图腾,即在肉体上绘袋鼠器官的示意图形。所谓"切痕",即是依照图腾物种的形象,在胸、腹、背、四肢等部位切开皮肉,甚至置放图腾表征,以留下永久痕迹。"黥纹"大多施之于面部和躯体上部。——译者

　　③　普罗克鲁斯忒斯,又称"达玛斯忒斯",海神波塞冬之子,古希腊神话传说中的强盗,开设黑店,为害于行人。相传,其店内设有长、短床各一;如有旅客投宿,则强使身高者睡短床,截去长出部分,身矮者睡长床,延长其体,使与床齐。——译者

始祖—造物主—文化英雄

如上所述,古老神话中的首创业绩,无不系于生存并活动于神幻时期的人物;诸如此类人物可称之为"**始祖—造物主—文化英雄**"。[①] 有关上述 3 范畴的意象错综交织,更确切地说,浑然难分。综观这一复合体,其基原为**始祖**——氏族始祖、胞族始祖、部落始祖。后者有时被视为全人类的始祖,因为部落的界限与全人类的界限两者在原始公社成员的意识中是一致的。始祖—造物主—文化英雄,实则为整个原始公社的模拟,原始公社即等同于"真实的人"。在澳大利亚中部地区诸部落及古老的非洲诸民族(如布须曼人),在一定程度上也包括巴布亚人及美洲印第安人的一些集群,神幻人物也就是图腾祖先。他们既是某种动物的(偶尔也是植物的)原初生育者或创造者,又是人类一定的氏族群体的原初生育者或创造者;这一氏族群体将该动物物种视为"亲骨肉",即亲属、图腾。

依据将本质与起源相混同的神话逻辑,社会群体和动物物种形成的统一实体,则被归之于两者共同的起源。图腾崇拜(澳大利亚土著居民为之提供了古典形态),是早期氏族社会那种特殊的意识形态之上层建筑;另一方面,它又提供一种特殊的自然"代码",可资对千差万别的现象(首先是社会现象)进行分类;不仅如此,它还提供"本体论体系的语言"。图腾崇拜是"梦幻时期"同今人之间一种特殊的媒介者。图腾祖先呈现为一种兽人同体的灵体。例如,澳大利亚的阿兰达部族将下列种种动物奉为图腾,诸如:红袋鼠、灰袋鼠、鸸鹋、鹰、野猫、食蚁兽、蝙蝠、鸭、乌鸦、青蛙、蜗牛、蛇类、鸟类、幼虫、鱼类等等(据卡·施特雷洛、鲍·斯宾塞和 Ph. 吉伦所提供的资料)。然而,图腾中仍然以具人形者

179

---

① 文化英雄(Culture hero),世界各民族神话传说中的神幻形象;相传,最先发现、获取、创造种种文化成果(诸如火、农作物、劳动工具等),教人类狩猎、农耕、工艺,并确立自然秩序、社会体制,并规定宗教、伦理以及婚姻的准则,亦即人类赖以生存的文化成果之开拓者、造化者、传播者,并具有超自然的或神圣的属性。——译者

为多。神话有时始于这样的套式："话说当年,野兽还和人形同一体";而结尾则不外乎主人公变为相应的动物。图腾祖先通常被描述为相应的人类群体和动物物种之始初生育者。试以阿兰达人①的神话为例。他们所信奉的图腾为大袋鼠,神话中讲的是一称为"卡罗尔"的祖先;首先是大袋鼠,继而是人,自其腋下生出;而人又去捕猎大袋鼠(颇似斯堪的纳维亚神话中众寒霜巨灵之生于伊米尔腋下)。

　　然而,即使在那些作为社会体制或宗教体制的图腾崇拜已成为遗迹的地区,图腾分类通常依然留存,神话人物仍不乏以兽名为称谓者。再则,神话人物之图腾身份,使其成为一种媒介者,神话人物在诉诸叙事逻辑解决种种基本二律背反的过程中之象征作用始得以维系。

　　阿兰达人和澳大利亚中部地区诸部落的神话,对图腾祖先寻觅亲族的神圣游徙"路线"有详尽的叙述。诸如此类神话均讲述于狩猎时,有时则在统领一帮少年之际。在途中,图腾祖先数度停歇进食,举行种种仪式;行程将终,他们已十分劳顿,则隐身于地下、水中或山崖。这些传说中的处所,也就成为相应的图腾崇拜中心;现今的阿兰达人仍在此举行称为"茵蒂丘玛"②的仪式(旨在借助于法术促使其奉为图腾的动物繁衍),并为已达性成熟年龄的少年举行成年仪式;上述仪式举行时,则演述关于"梦幻时期"图腾人物的神话。图腾祖先所到之处的地形地物,成为显示其生命力的特殊标志。图腾祖先沿途则从事创世和创造文化之举,尽管文化英雄类型在澳大利亚地区的探考从根本上说来尚嫌不足。例如,图腾祖先——野猫、蜥蜴—蜻蜓,借助于石刀,使那些挣

---

　　① 阿兰达人(Arandas),澳大利亚中部埃尔湖和芬基河一带的原居民,从事采集和狩猎;原为澳大利亚人数最多的部落之一,现仅存约千人;其图腾崇拜以及图腾神话颇为繁盛,亦极为典型。——译者

　　② "茵蒂丘玛"(Интичиума,源于阿兰达语 intichiuma,原意为"制造"、"生产"),澳大利亚原居民之一种宗教性仪式;履行这种仪式的成员通常装扮成图腾动物模样,并演现有关的神话故事,象征性地再现图腾祖先的经历和该种动物的生活景况,以促使其繁衍。仪式结束时,人们往往将图腾动物作为祭品,分而食之。此种仪式,文献中称为"茵蒂丘玛"。这一术语并不十分恰切。"茵蒂丘玛"为阿兰达语;据卡·施特雷洛称,这一用语并无"繁殖"之意;阿兰达人将"繁殖礼"称为"姆巴蒂雅卡蒂乌玛"。在其合著的近作中,鲍·斯宾塞和弗·吉伦则将阿兰达人的这种仪式称为"姆巴姆比乌玛"。——译者

180

扎于露出水面岩石上的"幼虫人"臻于完善,施之以"割礼"(成年仪式使人臻于完善),教以摩擦取火和熟食之法,授以梭镖和飞去来器①,分众人为两胞族,赋予每人一楚林噶②,供其灵魂寄寓之用。灰袋鼠图腾的祖先从大袋鼠身上获取火;鹰图腾的祖先教人使用石斧。除野猫和蜥蜴—蚰蜒外,定立婚姻制度者尚有鸸鹋、袋鼠及其他图腾。

澳大利亚北部和东南部诸部落的神话中,除上述图腾祖先外,尚有更为概括的"超图腾"神幻人物形象,它直接附丽于众多图腾(例如,其躯体的每一部位均与其图腾相对应)。在东南部地区的神话中,这是高居天界的众人之"父"、成年仪式监护者及文化英雄等宗法制类型的形象,诸如:努伦德雷、科茵、毕拉尔、努雷利、本吉尔、拜雅梅、达拉穆伦。"本吉尔"意为"楔尾鹫",而"楔尾鹫"则是库林部落一胞族的标志。有时也提及帕利安,——他是本吉尔的孪生兄弟(即蝙蝠或渡乌氏);帕利安与本吉尔为仇作对,其生性凶狠、愚顽。另一些人物与上述相类似,与图腾祖先的亲缘却尤为朦胧,尽管仍称之为"父",意指"祖先"。

饶有意味的是:诸如此类人物虽与神幻时期紧密相关(瓦赖伊部落的"拜雅梅时期",亦即阿兰达人所说的"梦幻时期"),据信仍续存于现今,但并非在尘世,而是在天界。天界神话的胚芽及神化过程中继之而来的阶段,已清晰可见。"至尊之父"不仅定立成年仪式典制,并在一定意义上继续予以监理。谢·亚·托卡列夫正确地指出:就此而论,见诸澳大利亚中部地区诸部落的这种有关精灵使儿童成为成年人(唯有尚未行加入式者笃信之)的古老意象有所发展。[142]然而,在"父"的形象中居于首要地位的,是文化英雄的属性及造物主的部分属性。达拉穆伦曾同其母(鸸鹋)植树、为世人定立法度和成年仪式。拜雅梅携两妻

---

① 飞去来器(Бумеранги;Bumerange),澳大利亚原居民用弯曲的硬木制成的一种投掷器物,其形状各异,长度有超过两米者。有些向猎物或对象投掷后,仍可借助于某种力返回;有些则一去不复返。这种器物,既可用作狩猎工具,又可用作武器。——译者

② 楚林噶(Чуринга;Churinga),澳大利亚原居之形似鹅卵石或两端呈扁圆状的木条,上面绘有种种几何图案和象征性图形。楚林噶似与特定的图腾物种、图腾始祖以及图腾群体特定成员有着某种神秘关联;澳大利亚原居民奉之为本群体的圣物,置放于秘处,未履行成年仪式者不得一睹。——译者

自东北方而来,以木和泥土造人,其中的一部分则由其点化的兽类变成(是为图腾主题的由来),并为之确立法度和习俗。据维拉朱里人①的神话,拜雅梅曾四处游荡,寻求野蜜(颇似古斯堪的纳维亚神话中奥丁所建树的重要文化业绩——寻求圣蜜,又似南美印第安人那种有所发展的蜂蜜神话)。

澳大利亚中部和北部诸部落②的天神形象十分苍白(属中部诸部落者,如阿兰达人所信的阿特纳图;属北部诸部落者,如穆林巴塔人所信的诺格迈茵)。据此,某些神话学家,特别是米·埃利亚德,执著于将诸如此类"天界"人物视为极古老的和惯常的神祇类型,并先于"梦幻时期"图腾祖先的形象。至于天界人物与图腾祖先的相互关系,埃利亚德将其与神祇之不同辈分或不同阶段的类型相比拟(诸如:提亚玛特与马尔都克、乌兰诺斯与宙斯,等等)。譬如,埃利亚德认为:这些神幻人物在"萨满"的献身之举中起有特殊的作用,而萨满在天与地的沟通中又起有特殊的作用(据信,天与地的联系一旦断绝,人即随之而亡);萨满是尘世与天界"主宰"的中介者,萨满具有升腾的异能,可缘巨树或法绳上达天界。然而,此类天界人物与萨满术和萨满术式的成年仪式之关联,主要指澳大利亚人天界神话萌芽形态的较晚期的演化而言,其原因在于:全部落型的成年仪式,较之关于萨满赋有特殊使命的观念及与之相应的仪典,显然更为古老。

在澳大利亚北部诸部落(分布于阿纳姆地)的神话中,众人之"父"为"老母"所取代;"老母"是母权制类型的始祖母(即丰饶多产之

----

①　维拉朱里人(Вирадьюри;Wiradjuri),澳大利亚原居民一部落,分布于达令河流域(新南威尔士和昆士兰南部地区),现几近绝迹。——译者

②　澳大利亚人(Australians),澳大利亚地区原居民,英国殖民者侵入时约有30万人,分属库尔奈、阿兰达、卡米拉罗伊等众多部落;从事采集、游猎、保持原始氏族公社、老人掌权等制度。据20世纪90年代统计资料,澳大利亚的人口为1 833.8万(其中原居民约占1.6%,约为26.55万人)。又据《简明不列颠百科全书·2006年鉴》,澳大利亚人口为2 034.5万(操土著语言者为53 000)。澳大利亚原居民约分为400~700部落;每一部落约有成员100~2000。卡里耶拉人、尼奥尔-尼奥尔人(纽尔纽尔人),为西北部诸部落中较著者;瓦卡人、卡比人,为东部诸部落中较著者;阿拉巴纳人、阿兰达人、瓦拉蒙加人、迪耶里人,为中部诸部落中较著者;卡米拉罗伊人、库尔奈人、纳里涅里人,为东南部诸部落中较著者。——译者

大地的象征)以及同大地(并同丰饶、繁衍)相关联的虹蛇形象。通观
一些仪典(行之于"万物繁生"的雨季到来之前),老母以诸如"库纳皮
皮"、"克利雅林-克利雅里"、"卡迪雅里"等称谓演现;而在与上述仪
典有关的神话中,同这一人物相应者(特别在尤伦戈尔部落的神话
中),则是来自北方的始祖母姊妹,称为"瓦乌瓦卢克"(尚有其他称
谓)。早在瓦乌瓦卢克姊妹到来之前,朱恩克戈瓦姊妹即循她们所开
拓的海路,漂洋过海而至。他们带来图腾,生育始初的男女,为子孙
后代制造掘土棒、羽带和其他饰物,传火种,造太阳,教子女以某些物
种为食,授以武器和法具,教以图腾舞,并定立少年加入仪式。瓦乌
瓦卢克姊妹被视为杜瓦胞族的祖先,终于完成其先行者未竟之业,定
立婚姻等级,创立有关库纳皮皮的仪典,——举行该仪典时,则演现
其部分业绩。瓦乌瓦卢克姊妹及两姊妹之一所生之子,为可怖的虹
182 蛇吞入腹中(其子后被吐出,似为领受伽入式者那种"暂死"的象征;
据穆林巴塔部落的神话,名叫"穆廷伽"的"老妪",将子女全部吞入腹
中,继而悉数吐出)。上述虹蛇形象兼容数意象于一体,如关于水之
精灵的意象、关于蛇妖的意象(为关于龙的意象之胚芽),以及法师运
用法术晶体反映虹之光谱的意象。在耶尔克拉部落集群①的神话中,
虹蛇同与其有性关系的众姊妹共同游荡;在穆林巴塔部落的神话中,它
被称为"昆曼古尔",即是祖先——部落一半之父、部落另一半之外祖父
(据此神话,并非虹蛇,而是其子奸众姊妹,并重伤其父)。它是始祖,而
非文化英雄;相反,昆曼古尔为其子所伤,竟将火熄于海中,另一神幻人
物则不得不重新获取火种。

澳大利亚北部地区原居民所信之神幻人物及其神话和仪典中的题
材,颇有可能不无新几内亚的巴布亚人的某些影响。然而,如上所述,
巴布亚人神话的主干与澳大利亚神话十分近似。试以德玛为例,它们
始现于神幻时期,后转入冥世,化为月、植物、精灵,实质上亦为图腾祖

---

① 耶尔克拉人(Йиркалла;Yerkla),澳大利亚原居民一部落,又称"耶尔克拉-米宁人",
分布于澳大利亚今南威尔士地区。——译者

先,完成了造物主和文化英雄的业绩。例如,在玛林德-阿尼姆人①的神话中,德玛称为"德维",用杵棒把哈贝岛劈离大陆;另两个德玛——阿拉梅姆布和乌皮卡克,则在该岛与大陆之间建造长堤。阿拉梅姆布最先将矛和弓箭用于狩猎;被视为雷神的德玛——迪瓦希布,授予世人以投矛器②,用于狩猎、祭祀"伊摩",等等。巴布亚人所信之神幻的文化英雄和成年仪式监护者,为里根穆哈、席多和克沃伊亚姆,同节期仪礼和种植法术紧密相关;就其类型而论,颇似澳大利亚东南部地区原居民所信的众人之"父"。不仅如此,在部分信奉多神的巴布亚人(即分布于新不列颠的拜宁人)中,流传着关于**文化英雄**西里尼与戈伊特基乌姆两兄弟的故事;诸如此类故事同流传于毗邻的美拉尼西亚人的古南图纳部落中的极为近似,前者可能袭自后者(试与上文所述流传于澳大利亚人神话中的本吉尔与帕利安相比较)。

在美拉尼西亚人地区,图腾崇拜仅余遗存见之于世,主要为婚制胞族为标志;而此间的万物有灵信仰,却极为繁盛。然而,作为文化英雄和蛇妖的神幻老母,其精灵和形象(颇似库纳皮皮和扎恩伽乌尔),则退居次要地位,代之而起的为虔敬化程度微弱、同仪典几无关联的孪生兄弟形象、即**文化英雄—造物主**的形象。诸如此类孪生兄弟似不胜枚举,犹如澳大利亚的图腾人物形象,其中最著者有二(显然与胞族划分相应):"聪慧"与"愚顽",即文化英雄的"正"、"反"两种形体。试以托·卡比纳纳与托·卡尔乌乌(托·普尔戈)为例,两者均为古南图纳人(属美拉尼西亚人)神话中全然拟人化的胞族祖先。两兄弟造地形地物,造种种动物和种族团群,首倡渔猎,创培育作物,制造狩猎工具和乐器,营造第一座房舍,等等。然而,两兄弟所从事者并不相同:一切美好而为人们所珍视者(即有益者),均出自托·卡比纳纳之手;一切有害者,则

——————————
①　玛林德-阿尼姆人(Маринданим; Marind - anim),新几内亚地区原居民,为最原始的部落之一。其社会体制和生活状况,与澳大利亚原居民颇为相似,图腾崇拜为其最主要的宗教信仰形态,并流传有图腾神话。——译者

②　投矛器(Копьеметалка),原始武器的一种,形似长矛,可掷出,澳大利亚原居民以及爱斯基摩人等广为使用。——译者

为托·卡尔乌乌所造。托·卡比纳纳造平原和沿海居民、美貌妇女、鲔鱼（此种鱼驱赶众多小鱼入渔民之网）、用于节庆舞蹈的鼓；而托·卡尔乌乌则造山峦和沟壑、信奉多神的巴布亚人中的山民（即拜宁人[①]）、鲨鱼（吞噬其他鱼类）、丧葬仪式所用之鼓。托·卡尔乌乌堪称"瘟神"，招致死亡（阻挠其"老"母完成蛇蜕般的"蜕皮"）、饥馑、争斗、乱伦。托·卡尔乌乌是为愚拙和滑稽之化身。他的愚拙主要为模拟不成所致（他是一个不折不扣的"傻瓜"；譬如，他自内而外覆盖房顶，结果让雨淋透）。愚拙与滑稽（恶作剧）兼容并蓄——几为古老的民间创作普遍具有的特征。

就美拉尼西亚大多数地区而言，主要的文化英雄为塔加罗或克瓦特（在所罗门群岛——为瓦罗胡努卡）及其为数众多的弟兄。以塔加罗（坦加罗、塔尔戈）为代表的图腾祖先或胞族祖先，其特质已纯属残留的遗迹（在新爱尔兰，成为两胞族之一的"鹞"图腾的化身）。将克瓦特视为祖先者，唯有瓦努阿岛的居民。在班克斯群岛，智者坦加罗同愚者坦加罗两形象针锋相对；在新赫布里底群岛，同塔加罗相对立者正是他那个愚蠢的兄弟苏克玛图阿，其所作所为颇似托·卡尔乌乌。克瓦特所到之处，那些忌刻成性、冥顽不灵的兄弟们无不甘拜下风。据某些变异之说，同文化英雄相对立的并非众弟兄，而是冥顽的魔怪：克瓦特同食人蠢妖卡萨瓦拉相搏，并战而胜之；而塔伽罗-姆比蒂，即小塔伽罗（奥巴岛居民所信众塔伽罗中的首要者），则是与梅拉-姆布托相争，并战而胜之。在美拉尼西亚地区，作为文化英雄的众弟兄已成为民间叙事创作系统化的核心；这或许不仅是由于释源神话的非神圣化，而且是由于原始神幻故事和轶闻的非神圣化。

波利尼西亚的神话堪称太平洋岛屿范围内的最高阶段；性喜恶作剧的文化英雄坦伽罗已不复见诸神话，取而代之的是天神—创世主坦伽罗阿。就其面貌而论，始祖—文化英雄的属性仅余遗迹可寻：在芒艾

[①] 拜宁人（Байнин；Bainin），美拉尼西亚地区一古老部落，分布于西南太平洋地区新不列颠岛。——译者

亚岛的神话中,坦伽罗阿与其弟龙格,各自相应为浅色发者和黑色发者
的祖先;而在汤加岛的神话中,坦伽罗阿则是工艺神,等等。坦伽罗阿
被想象为神圣的宇宙创造者。此外,此神并具有天体的和冥世的两种
特质,是为海洋境域的,因而也是捕鱼业和航海业的模拟。全波利尼西
亚神殿的其他具有代表性之神(塔涅、龙戈、图等),同样是集文化英雄
和造物主两者的属性于一身,已演化为天神,即创世者和种种自然力和
自然现象或文化现象的主宰。

　　波利尼西亚叙事神话中的核心人物,则是马威(并见诸密克罗尼西亚
和美拉尼西亚许多地区的神话)。马威是类似坦伽罗、克瓦特的文化英雄,
他还是虔敬者与非虔敬者的分野;他并未被奉为神,而被视为英雄,兼有非
凡的法术之力(玛纳)和聪敏(机巧)。人们通常称之为祖先,或(以及提基)
称之为始初第一人;这一形象的图腾属性已不复存在。马威作为文化英
雄,从其始祖母(一冥世老媪)取来火、芋、神奇的渔钩,继而以鱼钩把岛
屿从海底钓出。据其他异说,马威并完成另一些属造物主的业绩,诸如:捕
捉太阳,缓其行速(调整季节),息风力,擎苍穹,促成狗、薯类和椰子的创造,
最后曾试图战胜死亡,但未成功。为了如愿以偿,他往往不惜借助于种种
狡黠伎俩,颇似神话中那种典型的行骗和为非作歹者(**恶作剧者**);据西波
利尼西亚神话,马威曾战胜众嗜血者和魔怪,显示其**英雄**气质。凡此种种
除妖救世的壮举,堪称文化英雄的又一重大业绩。

　　密克罗尼西亚神话中广为人们所知的人物伊奥洛法特及其后裔,
也具有文化英雄和恶作剧者的双重属性。伊奥洛法特与其众弟兄(相
传,均为至高天界灵体之孙)的冲突,其情景同美拉尼西亚民间创作中
所述颇为相似。就类型而论,或许亦就起源而论,日本古老神话同波利
尼西亚神话和密克罗尼西亚神话极为相似,它同样不乏纷繁的神谱沿
革及性喜恶作剧之神,即素盏鸣尊和大国主命及其众弟兄。

　　在古老非洲的神话中,图腾式的造物主同样有迹可寻,同见诸澳大
利亚神话和巴布亚神话者相类似。例如,布须曼人所信的茨阿格恩即
属之;茨阿格恩具有草螽—螳螂的图腾特质,其"家庭"成员为:妻子旱
獭、女儿豪猪、儿子獴。这些均为"古老部族成员",后成为动物。茨阿

格恩曾参与造月和夜,并造羚羊供子孙猎取,如此等等。

总的说来,热带非洲文化的特点在于:屏除图腾崇拜而代之以对拟人化氏族祖先的崇拜,而在已具早期国家结构的地区,甚至有崇拜在世的法王之风。赫雷罗人①所信奉的穆库鲁、祖鲁人②所信奉的温库伦库卢(就词源而论,该两称谓均与"老"一词有关)、巴苏陀人(南非)所信奉的莫里摩,——三者均为宗法式祖先—文化英雄的典型。这些神幻人物或被想象为始初第一人,出自圣树、神山、芦塘;或被想象为造物主,诉诸法术之力唤出世人,并授予世界万物以称谓。相传,他们完成了种种文化业绩,诸如:取火、教人从事农耕和畜牧、定立成年仪式和"塔布"③。据某些异说,莫里摩已俨然成为天神;而同温库伦库卢并存者,尚有乌姆韦林甘吉(始而似为其孪生兄弟),为居于天界的至高创世神;同穆库鲁并存者,尚有"众祖之父"卡伦伽,其特征颇似雷神。通观姆瓦里(见诸文达人④和绍纳人⑤的神话)、穆伦古(见诸东非众多班图人⑥部族的神话),在一定程度上亦包括卡伦伽(见诸西非的神话),祖先和雷神以及造物主和文化英雄的种种职能融于一体。

最后,通观班图人的神话中的一些形象,如莱扎和恩伽伊,创世者和

---

①② 赫雷罗人(Гереро;Herero),西南非民族,又称"奥瓦赫雷罗人",属西南班图族系统,分布于纳米比亚、安哥拉、博茨瓦纳、南非共和国,人口共约27.5万人(20世纪90年代);语言属尼日尔-科尔多凡语系;仍保持传统信仰(祖先崇拜、自然力崇拜)。祖鲁人(Зулу;Zulu),南非民族,自称"阿玛祖鲁人",分布于南非共和国以及莱索托、莫桑比克、斯威士兰;语言属刚果-科尔多凡语系贝努埃-刚果语族;人口共约882万(20世纪90年代);大多保持传统信仰。——译者

③ 塔布(Табу;波利尼西亚语taboo或tabu的音译),宗教发展早期阶段的一种法术性的"禁忌";据信,倘若违连之,必然招致超自然之力、精灵、神祇的严惩。最繁盛的"塔布"体系见诸波利尼西亚地区;其原民笃信:一定的人、物、动物、地点,乃至言和行,为塔布(禁忌)之客体。头人、祭司还可使某物或某地成为"塔布",人们不可触及。——译者

④⑤⑥ 文达人(Венда;Venda),南非民族,自称"巴文达人",又称"韦沙人"、"巴韦沙人",属班图族系统;据《简明不列颠百科全书·2006年鉴》,分布于南非共和国北部(103万人)、津巴布韦南部(30余万人),从事农耕、畜牧等;其语言同苏托人、聪加人相近似。部分人保持传统信仰。绍纳人(Шона;Shona),又称"玛绍纳人",分布于津巴布韦、莫桑比克、博茨瓦纳、南非共和国,保持传统信仰(祖先崇拜等)。班图人(Банту;Bantu),分布于赤道非洲和南非地区的班图语诸族的统称;语言属尼日尔-科尔多凡语系见努埃-刚果语族;保持传统信仰;人口共约2亿(20世纪90年代)。语言学家将班图语族划分为7个主要语支:西北语支、北方语支、刚果语支、中央语支、东部语支、东南语支、西部语支。卢旺达人、马夸人、刚果人、绍纳人、隆迪人、马拉维人、祖鲁人、卢巴人、基库尤人等为其中较著者。——译者

文化英雄的职能则赋予雷神，雷神已不被视为祖先。班巴拉人①神话中的法罗，既是雷神，一般说来又是水的主宰，并与象征生殖力的"宇宙之树"佩姆巴共同完成创世业绩。干达人②神话中的金古，似为神化的王族之祖的典型；这一形象既是造物主，又是始初第一人和文化英雄。在许多非洲民族的神话中，创始文化的业绩归之于神化的祖先（铁匠）；相传，他自天界降临人间，带给世人箭、矛、鹤嘴锄、农作物。

　　约鲁巴人③和丰人（达荷美人）④创造了庞大的神统，是为自然现象的模拟。然而，通观丰人的种种叙事题材，广为人们所知的并非这些神幻人物，而是玛乌的幼子，即虔敬化的、以狡黠著称的神幻人物莱格巴，——他是神与人的中介，以娴于法术和恶作剧著称。莱格巴在神幻故事中之别具一格的变异，为伊奥（前者的主要特征为"好色"，后者则为"贪食"）。非洲的叙事题材正处于由图腾神话向动物故事的过渡中；一般说来，为数众多的文化英雄—恶作剧者为其主要人物，——他们取兽形和兽名（蜘蛛、蜥蜴、象、食蚁兽、龟、犬），或取半兽形和半兽名（普、乌赫拉卡尼雅纳）。

　　在西伯利亚地区，属楚克奇-堪察加集群⑤的古亚细亚人那最为古

186

---

①②　班巴拉人（Бамбара；вамьага），西非民族，主要分布于马里、象牙海岸、几内亚、冈比亚，语言属尼日尔-科尔多凡语系贝努埃-刚果语族；部分保持传统信仰（祖先崇拜、自然崇拜、法术等），行南具舞。神话、叙事诗、歌谣等蕴藏丰富。干达人（Ганда；Ganda），又称"巴干达人"、"瓦干达人"，主要分布于乌干达湖间地带，属班图语系统，人口约 460 万（《简明不列颠百科全书.2006 年鉴》）；保持传统信仰（祖先崇拜，自然力崇拜），信多神（神殿已形成），并崇拜神化之王。民间文化和神话传说十分丰富。——译者

③④　约鲁巴人（Йоруба；Yoruba），西非民族，分布于尼日利亚西南部、贝宁、加纳、多哥，人口约 2 500 余万（20 世纪 90 年代）；语言属尼日尔-科尔多凡语系克瓦语族；保持传统信仰（祖先崇拜，自然力崇拜），信多神。丰人（Фон；Fon），又称"达荷美人"、"东部埃维人"，自称"丰格贝人"，贝宁的基本居民；人口约 330 万（20 世纪 90 年代）；主要从事耕种、采集等；语言属尼日尔-科尔多凡语系克瓦语族。大多数人保持传统信仰（祖先崇拜、自然力崇拜、法术等）。民间创作和传统文化十分丰富。——译者

⑤　楚克奇人（Чукчи；Chukchi），自称"卢奥拉韦特兰"（意为"真正的人"），主要分布于西伯利亚北部地区；人口共约 1.7 万（20 世纪 90 年代）；语言属楚克奇-堪察加语族（古亚细亚语系）；信万物有灵，保持传统信仰（萨满教、渔猎崇拜等）。堪察加人（Камчатканцы；Kam-chatkan），主要指堪察加半岛的原居民——伊捷尔缅人。伊捷尔缅人（Ительмены；Itelmen），分布于北部堪察加半岛，操伊捷尔缅语，属古亚细亚语系，信奉萨满教，并信万物有灵；人口约 2 500（20 世纪 90 年代）。——译者

老的神话中,"创世时期"主要同渡乌氏的作为相关联。在楚克奇人的神话中,渡乌氏即径直以造物主的面目出现(或者作为尚属朦胧的天神之襄助者和代理者);而在科里亚克人和伊捷尔缅人的神话中,渡乌氏则保留有文化英雄的某些特质及"创世者"的表征,主要被视为神幻的渡乌家族的宗主("至尊先祖"),并被视为古亚细亚人的始祖。在"渡乌"神话中,尚存留有明显的图腾崇拜遗迹(如称谓、同"兽人"之婚配)。渡乌氏颇具萨满式的法力,助其子孙与来自下界的食人恶灵搏斗。不仅如此,与波利尼西亚神话中的马威相比,渡乌氏具有更明显的神幻骗者的属性;因此,渡乌氏成为一系列带有戏谑色彩的神话故事中的主人公;据说,渡乌氏无时无刻不为果腹而奔波;或与妻子离异,投靠富有的养鹿者中的妇女(另说,投靠从事渔猎的"兽人"中一"图腾"妇女),却因行事笨拙,违反生物规律和社会准则,以致声名狼藉;而其众子捕猎野鹿却大有所获。渡乌氏的子女与种种作为自然客体和自然力之化身的灵体(部分半人半兽者)结亲,从而得以丰衣足食。诸如此类神话,又不失为协调的社会统一体之由来的写照,即:类似上述同异类中"有益"灵体的婚配,往往伴之以同本族结亲(乱伦)的希图,却并未遂愿。关于渡乌氏的类似神话,在美洲大陆西北部的印第安人(特林吉特人、齐姆什安人、海达人、夸扣特尔人)中亦有流传。

187　　众所周知,克·莱维-斯特劳斯对渡乌氏或郊狼氏的"中介性"十分关注。他们同属啖食动物尸骸的灵体,因而在食草类与食肉类之间、最终在生与死之间起有媒介作用。不仅如此,在东北部古亚细亚人中,渡乌氏还是上与下的媒介者(由于其萨满特质)、天与地的媒介者(即天界和冥界之鸟,穿苍穹、入地下)、冬与夏的媒介者(作为非候鸟)、干燥与湿润、陆地与海洋的媒介者、淡水与咸水的媒介者(从海洋主宰者那里获取淡水)、男性与女性的媒介者(更易性别的尝试),等等。

在通古斯人①及西伯利亚地区其他某些民族的神话中,造物主乃

---

①　通古斯人(Тунгусы;Tungus),史称"通古斯人"、"鄂伦春人",分布于北亚地区;操埃文克语,属阿尔泰语系满-通古斯语族;居于俄罗斯境内者约3万人(20世纪90年代);从事养鹿、狩猎和捕鱼,保留父权制氏族残余以及许多传统信仰和习俗。——译者

是为仇作对的两兄弟：弟成就之业，兄长毁之（颇似托·卡比纳纳同托·卡尔乌乌）。然而，两者并非胞族的祖先，而是上界和下界的宇宙主宰。在鄂毕河流域的乌戈尔人①神话中，上界和下界的主宰（努米-托鲁姆和胡尔-奥特尔）亦为同胞的造物主。而鄂毕河流域乌戈尔人神话的中心人物，却是埃克瓦-佩里什，它具禽兽形（鹅形或兔形），被视为莫斯胞族始祖母鹅神卡尔达什之子。埃克瓦-佩里什自天界下凡，成为人间首领，是典型的文化英雄及恶作剧者，颇似渡乌氏（弗·格·博戈拉兹意欲把他视为古亚细亚人的化身）。

卡累利阿人和芬人②的神话中，虽不乏有关天神乌科以及其他神祇的描述，而其主要人物却是维奈默伊宁和伊尔玛里宁，——前者为古老的文化英雄，曾自北域之主处盗取星辰和神奇的"萨姆波"，在鱼腹寻得火种，并以鱼骨制造乐器；而后者既是铁匠又是造物主，他锻造的自然物和文化物即为上述种种，或相类似（亦为星辰、"萨姆波"、犁等）。

综观北美印第安人的神话，关于神幻时期的意象则极为明晰，带有图腾祖先之残存特质的文化英雄—造物主仍是神话的中心人物；而在北美大陆西部的神话中，这一人物不仅成就创世业绩，而且行使种种骗术，既是文化英雄又是恶作剧者。

如上所述，太平洋滨海地区北部的印第安人所信的渡乌氏，与东北部古亚细亚人（西伯利亚）所信大致相似，既是文化英雄—造物主（亦为胞族祖先），又是性喜恶作剧的神幻人物；与之相近似者尚有水貂氏，——渡乌氏贪食成性，水貂氏则好色无度（颇似达荷美人神话中的莱格巴和伊奥）。同渡乌氏和水貂氏在很多方面类似的，有下列神幻人物：野兔氏或家兔氏玛纳博若或维斯科迪雅克（中部森林地带阿尔衮琴

188

---

① 乌戈尔人（Уторы；llgrian），乌戈尔语诸民族的统称，包括分布于乌拉尔以东的曼西人和汉特人及多瑙河地区的匈牙利人，语言属乌拉尔语系芬-乌戈尔语族。——译者

② 卡累利阿人（Карелы；Karelians），主要分布于俄罗斯境内卡累利阿等地区，人口约12.5万（20世纪90年代）；操卡累利阿语，属乌拉尔语系芬语族。芬人（Финны；Fines），芬兰的基本居民，部分居住在其他国家，语言均属乌拉尔语系芬-乌戈尔语族。——译者

人诸部落①）、郊狼氏（分布于大部分高原和草原地带以及加利福尼亚的印第安人诸部落）、老叟（与兽类和渡乌氏相关联的印第安人诸部落）、尼汉桑（阿拉帕霍人②）、蜘蛛氏伊克托米（苏人③）、伊什蒂尼克（蓬卡人④）、西特孔斯基（阿西尼本人⑤）、瓦克迪尤恩卡伽（温内巴戈人⑥），等等。郊狼氏、老叟、玛纳博佐既是名副其实的文化英雄，又是长于骗术的神幻人物。在北美高原地带印第安人的神话中，文化英雄和性喜行骗者在许多情况下截然分离。例如，温内巴戈人的瓦克迪尤恩卡伽，被视为神幻的恶作剧者（"瓦克迪尤恩卡伽"显然为"愚者"、"滑稽可笑者"之意）：而兔氏，则被视为真正的文化英雄。

北美印第安人的神话中，不乏神幻狡黠者的古典范例，——诸如此类人物为中世纪文学中滑稽者、小说中狡黠主人公、文艺复兴时期文学中明快喜剧人物等之古远的先导。神幻人物的行事往往诉诸机巧和诡谲，因为原始意识中的"智能"尚未与机巧和法术相脱离。只是伴随关于机巧与智能、欺瞒与直率、社会体制与紊乱相区别的观念之萌生于神话意识，作为文化英雄化身的神幻狡黠者的形象则有所发展。渡乌氏

---

① 阿尔衮琴人（Алгонкины；Algonkin），北美印第安人部落集群，包括奥吉布瓦人、西克西卡人、德拉瓦尔人等，分布极广，东起加拿大东南部与美国东北部，西至落基山脉；语言属阿尔衮琴-莫桑语系，人口约 26 万（20 世纪 90 年代）。19 世纪以前，阿尔衮琴人大致分为若干地理组群：东北组群（克里人等，从事捕鱼、狩猎、采集）、大西洋沿岸组群（莫吉坎人等，从事定居农业、狩猎、捕鱼、采集等）、西部组群、中部组群。

② 阿拉帕霍人（Арапахо；Arapaho），北美印第安人部族，自称"伊努阿伊纳人"，属阿尔衮琴人集群，人口约 3 千（20 世纪 90 年代），分布于美国俄克拉荷马州和怀俄明州保留地；语言属阿尔衮琴-莫桑语系。浑融性崇拜广为传布；曾行精灵舞和太阳舞等仪式，信护身符物。——译者

③ 苏人（Сиу；Sioux），北美印第安人部落集群，分布于美国和加拿大，人口共约 10.3 万（20 世纪 90 年代）；语言属霍卡-苏语系；16 世纪，迁居西方，并分为 3 大组群：德吉哈组群（阿玛哈人、蓬卡人、坎萨人、奥塞吉人、库阿诺人）、契维雷组群（阿约瓦人、奥托人、密苏里人、温内巴戈人）、曼丹组群（达科他人、阿西尼本人、希达查人、克鲁人、曼丹人）。加拿大境内之斯图尼人、阿西尼本人，形成一特殊组群。传统信仰和仪俗，依然留存。——译者

④⑤⑥ 蓬卡人（Понка；Ponka，意为"神圣的头"），北美印第安人部落，分布于美国，人口共约 1 500；语言属霍卡-苏语系。其传统信仰为：萨满教、种种行业崇拜、个人保护精灵崇拜、神圣烟斗崇拜、农事崇拜、神话十分繁盛。阿西尼本人（Ассинибойны；Assiniboin），属北美印第安人苏人集群，约 6 千人（20 世纪 90 年代）。温内巴戈人（Виннебаго；Winnebago），北美印第安人部落。分布于加拿大境内，属苏人集群。——译者

和印第安人(及古亚细亚人)民间创作中的类似人物,不同于太平洋岛屿神话中的狡黠人物(如马威),不仅诉诸机巧,而且施以种种伎俩,对文化英雄或萨满的相应业绩及神圣仪典予以揶揄,成为其低俗的、戏谑的变异。综观恶作剧者的形象,卑劣的本能(贪食、好色)有所突出,并导致其为社会所不容之行,诸如:乱伦、攫取家族食物为己有,等等。印第安人有时将渡乌氏、郊狼氏及类似既是文化英雄又是恶作剧者的神幻人物视为"同一称谓的两个形象";这一现象并非处处皆然,而且似属派生。难怪家兔氏有一称谓"格卢斯卡帕-维萨卡",意即"双面者"。

诸如此类双重性人物,既是文化英雄(造物主)又是恶作剧者的人物,堪称一身兼有二用:既体现对形成中的社会统一体和宇宙进行调整的情致,又体现其再度紊乱及未经调整的状态。这种"一身二用"之所以成为可能,无非是因为:在有关的神幻故事—神话系统中,其事态归之于严整的世界秩序建立之前,即神幻时期。此外,还应看到,作为反面角色的文化英雄(类似美拉尼西亚的托·卡尔乌乌)或恶作剧者(类似渡乌氏),其所作所为实质上同样具有"范例"性,因为它对见诸后期的消极现象和世俗行动起有先导的作用。

在北美印第安人的神话中,同样不乏孪生文化英雄形象,——两者或为仇作对,或友善相处。综观易洛魁人①的神话,关于文化英雄——相互对立的两兄弟之意象的遗存,同创世神、天界主宰、农事神塔龙海雅瓦贡-茹斯克雅(约斯克哈)及其孪生兄弟、魔怪塔维斯卡龙等形象相关联。

北美高原地带及西南部诸部落的神话中,孪生两兄弟并不是相互对立的造物主,而是游荡四方的英雄人物,——他们同心协力,剪除种种魔怪,使人们得以安居乐业。通观这一广阔的区域,为人们所熟知者,当推关于两孪生兄弟——"茅屋少年"和"丛林少年"(或"河溪少

---

① 易洛魁人(Ирокезы;Iroquois),北美洲印第安人部落集群,16世纪末至18世纪,结为部落联盟;后横遭杀戮;1978年前后约9万人(约3万人分布于加拿大);20世纪90年代,居住在美国和加拿大的保留地内;操易洛魁语,部分保持原始信仰。其传统信仰颇为典型,盛行丰饶崇拜,已有繁复的宇宙起源观念。——译者

年")的神话系统。相传,其生母为恶灵所害,两兄弟被从母体取出,一弃于茅屋,一弃于丛林(或河溪)。后来,其父诱导"性野不羁"之子脱离丛林,予以驯顺。两兄弟走遍天涯海角,降除种种魔怪——食人巨灵、驼鹿巨怪、雷鸟、跌落的山崖、羚羊魔怪、海狸怪,等等。在纳瓦霍人①的神话中,英雄的孪生两兄弟,乃是原人之孙和太阳之子;他们的降魔除怪,不啻迪内部落繁衍、迁徙之前奏。

在南美土著居民的神话及阿拉瓦克人②、加勒比人③、图皮-瓜拉尼人④等部落的民间创作中,孪生兄弟的形象也居于显著地位,诸如:巴凯里人⑤所信之克里与卡梅、加勒比人所信之玛克迈涅与皮格(皮亚)、博罗罗人所信之巴卡罗罗与伊图博里等。此类神幻人物往往被想象为创世主或文化英雄之子,其妻为美洲豹或嗜血者所害。孪生兄弟得知其身世后,矢志于剪除美洲豹和种种魔怪,最后变化为太阳和月亮。据另一些传说(如流传于博罗罗人中者),孪生兄弟为美洲豹之子。

类似题材又构成流传至今的基切人⑥神话叙事典籍《波波尔-乌》的基础。基切人民间创作中的英雄人物阿赫普与什巴兰克为异生者,均育成于祖先之头颅;除降伏魔怪的英雄业绩外,他们还完成诸如培植玉米等纯属文化英雄之作为的创世功业。

190

---

① 纳瓦霍人(Навахо;Navajo),北美洲最大的印第安人部落集群,分布在美国境内亚利、新墨西哥州。据其神话,阿赫松努特生孪生兄弟(尚武之神),为时仅千日即长大成人,与其父太阳神决一雌雄。太阳神认其子,并授予他们奇异的武器。孪生兄弟借助于此宝物降妖除魔。迪内(意即"人")为纳瓦霍人和阿帕切人的自称。——译者

②③④ 阿拉瓦克人(Араваки;Arawac),南美洲印第安人部落集群,分布于哥伦比亚、秘鲁等地区,人口约 40 万(20 世纪 90 年代),从事刀耕火种;语言属安第斯-赤道语系;仍保留万物有灵信仰和图腾崇拜。加勒比人(Карибы;Carib),拉丁美洲印第安人部落集群,分布于哥伦比亚、巴西、委内瑞拉、秘鲁、圭亚那、苏里南,人口共约 10~15 万人(20 世纪 90 年代);语言属热斯-帕诺-加勒比语系;保持传统信仰(图腾崇拜、信万物有灵)。图皮-瓜拉尼人(Тупи-гуарани;Tupi-Guarani),南美洲印第安人部落集群,分布于巴西、巴拉圭、玻利维亚等地区,操图皮-瓜拉尼语;人口共约 15 万(20 世纪 90 年代)。——译者

⑤ 巴凯里人(Бакаири;Bakairi),南美洲印第安人部落,分布于巴西境内,约 200 人(20世纪 90 年代);语言属热斯-帕诺-加勒比语系;保持传统信仰。——译者

⑥ 基切人(Киче;Kiche),中美洲印第安人部落集群,主要分布于危地马拉;据古老典籍《波波尔-乌》所述,曾盛极一时,并建立早期国家;其语言属佩努蒂语系,保持传统信仰,信多神。基切人、卡克契克尔人和凯克奇人,被视为山区玛雅人。——译者

综观古墨西哥人（托尔特克人、阿兹特克人、部分玛雅人）①的神话，其中呈现支系纷繁的神统；它同异常繁复的宇宙模式及关于诸宇宙期周而复始更替的观念相应。然而，居于核心地位的仍是克查尔科阿特尔（羽蛇）；造物主的职能及文化英雄的部分职能，在其所负职能中居于首要地位。例如，他创造了人（更确切地说，从冥世取来骨殖，以此再造世人），从神蚁处盗取玉米种。当然，克查尔科阿特尔也参与了以惨遭不幸的地母之尸骸诸部位创造宇宙之举。印加人②所信的至高神维拉科查，其文化英雄的脉络则尤为清晰（人们笃信孪生两兄弟，即创世者之子雅迈玛纳·维拉科查与托坎·维拉科查）。

毋庸置疑，始祖—造物主—文化英雄的形象，同样成为中国神话、印度神话及古代近东诸国神话的基原（古代近东诸国基于水利灌溉和古老国家体制，创造了辉煌的文明）。中国神话早已经历了历史化（即欧赫美尔说化），晚期种种历史的和世俗的实在者（诸如谋士、官吏、宫廷倾轧，等等），纷然杂陈于其中。然而，综观有关远古传说中的君主尧等的描述，关于神幻时期和创世者的意象也有所显示。始祖，即开天辟地的盘古氏，有时被想象为半人半兽、人躯熊面的"图腾式"人物；苗族及中国南方一些部族则把他视为本族的始祖；据另一些传说，

---

①　托尔特克人（Толтеки；Toltec），中美洲古代印第安人部族；公元8世纪进入墨西哥中部，9世纪建立庞大国家，10世纪曾征服玛雅人若干地区和城邦；12世纪初叶，为阿兹特克人所败；迨至该世纪后半期，托尔特克人在墨西哥中部地区的统治地位宣告终结。其文化对阿兹特克文明的形成影响极大。阿兹特克人（Ацтеки；Aztec），中美洲地区印第安人部族，又称"墨西加人"，分布于今墨西哥境内。阿兹特克人曾有过发达的古老文化；1325年，建特诺奇特兰城（今墨西哥城址）；15世纪初兼并邻近部落，建立奴隶制国家；有古老的象形文字，精于建筑、数学和天文、历法；语言属阿兹特克-塔诺语系。其文化颇受托尔特克人和玛雅人的影响。玛雅人（Майя；Maya），中美洲印第安人的一支，分布于墨西哥南部、危地马拉、萨尔瓦多等地区；其语言属佩努蒂语系。古代玛雅人创立了玛雅文明。据考证，玛雅文明的形成约始于公元前2500年，公元前400年左右建立早期奴隶制国家，公元3～9世纪为繁盛期，15世纪陷于衰落。古代玛雅人曾建立众多城镇和聚落，主要遗址分布在中部热带雨林区，已有祭祀中心和宏大的建筑群，金字塔式的台庙极其雄伟，已有象形文字，天文、历法、数学、建筑以及艺术已达到相当高的水平。——译者

②　印加人（Инка；Inca），南美洲古老印第安人部族，分布于今秘鲁一带；公元11至13世纪，兼并邻近部落；迨至15世纪中叶，形成强大的奴隶制国家，即印加帝国；印加人是南美古代文明之一的创建者。——译者

他死后成为现今的宇宙(见下述)。

始祖母和始祖女娲氏和伏羲氏(既是同胞兄妹,又是夫妻),成就了一系列纯属文化英雄之作为的创世功业,如教民从事狩猎和捕鱼、制造乐器,等等。

有时,文化英雄的业绩亦加之于皇帝和炎帝等。[①]　相传,鲧为黄帝之孙,盗取天界神物息壤[②],以治洪水;鲧之子禹,继父完成根治洪水的大业。羿神力善射;相传,当时十日并出,植物枯死,猛兽长蛇为害,羿射去九日,射杀猛兽长蛇。上述人物,堪称典型的造物主—文化英雄。

始祖—文化英雄的古老复合体,亦见诸一些最重要的苏美尔—阿卡得之神,即恩利尔和恩基。他们不仅同神祇谱系的形成有关,而且同作为自然客体的人格化形象之神的出世不无关联(两神即是自然客体的化身,前者为风和气的化身,后者为淡水和地表的化身)。而其最先成就的却是文化英雄的业绩。恩利尔造树木和植物、镐和锄;恩基注淡水于底格里斯河和幼发拉底河,投放鱼类于水,使林中禽兽繁衍,使河流两岸五谷丰稔。恩利尔从事耕种,首倡畜牧并获取奶制品,备料造屋,最后并将司掌河流和风之职司分别授予诸神,等等。恩基则被描述为文化奥秘之原初据有者,即所谓的"梅",后为英安娜以机谋从恩基处获取。据某些异说,恩基造世人,并成为其第一位教导者。他通常同具有始祖母特质的女神宁玛赫和宁胡尔萨格协作,譬如,与宁玛赫共同以土造人,——每逢单独行事,则一无所成。

综观古埃及神话,创世诸神在宇宙形成中具有同样重要的作用;他们具有太阳的特质(拉—阿图姆、普塔赫、赫努姆),或作为绝无仅有的例外,也具有月亮的特质(托特)。上述诸神所保留的文化英雄的属性,只有遗迹可寻:赫努姆造人,俨然为工匠的造物主,——相传,系在制陶

---

①　据中国古籍所载,伏羲氏教人结网捕鱼,燧人氏教人钻木取火,神农氏教民耕稼,并尝百草以利治病;黄帝造舟车、劳动工具,并教人们营造居所。相传,炎帝与所谓"刀耕火种"相关联;又说,一赤鸟将谷穗掷于地,炎帝播种之;炎帝为火和耕种的创始者。——译者

②　息壤,又名"息土",古代中国神话传说中可自行生长、永不耗减的土壤。《山海经·海内经》云:"洪水滔天,鲧窃帝之息壤,以湮洪水。"《淮南子·坠形训》云:"禹乃以息土填洪水。"——译者

盘上;托特为文字的发明者。据 E. O. 詹姆斯看来,原初那种关于始祖(始皇)和文化英雄的意象的遗迹,同样见诸奥西里斯这一典型的死而复生之神的形象(参见注 28)。奥西里斯与塞特之势不两立,主要属时序范畴,似溯源于互为仇雠的两兄弟之原始型;他们始而为两胞族的人格化,继而成为下尼罗河与上尼罗河之化身。

在古伊朗神话中,始祖—文化英雄这一复合体的遗存,在始初诸王的形象中依然有迹可寻(诸如伊玛-杰姆希德,——试同印度神话中的阎摩相比拟,以及特赖陶纳-费里顿、克尔萨斯帕)。始初诸王均建有文化英雄之业绩,并与凶龙(阿日-达哈卡、斯鲁瓦尔等)英勇搏斗。在印度神话中,犹如古埃及神话所述,古老的始祖形象也为创世神所取代,宇宙演化的意象部分保留于因陀罗的英雄业绩。

古希腊神话中,保留有文化英雄的古典范型。然而,异常引人注目的是:这一范型自立于奥林波斯神殿及主要神话体系之外。

普罗米修斯以泥土造人(据赫西奥德以后之传说),为世人盗取火种,并哄骗众神以利世人(迈锡尼祭典)。他因盗天火而遭宙斯严惩,被禁锢于高加索的山崖,日复一日备受鹰鹫啄食肝脏之苦。普罗米修斯的孪生兄弟埃庇米修斯,却是文化英雄的反面典型;他反普罗米修斯之道而行之,颇似美拉尼西亚神话中的愚者塔伽罗或托·卡尔乌乌之与智者塔伽罗或托·卡比纳纳。相传,埃庇米修斯使人类失去一切可资防护之物(皮毛、爪等),又娶潘多拉为妻;潘多拉有一盒,里面装有厄难和疾疫[1]。据某些神话之说,始初之人便是普罗米修斯之子杜卡利翁与埃庇米修斯之女皮拉[2]。

---

[1]　相传,宙斯为了对人类进行报复,命工匠神赫菲斯托斯造一美女,即潘多拉;并命赫尔墨斯带至人间,赠予埃庇米修斯。埃庇米修斯拒不听从普罗米修斯的忠告,与潘多拉结为夫妻;后又出于好奇,打开宙斯让潘多拉带来的一只盒子。于是,装在里面的灾祸、瘟疫、疾病、死亡、不幸等化为数不清的小虫,纷纷飞去。——译者

[2]　相传,杜卡利翁与皮拉为堂兄妹,后结为夫妻;宙斯制造洪水,欲灭绝人类,他们成为仅有的幸存者。兄妹二人乘船躲至高山之巅,祈求正义女神襄助再造人类。正义女神命他们把大地的泥土和石块掷向身后,这些泥土和石块遂变为男人和女人。从此,人类又繁衍生息,兴旺起来。杜卡利翁和皮拉遂成为再生人类的祖先。——译者

普罗米修斯被想象为提坦诸神①的后裔,又是奥林波斯诸神的对手。这种不可思议的现象之所以呈现于神话,无非是因为:在希腊主要神话中,宇宙之创造诉诸奥林波斯诸神与提坦诸神、幼辈神与长辈神之争;提坦诸神在某种程度上被想象为混沌之力。

无怪乎奥林波斯神话中兴利除弊的职能附丽于雅典娜和阿波罗;该两神为希腊人的宇宙和谐性及理智协调性之最大限度的体现。工匠神赫菲斯托斯为神化的造物主,可同非洲、高加索、芬人的神话中之铁匠神相比拟。众神的使者赫尔墨斯,则可视为别具一格的奥林波斯"恶作剧者"。

在斯堪的纳维亚神话中,至高神奥丁和狡黠之神洛基两形象(就其相互关系而言,托尔与洛基在一定程度上亦属之),可视为"兄弟造物主、文化英雄和神幻狡黠者"这一模式的体现。奥丁是始初第一位"术士"、诸阿瑟之父,曾寻得圣蜜,与洛基共同完成造人之举。而洛基是众冥世魔怪之父、招致死亡之发端的罪魁祸首,但又教人结网捕鱼,并寻获阿瑟的宝物(始初神器)。托尔首先是降除巨灵和宇宙之蛇的勇士,

193 而此举也具有宇宙演化的意义("中界大地之蛇"自海洋中升起)。

由此可见,始祖—造物主—文化英雄不只是神话中人物,而且是神话人物 par excellence("突出者"),在古老神话中尤甚;就类型而论,同有关神幻创世时期的意象十分契合,而且是整个集体(神话传统负载者)之模拟。如上所述,魔怪型或喜剧式的文化英雄形象——神幻的狡黠者,与神幻时期同样具有特殊的契合,因为神幻时期是在种种务须恪守的"塔布"尚未最终确立之前。即使在天界主宰作为主要灵体的神话中,天界主宰或与始祖—造物主—文化英雄相融合,或仍是极为苍白的、无足轻

---

① 称为"提坦"的众神,为天神乌兰诺斯与地神盖娅之子女。为 6 兄弟:奥克阿诺斯、科奥斯、克里奥斯、许佩里翁、伊阿佩托斯、克罗诺斯,以及 6 姊妹:忒提斯、福伯、漠涅摩叙涅、忒娅、忒弥斯、瑞娅。他们相婚又生一代神:赫利奥斯、缪斯女神、勒托、普罗米修斯、埃庇米修斯、阿特拉斯等。乌兰诺斯往往将他们称为"提坦",即"强暴者",因他们肆无忌惮地施展其强力(《神谱》)。——译者

重的角色,即 deus otiosus①,在叙事题材中几乎无任何作用可言。综观臻于繁盛的神话,众多作为自然现象之模拟的神祇充斥其中,文化英雄的“遗形”或职司分明的相应之神,在神话叙事创作中占有举足轻重的地位。

在古老的神话中,始祖—文化英雄作为整个公社的模拟,同不胜枚举的亡者之灵和自然精灵相对立。在臻于繁盛的神话中,种种神统凌驾于上述两类精灵之上(相传,始祖和主宰精灵均与众神的起源相关),诸神通常囿于天界,是为异常纷繁的自然客体和现象及各种社会职能的模拟(试与乔·迪梅齐尔按 3 种社会职能对印欧语民族诸神加以区分的理论相比较——见注 67)。总的说来,整个世界、自然界和社会,均为神祇和精灵的体现,并为神祇和精灵所司掌。不仅如此,世界模式个别片断及一定神祇之间并不存在严格的类质同象,即神祇可同时成为若干客体的模拟,或者仅仅作为上述客体某些局部的模拟,从而似成为一组语义辨识表征,此其一。再则,神祇在不同程度上与其所体现的自然客体相应,即使在该神话的范围内,有时同样既有自然客体的直接体现,又不乏被赋予众多不同属性的神话人物;这些神话人物又使诸如此类属性与有关的自然现象相关联(颇似赫利奥斯和阿波罗)。从同神幻时期极度契合的始祖到司掌世界的诸神之过渡,乃是古老神话到神话更繁盛形态之过渡的重要方面。

194

古老的创世神话

综观以上所述,始祖—浩物主—文化英雄所从事的“范例性”和首创性业绩的风貌,已清晰可见。首创之举似为一些生命体或物体向另一些生命体或物体之内在转化的结果,似为神幻人物奋强不息的派生成果;这些壮举并具有自觉的、矢志不移的首创性,甚至为普罗米修斯

———————————

①　即所谓“逊位神”。非洲许多地区盛行这样一种观念:神既已创造天地,并使人类得以安居,就全然不再干预人间之事。这样一来,自然无须以祈祷相扰,遂有此称。——译者

式的情致所充溢(上述现象在较为繁盛的神话中尤甚)。

同最为粗陋的经济形态和古老类型的思维相适应的,正是这样的意象,即起源为自生的**变化**、空间的**转换**、向始初据有者的**摄取**。澳大利亚神话中的图腾祖先在走完其行程后,"精疲力竭",遂自行变化为山崖、山峦、树木和动物;一簇簇山石成为他们休憩处的遗迹,等等。据种种神话所述,追捕的猎物,有时甚至包括追捕者,或化为山峦、或化为溪流、或化为星辰飞升天宇。有些变化伴之以外形的近似。例如:椰子之来自人首,人之来自椰树;太阳之来自火,或者火之来自太阳;如此等等。

上文曾提及关于剖灰袋鼠之腹取火的澳大利亚神话,同关于剖火鱼之腹取火的卡累利阿人和芬人古歌颇为相似。如上所述,往往同火产生联想的太阳和月亮,有时也被想象为取自鱼腹(印度的一则神话中,亦有描述)。在东北部古亚细亚人(西伯利亚)和西北部印第安人(北美洲)的神话中,渡乌氏则是啄破天穹或太阳和月亮的外壳而获取火种和星辰。向原初据有者盗取火种或太阳的情节,流传极广。相传,也有从原初据有者处获取劳动工具、培育植物、珍贵鱼种等者,即释源神话是以采集、狩猎等为样本编织而成。同样,劳动工具或木器、陶器、金属器的**制造**,则成为这样一些题材的样本,诸如:雕木成人、泥塑成人、锻造日月,等等。神话中不乏有关某些生命体或物体起源于作为**献祭**牺牲之祖先的遗骸的故事。这一类型的神话为古老的农耕者(如巴布亚人)所特有。据巴布亚人看来,德玛死后将化为农作物("海努维勒神话成分"[①])。

既然文化英雄—造物主基本上即是始祖,那么,自然客体的产生有时则被描述为其"始祖"或"主宰"之生物性的**育生**,而这些"始祖"或"主宰"又是其他自然客体的化身。试以一种流传颇广的神话为例。相传,日与月、火与水,即是图腾、神祇、始初第一对配偶的子女(见诸波利尼西亚、美洲、非洲的神话)。

---

① 据印度尼西亚韦马莱人的神话,海努维勒为一女神,三联神之一,生于滴落在花蕊上之血,具有创造宝物的异能,后遭嫉妒为村人所杀。猎者阿梅塔将其遗骸分为两半,一半安葬,一半分成碎块,分散瘗埋于地下。种种块根植物和根茎植物,遂由此而生。——译者

　　凡此种种**创世**形态,被神话思想理解为毫无二致,因为自然与文化两者之区分尚属微弱,并存在一种天然的隐喻性近似。正因为如此,种种自然客体和文化成果、崇拜对象及生产的或宗教的奥秘,如上所述,始可诉诸同一方式或为同一人物获取或创造。

　　创世神话乃是关于宇宙所由形成的万物之由来的神话。综上所述,其萌生或创始的情状不乏种种变异;而从神话角度看来,凡此诸般"离散的"变异,则是连续统之由此及彼推演之设定的"线段"。古老神话中不乏对它说来并不十分典型的描述,即对象借助于呼唤而生(即凭借神唤而生),即使由此而生者并非纯属来自虚无,而恰恰来自神的某种精神流溢,——其基本原则是对象与称谓之神幻混同。这一类型之生(类型 I),同种种灵体和物体之由神所孕育而生(类型 II)相当近似。第二种类型中的个别情状(类型 II A),始可视为上述对象借助于生物作用来自其父。可以说,介乎法术咒语之生同正常之育生两者间的种种形态,其数量大大超过这两种主要形态。无怪乎神祇不仅生育他神或世人之始祖,而且是种种客体的生育者,并通常借助于某种非惯常之法:或生于其身体的某些部位(头部、髋骨、腋下,等等),或生于其排出物(遗精、唾液、尿,等等)。神祇之生种种客体,大多为获之于自体(假定为类型 III)。有时,神祇或英雄并非取之于自体,而取之于大地、鱼类、兽类或其他神祇和魔幻体,诸如:火取之于鱼腹,淡水取之于巨蛙,星辰取之于奇盒,等等。魔幻体似乎并非把始初客体藏于自身,而是置于盒中、崖上或他处。这样一来,"获取"的创世之举,则辅之以这样的叙述,譬如:蛙曾饮尽所有的水,或者谁把太阳和月亮藏在匣里——此其一;继而,此举则被描述为:神幻的文化英雄获取自然的和文化的客体于远方一隅或另一世界——此其二。为获取这些客体,则须历尽艰难险阻,　　这可设定为别具一格的、最为重要的创世题材类型,即类型 IV。再者,正如我们所知,世界种种要素之萌生,既可是造物主辛劳的成果(造物主以泥土塑人、以炉火锻造星辰,等等——类型 V),又可是一些物体和生命体向另一些物体和生命体之内在的或奇幻的变化之结果(类型 VI),也可是客体由此(世界)转移至彼所致(类型 VII)。总

196

之,在一定意义上说来,任何"生",归根结底无不归结于转移和变化("取出"实则无非是自内转移至外,并辅之以变化〔诸如神祇唾液变为淡水、圣蜜,等等〕,而"获取"则是"取出"辅之以"转移")。鉴于神话中对空间的"质的"领悟,即使"转移",在一定意义上说来,也可归结于变化。

既然神幻"创世"之举作为某种题材之"谓语",要求具备至少 3 种"角色"(即被创造的客体象、渊源或质料以及从事创造的主体),那么,显示客体、渊源和创世者(神祇、造物主、文化英雄)的图表(I—VII),即可将一切主要创世神话尽行囊括;而对时间范畴(**起始**和**终结**以及超越时间之漫长的或复现的事态)乃至对空间范畴(**寰宇的/区域的**)之补充阐释,同样有助于把创世神话与世界末日神话、传说等区分开来。

试以关于水之由来的神话为例(水,即寰宇有益之水——淡水、圣水,或有害之水——洪水、汛水,以及区域性的具体之水,即海洋、湖泊、江河、溪流),列入其"渊源或质料"栏目者则有:土地、山岳、岩石、黑莓、南瓜、空心树、腐蛇、蛙腹或鲸鱼腹,尚有属于神祇、圣者、魔怪、始初第一女性等的酒、血、唾液、尿,并有为逃脱追逼而化为河流的神话人物。综观使种种题材得以具体化之"栏目",种种类型可一览无遗:类型 I(创世神、孪生神或其他灵体造水)、类型 II(河流为海神之女,海洋为大地和苍天之子)、类型 III(水生于神之血或唾液)、类型 IV(英雄人物剖魔怪之腹取水,或夺之于水怪)、类型 VI(神以黑莓造水)、类型 VII(一妇女化为池塘,等等);类型 V 则告阙如。"创世主体"栏目,则列有某些神祇、造物主、文化英雄之名。

如以上所述,所谓神幻创世情态,同样包容 3 种主要"角色"——客体、渊源和主体。而在许多情况下,渊源或质料为第 2 主体所据有(如水和星辰等为魔怪所据有);而第 2 主体往往具有敌对者、缔约者的品格,即唯有先制伏、战胜之,始可接近客体或其渊源。第 4 种"角色"的出现,为两种神话人物的角逐提供了土壤,并从而为题材的扩展提供了前提。诸如此类"角色"的增益以及题材的扩展,可见诸这样一些题材变异,——姑且称之为"获取"类。文化英雄去至异域,设法制服或智胜自然客体或文化客体的据有者,自其贮存处获取、盗取,并授予世人。因此,关于文化英雄"获取"之举的叙说,成为神幻故事和英雄叙事诗中题材赖以进一步扩展的主要质料(见下文),——这并非偶然。

叙事赖以扩展的另一些(进一步的)手段,可归结如下:种种客体(诸如淡水、火、武器等)为该神幻人物所获取的细节及这些客体得以创始的各种类型的细节之构拟(如以上所提及 7 种类型;试以卡累利阿人和芬人古歌为例:一说,维奈默伊宁从洛希处盗取"萨姆波"或星辰;另说,伊尔玛里宁以炉火锻造"萨姆波"和星辰,即类型 IV＋V)。此外,神话人物获取某物之举,并辅之以这样的描述,即该物本为魔怪所据有(如蛙饮尽欲求之水!)。这样,"获取"往往被表述为"失而复得"。不仅如此,为了"获取"该物,须付出百折不挠的努力,尚须谙于法术、长于运用法器等,并须善于同对手周旋。于是,势必要在"获取"之前安排"考验"的细节;此类细节大多与成年仪式相类似。这一"考验加获取"的复合体,也可成为神话进一步演化为神幻故事或叙事诗的基础。

关于始祖—造物主—文化英雄的古老神话,其内容并不是描述整个宇宙的起源。在尤为古老的澳大利亚神话中,整个宇宙归结为家庭—氏族群体及若干毗邻群体赖以生存之地域的小宇宙(更确切地说,为中宇宙);星辰神话较为少见,而关于图腾、成年仪式、婚姻级次、火、掘土器、矛等之起源的神话,在这一地区则不胜枚举。阿兰达人中流传着一则饶有意味的神话;相传,人来自发育不健全的蛹状胚胎,它手足粘连,眼、耳、口等尚未成形,——而这只是例外。后来,"永生人"在突出海面的陆地上发现这些蛹状物(胚胎?!),使之完善并具人形,即人们现今的模样。综观这一神话,其中再现的为下一广为流传的情节,即:人体萌生伊始尚属软弱无力,而且并不完备,后始臻于**完善**(试以斯堪的纳维亚神话为例;相传,阿瑟赋予人的雏形以呼吸、音容笑貌,而它们只是两段木料——梣木和柳木);另一广为流传的神话题材之特殊变异,在斯堪的纳维亚神话中依稀可辨,这便是"陆地生于水"(见下文)。

美拉尼西亚以及北美、西伯利亚和非洲的某些地区,流传着较为晚近的、关于始祖—文化英雄的古老神话,其内容为:表述动物物种属性的由来（释源神话的种种范型），表述动物及培育植物和人的由来（人类起源神话），表述天体、火、劳动工具、祭器、仪礼、婚姻规范、潮汐、日夜、四季的由来；亦有表述整个宇宙的由来者，但非常罕见。

199   如上所述，魔怪之降除、人之始现及种种技艺的授予、习俗及江河湖海体系和气候等的确立，无一不是文化英雄最为重要的职司。由此可见，相应的神话首先为表述从未见之于世者（不同民族为数众多的神话，开宗明义即表述何者从未有之）或人所无法企及者的由来；继而，注意力则转至**自然**范畴的调整（分昼夜、定潮汐、立冬夏，等等）和**社会**范畴的调整（定立二元外婚体制①和婚姻规范，等等），并转至种种旨在使既定秩序常驻永在之仪礼的制定。而诸如此类调整又同文化英雄的业绩具有特殊的关联。换言之，文化英雄的特质并非归结于有益于人类的文化成果之获取，而且**文化**也包括总的协调；这种协调正是为保障与自然界的均衡中之正常生活所必需。

社会共同体之由来

凡此种种调整因素，居于首要地位者为社会因素，即二元外婚体制的确立及随之而来的同一"对偶体"（胞族）成员之禁止通婚。另一方面，外婚制的确立则导致血缘婚（乱伦）的禁止。必须着重指出：所谓乱伦，顾名思义，正如现代人所理解，是父母与子女、同胞兄弟姊妹之间的交媾或婚配，即"小家庭"内的血缘婚，其范畴较古老社会那种对乱伦的

---

① 二元外婚体制［Дуально-зкэогамное отделение（организация）；Dual Organization，一译"两合组织"］，一种假想的氏族社会结构，其特点在于：两外婚氏族相互通婚，并结成永久联盟。伴随原始氏族的发展，一氏族一分为二，二元外婚体制则转化为两外婚胞族的联盟。往日的民族志学家力图对这一现象加以阐释，并提出两种截然不同的设想：据一些学者看来，这一体制是一原始部落为婚姻之所需分为两外婚对偶体的结果；据另一些学者看来，是两以往互不连属的部落相并合的结果，——亦为婚姻之所需。布·马利诺夫斯基对两种见解均持之以否定。他认为：所谓"二元外婚体制"，无非是社会对称总规律的个别事例。"二元体制可清晰地见诸一部落之分为两对偶体；这一体制可能被完全遗忘；然而，我敢预言：缜密考察所及之处，任何一个未开化社会，均可发现结构的对称（Symmetry of structure），作为相互之承诺赖以实现的不可或缺的基础。"——译者

理解要小，——在古老社会中，已存在所谓氏族的分类体系：称之为"母"者，不仅是生母，而且包括生母的姊妹或伯母、婶母；称之为"姊妹"者，不仅是同胞姊妹，而且包括堂姊妹，等等（母系或父系等范畴，亦然）。氏族的谱系不仅指名副其实的血缘关系，即纯生育关系，而且指对一定群体、亲属或亲戚级次的归属。这样一来，乱伦实际上意味着对外婚制的违连，而为数众多的关于同胞兄妹或母子的血缘婚配的奇闻轶事（诸如关于奥狄浦斯的神话[1]），正是这种对外婚制之违连的体现。不言而喻，神话中的社会因素仍以血缘的、"生物的"知觉为中介，并因其而动人；从这个意义上说来，它是浑融的，并不与后者相对立。因此，无论在实质上如何看待弗洛伊德的"奥狄浦斯情结"（即是否承认它是童年性欲的病态复萌），总而言之，弗洛伊德在其所著《图腾与塔布》一书中所提出的、有关社会共同体起源的纯属生物遗传决定论观点[2]，不能认为是可取的。社会赖以产生的前提，并不是那种"子"因弑"父"（图腾）而萌发的负疚感[3]，而是伴随外婚制的确立而出现的、两人类群体互结婚姻和互通有无（物质成果）的契机。

　　为了对这种特殊类型的"社会起源"神话加以说明，试援引一例，即科里亚克人和伊捷尔缅人有关渡乌氏的子女**缔结婚姻**的传说。以上所

---

　　①　奥狄浦斯为古希腊神话传说中忒拜王拉伊奥斯之子。相传，神谕晓示：奥狄浦斯将弑父娶母。出生后，奥狄浦斯即被其父弃于山中，却为牧人所救，送与提林斯王收养。他长大成人，力图摆脱神谕所预示的厄运，但在无意中杀死亲父，后又因降除魔怪斯芬克斯，被忒拜人拥戴为新王，并纳前王之妻为后，却不知这就是他的生母。后来，瘟疫蔓延全国，神谕晓示：须除去杀死前王之罪人，灾难始得解除。奥狄浦斯得知原委，悲怆已极，遂自残双目，弃王位，四处漂泊，后死于途中。其生母约卡斯塔自缢。——译者

　　②　据齐·弗洛伊德看来，无意识的内蕴与有意识的内蕴相差极大。他断言：婴儿心理深层是由对双亲的性动机和动意动机驱使的。典型的例子是大家所熟悉的恋母情结。其内容是对异性双亲的性欲望和对竞争者的嫉妒和怨恨。弗洛伊德甚至认为：婴儿一降生，尚未断奶，即有色情感。1913 年，他出版《图腾与塔布》一书，对许多特殊的课题进行了探讨。据他看来，乱伦恐怖和情绪矛盾为儿童和野蛮人的原始心理所共有。弗洛伊德强调指出：原始人的弑亲行为具有特殊的意义，文化、道德、宗教的萌芽源出于由此产生的愧疚、懊悔和其他反映。——译者

　　③　齐·弗洛伊德曾提出所谓"自我理想"的概念。据说，它抨击实际存在的自我缺陷，并驱使自我达到更严格的道德标准或审美标准。它能唤起一种极为痛苦的负疚感。他认为：这种感觉使人们力求以各种形式的自我惩罚和自我鄙夷求得解脱。——译者

述大多涉及前后相续的两种婚姻形态——后者较为美满,前者次之。前者大多属血缘婚。埃梅姆库特与其同胞姊妹伊尼雅纳乌特结为夫妻,后因不堪忍受责骂,遂与一来历不明的异乡人的姊妹成婚,并以同胞姊妹(其妻)嫁与对方为妻;与此同时,埃梅姆库特又将另一胞妹嫁与异乡人之兄弟,或迎娶该人之妹为幼弟之妻。据另说,埃梅姆库特并非与同胞姊妹伊尼雅纳乌特,而是与堂姊妹克柳相婚;而伊尼雅纳乌特则与克柳之弟伊拉相婚。堂兄弟姊妹婚是婚姻的古典形态,其滥觞为二元外婚体制。然而,这种堂兄弟姊妹婚由于亲缘过近,在科里亚克人中已遭摒弃,种种异说遂应运而生,诸如:埃梅姆库特与克柳、伊尼雅纳乌特与伊拉的婚姻,被视为不当之举,应让位于同"异"部族的通婚。

在众多神话中,始祖、初人均为兄妹,而这并不是对所谓"血缘"家庭的追忆。这是自然而然的意象,它萌生于对人类源出于同一氏族的笃信。综观古老神话,"自然"与"文化"两者之间存在着一种"诉诸隐喻"的相互渗透;渡乌氏的子女同作为天候和海洋捕猎之化身和司掌者的灵体("云人"等)结成美满婚姻,就不足为奇了。

这样一来,"社会"的起源与自然力的社会化相契合,——自然力已成为社会的一部分。这样的意象同图腾崇拜相应,而图腾崇拜在东北部古亚细亚人中仅余遗迹可寻。不仅如此,无论是在古亚细亚人的神话中,还是在世界各地的神话和神幻故事中,均不乏这样的题材,即:因违犯"塔布"得而复失,而当其图腾(兽形)妻子历尽艰险则又有所获,——妻子为丈夫获取某种有益之物(如其妻为海象则获取海兽,其妻为蜜蜂则获取蜂蜜,等等)。同动物,即同"异"图腾氏族结为婚姻,为惯常的外婚制之体现。

反之,血缘婚,即对外婚制的**违迕**,在神话中必然导致对必需的社会关联和自然关联之荡然无存,必然导致具有正常关联的种种自然客体之分崩离析。凭借种种神话"代码"之自然的隐喻性对应,对外婚制的违迕(或反之,对内婚制的违迕,即禁止血缘过远的婚姻),在神话中往往同仪典肃穆的破坏及日月之蚀相连属,并导致任何对圭臬的违犯及种种灾难的降临。饶有意味的例证比比皆是,诸如:莱维-斯特劳斯援引的南美印第安人的民间创作、W. A. 莱萨援引的密克罗尼西亚人的民间创作、W. E. H. 斯坦纳援引的澳大利亚人的民间创作。在穆林巴塔人①的神话中,有一异常鲜明的例证;相传,虹蛇之子曾奸污其妹,重伤其父,——堪称别具一格的"澳大利亚的奥狄浦斯"。

克·莱维-斯特劳斯令人信服地指出:正是家庭—氏族关系,往往成为神话结构之特殊的"骨架";不仅血缘婚,甚至亲属相互承担的义务(即对作为氏族赖以结为部落之基础的"交往关系")之违背,往往成为神话中冲突的起点。同时,文化英雄也往往屡有诸如此类行径,首先是血缘婚配(其中尤以丑角类型的文化英雄—恶作剧者为最甚)。如以上所述,可将此类事态归之于神幻时期,从而在一定程度上使其成为并非悖谬之举。血缘婚及其他种种社会性违连(诸如渡乌氏之违反所获物品分配及两性分工的准则、强行变更性别,等等),堪称混沌之源;而这种混沌则有使业已奠定的社会秩序和自然秩序遭受破坏之虞。

由此可见,二元外婚制的实施,即社会的萌生,不啻变混沌为宇宙之情致的显示。而为了对这种情致加以蕴藉的阐释,十分繁盛的宇宙演化神话伴随释源神话应运而生。诸如此类神话叙述见诸较为繁复的神话,并趋重于整个宇宙的起源。

混沌与宇宙。宇宙的起源

202

关于整个宇宙的起源,通常有下列诸说:生于卵;某类人灵体为众神殛杀,宇宙即由其尸骸演化而成;作为种种自然客体模拟的诸神相继而生,遂有宇宙;创世神逐一缔造,宇宙始成。

生于卵之说有时同一种泳禽——潜水鸟的情节相连属;相传,潜水鸟自海中啄泥造地,日积月累,大陆遂成(见下文)。综观种种图腾神话,"鸟人"往往是胞族始祖;看来,这有助于诸如此类情节的发展。据

---

① 穆林巴塔人(Муринбата;Murinbata),澳大利亚原居民一部落,分布于澳大利亚北部。据其神话,父母外出觅食,将众婴儿托于老妪穆廷伽看管,老妪竟然全部吞入腹内。老妪死后,剖其腹将众婴儿救出,一个个均安然无恙。——译者

较为古老的神话,鸟图腾、岛屿、诸天体,特别是太阳(见诸澳大利亚神话和非洲神话)、某些神祇,乃至作为宇宙主体部分的大地,无不生于卵。卵或为一双,或为两半,这同溯源于二元外婚制或二元逻辑的意象相应。卵之两半,其色各异,同相互对立的灵体相连属。试以多贡人的神话为例,其一半同白狐伊乌鲁吉相连属,另一半则同其对立者伊阿济吉相连属。

通观众多古老神话(太平洋岛屿、印度尼西亚及美洲印第安人的神话;在一定意义上说来,印度和中国的神话亦属之),初人即始祖,系破卵而出;而在较为繁盛的古老神话中,作为造物主之神,诸如:埃及之太阳神拉及普塔赫,形为鸽子的巴比伦之神伊什塔尔,印度之创造神毗首羯磨、生主(波罗阇婆底)、大梵天等,希腊—奥尔甫斯教派之埃罗斯、中国之盘古氏等,皆生于卵(神之生于莲花为其所谓"同质异晶",特别是见诸古代埃及和印度的神话)。相传,诸神以卵造宇宙诸部分,通常以下半造地,以上半造天。卡累利阿人和芬人叙事古歌(见《卡勒瓦拉》),对以卵造世界的生动情景作了非常鲜明的描述。综观印度神话,对造物主之创世或世界和神之自行造化说来,"多巴斯"(即热,特别是孵化时所生之热)具有很大的意义;"伽摩"即欲念,即创世者那种作为意志和自我意识之本原的欲念,亦然。"伽摩"可与负有宇宙造化职能的埃罗斯比拟。世界源于宇宙之卵的构想,在波利尼西亚、非洲、芬-乌戈尔语诸族、西伯利亚、古地中海沿岸、印度、远东等地区的神话中广为流传。

世界之来自被殪杀灵体(大多为拟人化者)尸骸的题材,其原型为献祭。在古老神话中,不乏关于动物和植物、星辰和其他自然客体为凭借被弑"祖先"尸骸所造的描述。就此而论,所谓"海努维勒神话成分"颇值得注意;它是相应的仪典之诠释,为巴布亚型的古老农业群体所特有,即祭献之少女(第一个死者)化为农作物,并赋予植物以生机,如此等等。

所谓海努维勒神话成分,为死而复生(复返)之神和由原初拟人灵体创造世界的题材之滥觞。诸加此类题材见诸较为繁盛的神话。据阿卡得神话,恩利尔或马尔都克殪杀女性灵体提亚玛特,分解其尸,以上半造天宇,并造星辰供"诸大神栖居",以下半造地,继而造植物和动物;

在埃阿的襄助下，以被难之金古的血造人（相传，阿普苏亡故后，提亚玛特以金古为夫）。在一定意义上说来，这一宇宙演化神话与较为古老的苏美尔释源神话形成对比。

在古印度（"吠陀"）神话中，诸神以巨灵普鲁沙献作祭品，而且与阿卡得神话不同，诸神对普鲁沙全无敌意。伴随印度神话的演化，普鲁沙渐同创世者——造物主相融合，这一宇宙演化的构想同世界生于卵的神话两者的界限渐趋泯灭（相传，普鲁沙生于卵，自愿献作祭品！）。

在斯堪的纳维亚神话中，众神以被殛杀的巨灵伊米尔的尸骸造世界：以肉造地，以颅骨造天，以骨骼造山峦，以血造海洋。伊米尔及古印度神话中之阎摩、古伊朗神话中的伊玛三者之名的词源近同，颇值得注意。"伊玛"此称，昭示同始祖观念的关联；斯堪的纳维亚神话中的伊米尔，也是如此；相传，霜巨灵为众神之先导（"这是在很久很久以前，伊米尔尚未亡故之时"——见《埃达》的"维沃瓦的预言"）。

综观中国神话有关诸说，盘古氏被视为始祖、造物主和拟人灵体，——世界即以其体造成：盘古遗体之肉成土地，骨成金石，体毛成植物，头发成星辰，汗成雨露、泪成河川，经络成道路，双目成日月，呼吸成风，声变为雷霆，寄生其体者演化为人。人有时被称为盘古氏的子孙。²⁰⁴在日本神话中，众神皆生于伊邪那美命之体。

在古墨西加人（阿兹特克人）的神话中，诸神将地神之体分解为二：一半造大地，一半造天宇；头发成为树木、花草，口、目成为河流、洞穴，两肩和鼻成为山岳和谷地。

在繁盛的神话中，不无祭司玄学思辨的痕迹，宇宙的形成过程亦可被想象为神系的沿革：一些神为种种自然客体之模拟，甚至以非惯常方式（作为超自然者的表征）而生；另一些神则是这一或那一自然片段，甚至是抽象概念之模拟。最为古老和广为流传的配偶始祖神，为天父和地母。诸如此类形象，一方面可视为作为胞族始祖的"初人"之宇宙化，另一方面可视为家庭——婚姻关系之移于自然客体。在波利尼西亚神话中（据毛利人之说），天和地（朗吉和帕帕）堪称宇宙开辟之始源，而它们本身又为其他神所生（这些神的形象无疑萌生较晚，见下文有关混沌的章节），诸如波（夜）和奥（光）；它们与科勒（空）、彻（声）、库涅（发育）、瓦奥·努克（大森林）、韦阿（植物）、阿卡（气根），均生于韦乌（细根），而韦乌又生于普（根）。综观波利尼西亚的其他神祇—宇宙起源说，作为男性始祖者，为阿特阿（空间）或特-图穆（渊源），或坦伽罗阿（见坦伽罗阿被描述为至高神的神话）。在波利尼西亚神话中，作为上述始初神的后裔之神，组成名副其实的神殿。就全波利尼西亚地区诸岛的神话说来，跻于神殿者为塔伽罗阿、塔涅、龙戈、图（由于发音差异，其称谓亦不尽相同），其他则为地域神。

在达荷美人（丰人）的神祇—宇宙起源说中，数辈神祇均为雌雄同体：原初神纳纳-布卢库生孪生兄妹玛乌和利萨（月和日），玛乌和利萨复生其他作为大地、海洋、雷霆等化身之神。玛乌和利扎的第一双子女为孪生神达·佐吉，是为地界神殿的首领；继而，玛乌和利扎又生主要雷神索（赫维奥佐），雷神的子女为天、雷、雨等诸范畴的化身；嗣后，玛乌和利扎又生数对孪生神，诸如海洋之神阿格伯、狩猎之神阿杰、铁和征战之神格乌、空气和呼吸之神迪奥，以及恶作剧之神莱格巴。

205   古埃及神话的赫利奥波利斯[1]之说，与相应的波利尼西亚神话惊人地相似；它同样将种种自然客体和宇宙起源描述为一系列神祇的出世，诸如：拉—阿图姆自孕而生舒和泰芙努特（是为男性之空气及女性之湿润的化身）；舒和泰芙努特成为大地神格卜（男性）和苍天神努特（女性）的双亲；而格卜和努特复生奥西里斯、伊西丝、塞特和奈芙蒂斯，——所生4神，均为古代埃及主体神话中人物；这种神话与其说具有宇宙起源性，毋宁说具有时序性。

据苏美尔神话，恩利尔在神谱沿革中居于重要地位：他是月神南纳以及地下世界主宰奈尔伽尔与其众弟兄之父（奈尔伽尔及其众弟兄为空气女神宁利尔所生）；恩利尔与宁胡尔萨格生宁穆，与宁穆生宁库鲁；与宁库鲁生女神乌图（均属血缘婚配）；然而，恩利尔此神作为造物主—

---

① 赫利奥波利斯（Гелиополь；希腊文 Heliopolis，意即"太阳城"），古代下埃及第15诺姆的首府尤努（奥努）的古希腊称谓，太阳神拉的崇拜中心。——译者

文化英雄所建树的业绩,在此居于举足轻重的地位,——恩利尔并将世间所有的一切分别赋予作为主宰者之诸神。

在阿卡得、腓尼基①、赫梯—胡里特②和希腊的神话中,神系—宇宙的起源与神代的更迭以及众神之间的冲突紧密相关。

最后,在繁盛的神话中不乏这样的描述,即凭借思和言之力从事创世,——不仅涉及个别自然客体,整个世界也在其列。试以古埃及神话为例,拉—阿图姆以躯体育生以诸神为化身的自然宇宙客体(尽管属自孕);而普塔赫创世则是凭借"心灵和语言"③,简直是呼之即出。《圣经》中的创世主,也是如此。此神与古埃及诸神迥然而异,他同自然客体则无任何关联。苏美尔—阿卡得神话为一个承前启后的阶段;呈现于其中的神祇,既与自然客体和自然力相关联,又非全然契合。

综观繁盛的神话体系中的宇宙起源神话,神祇的整顿业绩尤为彰明较著,并完全被想象为混沌(即紊乱状态)之改造为井然有序的宇宙;从根本上说来,这也是任何神话(包括古老神话)最主要的含义所在。这一含义和意趣凭借相应的神话主题,清晰而又蕴藉地呈现于有关混沌的神话中。

众所周知,所谓"熵"为信息所克服,而神话信息 par excellence(法语,意即"突出的")则是宇宙起源说,亦即对井然有序的世界如何由原

---

① 腓尼基(Финикия;Phoenicia),地中海东岸的奴隶制国家,公元前 2 千年代初期为腓尼基人所建,位于今叙利亚和黎巴嫩沿海地带。——译者

② 赫梯(Хеттское царство;Hittite Kingdom),小亚细亚古国,约公元前 17 世纪由拉巴尔纳斯始建,约公元前 14 世纪建成统一的奴隶制国家,位于今土耳其克孜勒-厄尔马克河流域,即古代安纳托利亚地区,以哈图萨斯(今博阿兹柯伊)为京城;公元前 1193 年,突然陷于崩溃。胡里特人(Хурриты;Hurrites),古老民族,公元前 15 世纪,在美索不达米亚北部建立米坦尼国,对赫梯国影响极大;公元前 14 世纪中叶,为复兴后的赫梯帝国所败。——译者

③ 古埃及祭司对自然现象的解释,演化为异常繁复的神学之说。孟斐斯城的祭司所宣扬之说较为抽象。据他们看来,普塔赫是为诸神的复合,又是原初物质——原初的水和土壤、世界理性("心")及世界意志的宣示者("舌")。普塔赫的总祭司,一般是国家"作坊"的最高主持者。这些国家"作坊"被视为种种生产的"心"与"舌"。为了论证其说,祭司们曾以人体器官的活动为例。据说,"目司视,耳司听,鼻司嗅,诸器官传送(见闻)入心,心作出种种推断,舌则表述心之所思,一切劳作、技艺、手之所作、足之所行——各个肢体的活动,均按心所思、舌所述而行"。——译者

初混沌状态构造、定型的表述。至于名副其实的混沌景象,可见于波利尼西亚、日本、中国、古代美洲(前哥伦布时期)、古代埃及、巴比伦、希腊、斯堪的纳维亚、犹太及其他地区的神话。

混沌大多具体化为幽暗或黑夜、虚空或深渊、水或水与火之无序的相互作用以及卵体内无定形物态,并具体化为某些魔幻(幽冥)灵体,诸如:龙蛇、邈古巨灵以及长辈神。**混沌**之转化为**宇宙**,无异于黑暗之转化为光明、水之转化为陆、虚空之转化为实体、无形之转化为有形、破毁之转化为创建。譬如,有关幽暗(黑夜)的描述,可见于波利尼西亚(不包括西部地区)、某些非洲部落、属印第安人的普埃布洛人之神话,在一定程度上可见于印度神话(《梨俱吠陀》①、《摩诃婆罗多》)及希腊神话(荷马叙事诗、奥尔甫斯教派②之说)。在中国神话、新西兰毛利人神话及奥尔甫斯教派内流传的希腊神话中,夜为天地之母。在波利尼西亚神话中,黑暗和冥世(波)为宇宙创造的肇始,并与虚空(科勒)角逐。深渊之神格化,见诸希腊神话(赫西奥德之作、奥尔甫斯教派之说)及斯堪的纳维亚神话(《埃达》),即所谓的塔塔罗斯和吉侬伽伽普。在古埃及神话中,就词源而论,"混沌"一词的概念与幽暗(heh)有关;而其所指首先是水之混沌,其化身为始初之瀛海(努恩)或(据赫尔摩波利斯③之

---

①　《梨俱吠陀》(《Ригведа》;《Rigveda》),印度古代典籍《吠陀》的4"本集"之首,为颂神诗歌的汇集。其内容十分丰富。全书共10卷或8卷。"梨俱"为诗体或诗节的称谓。《梨俱吠陀》收辑1 017首颂歌,共10 472或10 552诗节(颂)。据大多数学者推考,《梨俱吠陀》约成书于公元前2500至前2000年之间,早于《吠陀》其他3本集。《梨俱吠陀》被视为人类文化宝库的瑰宝,反映了远古雅利安人的精神、文化和社会状貌。——译者

②　奥尔甫斯教派(Орфики;希腊文 orphikoi),古希腊秘传宗教派别之一;相传,其创始者为半传说中人物奥尔甫斯(似属公元前7至前6世纪);笃信死后报应和灵魂转世,认为灵魂将据生前善恶而向高一级或低一级转生,经历多次,始可获得解脱。其教说的核心为有关人之由来的神话。据说,一雌雄同体者生于宇宙之卵,后为宙斯吞入腹内;宙斯又生狄奥尼索斯-扎格琉斯;众提坦把扎格琉斯撕裂、吞噬,宙斯一气之下,用雷霆把众提坦殛杀。世人即自其灰烬中而生;他们既有众提坦的恶性,又有扎格琉斯的善性。为使神祇之灵获得解脱,须举行特定的洁净仪礼及斋戒和禁忌。——译者

③　赫尔摩波利斯(Гермополь;Hermopolis),古代上埃及第15诺姆首府,被视为托特的崇拜中心。赫尔摩波利斯(古埃及人称之为"赫梅努",意为"8")之说中的始初8神为:努恩和纳乌奈特(始初之水的化身)、胡(一说为赫赫)和哈乌赫特(空间无限之化身)、库克(一说为凯克)和卡乌凯特(幽暗之化身)、阿蒙和阿玛乌奈特(所谓"隐秘之力"的化身)。最后一双神,似取代尼亚乌和尼亚乌特("否定"、"无"之化身)。——译者

说)5对神偶(作为其不同范畴的化身);与水之混沌相对立者,为由其中赫然而现的第一座丘阜。据赫利奥波利斯之说,与这一丘阜相连属者为阿图姆(即拉—阿图姆);据孟斐斯之说,则为普塔赫。在苏美尔神话中,有原初无底之海的形象——阿布祖,诸神之中最有力者恩基即居于此间,——此神似为大地、淡水和农业灌溉的化身。在印度神话中,不乏幽暗和深渊的意象("无",即"阿萨特",被描述为地下的可怖深渊),又有原初之水生于暗夜或混沌之说。

关于海洋的始初性的意象(大地即生于其中或造化于其中),实则包罗万象;而这一意象几可见诸世界各地区的神话,包括澳大利亚神话。至于世界产生于两种元素(水或冰与火)的相互作用,此类情节则极为罕见(堪称典型者,见诸斯堪的纳维亚神话和古伊朗神话)。一般 207 说来,火在宇宙起源中的作用具有两重性,——它似乎处于自然与文化两者之分野。

综观美洲印第安人和西伯利亚诸民族的神话,大地的原土通常为潜水鸟由原初海洋中啄取。在波利尼西亚神话中,有马威钓岛之说。据斯堪的纳维亚神话,阿瑟让大地升起,或者雷神托尔将"中土之蛇"自洋底提起。在古埃及神话中,大地并非钓自海洋之底,而是自行突出水面,成为丘状(此情此景别具一格,与尼罗河泛滥的情状恰相吻合);而该原初之丘阜被神化,在一定意义上与太阳神拉—阿图姆相等同。据婆罗门教神话,生主化身为野猪,将大地自水中拖出;印度神话中,也亦不乏创造之神的形象(大梵天或毗湿奴),——相传,或趺坐于莲花,或置身于称为"舍湿"之蛇,漂浮于原初之水上,如此等等。据《圣经》所述,圣灵也曾漂泊于水上。

同关于海洋的原初性之宇宙起源构想相应的,为瀛海所环绕的陆地这一宇宙模式。天穹也往往被想象为某种类似高悬于上空的海洋者。关于水之混沌的意象,也是流传颇广的洪水灭世情节的基原,——洪水灭世似为原初时期的景象。

无定型的瀛水转化为陆地,为神话中混沌之转化为宇宙所必需的重要步骤。继之而来的则是**天与地之分离**;由于最初曾将天与瀛海相等同,它实质上或许与前一步骤相契合。然而,正是由于始而向下、继而向上的反复,导致地、天、地下三领域的分离(由二分体系过渡到三分体系),其中之中界——大地,下与水界相对,上与天界相望。这样,"正常的"三分宇宙结构图式则应运而生;这一结构图式,即天与地,加之以两者间不可或缺的空间(在很多神话中,这一空间被描述为宇宙树所处之所)。地与天几乎普遍被想象为女性和男性,而且是神系和神祇一宇宙开创伊始的配偶。据波利尼西亚神话的毛利人之说,天与地为朗吉和帕帕;据古代埃及(赫利奥波利斯)神话,为格卜和努特;据希腊神话(赫西奥德之说),为乌兰诺斯与盖娅;据古印度神话,为帝奥斯与波哩提毗。

综观波利尼西亚神话,分天地之功或归之于坦伽罗阿和图,或归之于塔涅,或归之于半神灵体鲁、莫诺菲蒂,或归之于文化英雄马威。在古埃及神话中,分天地之功归之于作为大气化身之神舒;在苏美尔神话中,归之于恩利尔(文化英雄和风神合于一身);在印度神话中,归之于天地之子因陀罗;在中国神话中,归之于造物主盘古氏;相传,因陀罗和盘古之分天地,并非一蹴而就,而是天地之距离伴随其身躯渐长增大。应当指出,尽管大地之来源于水、整治漫世洪水或地下水通常被想象为宇宙调整的因素,地母有时仍被视为同混沌之力相连属者,其原因在于:地表虽已成为业已调整的文化之境域,而地下则属冥世,为魔鬼麇集之所。不仅如此,女性的本原有时同自然元素——水及混沌相连属,通常被想象为"自然"范畴,与"文化"范畴相悖;在宗法制意识形态日盛的情况下,尤其如此。

在中国神话中,这种浑然不分(混沌)的意象,在一定意义上说来,为初人的宇宙化。初人被想象为"尚未臻于完备"的、胚胎状态的"生物"。混沌有时被想象为具人形的生物,但无目、耳、鼻、口及其他"孔道",或被想象为既瞎又聋、且无内脏的熊状之犬。其"混沌性"并具有伦理范畴:专事抑善扬恶。

如上所述,混沌之力呈现为种种魔怪形体,而魔怪之降除则被想象为宇宙之起源,至少被想象为维护宇宙秩序的手段。

混沌之转变为宇宙,在相当古老的神话体系中已见端倪,见诸有关神幻**勇士**降除种种冥世魔怪的叙事之作,——这种勇士形象尚未同始祖和文化英雄截然分开。我们姑且不谈马威、渡乌氏、埃克瓦-佩里什及其他典型的文化英雄—恶作剧者同恶灵的搏击,而专注于美洲印第安人民间创作中同魔怪相搏的孪生英雄。诚然,他们也是文化英雄,却属另一类型:凡此种种神幻英雄人物,均为勇士,以剪除冥世魔怪、使祖辈安居乐业为己任。有关诸如此类人物的叙事之作,具有英雄神幻故事性质。诸如古希腊神话中的赫拉克勒斯和忒修斯这样的降魔勇士,置身于神话同叙事诗的分野。普罗米修斯与埃庇米修斯、赫菲斯托斯、赫尔墨斯、赫拉克勒斯,为一组类型各异、溯源于最古老传统的文化英雄。同勇士类型的神话人物相近似者,尚有斯堪的纳维亚神话中的雷神托尔(曾降巨灵,并与"中土之蛇"相搏),以及中国神话中善射之羿。托尔和羿的宇宙起源属性异常清晰,无论是托尔力图提起的"中土之蛇",抑或羿射之九日,均属宇宙体系的一部分,而且是危及宇宙体系的混沌之力。在斯堪的纳维亚神话中,托尔、奥丁及其他神祇,抑制永恒的混沌之源,即以约尔蒙甘德(宇宙之蛇)、狼妖芬里尔、死神赫尔为代表的冥世之力(他们均为女巨灵与狡黠成性的洛基所生):将狼妖置于山野,将宇宙之蛇投于海洋,将赫尔禁锢于冥世,——而他们仍是宇宙的隐患。神话中的鏖战和搏击,几无不带有宇宙性,成为宇宙之力战胜混沌之力的征象。

黑暗之转变为光明,有时被想象为吞日的魔怪被降除的结果,或据有星辰者被战胜所致。然而,流传最广者仍是为制服水之混沌而降龙蛇这一属宇宙起源范畴的鏖战。在多数神话中,龙蛇与水相连属,通常被视为水之窃据者;于是,龙蛇或制造水患,或酿成旱灾,亦即"度"(水之"平衡")遭到破坏(试与美洲印第安人神话中的蛙或鸟相较)。既然把宇宙与秩序和"度"等同起来,那么,混沌则理所当然与"度"的破坏相提并论;天体之多/寡,犹如上述(除"多余"之日的情节,不仅见诸中国神话,而且见诸西伯利亚和北美一些民族的神话);水患/干旱,亦然。

拉—阿图姆同地下妖蛇阿波普相搏,因陀罗则同具蛇形的弗栗多,恩基、尼努尔塔或英安娜同冥世之主库尔,古伊朗的提什特里雅(席里乌斯)同德弗阿波希鏖战。阿波普、弗栗多、库尔、阿波希(亦即阿波普)将宇宙之水据为己有。恩利尔或马尔都克降除具龙形的始祖母提亚玛特及其配偶阿普苏(与苏美尔之阿布祖相比拟),似为混沌之黑水的化身。《圣经》中亦不乏种种迹象,似乎上帝曾与怪龙或造成水之混沌的 210 怪鱼(拉哈布、特霍姆、利维坦)相搏。禹为平治洪水奋不顾身,最后殛杀狡诈之水神共工及其"近臣"九首水妖相繇[①],终成大业。因陀罗奋战弗栗多的宇宙起源的意义,因陀湿多的三首之子毗首卢婆被杀的情节而倍增(相传,陀湿多后又造弗栗多,并意欲吞没整个世界)。如上所述,在一系列神话,特别是地中海地区的神话中,同混沌之力的搏击表现为不同辈分神祇的角逐。这似为一种习俗的反映,即弑虔敬之王,以代其位。对不同辈分神祇的权势之争,赫梯—胡里特神话中有所描述,并见诸乌加里特[②]神话;然而,作为变混沌为宇宙这一搏击的诠释,在巴比伦(阿卡得)神话和希腊神话中尤为彰明较著。

在巴比伦神话中(见诸著名的典籍《埃努玛·埃利什》),马尔都克之与提亚玛特的搏击,被描述为幼辈神与长辈神之争。相传,始而埃阿以法术降除阿普苏,并在其伏诛之处建一居所,埃阿之妻在此生马尔都克;嗣后,马尔都克率幼辈神战胜提亚玛特及魔怪金古统领的妖兵(蛇、龙、蝎等)。

据赫西奥德的"神谱",作为天与地的化身之乌兰诺斯与盖娅所生子女,为百臂巨灵、独目巨灵(基克洛普斯),后又生男性和女性提坦众神。乌兰诺斯见百臂巨灵和独目巨灵(基克洛普斯)个个畸形异状,惊愕万分,决计不让它们离地母之腹(亦即打入塔塔罗斯)。据以上所述,凡此种种无疑属幽冥魔怪,显然与混沌相近似,但并非水之混沌,而是

---

①　《山海经·大荒北经》载:"共工之臣名曰相繇,九首蛇身,自环,食于九土。其所歍所尼,即为源泽,不辛乃苦,百兽莫能处,禹湮洪水,杀相繇,其血腥臭,不可生穀,其地多水,不可居也。"("繇"同"柳";"歍"同"呕",犹喷嚏;"尼",意即"止"。)——译者

②　乌加里特(Угарит;Ugarit),腓尼基北部古老城邦,居民为迦南人和乌加里特人。乌加里特人的神话,以有关大神巴力及其姊妹阿娜特的传说为主体。有关国王卡拉特的传说,则以卡拉特患病及长子谋反为题材。——译者

地下之混沌。盖娅怀恨在心,并深受分娩之苦,遂唆使众子女向其父报复。克罗诺斯阉割乌兰诺斯,并取而代之。从乌兰诺斯所流血中,复仇女神和负疚女神相继出生。女神阿芙罗狄忒生于乌兰诺斯的遗血在海上泛起之泡沫,——阿芙罗狄忒以古典美和隽秀优雅而闻名,也是司丰饶之神,与土地,或许尚与水之混沌相关联。

克罗诺斯所处时代相当于"黄金时期",他与女神瑞娅(就类型而论,等同于盖娅)生奥林波斯诸神。克罗诺斯唯恐子女夺其权位,他们一降生即尽数吞入腹中。宙斯被母亲暗中设法相救,长大后战胜克罗诺斯和众提坦。[①]

宙斯之降除百首魔怪提丰,似为幼辈神与众提坦鏖战的终结,——提丰为盖娅与塔塔罗斯所生。提丰是典型的幽冥魔怪之父,这些魔怪均为与半蛇魔怪埃基德纳所生,诸如:双首犬奥尔托斯、冥府之犬克尔伯罗斯、莱尔纳的蛇妖和基迈拉(试与上述斯堪的纳维亚神话中洛基之子女相比拟,并试将众提坦与斯堪的纳维亚神话中的寒霜巨灵相比拟)。综观希腊化时代的文献资料(如克劳狄安和阿波罗多罗斯的著作[②]),不乏有关奥林波斯诸神与盖娅所生蛇足巨灵鏖战的描述。在赫拉克勒斯的襄助下,诸神终于大获全胜。在希腊神话中,混沌被克服的情状,具有特殊的审美圭臬,尽管它尚未被充分意识。躯体诸器官的匀称及体态的和谐,成为众所瞩目的规范。

毫无疑问,在古代伊朗的二元神话中,阿胡拉·玛兹达与安格拉·曼纽之争,乃至古伊朗诸神幻始初诸王与众龙的搏击(诸如:特赖陶纳与阿日-达哈卡、克尔萨斯帕与斯鲁瓦尔、阿塔尔与幽暗之龙、密特拉与怪牛),具有宇宙起源的属性。至于其他为数众多有关神话人物及嗣后

211

---

① 相传,宙斯一降生,瑞娅便找来一块同婴儿一般大的石块,用襁褓裹好,交给丈夫克罗诺斯。克罗诺斯误以为是婴儿,便一口吞下。后来,瑞娅把宙斯藏在克里特岛的一个山洞里,由两个仙女哺养。宙斯长大后,迫使其父把吞下的子女全部吐出,并联合众兄弟姊妹,与克罗诺斯及众提坦鏖战,终于大获全胜。——译者

② 古罗马诗人克劳狄安早年著有神话诗《巨灵之战》,并著有长诗《普罗塞尔平娜被劫记》,均取材于希腊神话。古希腊诗人阿波罗多罗斯所著《诸神》,也取材于希腊神话,对种种节期和仪礼的由来有所阐释,对理解荷马史诗极有助益。——译者

的叙事诗人物之与魔怪等相搏,即使不是变混沌为宇宙这种属宇宙起源范畴之举,至少是保宇宙、治混沌之举。诸如此类搏斗同下述种种毫无二致,诸如:霍鲁斯之与塞特(见诸著名的古埃及神话;据较晚期之说,塞特与北方、荒漠和干旱相提并论),恩利尔、卢伽尔班达和吉尔伽美什之与怪鸟兹乌,吉尔伽美什和恩基都之与怪牛、魔怪胡瓦瓦-胡姆巴巴,等等(见诸苏美尔—阿卡得的神话和叙事诗),特舒布之与巨灵乌利库梅和巨龙(见诸赫梯—胡里特神话),巴力之与莫特和栖居沙漠的半牛半人魔怪(见诸腓尼基神话),阿波罗之与皮通和提提奥斯(降除提丰及德尔斐①神殿的建立,无疑被想象为降除幽冥的混沌之力而大获全胜),赫拉克勒斯、佩尔修斯和忒修斯之与种种魔怪、克里特的弥诺托、戈尔贡中的墨杜萨等,湿婆及其子室犍陀以及黑天和罗摩(毗湿奴的化身)之与众魔怪,等等。降魔除妖堪称古老叙事之作的中心主题(如西伯利亚和高加索地区诸民族的叙事之作及藏族和蒙古族关于格萨尔之业绩的叙事诗),是为神话叙事传统之延续。不仅如此,综观神话和叙事诗的描述,降魔除妖仍被想象为保宇宙、治混沌之举,即使宇宙起源构想已为时序、世界末日、历史等构想所取代,仍依然如故。

　　这样一来,被战胜的混沌之力,神祇和英雄再度一次又一次地予以降伏,以期捍卫宇宙和维护宇宙秩序。

212　　作为混沌化身的神幻体,虽遭败绩、禁锢、贬抑,往往仍续存于宇宙边隅、瀛海之滨、地下之"下"界、天宇之若干境域,即世界之神话空间模式的相应部位。试以斯堪的纳维亚神话为例,寒霜巨灵所属时期先于阿瑟,在一定程度上相当于长辈神;其所处空间则位于地之极隅、奇寒地带、瀛海之近侧,特别是东方,——托尔曾来此大事征伐。

　　综上所述,变混沌为宇宙,同**文化**之分离及其与**自然**之对立相应。所谓文化英雄的特殊作用,上文已述及。然而,明确地、有意识地将自

---

　　① 德尔斐(Дельфы;希腊文 Delphoi),位于希腊福基斯境内,为著名的阿波罗神殿及其神托所的所在地。相传,阿波罗曾在德尔斐杀死招致田野荒芜的巨蟒皮通,为民除害。为崇奉阿波罗,德尔斐地区建有宏伟的神殿,并举行称为"皮托"的竞技,其景况之盛仅次于奥林匹克竞技。——译者

然与文化置于相对立的地位,则是较为繁盛的神话不可或缺的组成部分。譬如,诸如此类对立可见于古老的叙事典籍:《奥德修斯纪》[①]的基克洛普斯这一形象,即属之;吉尔伽美什与恩基都之敌对,亦属之。吉尔伽美什和恩基都两形象,分别与乌鲁克城邦和荒漠相关联。相传,原初勇士恩基都曾与兽类共居于荒漠(颇似美洲神话中文化与自然的对立之胚芽,呈现于两孪生兄弟形象,即茅屋之子和丛林之子)。在其所著颇有价值的《神话。在古希腊罗马及其他时期文化中的意义和功能》(参见注32)一书中,G. S. 科克曾断言:自然与文化之对立为原始时期所特有,后渐趋衰微,犹如《奥德修斯纪》和《吉尔伽美什》[②]中所述。科克的这一论断,很难予以赞同。

宇宙模式

综观种种繁盛的神话,同宇宙起源神话相应的,为广袤无涯、结构清晰的宇宙模式。然而,这种模式并不完全溯源于宇宙起源神话,在一定意义上说来,可诉诸"蕴藉的神话"加以构拟;这种神话则来自对仪典、语义等等的释析。如上所述,在许多宇宙起源说中,居于主导地位的为:世界即宇宙人体;这样一来,宇宙的各个局部则与人体各个部位相应,堪称宏观宇宙与微观宇宙两者同一的显示。而同这种拟人模式相并而存的,尚有类禽兽(特别是类哺乳动物)模式的遗痕——大多并非对整个宇宙,而是对大地而言:据说,大地是一头硕大的母驼鹿,大地本坐落于龟背或蛇首之上,或为蛇、鱼、牛、象、鲸鱼等所负。诸如此类

213

---

①　《奥德修斯纪》(《Одиссей》;《Odysseia》),又译《奥德赛》,古希腊两大叙事诗之一,共24卷,12 110行,相传为荷马所作。其内容叙述:希腊英雄奥德修斯离开特洛伊之战后的伊利昂城,在海上漂泊10年之久,经历种种艰难险阻,终于返回故国,战胜对他妻子纠缠不休的求婚者,重新团聚。叙事诗中并穿插许多神话传说,它反映了古希腊氏族制社会向奴隶占有制社会过渡时期的家庭关系和社会风貌。——译者

②　《吉尔伽美什》(《Гильгамеш》),古代两河流域一部文学典籍,初为民间故事,约公元前2千年代定型成文,为12块楔形文泥版,发现于亚述古都尼尼微的亚述巴尼拔"图书馆"。其内容主要为叙述神幻英雄、乌鲁克王吉尔伽美什寻求长生不老的经历,并歌颂英雄对邪恶势力的抗争。——译者

神话传说，见诸北美印第安人神话、印度神话、西伯利亚诸民族神话、亚美尼亚—古伊朗神话、斯堪的纳维亚神话等。斯堪的纳维亚神话中的"中界之蛇"约尔蒙甘德，堪称鲜明的例证（中界＝大地）。

水生或半水生哺乳动物形象如此众多，似与这样一种意象相关联，即大地生于瀛海及位于地下和环绕大地的水之混沌（试与以双肩支撑天穹的阿特拉斯这一拟人化形象相比拟）。另有一种传布广泛的整体宇宙模式，可与类人形象（属普鲁沙—伊米尔类型）相比拟，或与其相混同。这便是"植物"模式，其形为参天的宇宙之树，有时其根向上仰生。据某些印第安神话，宇宙树蕴涵食物之源（宇宙树通常亦为命运树：据雅库特人的神话，生育和福运女神即生于此；据斯堪的纳维亚神话，命运三女神诺恩即栖居于其根侧）。凡此种种模式，实际则并存不悖，其原因在于：哺乳动物形象被摈斥于地下境域，而宇宙树则构成生于原初类人灵体的世界。

值得注意的是，同宇宙树相连属者往往为拟人神。例如，古埃及人将女神努特描述为树形；宙斯同神圣的橡树紧密相关；玛雅人神话中的宇宙树，为手持利斧的雨神（有时也为火神）栖居之所。在斯拉夫神话中，同宇宙树相连属者尚有雷神；而在斯堪的纳维亚神话中，同宇宙树关联尤为紧密者并非托尔，而是海姆达尔（其从者）及至高神奥丁。奥丁正是将自身钉于宇宙树并悬于宇宙树（试与萨满树和"十"字树相比拟）。至于宇宙之树的拟人神形象在何等程度上反映了普鲁沙—伊米尔之构想式的宇宙拟人化，尚难断言。奥丁在宇宙树（即梣树"伊格德拉西尔"）上之磨砺，具有萨满教成年仪式的性质，——这并非偶然。综观西伯利亚地区的萨满教，宇宙树与萨满的关联异常紧密，而且无比繁复。首先是仰赖宇宙树，萨满始可沟通人与神、地与天，履行其中介者、媒介者的职能。诸如此类职能复合体的胚芽，同样见诸其他古老范畴，澳大利亚人的神话即属之。同宇宙之树（梣树、橡树、落叶松等）相连属者，通常尚有种种拟禽兽灵体，而它们又成为宇宙垂直向诸级次的标志：顶端为鸟类，大多为鹰鹫（见诸印欧语诸民族的神话，试与古埃及神话中的不死鸟相比拟）；树根下部为蛇（试以斯堪的纳维亚神话为例，即称为"尼德赫格"之蛇,似与称为"约尔蒙甘德"之蛇"形同一体");中层则为食草类(羊和鹿,啮食伊格德拉西尔的枝叶),有时尚有松鼠(它窜动于枝干之间,亦起上与下之媒介者的作用,等等)。

弗·尼·托波罗夫将宇宙树视为运动过程(垂直向)的,同时又视为恒定结构(水平向)的典范模式。据他看来,这种宇宙树对人类宇宙观的历史沿革中整整一个时代说来,为居于主导地位的、统摄其他一切因素的宇宙意象。[143]

宇宙树首先是"垂直向"宇宙模式的中枢,实质上同将宇宙之分为天、地("中土")和地下三界相关联。三分体制为构成更繁复的级次模式的基础,诸如:1,3,4,5,7,9,10 和为数更多的天之境域,抑或 2,3,7 诸下界。这种三分体制是上与下双重对立的结果,继而分别将下界描述为死者和冥世魔怪麇集之所,并将上界描述为神祇的居所,后又描述为"特选"子民亡后所赴之域。就此而论,在斯堪的纳维亚神话的宇宙模式中,亡者所居的地下"赫尔"同奥丁与英勇捐躯的壮士宴饮作乐的天界"瓦尔哈拉"相对峙。

综观古地中海沿岸地区、北美印第安人、西伯利亚地区诸民族及其他地区与民族的神话,尚有一种十分朦胧的意象,即:死者在下界备受磨难,选民亡后在其域安享福乐。诸如此类意象见诸犹太教—基督教传统者,则较为明晰,即地狱与天堂之对立。大地为人类所居,介于"上"、"下"两界之间,通常表述为"中界"、"中土"(犹如斯堪的纳维亚神话和西伯利亚诸民族神话中所述)。

由于天界神话的演化以及天宇之成为诸神居所,天界"事态"和天象则具有某种"范例"性,犹如澳大利亚神话中"梦幻时期"类型的神幻时期。

综观种种繁复的神话,永生之神的神统已呈现其中,世人乃至英雄均无法达于天界和臻于永生。后一情节在关于阿达帕、埃塔纳、吉尔伽美什的阿卡得神话传说中尤为习见;诸如此类神幻人物均被赋予反神的特质,犹如希腊神话中的普罗米修斯或与之相类似的、被神禁锢于山崖的高加索英雄人物(阿米拉尼、阿布尔斯基尔、阿尔塔瓦兹德、姆赫

215

尔)。甚至在尤为古老的神话(诸如西伯利亚某些民族和北美印第安人的神话)中,唯有个别的种幻人物或专司沟通诸界的萨满,可由大地上达天界并复返。据非洲、印度、西伯利亚等地区的某些神话,则是神或其特使、文化英雄和壮士自天界降临尘世;他们下凡负有一定的使命——教人开拓文化,剪除恶魔,制定宗教仪礼,等等。这样一来,天地分离(见上述)的宇宙开辟之举,为垂直向宇宙空间之质的区分提供了必需的前提。在古老的神话中,天与地浑然一体,后始分离,两者却又相通,或缘参天之树,或缘巨柱,或缘山峰,或缘首尾衔接之箭,或缘虹桥,或缘光径,或缘天梯,如此等等。值得注意的是:宇宙模式中可与宇宙树相提并论者,尚有宇宙之柱或高入霄汉之峰(至于拟人原初灵体,则更不待言)。它们不仅使天地相通,而且支撑天穹,免致坠落。

就水平向的宇宙模式而论,通常有 4(有时则为 8)与中央相对应的巨柱或巨树,矗立于四隅,即四方(见诸波利尼西亚、西伯利亚、美洲、非洲、埃及、印度以及其他地区的神话)。在斯堪的纳维亚神话中,天穹由4 侏儒擎起,分别称为"北"、"南"、"西"、"东",与形似宇宙树并以海姆达尔为其守护者的中央相对应。然而,在为数众多的神话中,拟人或拟禽兽的诸神及其他作为护卫者的神幻存在,为地之四域,即四方形水平模式的四角之象征。

在阿尔衮琴人(奥吉布瓦人[①])的神话中,有作为守护者的 4 鸟;在属印第安人的普埃布洛人(纳瓦霍人)的神话中,有 4 熊、4 松鼠、4 豪猪等形象。在前哥伦布文化中,有种种动物和诸神作为各个方位的守护者(各方位则以不同的颜色表之)。在玛雅人的神话中,地之四域有 4树,树的顶端各有一鸟,4 树同位于中央的宇宙树相对应。同地之四域相连属者,还有:众巴卡布——天之支撑者,众帕瓦赫通——风神,众查

---

① 奥吉布瓦人(Оджибва;Odjibwa),北美洲地区印第安人部落,属阿尔衮琴部落集群,又称"奇佩瓦人",主要分布于美国明尼苏达、北达科他、威斯康星、密执安、蒙大拿诸州(共约1 万人)以及加拿大(约 2 万人);人口共约 3 万(20 世纪 90 年代);语言属阿尔衮琴-莫桑语系阿尔衮琴语族;仍保持传统信仰(图腾崇拜、狩猎崇拜、对玛尼图和温迪戈的崇拜、萨满教、对文化英雄的崇拜等)。——译者

克——雨神；与东方相连属者为红色之巴卡布、帕瓦赫通和查克，与北方相连属者为白色之巴卡布、帕瓦赫通和查克，如此等等。见诸造像之众雨神的形象，显然是从奥尔梅克人[①]所信的美洲豹神演化而来。在阿兹特克人的神话中，地之四域的守护者为其色各异、统称"特斯卡特利波卡"之神。

这种以神作为天柱的四元体系，也见诸古代埃及的神话；地之四域同一定的守护神相连属，则见诸巴比伦的神话；而这种水平向模式的古典样态，见诸中国神话、印度神话及流传于各国的佛教神话。综观古代中国神话，至尊神皇帝主中央，东方之主（伏羲）、西方之主（少皞）、北方之主（颛顼）、南方之主（炎帝和祝融）与之相对应。

在古印度神话中，有关地之四域的卫护者（地域守护者、世界守护者）的观念流传颇广。在早期婆罗门教的宇宙志中，守护者为下列诸神：阿耆尼（东）、伐楼那（西）、阎摩（南）、苏摩（北）。嗣后，上述诸神称谓发生重大变异。就密宗而论，有五智如来之说；相传，五智如来是为中央及地之四域的象征。[②] 四域之 4 守护神，由印度佛教移入喇嘛教；藏、蒙佛教之曼荼罗，即是相应的宇宙起源说之图曾引起卡·古·荣格的极大关注。

四方形水平向宇宙模式，溯源于恩·卡西勒所述之关于世界的意念；这种模式反映于来自宇宙起源神话之有关地的意象：地突起于瀛海（水之混沌），因而为水所环绕。

不仅如此，有关地之诸域的水平向构想，同垂直向模式有着一定的关联，诸如：北（有时亦为东）等同于下，而南则等同于上。因此，恶魔、

---

① 　奥尔梅克人（Олмек；Olmec），中美洲地区古老的部落集团，为最先进入阶级社会的部族之一，从事原始农业和捕鱼，对毗邻的印第安人部族的文化有　定的影响。分布于中美洲迤北和迤南地区的部落则处于社会—经济发展的较低水平。——译者

② 　佛教密宗认为：金刚界有"五智如来"。毗卢遮那佛（Вайрочана；梵文 Vairocana），居于中方，密宗视之为大日如来，尊奉为主要崇拜对象；阿閦佛（Акшобхья；梵文 Aksobhya），居于东方，又名"金刚智"；阿弥陀佛（Амитабха；梵文 Amitābha），亦名莲华智，密宗奉之为"西方极乐世界"的教主，可接引念佛人往生"西方净土"；宝生佛（Ратнасамбхава；梵文 Ratnasambhara），居于南方，又名"灌顶智"；不空成就佛（Амогхасиддхи；梵文 Amoghasiddhi），居于北方，又名"羯磨智"。——译者

巨灵及诸如此类同残留之混沌相连属的灵体,则麇聚于或地下世界,或地之边陲,或东方,乃至天之东隅。

既然世人所居的境域与天界和地下相对应,有关"中土"的垂直向意象便得以萌生。这样一来,就水平向而论,宇宙中心则与开化极微的"野陋"外围相对立(试与关于"世界中心"〔"大地之脐"〕的意象相比拟;至于取自海中的第一团泥土,中央的庙宇、城邦恰与这一意象相契合,——试与印度和中国以"中土"自称的观念相比拟)。

在为数众多的神话中,宇宙则展现于江河之畔;江河两岸成为经济生活和宗教生活繁盛之地。试以古代埃及为例,尼罗河所滋润的沃野与荒漠之界限,亦为宇宙与混沌,乃至生与死之分野。古埃及神话中的两主要人物——太阳神拉和奥西里斯,被视为尼罗河的化身。相传,天界也有与尼罗河相对应者——天宇之"尼罗河",太阳即缘此运行周天。面对尼罗河之水流,埃及人产生这样一种意念:南,即是上;北,即是下;西,即是右;东,即是左。

西伯利亚的几条大河(叶尼塞河、勒拿河等;某些部落曾缘此游徙),也具有宇宙性。在北方诸民族的萨满教神话中,不乏萨满之河的意象("萨满之河",其功能同宇宙树、萨满树相近似)。所谓"萨满之河",使上与下、天与地相沟通;因此,河源与上界相契合,河口与下界相契合,并带有魔幻色彩。与此相应,河口所处方位大多同下界所处方位相契合(多为北方)。

完备的宇宙空间模式的确立,在一定意义上可资佐证:神话中空间和时间两范畴的意象臻于合一(地处于水之混沌中,诸神与巨灵在时间范畴和空间范畴相对立,等等),神话之要义在于:诉诸对起源的阐释加以表述。同时,"天界"神话和"冥世"神话的形成,司掌寰宇的天神形象之形成及诸如此类形象之取代属于邈古并已有"变异"的始祖,则导致对空间范畴的宇宙结构的关注之加强(这在一定程度上有损于对神幻时期事态的表述)。综观种种繁复的神话,较为清晰的**空间范畴**宇宙模式,同较为朦胧的、关于神幻**时期**之界限的意象相连属;一种特殊的"非确定性关系"应运而生;所谓"非确定性关系"(亦即:互有关联、互为反映的两范畴——空间范畴和时间范畴),可互有所补。

时 序 神 话

　　综观种种繁盛的农事神话,除宇宙起源神话外,所谓"时序神话",亦即诉诸象征对自然界周而复始过程的再现,也占有重要的地位。

　　如果见之于世者确为名副其实的宇宙起源说,而不仅是释源神话及类似的神话,则太初时期被想象为宇宙开辟时期。因此,任何成年仪式,包括加冕仪式和新年庆典,均可伴之以宇宙起源神话的演述,或包容宇宙开辟之举的象征式表述(诸如:大洋洲、非洲、埃及、印度等地区的王权虔敬化,巴比伦的新春佳节);所谓"更新",似以复返混沌和继而乾坤再造为先导。然而,宇宙开辟之举并未名副其实地重演,重演者无非是仪典本身。至于屡见于古老文明的神话,则有所不同;诸如此类神话,为种种自然的和经济的周而复始过程(诸如昼夜、一年四季、月、日等的周而复始)的直接表述。在古老的神话中,有关上述过程的描述则属罕见,其地位亦微不足道,尽管有关日、月运行的隐喻性表述流传很广(诸如:太阳夜行于地下,夜闭其户或栖身于洞窟;太阳为雌驼鹿,猎者兼程追逐,使之精疲力竭,以便翌日捕获幼鹿;日食因魔怪的吞噬而现;月亏为饥馑所致,如此等等)。

　　在种种繁盛的农事神话中,诸如此类神话居于首要地位,特别是在地中海地区。关于古埃及之神拉的描述,堪称昼夜交替神话的鲜明例证。相传,拉乘日舟,夜行于地下混沌之水,并与蛇妖阿波普相搏;后者同样具有宇宙开辟的特征。这一行程与搏击,日复一日,永无止息。然而,流传最广的古地中海神话,或许便是表述植物一年一度的枯而复荣以及谷物丰稔。

　　通观所谓古老之作,不乏与上述神话相等同者,诸如对库纳皮皮的崇拜(见诸澳大利亚北部),特别是海努维勒这一神话成分(据巴布亚人这些典型的古老务农者之说,海努维勒始而被害,后又以园圃丰产的形态复苏)。不仅如此,在古老的狩猎文化中,尚有"死而复生之兽"(弗·

格·博戈拉兹用语)这样的神话成分。然而,无论是就库纳皮皮的崇
拜,还是就关于瓦乌瓦卢克姊妹的神话而言,死而复生者并非神幻人
物,而是姊妹中之一所生之子;上述所谓"死而复生",乃是成年仪式的
表征,只不过该成年仪式与节期庆典相连属罢了。

219

　　关于"澳大利亚之雅伽婆婆"(即老妪穆廷伽)之说,与上述毫无二
致。相传,老妪穆廷伽乘父母不在,将孩子们尽数吞下,后亡故,且未能
复生,而剖其腹取出的孩子却得以存活,——只不过并非作为神幻人
物,而是作为加入仪式的主体。尽管不乏蛇可永生的意象(蛇有一年一
度的"蛇蜕"),硕大的虹蛇扎恩加乌尔死后并未复生。海努维勒死而复
苏,是以迥然而异的形态;她在很大程度上可与献作祭品的提亚玛特和
普鲁沙相提并论。

　　综观地中海地区农事范畴的祭仪神话,周而复始的自然现象及较
为繁复的冥世观念均有反映。在诸如此类神话中,最为古老者为关于
失而复返之神的神话。有一则保留并不完整的苏美尔神话,讲的是下
界之主库尔劫持女神埃雷什基伽尔,显然即属之;关于丰饶之神泰莱皮
努斯、太阳神、女神伊纳拉及其他诸神突然踪迹杳然的赫梯神话(相传,
泰莱皮努斯将种子携走,并乘众神他往,使水源干涸,以致牲畜和人类
不能繁衍),无疑亦属之;属此类者尚有埃莱夫西斯神秘仪式演现的题
材,即:冥王哈得斯劫走宙斯与得墨忒尔之女科勒-佩尔塞福涅。得墨
忒尔获悉爱女被劫,怒不可遏,一气之下离奥林波斯山四处寻访;于是,
谷物歉收,遍地饥馑。后来,得墨忒尔复返奥林波斯山,佩尔塞福涅自
冥府重回人间,大地又生机勃勃,丰饶如初。佩尔塞福涅这一形象集冥
后和丰饶之神两者的职能于一身。相传,她按期返回尘世,继而再往冥
府,年复一年,永无了期。

　　在一些神话中,得墨忒尔和佩尔塞福涅被描述为独具一格的文化
英雄。相传,她们教人以农耕;而这一情节较之农事仪礼复合体则大为
逊色。一些纯属神秘仪礼的题材则更富有戏剧性,诸如:至尊丰饶女神
之子或者同胞相婚的配偶**遇害**,继而**复生**(确切地说,为"苏生"、"复生"
或"复返",意味着自然界周而复始的复苏)。综观这一神话成分(更确

切地说,为仪典成分)之种种变异,与丰饶女神的"圣婚",甚至与加冕圣典及对丰歉和祸福负有罪愆的法王献身殉死之耦合,呈现于其中。萌生于古代东方君主专制远古阶段的条件下的这种耦合,可同"丰饶"和"成年仪式"两者的交互作用相提并论,——后者见诸澳大利亚的库纳皮皮崇拜。

　　古典的埃及神话亦不乏属此类者,——这便是关于奥西里斯的神话。相传,奥西里斯为古代之王,教人以稼穑和园艺,亦即始皇和文化英雄。神话的主体似为对作为法王之法老的崇拜;法王既是王者又是祭司,据信为农业的丰歉之所系。奥西里斯被觊觎其王位之弟塞特所害,——这一构想似为弑王仪俗的遗存。塞特之将奥西里斯遗体裔割为碎块,显然是农事法术的反响。奥西里斯之妹及配偶伊西丝,与奥西里斯之遗体感应而孕,生子霍鲁斯。霍鲁斯立誓复仇,与塞特相搏,并击败之;继而向诸神控告,又获胜诉;后又使奥西里斯死而复生,但奥西里斯已永为冥世之主,实则为审判者(颇似印度神话中的阎摩及第一个亡者)。这样一来,奥西里斯的冥世职司在神话中则成为推本溯源的终结。几乎见诸农事神秘仪礼的一切主要成分,呈现于题材均嫌不足(这种神话之流传于世,主要是诉诸宗教剧形式)。必须指出,奥西里斯既是远古之王(霍鲁斯是为其继承者),又是任一故世之法老,又是冥府的审判者,又是尼罗河的化身,还是谷物的人格化。

　　奥西里斯之死而复生,是为时日的推移、尼罗河水的充沛及谷物的繁茂之象征;而奥西里斯的逝世及霍鲁斯的加冕,则是法老王位更迭递嬗的体现。由于这一神话不乏宇宙寓意并与太阳周而复始的运行相连属,塞特则与亚洲神话中的暴风雨神、来自亚洲的敌对游牧者乃至蛇妖阿波普相耦合;然而,据纯属太阳神话的诸说,拉与阿波普相搏,塞特是太阳神拉的忠诚卫士。欲对原初浑融体的成分与种种题材的晚期编织加以区分,并非易事。霍鲁斯作为伊西丝与和奥西里斯之子,同谋害奥西里斯的塞特相争;霍鲁斯作为拉之长子,同作为上埃及之神的塞特相争(这是南、北两埃及之争衡与统一的反映);霍鲁斯(拉之子)与危及太阳神拉之日舟的水妖(其中包括阿波普)相搏,如此等等,——均屡诸如此类题材。

三大神话系统（宇宙起源系统、太阳—昼夜系统和时序—幽冥系统）之极度近似（有时甚至混同），三者又均按同一结构模式构拟，——不失为古埃及神话的特征。上述三大系统，归根结底被视为有关争衡的神话构想之三种实体、三种投射；综观这一争衡，一方为光明、尼罗河、生命、丰饶、太阳、法老，即宇宙本身；另一方则为黑暗、干旱、死亡、法老王位的觊觎者和法老的叛逆者、幽冥之水妖及来自亚洲的游牧者。两霍鲁斯以及拉与奥西里斯合而为一，而趋于合一的基础则在于法老的完全神化。

在美索不达米亚地区，通常将伊什塔尔与塔穆兹（英安娜与杜穆济）视为节期神话中的配偶。诚然，通观苏美尔神话诸说，特别是关于英安娜降至冥府的叙事诗，从未述及杜穆济的复生；况且，杜穆济并非农事神，而是畜牧神。巴比伦新春佳节仪礼中所演现者，为伊什塔尔之访赴冥府寻访、囚于下界的马尔都克，为矢志复化之子（颇似古埃及神话中的霍鲁斯），为旧王之"废黜"和新王之"加冕"，为王者与作为祭司之女神伊什塔尔的圣婚。然而，凡此种种纯属仪典复合体，类似奥西里斯轶事的神话已荡然无存。

在乌加里特，相应的时序神话则与巴力和阿娜特相关联。死神莫特害阿利延-巴力，并夺其位，致使万物凋零、赤地千里。阿娜特矢志寻夫，严惩莫特。莫特重整旗鼓，又遭败绩；而巴力重获再生，大自然又充满生机。关于阿多尼斯的神话，起源于腓尼基；公元前5世纪，阿多尼斯崇拜始传入希腊。相传，阿多尼斯出猎时遭野猪咬伤致死。有一则小亚细亚神话似起源于赫梯，讲的是阿提斯自阉致死，后又复生；相传，母神基伯勒曾向他强行求爱，纠缠不休。

扎格琉斯-狄奥尼索斯为典型的死而复生的植物神，既是司掌农事和葡萄栽培之神，又是狄奥尼索斯神秘仪式及奥尔甫斯教派演示中的核心人物。奥尔甫斯教派笃信佩尔塞福涅为扎格琉斯之母。扎格琉斯为众提坦所吞噬及其借狄奥尼索斯之体复生（重生），同奥尔甫斯教派关于"转世"之说相连属。① 然而,时序类型的神话和仪典,演化为别具一格的世界末日说,表达了人们对灵魂不死的憧憬。关于狄奥尼索斯的主体神话,描述狄奥尼索斯的凯旋以及为敬奉此神而举行的狂欢式庆典之盛行。无论有关狄奥尼索斯的神话及狄奥尼索斯崇拜对希腊如何重要(仅就悲剧和喜剧的起源而论,即足以断言),狄奥尼索斯崇拜因其冥世特质、图腾崇拜的遗存及"萨满教"的成分,更易于使希腊神话同东方世界相联结;而"阿波罗崇拜"则因其东方根源,在一定意义上成为奥林波斯神话中特殊的焦点。

诸宇宙系统与世界末日神话

由此可见,在古代世界较为繁盛的神话中,任何神话均赖以为出发点的神幻时期构想,则稍显黯然,这是人们转而注重完备的空间可塑宇宙模式,关注溯源于仪礼、作为周而复始的自然过程之模拟的时序神话所致。然而,严格说来,时间的循环之构想,须以关于人类历史沿革本身的循环观念为其依据——并非在仪典中,而是在神话本身。毋庸置疑,这是对历史之彰明较著的神话化;正是对历史的,即使对准历史的问题的趋重,有损于时间的神话构想之纯真。时间的循环之构想,不可思议地酿成于神幻时期赖以区分的因素,而神幻时期则包蕴之繁盛神话的范型。

据我们所知,在澳大利亚的神话中,对混沌之充分自觉的表述尚属阙如;至于对"黄金时期"(尽管"梦幻时期"以狩猎所获丰盈为特征)、"失乐园",或者即使是同江河日下的人类相对应的"英雄时代",则更不待言,因为往昔与现今之伦理的对比尚无迹可寻:神幻始祖的行事往往

---

① 奥尔甫斯教派(Orphism),古代希腊的神秘宗教派别,宣扬冥世报应和灵魂转世之说,以及所谓"救赎观"。据该教派之说,灵魂是善的本原,躯体是灵魂的牢狱;躯体既亡,灵魂犹续存,死者的灵魂将因其生前的善恶之行而转生为较高级者或较低级者;历经多次,始可摆脱躯体之禁锢,获得解脱。毕达哥拉斯派、柏拉图主义、新柏拉图主义以及基督教等,均在一定程度上接受其影响。——译者

并非以规范自匡，规范因他们的作为始得以形成。

"黄金时期"的意象见诸印度、伊朗、巴比伦、犹太、希腊、阿兹特克人、斯堪的纳维亚及其他地区和民族的神话。据某些神话，"黄金时期"继"混沌"之后跟踵而至；嗣后，由于违迕"塔布"、因罪受惩或其他缘故，衰落随之到来，有时并伴之以混沌的复萌，诸如：自然灾患（洪水、干旱）、极度伤风败俗、大肆攻略，等等。

就其内涵而言，与有关"黄金时期"的神话异常近似者，为关于"失乐园"的神话；综观诸如此类神话，时间范畴显然为空间范畴所补（诸如：苏美尔神话中的幸福之域迪尔蒙、《圣经》中的始祖被逐出乐园；试与古印度、古伊朗、古代美洲等地区的神话相比拟）。质言之，"黄金时期"或"失乐园"的神话成分，不仅同混沌之转变为宇宙相契合，而且同宇宙之转变为混沌并行不悖；就此而论，这种转变实质上同有关澳大利亚类型神幻时期的古典之说迥然而异。

通观种种复萌的混沌，波及最广者首推"漫世洪水"，其平治则有时被想象为宇宙克混沌而制胜的辉煌业绩；在中国神话和犹太教——基督教神话传统中，尤甚。有关干旱的古埃及神话，为洪水神话别具一格的对应者。相传，拉获悉民众起事（似为年迈法王被弑这一神话成分的遗迹），遂遣其一目所化之女神哈托尔下界剿除。在斯堪的纳维亚神话中，继"黄金时期"而来的，是违背誓约及首次鏖战。

在希腊神话及各民族的叙事创作中，"始初时期"也可被赋之以某种"英雄时期"的形态；同这种"英雄时期"相关联者，有既定的神幻部落（诸如高加索的众那尔特），乃至历史上确曾有之、但已退出历史舞台的部族（诸如亚该亚人和特洛伊人、俱卢族和般度族、哥特人和匈奴人[①]。赫西奥德所述有关人类历史5时期之说（即由"黄金时期"经、"白银时期"、"青铜时期"、"英雄时期"至"黑铁时期"依次递进），有关不同辈分之神更替，或者有关混沌复现和宇宙秩序重整之说，毫无疑问，

---

① 匈奴人（Гунны；Huns），公元4至5世纪，曾在欧洲地区征服众多日耳曼部落，建立强大的部落联盟，并对许多地区大事征略；始于4世纪中叶，渐趋衰弱。其某些史实在叙事诗《尼贝龙根之歌》中有所反映。——译者

这一切使一举创世所涉及的诸"始初时期"的分野趋于朦胧。在希腊神话中,呈现复返"黄金时期"的迹象以及诸时期周而复始循环更替的显示。据印度教关于宇宙之说,宇宙为诸界生而复灭的序列,为"梵天之昼"与"梵天之夜"的交替,为诸宇宙期的序列。古代伊朗的琐罗亚斯德教亦持诸宇宙期交替之说,该教笃信:历史乃是阿胡拉·玛兹达与安格拉·曼纽进行角逐的舞台,而且互有胜负。

循环的构想,同样见诸前哥伦布的美洲神话。综观种种神话系统,无一不是以某神为主宰,其结局则是宇宙浩劫。凡此诸说,较之创世神话在仪典中的反复再现,更有助于时间循环说的发展,尽管仪典中的复现与神话中的时间循环似乎具有内在的联系。

综观宇宙循环说,并无任何同名副其实的历史主义实质上相近似之处。"柏拉图式"的神话结构[1],完整无缺地被保存下来。诸神的宇宙开辟之举颇具"范例"性,犹如澳大利亚神话;然而,每当此一"世界"或"时期"为彼一"世界"或"时期"所取代,其宇宙开辟之举则再度重演。

所谓世界末日神话,旨在描述世界的终结及嗣后的乾坤再造;这种神话对神话所特有的、关于往昔的意象也有所修正。既然所述为乾坤再造,"黄金时期"则被置于首位。据其结构和题材看来,世界末日神话显然溯源于宇宙起源神话,只不过两者相互反其道而行之罢了。世界末日神话使释放混沌的自然之力或削弱宇宙结构的可能成为现实,似乎类似情景在往昔同样可见之于世(漫世洪水,等等)。

回溯诸古老社会,世界末日神话不过是偶有所见,主要流传于美洲印第安人中。在中美神话、印度神话(两者均与循环说相契合)、古伊朗神话、斯堪的纳维亚神话、犹太教—基督教神话中,不乏世界末日神话之经典的范例。犹太教—基督教的末日论,其本质特征亦在于注重时间的一次性和不可逆性,在于历史目的论。犹太教信复乐园之说;基督

----

① 据古希腊哲学家柏拉图看来,所谓"从理念出发,通过理念,达到理念",逐步上升到最高的理念,即善的理念,亦即宇宙最高的和最终的目的;善的理念为一切知识和真理(乃至一切存在)之所本。而宇宙的原动力是所谓"巨匠"。"巨匠"将理念加之于原始的混沌或物质,从而构成有秩序的宇宙。——译者

教则信敌基督世纪之说,并信继之则是基督再次降临。凡此种种观念,均具有这种目的论性质。犹太教—基督教的目的论,来自《圣经》主体神话的历史意向或伪历史意向。诸如此类神话,在很大程度上具有历史传说的特征。

如果说澳大利亚神话、巴布亚神话及其他神话中的类似神幻人物("神祇")均属始创时期,那么,古代东方神话中的诸神则永生不灭,并作为种种自然现象的化身、"主宰",始终干预人间之事;而雅赫维则完全超脱于自然现象,首先被奉为犹太人流徙和征伐的佑护者。对神话的种种古典式范型说来,《圣经》中的神话标志着非神话化过程的肇始。

在《新约全书》传统中,基督的生、死和复活,就其内在含义而论纯属神迹,而同时又是绝无仅有的历史轶事。然而,就类型而论与此相对应者,在关于诸始初时期的古老神话中比比皆是(乃至巴布亚人的以德玛献祭);至于有关死而复生之神的古代东方神话,则更不待言。

关于基督的神话与后者不同,它并非与复现的自然现象相关,而是与人类的历史相关联。基督之生、死及复活,被描述为绝无仅有的历史事态。不仅如此,同嗣后的历史经验相对而言,诸"福音书"中的事迹具有始初者、纯属虔敬者的属性,并完整无损地保持示范力(伦理规范和崇拜仪规便系于此),亦即神话的基本结构。

英雄神话与"过渡性"仪礼

综上所述,神话从根本上说来是宇宙性的,宇宙模式从更广泛的意义上说来是神话"世界模式"的核心。这同宇宙模式中以及世界意象与世界态势和世人利益之总的关联中存在拟人因素毫不相悖。这种世界与人的关联,无疑主要属社会范畴;神话旨在描述自然宇宙和社会宇宙之生于混沌及其相互渗透和部分混同;古典神幻人物是氏族、部落或整个人类的化身,而其自身又与自然宇宙相对应。即使所述已不仅是世界的开创,而且是世界未来的命运(如在世界末日神话中),——这一命运同样纯属宇宙性和集体性。从这个意义上说来,神话同心理格格不入，与个体的命运全然无关。对就心理和社会而言单一氏族的社会说来，这是天经地义的。在这种社会里，无论就实际生活，还是就人们的意识而言，氏族因素始终凌驾于个体因素之上，集体因而较易抑制任何个人的偏执。就此说来，绝不可持之以现代化，将原始社会视为这样一种社会，即怪诞的、无个性化的社会，——个性备受压抑，并被归结为"面具"和"角色"。然而，原始集体所强行压抑的，并非个性质的差异（其时，个性尚未获得充分发展），而是天赋的利己主义、生物的本能，——凡此种种，为氏族带来毁灭性的危害。

　　心理生理的"混沌"之转变为社会"宇宙"、社会制约及个人情感的调整，见诸人之一生的历程，而且首先是诉诸仪式。就此而论，过渡性仪典（rites de passage，范·赫内普用语），有着至关重要的作用。凭借仪典，降生、命名，特别是从儿童集团转入成年男子集团（成年仪式）、结婚（同另一氏族缔结亲缘）、加入男子会社中较高社会等级、充任萨满、担任首领以及终其一生之死，同社会共同体和宇宙相连属。过渡性仪礼通常将下述种种包容于其中，诸如：个体在一定时期象征性地脱离社会结构、经历种种考验和磨砺、同外在于社会共同体的魔怪势力接触、仪典性的脱离及复归"社会共同体"，复归其另一"范畴"、另一等级，等等。正如特纳所正确地指出[144]，短暂地置身于社会等级之外，可为领受"加入式"者营造一种状态，即某种离群索居者集群之短暂的"反结构"状态。

　　最重要、最典型的过渡性仪式，当推成年仪式。成年仪式旨在使已臻于性成熟的少年脱离母亲和姊妹、脱离未领受"加入式"的妇女和儿童集团，并使其转入成年狩猎男子的集团，从而享有结婚之权，等等。这一过渡包括下列程序，诸如：身体的耐力测试、"加入式"中不堪忍受的伤残、部落智识精要的熟谙（诉诸向领受"加入式"者演述神话的方式）。成年仪式还包括象征性的暂死和与精灵的交往；而后者则为复苏，或者更确切地说，为重生开拓道路。短暂亡逝的象征见诸下列情节：新加入者被魔怪吞入又吐出、赴冥世或精灵境域、同精灵相搏、获取祭器及宗教奥秘，等等。这样一来，成年仪式及从这一状态到另一状态的过渡,被描述为"旧终新始"、"死而重生",(所谓"重生",不确切地称为"复活")。就此而论,"起始"之范例仍然是成年仪式之无比重要的根基,而成年仪式往往与时序的推移和相应的仪典同步并行;库纳皮皮类型及地中海地区神话中死而复生之神类型的仪典系列,尤可资佐证。

227 由此可见,个体的命运凭借仪典与部落生活和自然生活的整个节律相联结,而神话也起有一定的作用,——神话借助于叙述的"范例"予以社会认可和道义认可。关于文化英雄的神话,应对社会的起源和宇宙的起源加以阐释,因为这些人物是部落公社或人类社会的模拟。"游徙"成为一生之游徙,或者至少是一生至关重要的考验。澳大利亚图腾祖先的游徙,完全集注于地形地貌,集注于祖先终生所行经的路线;一切"事迹"的主旨在于对中宇宙之具有神圣意义的地点加以诠释。然而,文化英雄的"经历"本身渐具范例性,并成为人生关键事例的序列。这些关键事例同种种过渡性仪礼相对应,而成年仪式通常居于遮翳其他一切的地位。

诸如此类神话往往依据"加入"仪式的模式而构拟。顺便提及,这一现象在更大程度上为魔幻故事所特有,因为魔幻故事不同于神话,它显然注重于个体的命运。

弗·雅·普罗普、W. E. H. 斯坦纳和约·坎贝尔[145]不约而同,相继在英雄神话和魔幻故事中揭示了成年仪式的仪典模式,这是不足为奇的。

在这种情况下,题材最重要的部分是**考验**;主人公须在冥世、天界(为太阳神所居;据印第安人的神话,通常为主人公之父所居)或恶灵、魔怪等所栖居的境域经受之。主人公始而为魔怪所吞,继而又从其腹中安然脱险,一些儿童为林中妖婆所摄。凡此种种情节,均为"加入"仪式的直接反映。

成年仪式的诸如此类象征,以蕴藉的形态见诸北澳大利亚关于瓦乌瓦卢克姊妹的神话(相传,两姊妹中之一所生之子为虹蛇吞入腹内,后又吐出),或见诸关于老妪穆廷伽的神话(相传,曾吞数儿童,后破腹取出)。关于为蛇妖或林中妖婆所摄的故事,则是一种诠释性神话,旨在对夸扣特尔人①的成年仪式及其他许多古老社会的成年仪式加以阐述。但是,这里实则无所谓主人公,有的无非是仪式的主体,也可以说是仪式的客体。在神话中,一般说来,在古老民间创作中,主人公只能是神幻人物。其特点通常是:生有异状,在母腹能言,善施法术,等等。

然而,诸如此类情节往往见诸关于文化英雄的神话;而文化英雄的出场本身,意味着成年仪式不失为运用于题材的模式。由于被吞入魔怪之腹或与林中魔怪等周旋,主人公得以显示其刚毅,得到襄助精灵、法术(萨满)之力及统摄自然之力,并往往得以获取为人们所必需的宇宙客体或文化成果,降除使人们不得安宁的魔怪。主人公贪变恋女色的种种习见显示(其力量及成熟的标志),同成年仪式也有一定关联;而贪恋女色有时则带有强奸或乱伦等伤风败俗的性质。血缘婚的行为可用于题材,而且作为一种缘由:主人公因而被暂时摒除于社会共同体,其父因而赋之以艰巨的任务(据说,如无法完成,则唯有一死)。至于对主人公的考验带有成年仪式的特点,下一事实可资佐证:迫害者往往是其亲父——太阳神或其他神,对其子予以严峻考验,似乎欲置之死地而后已,而结局则是与子和解或为子所败。所描述的文化英雄之死通常并非永诀,而是尚有一线生机,即从冥世复返或来日复苏。文化英雄或其他见诸古老神话的人物所经历的考验,有时被阐释为特殊的、见诸神秘仪式的"受难",或者特殊的磨难;以此为代价,主人公可为自身和人类获取力量和智识。

总之,"福运可借助于难以摆脱之厄难换取"之说,亦见诸澳大利亚神话:老妪穆廷伽之死为众儿童之得救所不可或缺;而穆廷伽之将众儿童吞入腹内,又为仪典所必需;虹蛇昆曼古尔为一"慈善"老者,身受伤痛的折磨,一心要扑灭大火,又唯有慷慨捐躯,始叵奏效,如此等等,不一而足。

W.E.H.斯坦纳认为(参见注 34):澳大利亚土著居民的"哲学"

---

① 夸扣特尔人(Квакиютль;Kwakiutl,似意为"来自河对岸者"),北美印第安人部落,分布于加拿大境内,人口约 3 500(20 世纪 90 年代);主要从事捕鱼。其传统信仰为:图腾崇拜、嗜血者崇拜、渔猎崇拜;行成年仪式和仪式舞。——译者

（即使是幼稚的，或者说，蕴藉的），乃是维系生命之流的哲学；这一生命之流永无止息；在这一历程中，"恶"可导致"善"，"善"可导致"恶"，而死亡与厄难是不可或缺的环节。斯坦纳在成年仪式中寻得同献祭的内在渊源。将诸如此类观念移于神幻人物的"个性"范畴，为并非如此古老的民间创作之特点。一方面，文化英雄的主要业绩毫不摈斥其"恶"行、对社会规范的违迕乃至乱伦；另一方面，其非凡的本领以及造福世人的契机，通过种种严峻考验始可获致。由于神话和民间创作中所采用的一般为非心理描述手法，"痛苦"一词用于上述考验并不十分妥当。

南美印第安人（博罗罗人等）有一则关于鸟巢捣毁者的神话颇为著名，克·莱维-斯特劳斯并对其进行了翔实探考。相传，主人公有乱伦之行，并因而受到其父严惩；父亲施之以不堪忍受的考验，他幸免于难；父亲又因此有违对待"姻亲"的准则（按母系计，其子为姻亲；生父似为岳丈），因而遭杀身之祸；而"违犯戒规"、继而"备受磨难"的主人公，则成为文化英雄及赐福于部落者。至于普罗米修斯的厄难已达到无以复加的境地：禁锢于山崖，巨鹫日复一日啄食其肝脏。在埃斯库罗斯的剧作中，有关普罗米修斯的描述尤甚，他被赋予被难者和叛逆者的品格。

神秘仪式的"受难"，在关于死而复生之神的仪礼神话中尤为引人注目；死而复生之神，即其尸被脔割、撕裂的奥西里斯、阿多尼斯等，均属无辜，却又是不可或缺的牺牲。就此而论，无与伦比的楷模自然是救世主基督；他忠顺于"圣父"，甘愿受难、赴死。

综观种种神话，无论是文化英雄，无论是历尽苦难之神、无论是"救世主"，抑或宗教教义的倡导者（如佛陀或基督），均经历了堪称后世之"范例"的行程；因全人类德行的象征化，其无上尊崇仍然首先得之于超个人范畴，而非得之于个人之心理范畴。以上所述，对新神话学派的论点进行探讨时尤须注意，——这一学派一向专注于个人的心理。

宇宙起源神话同有关人生过渡性（无不予以仪典化）时刻的神话两者之间，存在着根深蒂固的类比关系，其原因在于：任何过渡均为更新；而更新，则无不被想象为并在仪典中被呈现为死亡与新生，即神话（实则属宇宙起源范畴）因素在个人范畴的再现。一旦述及英雄或神祇，势必涉及宇宙起源说——不仅是隐喻的。然而,神话的根基仍是宇宙起源神话,而不是英雄神话,即是创造,而非 quest("求索")。

神话题材和体系之语义

　　综上所述,可以看出:不同民族的神话中复现一系列主题和情节, 诸如:宇宙生于卵或某一被殛杀的妖神、地从始初的瀛水中钓出或突现、洪水、天与地之分离、参天的宇宙之树、不完备的人体之臻于"定型"、盗火、与龙相搏、血缘婚配,等等。诸如此类"共相",大多属宇宙起源范畴。由此可见,宇宙起源对整个神话具有重大的意义。然而,严格说来,诸如此类情节的"共相性"并不是绝对的;试将诸古老文明世界种种繁盛的神话加以比较,所谓"浑然难分"在很大程度上颇引人注目。此外,这些情节乃至主题本身,并未囊括所有宇宙模式;至于广义的神话世界模式,即无所不包的模拟信号体系,则更不待言。

　　尽管习以为常的情节在很大程度上决定神话的"风貌",犹如另一类习以为常情节在一定程度上决定魔幻故事;而从根本上说来,情节既不是神幻故事结构的,也不是神话体系的关键所在。

　　神话之象征分类的原初"部件",并不是情节,而是种种基本语义对立形态的关系;诸如此类语义对立,首先同人之最简单的空间和感性观感相应(诸如上/下、左/右、近/远、内/外、大/小、暖/冷、干/湿、静/噪、明/晦,种种色调对比,等等),继而"客体化",并辅之以宇宙的空间—时间连续统之最习见的对比(诸如天/地、地/地下、陆/海、北/南、西/东、昼/夜、冬/夏、日/月),辅之以社会共同体中之最习见的对比(诸如己/彼、男/女、长/幼、卑/尊),或辅之以社会共同体同宇宙、自然同文化之间的种种对比(诸如水/火、日火/灶火、生/熟、屋舍/林莽、聚落/荒漠,等等),乃至较为抽象的数字对比(偶/奇、3/4,等等),以及基本的二律背反(生/死、福/祸,等等)和神话中根本的对立:虔敬的/世俗的。显而易见,这样的二元对比(三元、四元之类的对比,大多易于归结为二分、二元),见诸对周围世界的感知,并将其"连贯性"一一分割。被感知的

230

231

种种客体,通过其感性品质的对比清晰地被感觉,并从而经受最基本的分析和分类。其中某些客体作为相对立的属性之载体,未失去其具体性,即成为另一客体的符号及象征分类的要素。以上所述系指某些共同的语义基干;它们既见诸种种自然语言,又见诸(据我们所知)居于原始文化浑融体之核心的神话。

语义对立是为人之最基本的空间方位感及对比感的体现;当我们从诸如此类语义对立过渡到对其进行宇宙论式的认识,过渡到诉诸人体诸感官、部位的"语言",诉诸社会和自然界、小宇宙、中宇宙和大宇宙的"语言"来考察种种对立之间的对比,并过渡到施以一定的价值化,即纳入一定的价值等级,则已进入名副其实的神话范畴。譬如,上与下这一最习见的对比,具体化为躯体上部与下部、天与地、家庭的与社会的等级中长幼尊卑等对比,而"上"又大多被虔敬化。

克·莱维-斯特劳斯最先将语义对立广泛用于神话和神话学的释析,他对二元逻辑律予以极大的关注,视之为神话化的手段,并十分重视两极的存在及通过持续渐进的"调解"使基本的二律背反获得解决。而其他一些学者,如维·弗·伊万诺夫和弗·尼·托波罗夫,却认为:最习见的对立为数相当有限,此类对立两极之褒贬(即肯定与否定)具有一定的恒定性(在仪典语言中,"肯定的"即是"虔敬化的"),在与诸如生——死、福——祸之类**正**与**反**两种截然相悖的对比之联想中,同样不乏一定的恒定性。上、右、男、长、近、己、明、干、显、白、朗昼、春、天、(对地而言)、地(对地府而言)、火(对水而言)、屋舍、东(对西而言)、南(对北而言)、日,大多被列入肯定范畴;而下、左、女、幼、远、彼、晦、湿、隐、黑、暗夜、秋、地(对天而言)、地府、水(对火而言)、林莽、西、北、月,则大多被列入否定范畴。然而,在不同地域的神话体系中,亦不乏一定的差异(特别是就日/月、地域、色调而言);而对某些仪典或同一体系内的诸"级类"说来,又存在特殊的例外(诸如左、女、隐、湿等)。基于上述种种对比,为数众多的二元神话得以编织;其中有些则与非对称的二元外婚体制相连属。

种种繁复的象征体系,诉诸二元逻辑得以建立于图腾崇拜观念之上(所谓图腾崇拜观念,即笃信社会集团同某些动、植物物种确有亲缘)。图腾分类之成为可能,是由于神话诗作之思具有一定的"隐喻性";它可诉诸源于周围自然界的"形象"对种种社会范畴和关系加以构拟,或借助于种种社会关系对自然关系加以"迻译"。W. E. H. 斯坦纳着重指出:澳大利亚神话中的人类世界之成分,通常与自然成分形成对偶,如新生者之灵与草木之叶、净水或动物界相耦合;凡此种种,即成为其表征(符号)。自然和社会两者的客体和过程的这种互为"隐喻",并见诸图腾崇拜仅余遗迹可寻的诸古老社会。

所谓分类图式传布极广;其形成乃是基于因大宇宙与小宇宙之趋近而获致的人体诸部位与宇宙诸部位之类似,继而又基于原初成分之归结为四大或五大"元素":土、水、火、气、天候、天宇或日等等。应该指出,上述种种,严格说来,已非隐喻,而是符号和神话象征。真正的比拟和隐喻,属于诗歌,而非属神话;尽管两者(就起源和类型而论)有深刻的关联,仍须加以区分。作为神话象征的基础者,并不是形象的比拟,而是一定程度的混同(尽管并非浑然一体),因为这里所涉及的是分类。这一问题亟须予以澄清,以免将神话象征一概归之于程式化的诗作形象性,或归之于种种截然不同的事物和生命体的绝对同一,见诸其间的则是"参与"。对之加以区分并非易事;在一定意义上说来,事物虽成为象征,却依然如故,并未失去其具体性,类别之近似具有一定的情感范围和行为定势。应当注意,此级类中之混同必然伴之以彼级类中之混同。神话中的"事物"或"生命体"为不同的表征所形成的种种组合。于是,据此一级类表征,它们可趋于混同;而据另一级类表征,则相互对立。

混同和对比的这种结合,就分类,以及诸体系和题材的构成而言,是为从事神话构拟所必需的手段。

由于世界按级次分为不同的级类,二元逻辑分类的可能大为扩增。至于对"级类"的理解,首先正是指级次划分而言;作为表述手段和描述语言的"代码",其概念与"级类"的概念相近似。在很多情况下,这些术语实则可相互替代。

种种不同的二元对立之结为二元体系,使诸语义对偶之间一定程度的等同得以确立。例如,雌、左和月结为一组,而雄、右和日结为另一组;于是,雄与雌的关系在一定条件下可通过右与左或日与月的关系予以表达,即在另一级类或诉诸另一类代码,譬如说,凭借"天体的",而非"社会的"代码。

综观属种种传统(诸如见诸印度、中国、古墨西哥等地区者)的宇宙起源模式,地之诸域、神祇和动物、四季、自然元素、人体器官、色调、间或几何图形、某些地理范畴、社会等级、特定的表征之间,形成十分蕴藉的对应。试以中国神话体系为例:与东相应者为青、春、龙、木、钺、脾;与南相应者为赤、夏、鸟、火、天秤、戟、肺;与西相应者为白、秋、虎、金、剑、肝;与北相应者为黑、冬、龟、水、盾、肠。因此,近似的意象则可诉诸"地理"、"时序"、"动物"、"色调"、"二律背反"等范畴的代码予以表述。

宇宙说及仪典中所蕴藉表达的一切,在民间叙事创作中则有较明晰的表述。譬如,克·莱维-斯特劳斯即致力于诉诸语义释析揭示神话题材中相应的象征序列、代码级次以及"蕴涵"于其中的神话体系。毋庸置疑,这样的探索中势必不乏一定的假设、聚讼纷纭的揣测和阐释。前文已援引克·莱维-斯特劳斯所提供的鲜明例证,即南美印第安人有关死之由来的神话的表述,亦即诉诸同5种感官相应的5种代码从事同一"沟通"。在另一些场合,他并揭示不同代码和级类之间的等同关系之由来。例如,同一神话的"沟通",可借助于有关违迕家庭—婚姻规范,或有关破坏仪典肃穆,或有关日食,或有关新鲜食物或腐烂食物等的故事予以表达。在代码或级类的变换中,一种题材**转化**为另一种题材;于是,这一题材则似乎成为另一题材的"隐喻"(间或成为其"换喻")。当然,不可将这种"隐喻化"与作为诗作中艺术表现手法之诗的辞格之运用等同看待。而神话的"隐喻性",如作这样广义的理解,因呈现于我们面前的是象征,并非比喻,将无法克服:由一种代码转换为另一种代码,实质上为封闭的、无休止的过程(即由一种隐喻"语言"转换为另一种,不太明晰者为较明晰者所诠释)。

然而,诸般代码和级类,实际上并非完全对等,因而也非完全等同;

其原因在于:其一,相应的实际,即使已成为代码,依然保留其具体性以及由此而生的种种关系和联想;其二,不同级类之间存在繁复的相互依属、相互制约的关系。譬如,克·莱维-斯特劳斯倾向于将氏族间的关系(即“妻方”和“夫方”的关系)之规范的破坏不仅视为级类之一,而且视为一种“构件”,可成为某种在代码变换时赖以保持其恒定性的基础结构。

　　总之,诉诸不同的代码传达含义相近的信息,使神话信息产生一定的余裕。这种余裕可保证传递机制的可靠性,使神话信息由长及幼、代代相传。而余裕性又因分解为诸多代码和级类而被克服于体系内。然而,这一过程尚存在另一方面:该神话主题本身具有若干相并而存的处理,它们不仅诉诸不同的代码得以呈现,而且从历时性看来,属异源多相。例如,有关文化英雄维奈默伊宁从原初据有者那里**获取**“萨姆波”或星辰的故事与长于锻造的造物主伊尔玛里宁**打造**上述客体的故事①两者之差异,无疑带有阶段性。同一主题之分别属不同阶段的不同处理,因附丽于**不同的人物**而并行不悖,而题材本身则因情节的增益及横组合“结构段”相应增多而有所扩展。试以斯堪的纳维亚神话为例,有关圣蜜由来的若干迥然不同之说(盗自山崖,生于神之唾液,或生于克瓦西尔之血,等等),在同一题材中相得益彰。

　　仍以斯堪的纳维亚神话为例。拟人存在之由来这一尤为普遍的主题,同样有若干题材相并而存;而这种所谓“余裕”,则凭借诸如此类题材附丽于神话中不同范畴的实在(神、巨灵、侏儒、人)得以克服。

　　分解为种种代码和级类以维系并同时克服神话信息的余裕,这在神话题材和体系演化过程中具有至关重要的作用。

　　这种演化本身,也可视为和谐的扩展,视为某种作为基原的神话

235

---

　　①　伊尔玛里宁为芬人和卡累利阿人神话和叙事诗中的文化英雄和造物者(见诸《卡勒瓦拉》),并被称为“天铁锻造者”。相传,他曾锻造天穹、星辰、犁、剑等,并且往往同另一神幻人物维奈默伊宁相关联。又说,伊尔玛里宁所造之日、月皆无光,维奈默伊宁不得不从其据有者——“波希约拉”(幽冥国度)的主宰那里获取。另说,维奈默伊宁与伊尔玛里宁争娶该主宰之女,该主宰要求伊尔玛里宁造神奇之磨(“萨姆波”——“富足之源”),作为聘礼;而维奈默伊宁最终窃取该宝物并占有新娘。——译者

"内核"之不同级类的、别具一格的"改制",并视为原初的异源多相情节之再调整,其途径则是诉诸同一级类的混同和不同级类的对比。毫无疑问,上述两种过程实际上实施于并存在于相辅相成的关系中。有鉴于此,研究方法也应与之相应,或构拟往昔存在之同一,或不问其由来和往昔风貌而设定存在于相并而存的异说中之体系关系。

由此可见,二元逻辑以及级类和代码①之级次划分,为神话的构成提供某种运作的分类"表格"和某种运作的手段。如上所述,神话形象则从而被构拟为赖以辨别的表征之聚合,被构拟为多价的象征,与分属不同级类的其他象征相对应。上文曾援用克·莱维-斯特劳斯所著《神话论》一书中数例。凡此诸般形象,均负有对周围世界进行模拟的功能,而凭借神话的象征性所模拟的"片段",较之其实际原始型,即以这种或那种动物、植物等及其复合体为形者,广博得无可比拟。不乏这样一些形象,它们同一系列其他较为逊色、属诸级类的形象相结合,可成为整个世界的模拟。宇宙树即属之,弗·尼·托波罗夫将其归之于"普遍性的符号复合体"之列。

应当指出:对二元分类逻辑及相应的分类者的功能之探考,较之对神话诗歌创作及较为稳定的神话形象和题材创造过程本身的探考为佳。回溯远古和上古社会,如上所述,宇宙模式是某种带有普遍性的、无所不包的象征模式的基原。这种象征模式见诸作为社会行为之虔敬化和陈陈相因的形态之仪典,见诸"男子房舍"和部落村落、寺庙及城市的体制,见诸家庭—婚姻关系,见诸衣着服饰,见诸食物的获取,见诸生产活动,见诸集体表象和行为之众多不同的范畴。那些象征和结构配置,再现于上述种种"级类"。古老文化同历史生活较晚期阶段的差异,即在于此。迨至较晚期,意识形态已具有分解性,不同意识形态和观念的争衡已有迹可寻。正因为如此,准神话的象征分类,势必支离破碎、流于主观,无法囊括一切和广为扩展。

---

① 代码(Код;Code),表示信息的符号组合,即以规定的字母或数字组代替词、词组或语句的通信方法,亦即一种符号系统转换为另一种符号系统之一整套预定规则和手段。字母文字符号系统已成为自然语言派生的任意表述。本文中的"代码"一词系借用。——译者

　　为了对此加以说明,试援引下列 3 个题外之例:两例属原始神话题材范畴(基于澳大利亚和古亚细亚人的神话;克·莱维-斯特劳斯所探考的美洲印第安人神话,则不予涉及);一例属繁复的、封闭式的神话体系(基于斯堪的纳维亚神话)。

　　澳大利亚的例证,主要来自 W. E. H. 斯坦纳关于穆林巴塔人的神话的著作。在该书中,基于不同的观点对其进行探讨,其阐释也有所不同。澳大利亚资料之珍贵在于其古老性,尤其在于依然保持的神话与仪礼之"同一"。据斯坦纳所述,这一"同一"不仅属于,而且与其说属于起源范畴,毋宁说属于结构范畴;况且,神话与相应仪礼之同源,可用于横组合分化、深层语义结构、象征的功能之最客观的揭示。当然,在一定意义上说来,神话具有"隐喻性"(它诉诸"梦幻时期"的事迹,对包容价值范畴的某种宇宙说加以表述);而仪典则更具"换喻性",因为它之表现诸如此类神幻事迹系借助于个别的局部、显示和符号。此外,就仪式而论,公社或领受成年仪式者之获益,须以恪守戒律、经受严峻的磨砺,间或以经受强制和恐怖为代价;而在相应的神话中,其情状则恰恰相反,——所谓"恶"隐而不显,貌似善:将领受成年仪礼的新加入者引至某处,颇似暗自强行抢劫,其护卫者(来自亲属)则虚张声势,借以进行恫吓,等等;而神话中的老妪穆廷伽之留在儿童们惯常的处所,似乎意在照顾,并殷勤劝其入睡,实则却是为了将他们吞入腹内。有关昆曼古尔众女的神话,同上述如出一辙:她们甘愿离开父亲的居所,其兄百般追逐、献媚,并献以猎物等,实则却肆无忌惮,将驻地弄得一塌糊涂,并蓄意奸其众妹,大干其乱伦勾当;他并施以奸计,乘节庆之机谋害其父,等等。

　　然而,这种"符号的对立"同下述现象又并行不悖,即:神话中的空间**转移**,同社会共同体的**分离**与**相合**,同仪典的**隔离**过程恰相契合,——这有助于将神话叙述(文本)明晰地分为叙事"结构段"。

　　对主人公之肯定的或否定的评价,有关其行为的这种或那种构想,对构成横组合结构的事态本身说来,属第二性,——不仅在仪典中,而且在神话中也是如此。肯定评价或否定评价之对象,并非人物,而是其行。因此,人物在价值—伦理范畴的作用,无不在叙事过程中重新配置,从现今的观点看来,事态的发展似乎尚无令人信服的依据。神话叙事之作的上述特点,如对仪典与神话并进而对种种神话加以对比,便十分清晰。现对虹蛇神话的主要异说作一比较:据穆林巴塔人之说,乱伦乃至弑父(或舅)昆曼古尔,加之于其子(或甥)齐尼敏;据巴哈姆人之说,扎格乌特和齐尼敏为两虹蛇:一栖居"上界",一栖居"下界";扎格乌特劫走齐尼敏众妻(属妻舅"亚族"),齐尼敏以矛将其刺死;扎格乌特死后化为现今之蛇,而齐尼敏则升入天界。马里蒂耶尔人之说,与上说如出一辙:虹蛇莱尔温为阿曼格尔(飞狐)所杀,也因前者劫持后者众妻;据宁吉奥梅里人之说,虹蛇安伽蒙吉为阿迪尔明明(来自妻舅族)所杀,同样因情爱之争,而且众妻已先对阿迪尔明明有所惩(颇似穆林巴塔人之说中昆曼古尔众女之与其同胞兄弟齐尼敏)。① 据耶尔克拉人之说,虹蛇则与其众姊妹血亲相配。鉴于几乎种种异说中的角逐者分属不同的亚系(即与其为妻舅和姊妹丈关系),可以推断,主人公的情欲—婚配行为,无一不是对外婚制的违反,并近似乱伦;而主要的恒定因素,并非对劫持妇女或乱伦之行的报复,而是**乱伦**——此其一;**殛杀**虹蛇——此其二。

殛杀虹蛇的情节,并未见诸穆林巴塔人之说(有关穆廷伽将儿童**吞入腹内**的情节,亦然),却见诸其他诸说。据此等诸说,虹蛇(而非其子)劫持他人之妻或有乱伦之行。间或也有虹蛇吞噬生者的情节传之于世;据说,虹蛇闻儿童喊声或嗅母亲经血气味即跟踪而至。然而,这样的情节处理同主人公的性格或其行为的道德评价并无关联。无论情节作何处理,**吞入腹内**在所难免。既然吞入腹内以剖腹救出和重生为前提,那么,在成年仪式中,"母亲"之胃则几与其妊娠之腹等同;这种宇宙

---

①   穆林巴塔人(муринбата;Murinbata)、巴哈姆人(Бахам;Baham)、马里蒂耶尔人(маритиель;Marithiel)、宁吉奥梅里人(Ненгиомери;Nengiomeri)、澳大利亚原居民部落。据穆林巴塔人之说,虹蛇(即昆曼古尔)为始祖,又被视为此"对偶体"的祖父、彼"对偶体"的外祖父;世人均为其所造。昆曼古尔之子奸污众姊妹,并重创其父,后则四处漂泊。又据一些神话所述,至尊之母在游徙中时刻为虹蛇所伴随。有关虹蛇和众始祖母的神话,与繁复的神秘仪式有着不解之缘。——译者

论对题材说来属第一性。它甚至包蕴伦理成分,而伦理成分又非呈现于善恶两种人物的对比。这里所涉及的无非是事态的对比。齐尼敏奸污众姊妹,就这一细节看来堪称卑劣;继之而来的细节,则是众姊妹予以无情的报复,甚至不惜施以诈骗,同情齐尼敏之心不禁令人油然而生。他坠下山崖,伤势已十分沉重,借助于法术之力,始渐有好转。而当他乘节庆之机谋杀其父,其狡诈和残暴又令人万分愤慨。然而,他恶贯满盈,终于"变化",即渐趋死亡,以图续存于世,只不过是已借另一形态;而这在一定程度上又使厌恶之感得以减缓。昆曼古尔伤势严重,急欲寻一僻静处所将养,其境遇不能不令人同情;然而,他又希图把火种带入水中,人们又转而同情抢救火种者,因为火为人们所必需。

239

　　稳定不变的横组合结构,在穆林巴塔人及与之亲缘相近的澳大利亚北部诸部落集群的神话中分离而出。它不同于澳大利亚中部诸部落最原始的神话,已具有一定的戏剧性。

　　W. E. H. 斯坦纳强调指出,"失"与"得"之节律主要呈"螺旋状";归根结底,得不仅与失相抵,而且使宇宙和公社绝对丰裕。在仪典中(在一定意义上说来,似亦受其影响):新规之**得**,须以旧规之**失**以及短暂的"无结构"状态为前奏(维·特纳对这一过程有翔实的探考)。综观诸如此类神话,所谓"**得**"以"**失**"为前奏,而"**失**"则呈现为社会混沌的显示。

　　如上所述,同一人物之所作所为,时而是肯定的,时而则属否定。虹蛇神话中这一矛盾现象与虹蛇的两重性完全吻合,而且虹蛇似为下述现象的媒介者:似为生与死之媒介者(作为把领受成年仪式的少年吞入腹内者)、上与下、上界之水与下界之水的媒介者,似亦为火与水之媒介者(鉴于蛇与虹之状相似;蛇之分为"属上界者"与"属下界者",其原因即在于此),甚至亦为女性与男性之媒介者(有时虹蛇既个失其情欲象征性,又为雌雄同体)。不仅如此,在仪典中与虹蛇相伴而现的"老妪",也具有双重性:在一些题材中,她几与现身为女体的虹蛇相合;而在另一些题材中,则与虹蛇的献祭品、众姊妹瓦乌瓦卢克相合(相传,虹蛇曾将她们连同其中之一所生之子一并吞入腹内)。

　　值得注意的是:有时在关于虹蛇的神话中,角逐双方被想象为两虹蛇——长与幼、上与下，冲突遂似乎囿于单一的自然现象范畴。在穆林巴塔人关于昆曼古尔的神话中，齐尼敏（虹蛇之子或姪、甥）在成年仪式中起有十分重要的作用，自身被描述为一少年，显然是刚经历成年仪式，但已不愿恪守务须规避众姊妹及与本群体妇女授受不亲的戒律。

240

此外，虹蛇的媒介功能意味着：语义的对立和某些基本的二律背反有待施之以媒介作用。由于虹蛇是一系列诸如此类对立之两极间的中介，可以断言：这里无疑存在一定的代码等级，同语义纵聚合诸结构项的组合相应。①

为了说明神话语义的纵聚合成分，再以有关昆曼古尔之说为例。

昆曼古尔为始祖，既是一"对偶体"（胞族）的父亲卡尔钦之子，又是另一"对偶体"的母亲提乌古之父。该两"对偶体"分别同鸢和鹞相连属，被视为起源各异、互为仇雠的土著居民。每一"对偶体"各据有一种生命攸关之物，即水和火。这样，两"对偶体"不仅成为两种猛禽之间的对立，而且成为水与火两种主要自然元素之间的对立。作为虹蛇的昆曼古尔，同水（即地上之水和天宇之水〔雨〕）相关联；而虹的形象本身，似可作为下与上和水与火之间媒介的标志。人们将齐尼敏通常归之于提乌古那一"对偶体"，并昭示他同火有关联。实际上，在为求婚配而追逐众同胞姊妹之说中，齐尼敏被描述为火之"主宰"，——曾点燃篝火，作为"婚礼"的标志；而众姊妹则似为水之统摄者，——她们引来海潮，将齐尼敏吞没。有关受致命伤的昆曼古尔游徙之说中，这样一种情节迭次复现，即：其妻和子女为医治其伤，以火炙石，而火却被水浇灭。以上所述，显然为昆曼古尔及其子女之水的属性的显示（据 W. E. H. 斯坦纳所述，土著居民中某些被询问者认为，齐尼敏和昆曼古尔属不同"对偶体"，分别同火和水相连属）。为了进入水中，以完成最终的"变化"，昆曼古尔试图将火全部熄灭，红隼人皮利林则不得不以摩擦之法

---

① "纵聚合"（Парадигма；Paradigm），系指可在一结构中占据某个相同位置的形式之间的垂直关系。语言中的每个词都同一组可以替换的词处于纵聚合关系。与此相对应，句子中词与词之间的水平关系或线性关系则称为"横组合"，"纵聚合项"则指任何一组处于纵聚合关系的语言项。此处系借用。——译者

重新取火。由此可见,火/水两自然元素的对立贯串于整个题材,而两者之间的协调最终始获致。

齐尼敏与众姊妹的对立,不仅呈现于同胞族划分形成联想的两大自然元素(火/水)的代码。两种性别的对立尤为明显,并续存于经济范畴,即"生产"代码(齐尼敏以矛状物从事狩猎,而众姊妹则以棍棒和掘土器从事采集、原始农业和捕鱼)、"炊爨"代码(齐尼敏同众姊妹争论不休,为了确定将何种食品用于公共祭宴——肉类,抑或植物类)。同时,神话叙述的结尾并述及昆曼古尔曾希图享用一次肉食,但因有病在身而极力克制。

有关昆曼古尔和齐尼敏的描述,如何与语义纵聚合诸项相连属?显而易见,其基本冲突之展示于社会级类,呈现为对家庭—婚姻规范的违迕(对外婚制之违迕,直至乱伦)。齐尼敏的乱伦之行包含双重违迕,因为幼妹尚未臻于性成熟;就此而论,她与长姊形成对比。鉴于下述情况,这一劣行更加不可宽宥,即:齐尼敏显然刚经历成年仪式,本不应接近妇女(难怪他哄骗其父,说是去找众弟兄——众飞月,他们曾为其行"割礼"),而应同母亲和众姊妹严行隔离。乱伦式的情欲是主人公臻于"成熟"的象征,显示主人公的排他性以及对秩序的极度破坏性。相传,齐尼敏曾将众姊妹带进聚落,并将采集的植物等随意抛掷,——这种紊乱状态又使齐尼敏本身所具有的社会范畴的混沌和生物范畴的混沌变本加厉。

在这种情况下的两性之"不正当"接近,扩及其他代码,触及并破坏不同种类(与两性劳动分工相应的)经济活动(狩猎和采集)以及食物(动物类和植物类)之间的均衡。乱伦,继而弑父,均为对两大自然元素(水与火)之间均衡的破坏,而两者又是社会统一体范畴的外婚体制两"对偶体"的象征。社会范畴的破坏导致宇宙范畴的破坏,而均衡的恢复则更是难乎其难。

再以南美印第安人关于"鸟巢捣毁者"的神话为例。克·莱维-斯特劳斯即以这一神话为其《神话论》一书立论的基点。在这一神话中,亦不乏关于乱伦(与生母)、父子结仇等的叙述,并涉及火与水两大自然元素、肉类食品和植物类食品等等；社会规范及家庭—婚姻规范的破坏，导致宇宙范畴主要自然元素的分离。综观这一神话，水与火之间的媒介者为一青年主人公；而在穆林巴塔人的神话中，则为年迈的昆曼古尔，——他是同水和火相应的两"对偶体"的祖先。

无论在澳大利亚神话中，还是在南美的神话中，违犯"塔布"则导致宇宙震荡；任何违犯"塔布"之行，均难免遭受惩罚；关键并不在于惩罚，而在于宇宙的维系及与混沌的抗衡，——神话和仪礼的最重要的功能，即在于此。

穆林巴塔人神话的题材构成某种体系，而这种体系则是基于种种题材之间的补充配置和变异。例如，关于昆曼古尔的题材，可视为关于穆廷伽的题材之消极变异，——这种题材便相当于习见的成年仪式。齐尼敏奸众姊妹和穆廷伽将其父母托与她的孩子吞入腹内，——上述两细节的近似，可作为此类题材相互比拟的基础。这些细节的内在结构和"格调"堪称如出一辙：子女和父母因觅食而分离，众子女不幸处于某者的卵翼之下，而后者又貌似保护者，实为窒杀者。在澳大利亚神话中，贪婪地将儿童**吞入腹内**及纯属纵欲的**奸淫**，两者的象征手法相近。例如：据有关众姊妹瓦乌瓦卢克的故事（见诸尤伦戈尔人及其他部落的民间创作；在穆林巴塔人的民间创作中，则无迹可寻），虹蛇扎恩伽乌尔嗅经血的气味而至（齐尼敏亦然！）；据罗·伯恩特所述[146]，虹蛇那蛇的外观和动态为性欲的象征，正是这一形象将两姊妹及其中之一所生之子吞入腹内。据其横组合配置，即据其题材环境及其象征手法而论，穆林巴塔人一神话中施之于众姊妹的乱伦之行，可与该部落另一神话中老妪穆廷伽吞下托与她的儿童之举等同看待；同时，众女照料饮食，与父母照料饮食相应；贪色者之追逐女性，与嗜血者之觊觎儿童相应（试与欧洲神幻故事中的类似现象相比拟：众儿童之处于雅伽婆婆的掌握中与父兄为达情欲目的而追逼灰姑娘和蛇妖劫走公主等相应）。**老妪**（仪典或隐喻中的"母亲"）那种罪有应得之死，则有**老叟**（亲父或舅父）那种并非应得之死与之相应。虹蛇昆曼古尔因伤负痛游徙之说，与穆林巴塔人另一神话中雌蛇库克皮游徙之说相互对应、相互补充。尽管被视为与昆曼古尔之迥然不同的雌性体,又在一定程度上被视为雌雄同体,她并与水相连属,开辟源泉,造儿童之灵,并为自身寻觅安静处所。她与提乌古的支系有关联,因而被列为可选为昆曼古尔的妻子者。昆曼古尔为其子所重创,有性命之忧,竭力寻求救治之法;而库克皮则寻机将其他可入选者尽行杀害。昆曼古尔对人们施以祝福,却带走他们所必需的火种;而库克皮杀害众人时,仍对其进行神圣的祷告。同时,库克皮与男性狩猎者们形成鲜明对比;他们类似齐尼敏,杀袋鼠,燃火烹之,——两性之对立复加之以两性之分工。值得注意的是:库克皮手不离棍棒和掘土器,犹如昆曼古尔众女;同昆曼古尔众女之与齐尼敏毫无二致,库克皮对男子大施淫威,肆意报复,迫使他们坠下山崖,落得粉身碎骨。事先,她对他们百般抚慰和劝诱,犹如齐尼敏之与众姊妹,穆廷伽之与众儿童。唯有一个男子知其歌唱和神圣吼声器之奥秘。鉴于以上所述以及吼声器在成年仪式"彭日"中的作用,鉴于这种仪典复加之以关于穆廷伽的神话,可将关于穆廷伽的神话同关于库克皮的神话视为相近似者。两者的差异在一定程度上是诉诸另一题材的"隐喻"所致,即:众儿童被穆廷伽吞入腹内,后又被从其腹内救出,终于死而复生;而库克皮则将 3 个成年男子杀害,第 4 个为最机智者,窥知其奥秘,自身虽幸免于难,而同伴已救之不及。在一定意义上说来,这一差异又是关于穆廷伽的神话直接附丽于成年仪式所致。因此,其中呈现众多儿童以及成年仪式性的吞噬这样的象征手法。

由此可见,穆林巴塔人的 3 种主要神话,为一定的纵聚合关系所联结,并组合为类似封闭性的体系者。

再以古亚细亚人的民间创作(即"渡乌氏系统")为例。这一系统构成古亚细亚人民间创作之最古老的核心,在科里亚克人和伊捷尔缅人(两者均属堪察加人)的民间创作中最为彰明较著。

上文已述及古亚细亚人的"社会起源"神话。相传,"社会"之萌生是渡乌氏众子女弃绝内婚制(血缘婚配)并与作为不同自然力之代表的非亲缘群体互为婚姻所致。这些自然力为海上狩猎者的成败利钝之所系。现对诸如此类神话的深蕴语义、该语义之分为代码和级类及其与叙事之横组合划分的关联加以探讨。

　　关于渡乌氏众子女之异婚的神话或神话—神幻故事（特别是有关其长子埃梅姆库特及其长女伊尼雅纳乌特或西纳涅芙特者），就布局而言具有双重性结构。诸如此类神话和故事是由两“段落”构成，或表述渡乌氏众子女之一的两前后相继的婚姻（或其不同子女的两种婚姻），或表述与一伙伴结婚之虞和继之而来的与另一伙伴之名副其实的婚姻，最终，或表述为因妻子被替换或丈夫赴“下”界（地下世界）而暂时中断、后又再度恢复的婚姻。语义纵聚合结构项同这种横组合（布局）两重性相适应；这种纵聚合结构项表现为：内婚制与外婚制的二元对立（属家庭—氏族范畴，即社会代码）、宇宙基本部分——天与地、地与地下世界之二元对立（宇宙代码），自然客体——无益的、有害的与有益的之二元对立（属经济范畴，即经济代码；此类客体左右主要食物来源及经济活动的成败利钝）。就纯社会级类而言，“非美满”婚姻为血缘相婚，同继之而来的与姑表兄弟和舅表兄弟之“美满”婚姻相对立。“非美满”婚姻也包括兄弟姊妹婚，即亲兄弟姊妹或堂兄弟姊妹婚或表兄弟姊妹婚；而美满者则是与“异者”之“交互”婚姻。就宇宙起源级类而言，也存在两种婚姻的对立，即与地下恶灵的非美满婚姻同与施惠于人的天界神人的美满婚姻（据某些传说，所谓美满婚姻，也有与地下精灵缔结者；诸如此类精灵婚后则改弦更张，不再是嗜血者，不再降病患和死亡于世间）。既然与天界灵体，又与地下灵体结为婚姻，渡乌氏家族与宇宙两端的关联则得以维系。

　　就经济级类而言，不可取的配偶则与经济活动、食物来源、有利的气候条件毫无关联，例如：狐妻须以鱼为食；蜥蜴妻也须靠埃梅姆库特觅食；西纳涅芙特的丈夫取悦众毒蝇蕈姑娘，使她陷于饥馑；众卡玛克带来疾疫；与姊妹的亲昵则导致箭矢折断、狩猎无获，等等。最佳的（积极的、美满的）婚姻，则与海上狩猎，在一定程度上并与捕鱼、草类和浆果的采集，与对海上捕猎关系重大的气候条件相关联。对伊尼雅纳乌特说来，理想的未婚夫乃是天界主宰之子以及众云人，皆为阖家康泰、风调雨顺、海上狩猎及捕鱼成败之所系。对埃梅姆库特说来，理想的未婚妻则是作为春意盎然、万物复苏的象征之草女（或荟葱女），或是将其亲族驱至丈夫渔叉之下的白鲸女（一说，为贝壳女），或是云女，或是天候主宰。

综观种种神话，继这种美满婚姻而来的，通常是有关狩猎得手及鲸鱼仪典的描述。据信，这种仪典可促使死鲸复活、重归海域，并可拘使活鲸相继而至，供其猎取。

综观科里亚克人和伊捷尔缅人的神话，犹如澳大利亚原居民的神话或美洲印第安人的神话，其"合理的"社会关系则导致宇宙的均衡、经济的丰裕及宇宙万有的井然有序，种种代码之间因而既存在等同，又存在级次关系。

在科里亚克人和伊捷尔缅人的神话中，由于海上渔猎完全取决于天候的优劣，气象代码居于特殊的地位。试以下列情节为例，诸如：天界主宰和雨母所用之鼓，被渡乌氏炙烤；为息风暴将东隅一洞穴堵塞，并以此作为婚前的考验；拨开云层；剪去天候主宰之发；截断风君的雪橇之挽绳；渡乌氏众女与众风君、渡乌氏之子与天候之主相婚。诸如此类情节甚至构成某种神话体系；在这一体系中的"余裕"，则凭借天候主宰的性别变异及使之平息的方法等等之更易而得以克服。

气象代码使一则饶有意味的神话全然协调一致。而骤然看来，这则神话似为互不相干的细节之堆砌，诸如：渡乌氏向一个生性卑劣的萨满（即潜水鸭，其叫声象征天气的转变和春天的来临）询问止息风暴之法，并接受其劝告，让埃梅姆库特娶"海中之女"（天候之主）为妻；继之而来的自然是：捕鲸满载而归和鲸鱼仪典。凯纳纳乌特——渡乌氏之次女，模仿这一生性卑劣者，与之戏弄作耍；萨满则施之以报复，将她的心摘去，后又使她死而复生，并收为妻室，而渡乌氏的长女伊尼雅纳乌特则改嫁雾君。

埃梅姆库特与天候主宰及凯纳纳乌特与那一生性卑劣者相婚（后者是天气变换和冬去春来的模拟），为同一主题在气象代码范畴的分解。时序代码的变异，亦可见于此。

在另一些神话中，时序范畴的变异则较小；时序范畴与雁的形象和

水禽的季节性迁徙相连属。据一则科里亚克人的神话,伊尼雅纳乌特
受父之辱,一气之下,借助于雁羽,直上九霄,嫁与云君;而对狩猎成败
之左右(这种左右之力通常来自诸如此类婚配),则属否定:她把动物和
植物尽行收入兽皮袋中,使之与世隔绝,大地因而一片饥馑,直至与其
父言归于好。食物来源之暂时在大地上消失,为潜在的时序范畴之显
示。这种时序范畴在一系列伊捷尔缅人神话中更为明晰。相传,西纳
涅芙特(同一称谓的伊捷尔缅变异)为丈夫所辱,时逢秋季(!),遂将野
兽带上天界,大地因而陷于饥馑;另说,为其父所辱,遂独自乘木鲸出
海,猎取兽肉和兽皮;又说,一气之下,遂索居独处,在严冬喂养众雁飞
去后遗留的幼雁,使之羽翼丰满,可与双亲比翼飞翔。待春去夏至,雁
群回归,最终与其长兄婚配;尚流传一女为丈夫所离弃、衣食无着而与
雁相婚的故事。此间,大雁冬去春归,雁群成为狩猎对象。诸如此类题
材已形成一定的体系,分为 4 个横组合结构项:其一,女主人公为父亲
或丈夫所辱;其二,女主人公或男主人公负气升于天宇或去往海上(如
在世间),或降临世间(如在天界);其三,冬季食物匮缺,暂无兽类可供
猎取;其四,前三者情势的转变和趋于解决,即:与父亲和丈夫言归于
好;与亲族相聚;冬去春来,猎物去而复还。事态的发展循两个方向,
即:家庭(社会)范畴和时序范畴,与双亲和丈夫的不和导致宇宙的两端
(地与天、陆与海)之对立和猎物的季节性离去,即去往宇宙的另一境域
(或为女主人公所携,或并未系于外力)。猎物的复返和亲人的相聚,则
借助于两端之间的媒介者。社会级类的基本功用又清晰可见。

　　上述题材形成封闭性链锁,其中不乏“雁翼”情节之根本的“变易”
247 (渡乌氏长女取得雁翼,负气舍弃亲人,飞往天界;据另一题材,则是为
幼雁制作羽翼,助其飞上苍穹,与亲人团聚)。

　　上文扼要地介绍了有关渡乌氏子女婚姻的神话,不啻有关渡乌氏
本身(魁肯尼雅库、库特赫)神迹轶事的补充。相传,渡乌氏抛弃其妻子
米蒂,希图另结新欢;此举颇具社会败坏性,而且为寻觅食物所致,实则
为神幻恶作剧者、文化英雄式喜剧角色的伎俩。如上所述,渡乌氏既被
视为始祖,又被视为文化英雄和长于骗术的恶作剧者。诸如生/死、天/

地、陆/海、干/湿、淡水/咸水、冬/夏、雌/雄等等之间媒介者的职能,均
归之于渡乌氏(试与澳大利亚神话中的虹蛇相比较)。渡乌氏的"戏谑"
伎俩,间或使其创造者和术士之行戏谑化。其行为之寄生(在一定意义
上可视为"寻欢作乐")形态、为解饥馑而不惜采取一切狡诈伎俩以及喜
新厌旧、抛弃其妻米蒂,——凡此种种,同其子女那种"正常的"经济和
婚姻实践形成鲜明对比。诸如此类故事,其开端通常是有关饥馑及阖
家四出觅食的描述:众子捕猎野鹿,而渡乌氏此时则或寻觅食物(有时
为不可食的"非物质"),或物色可提供食物的"襄助者"或"供给者"。渡
乌氏往往施展种种变化之术,以骗人耳目,终于伎穷力绌,并当众受辱;
阖家再度相聚,众子出猎大有所获,苦尽甘来,又过着丰衣足食的生活。

　　渡乌氏之觅食或转化为对公共储备的侵犯,或诉诸换喻为下述两
者所取代:其一,造人为的襄助者,助其觅食,如狗或侏儒(从食物代码
转化为经济代码);其二,寻求妻子和姻亲,作为食物"供给者"(相传,渡
乌氏曾向富有的养鹿者求婚,并曾娶鱼女为妻,等等),这必然使结亲双
方的关系发生转化(由食物代码转化为家庭—氏族代码,即社会代码)。
尽管渡乌氏之觅食与另结新欢两者之间存在一定的对应(食物之来自
不洁者与"未婚妻"之来自不洁者;渡乌氏性别之改变与男女劳动分工
之变易);然而,由于上述换喻式的替代,情欲范畴借助于饥馑/丰裕和
可食者/不可食者等用语,全然从属于食物范畴。渡乌氏的种种伎俩,
唯有施之于"异己者"(恶灵或养鹿人,"渡乌氏家族"作为海上狩猎者与
之相对立),始可得手;如施之于"亲者"(离弃妻子,以期与富有的养鹿
者结亲,藏匿共有之财物),或导致生理律则(改变性别)及社会规范(违
背劳动分工和财物分配原则)之违连,则无法得逞。"秽物"(废弃物、排
泄物、身体不可裸露部位)之付诸使用,使渡乌氏拙劣伎俩的"肆狂"性
暴露无遗。

　　以上所述表明:神话堪称普遍的符号体系,其功能施之于种种不同
的题材,使其臻于内在统一并结为一定的体系。

　　试以斯堪的纳维亚神话为例。通观这一神话,不仅最古老形态的
神话清晰可见,甚至最繁复的神话同样有迹可寻;既可看到题材的投

射，又可看到神话体系本身的投射。就此而论，斯堪的纳维亚神话不失为极为恰切、极为典型的例证，它因《老埃达》（古老诗歌之作）和《新埃达》（斯诺里·斯图鲁松的散文体编撰之作）及其他典籍而举世闻名。斯堪的纳维亚"埃达"神话作为一个体系，由 4 个亚体系构成：两个属**空间范畴**（水平向和垂直向），两个属**时间范畴**（宇宙开辟和世界末日）；4 个亚体系的出现，或为同一本原之和谐演化及种种范畴之相互反映的结果，或为嗣后相互适应、再度调整所致。

　　水平向体系是以人类为中心，并建立于"中土"与其"疆界"以外境域两者的对立之上。拥有栖居者的"中土"，称为"米德伽尔德"①；后者与"中土"相对立，后经开拓，称为"乌特伽尔德"②。上述对立并成为下述种种语义对比的体现，诸如：己／彼、近／远、内／外、中央／外域。由于水平向模式中之天与地未形成对比，米德伽尔德与众神所居之阿斯伽尔德③则具有近似的横组合配置，从拓扑学角度看来④也不可分。诸如中央／外域、己／彼之类的对立，如加之以陆／水之对立，则表示米德伽尔德与环绕陆地之瀛海两者的对立（米德伽尔德之蛇约尔蒙甘德，即栖身于瀛海中）；如复加之以南／北的对立，米德伽尔德或阿斯伽尔德与冥世（赫尔）的对比亦明晰可见；伴随西／东这一对立的导入，米德伽尔德则与巨灵

　　①② 米德伽尔德（Мидгард；Midgard，意即"中土"），据北欧神话，主神奥丁与众子同巨灵伊米尔相搏，伊米尔不敌被杀。奥丁以其肉造地，以其血液造海洋，以其骨骼造山岳，以其发造树木百草，以其头颅造天宇，以其脑浆造云朵，以其睫毛造米德伽尔德的围垣，为人类栖居之所。乌特伽尔德（Утгард；Utgard），斯堪的纳维亚神话中地之边缘，相传为众魔怪和巨灵所栖居，同称为"约通海姆"之域相近似。又说，众神之建"米德伽尔德"，与大地之升起相关联（似升起自原初宇宙瀛海）。"美好的米德伽尔德"，为"乌特伽尔德"。大地四周为无边无际的海洋。托尔为米德伽尔德的主要守护者。——译者

　　③ 阿斯伽尔德（Асгард；Asgard），斯堪的纳维亚神话中诸神阿瑟的居所；相传，为天界一神域，坐落在称为"伊达沃尔"之野，为一巨灵所建。据北欧神话传说所述，阿斯伽尔德的被称为"阿瑟"之神的殿堂便位于此间；又说，阿斯伽尔德作为众阿瑟之都，位于大地之东隅。相传，其殿宇崇隆精美，覆以金瓦，气势雄伟，金碧辉煌。其下为米德伽尔德（世人所居）；巨灵所居的约通海姆（即乌特伽尔德）亦位于这一第二层。被视为冥世之尼弗尔海姆，则位于最下方的第三层。——译者

　　④ 拓扑学（Topology），数学的一个分支，旨在研究几何图形在其形状连续改变时尚可保持的一些特性，只注重物体之间的位置关系，而不考虑其距离和大小。所谓"拓扑空间"，系指"集合"之间的关系；任意的对象的"集合"，可以种种方式促使形成拓扑空间。据克·莱维-斯特劳斯看来，诉诸数学手段，则有可能从形式结构的揣度过渡到形式结构的昭示。——译者

之域"约通海姆"形成对比（约通海姆实际上与乌特伽尔德相契合）。

　　所谓"水平向宇宙模式"，堪称为数众多的神祇（阿瑟）奇闻轶事的空间背景。就此说来，事态发展的主线为阿瑟——巨灵（约通、图尔斯），在一定意义上始为阿瑟——侏儒（茨韦尔格、黑阿尔弗）。阿瑟与巨灵为争夺女神和神异客体（丰饶和复苏之源）而进行角逐；诸如此类神异客体，出自娴于锻造的侏儒之手。托尔率众东征，揭开与巨灵之争的序幕；而异宝的易手，则是长于骗术之神洛基施展种种伎俩所致，——洛基在水平向宇宙模式范畴施展其萨满式的中介作用。

　　垂直向模式的基原为宇宙之树伊格德拉西尔；后者凭借上与下的双重对立，对宇宙作三分垂直划分。宇宙之树被想象为禽兽系列，诸层次又各有所异：鹰栖于上层，蛇盘曲于树底，鹿居于中层，而松鼠则是上与下两者之兽形的媒介者。同宇宙之树有特殊关联的为海姆达尔和奥丁：前者为其护卫者，在一定程度上取拟人形（似来自属兽形者——鹿）；后者经历了萨满教式仪式，在树上悬 9 日之久。西伯利亚神话中的对应者，不仅表明萨满的缘起同宇宙树紧密相关，而且表明人之由来同它的关联（树木原型或人脱胎于桦树和柳树之说，即来源于此）；负有"接生婆"及个人命运（福/祸之对立）主宰者等职司的众诺恩，其由来同宇宙树的关联，亦然；总之，整个寰宇及神祇本身之命运，均与宇宙树息息相关。鏖战之际的生死成败，一概由奥丁和众瓦尔基丽娅定夺。

　　上界与下界两者的区分和对立，为垂直向宇宙模式所特有（相传，下界为亡者所居，并与众瓦尔基丽娅和诺恩相关联）。由此可见，除生/死之对立外，起源于垂直向宇宙模式者，尚有**双重**死之对比、生与死之间特殊媒介之契机，经鏖战和死亡再度复生（试与武士加入仪式中的暂死之说相比较）。有关奥丁的神话中之鏖战，成为两范畴之生与死的媒介。巨灵实则并未见诸垂直向模式；其中只提及桦树的三巨根之卜为人、巨灵和赫尔所居。

　　所谓"垂直向模式"，诉诸一系列"混同"与水平向模式相应；诸如此类"混同"实则为变易。联结两模式的主要环节，为北以及东与下界的混同（下界为亡者和幽冥精魔的境域）。水平向模式中的水域（海洋），

250

主要呈现为带有贬义的表征者;而垂直向模式中之水域(泉源),则主要
呈现为带有褒义的表征者。海之蛇约尔蒙甘德,在一定意义上说来,与
啮宇宙树之根的蛇尼德赫格相等同。综观垂直向模式,萨满式的功能
之实施者并非洛基,而无非是奥丁。同神祇与巨灵的水平向对立相应
者,为神祇和瓦尔哈拉(亡者的极乐天国)与地下冥世和幽冥之力的垂
直向对立。

有关奥丁如何获取可给人以诗歌激情和智慧的圣蜜之神话,可视
为由水平向模式向垂直向模式的题材转变之一例。据《新埃达》所述,
它在水平向投射的背景上展开,并囿于阿瑟与巨灵这一亘古有之的争
衡;只有一处朦胧地反映宇宙的垂直向结构:奥丁变为蛇形,穿过山崖,
而归来时则变化为鹰,自云端而降(鹰和蛇分别被视为宇宙树上层和下
层的模拟)。山崖(山)为宇宙树的“同质异晶”,山崖及藏匿于其中的圣
蜜之主宰贡勒德,同居于圣泉之侧的诺恩亲缘颇远,而其父苏通似与蜜
泉之主米米尔,或与海姆达尔亲缘相近。综观水平向模式之向垂直向
模式的转化,不仅山崖转化为宇宙树,而且奥丁也由文化英雄转化为第
一个萨满。相传,奥丁作为文化英雄曾从原初据有者那里盗取圣蜜;作
为萨满,曾经历仪式考验(以矛穿身,悬于宇宙树上),嗣后才获得圣蜜
和金石文[①],以资报偿。与巨灵之女的爱情瓜葛,代之以与众巨灵所结
堂而皇之的亲缘;而巨灵本身,已非类似苏通之神幻故事中的“愚者”,
251 而俨然是一位古老智识的熟谙者。其孙经历献身仪式后,奥丁不仅授
之以圣蜜,而且授之以具有法术效用的金石文。

宇宙起源神话和世界末日神话两亚体系之间,存在某种不对称;因
此,整个斯堪的纳维亚神话为世界末日情致所充溢。

如上所述,有关原初拟人灵体由来的主题被分解为二:其一,始初
第一个巨灵伊米尔生于冰,众神之始祖布里生于牡牛奥杜姆拉所舔之
石(图腾崇拜式情节);其二,原初之人来自众阿瑟赋之以生命的木块。

---

①　金石文(Руны;Rune),最古老的日耳曼文字(属 2 世纪至中世纪晚期),传布于斯堪
的纳维亚、冰岛、格陵兰、英国、北欧等地区;因铭刻于石、金属上,故名。——译者

体系的协调性不仅反映于自然物质的所谓递进（冰——石——木），而且反映于由所谓"自生"转化为造物主的积极作用。博尔诸子将伊米尔用作牺牲，并以其骸体创造世界。这一主要的创世之举，复加之以宇宙起源的一个阶段，——它同宇宙末日神话有着内在关联，这便是制伏众幽冥精魔（女巨灵安格尔博达与洛基所生）、冥世之主赫尔、宇宙之蛇约尔蒙甘德和狼妖芬里尔的始末。

　　"埃达"神话中之"黄金时期"、世人之创造和命运女神诺恩之降临、第一次鏖战（阿瑟与瓦恩）及首次死亡（巴尔德尔），为世界未来之毁灭准备了土壤。在一定意义上说来，世界末日神话是宇宙起源神话之镜中的映像：同**降伏**幽冥精魔相对者，为此类精魔**逃脱禁锢**；群魔与众神的最后决战中，大多为见诸神幻往昔的搏击之重演：陆地升起于海，复沉入海；冰与火，世界仰赖其相互作用而生，却使宇宙归于毁灭。而另一方面，又不无种种根本的抵牾，诸如：奥丁与洛基，两者在一系列神话中协同动作，几乎彼此相合，在世界末日说中却形成鲜明的对比（奥丁为众神之父，其中包括光明之神巴尔德尔，洛基则是众冥世魔怪之父，巴尔德尔即遭其暗算；奥丁被视为瓦尔哈拉之主，而洛基则是死者之舟的掌舵者，等等）；奥丁与托尔，在宇宙起源体系中通常为两者存其一，而在世界末日说中则协同动作；阿瑟与瓦恩在宇宙论中相互对立，而在世界末日说中则相融合。

　　总的说来，时间模式与空间模式的相互关系也处于矛盾状态。与"大地升起于海洋"（"博尔众子将土壤自海洋中举起"，"托尔将中土之蛇钓起"）这一宇宙起源说的遗存以及"陆地没于水"这一世界末日说相应者，是"大地为海洋所环绕"之宇宙起源意象。"阿瑟——巨灵"这一对立，既再现于时间范畴（寒霜巨灵出世于诸神阿瑟出世之前，众神并殛杀伊米尔），又见诸空间范畴（阿斯伽尔德和约通海姆，阿瑟与巨灵争斗不息）。

　　诸般语义对立之扩及空间和时间，为神话思维的特征。然而，这种扩展之见诸斯堪的纳维亚宇宙模式，则属水平向投射范畴；就此范畴而论，时间推移的可感度极微，题材则依据循环律配置：用以描述奇珍异

252

物的环状辗转。例如,圣蜜从神祇转至侏儒,从侏儒转至巨灵,继而再度转至神祇。对时间范畴不可复返的直线式过程说来,垂直向模式则较为敏感,因为宇宙之树为命运之树,为世界命运之所系。宇宙之树在世界末日的描述中居于重要地位;而在宇宙起源中居于首要地位者,则是伊米尔这一形象(世界即为其躯体所造),即植物的和拟人的模式,在一定程度上置于世界末日论和宇宙起源论之间;而宇宙的普遍的意象之余裕,因而得到克服。

在同宇宙模式之既定的相互关系中,斯堪的纳维亚神殿得以形成。不仅如此,模拟功能在种种神幻体之间严格配置,其途径则是诉诸这些神幻体见诸一些范畴(级类)的对比及见诸另一些范畴(级类)的近同。此外,整个神殿分为固定的等级类属。于是,就低级级类而言,该功能可由特定的神幻灵体行之;而就高级级类而言,则由负有其他众多功能之神行之(例如,胜负之预定,由奥丁及其所属众瓦尔基丽娅行之)。

作为神幻灵体集群的**神祇**,与**巨灵**(约通、图尔斯)和**侏儒**(茨韦尔格、黑阿尔弗)针锋相对。巨灵和侏儒,相互间实则并无关联,因身材及自然——文化之对立而相对应(相传,侏儒是技艺高超的铁匠,"阿瑟的宝物"即为其所造)。**瓦恩**与**阿瑟**相对立,众阿瑟为与农事祭仪有特殊关联的神祇集群,其他一些属性即由此而生,诸如:保障丰饶富足的仪礼性和解、血缘结亲、注重法术和预言。尽管法术和预言为奥丁所擅长,和解为巴尔德尔所特有,而五谷丰稔则为托尔(即众阿瑟)所关注。上述三者的结合便成为众瓦恩的特质。

253　奥丁、托尔、洛基等 3 阿瑟为神话叙事之作中的主要人物,三者又具有一定的叙事创作式特质。托尔是勇士之力的体现者(勇士之力还表现为易激怒、食量大,等等),同奥丁和洛基的睿智和狡黠形成对比。托尔与洛基的对比,即勇士与狡黠者的对比(洛基作为托尔的对手,施展种种鬼蜮伎俩,以期如愿以偿)。奥丁的睿智堪称一浑融体,既包容高雅之智,又具有低劣之狡诈;既包容预言之异能,又不无法术之效用;其狡黠和骗术较之洛基犹有过之。就此而论,两者确可相比拟。叙事诗式特质的差异之展现于神话类型的范畴,即文化英雄—**创世者**奥丁与文化英雄—**勇士**托尔的差异（颇似普罗米修斯与赫拉克勒斯,等等）、文化英雄的正面类型与反面类型（诈骗者—**恶作剧者**）的差异（奥丁与洛基,颇似普罗米修斯与埃庇米修斯,等等）。上述种种对比,同乔·迪梅齐尔关于诸神职能之社会范畴三分体制并不抵牾。据他看来,奥丁、托尔和弗雷尔分别为法王、武士及丰饶和财富的赐予者。奥丁那萨满般的痴迷同托尔那勇士般的骁勇和暴烈形成对比。如果说奥丁是专事征战的群体（"埃恩赫里"）之模拟,托尔则是尚武之民的模拟。如果说托尔犹如叙事创作中的主人公,是"己方"（即神和人）的捍卫者,使之免遭"异己者"、巨灵和幽冥精魔的侵害,奥丁因其所负武运司掌者的职能,则成为人间种种纷争和鏖战的调唆者。作为成年仪式的监护者,奥丁容许"己方"成员死亡,而这无非是见诸仪典的"暂死"罢了。据信,它可导致神话中"埃恩赫里"之成员的超生（作为其喜剧式的"同一角色扮演者",洛基极尽挑拨离间之能事,搅得众阿瑟不得安宁）。奥丁作为司征战之神,不仅与托尔,而且与提尔相对应;而就此说来,所谓"余裕"则为下述所克服,即:提尔为"法"的体现者,而非"机运"的赐予者。奥丁、托尔和提尔三者作为天界主宰似可臻于契合（提尔与帝奥斯—宙斯相应）,而"余裕"则为下述所克服,即:提尔被置于极其次要的地位,而托尔的职责仅限于司雷霆。

　　如上所述,奥丁、托尔和洛基三者之对应,在宇宙起源神话中和世界末日神话中又不尽一致。《埃达》那纷繁的叙事题材,同样不失为繁盛的语义体系;它诉诸一定方式自古老的释源神话那始初的浑融体中分离而出。这一体系还包括许多互有补益的亚体系:圣蜜的神话（"圣蜜"被视为智慧的体现和源泉以及躯体再生之源）、神祇的永恒复生及食物之源的永恒再现,等等。有关神异饮料或食物的主题,分为若干既定的级类:虔敬的/世俗的、被包容者/包容者（即内在的/外在的）、液体的/固体的,等等,并配置于一定的人物（奥丁、托尔、洛基）。与此相应者,同样存在若干叙事亚类型:文化英雄**神话**、勇士**故事—神话**、关于恶作剧者行径的神话**轶事**（与奥丁之获取圣蜜,托尔之获取制啤酒所用之锅,苹果借助于洛基之力的循环辗转等等相比拟）。

254

对作为符号体系的神话之探讨,到此告一段落。最后,对种种神话体系的纷繁杂冗还要有所涉及,尽管神话诗作机制趋于同一以及众多情节(首先是宇宙起源情节)趋于接近。下文将探讨古代东方文明赖以发展的主要区域,种种神话体系的某些特征。就其发展阶段和分期而论,这些文明不难加以对比。

古埃及神话的种种特征,产生于该国的特殊性;埃及地处尼罗河流域,其农业仰赖于河水灌溉,上、下埃及并为一体。综观古埃及神话,宇宙同混沌的对立,首先体现为两种针锋相对:太阳神拉与水怪(属昼夜循环)、作为尼罗河和丰稔之化身的死而复生之神奥西里斯与作为荒漠和干旱之力的化身的塞特(属年度循环)。据众多学者(H.弗兰克福特、詹·威尔逊、E. O.詹姆斯等[147])所述,尼罗河的定期泛滥,特别是太阳之朝升夕落和昼夜交替,对下列观念有所助益,即:混沌之力确有定期,并受制于整顿因素。这一观念并早已渗入冥世神话;由于规模宏大的冥事崇拜及冥世的"奥西里斯审判",生之战胜死以特殊的方式得以确保。在古埃及神话中,宇宙起源、昼夜和季节等系统之间的维系者,则是神化之王,——此王首先与霍鲁斯相混同。霍鲁斯有时取鹰形,具有宇宙特质:他是天之主宰、地平线之神、至高神拉之子。然而,霍鲁斯又是伊西丝和奥西里斯之子(已故之法老,即与奥西里斯相混同),而且既是塞特之侄,又与塞特有杀父之仇(有关霍鲁斯以及其他某些神话人物,在古埃及神话中众说不一)。不仅如此,霍鲁斯与塞特之誓不两立,可联想为上、下埃及之争衡。融合为一体者不仅有互不相同的两霍鲁斯或同一霍鲁斯的两"实在",而且尚有拉和奥西里斯,——拉和奥西里斯又被想象为埃及的始初之王。

这样一来,宇宙起源、"历史沿革"、昼夜交替、季节更替等范畴则极度接近,似为同一神话成分的不同投射。这种同一的基础,乃是埃及所特有的法老彻底神化,——法老被视为地与天唯一的中介,司掌宇宙、时序和社会等的秩序。综观种种神话,对拉之目或霍鲁斯之目有所表述;这一形象兼有宇宙的和国家的意义,同秩序女神玛阿特相连属。宇宙同国家的相互贯串、相互反映,为古埃及神话的特征;而这种宇宙——

国家的描述，并非借助于政治用语（如在中国），而是借助于自然用语。神祇堪称种种自然力的模拟；他们对一切漠然处之，无所不能，绝无人类的弱点（譬如，有异于希腊诸神）和鲜明的个性。尘世之人在古埃及神话中绝无容身之地，英雄的构想尚无迹可寻。种种自然现象之间现实的或虚构的关联，或诉诸神祇的系谱，或诉诸其完全的或局部的混同，呈现于古埃及神话。

　　太阳和太阳神之居于首要地位，可见于下列描述：拉与其他神（神殿的地域性盟主）相连属。于是，一系列联神形象相继出现，诸如：索贝克—拉、阿图姆—拉、蒙图—拉、赫努姆—拉，乃至阿蒙—拉。昼夜交替与岁月流程两者的同一，诉诸拉和奥西里斯的半混同得以实现。然而，与拉和奥西里斯相混同者为晏驾的法老，而与霍鲁斯相混同者则为在位的法老。这样一来，同一形象和题材，见诸不同的级类则有根本的变异。例如，冥世级类的奥西里斯，与太阳级类的拉和宇宙起源级类的阿图姆相应；昼夜系统的拉或霍鲁斯同阿波普之争，与季节系统的霍鲁斯同塞特之争相对应，如此等等。由此可见，一定的神话冲突和功能均属恒定不变，可诉诸种种代码予以表述；而神祇的具体形象及其称谓，只不过是已丧失个体属性和形象属性的变异。混同则以种种功能的契合为度。

　　苏美尔—阿卡得神话的特殊性，在一定意义上说来决定于下列因素：因四面受敌而时刻有游牧民族入侵之虞，底格里斯河和幼发拉底河不定期泛滥并因而导致对自然循环之正常有序的疑惑，"原始民主制"遗存的保留，东方君主制和政治集权迄至巴比伦第 1 王朝时期尚未最终形成（Th. 雅科布森和伊·米·季亚科诺夫所持见解[148]）。这便是苏美尔—阿卡得神话一系列特点的由来，诸如：为调整和安顿并与混沌之力相抗争，幼辈神同长辈神争斗不息（马尔都克与提亚玛特鏖战）；诸神的活动性（区别于埃及的静止性），缺乏无所不能之力；"诸神会议"取代拉之唯我独尊；诸神在经济领域的举措异常频繁；文化英雄式的人物清晰可见；凡人被视为神之奴仆；凡人死后之命运尚无恰如其分的构想；神话和叙事诗中，对永生之不可得作悲观的描述。凡此种种错综交织,使诸神的抽象性有所减,使他们与其所模拟的自然元素相距更远;与之相应,个体化、个人能动性和独断专行则变本加厉,众神会议上出现争执不休的场面(埃及神殿——"九神"①,形同一神),不同辈分之神相互争衡。关于水之混沌之繁衍的基本意象,见诸埃及者与见诸美索不达米亚者大体相同。然而,在古埃及神话中,太阳神居于君临一切的地位;在美索不达米亚神话中,最显赫之神则为作为风与大气之力化身的恩利尔。按系谱维系的古埃及诸神殿,基本上是创世过程的再现;而在苏美尔—阿卡得神话中,引人注目的则是诸神各司其职。例如,Th.雅科布森将下列诸神视为"天国尊长",诸如:安努(安)为天、至高无上的威权和秩序的化身;恩利尔为暴风雨、军事首领和判决执行者的化身;恩基为繁衍、技艺、智慧、创造能动性的化身;种种女地神则为丰饶之力的体现者。

　　如上所述,苏美尔—阿卡得诸神与其所模拟的自然现象相隔绝,而且幼辈神更甚于长辈神。例如,阿普苏形象的含义几全然归之于水之混沌;而归根结底,阿普苏为一地域,恩基(埃阿)在其上建居所。然而,恩基本身又是淡水和土地及灌溉之模拟,——前两者为两客体,在古埃及神话中分别为努恩和阿图姆所体现;后者则为上述两客体赖以实现"文化"改造的动力。恩基的业绩远远超出这一范畴:他对人间的疾苦十分关注,同作为地母化身的众女神既相协作,又相争衡。

　　苏美尔—阿卡得诸神,犹如希腊诸神,不乏人类的弱点和缺陷。这一现象可见于:关于恩利尔对其未婚妻宁利尔百般凌辱的神话、关于恩基与宁胡尔萨格相争的神话、关于英安娜降至冥府及杜穆济赴冥府的神话;阿卡得关于吉尔伽美什的叙事诗,则叙述伊什塔尔淫荡的劣迹。苏美尔—阿卡得诸神人格化的另一面,则是与古埃及神话格格不入的神与人之对立。正是在美索不达米亚,英雄的构想得以萌生,英雄亦即建树丰功伟绩的凡人,并未获致神的永生,依然是神的仆人,偶尔也参

---

　　① 据古埃及神话,阿图姆自身受孕,生偶神舒和泰芙努特;该偶神生地神格卜和天神努特;后两者又生伊西丝和奈芙蒂斯、奥西里斯和塞特。这便是所谓的赫利奥波利斯"九神"。——译者

与诸神之争(诸如吉尔伽美什、阿达帕、埃塔纳)。

希腊神话最重要的特点在于:仪礼神话和宇宙起源和神系神话的比重较小。同崇拜相脱离,有助于故事情节的发展及施之于神祇和英雄两者的描述手段之间界限的消泯。因此,为数众多的历史传说和神幻故事见纳于希腊神话;至于神祇的境遇,不乏深刻而多样的、外在和内在的相互关联。希腊神话的特点在于以人为中心:主要注意力集注于人的命运。希腊神话中的诸神,与同他们相应的自然现象相距已十分遥远;与种种自然力(黑夜、太阳、幽暗、朝霞等等)的直接化身相并而存者,尚有一些神与自然现象相关联。前者(即种种自然力的直接化身),并无任何独立作用;对后者说来,具体的自然现象的模拟,只是该形象众多方面之一。

试对赫利奥斯与阿波罗加以比拟:后者除纯属太阳的特质外,还负有众多职能,并具有个体的风貌。人们早已察觉:希腊神话中的奥林波斯众神已全部拟人化,神采奕奕,体态谐美,而且具有人之一切弱点,无不受制于命运。综观古典希腊神话,施之于世界的描述,并非诉诸自然过程的用语,而是凭借合情合理的世人举动。

奥林波斯神殿所展示的,并非一系列人格化的、与国家等级制相契合的自然现象的千差万别,而是凡人化、英雄化的神祇拟人的、谐美的形象之千姿百态。据其所述,诸神各司其职、互不相扰,并与纯属凡人的种种行为相应。由于职能的繁复多样,神话典型人物和性格也各有所异。例如,同典型的司丰饶之农事神、母神得墨忒尔相近者,为囿于宗法制家庭之灶范畴的赫拉(以及赫斯提娅),尚有业已美感化、不再司掌丰饶而司情感的爱与美之女神阿芙罗狄忒,尚有处女神阿尔忒弥斯和雅典娜,——两者的矜持自恃,与得墨忒尔所主之丰饶及阿芙罗狄忒所主之情感形成对比;而狩猎或征战范畴的崇拜,则与农事崇拜形成对比。作为获取者的文化英雄、提坦和反主神者的普罗米修斯,则有被视为造物主的文化英雄、能工巧匠和奥林波斯诸神之"公仆"赫菲斯托斯与之相对;而与上述两者形成对比的,则是无比谐美的阿波罗和雅典娜(两神均负有文化和文明范畴种种职能,并以保护艺术为己任)。暴戾成性的阿瑞斯为好战成性的毁灭者,与之相对的则是聪慧的雅典娜,——她是军事体制的佑护者,又是政治睿智的体现者;而同冥顽不灵的狄奥尼索斯相对者,则是令人恢复理智的阿波罗。被赋予治世智能的宙斯和雅典娜,则与自然之威力和意向的体现者波塞冬相对;而同长于骗术、狡黠的赫尔墨斯相对者,则是洁身自好的阿波罗。同神箭善射的阿波罗相对者,是小爱神埃罗斯,——他竟以其箭暗算赫赫有名的阿波罗①。凡此种种表明:奥林波斯神殿人物形象体系,形成于何种意向和征象。

综观奥林波斯诸神形象,魔怪说、冥世说、兽形说尚有为数众多的遗迹,但仅仅是遗迹而已,已退居非核心地位,同拟人说旗鼓相当。有关诸如此类遗迹以及予以克服之途径,阿·费·洛谢夫在其很多著作中作了极为翔实的探考(参见注122)。甚至在神系和宇宙起源说中,克服混沌之意向大多带有审美色彩(由不相称和畸形到谐美和优雅)。奥林波斯神话更清晰地见诸荷马叙事诗;在荷马叙事诗中,和谐化倾向异常强烈,一切古老者均大为逊色,或荡然无存(诸如:古老类型的文化英雄普罗米修斯,享祭的地神盖娅和农事神得墨忒尔,乃至狄奥尼索斯——对其崇拜的历史沿革,尚待探考)。居于前列者为诸如阿波罗等臻于谐美之神及与丰饶已无关联的阿芙罗狄忒,以及阿尔忒弥斯,特别是雅典娜。无论有关狄奥尼索斯的神话和狄奥尼索斯崇拜对希腊如何重要(悲剧和喜剧之产生,便足以说明),狄奥尼索斯崇拜及其冥世说、图腾崇拜残余以及"萨满教"因素,更易于将希腊神话与东方神话相联结(犹如关于得墨忒尔和科勒等的农事神话);而阿波罗崇拜虽源于东方,对希腊文化说来却是根深蒂固。

综观希腊英雄神话,在更大程度上居于其核心地位的,则是雅典娜那种睿智的协调作用。使雅典娜与古老的农事母权制神相连属者,唯

———————

①　据古希腊神话,埃罗斯拥有两种箭,可射向神或人之心灵:一为金箭,一为铅箭;前者可激发神或人的爱欲,后者可窒息神或人的情欲。相传,阿波罗曾嘲笑小爱神埃罗斯,埃罗斯笑而不答,张弓射出两箭:金箭射中阿波罗,使其心中顿时燃起爱恋之火;铅箭射中达芙涅,使其心冷如铁;阿波罗苦苦追求,达芙涅极力逃避,最终化为月桂树。——译者

有对橄榄树的崇拜、对纺织的关注及施之于妇女劳作的佑护。雅典娜的主要职司并非以上所述，而是司掌征战、佑护主要英雄人物及阿提卡[①]；她所特有的整饬混沌的情致，与阿提卡诸城邦的理想相契合。为了探考文化范畴的特征，须对古埃及神话中的拉和美索不达米亚神话中的恩基与雅典娜加以比较；只有如此，古希腊奥林波斯神话与古代近东诸神话体系之间差异，始可昭然若揭。

　　印度神话的特征因"吠陀"[②]（印欧语民族）神话与本地固有传统相互影响的过程而趋于繁复，地方传统在一定程度上居于优势地位，或一概见纳于众说纷呈的印度教神话。印度神话不同于希腊神话，它沉湎于漫无涯际的奇思异想，并无谐美可言。就印度神话而论，它肇始于幽冥精魔说，并未导致体态的极度谐美，而导致人之形象的唯灵化。就此说来，其实体性、自然性、生命性，无非是活灵活现的外壳。"吠陀"神话的特点在于：对种种自然元素的模拟、神话—叙事之作的因素显然从属于仪典因素及献祭仪式，"吠陀"神话中的人物，除因陀罗外，均流于朦胧，而题材则显得苍白贫乏。就其格调而言，关于因陀罗开辟宇宙之业绩的神话，同苏美尔—阿卡得神话尤为相似。然而，值得注意的是：即使在早期的"吠陀"赞歌中，除因陀罗外，尚有其他神，如阿耆尼、伐楼那、毗首羯磨，也称为"宇宙创造者"。毗首羯磨有时只作为因陀罗的另称或异体，有时也作为独立的人物。迨至"吠陀"时代晚期，"生主"一语已广为人们所知，它有时被用作因陀罗、娑维陀利、苏摩的代称，有时则

260

----

① 阿提卡（Аттика；希腊文 Attike），古代希腊中部东南方一地区，雅典城即坐落在这一地区。——译者

② 《吠陀》（《Веда》；梵文 Veda，意即"知识"），印度最古老的经典，约公元前 2 千年代以前至前 1 千年代成书；相传，为古代仙人受神的启示而诵出。《吠陀》的 4 部本集为：《梨俱吠陀》、《娑摩吠陀》、《夜柔吠陀》、《阿闼婆吠陀》，主要包容对神的赞歌、祭词及咒语等。广义的"吠陀典籍"则包括《梵书》、《森林书》、《奥义书》等《吠陀》诠释之作。——译者

被视为自行其是的创世主。综观诸《奥义书》①,关于创世者的意象同至高无上之神大梵天这一形象相浑融;在印度教神话中,大梵天、湿婆、毗湿奴三大神成为其结构的核心,世界之始现则既与大梵天,又与毗湿奴紧密关联。

诸神区分之朦胧不清,复加之以独一创世者这一形象的萌生,堪称一种独特的神话浑融现象的反映。正因为如此,印度神话与希腊神话或苏美尔—阿卡得神话迥然而异,在一定程度上却与古埃及神话相近似。通观古埃及之说,不仅具有下列种种情节(诸如宇宙之卵或宇宙瀛海中之荷花、众多神不乏太阳属性,等等),而且不乏创造世界的造物主形象;他无所不能,置身于水上,同拉—阿图姆和普塔赫相似。印度神话犹如古埃及神话,其固有的整治混沌的直接性,集注于上层秩序及一般体制,而非实践活动的各个领域;而创世者的形象广博、抽象、概括,某些具体神祇的特质融合于其中。两者本质的重大差别在于:古埃及神话浑融体的基础,为因政治集权而形成的神祇联并和神圣化以及为神话思想所联结的诸领域之神的近同;而印度神话,其特点并不在于诸领域的混同,也不在于政治集权,甚至并不在于《圣经》中那样的一神教倾向。在唯智论—哲学的基础上,所谓共同的本质在印度神话中居于突出的地位,"吠陀"诸神无非是其表现。神话在其尚未最终形成前具有转化为哲学的倾向。(提请注意,回溯希腊化时代和古罗马时期,并通观诸如作为文化传统广泛的相互作用之反映的诺斯替教派的种种学说,古希腊罗马晚期神话浑融体的特征则迥然不同。正是由于这一属古希腊罗马晚期的浑融体,旨在使 20 世纪神话化文学领域种种属不同文化的神话之相混同的意向得以维系。)

印度神话中有关原人普鲁沙的描述,堪称别具一格。相传,世界即

---

① 《奥义书》(《Упанишад》;梵文 Upaniṣad),婆罗门教古老哲学典籍之一,吠檀多派哲学的滥觞和重要典籍,约公元前 7 至前 5 世纪成书,现存百余种。其中心内容为"梵我同一"和"轮回解脱",对朴素的唯物主义自然观亦有述及。《奥义书》形成于《吠陀》、《梵书》、《森林书》之后,故有"吠陀的终结"之称。据通常之说,《奥义书》有 108 种;又说,有 250 种之多。《奥义书》中包容众多神话意象和神话传说人物,不啻印度宗教和神话的百科全书。——译者

为其躯体所造,其情景颇似美索不达米亚神话中的提亚玛特①。普鲁沙并未与众神之对手(属弗栗多类型者),而是与创世者和造物主相趋近、相融合,献祭的主体与客体同时相融合。在印度教神殿中,较为古老之神毗湿奴,犹如其最重要的化身黑天和罗摩,仍保留有文化英雄的某些属性;这一神幻人物则有湿婆与之相对立。这一弃绝尘世欲念的修苦行之神,是沉思默想的佑护者,又是如癫似狂、娴于宇宙之舞者,并以其舞定宇宙之节奏,②这一神话人物纯属印度;无论是在希腊,无论是在埃及,抑或在美索不达米亚地区,均属不可思议。

　　中国神话的特征,在于其历史化、欧赫美尔说化,神幻人物被视为上古的历史统治人物,神话中并呈现较晚期的历史现实和生活现实——谋士、官吏、宫廷倾轧、纵横捭阖、世俗生活,等等。中国神话中尚保留有种种奇幻的魔怪属性直至禽兽形属性,并不乏神异的变化(这种奇思异想后又因道教的影响而得以留存;道教的影响与佛教的理性主义格格不入)。如果说神话形象和题材的人化在希腊具有体态—审美倾向,在印度则具有精神—伦理趋向,而在中国则表现为历史化和俗世化。况且,中国之神犹如希腊之神(但不同于印度和古埃及之神),远非无所不能,而且彼此争执不休、征战不已。

　　上文对古代世界种种神话体系之间的差异提出了一些看法,纯属阐释,难免挂一漏万。要对这一问题加以系统说明,则须进行一系列的探考。尽管诸如此类体系不无差异(上文已述及),其演化过程又十分繁复(对此过程,则全未涉及),古代世界种种神话体系,就其发展阶段

----

　　① 据亚玛特为古阿卡得神话中的原初自然之力和宇宙混沌的化身。据古老叙事诗《埃努玛·埃利什》所述,马尔都克战胜以提亚玛特为首的魔怪势力,并将提亚玛特杀死,将其遗骸一分为二,上半造天,下半造地。——译者

　　② 据古印度神话,湿婆为苦行之神,终年在喜马拉雅山修苦行;又是舞蹈之神,常与妻子尽情狂舞,据信为刚、柔两种舞蹈的创造者。相传,除具有毁灭职能外,他尚具有创造职能。湿婆并拥有地、水、火、风、空、日、月、祭祀八种化身,因而同宇宙合一,据印度神话,湿婆既是暴戾之神,又是仁慈之神;既是毁灭之神,又是创造之神(据印度教之说,毁灭中孕育着再生)。相传,他身躯裸露,腰间只围一块兽皮,凭借最严峻的苦行和最凝聚的沉思,获致最深奥之知和最神奇之力。湿婆作为调整宇宙秩序之力的体现,与其妻提毗在被杀的阿修罗躯体上作肆狂之舞,并因而被称为"舞蹈之主"。——译者

和类型而言，具有一定的共同性。神话既然产生于古老的农业文明，势
必一方面同较古老的、异常纷繁的神话相对立，另一方面又同与佛教相
应的较晚期阶段，同犹太教—基督教和伊斯兰教的传统格格不入。《圣
经》神话与堪称古典的地中海地区神话有着根本的区别；它同样经历了
独特的"历史化"，与自然神话已无任何关联，并提供了抽象的一神教观
念。这便是非神话化即肇始于其中的神话。

神话、神幻故事（童话）、叙事诗

　　通观只是稍有区分的体裁浑融体，神话在其中居于主导地位。这
种浑融难分，为诸古老社会中叙事艺术的景况所特有。有关诸如此类
社会的民间创作中的神话与神幻故事两者区分之难度，一些著名学者，
如弗兰茨·博阿斯、斯蒂夫·汤普森等，屡有述及。同一故事在一部落
或部落一群体中可能视为神话，另一部落或部落另一群体则可能视之
为神幻故事；既可纳入某种虔敬仪典体系，又可被摈斥于其外。原居民
通常将叙事之作分为两种形态，如："阿达奥克斯"与"玛莱斯克"（属印
第安人的齐姆什安人）、"佩内尔"与"雷姆内尔"（楚克奇人）、"赫维诺
霍"与"赫霍"（丰人，即达荷美人）、"利利乌"与"库克瓦内布"（美拉尼西
亚地区的基里维纳人），等等。这些形态之可与神话和神幻故事相适
应，无非是相对而言罢了。其主要差异，视**虔敬**与非虔敬、**绝对可信**与
非绝对可信而定；就结构而论，则可能并无任何差异。只有对古典的欧
洲式神幻故事或亚洲式神幻故事加以比较探讨，对神话同神幻故事的
关系始可有较清晰的认识。这一问题极为重要，其原因在于：神幻故事
（童话）与神话，尽管两者题材一语义极度接近，而且均为口头流传，而
因其本身的特点仍不失为"文学之作"。
　　神幻故事之语义的阐释，只能基于神话的根源。这便是那种神话
的语义，只不过"社会"代码居于主导地位罢了。值得注意的是：高/低
这一最重要的对立，在神幻故事中并不属宇宙范畴，而具有社会意义。
　　毋庸置疑，神幻故事起源于神话。为数众多的图腾神话，特别是关

于恶作剧者的神幻轶事，在动物故事中有广泛的反映。关于同神幻的 263
"图腾"灵体婚配之广为流传的魔幻故事题材（相传，诸如此类"图腾"灵
体可暂时蜕去禽兽躯壳），它之起源于神话则一目了然。奇幻妻子（据
较晚期之说，为丈夫）助意中人狩猎得手，等等；但因违背婚姻戒规离丈
夫而去，继而主人公则到妻子故土寻访，并被迫经受一系列传统的婚前
考验（颇似阿尔内一汤普森体系①题材№400、№425 等），——诸如此类
题材，为关于氏族和部落起源的某些残存图腾神话所特有。

　　有关获取（盗取）所谓异物、饮料、宝物的种种题材（参见索引
№550、№560、№563 等），无疑溯源于文化英雄神话。有些故事所讲述
的如何去往"异域"、解救遭幽禁的女性（№301 等），则颇似有关萨满或
巫者寻觅病者或死者之灵的神话和传说。在一些采药救父的故事中，
该两传统则融为一体。有一些故事广为流传，讲的是：若干儿童陷入食
人者之魔掌，后因其中一人机智而脱险（№327 等），或讲述如何剪除巨
蛇——冥世魔怪（№300 等）。凡此种种，为"加入仪式"所特有的情节
之再现。在一定意义上说来，诸如此类题材同澳大利亚人、北美印第安
人等民俗中的成年仪式直接对应（试与上文多次援引材料相较，即：W.
E. H. 斯坦纳探考所得，特别是弗·博阿斯关于夸扣特尔人冬季仪式及
与其有关的神话的资料[149]）。

　　既然成年仪式及其他"过渡性"仪礼为古老社会每一个体所必须经
历，那么，因注重个人命运的描述，神幻故事对同"加入"类型的仪典相
伴而存的神话情节则势必广泛加以运用。诸如此类情节标志着主人公
所经历的各个阶段，并成为英雄气概的象征。因此，魔幻故事与其一系
列最重要的象征、情节、题材，在某种意义上也与其整个结构，归之于
"加入"仪典，这是不足为奇的，——弗·雅·普罗普对此有所表述

---

　　① 安·阿·阿尔内为民间文艺学"芬兰学派"的主要代表之一，编有《民间故事类型索
引》（1910 年）。美国民间文艺学家斯·汤普森编有《民间创作题材索引》（1932～1936 年），并
在阿尔内研究成果的基础上编成《民间文学情节索引》（1951～1958 年）。两学者并合编《民
间故事类型》（《The Types of the Folktale》，1962 年），对国际学术界的民间文学研究具有一
定的影响。——译者

（保·圣伊夫先于普罗普进行探讨；约·坎贝尔则未受弗·雅·普罗普影响，独立进行探考）。然而，由此不应得出魔幻故事从根本上说来起源于仪典的普遍性结论，其原因在于：神话思维的特征以及原始的拜物教观念、图腾崇拜观念、万物有灵观念、法术观念、神话媒介，在很大程度上决定神幻故事形象的特征及神幻故事本身的体裁样式。

264

神话之转化为神幻故事，须经历下列主要阶段：非仪典化和非虔敬化、对神幻"事例"真实性之笃信的减弱、有意识的构想之发展、民族志具体性的消失、神幻人物为常人所取代、神幻时期为那种见诸神幻故事的非既定时期所取代、推本溯源之有所减弱或不复存在、从对集体境遇的关注转向对个体境遇的关注、从对宇宙范畴的关注转向对社会范畴的关注；正因为如此，一系列崭新题材和一些结构限定则应运而生。

上文已多次指出，神话题材并不一定溯源于仪典；古老文化本身即不乏"非仪典"的神话，同样不乏"非神话"的仪典。然而，对以仪礼为基础或与仪典紧密交织（作为其组成部分或作为其必需的诠释）的神话说来，弃绝同部落仪典生活的直接关联，无疑是神话赖以转化为神幻故事的重要前提。由于对神话讲述之特殊限定的废弃、允许"未领受成年仪式者"（妇女和儿童）跻于听众行列，讲述者势必要进行虚构，并对动人之处有所发挥。某些类别的澳大利亚"神幻故事"（如流传于阿兰达人中者），便是为未领受成年仪式者讲述的特殊"神话"。就此而论，关键在于非虔敬化，——这是神话转变为神幻故事的最重要动因。非虔敬化的机制及其意义，在澳大利亚的例证中清晰可见。关于图腾祖先神幻路线的神圣叙说摒除于图腾神话之外，对图腾祖先的家庭关系、其纷争和角逐及种种奇闻轶事的关注则有所增，——对上述种种说来，有着极大的自由加以变易并从事虚构。非虔敬化必然导致对所述内容可信性之笃信的减弱。当然，非虔敬化并非径直导致有意识的构想，导致将叙事内容视为"荒诞不经"；而确凿可信让位于非确凿可信，为较自由的及允许的虚构开拓了道路，——尽管这种"自由"亦为体裁范畴及神话的语义遗产所严格限定。

265

在古老的民间创作中，神幻故事的幻想颇具具体"民族志性"，同神话中毫无二致。然而,在古典的欧洲魔幻故事中,神幻故事的幻想脱离具体的部落信仰,极度程式性的故事型诗歌"神话"便应运而生。例如,俄罗斯民间故事中的神幻存在,即不同于见诸俄罗斯壮士歌中者;诸如此类壮士歌为留存于一定范畴内之信仰的反映。但是,正是这种见诸俄罗斯神幻故事的诗歌神话,归根结底溯源于最为古老的神话。

事态之时间的非神话化、创世时期及严格限定的宇宙模式范畴之为不确定的"神幻故事"时期和活动地域所取代,至关重要。其行为结果的非神话化,因而也势所难免,——这是对与神话时期相应的推本溯源之摒弃。所谓"推本溯源",采取既定的神话之结尾的样式。伴随题材失去其推本溯源的主旨,这种"尾饰"则成为多余的装潢,并为"道德"逐渐摈除于动物故事;而在魔幻故事中,则为作为叙述内容不可信的标志之辞格所屏除。值得注意的是,繁盛的古典形态故事中的神话故事传统套式,展示了神幻故事有异于神话的特质:时间和地点的不确定性、不可信性,等等。

神幻时期及推本溯源,同神话的宇宙范畴及神话对部落集体境遇的关注形成浑然不分的整体;而部落作为主体,则与整个人类("名副其实的人")相混同。普罗米修斯式的崇高情致,为神话所不可或缺;而造物主的行为(即使颇似神幻诈骗者的伎俩),具有集体的、宇宙的意义,为宇宙开辟过程以及世界、火、淡水等之始现所系。宇宙范畴的"成果"也可借助于消极的形态而呈现,即作为天体数量减少、洪水平治等等的结果。以上所述,却无关宏旨。伴随神话之演化为神幻故事,其"范围"日益缩小,关注转向主人公的个人命运。在神幻故事中,所获客体以及所达目的,并非自然和文化之成分,而是食物、妇女、奇异之物等等,且为主人公福运之所系。上述种种已非属初生始现,而是主人公或为自找,或为其所属之狭小的集群获取某物并加以分配。如果说神话中的主人公从原初据有者——老妪、蛙、蛇等那里获取火和淡水,从而首先创造作为宇宙成分的淡水,那么,魔幻故事中的主人公则致力于获取生命之水,以救治病中之父(如夏威夷民间故事或欧洲民族的神幻故事中所述),或借兽类之助为其灶取得火种(见诸达荷美民间故事);而动物

266

故事中的人物(兔),则从其他兽类所掘之井中盗水,为己所用(见诸大多数非洲民族的民间创作)。夏威夷民间创作中性善之子的利他主义和兔的利己主义,同名副其实的神话之集体主义和推本溯源形成对比。

　　与此相应,神幻故事中的主人公已非半神式的造物主,——尽管予以理想化,并描述为:以神祇为双亲、生得奇异、保留有图腾崇拜的遗迹(诸如:北美印第安人神话中太阳之子或婿、来自天界的巫师之后裔、波利尼西亚神话传说中的英雄人物塔法基、众多民族民间创作中的熊子,等等)。在欧洲童话故事中,不乏所谓"异生",而英雄人物之出身高贵则通常被赋予社会形态("王子")。

　　看来,在非神话化过程中,神话叙事之作本身与种种勇士歌之相互作用有着一定的影响。所谓勇士歌萌生伊始即以常人,有时则以不知名者,甚至以无名者为其中心人物。神幻故事中主人公的非神话化,通常辅之以这样一种处理,即特意将社会上生活无着者,将家庭、氏族、聚落中受压抑和受屈辱者置于主人公的地位。主人公的种种特征(诸如"无知"、"笨拙"、"疯癫"、"愚蠢"等等),对仪典—神话级类具有深刻的意义;而有意识加以渲染的,正是主人公在社会上的颠沛流离。美拉尼西亚人、藏缅语系诸族山区部落、爱斯基摩人、古亚细亚人、北美印第安人等民间创作中为数众多的贫苦孤儿,即属之。他们或受婶母之欺(美拉尼西亚),或受亲邻之辱(北美),而精灵则予以庇佑。欧洲童话故事中备受熬煎者——幼弟或灰姑娘(前夫或前妻之女),与之相类似。神幻故事中的主人公并不拥有法术之力,而神话中主人公就其本质而言理应拥有法力。法术之力的取得,则须经历成年仪式、法术的考验、精灵特定的佑助。迨至较晚期阶段,神异之力似与主人公相分离,并在极大程度上取而代之。试看,就魔幻故事对加入仪式的语义遗产之处理而言,另一种构想即见之于世。同时,应该承认:从仪典角度看来,婚礼等同于神幻故事的古典形态。与成年仪式相较,婚礼是一种较为晚期的和个体化的仪典;就起源而论,它与成年仪式又有着一定的关联。因此,下述论断并非纯属无稽之谈,即:成年仪式为神话之仪典等同体(包括古老形态的神幻故事),而婚礼则是繁盛的魔幻故事之仪典等同体。

为数众多的神幻故事情节和象征——灰姑娘的小鞋、指环烤成馅饼、未婚妻穿着猪皮服装或覆以老妪皮肤(后者见之于日本神幻故事)、乔装顶替的"假未婚妻"、未婚妻或未婚夫躲逃、未婚妻或未婚夫在公婆或岳父母处"服劳役"、禁呼年轻妻子(好出主意的小玩偶)之奶名,等等,——凡此种种,均可在世界许多民族的婚姻仪俗中寻得解答;归根结底,同样溯源于十分古老的仪典—神话语义。童话故事可与整个婚礼相比拟,因为娶公主为妻或嫁与王子,都是童话(神幻故事)的最终目的。童话中的婚配伴之以主人公社会地位的擢升,是为个体一种特殊的"奇异"出路,可借以摆脱以家庭内部关系为形态的社会冲突。而家庭—婚姻关系准则的破坏(近缘婚或过"远"婚姻)及对亲戚间相互承担义务的违背,据我们所知,成为神话中重大冲突的根源,并导致亘古相连的诸宇宙成分的分离。诸如此类成分的重新聚合,则需一定的媒介和媒介者。而在神幻故事中,由于并非以宇宙为背景描述如何造福部落,而是以社会为背景描述如何获致个人幸福,"互通"婚姻越来越失去沟通功能(颇似宇宙之力的社会化,见诸古亚细亚人关于渡乌氏众子女奇婚的神话)。如上所述,它已成为借以摆脱社会冲突的个人出路。

诸如生/死类型之种种司空见惯的、基本的神话对立,在很大程度上为家庭级类的社会矛盾所摒除。在一定意义上说来,神幻故事中的家庭是"大家庭"(即半氏族类型的宗法式集群)的缩影。对前妻或前夫所生之女及对幼弟的家庭虐待,具有一定的社会意义,可视为氏族行将解体的征兆。看来,幼弟的情节为古老的幼子继承制被废弃及家庭不平等变本加厉的间接反映。继母形象的出现,只有在内婚制被废弃(即以过"远"之女子为妻)的条件下,始成为可能。欧洲童话故事一些趋于稳定的题材中继母——非亲生女这一情节,相当于亲父追逐其女这一乱伦之行(对外婚制的极度破坏)的情节。以上所述,绝非偶然。

诸如此类见诸神话的违连之在神幻故事中的转变,涉及其种种社会后果,而非宇宙后果。总的说来,神幻故事中的家庭—社会情节,可视为一种新构成,可作为较为古老的、神话的基原之补充。综观古典的欧洲童话故事,较为古老的、神话的情节,往往构成故事结构核心的、中枢的部分;而家庭的(社会的)新构成,其功能则近似某种框架。例如,"继母——非亲生女"这一基本冲突,在核心部分有所发展;相传,非亲生女经历了林妖的种种考验,而结局十分圆满,可说是"有情人终成眷属",此女的社会地位也随之改变。

在种种古老社会的民间创作中,神话和神幻故事具有同样的形态结构,即某些宇宙的或社会的珍品之失而复得。在神幻故事中,兽形狡黠者的伎俩(见动物故事)或施之于主人公的考验(可同见诸加入仪式或婚仪中者相比拟)之类的中介环节,具有特殊意义。古老的神话或"神话故事",为古典欧洲魔幻故事的某种符号结构。在魔幻故事中,一成不变的级次结构业已形成,即施之于主人公两次、通常为 3 次考验。第 1 次考验带有**前奏性**,为是否通晓处事准则的测试,其结果则是某种奇异手段的获致,**主要**考验中的"灾厄——力不从心"将因此迎刃而解。第 3 阶段则是**认证性的补充考验**(判明谁是业绩的建树者,继而则对争功者和冒名顶替者加以贬抑)。结局则务求圆满,通常是与公主结成良缘,并获得"一半疆土"。魔幻故事的结构,在一定程度上再现为中世纪骑士文学的结构,而骑士文学又对欧洲童话故事的演化不无影响。

对古典魔幻故事说来,克·莱维-斯特劳斯的媒介公式仍具有一定的意义。媒介公式的扩展在此呈横向:伴随叙事的进程,不仅"力不从心"不复存在,而且另有所"获",——是为对主人公的褒奖。

如上所述,就格调而论,魔幻故事经讲述者口传,形成某些最重要的体裁特征;诸如此类特征均属艺术虚构,——正是魔幻故事与神话相对立之所在。同时,神幻故事中的对话,以程式化的套式保持某些仪典—法术成分。

如果说在神话向神幻故事演化的过程中,神话中的宇宙在一定程度上为"家庭"所遮蔽,那么,在神话向英雄叙事诗演化的过程中,部落与通常为历史上确曾有之的部落和古老国家的关系则居于首要地位。然而,在形成于国家结集已相当明朗前的古老叙事诗中,"历史"传说仍是叙事诗赖以发展的、第二性的滥觞;在一定意义上说来,前者与后者相并而存,几互不相干。

　　古老叙事诗赖以形成的主要源泉,为壮士故事歌(这一体裁完善地保存于北方诸小民族,即古亚细亚人、乌戈尔-萨莫迪语诸族①、通古斯语民族②的民间创作中),特别是关于诸如始祖—文化英雄等原始时期民间创作中心人物的神话和神幻故事。拙著《英雄叙事诗的起源》(1963 年)中援引的例证颇多,正是旨在说明诸如此类最古老的神话对古老叙事诗的起源之作用。诉诸原始神话的语言和构想,古老的叙事诗对历史的往昔加以概括,并极力遵循原始民间创作这一传统。部落的往昔被描述为"确曾有之的人物"的经历(因为人类的界定与部落或亲缘部落集团的界定在主观上相契合),其方式则是叙述人之由来、文化成分的获取及保护其不受魔怪的侵害。

　　诸如此类古籍中的叙事诗时期,即创世的神幻时代。西伯利亚地区突厥—蒙古语诸族的勇士诗,通常开篇伊始即讲述这样的时期——地、天、水初创告成("以棒分地,以勺分水"),或者地尚未成形,颇似罐底,天似鹿耳,海洋似溪流,马鹿则似小山羊,等等。在卡累利阿人和芬人的古歌中,维奈默伊宁曾与约卡海宁发生争执③;据其行可知,他始现于创世时期,并参与这一业绩。在阿迪格人④叙事故事中,"那尔特"索斯鲁科曾对类似的时期有所回忆:当时,贝什陶还没有土墩那样大,孩子们可跨越伊迪尔跳来跳去,天在凝,地在聚,他已成为一个

270

---

　　①　前者系指乌戈尔人(Угоры),为操乌戈尔语各族的统称。西伯利亚地区乌拉尔以东的曼西人和汉特人及多瑙河地区的匈牙利人,均属之。萨莫迪语诸族(Самодийские народы),系指操萨莫迪语的涅涅茨人、埃涅茨人、恩加纳桑人和谢尔库普人。两种语言均属乌拉尔语系。——译者

　　②　系指操阿尔泰语系通古斯-满语的民族,又称"埃文克人"(Эвенки),分布于苏联境内埃文克民族以及西伯利亚和远东的其他地方;另有一部分居住在中国和蒙古人民共和国境内。居于我国境内者,称为"鄂温克族"。——译者

　　③　维奈默伊宁为卡累利阿人、芬人神话和叙事诗中的"文化英雄"和造物主、智者。约卡海宁则为上述神话和叙事诗中的幼辈人物,往往陷于窘境,与老谋深算的维奈默伊宁形成鲜明对照。相传,维奈默伊宁曾赴北域波希约拉窃取幸福之源——神磨"萨姆波",因误听约卡海宁之言,以歌声惊醒该地域之主辛洛希。——译者

　　④　切尔克斯人(Черкесы;Cherkess),自称"阿迪格人"(Adighe),俄罗斯境内约有 5 万人(20 世纪 90 年代),操卡巴尔达-切尔克斯语,属高加索语系阿迪格-阿布哈兹语族,主要分布于俄罗斯的卡拉恰伊-切尔克斯自治州、卡巴尔达-巴尔卡尔自治共和国。——译者

男子汉。古苏美尔—叙事诗中①,讲的是吉尔伽美什和巨树胡卢普;其时,"天地初分,人类尚未定名"。在雅库特人的叙事诗②中,故事发生于神幻的"中土",即人类所居之地。对世界神奇景象的描述,在雅库特叙事诗的章节中占有很大篇幅(哈卡斯人③的叙事诗中较少见)。居于这种描述中心的是"宇宙树",形似槲树、落叶松、桦树(颇似《埃达》中的伊格德拉西尔和苏美尔叙事诗中的巨树胡卢普)。

　　呈现于古老叙事歌中的,通常为某种堪称属神话范畴的、由敌对部族形成的二元体系(即:**己方**,人类一方;**彼方**,魔怪一方,带有幽冥色彩)。尽管不无这种对立,在叙事诗中仍然述及,并在另一些神幻"世界"和"部落"存在呈现其中;而居于首要地位的,则是两个争斗不休的"部族"(由于外婚制,仍可互通婚姻,试以雅库特人叙事诗和卡累利阿人和芬人的叙事诗为例)。这种争斗诉诸部落仇视这样的用语,使维护宇宙免为混沌之力所扰这一业绩具体化。如上所述,"仇者"大多属幽冥范畴,即同地下世界、死亡、疾疫等相连属者;而"己"部族则限定于"中界",处于天神的护佑下。例如,就其基原而论纯属神话范畴的对立,即雅库特人神话中的魔怪力士阿巴斯与人间壮士艾厄的对立(为光明的天神,而阿巴斯则是疾疫精灵、幽冥魔怪)。综观雅库特人的勇士诗,这种纯属神话范畴的对立,则加之于雅库特人的祖先(从事游牧的突厥部落集群)与同雅库特人相邻而居的通古斯-满语诸部落、林中狩猎者和渔猎者的对立。奥塞梯人、阿迪格人和阿布哈兹人叙事诗中的"那尔特",则有巨灵与之相对立,——犹如斯堪的纳维亚

---

①　系指《吉尔伽美什叙事诗》,为巴比伦文学宝库中的瑰宝。早在苏美尔时期,即流传关于吉尔伽美什的故事,后经巴比伦人整理,形成一部完整的叙事诗。——译者

②　系指"奥龙霍"。并参阅本书第 194 页注①。——译者

③　哈卡斯人(Хакасы;Khakas),俄罗斯境内哈卡斯自治州主要居民,语言属阿尔泰语系突厥语族。人口共约 8 万余(20 世纪 90 年代)。哈卡斯人的英雄叙事诗极为丰富,其中并包容关于地域和自然现象的主宰精灵以及宇宙的意象;据说,宇宙分为三界:上界("查扬·契里")——以查尔贝拉-查扬为首的 9 创世者居于此间;中界("昆尼格·契里")——世人之幻影居于此间,亡故后始抵达真正的世间("瑟恩·契尔"),地域和自然现象的主宰精灵等亦置身于大地之上,类似宇宙树、连接三界之苏梅鲁山便位于中界;下界("艾纳·契里")——为以艾尔利克-汗为首的 7 邪恶的艾尔利克所居。——译者

《埃达》中的众神阿瑟和卡累利阿人和芬人叙事诗中的英雄人物（"卡 271
勒瓦的子孙"）同北域之对立；"北域"因纯属神话范畴的、"萨满教式
的"混同（即将北方、河口与冥世相混同），则具有鲜明的幽冥属性。

在阿尔泰的突厥人和布里亚特人的叙事诗中，两对立的部落并无
明确区分（在布里亚特人的叙事诗中，这种区分依然留存，却已仅仅囿
于天界精灵与神祇范畴）。在布里亚特人的《乌利格》[①]中，不乏勇士与
形形色色魔怪相搏的描述；在阿尔泰人的叙事诗中，则为勇士与冥世之
主埃尔利克所属魔怪相斗。在苏美尔—阿卡得叙事诗中，勇士吉尔伽
美什和恩基都战胜魔怪天牛和巨妖胡瓦瓦；在格鲁吉亚叙事诗中，英雄
阿米拉尼（与古希腊的普罗米修斯相类似）降伏群龙；著名的古希腊英
雄人物佩尔修斯、忒修斯、赫拉克勒斯以及古斯堪的纳维亚或盎格鲁-
撒克逊人的英雄人物（《贝奥武甫》[②]），均有降魔除妖的业绩。纯属神
话人物的形象，即力大无穷的魔怪之"母"或"女主宰"，为古老叙事歌所
特有，诸如：雅库特人叙事诗中阿巴斯的女萨满、阿尔泰人叙事诗中众
魔怪之母沙鸡老太婆、布里亚特人叙事诗中丑陋的女妖、哈卡斯人叙事
诗中的"雁婆婆"、芬人叙事诗中北域之主洛希。同上述魔幻形象可相
比拟者，一方面有神幻人物，诸如：爱斯基摩人的塞德娜、凯特人的霍塞
德姆、巴比伦的提亚玛特，等等；另一方面则有较为完备的叙事诗中的
人物，诸如：爱尔兰萨迦[③]中女王梅德布、《贝奥武甫》中的格伦德尔之
女、《阿尔帕梅什》中的老妪苏尔海伊尔，等等（叙事诗中己方部落有此
类英雄之"母"者，仅见诸"那尔特叙事诗"，其形象为萨旦娜）。综观种

---

① 《乌利格》(Улигер)，西伯利亚地区布里亚特人的勇士叙事诗，蒙古人称为《乌尔格》
(Ульгэр)，约 25 000 行，在民族乐器伴奏下演唱。——译者

② 《贝奥武甫》(《Беовульф》;《Beowulf》)，古代盎格鲁-撒克逊人的叙事诗。公元 7、8
世纪之交流传于民间，10 世纪始出现手抄本，全诗 3 000 余行。其内容为叙述传奇英雄贝奥
武甫与水怪、火龙等相斗的故事。它反映了氏族制社会接近崩溃时期的生活风貌及与自然搏
击的坚强意志。——译者

③ 萨迦(Cara；古斯堪的纳维亚语 Saga，意即"叙述")，古冰岛散文体传说，原口头流传
于民间，12 世纪后半期始整理成文字，以散文体表述，并插入古代诗歌。其内容主要为历史
记述、神话和英雄传说。后来，骑士长诗译为散文体者，称为"骑士萨迦"。俄文中的"萨迦"并
用作爱尔兰叙事诗的称谓。——译者

种古老叙事诗，巨灵和冥世魔怪不仅经常被描述为掠人妻室、横行无忌的全副武装之徒，而且被描述为英雄人物所矢志以求的火种、天体、培育植物及奇异之物的据有者。

在古老的叙事歌中，"己方"部族历史上并无其名。"众那尔特"或"卡勒瓦的子孙"（芬兰的英雄人物与卡勒瓦拉的子孙之完全混同，仅见诸埃·兰罗特的《卡勒瓦拉》，——试与爱沙尼亚的"卡列维波埃格"①和俄罗斯的"科雷万人"②相比拟）；这确是英雄和勇士的部族，他们不仅与幽冥精魔相抗衡，而且在一定程度上与其趋于低庸的子孙相对立。"那尔特时代"——颇似希腊的"英雄时期"。应当指出：日耳曼—斯堪的纳维亚叙事诗中的"哥特人"，不仅意指历史上的哥特人③，而且亦为叙事诗中某英雄部族的代称，——"哥特"一词，几等同于"英雄"（犹如"那尔特"）。综观日耳曼、希腊、印度等民族完备的叙事诗，哥特人和勃艮第人④、亚该亚人和特洛伊人⑤、般度族和俱卢族⑥，作为独立的部族业已消失；只作为诸成分之一而纳入叙事诗载体

①② 《卡列维波埃格》（《Калевипоэг》），爱沙尼亚民族叙事诗。自古以来，有关勇士卡列维波埃格的故事，即在爱沙尼亚人中广为流传。爱沙尼亚民族文学的创建者费尔曼为这一叙事诗的搜集奠定了基础，克列茨瓦尔德完成了全部编辑、整理工作。"科雷万"（Колывань），为爱沙尼亚首都塔林的古罗斯名称；"科雷万人"（Колывановичи），显然同爱沙尼亚民族叙事诗中爱沙尼亚首府之名有关。——译者

③ 哥特人（Готы；Goths），古日耳曼人部落集团，公元初分布于维斯拉河下游，公元 3 世纪迁至黑海北岸地区，后分为两支，即西哥特人和东哥特人。哥特人曾对巴尔干地区和小亚细亚大肆攻掠，一部分人后来被匈奴人击溃。——译者

④ 勃艮第人（Бургуны；Buigundians），古日耳曼人部落，公元 5 世纪中期据有罗讷河流域（今法国境内），并建立早期封建王国；534 年，为法兰克人所灭。——译者

⑤ 亚该亚人（Ахейцы；Achaioi），又译"阿凯亚人"，古希腊 4 种主要居民之一，在荷马史诗中，为希腊人的通称。公元前 2 千年代中期，他们创造了迈锡尼文化。特洛伊人（Троянцы；Trojanos），即小亚细亚西北部古城特洛伊的居民。荷马史诗《伊利昂记》即是叙述古希腊人与特洛伊人之鏖战。——译者

⑥ 般度族（Пандавы；Pandavas），印度著名叙事诗《摩诃婆罗多》中婆罗多王的后裔之一支。相传，其后代为两兄弟，其一名"般度"，生 5 子，即称为"般度族 5 兄弟"。俱卢族（Кауравы；Kauravas），《摩诃婆罗多》中婆罗多王的后裔之另一支。般度的兄弟持国，生百子，是为"俱卢族"。——译者

的"部族"，——首先是远古英雄时期的英雄部族，亦即后世之英雄楷 272
模。

所谓"那尔特"及与之相类似的"生命体"，可同古老神话中似曾存
在的"始祖"相比拟（他们必然被视为叙事传统之作所属民族的祖先）；
他们生活和从事征伐的时代，则可同"梦幻时期"式的神幻时期相比拟。

就此而论，有一点十分重要，即：最古老的叙事歌和故事中，始祖或
文化英雄的遗存特质，清晰地见诸英雄人物的形象。

雅库特人的叙事诗《奥龙霍》中最古老、最可见的英雄人物，为埃
尔-索戈托赫（意即"孤独者"），往往另有他称。这一勇士离群索居，既
不知有他人，也无父母（故有此绰号），因为他是人类部落的始祖。埃
尔-索戈托赫寻求妻室，以生儿育女。关于埃尔-索戈托赫的故事中，亦
不无文化英雄神话的遗迹；诸如此类神话，较为完整地留存于关于雅库
特人的始祖埃莱-埃尔-索戈托赫的传说中，——据说，他沿勒拿河漂流
而下，自南方来到雅库特人现今所居之地。据认为，他首用冒烟篝火驱
蚊虫，驯养牲畜，定立春季庆典"厄瑟阿赫"，最先行无血献祭，即以马奶
祭众神艾厄。被描述为不知有父母的"孤独"勇士者，尚有其他雅库特
勇士（诸如尤伦-乌奥兰）。布里亚特人叙事诗中的英雄和始祖，也与埃
尔-索戈托赫相类似；此类人物的遗痕，并可见于阿尔泰人叙事诗。据
最初所述，英雄不知自身的由来，也无父母；据后来之说，则为富有的畜
牧宗法式家族的继嗣者。说书人有时对这种"孑然一身"试图自圆其
说，加以阐释，说什么这是孤儿境况所致。另有一种假设，即：卡尔梅克
人的英雄人物江格尔之名便源于"孤独"一词。[150]

除"孤独"类型的勇士—始祖外，雅库特人叙事诗中尚有另一种类
型的勇士（纽尔贡-博图尔等）。相传，这一勇士为天神遣至下界，负有
特殊使命，即为世间剪除魔怪阿巴斯。这同样是神话中文化英雄的典
型职责。西伯利亚地区突厥—蒙古语诸族叙事诗中，对初人的神幻伴 273
侣（即始祖）"中土"生活安顿者有所描述。据布里亚特人的叙事诗"乌
利格"所述，妹妹为哥哥做媒，助其与女天神结为夫妻，以期使人类繁
衍。始祖的形象在奥塞梯人关于那尔特的故事中居于重要地位。这便

是萨旦娜和乌雷兹玛格(相传,两者为同胞兄妹,后来结为夫妻)孪生兄弟阿赫萨尔与阿赫萨尔塔格(试与类似的孪生兄弟萨纳萨尔与巴格达萨尔相比拟,他们是亚美尼亚叙事诗古老支系中萨逊家族的始祖)。古老的那尔特式勇士索斯鲁科,则带有鲜明的文化英雄印记。

据阿迪格人和阿布哈兹人之说,索斯鲁科曾与巨灵相斗,取得火种、五谷和果木("复还"之于众"那尔特")。相传,索斯鲁科曾从神处盗取圣水"萨诺",赋予世人。据奥塞梯人之说,索斯鲁科(索斯兰)从巨灵处获取的并不是火,而是气候温和之域,——丰美的牧场遍布其间,可供众那尔特牧放。

取火这一情节的遗痕,见诸流传于格鲁吉亚人、阿布哈兹人和亚美尼亚人中的古老勇士故事。相传,阿米拉尼因取火而被禁锢于高加索的山崖[①],——似乎不仅在类型上与古希腊的文化英雄普罗米修斯相近似。

文化英雄—造物主的特质,尤为清晰地见诸卡累利阿人和芬人叙事诗中的维奈默伊宁,在一定程度上见诸其"相似者"、长于锻造的造物主伊尔玛里宁。维奈默伊宁从火鱼腹中取火,最先制作舟船并结网捕鱼,发明乐器并最先演奏,最先寻得止血药物并制成药膏;他还获得神奇的"萨姆波",——丰足之源,被北域之主藏在岩石中。他完成种种宇宙开辟式的业绩——创造或者获取日月星辰,鸭产卵于这位英雄人物膝上,该卵则化为宇宙。维奈默伊宁这一形象带有强烈的萨满色彩,——就他探访冥府之行而论,尤甚。综观斯堪的纳维亚之神奥丁这一形象,在很大程度上与维奈默伊宁相应的"积殿"清晰可见(既是文化

———————

①　据格鲁吉亚人神话之说,天界有一仙女,名叫"卡玛丽",为天火的化身。英雄阿米拉尼战胜卡玛丽之父,将她携至人间,天火遂有益于世人。因违抗天界之神,阿米拉尼被禁锢于高加索山崖一洞穴;一鹰日复一日啄食其肝脏,其肝脏则损而复愈。据阿布哈兹人神话之说,阿尔斯基尔不畏艰难,清除有碍于农作物生长的荆棘,并欲问至高神安茨瓦较量,后被禁锢于幽暗峡谷的铁柱上。又据阿迪格人神话传说,纳斯伦·扎切为《那尔特叙事诗》中享有崇高威望的首领(一银须老叟),曾向大神特哈挑战,并与据有火种的恶神帕科相搏,以强取火种。特哈大怒,以铁链将其禁锢在山崖,每日命鹰鹫啄食其心脏,后为巴特拉兹所救。——译者

英雄，又带有萨满的气质；其反面变异为狡黠者洛基）。奥丁、托尔、洛基与文化英雄传统的关联，有助于三者转化为古老叙事之作中的人物。

在古老的阿卡得叙事诗中，恩基都这一形象带有"始初第一人为女神以泥土所造"这一意象的痕迹，而吉尔伽美什这一形象则带有"始祖——文化英雄"这一复合体的某些成分（相传，吉尔伽美什为乌鲁克城的奠基人，寻得雪松林；而据苏美尔之说，则以神奇之树"胡卢普"的根和枝干制成鼓和鼓槌——仪典所用器物）。 274

吉尔伽美什与恩基都协力征战、降伏魔怪，这是文化英雄故事特殊的英雄变异之极为突出的特征（试与漂泊无定、截然不同的降魔斗士形象——美洲传说中的两兄弟相比较；他们一个居于茅屋，一个栖身丛林）。由此可见，古老叙事诗中的英雄壮举颇多见诸文化业绩，并相应带有法术色彩；这样一来，法术和狡黠以及勇力和果敢，均有助于英雄人物成就功业。古老的叙事之作中，神幻类型的狡黠者—恶作剧者依然有迹可寻。那尔特故事中的瑟尔顿颇似斯堪的纳维亚的洛基，无疑即属于神话中的这类长于骗术者。

古老的（神话）层次，在为数众多的古典叙事诗中清晰可见。试以印度的《罗摩衍那》①为例——罗摩保留有降魔除妖的文化英雄的特质，颇似达罗毗荼人神话中的巴尔恩达及其他某些人物形象。《格萨尔王传》②，亦属之（主人公同样负有降除四方魔怪之责，即与古老的宇宙模式相对应；格萨尔这一形象亦不乏机敏者的特质）。《贝奥武甫》及《阿尔帕

---

① 《罗摩衍那》（《Рамаяна》；《Rāmāyana》），印度两大史诗之一，共7篇，约24 000颂，相传为蚁垤所作。最早部分似成于公元前4至前3世纪，全诗最终定型则约在公元2世纪。其内容主要叙述罗摩与妻子悉多悲欢离合的故事，并着力宣扬所属时代的道德和伦理规范。——译者

② 《格萨尔王传》（《Гэсэриада》），广泛流传于我国藏族、蒙古族、土族等地区的说唱体英雄叙事诗，宏伟壮阔，被誉为"东亚的《伊利亚特》"（即《伊利昂纪》）。它讴歌以"岭"地区王子格萨尔为代表的英雄人物。主人公格萨尔被描述为无与伦比的英雄和贤明君主的化身。他深受人民爱戴，并以种种异能挫败顽敌。这部叙事诗为11世纪以来陆续增益而成；它寄寓当时人民的理想和对幸福的憧憬。——译者

梅什》①、《玛纳斯》②、《萨逊族的大卫》③的某些章节、关于沃尔伽-沃尔赫的俄罗斯壮士歌等,均属之(后者颇似斯堪的纳维亚关于赫尔吉之歌和塞尔维亚关于火蛇乌克之歌)。

所谓神话的始基,不仅灼然可见于确属古老的叙事歌,而且并见诸古代世界的古典叙事诗。即使我们不能全盘接受仪典主义的英雄叙事诗起源论,也应认定:产生于古老农业文明的叙事创作中,农业文明所特有的时序神话已被广泛地用作题材和人物的处理所仰赖的"模式"。关于此类模式的运用,上文提及的 G. R. 莱维所著《拔自岩石的剑》一书中颇多论述;特别是苏联梵文学家保·亚·格林采尔的最新著作中,不乏尤为令人信服的论证[151]。在巴比伦、乌加里特、希腊和印度等叙事诗中,保·亚·格林采尔对某种"时序性"神话复合予以关注。据他看来,这种复合包容骤然看来各自独立的情节,诸如:英雄异生(吉尔伽美什、般度族、罗摩、阿基琉斯、克雷特等);英雄拒绝女神的求爱或钟情(吉尔伽美什与伊什塔尔、阿哈特与阿纳特、罗摩与首哩薄那迦、阿周那与广延天女、奥德修斯与卡吕普索,等等);因亡故、佯死、被逐,男、女主人公行迹不明(阿哈特、罗摩、般度族、凯雷特、阿基琉斯、奥德修斯);仪典中的替代者之死(恩基都、帕特罗克勒斯、奥德修斯的同伴、伪装的般度族);劫持或图谋劫持主人公的妻子(悉多、黑公主、海伦、布里塞丝、凯雷特之妻、佩涅洛佩);寻访男、女主人公,并探访冥府(罗摩、般度族、吉尔伽美什、奥德修斯);与魔怪(罗刹、海怪、胡姆巴巴等)相搏;夫妻团圆。

毋庸置疑,并非上述诸说中的一切均可借助于节期仪式加以诠释。

---

① 《阿尔帕梅什》(《Алпамыш》),流传于突厥语系众多民族中的英雄叙事诗,主要内容为叙述勇士阿尔帕梅什的种种英雄业绩,似形成于 14 至 17 世纪。——译者

② 《玛纳斯》(《Манас》),我国柯尔克孜族和中亚地区吉尔吉斯族民间广为流传的叙事诗,其内容为歌颂玛纳斯的英雄业绩。玛纳斯为一神奇的英雄人物,为捍卫人民的幸福。与外敌奋勇搏斗。叙事诗反映了人民的历史风貌及抵御外侮、争取自由的意志,规模异常宏伟。——译者

③ 《萨逊族的大卫》(《Сасунци Давид》),约形成于公元 7 至 10 世纪,长期口头流传于亚美尼亚民间,1873 年始辑录成文。它讴歌萨逊家族 4 代英雄,特别是第 10 代英雄大卫的业绩。该叙事诗将远古神话传说与现实的生活熔于一炉,并借以赞颂亚美尼亚人民的斗争意志。——译者

例如,妇女之被劫和复归,这一题材为西伯利亚地区诸民族的勇士故事歌所必需,而其中并未涉及农事节期仪式;与魔怪相搏,既纳入时序神话和成年仪式神话(后者的作用已为 G. R. 莱维所强调指出),又纳入文化英雄神话,如此等等。同样毋庸置疑,正是农事时序神话,成为古典古代的叙事诗之极为重要的模式。例如,海伦和悉多便与农事神话有直接关联。为数众多的叙事诗英雄人物,甚至不无历史原型,亦与这些或那些神祇及其职能有着一定的关联;正因为如此,某些题材或题材片断成为传统神话成分的复现。然而,这并不足以作为叙事典籍一概起源于神话和仪典之说的佐证。

乔治·迪梅齐尔在其三卷集新著《神话与叙事诗》(1968~1973年)中阐述:他以往所描述的神话功能三分体系(法术的和律法的统摄、武力、丰饶)及与这一体系相应的、诸神之间的等级或冲突关系,如何在"英雄"级类再现于《摩诃婆罗多》①、罗马传说乃至流传于奥塞梯人中的"那尔特的故事"。《摩诃婆罗多》中的般度族诸弟兄,实际上并不是无生殖能力的般度之子,而是出于诸神(达哩摩、伐由、因陀罗和阿湿宾);其所作所为是这些神祇所参与的功能结构的某种程度之再现[152]。诸如此类结构的遗痕,乔·迪梅齐尔甚至发现于《伊利昂纪》②。相传,王子帕里斯属意于阿芙罗狄忒,招致赫拉和雅典娜的嫉恨(两者为他种"神话"功能的体现者),遂酿成一场旷日持久的战争。至于般度族与俱卢族之惨绝人寰的鏖战,乔·迪梅齐尔视之为世界末 276

---

①　《摩诃婆罗多》(《Махабхарата》;《Mahābhārata》),意即"伟大的婆罗多后裔",共 18 篇,另有附录 7 篇,约 10 万余颂。内容是描述般度和俱卢两族争夺王位的斗争。其主要故事形成于公元前 10 世纪,在公元初数世纪,趋于定型。相传,作者为毗耶娑。它包容丰富的民间传说、神话、寓言等,反映了印度奴隶社会的风貌,对当时的哲学、宗教等亦有涉及。——译者

②　《伊利昂纪》(《Илиад》;《Ilias》),一译《伊利亚特》,古希腊两大叙事诗之一,相传为荷马所作,共 24 卷,15 693 行。其内容主要叙述特洛伊战争的最后一年,很多神话和传说穿插其中,反映了古代希腊人的社会和生活风貌。弗·恩格斯指出:"野蛮时代高级阶段的全盛时期,我们在荷马的诗中,特别是在《伊利亚特》中可以看到。"《伊利昂纪》被誉为欧洲叙事诗的典范。——译者

日神话之移植于叙事级类(试与爱尔兰传统中类似现象相比拟①)。凭借英雄叙事诗的神话亚体系,在印欧语诸民族古老文献典籍(诸如属斯堪的纳维亚、爱尔兰、古伊朗、希腊、罗马、印度等地区或民族者)中,迪梅齐尔揭示了一系列叙事诗范畴的对应者,并予以阐释。

由此可见,神话的始基亦留存于叙事诗的古典形态。然而,凡此种种古典形态在叙事诗传统赖以流传的民族之国家结集彰明较著的条件下发展,必然在非神话化道路上发生重大变易。诸如此类形态的叙事诗不同于古老叙事歌,它们仰赖于历史传说,首先是凭借其"语言"叙述古远往昔的事件;而"往昔"并不带有神幻性,却属历史范畴,更确切地说,属准历史范畴。它们同古老之作的主要区别,并不在于故事的可信程度,而恰恰在于叙事所凭借的"语言"。这种语言并不属宇宙范畴,而属部族范畴;为其所用者为地理名称,为部族和国家、君主和首领、战争和迁徙的历史称谓。叙事诗时期(迈锡尼②、般度五子与俱卢族之争、民族大迁徙③、查理曼帝国④、弗拉基米尔大公时期的基辅罗斯⑤、卫拉特四部的国家⑥等等),系按神幻时期的样式构拟,颇似**始初**时期及祖先艰辛创业时期(相传,他们的业绩为继之而来的秩序所系);这里所涉及的已非创世,而是民族历史的曙光,而是最古老的国家结构的整饬,如此等等。

---

① 系指爱尔兰萨迦。——译者

② 迈锡尼(Микены;Mycenae),希腊古城,位于伯罗奔尼撒半岛东北部,始建于公元前3千年代中叶,后成为爱琴文化的中心之一。《伊利昂纪》中的阿伽门农,相传即是迈锡尼之王。——译者

③ 公元前2千年代、爱奥尼亚人、亚该亚人、伊奥利亚人等由巴尔干北部迁来,对古希腊文化的创造和发展有重要贡献。——译者

④ 公元800年,加洛林王朝查理加冕称帝,法兰克王国遂成为查理曼帝国,是为中世纪西欧早期的封建帝国。——译者

⑤ 史称"弗拉基米尔公国"。公元12至13世纪末,成为东北罗斯最大的公国;公元10至12世纪初,属基辅罗斯,后取得独立,其中心为弗拉基米尔城;公元14世纪初,由弗拉基米尔大公所主的莫斯科公国成为统一俄罗斯的中心。——译者

⑥ "卫拉特"(Ойраты),清代对西部蒙古诸部的统称。初分布于叶尼塞河上游,从事狩猎,后归附成吉思汗,分为四万户。清朝时期分为四部:杜尔伯特、准噶尔、土尔扈特、和硕特。土尔扈特西迁后,辉特列为卫拉特四部之一。——译者

　　纯属神幻的立宇宙、治混沌之搏击,演化为保卫部落亲缘集团、国家及凭借"信仰"抵御"掠夺者"、"强暴者"、"多神信仰者"的斗争(后者有时被赋予神异和魔幻的属性)。然而,叙事诗英雄人物的"术士"光环已不复存在,而让位于纯武士的英雄伦理和审美观。英雄叙事诗不同于神幻故事,它并不被视为虚构之作;从这个意义上说来,神话和叙事诗几乎可在同等程度上与神幻故事相比拟。只是在爱情叙事诗(骑士文学之作)中,英雄叙事诗与魔幻故事两系统似乎才融为一体。爱情叙事诗被视为艺术构思之作。

第三编　20世纪文学中的"神话主义"

历 史 概 述

就其起源而论,文学通过民间创作同神话相关联;其中尤以我们着重探讨的叙事文学为最甚,——它同神话的关联,是通过溯源于民间创作深层的神幻故事和英雄叙事诗(不言而喻,很多古老的叙事诗和神幻故事亦在继续演变,甚至改铸为书面之作)。戏剧和一部分抒情诗,最初凭借仪典、民间节庆、宗教神秘仪式汲取神话成分,与之相应。

正如我们所知,神幻故事和英雄叙事诗以及最古老样式的戏剧,既是神话赖以留存的形态,又是神话得以被克服的形态。因此,在直接袭用古代神话的同时,文学往往正是通过这些渠道汲取神话的传统,也就不足为奇了。

众所周知,整个古希腊罗马文学为神话和神话的宇宙说所滋育。时至中世纪,古希腊罗马神话尽管部分纳入基督教魔鬼说的窠臼,部分为欧赫美尔说或比喻说所囊括,却并未被置诸脑后。伴随古希腊罗马多神教一定程度的非神话化,克尔特人、日耳曼人及其他民族的"多神教"神话遭屏除,而诸如此类神话同样成为叙事创作和文学构思两者之源泉。总的说来,中世纪文学仍处于基督教宗教神话的左右之下,而基督教宗教神话则尤为沉湎于唯灵论,并将实在的世界视为至高的、"天界"的宗教—伦理本质的物质符号。中世纪的东方,其景况与此相类似。在这一时期的东方文化中,佛教神话、印度教神话、道教神话或伊斯兰教神话,居于举足轻重的地位。神话既然在文化中居于如此重要的地位,则势必或多或少有助于黑格尔所理解的"艺术的象征主义形态"特征之留存(尽管黑格尔本人认为这种形态只见诸古代东方,并将它置于同古典形态和浪漫形态相对立的地位)。象征主义所赖以萌生的、囊括一切的文化符号性,乃是神话主义的另一面。毫无疑问,古希腊罗马文学(特别是奥维德和琉善的著作)乃至中世纪文学(诸如西方骑士文学和东方的传奇之作、讽刺和教诲之作)中,施之于传统神话的种种阐释(诸如美学化的、属反射说的、批判的、讽刺的等等)依然比比皆是。而同囊括一切的象征主义之严格的分离,则始于文艺复兴时期。当尘世的实在世界及人类主动精神两者的自身价值提到首要地位,对自然的模仿、对带有人类主动精神鲜明印记的美之自然的模仿这样一种自觉的意向,便在艺术中应运而生。至于列·米·巴特金的观点,仍不敢苟同。他一方面写道:"文艺复兴是最后一个完备的文化体系,它建立在原始型(即神话)之上,——神话成分的遗迹,迄今犹存。文艺复兴时期的神话,因其人类中心主义、对历史主义和思维批判性的趋重及对现实的关注,为非神话化提供了前提";另一方面,"就此而论,自身流于凝滞的古希腊、罗马神话,纳入某种融合体(基督教、荒诞之作、法术、骑士传奇)。总的说来,这种融合体仍是思维的神话实在及其理智,而非偏见;乃是文化的血液,而非同感反响。正因为如此,神话学虽渐纳入'高级论题方法',仍具有特殊的历史强制性。既然如此,过渡并未终结,即使就'巴罗柯'①和古典主义而论,也是如此。当缺

---

①　"巴罗柯"(Барокко;意大利文 barocco),欧洲和美洲的一种艺术风格,盛行于16世纪末叶至18世纪中期;崇尚隆重和宏大。它与宫廷和教会的专制主义文化紧密相关,却又反映当时的许多进步思想。这种艺术风格同样见诸文学领域。——译者

少基督教的和古希腊罗马的外衣即难以为继之时,这种外衣也只能是外衣而已,纯属流于形式。据我看来,当神话的'运用'(下列事实具有决定性意义,即:神话已'被运用',而非仅仅囿于神话)依然具有文学那种普遍的、共同的属性,神话热便尚未完全成为过去。这意味着:迄至歌德时期,该过程已显然臻于完成。歌德所著《浮士德》第 2 部中所采用的基督教—古希腊罗马象征,已是文学的片断,而非文学那广为适用的语言。"〔153〕

279　　15 至 17 世纪,古希腊、罗马神话中,继而《圣经》神话中的形象和情节,成为诗歌形象性的武库、题材的渊源及别具一格的、业已定型的艺术"语言"。无论作者的意旨或其历史—生活素材同原初的神话意念差异多大,神话"意念"不会完全"消泯",形式也不会成为纯形式,而传统的题材、传统的隐喻仍在某些级类潜在地保留传统的语义。况且,正是在 16 至 17 世纪,有着巨大概括力的、非传统的文学典型赫然呈现于传统的题材范畴;诸如此类典型不仅是当代社会人物的,而且是人类某些重要的性格典型的模拟。上述文学典型是:哈姆雷特、堂吉诃德、唐璜、米赞特罗普等等,即所谓"永恒的形象";这些形象成为继之而来的 18 至 20 世纪文学的别具一格的范型(类似神话范型)。上述种种作品中的题材似乎成为一种低级的级类,与众不同人物的体系即建于其上。这一体系不啻较新颖的文学现象,其原因在于:在中世纪,正是题材依然是种种艺术功用的载体。莎士比亚所著《哈姆雷特》纳入其他若干《哈姆雷特》之列(其他《哈姆雷特》,即有关同名英雄人物的剧作,溯源于萨克索·格拉玛蒂库斯的记述以及中世纪其他有关机智的、善于乔装复仇的人物的记述,诸如:冰岛关于比雅尔基的记述、芬人关于库莱尔沃的记述,等等),或纳入"复仇悲剧"之类,种种道具无不具备,并已具悲剧的体裁结构。对题材结构和体裁结构这种传统性的理解,为蕴涵仪典—神话论的合理内核。众所周知,《哈姆雷特》的剧情按悲剧的一切律则发展,在某种程度上为主人公性格本身所遮翳,对其性格的描述则成为剧本的重要功能;况且,哈姆雷特的意念往往阻碍、延宕其戏剧本身主动性的发挥。莎士比亚的《哈姆雷特》同时附丽于另一种,即崭新的创作类型;就体裁而论,这些作品大多已非悲剧,而是小说。其内容则是描述作为无人格的、不可抗拒的邪恶势力之反射的人物。

作为"永恒形象"的堂吉诃德,也成为 18 至 19 世纪文艺作品的范型(英国小说中为数众多的古怪人物即以此为模本)。而形形色色"智者狂人"乃至神幻故事中行为拙劣的"愚者"形象,不乏堂吉诃德的古老根源;对桑丘·潘沙说来,尤甚。这一形象以及西班牙小说中的其他"狡黠者",确具有纯属民间创作的渊源。堂吉诃德与桑丘·潘沙作为一种特殊的、建立在对比之上的对偶形象,颇似另一些此类文艺复兴时期的对偶形象(摩尔甘提——马尔古蒂、庞大固埃——巴汝奇,等等),归根结底,溯源于古老神话中形成对比的孪生兄弟。而另一情况尤为重要:骑士文学题材尽管为塞万提斯所戏谑化,然而,在一定意义上说来,其一切要点乃至典型的细节正是因此而得以再现;而同题材相并留存者,尚有魔幻故事结构最重要的特征——魔幻故事为中世纪小说赖以形成的渊源之一,继而自身又颇受其影响。至于魔幻故事如何从神话演化而来,上文已述及。

综上所述,已昭然若揭:屏弃西欧文学(主要是 18 世纪的西欧文学),屏弃传统题材,继而屏弃"论题方法",——凡此种种,对文学的非神话化具有至关重要的意义。迨至 18 世纪,特别是 19 世纪(在一定意义上包括 20 世纪),文学之对待神话两种前所未有的态度得以确立。在一定意义上说来,这两种类型均同现实主义和浪漫主义相应。第一种类型——有意识地摒弃传统题材和"论题方法",以期从中世纪的"象征主义"最终过渡到"对自然的模仿"、对等同的生活形态之真实反映;第二种类型——试图自觉地、绝非徒具形式地摆脱传统窠臼而对神话加以运用(所运用的并非其形式,而是其"精神")。诸如此类尝试偶尔具有独立的叙事体神话创作之特性。

达·笛福的《鲁滨逊漂流记》(1719 年),为果敢的题材创新之早期经典式范例。这部作品堪称非神话化道路上的重要里程碑。《鲁滨逊

漂流记》与路易斯·瓦斯·德·卡蒙斯的《卢济塔尼亚人之歌》(1572
年)①有所不同:在《卢济塔尼亚人之歌》中,卡蒙斯借助于神话情节和
细节,对伟大地理发现的业绩加以讴歌;而在《鲁滨逊漂流记》中,笛福
则基于航海者和海盗真实的日志,仰赖于生活"现实主义",凭借细致入
微、并无任何虚饰的劳动生活描述(尽管其所处为奇异境域),处理这一
近似的题材。

　　应当强调指出:在笛福所处时期,着意描写世俗生活已屡见不鲜;
然而,这种生活描述、自然情调的"风习"描绘,同传统的题材图式和体
281 裁图式极为巧妙地结合,此其一;再则,上述种种主要是在文学的下层
(即喜剧,以及"喜剧性的"或描述骗子的小说中)才有立足之地;众所周
知,笛福的《莫尔·弗伦德斯》(1722 年)②即溯源于后者。至于《鲁滨逊
漂流记》,不仅其故事发生的地点距任何世俗生活的社会环境十分遥
远,而且故事本身实质上异常豪迈,——它所描述的是人类对自然界的
英勇搏击;主人公的作为甚至具有"宇宙性",因为鲁滨逊在荒无人烟的
小岛上重历文明的创建,并再现其主要阶段——采集和狩猎、畜牧和农
耕以及手工艺;而另一些人来此岛后,则建立起一定的社会秩序。

　　小说的主旨在于:文明乃是艰苦卓绝、矢志不移、富于巧思的人类
劳动的成果;而人之获致这一切,则是通过寻求旨在满足其切身需求的
手段。基督教(系指清教徒)只是规诫世人生活有节制、待人以仁爱。
这种人类中心主义之说(况且,鲁滨逊并非被描述为再生的"巨人",而
被描述为理想中的"普通"英国人),就其深蕴的含义而论,是反神话的。
正是《鲁滨逊漂流记》为 18 至 19 世纪的现实主义小说开拓了道路。然

---

　　① 《卢济塔尼亚人之歌》(《Лузиад》;《Os Lusiadas》),葡萄牙诗人、戏剧家卡蒙斯的主
要著作。其内容为描述航海家瓦斯科·达·伽马远航印度的事迹。作品歌颂葡萄牙的历史
和卢济塔尼亚人(即葡萄牙人)的聪明才智和不畏艰险的精神。这部叙事诗以古希腊、罗马叙
事诗为楷模,描述天界诸神对尘世的干预。据该叙事诗所述,天界诸神曾在奥林波斯山会晤,
维纳斯和玛尔斯表示愿意帮助卢济塔尼亚人,尼普顿心怀妒忌,巴克科斯则执意加以阻挠,等
等。它被誉为"葡萄牙的瑰宝"。——译者

　　② 《莫尔·弗伦德斯》(《Молль Флендерс》;《Moll Flanders》),一译《摩尔·弗兰德斯》,
其主人公与鲁滨逊相似。内容为描述一个女贼的女儿,出生在监狱,被一名市长收养。她多
次行窃,因而被判刑,流放到美国弗吉尼亚,同一前夫经营种植园,终其一生。——译者

而,达·笛福既然彻底屏弃传统神话乃至传统题材,则势必在鲁滨逊小说中提出某种乌托邦式的图式;而这种图式本身则同神话创作有某些近似:众所周知,水手赛尔基克——鲁滨逊这一人物的原型,实有其人,确曾羁留于人迹罕至的荒岛;至于文明,乃是社会劳动、相互矛盾的社会发展和文化发展的结果,而非个体辛劳所致。这种以属个体者替代属集体者的手法,恰与神话的人格化亲缘相结。鲁滨逊有一次曾把自己比作上古穴居野处的巨人;这一比拟的含义较之主人公本人所理解的意义尤为深远。鲁滨逊确以自己双手创造了周围世界(就此而言,Ⅰ.沃特是正确的。——参阅上文,见注107),类似神话中的"文化英雄";而他在岛上的所作所为,则成为相应神话的结构。换言之,"鲁滨逊记"不仅基于虚假的种种前提,因而可同神话相比拟;如借助于隐喻式的说法,可称之为"资产阶级神话"。就叙事结构而论,这种小说也具有神话性。"鲁滨逊记"是非神话化过程本身那种毋庸置疑的离奇性和矛盾性之绝好例证。

282

对以上所述,尚可加以补充:鲁滨逊的历险(始于少年,终于流落人迹罕至的荒岛),不失为一种特殊的体验;伴随这种体验,鲁滨逊不断强健起来,摆脱青年那种轻率的和不着边际的幻想,学会种种劳动技能并娴熟地掌握,虔读《圣经》,领悟人生、基督教教义和道德的真谛。凡此种种,一方面,类似原始的成年仪式,即转入部落成年男子集团的那种仪典化过渡;另一方面,类似所谓"教育小说",即近代叙事文学一种特殊的体裁样式。此外,这种在一定程度上同成年仪式相对等的主题,在引人注目的差异下体现于教育小说(单调的传统仪式或同当代现实鲜明的冲突,——伴随冲突的展示,性格和世界观逐渐形成)。

如果对教育小说的早期范型之一(即关于佩尔齐法尔——帕尔齐法尔的骑士叙事诗①)加以考察,则显而易见:骑士文学的传统结构溯

---

①　系指德国诗人沃尔夫拉姆·封·埃申巴赫所著宫廷骑士叙事诗《帕尔齐法尔》(《Parsival》,1200~1210年),共16卷,24 840行,以法国同名小说为蓝本,取材于亚瑟王传说和"圣杯"的故事。其内容为描述一个天真无邪的少年经过宫廷教育而成为标准的基督教骑士的过程。——译者

源于魔幻故事,归根结底,溯源于释源神话,溯源于作为其初源之一的加入仪式,是献身为骑士或加入骑士团的仪礼某些特征的反映,并服从于形式上的、更崇高的任务,即描述天真无邪的少年探寻真正的骑士道路(即基督教道路)的历程。毋庸置疑,综观从克·马·维兰德的《阿迦通的故事》(1766 年)①和约·沃·封·歌德的《威廉·迈斯特》(1795～1796 年)②到托·曼的《魔山》这部名副其实的教育小说,某些并非题材,而是体裁所带来的结构特点清晰可见;然而,就此而论,主要的不是体裁横组合的形式特点,而是所涉猎问题的某种雷同。不仅教育小说,乃至现代的任何小说,均以少年为主人公,其经历则成为社会教育的历程。在 19 世纪小说(巴尔扎克或斯丹达尔的作品以及费·米·陀思妥耶夫斯基的《少年》等等)中,"教育小说"将绝望和对恶的逆来顺受尽行纳入,——这同神话截然不同。由此可见,仪典—神话论的代表人物将当代小说所涉猎范围归结于部落的加入仪式,并将神话与马克·吐温关于汤姆·索耶和哈克贝里·费恩的长篇小说置于相等同的地位,这是不正确的。就此而论,我们所见并非"简化",而是所涉猎问题之一定的全人类性同一;这种同一在一定程度上仰赖于传统的体裁之横组合结构。

283

应当着重指出:传统的题材虽遭屏弃,但体裁结构的惯性依然存在。就此而论,上文提及的 И. П. 斯米尔诺夫的尝试,应视为有益之举;他在《从神幻故事到长篇小说》一文中,曾试图在俄罗斯叙事传统中(不仅在《萨夫·格鲁德岑的故事》,而且在《上尉的女儿》中)寻求同成年仪式相应的神幻故事—神话结构的痕迹(见注 135)。在结构保持一定的稳定性的情况下,一些情节在演化过程中为另一些情节所取代;这

---

①　《阿迦通的故事》(《Aкатон》;《Agathon》),为教育小说这种体裁盛行于德语文学中奠定了基础。小说描写主人公阿迦通(意即"好人")从脱离现实的理想世界转向现实生活并决心为公众事业献身的过程,体现了维兰德所谓"和谐的人"的思想,即:只有感情和理智、心灵和头脑臻于和谐的人,才是"好人";有了"好人",才会有"好的时代"。——译者

②　《威廉·迈斯特》(《ВильгельM Мейстер》;《Wilhelm Meister Lehrjahre》),一部可与《浮士德》相媲美的散文巨著。歌德在其中倾注了他一生的体验、认识和理想;主人公同样矢志于摆脱狭隘的环境、向往广阔天地、追求更高的理想。——译者

势必导致：取而代之的情节通常保留被取代的情节之功能。譬如，在自然主义文学中，"厄运"让位于生物遗传，而生物遗传本身则呈现为劫难。某些图式和情态复现，但并无任何论证。

现实主义文学那种"蕴藉的"神话主义的问题异常繁复，其原因在于：自觉地注重反映现实和认识效果，并不排斥在运用传统体裁样式的同时对难以与这一样式相分离的思维成分也加以运用，此其一；再则，既见诸19世纪小说又见诸古老传统的成分，并不尽是"遗存"（尽管也见诸卡·古·荣格之说），而似为某种共同的思维形态、感受形态、想象形态。对上述种种而言，神幻形象犹如现实主义形象，是一种个别的形态。问题仍然并非在于"减化"（因而亦非在于现实主义文学的仿古以及与之相伴而行的神话之现代化），而在于对诗歌感知的广泛探考。

再援引一例。据考察，南与北这一对立在果戈理的世界模式中具有相当重大的意义；这一对立体现为意大利（残破的、地方的，却为美、艺术和内涵的暖所充溢）与巴黎（陷入当前那种空虚、资产阶级世俗及表面的政治激进）之对比，或者体现为朴素的、外省的、而且是色彩和格调鲜明的、宗法式的、童话般的小俄罗斯与寒冷的、官气弥漫的彼得堡的对比。北方、寒冷、风的主题，在果戈理以彼得堡为背景的小说中始终居于主导地位（特别是在其所著《外套》中，主题、主要的题材"隐喻"，与之相联属）。基于仪典—神话论观点，可在果戈理的作品中发现方位对立的遗迹及大多数神话所特有的那种北方为恶域之说（即北方为死者之境域，为恶灵和巨灵栖身之所）。然而，看来，如果将果戈理的现实主义创作归结于类似的"遗存"，这将是我们的一种失误。这些创作来自现实本身，具有强烈的批判意义。个仅如此，对果戈理不自觉地运用南与北这一传统的隐喻性对比，同样可予以认定，它始自神话时期，已成为诗歌意识的"共同场所"（颇似弗·荷尔德林所写诗篇《漫游者》①

284

---

① 《漫游者》（《Странник》）等，为德国诗人弗·荷尔德林晚期的自由节奏诗，表达了诗人对德意志民族和人类历史的缅怀和信念，被称为"祖国赞歌"。他曾以希腊文化为典范，向往古代神与人的交往；后又由怀念日耳曼的过去而展望民族的未来。——译者

中北与南这一象征手段,等等)。

至于诸浪漫主义思潮(包括 19 世纪初叶的浪漫主义、19 世纪末叶至 20 世纪初叶的新浪漫主义和象征主义),它们同传统的体裁样式和神话题材的距离,同现实主义与上述种种的距离毫无二致。然而,它们对神话绝非持否定态度(现实主义作家正是如此),而是持之以肯定,有时甚至予以赞赏。

德国浪漫主义派将神话看作理想的艺术(参阅本书第 12～16 页有关谢林的介绍),并提出创作崭新的(即文学的)神话的任务;这种神话似能表达自然与人类精神、自然与历史之深蕴的一致和亘古的同一。就此而论,德国浪漫主义学说同古典主义关于自然最终为文明所制约之说形成强烈对比。

创作新神话的纲领,为弗里德里希·施莱格尔于 1800 年最先提出(见《神话讲演录》)。据弗·施莱格尔看来,神话凭借象征描述为幻想和爱所笼罩的周围世界;它主要不是从感性的世界出发,而是从心灵深处出发。德国浪漫主义派继 18 世纪末叶德国古典主义之后,将希腊神话视为理想的神话(而两者却是殊途同归)。据他们看来,理想的神话是诗歌赖以形成的核心;而从根本上说来,诗歌则是倾向于无极。在一定意义上说来,弗·施莱格尔等接受了弗·施莱厄马赫及其对基督教所持泛神论观点的影响,并关注于中世纪的天主教,竭力将古希腊罗马多神教的"感性"与基督教的"灵性"综合于其新神话中。这种综合的某些成分确有一种附加色彩,即对雅·伯默自然哲学之神秘主义的迷恋。德国浪漫主义派的新神话,经常动摇于神幻性(从根本上对神话持唯美主义的结果)与神秘主义之间。

德国浪漫主义派对传统神话的题材和形象持十分随意的态度,把它们用作个人从事文学创作之神话化的质料。弗·荷尔德林把地神、赫利奥斯、阿波罗、狄奥尼索斯列入奥林波斯诸神之列,却把以太①视

---

① 以太(Эфир;源于希腊文 aither)据赫西奥德《神谱》,为古希腊神话中大气和天宇的化身,地下幽冥的化身,埃瑞玻斯与暗夜之神尼克斯所生;相传,与昼夜的化身相合,生天、地、海洋、塔塔罗斯。——译者

为至高神。在《恩沛多克勒斯之死》(1798～1799年)[①]中,基督与狄奥尼索斯相近似(而所侧重的则为浪漫主义的希腊时代);哲学家恩沛多克勒斯之死(他甘愿投身于埃特纳火山口,以期熔融于自然,求得永生,并赎却对自然的"罪愆"),既描述为死而复生之自然神的周期性复苏(亡故——复返青春),又描述为备受责难的先知被钉在十字架上折磨而亡。在弗·荷尔德林的诗篇《独一无二的一个》[②]中,基督被描绘为宙斯之子、赫拉克勒斯和狄奥尼索斯之弟兄。正如纳·雅·别尔科夫斯基所正确地指出,在悲喜剧《安菲特律翁》(1807年)中,亨·封·克莱斯特借助于赫拉克勒斯为阿尔克墨涅所生这一情节,将他所凭依的莫里哀的滑稽剧转化为有关神人的神秘剧[154](亚当·米勒将赫拉克勒斯和阿尔克墨涅与基督和马利亚相比拟)。在约·路·蒂克的悲剧《神圣的格诺菲娃的生与死》、喜剧《奥克塔维安皇帝》及故事书《美丽的玛格洛纳》中,基督教神话和多神教神话中的形象与神幻故事和传说中的形象交织在一起。再以诺瓦利斯的《亨里希·封·奥弗特丁根》(1802年)为例:在克林格佐尔所讲述的神话故事中,自然和人所共有之邪恶的迷惑性,因埃罗斯和法伯尔(寓言中人物)惊醒世界精神的化身弗蕾娅而告终结,而这使阿尔克图尔的冰封王国归于消融。诺瓦利斯的神奇幻想,使希腊神话中的埃罗斯和古日耳曼神话中的弗蕾娅同现于别出心裁的题材,而这又不失为其自然哲学憧憬之比喻。在恩·泰·阿·霍夫曼的《公主布兰比拉》中,同样穿插有神话故事。该神话故事旨在表现这样的主题,即:人脱离了自然,继而恢复亘古有之的联系;它对斯堪的纳维亚神话中

---

　　① 《恩沛多克勒斯之死》(《Смерть Эмпедокла》;《Der Tod des Empedokles》),德国诗人弗·荷尔德林一部未完成的悲剧,其内容为描述古希腊哲学家恩沛多克勒斯投身火山口的故事。恩沛多克勒斯拒绝接受王冠,执意以身相殉,以期说明:只有毁弃旧事物,才能使新事物诞生。第三稿的构思变动很大,作者放弃了对恩沛多克勒斯个人悲剧罪责的描写,揭示他的自我牺牲是历史矛盾在他身上的体现,从而使悲剧带有神话色彩。——译者
　　② 《独一无二的一个》(《Единственный》),《祖国赞歌》中的一诗篇;作者在《赞歌》中把基督塑造为古代英雄和天神的最后一个伟大形象,并预言民族和社会的得救。——译者

的某些形象和情态(源泉"乌尔达尔",颇似奥丁的智者赫尔莫德①,等
等)随意加以运用和改制,并使之同自身幻想的结果相连属。浪漫主
义派的自然哲学观点(特别是辅之以伯默的神秘主义学说),有助于
转向低级神话,转向诸如地灵、气灵、水灵、林灵、山灵、西尔费德、鲁
萨尔卡、温迪娜、火怪、格诺姆等种种范畴的自然精灵。弗·富凯、
恩·泰·阿·霍夫曼、约·路·蒂克之幻想的最重要出发点,即源于
此。阿希姆·封·(阿尔尼姆)对处于"自然"和"文化"两者临界处的
半人造人物这种民间创作和神话的形象——阿尔劳恩、戈莱姆十分
关注(颇似歌德所著《浮士德》第 2 部中的荷蒙库卢斯)。阿尔尼姆的
中篇小说《埃及的伊萨贝拉》(1812 年)中的阿尔劳恩,无疑是恩·
泰·阿·霍夫曼笔下的"小查克斯"②的滥觞之一。由此可见,极度随
意地、有时甚至戏谑地运用传统神话中的形象,使种种神话因素与个
人文学创作中类似神话幻想的尝试相结合,——凡此种种,为德国浪
漫主义派神话创作的特征。

　　浪漫主义派对神话形象的运用不同于古典主义派,他们并非将神
话形象用作程式化的诗歌语言。神话幻想或准神话幻想,有助于浪漫
主义派创造一种为神秘、离奇、诡异、超验所充溢的氛围,并将其置于同
生活现实相对立的地位,视之为同卑俗平庸相对立的崇高诗篇,或视为
魔幻之力可渐次左右人类命运的领域,或视为耳濡目染的生活冲突之
所系的光明和黑暗两种力量的争衡。施之于资产阶级"平庸"本身的神
话化,为见诸小说的神话化之高峰。

　　因本书篇幅所限,无法对浪漫主义派(即使仅仅对德国浪漫主义
派)所持的神话主义这一十分繁复的问题作较翔实的探考。请读者参

---

　　① "乌尔达尔"(Urdar),为斯堪的纳维亚神话中一神奇之泉;相传,命运三女神居于
泉边,日复一日从中汲水,浇灌宇宙之树伊格德拉西尔。赫尔莫德为斯堪的纳维亚神话中
主神奥丁之子,巴尔德尔的弟兄;相传,他曾乘奥丁之马赴冥世"赫尔",欲将被害之巴尔德
尔救回。——译者
　　② 小查克斯为其代表作《小查克斯》(《Крошка Цахес》;《Klein Zaches genannt Zinno-
ber》,1819 年)中的一个侏儒式人物,因长于招摇撞骗而飞黄腾达,并成为最高独裁者,后来
终于一败涂地。这是 19 世纪德国病态社会的写照,无疑具有普遍意义。——译者

阅弗·施特里希那部包容广博、内容丰富的专著《从克洛卜施托克到瓦格纳的德国文学中的神话》(1910年)[155]。为了说明上述问题,姑且对恩·泰·阿·霍夫曼的创作进行简略的探讨;他正是以其施之于生活平庸的神话化尝试而著称。

论述恩·泰·阿·霍夫曼幻想手法的一部最新的专著,出自 K.内古斯之手[156]。据他看来,正是霍夫曼将弗·施莱格尔关于"新神话"为诗歌的初源和核心这样的遐想付诸实现;而霍夫曼的"神话"并不成其为无所不包的、世界主义的综合,而是绝非传统的和个人的神话创作。K.内古斯把《金罐》(1814年)①视为霍夫曼神话主义的顶峰。在这一短篇小说中,作者编织了关于福斯福尔与莉莉娅相爱的神话故事。故事中不乏"三部"(即下界、上界、中界)的宇宙模式及有关神话初源的理念。K.内古斯在《小查克斯》、《公主布兰比拉》和《跳蚤王》(1822年)②中,亦有"新神话"成分;而在《骑士格吕克》、《魔鬼的饮料》(1815~1816年)、《沙人》、《小小叩头虫》、《别人家的孩子》、《皇帝的新娘》中,则仅有"新神话"的遗迹可寻。

综观恩·泰·阿·霍夫曼的创作,幻想首先呈现为奇幻性(蒂克、阿尔尼姆、布伦坦诺,亦然);而奇幻性又往往与诙谐、幽默、讽刺相并而存,从而显示艺术构思的随意无拘及幻想形象一定的程式性。引人注目的是,故事有时纯属童话;而这意味着:它不仅具有程式性和朴素性,而且具有童年思维那种深刻的直觉洞察力,具有对戏耍和玩具的那种异乎寻常的浪漫主义理解(特别值得注意的是霍夫曼的《小小叩头虫》;安徒生的童话,在很大程度上即由此演化而来)。即使就神话的美感而言,霍夫曼及其他浪漫主义者并未将神幻故事同神话截然分开;透过描述主人公个人境遇的故事,某种同浪漫主义派之自然哲学观点相契合

---

① 《金罐》(《Золотая горшка》;《Der goldene Topf》),一部诙谐而富有幻想的童话小说,其主旨在于:描写艺术家的遭遇,批判当时社会对艺术的敌视;展示光明与黑暗两种力量对人之灵魂的争夺;世界似乎是现实的,又是理想的,而艺术效果即是两者的结合。——译者

② 《跳蚤王》(《Повелитель блох》;《Meister Floh》),一译《跳蚤师傅》,一部诙谐而又富于幻想的童话小说。在小说中,现实的与超现实的两者错综交织,作者将根据法院审讯记录编写的对话插入文中,对残暴的普鲁士警察制度进行揭露和抨击。——译者

的、某种无所不包的神幻世界模式通常得以展示。无论是《金罐》,无论是《公主布兰比拉》,还是《跳蚤王》,在一定程度上尚有《小查克斯》乃至《小小叩头虫》,均有重要的准神话故事穿插其中(在此以前,诺瓦利斯即在其所著《萨伊斯的学生》、《亨里希·封·奥弗特丁根》中,穿插有诸如此类神话故事)。有时在霍夫曼的这些"神话"中,同名副其实的神话一样,其事态属"太初"创世时期,或至少是属早已逝去的、世界状况同现今迥异的时期;"太初时期"的范例并与生活周而复始更迭的模式相连属。

在《金罐》中,创造被描述为光明与黑暗之争,被描述为火——爱之力、毁灭与再生之力的体现;在《公主布兰比拉》中,其表述上溯至人类尚未脱离大自然之母的怀抱以及随意理解其语言的时期(即德国浪漫主义派所想象的神话时期)。这时,思想尚未使意象消泯,而人尚未"沦为孤儿"。这种"沦为孤儿"的悲剧,诉诸比喻再现于国王奥菲奥赫与王后莉丽斯的经历。后者的灵魂被魔鬼禁锢于冰狱。国王的忧伤、王后的惨笑、乌尔达尔湖的干涸、乌尔达尔园林的荒芜,——凡此种种,均为上述之人与自然脱离的外在反映。类似的主题,实则见诸《小查克斯》及《跳蚤王》等题材以前的种种滑稽可笑的逸事:前者述及众仙女费厄被逐及启蒙的肇始;据后者所述,跳蚤的主宰及其聪慧之民沦为囚房,为争夺美丽的公主伽玛赫娅(国王泽卡基斯之女,生于郁金香花萼)而进行角逐者,不仅有水蛭魔幻王子及飞帘策赫里特,而且有目光短浅的"显微镜们";它们曾试图探测大自然的奥秘,却徒劳无功。诸如此类神话的意旨并非归结于人与自然之原初和谐的消失、原初繁花似锦的境域的荒芜,等等。进展的延续是通过死与梦及神幻存在的复生(诸如小绿蛇莉莉娅、郁金香伽玛赫娅、王后莉丽斯和公主米斯蒂莉斯,即属之),便诉诸仪典式循环的神话成分。主体故事的主要人物也与这一链锁相衔接:故事题材为这一神幻过程的最后环节及最后的事态,为精神与物质、人与自然、诗歌与现时"平庸"之间那种痛苦冲突之幸运的克服。

有些古怪的大学生安瑟伦、纯洁的佩雷格里努斯、少女玛丽、青年演员吉尔奥与扎琴塔夫妇,将成为失去的和谐赖以恢复的工具;这样一来,故事情节则成为所穿插神话故事之冲突的复现和终结。

在《公主布兰比拉》中,神幻故事与神话相互呼应、相互交织;在节期庆典那种戏剧性的、诙谐的狂欢气氛中,其冲突获得解决(颇似《跳蚤王》和《小小叩头虫》中圣诞节的作用)。然而,故事中人物却成为神话中人物之新的化身、复现和替身。试以《公主布兰比拉》为例,吉尔奥与扎琴塔为狂欢之作中王子科内尔奥·基雅佩尔与公主布兰比拉以及神话中国王奥菲奥赫与王后莉丽斯(以及公主米斯蒂莉斯)之扮演者、再现者和延续者;而所穿插的神话讲述者鲁菲雅蒙特,则似为神话中的智者赫尔摩德,不知为何至今犹健在于世。在《跳蚤王》中,佩雷格里努斯似为神幻的国王泽卡基斯;而诱人的荷兰女人德蒂耶·埃尔韦丁格(跳蚤的驯养者莱温胡克认她为侄女),则成为泽卡基斯与百花王后所生之女——公主伽玛赫娅;其未婚夫佩普什为神话中的飞帘策赫里特;骠骑兵军官为杀死曾咬伤伽玛赫娅之水蛭王子的才智之士泰特尔;最后,可怜的理发匠则成为这位水蛭王子。在《金罐》中,安瑟伦与泽彭蒂娜的故事,在一定程度上是火怪林德霍斯特与小绿蛇故事的重演;而后两者又是福斯福尔和莉莉娅的再现。林德霍斯特在故事中为古怪的档案管理员;而在神话中则是火怪、魔王福斯福尔的近侍,并被魔王逐上地面。[289]

不仅恩·泰·阿·霍夫曼所创作的神话中的主人公,而且尚有历史人物或准历史人物,仍在其童话故事中以新的化身出现、即当代的一些作家(诸如:17世纪的自然科学家莱温胡克和斯瓦默尔达姆、16世纪曾寄居于侯爵府邸的莱翁哈德·古恩盖泽和利波尔德、早已亡故的作曲家格吕克)。就此而论,神话、神幻故事和历史三者的界限已不复存在,人物性格的不稳定性则随之而生,——人物性格有时让位于"面具",即戏剧中的面具。

神话成分在一定程度上也纳入恩·泰·阿·霍夫曼的"恐怖"小说(这些小说已无幽默成分可言),而其景况则迥然不同,已非占优势的诗歌和理想两者的体现,而是作为混沌的(霍夫曼及其他浪漫主义者认为混沌具有两重性:混沌既可带来丰富的、未展示的生命契机,又可带来死亡)、魔幻的、冥世的、暗夜的、毁灭性的力量,犹如厄运(《魔鬼的饮料》、《沙人》、《继承》、《法隆矿场》,等等)。霍夫曼这些作品的特点在于:魔幻之力作为催眠术、梦游症、幽灵和替身,移于人之心灵。

恩·泰·阿·霍夫曼创作与众不同之处,为对日常生活施之以幻想;这种幻想之作距传统神话已十分遥远,但在某种程度上是按其模式而创作。施之于日常生活的幻想,在奇幻的和惯常的两者最大限度地相互渗透的基础上展示。一方面,习以为常的人物、事物、情态的背后,为来自另一世界的诡异、幻想和神奇之力;另一方面,诸如此类神奇之力均呈现为卑微的、平庸的、可笑的形态。大学生安瑟伦之摇摆于泽彭蒂娜与韦罗尼卡之间,成为善与恶两种自然精灵那种宇宙类型之争的掩饰。在这一争斗中,门锤体现威慑的魔力,接骨木丛林则是蓝眼睛的秀美小绿蛇栖居之所,等等。与此相应,精灵们也不再以古怪的档案保管员身份出现(他本为火怪)——曾弹指取火,点燃雪茄烟;也不再以畸形老妪的身份出现——以贩卖苹果和卜算为业,曾当韦罗尼卡的保姆。其"神异"由来(据说,生于龙鳍和甜菜根),即富于讽刺意味。"金罐"这一形象本身尤具讽刺意味。据说,安瑟伦获得此物,作为泽彭蒂娜的妆奁。霍夫曼笔下的神幻形象萌生于自然与文化及生活的交叉,更确切地说,甚至萌生于其冲突,并往往同对丧失生机的自然及新生文化物的描述相关联,成为呆滞的理性主义和技术观点的对抗者。施之于非理性的痴心妄想、心灵阴暗面、难以预料之举以及(反之)施之于已成为"既定模式"的、人们那种标准化、机械式的行为之描述,即导源于此。施之于玩具、木偶、自动物体以及种种模拟题材的特殊意趣,也导源于此。

以小小叩头虫为首领的玩具对鼠军英勇奋战(《小小叩头虫》);能言的木偶奥林匹娅,在善施法术的术士科佩利乌斯的襄助下制成,并成为一少年幻想者的未婚妻(《沙人》);费厄庇佑下的一畸形儿,将他人的才智奇异地据为己有(《小查克斯》);而与之截然相反者——悲剧式人物卡迪尔雅克,为一首饰艺人,把主顾全部杀死,以避免制作之物为他人所获(《玛德穆瓦泽尔·德·斯居代里》),——凡此种种,均为对现代文明,特别是呆滞的技术观点、拜物教、社会异化之神话化的不同处理。

黄金和财富具有魔力的主题,亦为恩·泰·阿·霍夫曼及其他浪漫主义者之创作所特有(试将《法隆矿场》和《小查克斯》与阿希姆·封·阿尔尼姆的《埃及的伊萨贝拉》、约·路·蒂克的《鲁内贝格》和《金发的艾克贝特》及弗·格里尔帕策较晚期的剧作①等等相比拟)。

就上述一切方面而论,恩·泰·阿·霍夫曼不仅是果戈理或巴尔扎克等现实主义作家的先驱,而且是表现主义作家和弗·卡夫卡的先行者。总之,浪漫主义派的"新神话"在霍夫曼的创作中获得最彻底的体现,并成为导向20世纪小说中神话主义的种种契机之一。对这些特点应予特别关注,诸如:种种神话传统相互交织;主人公在空间范畴永无休止地再现和复制(形同一体者),特别是在时间范畴永无休止地再现和复制(主人公周而复始地生、死、复生或以新的形体呈现);在一定程度上把重点从形象转向情态,视之为某种原始型。不言而喻,导致以上所述的为创造的准神话的新形象。试以《恩沛多克勒斯之死》为例:狄奥尼索斯既非主人公,亦非干预人世的至高无上之力;而恩沛多克勒斯这一形象的构拟,却颇受狄奥尼索斯和基督等原始型的影响。再以克莱斯特的《彭忒西勒娅》(1805～1807年)为例,剧中出现的为传统神话中的人物,而关键仍然不在这些人物本身,而在于两性关系中某种原始型式的情态。通观这一悲剧,对古希腊罗马神话的那种"狄奥尼索斯崇拜式的"、既是施以古老化、又是施以现代化的处理,依稀可见;它在一定程度上先于见诸尼采剧作者。然而,凡此种种均为20世纪神话主义中业已强烈呈现的种种倾向的微弱胚芽;其中,见诸浪漫主义文学及霍夫曼作品的那种再现和复制的基本意向,主要不在于普遍的同一化,而在于个性的一分为二、两种境域的并存或对神秘的最高实体之附丽(据信,这种实体有善恶之分,均在冥冥中左右世界和命运)。始于亨·封·克莱斯特的《彭忒西勒娅》剧,导向德国和斯堪的纳维亚浪漫主义戏剧和新浪漫主义戏剧众多范型的脉络已有迹可寻。诸如此类范

291

———————————

① 系指他所创作的童话剧《幻梦人生》等。《幻梦人生》(《Der Traumein Leben》,1834年),描写农村一青年梦中飞黄腾达,而在罪行遭到揭露时猛然惊醒。他最终认识到:真正的幸福在于安守本分、与世无争。——译者

型,均与神话传统相关联(亚·戈·欧伦施莱厄、青年时代的易卜生、
弗·格里尔帕策、弗·黑贝尔)。

同 19 世纪中叶的德国戏剧相关联的,尚有理·瓦格纳;在一定意
义上说来,他的歌剧成为浪漫主义的神话主义与现代主义的神话主义
之间的桥梁。瓦格纳剧作的主要滥觞在于浪漫主义。导源于此者,不
仅有对与神话创作相近似的民间诗歌的崇尚,而且有对自然与文化、总
体与个体、多神教与基督教之相互关系的探讨(瓦格纳对多神教与基督
教两者的相互关系,则重复大多数浪漫主义者所持之古希腊罗马典范
向基督教典范渐次演化说),乃至“可诅咒的黄金”这一情节——瓦格纳
的《尼贝龙根的指环》这一四部曲,即赖以形成。其中英雄人物的某些
特点及与之相关的美学观点,显然颇受席勒的影响。大家知道,青年时
代的瓦格纳接近“青年德意志”派,崇尚费尔巴哈的思想;瓦格纳的浪漫
主义转化为革命激进主义,从而导致瓦格纳继米·亚·巴枯宁之后参
加德雷斯顿起义;迨至 50 年代,他成为阿·叔本华的追随者,后倾向于
基督教神秘主义,其“民族性”则被赋予沙文主义形态。而在这一演化
的整个过程中,瓦格纳仍然是作为最高艺术综合之神话创作式音乐剧
的理论家和实践家。他认为,民众正是通过神话成为艺术的创造者,神
话为具有普遍性的、深蕴的生活观念的诗歌。据他看来,希腊悲剧即来
自神话,在一定意义上仍不失为现代完美戏剧的典范;而这种戏剧则是
音乐同语言的综合,瓦格纳并将创作这样的戏剧作为自己的主要任务。
早期瓦格纳对古希腊罗马的倾慕,使他的反基督教情绪有增无已。瓦
格纳当时把新的“爱的宗教”置于同基督教相对立的地位。然而,他崇
重神话和宗教的民族形态,因而注重日耳曼多神教神话传统。正如我
们所知,“日耳曼的”这一命题为浪漫主义派所提出。而这一命题并非
如此恰切,尚有待探讨。瓦格纳即从中世纪骑士之作中汲取质料为己
所用(《罗恩格林》、《特里斯丹与绮瑟》、《帕尔齐法尔》),而对日耳曼的
题材从根本上予以侧重,则是在他对基督教的态度根本转变之时。

理·瓦格纳毕生的主要著作——他的四部曲,是基于尼贝龙根家
族的传说这一题材之作。值得注意的是,在该世纪中叶德国戏剧的同

一领域,弗·黑贝尔也创作了关于尼贝龙根家族的剧本——《尼贝龙根三部曲》。然而,瓦格纳同黑贝尔的差异极大,并带有根本性。黑贝尔仰慕民间文艺学和中世纪学中的历史学派,而瓦格纳则追随天体—神话学派。因此,黑贝尔将奥地利人的《尼贝龙根之歌》(已屏弃神话外衣,并已基督教化和罗马化)改制为戏剧;而瓦格纳则几乎完全凭借较为古老的斯堪的纳维亚之说(见诸《埃达》和《弗尔松族之萨迦》)。浪漫主义派并未将神话置于与历史相对立的地位,而是竭力使两者相互接近;后浪漫主义时期的情景则迥然而异。对瓦格纳说来,神话在其视野展现伊始即被置于同历史保持一定对立的地位(这一立场,恰恰开 20世纪现代主义之先河)。在所谓"革命"阶段,瓦格纳的反历史主义为否定现代社会的社会基础(国家和私有制)的无政府主义态度所证实;继而,他对黑格尔的历史化所持的否定态度,辅之以阿·叔本华关于"世界意志"本恶之说,并辅之以这样的观点,即将历史视为特殊者、外在者、象征性者的范畴,而非共同者和实体者的范畴。然而,瓦格纳将神话和戏剧置于同小说的社会性和历史主义相对立的地位,将戏剧视为神话之天然的艺术体现。在瓦格纳的剧作中,尼贝龙根家族的历史以国破家亡而告终;据瓦格纳看来,这同希腊悲剧的处理相契合。在希腊悲剧中,拉伊奥斯王权起消极的作用(《奥狄浦斯》①),国家遭到否弃(《安提戈涅》②),等等。这样一来,瓦格纳超越神话的"民族"范畴,臻于某种一致的、一般神话的、纯理神话的功用;这同样先于现代主义的神话化。瓦格纳与浪漫主义派不同,其剧作无任何奇幻性可言;神话既有异于轶事,又有异于神幻故事,神话之承袭绝无任何讽刺的痕迹(讽刺正是复现于20世纪作家的作品),甚至富于情感;它之容纳癫狂的、法术的成分,确是郑重其事,而非作为"游戏"。瓦格纳与浪漫主义派不

293

---

① 《奥狄浦斯》(《Эдип》;《Oedipus》),古希腊悲剧家索福克勒斯的著名悲剧。通过奥狄浦斯力图摆脱弑父娶母命运的故事,这一剧作反映了雅典自由民在社会灾难面前所感到的悲观和愤懑。——译者

② 《安提戈涅》(《Антигона》;《Antigone》),古希腊悲剧家索福克勒斯的另一著名悲剧。主人公安提戈涅面对"法律",毅然遵从"神律",埋葬哥哥波吕涅克斯,最后自杀身死。安提戈涅的未婚夫海蒙认为:只属于一个人的城邦,算不得城邦。——译者

同,他也不知任何两个世界并存,不知任何生活的平庸与高超的幻想之对立。神话完全把握事态,并为对人类共同的情感、人与人之间永恒的冲突、自然的种种运动等等加以描述,为呈现自然与文化之间堪称壮伟的戏剧,为呈现有关人类境遇(个体的和社会的)之悲剧,提供了普遍适用的诗歌语言。

理·瓦格纳所倡始的、处理贯串性主题(即主导动机)的音乐剧技法(个别语句"引言"的迭用、个别情节扩展为"场",等等),同新浪漫主义的神话象征手法相应。后来,这一处理主导动机的技法,被移植于20世纪的神话小说。这样,音乐成为对古老神话进行释析的手段,而古老神话则成为对人类共同冲突加以形象描述的手段。对传统神话质料的诠释,有时伴之以对古老神话成分功用之极度深刻的直觉主义洞察,有时则在19世纪心理学的影响下极度现代化。

歌剧《尼贝龙根的指环》将"可诅咒的黄金"这一情节(动机)视为有关尼贝龙根家族之整个"系列"的中枢。如上所述,这是浪漫主义文学中习见的主题,它意味着对资产阶级文明的浪漫主义批判。就此而论,理·瓦格纳对待神话典籍亦未超脱现代主义的窠臼,而诸如此类典籍却赋予某种依据,因为"可诅咒的黄金"这一主题也见诸《埃达》;而在《弗尔松族之萨迦》中,它已成为对整个结构具有决定性作用的情节。至于中世纪冰岛对黄金及一般财富的意义之理解与19世纪的德国略有所异,则另当别论(关于中世纪文化中财富的确切含义,参阅 А. Я.古列维奇的有关著作[157])。这一四部曲(《莱茵河的黄金》)第1部开宗

294　明义,黄金尚未作为人所觊觎的对象与自然相分离,它安然处于始初的自然混沌中,而这种混沌则呈现为浪涛及莱茵河底人鱼的异状。自然的原初质料的其他化身,为始祖母埃尔达、宇宙之树梣木。以莱茵河的黄金为质料,可以制作指环——统摄世界的象征和手段;而以此获致的统摄,则同爱情的诅咒相混同,爱情应让位于仇视,——以上所述,呈现于"下"者为:尼贝龙根族人阿尔贝里希拒绝人鱼的爱情并盗走指环;而呈现于"上"者,则是睿智的沃坦兴建"瓦尔哈拉",其代价则为爱情女神弗蕾娅嫁予巨灵。沃坦因兴建神之居所而同巨灵所立的契约,实际上

是一种罪愆(在《埃达》中,其罪仅仅在于违约和背弃誓言):"社会统一体"之创始势必表现为对自然和谐的违连。"循环"的形成是由于借助狡黠的洛吉之力(即火,据《埃达》有关洛基由来的古老之说),指环从阿尔贝里希手中失去,复归于巨灵法佐尔特,而法佐尔特又因宝物为法夫尼尔所杀。继而,沃坦的全部心智集注于借助尚未负有罪愆的人间英雄之力获取指环。然而,但据理·瓦格纳这一四部曲的悲剧逻辑所示,人之主动性,特别是"英雄"之举,将导致罪恶、罪愆、罪责及因罪而遭严惩,乃至于死。齐格蒙德与齐格琳德之"自由"相爱,颇富悲剧性,因为这一爱情被涂上"乱伦"的色彩(瓦格纳直觉地把握了这样的真谛,即社会起源于对血缘婚的否弃;如上所述,这一现象广泛反映于神话)。布伦希尔德的命运十分悲惨:沃坦因由衷地同情齐格蒙德并为维护"纲纪",曾严惩布伦希尔德,继而因倾慕于"未婚夫"齐格弗里德,最终因向阿尔贝里希及其子哈根复仇(即争夺王权和宝物)而备受谴责。然而,即使齐格弗里德这位无畏的、真正的英雄、降伏妖龙者,虽因其光辉业绩而成为宝物的据有者,却因加之于他的诅咒而注定死亡。最终,"众神的末日"来临,"瓦尔哈拉"化为灰烬,布伦希尔德将指环掷入火中,指环则重归莱茵河底;自然和混沌将战胜个体和文明。

这种基于叔本华的观念施之于神话的现代化倾向,在《特里斯丹与绮瑟》中有增无已;在这一著名剧作中,爱与死是悲剧性的相互依存者。《彭忒西勒娅》一剧的作者亨·封·克莱斯特,可视为理·瓦格纳的先行者。对特里斯丹与绮瑟这一题材的上述处理,不同于见诸中世纪者(诸如此类处理的某些倾向,在托马斯·阿奎那之说中依稀可辨)。而在约·坎贝尔所著《神的面具》这一著名的专论中(见注64),瓦格纳对这一爱情—神话题材的处理,已被完全视为对其根源的阐释。瓦格纳笔下的爱与死的情节,已移植于现代主义文学。

不久前,阿·费·洛谢夫曾为瓦格纳的神话创作重振声名,而他似乎过分直接地将瓦格纳的艺术发现同他对社会主义的向往及对帝国主义的谴责相联系。在阿·费·洛谢夫这篇论著中,可以读到有关《尼贝龙根的指环》的饶有兴味的评述及一系列颇为深刻和体察入微之见[158]。

20世纪的"神话"小说。导论

"神话主义"是20世纪文学中引人注目的现象；它既是一种艺术手法，又是为这一手法所系的世界感知（当然，问题不仅在于个别神话情节的运用）。无论是在戏剧、诗歌，还是在小说中，它均有明晰的反映；在小说中，现代神话主义的特征最为彰明较著，其原因在于：回溯上世纪，小说不同于戏剧和抒情诗，几乎从未成为神话化赖以实施的场所。伴随古典形态小说的改造及在一定程度上对19世纪传统的批判现实主义加以屏弃这一过程，上述现象无疑变本加厉。神话主义同批判因素本身并不形成对立，它甚至为淋漓尽致地表现人性同一化过程、异化的种种畸形样态、资产阶级"平庸"的鄙俗、精神文明的沦丧，提供了前所未有的辅助手段。神话的对应者势必使那种与资产阶级"平庸"极度不契合的现象特别引人注目，势必突出神话和叙事诗的崇高范型。作为"资产阶级史诗"的长篇小说，它所展示的世界可与名副其实的叙事诗级类相比拟。然而，20世纪神话主义的情致，不仅在于，而且与其说在于立足叙事诗高度揭示现今世界的鄙俗和丑陋，毋宁说在于展现某些经久不变的、永恒的因素（积极的或消极的），即透过经验生活和历史变革的洪流而显露的因素。继神话主义而来的是超越社会—历史范畴和空间—时间范畴之举。这一现象既可见诸对时间的某种相对论式的阐释，又可见诸局部的空间化。

就此而论，I.弗兰克一部著名的论著[159]非常引人注目，其内容为论述现代文学中的空间化；在现代文学中，客观的历史时期为神话时期所屏除（因为一定时期的事件和情态被描述为永恒原型的体现）。历史的宇宙时期转变为邈远的神话世界，而这一世界呈现为空间形态。正是从这一观点出发，I.弗兰克不仅对詹·乔伊斯、托·斯·艾略特、埃·庞德的创作，而且对马·普鲁斯特的创作加以探讨。

所谓社会—历史观点，在很大程度上决定了19世纪小说的结构；因此，欲克服诸如此类范畴并超越这一水平，则不得不彻底屏弃这一结构。作为社会范畴质料的经验性生活质料之自发性和紊乱性的增强，则为象征手段（包括神话象征手段）所补偿。这样，神话主义则成为对叙事之作进行结构处理的手段。此外，还广泛采取诸如选用复现这样基本的结构处理手法，并借助于主导动机，赋予诸如此类手法以内在含义。普遍采取的选用复现，为文学的古老形态及民间创作—叙事形态所特有；而20世纪小说中的主导动机这一技法，则直接溯源于瓦格纳的音乐剧，——在他的音乐剧中，主导动机已与神话象征手法紧密相连。不言而喻，将神话情节用作长篇小说题材的成分或对叙事布局加以安排的手段，不应导致复归于名副其实的原始神话。这一问题，下文将予以详述。这里只是对20世纪小说中新神话主义的最重要特征作初步介绍；这一至关重要的特征，表现于新神话主义与新心理说之异常密切的（尽管是离奇的）关联。新心理说是普遍的下意识心理学，它屏除19世纪小说中的社会性格学。在其一篇关于瓦格纳的著名论文中（瓦格纳不啻20世纪执著于神话化的文学之开先河者），托马斯·曼认为：其功绩正是在于"心理"与"神话"之结合[160]。

20世纪小说中的诉诸"深蕴"心理，大多集注于人，即或多或少超脱于社会"状态"的人；而从"性格小说"的社会心理角度看来，这甚至带有反心理性。所谓极度个体性的心理，同时又带有普遍性、全人类性；这为诉诸象征—神话的用语对其进行诠释开拓了道路。执著于神话化的小说家们，在不同程度上受到齐·弗洛伊德、阿·阿德勒和卡·古·荣格的影响，并对精神分析的语言有所运用；而20世纪小说中那种诉诸潜意识的现象，自然不应归结于弗洛伊德主义的影响。将主要的事态内移，是长篇小说极为重要的特点；主要事态的内移，继之以内心独白手法的运用（众所周知，其首创者为列夫·托尔斯泰；詹·乔伊斯颇受E.迪雅尔丹的影响，——在他的创作中，内心独白同瓦格纳的主导动机融为一体），并继之以"意识流"手法的运用（在一定意义上说来，"意识流"与"随意联想"这种心理分析手法相应）。但是，不能断言："意识流"必然导致神话主义。恰恰相反，欲寻得某种同前反射的神话意识相脱离者，则难乎其难；然而，心理分析（特别是荣格式的心理分析），因其对想象之下意识异状之普遍性和隐喻性的诠释,为从 20 世纪被遗弃或被压抑的个人病态心理向古老社会极度社会性的前反射心理(尽管囿于不发达的社会机体范畴)之飞跃,提供了某种跳板。然而,这种飞跃必然为挪揄和自我挪揄所减弱;而两者则成为反映现代人与名副其实的原始时期神话创作者之间巨大距离的手段。

20 世纪小说中神话主义的上述某些共同特征,似把我们导向现代主义的美学(即苏联文学评论界所理解的现代主义)。在许多著作中,神话主义同作者对"历史主义"的失望、因历史震荡而感到的恐惧以及对社会变动能否改变人类存在和意识而深感迷惘的情绪紧密相关。只需回忆一下詹·乔伊斯笔下的一位主人公斯蒂芬的一些独白[1],就足以对此一目了然;这些独白正是因他渴望摆脱"历史噩梦"而发。詹·乔伊斯作品中的神话对应者和形象,无疑着重表现千篇一律和无法解决的冲突那种令人厌烦的迭用、个人生活和社会生活及世界历史过程本身在玄学范畴的踏步不前。然而,托·曼作品中神话主义的世界观色彩,就其基本点而言迥然而异,无法直接归结于狭义的现代主义美学;况且,这涉及现代拉丁美洲作家或亚非作家。对他们说来,神话传统仍是民族意识之富有生命力的始基;甚至同一神话情节的反复迭用,首先是种种民族传统及民族生活模式的稳定性之象征。综观这些作家的作品,神话主义导致超越纯社会范畴,而社会—历史范畴则以一种特殊的、"相辅相成"的关系与神话范畴相并而存。然而,并不能由此得出这样的结论:存在若干各自独立的"神话主义",它们互不相干,其相似无非是徒具形式罢了。

---

① 斯蒂芬·戴达卢斯为詹·乔伊斯所著《青年艺术家的肖像》(《A portrait of the artist as a young man》,1916 年)中的主人公。这部自传体中篇小说通过主人公的成长过程,描述现代艺术家与社会之间的关系;走向艺术即是走向流亡的命运。作家运用内心独白的手法描绘主人公的经历和客观世界。——译者

对比：詹姆斯·乔伊斯与托马斯·曼

　　神话化作为现代小说中的诗学现象，乃是一种特定的现象，其同一性不容全盘否定。对这一现象的阐释，拟从詹姆斯·乔伊斯和托马斯·曼两者的创作中神话主义之比较探讨着手。这两位作家同为神话化诗学领域的开拓者，并创作别具一格的准体裁样式的神话小说。两者往往被置于相对比的地位[161]（即使不同倾向的文艺理论家，如美国的荣格追随者约·坎贝尔和匈牙利的马克思主义者埃格里·P.，也进行了比较研究），——尽管两者间存在着根本差异，尽管托·曼并非屏弃现实主义小说的古典形态，而只是加以改制，尽管从社会范畴向象征范畴的过渡在他的作品中较为有限，尽管梦境和幻象未超越主人公主观意识范畴，尽管时间的相对推移及浸沉于潜意识的超历史深度在他的作品中并未使客观历史范畴遭到废弃。詹·乔伊斯执著于从历史遁入神话，而托·曼却试图使神话同历史趋于平衡与调和，试图揭示神话在历史经验配置中的作用，坚持忠于传统，并开拓通向未来的途径。同那种施之于现代生活平庸之鄙俗的虚无主义描述相反，托·曼却提供了较为和谐的图画及作为"歌德式"对生活倾慕之结果的"多声部"。在《约瑟及其弟兄们》（1933～1943 年）[①]中，托·曼持人道主义的乐观主义精神，并寄希望于继社会进步之后势必出现较为合理的人与人的关系；他施予神话以人文主义化，并以神话同纳粹主义的"神话创作"相对抗。托·曼的创作，一般说来，并未落入现代主义的窠臼（埃格里诉诸术语，将托·曼与詹·乔伊斯两者的对立说成"现代主义者"与"激进主义者"的对立，并不确切），

299

----

　　①　《约瑟及其弟兄们》（《Иосифиего братья》；《Joseph und seine Bruder》），托·曼所著四部曲式长篇小说，即《雅各的故事》（1933 年）、《约瑟的青年时代》（1934 年）、《约瑟在埃及》（1936 年）、《赡养者约瑟》（1943 年），取材于《圣经·旧约全书》有关约瑟的叙述。小说充满人文主义精神，与法西斯的野蛮暴行形成对照。作者曾指出："正因为这部小说是不合时宜的，所以它是合时宜的。"这句富有哲理的话，概括了作者的创作意图和作品的现实意义。——译者

其原因在于:对他说来,在一定程度上现代主义本身是现实主义和批判主义的历史分析之对象。

以上所述和诸如此类差异的起因,远非仅仅在于种种传统和影响(詹·乔伊斯笔下——爱尔兰的风貌、天主教的中世纪、托马斯·阿奎那、但丁、莎士比亚、布莱克、易卜生;而托·曼笔下——北德意志的市民阶层、路德、歌德、叔本华、瓦格纳、尼采);况且,詹·乔伊斯之摒斥天主教教义和爱尔兰民族主义圭臬,犹如托·曼之对叔本华——瓦格纳——尼采遗产的批判,其作用并不亚于上述影响本身。呈现于此者,则是全然不同的、纯属个体之世界观的和美学的立场。

然而,对两作家某些相接近之处,特别是见诸神话化诗学一些重要的范畴者,却不可置之不顾。对托·曼之超脱于现代主义范畴(上文已述及)有所探讨,进而加以比较,则有可能较全面、较客观地对新神话主义的现象、新神话主义的根源,继而对新神话主义与纯真神话诗学的相互关系进行探考。

就本书而论,托·曼和詹·乔伊斯,犹如20世纪的其他作家,他们之为人们所关注,是由于神话主义问题;作者不拟对两作家的创作再作迥然不同的阐释。苏联文艺理论家对此进行了全面的剖析,见诸弗·格·阿德莫尼与托·伊·席利曼、尼·尼·维利蒙特、鲍·列·苏奇科夫、伊·莫·弗拉德金、索·康·阿普特关于托·曼的论著,见诸季·吉·然季耶娃与德·米·乌尔诺夫关于詹·乔伊斯的论著。鲍·列·苏奇科夫关于托·曼的一些论著,也提及神话创作,特别是神话小说的问题。[162]

回顾两次世界大战之间的这一时期,詹·乔伊斯与托·曼两者的创作之演化,具有一定的相似之处。它表现于:詹·乔伊斯从早期的现实主义之过渡到《尤利西斯》(1922年)①;托·曼则过渡到《魔山》

---

① 《尤利西斯》(《Улисс》;《Ulysses》),詹·乔伊斯在这部小说中广泛运用"意识流"创作手法,并借用大量典故及神话,形成独特的风格。其内容为描述主人公布卢姆、其妻莫莉及一青年学生一昼夜的经历。作者并把主人公同希腊神话传说中的尤利西斯相比拟。——译者

(1924 年)①(两部长篇小说的创作,均始于第一次世界大战之初,分别
完成并出版于 1922 和 1924 年);继而,前者从《尤利西斯》过渡到《芬尼
根的苏醒》,后者从《魔山》过渡到系列小说《约瑟及其弟兄们》(1933～
1943 年)。纵观《尤利西斯》〔与《都柏林人》(1914 年),②甚至与《青年
艺术家的肖像》相比拟〕和《魔山》〔与《布登勃罗克一家》(1901 年)、③
《托尼奥·克勒格尔》(1903 年)④等作品相比拟〕,对社会性格及内心与
社会发生冲突的艺术家之自我表现的情致,让位于对"和谐"及人之心
灵那无所不包的内在生活之描绘。

　　两作家作品中的象征范畴以神话的对应者相维系(作品的题名即
有所示)。通观《芬尼根的苏醒》和《约瑟及其弟兄们》,别具一格的"神
话小说"已有迹可寻。因此,齐·弗洛伊德的影响显然让位于卡·古·
荣格的影响及其有关集体的、无意识的、无所不包的原始型的理论(下
文将述及:就某些最重要的方面——既包括世界观,又包括创作——而
言,这一时期的詹·乔伊斯与托·曼迥然不同)。

　　值得注意的是,詹·乔伊斯对卡·古·荣格和齐·弗洛伊德颇为
不恭(在《芬尼根的苏醒》中,颇为可笑,两者的姓名竟有几次融合为
一);然而,这并不有碍于他有意识地运用两者的图式,犹如运用神话的
对应者。据托·曼所述,他在创作《魔山》中的心理分析者形象克罗科

---

　　① 《魔山》(《Волшебная гора》;《Der Zauberberg》),托·曼的另一部重要代表作。其内
容为描写:大学毕业生汉斯·卡斯托普在一所疗养院居留 7 年之久,摆脱种种思想的影响,领
悟到"人为了善和爱,不应让死亡统治自己",毅然离开疗养院,企图有所作为。小说反映了魏
玛共和国时期种种思潮。它既是"教育小说",又是"时代小说"。——译者
　　② 《都柏林人》(《Дублинцы》;《Dubliners》),詹·乔伊斯的一部短篇小说集。作者通过
对都柏林市中、下层日常生活中琐事的描写,揭示社会环境对人们的理想、希望所带来的幻
灭,表达对爱尔兰时尚的态度。——译者
　　③ 《布登勃罗克一家》(《Будденброки》;《Buddenbrooks》),托·曼的重要代表作。其内
容为描述大商人布登勃罗克家族的盛衰以及另一家族的发迹,被称为德国资产阶级的"灵魂
史"。作者兼用直接叙述和间接叙述、夹叙夹议及内心独白等手法。——译者
　　④ 《托尼奥·克勒格尔》(《Тонио Крёгер》;《Tonio Kröger》),托·曼的一部所谓"艺术
家小说";作者强调精神较之资产阶级社会卑俗的现实具有无可比拟的价值,并将精神因素的
主导者——艺术家置于同资产阶级个人相对峙的地位。艺术家自视清高,世人只图私利;艺
术家不肯随波逐流,便脱离现实,走上唯美主义道路。——译者

夫斯基时,尚未读过弗洛伊德本人的著作;迨至创作《约瑟及其弟兄们》时,则百般推崇弗洛伊德,并抨击荣格"背离"弗洛伊德之说,却又同追随荣格的匈牙利学者、古希腊罗马神话研究家凯雷尼·卡尔有过郑重其事的创作通信。[163] 不仅如此,两位作家均长期居留于苏黎世——荣格分析心理学的"首都"。无论心理分析的直接影响同詹·乔伊斯或托·曼创作上的发现如何相契合,他们则通过对潜在心理层次的微观分析,在创作道路上趋向神话主义。

一定程度的类似,并未见诸两作家在其创作途程上重要阶段的演化,却表现于他们同一时期创作的作品之如出一辙。在解决类似问题时,两者的答案却往往截然相反。约·坎贝尔的论述并非无稽之谈。据他看来,詹·乔伊斯和托·曼对既定问题的探讨,是诉诸对等而又对比的用语;如果说托·曼最终同置身于光明境域者,即同雅各、约瑟为伍,那么,乔伊斯则与以扫及其他身处逆境、前景暗淡者结下不解之缘。[164]

301   至于《尤利西斯》与《魔山》的外在差异,很难发现超出见诸两书的题材者。

在《尤利西斯》中,直接的描述对象为都柏林城市生活的一日(1904年6月16日);而这一日似乎是透过两个主要人物的意识得以展现:一个是青年学者和作家、爱尔兰人斯蒂文·戴达卢斯,一个是已非青年的报馆广告承揽员、终日奔走于市内的"忙人"、已领受洗礼的犹太人利奥波德·布卢姆。詹·乔伊斯对城市和生活的"迷宫"加以描绘时(据作家所述,斯蒂文·戴达卢斯和布卢姆置身其中,而久久不得相遇),把生活细节和心理活动细节突出到怪诞的地步,从而将一幅生活平庸、紊乱、百无聊赖的图景展现在读者面前。无论是英国在爱尔兰的政治统治,无论是与之相抗衡的爱尔兰民族主义运动,无论是令人窒息的天主教会的伪善,——凡此种种,在作家的笔下则呈现为十分丑恶的景象。据作者描述,欲从以上所述中求得解脱,也不可求助于家庭;家庭内,同样为可厌的利己主义、宗教和政治的狂热、虚伪、对人之个性的压抑等气氛所笼罩。詹·乔伊斯的超批判主义情致,有时则近似乔·斯威夫特的挪揄;然而,那种千篇一律的执拗格调,却无法克服叙事本身的杂乱无章(就经验级类而言);而结构处理的多样、修辞手法的骤变、形象变异的离奇,只会使叙事引人注目。

《魔山》中则与此恰恰相反,故事情节展现于一所结核病疗养院这一不寻常的特定小天地里。在这里,同日常生活隔绝,置身于"底层",并与历史时期完全脱离,处于疾病和死亡的气氛笼罩下,颓废的精神生活因而强化和臻于极致,并展示于其阴暗的、下意识深层。诚然,这种并无根底的、"浮悬"于社会范畴的"存在",可视为资产阶级精神文化岌岌可危的隐喻:托·曼作为现实主义作家,娴于冷眼旁观,洞察这一世界,并予以严格的历史限定,即限定于一个历史阶段,而非某一特定的时日,犹如詹·乔伊斯。

在《魔山》中,作者着意刻画显而易见的征兆,即:第一次世界大战前夕,资产阶级社会确已处于风雨飘摇中。致力于挽救主人公心灵的塞特姆布里尼和纳夫塔,不仅是抽象观念的化身,而且不啻20世纪初叶这一历史时期灼然可见的诸般思想意识之力,不啻它们之间较量的体现。对托·曼说来,具体的、历史的级类之重要性并不亚于全人类级类。这里不拟对《魔山》这一最重要方面详加探讨(苏联评论界对此已有精辟阐释),而只拟集注于托·曼之神话创作的特征;况且,《魔山》中的现实主义特征同神话创作的特征互有关联。

通观《尤利西斯》和《魔山》,两部著作中相互对比者,不仅是"描述"所施之于的、直接的、经验的客体。詹·乔伊斯笔下的主人公,置身于纷乱的生活中,愈益对周围环境自觉和不自觉地感到厌恶,愈益意识到生活和历史之平庸乏味;而《魔山》中的主人公汉斯·卡斯托普,却置身于特殊的"封闭式"实验中,在貌似极其有限、实则极度理智的和情感的内心体验条件下潜心于沉思冥想,寻求并发现自我、价值以及生活的意义。

就后一点而论,汉斯·卡斯托普不失为歌德笔下的主人公——浮士德和威廉·迈斯特的继承者;而《魔山》则是教育小说的最新变异[165]。

詹·乔伊斯较早期作品《青年艺术家的肖像》,在一定意义上可称为"教育小说";而在这部小说中,"教育"基本上带有消极性质,其结局几乎总是主人公从周围社会环境中隐遁。在《尤利西斯》中,斯蒂文·戴达卢斯那体察入微的艺术家的天性,将任何社会性都视为剥夺,而甘愿离弃住所、家庭、亲友;无论是对英国政界或对天主教会的奢望,还是对爱尔兰民族主义者的要求,均持之以否定,拒不遵照亡母的遗愿举行祈祷,厌弃亲父,并把同亲父的关系视为纯属生物的亲缘和礼尚往来。斯蒂文的厌世势必延及历史;他曾矢志于从历史的"噩梦"中觉醒。历史的不可思议(以及"严酷")的观念,同校长迪齐的一种论调(即历史正向"上帝显现"这一伟大目标运动)讽刺性地形成对比。斯蒂文并对审美情致屏弃依附性这一相应的美学理论有所探讨(在《青年艺术家的肖像》中,对此有所述及)。社会经验的消极性因《尤利西斯》另一主人公布卢姆的遭遇而更引人注目;斯蒂文甘愿舍弃种种社会联系,而布卢姆却无法予以疏远。斯蒂文与布卢姆两形象似互有"补益",犹如堂吉诃德之与桑丘·潘沙。在一定意义上说来,前两者与后两者相互对应。斯蒂文是幼年、理智、高雅的精神境界、艺术之表征,而布卢姆则是成年、情感、沉湎于物质的(经济的和实际的)生活范畴之表征。布卢姆是一个"小人物",同都柏林的生活环境息息相关,内心倾向于社会性,亦为孤独无依者。布卢姆孑然一身独处都柏林人群中的境遇,在一定程度上决定于其民族归属;而其"犹太籍"本身,则首先是社会迫害及个人在资产阶级社会所必然感到的、近似存在主义的孤独两者之隐喻。因爱子亡后同妻子的亲密关系已不复存在,因妻子私通企业主博伊伦,布卢姆的孤独并再现于家庭;即将到来的会晤,在意识上像噩梦似地袭扰颠沛流离的布卢姆。斯蒂文对母亲及布卢姆对妻子这两种关系,犹如斯蒂文之离父出走及布卢姆之失去幼子鲁迪。"父——子"、"母——子"等关系,犹如广义理解的"父亲与子女的关系"这一主题(其中包括斯蒂文对莎士比亚创作所作独特的阐释,——他把艺术家比作圣父,以及诸多其他情节),在《尤利西斯》中居于显著地位,但绝不可归结于被压抑的幼稚型性欲情结;诸如此类关系的"弗洛伊德主义",已显而易见。借助于产生在瞬息间的布卢姆与斯蒂文那种"继父"与"养子"的关系（布卢姆同妻子的"妥协"，实质上也是如此），对家庭进行纯属幻想的、人为的"构拟"，首先是戏谑性地使它们那游离于社会统一体的状态以及生活本身那种令人难以忍受的紊乱更为突出。

　　同《尤利西斯》主人公在城市尘嚣中之消极的社会体验相对比的，则是《魔山》主人公在与人流和尘嚣完全隔绝的情况下获致的、实质上是积极的社会体验。"个人——社会"以及"精神——自然、物质"等问题，詹·乔伊斯和托·曼两者的处理方式截然不同。汉斯·卡斯托普的灵魂似禁锢于炼金炉中，处在矢志于拯救其灵魂的理智之力以及同任何理性主义格格不入的情感、情欲的自发之力两者的挤压下（前者的表征者为：平凡的理性主义者、自由主义的饶舌者塞特姆布里尼和宗教神秘主义者、极权主义的思想家纳夫塔；后者的实际表征者为绍莎女士），而理论上的表征者则是口齿不清的"大人物"佩佩科恩。卡斯托普既是"媒介体"，又是"媒介者"，矢志于寻求种种力量的综合，特别是精神与物质的综合；而在詹·乔伊斯的作品中，两者则呈现为摩尼教式的截然区分；正是由于卡斯托普的这一立场，《尤利西斯》与《魔山》对诸如此类问题的处理则迥然而异。令人可信的是，纳夫塔和塞特姆布里尼"两人都是喋喋不休的饶舌者。一个是卑劣的好色之徒，另一个只知奢谈理智"[166]，主人公则选择"自然"，将一片痴情献给绍莎女士；于是，主人公又面临不可测之深渊；对他说来，物质是"精神的窳败"，生活是"物质的恣肆"，疾病则是"生活的变态"（第4卷第38页）。

　　一味沉湎于精神，或者一味沉湎于自然，——长此以往均有性命之忧；纳夫塔和佩佩科恩的双双自尽，以及达于骨骼的"躯体"透视和诉诸心理分析、招魂术的"心理"透视等情节，均为其外观表征。既孤身一人游荡于风雪大作的山中，又经历净化之梦（"面对美好的人类土国——默然审视血腥的穷奢极欲"。——第4卷第216页），汉斯·卡斯托普恍然大悟："逃遁和死亡与生活紧密相关……而置身于逃遁和理智两者中间，则是 Homo Dei（意即"人"。——译者）的妙方"（同上，第215页），"人"是生与死、精神与自然、疾病与健康等"矛盾的寄寓者"。通过精神与自然的综合、理智与情感生活的综合,汉斯·卡斯托普经历着"社会化",内心彻悟,复返"下界",复返"平川"。

由此可见,詹·乔伊斯与托·曼对种种问题的处理迥然而异;而诸如此类问题,在很多方面却又相似(诸如精神与物质、个人与社会、生与死,等等);凡此种种,即所谓"永恒的"、"玄学范畴的"问题,旨在探索生活的实质和意义。《魔山》乃至《尤利西斯》中的人物,尽管性格十分鲜明,仍不失为某种统一的人性之"样本"(在詹·乔伊斯笔下),或不失为人的心灵中种种力之"样本"(在托·曼的笔下)。布卢姆和汉斯·卡斯托普两形象尽管两者极不相似(作为一个人,汉斯甚至与斯蒂文相近似),却具有"协调者"、"中介者"、普遍深蕴心理载体的特点(作为"中介者",汉斯与浮士德乃至威廉·迈斯特截然不同),并成为种种玄学二律背反赖以解决的场所。超脱社会——历史范畴(尽管是暂时地、相对地,犹如在《魔山》中),不仅促使生——死、精神——物质等二律背反变本加厉,而且使无生命的物质者、生理机能、死后朽坏等(在詹·乔伊斯的笔下则竟沦为"猥亵描述")更富于魔幻色彩。

两部作品虽迥然不同,其外在情节却均为内心活动所屏除。

在《魔山》中,屏除的实施是诉诸较习见的方式,即将主人公置于这样一种境界:外部情态十分贫匮,死之将至创造了特殊的"临界情势",为对永恒的主题及牵动下意识深层的感受之沉思默想提供了丰富的营养。

在《尤利西斯》中,詹·乔伊斯断然屏弃19世纪经典长篇小说趋于定型的基石,屏弃经验级类的社会"典型"及贯串全书之题材的广博繁复;于是,呈现为偶然事件之堆集的外在情态那种显而易见的紊乱,在一定程度上借助于主要人物的"意识流"予以克服。所谓"意识流",通过一定的相互反映,同经验范畴的真实紧密相关;这样,外在事态则成为一定联想的推动,诸如此类联想并从属于另一种逻辑,即内心逻辑(在一定意义上说,又可反其道而行之,内心独白也可赋予经验性事实之流以"明快的"诠释)。总之,就意识流而论,尽管联想过程带有跳跃性及骤然看来带有纯非理性,结构的连贯性和合理性仍大为增强。正是内心独白,成为叙事赖以进行之最重要的动力。伴随长篇小说横组合的扩展,某些片断的经验性事实、印象和联想,作为特定的电影镜头,组成一部影片,并借助于表象展示在读者面前。凡此种种,最大限度地凝聚于暗夜场景(展现于公寓区)。意识流在这里似可克服经验的真实性(这颇值得注意),并"物化"为幻影和魔幻形象。这些同内心深处的恐惧和憧憬以及郁结于主人公下意识之神秘的负疚感相契合。布卢姆浸沉于种种幻象,忆起确曾有之的和虚拟的罪愆;他遭人嘲笑,蒙受屈辱和责难,面临审判和受惩。此情此景不禁令人记起弗·卡夫卡的《审判》(1914—1918年)①及把罪愆视为"原罪"的构想。借助于另一些幻象,布卢姆辅之以其扶摇直上的奇异景象;据说,他竟然一变而为国王、总统、先知。在《尤利西斯》中,城市之白昼的熙熙攘攘与暗夜之潜意识范畴自发之力的肆无忌惮形成对比,以司空见惯的形态与《魔山》中"人下人之彼处"同"高高在上的此处"两种生活的对立形成相近似的对比,与汉斯·卡斯托普同克劳迪娅·绍莎相爱的放荡之夜形成更为具体的对比(无怪乎评论家们将《尤利西斯》和《魔山》中的相应场面称为"女妖五朔夜"②),与《魔山》末编的招魂、疗养院住客们的放纵和争吵同样形成较具体的对比。至于两者之近似,塞特姆布里尼那讽刺意味的惊叹:"这不成了娱乐场啦?"(第3卷第306页),可说是一语破的。

　　名副其实的内心独白虽也见诸《魔山》,却居于较不显著的地位。据我们所知,《尤利西斯》中情节展现之地为尘嚣弥漫的城市都柏林,为期无非是一日;而《魔山》则与之相反,情节展现之地为僻远的山区疗养所,而为期则长达7年之久。然而,无论是前者抑或后者,均将主要活动移于主人公意识之内,时间与地点的统一则因进入往昔和跨入未来

---

①　《审判》(《Процесс》;《Prozeß》),其内容为描述一公民无端遭到逮捕和处决,情节近似荒诞离奇,却或多或少显示了封建王朝官僚制度的腐败。作者把整个故事置于朦胧、奇异、充满象征和幻想的背景中。——译者

②　"女妖五朔夜"(Вальпургиева ночь;Walpurgis Night),古日耳曼人多神信奉者的一节日,原为庆春季来临、自然之力复苏;后被赋予女妖狂欢夜和魔鬼狂欢节的性质,举行于哈茨山之布罗肯峰。所谓"女妖五朔夜",源于德国民间传说。据说,每年5月1日的前夜,女妖聚集于布罗肯峰。"女妖五朔夜"又称"瓦尔普吉斯之夜"。瓦尔普吉斯是英国基督教传教士,原为本笃会修女,后到德国任隐修院院长;因此俗在基督教传布后与其相关联,故有此称。这一风习,屡见于文学和音乐题材。——译者

而遭破坏;而时间的主观范畴及对充溢其中的体验的依属关系,则更引人注目。有鉴于此,托·曼把他的这部作品称为"时间小说"。

无论是《尤利西斯》,还是《魔山》,其中的心理亚结构赖以付诸实现的结构机制,都是主导动机;它们将种种分散的事例、偶然的联想等等联结为一个整体,使之概念化,并架设一座桥梁,即从自然主义事例通向其偶尔流于十分随意的"象征的"作用(特别是心理的作用)之桥。例如,"父亲与子女关系"这一贯串《尤利西斯》的总主题,借助于情节变异而发展:一方面,诸如布卢姆对戴达卢斯与皮尤法之多子女家庭的关注、对孤儿迪格内姆的同情、突如其来的对童年之皮尤法及对斯蒂文·戴达卢斯的慈父之情(犹如同亡子鲁迪和同已故亲父晤面)等情节历历在目;另一方面,诸如斯蒂文议论哈姆雷特之父的幽灵和莎士比亚那夭亡之子哈姆雷特(与布卢姆和鲁迪相对应)、把艺术家视为圣父、散布关于圣父与圣子两者关系的异端邪说等情节呈现其中。布卢姆与亡父之晤面导致"浪子"的主题、对亚伯拉罕和以撒的评说,等等。"父亲与子女关系"这一主题,以戏谑性模拟再现于校长对青年教师斯蒂文的劝告及斯蒂文同学生们的关系。《尤利西斯》中频频运用的主导动机之一例,便是"花":这是主人公种种不同变异(布卢姆、维拉格、弗拉维)的称谓,——夹在玛尔塔信中的花朵为其象征,这又是其妻子的爱称("罗莎①·卡斯蒂莉娅"、"山花")。荷花尤为引人注目,其花瓣宛如小型艺术画中的整朵花(是为大宇宙与小宇宙同一的象征);浴池中的布卢姆可使人联想到置身于荷花之上的印度造物主;"洛托法格人"则可使人联想到花的麻醉作用以及有关涅槃②的意象。

在《魔山》中,主导动机,特别是同病与死以及主人公的性爱追求等

---

① 意即"玫瑰花"。——译者

② 涅槃(Нирвана;梵文 Nirvana,意译"寂灭"、"无为"等),佛教全部修习所要达到的最高理想,一般指弃绝"生死"轮回后而获得的一种精神境界。据认为,人们之所以处于"生死"轮回之中,其原因在于:有烦恼和各种思想行业,特别是世俗欲望以及分别是非的观念。所谓"涅槃",即是对"生死"诸苦及其根源烦恼的最彻底的断灭。小乘佛教以"灰身灭智,捐形绝虑"为"涅槃",亦即彻底灭亡。大乘佛教则把"涅槃"视为成佛的标志,一旦证得,便是万能之神。佛教史上,这一用语通常又作为死亡的代称。——译者

主题有关者,也加以运用。一定的主导动机有助于将汉斯对一少年希普的那种孩提之爱同对克劳迪娅·绍莎的痴情进行内心的比拟(亚细亚式的双目睥睨而视、借给铅笔,等等)。综观马·普鲁斯特及 20 世纪其他浪漫主义作家的作品,主导动机同样起有重大的作用,被用作克服生活素材之支离破碎和杂乱无章的新手段。值得注意的是,对瓦格纳律则的袭用几见诸一切方面。上文已提及一种独具匠心的技法,即将主导动机用作同心理描写和神话象征手法相结合的"贯串性主题"。另有一点同样值得注意,即詹·乔伊斯和托·曼同样有意识地力图运用音乐手法。就此而论,詹·乔伊斯在《尤利西斯》章节之一中所作的尝试(酒吧间歌唱场面的处理),颇具代表性,即以语言手段模拟音乐形式;两作家将对位法普遍运用于小说结构处理的尝试,也是如此。

　　无论是詹·乔伊斯,还是托·曼,在一定程度上均赞赏所谓音乐崇拜;这种崇拜源于德国浪漫主义派和叔本华,该世纪末期的哲学和诗歌又予以支持。音乐结构是"纯而又纯"的艺术结构,因为音乐作品为对涉猎广博、包罗万象的质料(特别是属心理范畴者)进行诠释提供了可能。尽管理·瓦格纳确有把文学和音乐加以融合的宏图壮志,音乐结构并未见纳于文学,特别是长篇小说。诉诸音乐手法并不能完全补偿小说中对素材施以内心处理之所失。无论多么不可思议(特别是涉及微观心理),对音乐领域较为自由的"内容"处理律则加以模拟,确可为 308 神话象征语言的运用开拓道路。克·莱维–斯特劳斯在其所著《神话论》第 1 部"绪论"中所阐述的见解(即关于音乐结构与神话结构的近似、关于神话与小说的根本差异、关于瓦格纳以音乐手段对神话进行诠释的合理性),曾引起争议,而且颇值得注意。

　　诉诸神话,确已成为《尤利西斯》和《魔山》中对题材进行内心处理的、重要的补充手段。詹·乔伊斯这部小说的题名,即是鲜明的例证;而其种种情节的命名,则不失为荷马《奥德修斯纪》的同感反响,诸如:"忒勒玛科斯"、"奈斯托尔"、"普罗忒奥斯"、"卡吕普索"、"洛托法格人"、"叙姆普勒伽得斯"、"塞壬"、"基克洛普斯"、"瑙西卡"、"赫利奥斯之牡牛"、"基尔克"、"欧迈奥斯"、"伊塔卡"、"佩涅洛佩"。据乔伊斯本人所述及字里行间明显的暗示看来,奥德修斯即布卢姆,佩涅洛佩(以及卡吕普索)为其妻子莫莉,忒勒玛科斯为斯蒂文·戴达卢斯,安提诺奥斯为斯蒂文的对手、卑劣的化学系学生马利甘(他窃取了塔楼上那间用斯蒂文的钱租用之房屋的钥匙,并将一名英国人,即"征服者"海因斯放了进去)。斯蒂文之离开塔楼,似可与忒勒玛科斯之离家寻父相对应。以卖牛奶为生者——爱尔兰老婆婆,无疑是詹·乔伊斯那灾难深重的祖国之化身,并因而同斯蒂文之母的形象相契合;这一老婆婆则同时可同雅典娜或甚至门托尔相比拟。对斯蒂文进行训诫的校长迪齐,则同奈斯托尔相比拟。试看与此相类似的形象:莫莉的情人博伊伦,可视为欧律玛科斯;浴场的少女,可视为纳夫西卡娅;爱尔兰一民族主义者(曾辱骂布卢姆,比喻性地为阳光所"射瞎",并因而无法以饼干盒击中布卢姆),可视为独目的波吕斐摩斯(其独目似意指新芬党①的偏颇)。酒吧间卖唱的少女,可视为塞壬;相应的情节中有堵塞双耳的描述,这是《奥德修斯纪》中一颇为有名的情节之同感反响。公寓的女主人可同基尔克相比拟,而主人公在其寓所的兽行和"放荡不羁",则可同基尔克以魔法把奥德修斯的同伴变成猪相比拟;"猪"这一字眼在此情节中曾多次出现。报纸的出版者可同埃奥洛斯相比拟(就新闻记者的夸夸其谈而论);探看墓地和迪格内姆的安葬,可同奥德修斯之下冥府(哈得斯)相比拟;城市尘嚣的内外袭扰,可同"撞岩"相比拟;图书馆里的争论——"玄学"和"生活"两极端之间的冲突,则可比作斯基拉同卡律布狄斯之间的通道②。进膳及享用油腻肴馔的情景,同城市吞噬布卢姆并把他消化的描述相契合。这一食人的情节正是该章为何题名

---

① 新芬党(Шинфейнеры;Sinn Fein,意即"爱尔兰人的爱尔兰"),1905 年建立的爱尔兰政党,旨在联合拥护爱尔兰独立的资产阶级和小资产阶级,后发生剧烈分化。——译者

② 卡律布狄斯为古希腊神话中的魔怪,其形象为一可怖的漩涡(位于墨西拿地区一海峡),每日 3 次吞吐狭窄通道的黑水,通道另一岸的洞穴中为斯基拉所居(原为海洋女神,后被魔女基尔克变为腰部生有 6 犬首的女妖)。相传,斯基拉伺机袭击通过海峡的水手,奥德修斯的 6 名水手便葬身于其 6 犬首。卡律布狄斯在航海者心目中意味着"死亡"。奥德修斯的伙伴因杀食赫利乌斯的牡牛充饥而遭宙斯的风暴袭击,其船被吹至卡律布狄斯漩涡中,奥德修斯紧紧抓住一棵无花果树枝杈才得以脱险。——译者

为:"莱斯特吕贡人"①的原因。

显而易见,以上所述极具程式性,很易解释为对荷马叙事诗和神话之戏谑的模拟。

确实,这一微不足道的生意人和广告承揽员(其妻子也有外遇),终日奔波于市内,怎能不与古希腊英雄奇幻的海上漂泊等同看待呢?布卢姆更可视为一种反面人物。将淫荡的莫莉同忠贞的佩涅洛佩相比拟,将甘愿离弃家庭的斯蒂文同忠于氏族的忒勒玛科斯、将公寓女主人同基尔克、将市侩的演说者同波吕斐摩斯、将冥顽不灵的说教者迪齐同奈斯托尔相比拟,同样令人感到是一种戏谑性的模拟。同荷马叙事诗的"对应",分明颇为随意,而且并非浑然天成;模拟之拙劣可笑,因而似乎更显得突出。着力描述现代城市生活的世俗情景,突出布卢姆思维中的平庸和可笑,同样使之有增无已。此外,神话的同感反响(见诸荷马叙事诗及其他典籍中者),屡屡见诸拙劣的、"有损其声誉"的手法,——仅限于修辞范畴,并有意使之粗俗化,同现代生活和生理的"龌龊"细节相比拟。

但是,戏谑性的模拟并不是《尤利西斯》同荷马叙事诗《奥德修斯纪》之关系的全部。《尤利西斯》并不能归结于戏谑性的模拟。况且,就此而论,戏谑为诉诸叙事诗和神话所必须付出的"代价"。詹·乔伊斯犹如现实主义作家,矢志于创作当代生活的史诗,而其着重点不在于"现代"生活(这只是生活必然的具体形态),而在于揭示他对其已有明确认识的全人类要素。

奥德修斯是乔伊斯所喜爱的英雄人物;他以其百折不挠、聪慧机敏、博见卓识吸引着这位作家:奥德修斯是一位伟大的英雄人物——武士、王者、父亲、丈夫、特洛伊的战胜者,同时又是反战者(力图规避这场战争)。乔伊斯刻意突出布卢姆的品德,我们因而有可能不仅将布卢姆视为奥德修斯之戏谑性模拟,而且视之为(尽管是"庸俗化的")别具一

---

① 莱斯特吕贡人(Лестригоны;希腊文 Laistrygones),古希腊神话中食人的巨灵部族;相传,奥德修斯及其同伴曾在漂泊途中与之相遇,遭其袭击;幸亏奥德修斯将船只停泊在海湾入口处,得以载着逃上船的伙伴安然脱险。——译者

310 格的 20 世纪的奥德修斯。饶有兴味的是:奥德修斯后为希腊作家卡赞
扎基斯所瞩目(或许为乔伊斯),始而选作哲学剧(1928 年)中的主人
公,后又作为神话化的现代主义长诗(1938 年)中的英雄人物。①

　　布卢姆的"犹太籍",与詹·乔伊斯所接受的、W. 贝拉尔的一种假
设相对应,即荷马的《奥德修斯纪》来自闪米特(腓尼基)基原。对詹·
乔伊斯说来,关于欧洲文化起源中之希腊—闪米特综合体的观念十分
重要,而把东方视为人类摇篮的观念尤为重要。然而,乔伊斯之得以把
现代人物同荷马叙事诗中的人物相比拟,其不可或缺的依据在于:按照
他的构想,神话形象在很大程度上产生于现代的想象,而且作为内心世
界的反射;从这一意义上说来,神话形象重在诉诸隐喻的心理展示。
"女妖五朔节"中的幻象为这一构想的鲜明展现。内心冲动和内心恐惧
等的这种物化,已见诸詹·乔伊斯以前的文学(诸如费·米·陀思妥耶
夫斯基一著作中伊万·卡拉马佐夫同魔鬼的对话②;在某种意义上说
来,乃至莎士比亚所著《麦克白》一剧中女巫的对话③)。而对乔伊斯说
来,这种物化具有根本的作用。如果说从布卢姆在都柏林尘嚣中的"游
荡"可以窥见较深刻的意义——寻求自己在敌对世界生活中的地位及
排解内心和家庭的冲突,那么,按照乔伊斯的逻辑,通过奥德修斯漂泊
海上并与神话中的魔怪相搏及与佩涅洛佩的追求者们周旋等等,人类
生活和斗争的象征则清晰可见。于是,布卢姆之出走并同其"佩涅洛
佩"相分离,可诉诸"荷马的用语"描述为"漂泊"(尽管置身于尘嚣中意

---

　　① 尼·卡赞扎基斯年轻时接触到柏格森的生命哲学,深受尼采等虚无主义思想的影
响,曾写有几部悲剧,以基督、释迦牟尼和奥德修斯为剧中的主要人物。1924 年后,他着手创
作长篇叙事诗《奥德修斯续纪》,拟作为荷马叙事诗《奥德修斯纪》的续集。全诗也分为 24 卷,
共 33333 行。叙事诗描述奥德修斯重返家园后又离乡漫游,实则反映其虚无主义和思想上的
种种矛盾,也反映其生活经历。——译者。

　　② 系指费·米·陀思妥耶夫斯基所著《卡拉马佐夫兄弟》(《Братья Карамазовы》,
1879~1880 年)。作者围绕一个杀父的故事,完成这部宏伟的哲理小说。卡拉马佐夫兄弟们
的对话和论争,反映了当时思想的高涨。作者并把中心人物伊万·卡拉马佐夫描写为进步青
年思想的表达者。——译者

　　③ 《麦克白》(《Makbet》)的主人公,苏格兰大将,因受野心的驱使,杀死慈祥的国王。
麦克白曾建树功勋,有所作为,由于女巫和夫人的诱惑,成为野心勃勃的人物。其阴谋虽得
逞,但种种卑劣伎俩必然导致死亡。——译者

在摆脱家庭的纠缠）；斯蒂文之离开为马利甘和海因斯所据的塔楼，则
描述为忒勒玛科斯之逃离伊塔卡（相传，"仇者"——佩涅洛佩的求婚者
们，在此间为所欲为）。布卢姆给为酩酊大醉的士兵所困扰的斯蒂文以
救助，犹如父亲奥德修斯之助子忒勒玛科斯；而布卢姆之与斯蒂文回到
莫莉身边（斯蒂文转瞬间似已成为其养子），则成为现代《奥德修斯纪》
的"美满"结局。然而，凡此种种隐喻性的近似，其极度接近的印象当然
并未烟消云散。

　　通观《尤利西斯》这一著作，除荷马叙事诗的对应者外，如此相近似
的非神话对应者也在运用之列，并同加以主观心理阐释的莎士比亚戏
剧，同爱尔兰及爱尔兰民族解放运动的历史相连属；在运用之列者，尚 ³¹¹
有其他来源于神话典籍及非神话典籍的对应者。这种"近似"间接地表
明：无论是莎士比亚剧作的对应者，抑或荷马叙事诗的及其他来源的对
应者，其功用首先同某种"格框"相类似；而这种"格框"则为詹·乔伊斯
程式化地赋予创作素材，以期对之进一步进行结构处理及调整（至于体
裁级类的这一功用，则借助于主导动机而付诸实现）。诸如此类对应者
的近似性和程式性，潜移默化地使那种心理的和玄想的包罗万象愈益
突出，而这种包罗万象则诉诸神话的和其他类型的对应者得以象征化。

　　众所周知，詹·乔伊斯陶醉于将他的各章同人体的各部位、科学和
艺术的类别以及诸如此类使"格框"尤为细密的"区分者"相比拟。这样
一来，《奥德修斯纪》中的叙事诗—神话题材，虽不成其为旨在对原初艺
术质料的紊乱加以外观整饬的唯一手段，却因神话之特殊的象征蕴涵，
成为主要的、不可多得的手段。

　　下文拟对《尤利西斯》中的神话对应者同《魔山》中潜在的、有待揭
示的神话主题加以比较探讨。

　　如上所述，《尤利西斯》的暗夜景象同《魔山》中的有关描述依稀相
似；在上述两部小说中，其高潮则是某种类似"女妖五朔夜"者。据我们
所知，《尤利西斯》中的暗夜情节被称为"基尔克"。关于基尔克，《魔山》
中有这样的描述："逃出这座泥沼，逃出这座基尔克所据有的岛屿；你并
不是奥德修斯，怎能在那里自在逍遥！"——塞特姆布里尼对汉斯·卡

斯托普说(第 3 卷第 344 页)。"魔山"此称即意指"神话对应者",亦即这样的传说:13 世纪的游吟歌手汤豪泽,被维纳斯囚禁于赫泽尔堡山洞穴达 7 年之久(瓦格纳曾将这一传说用于歌剧《汤豪泽》)。就此而论,维纳斯实则起有基尔克的作用;文中多次述及汉斯·卡斯托普"中邪"(当然纯属隐喻)。托马斯·曼笔下的"维纳斯"即绍莎女士;她有着罪恶的、病态的、令人迷醉的诱惑力,而且道德败坏,甚至以"失身"为乐。作为永恒女性的、消极的、非理性本原的极度神话化之表征,她同稍嫌粗俗的市侩者莫莉可完全相比拟,尽管其显而易见的"性格"大相径庭,却具有永恒的女性的"是"(乔伊斯的这部小说即以此字终结)。就神话级类而言,淫荡的莫莉同忠贞的佩涅洛佩两者的矛盾得到克服,两者融合于地母的某种化身。布卢姆之所以对妻子的失节予以宽容,是由于这样的念头:不只是丈夫,甚至情夫,均可视为"仪典中的"女神之牺牲。仪典的这种神话成分,在《魔山》中已有极为详尽的展示。

　　汉斯·卡斯托普同克劳迪娅·绍莎在谢肉节[①]期间狂欢之际的情爱瓜葛(索性称之为"狂欢骑士"),绍莎消失于翌日及一定期间之后偕同新情人(一荷兰富有者佩佩科恩)归来,——凡此种种,浑然天成地纳入附丽于时序性农事庆典的女神"圣婚"之模式。不仅如此,佩佩科恩立即为众人作狂饮,此举颇似巴克科斯之宴饮[②],并称之为"生活之庆典"。极力推崇非理性生活之力的佩佩科恩,十分离奇地同巴克科斯-狄奥尼索斯形成联想,——这自然不无尼采所提出的狄奥尼索斯与阿波罗之对比的影响。佩佩科恩因感体衰而自尽(正如他所表述,"面对生活之情感的破灭"——第 4 卷第 315 页),导致另一种、然而十分近似

---

①　谢肉节(Масленица;Carnival),欧洲民间的节期,一般在基督教大斋前 3 天举行(古代和中世纪,教会所定大斋日较多;近世以来,一般只在受难节和圣诞节前一日守大斋)。人们乘封斋期未开始前举行各种欢宴和舞蹈等,尽情作乐,故名。又说,谢肉节又称"狂欢节",旨在送冬迎春,举行同祈求丰年有关的仪式;往昔,不乏所谓神圣纵欲的成分,同丰饶法术相关联。——译者

②　巴克科斯即酒神狄奥尼索斯;其崇拜仪式肆狂、蛮野,并带有纵欲的色彩;参加者多为妇女,狂舞至极度兴奋时往往撕食动物乃至儿童,笃信此乃同狄奥尼索斯共进圣餐。——译者

的仪典—神话对应者,即詹·弗雷泽在其名著《金枝》中所描述的法王更迭仪式(丧失生殖力,从而丧失法力的衰老君主之被弑)。佩佩科恩那"王者的威严"已被描述到无以复加的地步。据詹·弗雷泽所述,法王之仪典性的被弑是在与较年轻的竞争者决斗之后。在托·曼的小说中,情节似乎截然相反:始而,年迈的佩佩科恩据有年轻的卡斯托普之位,而卡斯托普却逆来顺受;而后来,佩佩科恩既已自尽,卡斯托普并未乘机代之。取代仪典性决斗的,是"宽宏大量"的较量。然而,塞特姆布里尼同纳夫塔的决斗则可视为神话成分这一片断之别具一格的戏谑性模拟,因为纳夫塔的自杀同佩佩科恩的自杀不能不产生联想,尽管两者就其内涵而论形成对比。其特殊的戏谑恰恰在于:生活范畴的妻室之争,被赋予"宽宏大量"之争的形态;而理智范畴的争论,却演化为决斗。所援用之仪典—神话情节,同死而复生之神的崇拜与神话紧密相关。死而复生之神,在詹·弗雷泽的《金枝》中居于核心地位;在《魔山》及《尤利西斯》中,特别是在《约瑟及其弟兄们》和《芬尼根的苏醒》中,死而复生之神的显示比比皆是。有关情况,下文将述及。 313

　　托·曼和詹·乔伊斯之有意识地袭用古代文化之仪典—神话论的奠基人詹·弗雷泽的著作,则毋庸置疑,其原因在于:正是弗雷泽使上述神话主题广为普及,揭示或者(更确切地说)以种种异源的民族志事例构拟"法王"这一仪典成分。毫无疑问,唯有经历考验和加入仪式(成年仪式)者始可成为法王。成年仪式是较为古老的,而且似为包容广博的仪典—神话复合。汉斯·卡斯托普的接受"教育"过程,构成小说的主题,显然可同成年仪式产生联想,尽管与之相并而存的尚有密闭式炼金这样相近似的隐喻(应当指出:"炼金"情节不仅在詹·乔伊斯的小说中,而且在卡·古·荣格的论著中,均占有一定的地位)。

　　有关成年仪式的概念,"理所当然地"运用于"教育小说"的神话现代化;从历史角度看来,成年仪式同样是"教育"及训练之最为古老的形态(后者旨在使少年具备参与部落成年成员之经济、军事和宗教生活的条件)。成年仪式的复合不仅见诸为数众多的神话,而且见诸一系列童话故事和叙事诗的题材以及中世纪的骑士文学之作,如《帕尔齐法尔》

(其内容为描述:一个天真无邪的少年帕尔齐法尔〔帕尔泽法尔〕经过一定的磨砺后,成为"圣杯"的卫士)。众所周知,这一题材为瓦格纳最后一个剧本所借用[1]。托·曼把汉斯·卡斯托普称为"憨厚者",以示同帕尔齐法尔相似。在《魔山》中,颇多述及埃莱夫西斯神秘仪式及现代共济会团体中的加入仪式之处,这绝非偶然。就此而论,"初学者、新加入者,是渴望探求生活奥秘的青年"(第 4 卷第 237 页),——纳夫塔这番话无疑是指汉斯·卡斯托普而言。成年仪式犹如死而复生之神的崇拜,包蕴有关暂死的意象,并往往包蕴有关探访冥府的意象。"灵柩、坟茔,一向成为骑士的象征……神秘仪式以及净化之途,可使人逢凶化吉、遇难成祥、得以摆脱朽坏境域"(第 4 卷第 236~237 页),"炼金的象征首先是陵墓",——纳夫塔说(第 4 卷第 235 页)。

314   汉斯·卡斯托普来到山中(即"上升"),与通常所说的"下降"(即降至冥府)相对应。然而,神话中也可看到诸如冥府在天上、在山上等意象。塞特姆布里尼曾问汉斯:"到这里来作客吗? 就像奥德修斯到冥府那样。"(第 3 卷第 82 页)

     在一定意义上说来,"魔山"即是"冥界";况且,在古老的神话中,情爱(丰饶)女神通常带有魔幻和冥世的色彩。

     就溯源于叔本华和瓦格纳(《特里斯丹与绮瑟》)的现代主义心理化处理而言,这一神话成分是为爱情与死亡相依而存的表征。叔本华把死亡视为师尊乃至拯救者,尼采把死亡视为狂痴迷茫、消融于幽冥的初原这一狄奥尼索斯崇拜范畴之纵情式的诠释,成为托·曼在《魔山》一书中的出发点。历经探索和沉思,汉斯·卡斯托普在实质上接受了塞特姆布里尼的见解:"作为一种独立无拘的精神之力而死亡,这又是一种极度放荡不羁之力;它那卑劣的引诱力无疑是很强烈的";"死亡应被奉为生命的摇篮,应被奉为再生的母体"(第 3 卷第 278 页)。死亡只是生命的"契机",而非相反;面对死亡,汉斯·卡斯托普顿悟生命的意义;就神话级类而论,与之相应的

---

[1]   系指理·瓦格纳所创作的歌剧《帕尔齐法尔》(《Parsifal》,1882 年)。瓦格纳的歌剧常取材于民间传说,并往往借鉴民歌,同时又带有神秘主义色彩。——译者

是:羁留于"上界"的冥世并复返于在山谷"解除魔法"之后。诚然,他再度面临死亡的威胁,然而已非"内在",即来自爱情—疾病及心理上的自我沉沦;而是"外在",即来自战争,人们不由自主地置身其中。

冥世及经历死亡两者的表征,可见于《尤利西斯》中有关深夜的死者(诸如斯蒂文之母、布卢姆之父与子)之幻影的描绘。死者的幻影与使内心的恐惧和憧憬物化的幻象相并而现。情欲同死亡相毗邻,即:下意识的阴暗深层在这里同样可与冥世形成联想。布卢姆—奥德修斯似将斯蒂文导出这一冥幽境域。返回"家园"即是复生;在一定意义上说来,《奥德修斯纪》中亦然,举凡奥德修斯在漂泊中所遇魔怪,都具有冥世特质。反之,探访被称为"哈得斯"的墓地这一情节,则采取悲喜剧的形态,颇为怪诞。死亡与疾病这一主题的怪诞成分(包括死亡与纵情相近似),在《魔山》中同样有迹可寻。

综上所述,在《魔山》中居于主导地位的是仪典范畴的模式(成年仪式、农事时序庆典、法王的更替);而在《尤利西斯》中,则是叙事模式本身,首先是神幻游荡的图式。但是,神话中的游荡和探求通常以探访冥府及献身的表征为前提,而成年仪式扩展为探访另一类世界以及经受相应考验的神话场面,局部的契合(而且是彰明较著的)则应运而生。正是神话的相应者,使两部小说中相近似的共同题材图式清晰可见,即离家出走——诱惑与考验——归来。布卢姆归来时只是安分守己者;而汉斯·卡斯托普归来时,已发财致富并十分练达。综观两部小说,迨至这一循环终结,其前景则是新的考验来临。

如上所述,《尤利西斯》中同荷马叙事诗相对应的神话者具有一定的近似性种程式性,并非源出于那部关于奥德修斯的叙事诗乃至希腊神话的特点,而一般说来产生于某种神话性,即一定角色和情态之普遍迭现的表述,——这些有助于保持一定的相似。这是现代主义的神话化诗作重要的特征。

正是由于这一缘故,除荷马叙事诗中的神话对应者外,其他神话对应者也在袭用之列,诸如来自《圣经》和基督教神话中者。这势必导致进一步有意识地使人物和题材的界限趋于模糊不清(这一现象未见于托·曼的《魔山》)。

布卢姆可暂时分解为若干不同的布卢姆("学者"维拉格,多情的男子、生有慈善家面孔和男高音腿的马里奥,等等);而据莫莉的内心独白,他几与斯蒂文形同一体;两者的相近似表现于其局部的相互混同。布卢姆可成为毕孔斯菲尔德勋爵、拜伦、沃特·泰勒、罗思柴尔德、门德尔松、鲁滨逊·克鲁索等;而就神话级类而论,他不仅同奥德修斯,而且同亚当、摩西、永生的犹太人和基督相混同;在"女妖五朔夜"的幻象中,他似为弥赛亚,钉于十字架上。类似基督的属性在更大程度上表现于斯蒂文这一形象,尽管他还与作为反上帝者的卢齐菲尔相近似。布卢姆曾希图与玛尔塔和格蒂发生情爱关系,她们有很多迹象可促使与童贞女马利亚形成联想。莫莉始终与卡吕普索、佩涅洛佩、夏娃相混同(据布卢姆的一次幻觉,夏娃从树上摘下一个芒果递给他),并与地母盖娅以及童贞女马利亚相混同;转瞬间,布卢姆、莫莉和斯蒂文竟成为"神圣的一家"。

毫无疑问,并非一切混同均属同样必需和重要;其中某些无非是情态使然,但仍使普遍的人性("无所不包"的人性)更加引人注目,——尽管具有戏谑意味(而戏谑则为现代主义神话化所必需)。应当指出:如此无限制地使人物和性格相混同,实际上不仅使其轮廓趋于朦胧,而且使人产生一种感觉,即:面具如此众多,个性则不复存。同人物和题材的被侵蚀性和朦胧性相对应者,通常是个别情节的鲜明性和表意性。譬如,漂泊者(奥德修斯、《圣经》中一游子、寻找心怀二意之妻的航海者)重返家园这类极富象征性的情节以及与之相关联的、关于一荷兰飞行者或航海家辛德巴德的记述、布卢姆与其父晤面的神幻场面,均属之。倘若与天使①的叛逆或始祖的原罪②相比拟,一系列鲜明生动的、

───────────────

①　据《圣经》所述,"天使"往往显现为人形,据原有观念均属男性,后来常被描绘为有翼的美丽女性。相传,其中绝大多数圣洁无瑕,忠于上帝,但因其具有自由意志,也有堕落犯罪成为魔鬼者,是为魔鬼之由来。"又有不守本位、离开自己住处的天使,主用锁链把他们永远拘留在黑暗里,等候大日的审判。"《旧约全书·犹大书》6)——译者

②　据《圣经》所述,人类的始祖亚当和夏娃,违背上帝之命吃了禁果,这一罪过成为整个人类的原始罪过,即所谓的"原罪"。据信,此罪传予亚当的所有后代,成为人类一切罪恶和灾祸的根源。——译者

有关负罪出走和获释的情节,亦属之;诸如此类情节同斯蒂文之离塔楼和家庭,同斯蒂文拒不履行亡母之所求可形成联想。

《尤利西斯》中众多富有象征性的情节,是原始神话种种传统象征的变异(水是丰饶和女性的象征;月亮是女性的另一象征;地母及其情人和子女——是用于仪典的牺牲;日出是复生的象征;日食或云遮日——是为死的征兆、因行繁衍法术而对神圣的亵渎,等等),又是基督教神话传统象征的变异(十字架的表征被想象为斯蒂文的梣木杖或船桅;洗濯被想象为洗礼),有时甚至是属炼金传统者(所谓"所罗门的印记"是小宇宙与大宇宙同一的表征;试与上文有关莲花之说相较)。

依据类比律,詹·乔伊斯将围绕传统象征的联想圈予以扩延。例如,他把飞跃解释为性欲追求的象征,把博伊伦钥匙的声响解释为即将同莫莉会面的征兆,把茶解释为水的变态,因而亦为丰饶的象征。乔伊斯笔下非传统的象征和形象极引人注目,这些象征和形象为施之于生活平庸和现代生活方式的那种别具一格之神话化的实例。试看:一块肥皂被视为护身符,具有戏谑意味地被描述为现代"卫生"文明的标志,后又化为太阳;有轨电车被想象为目光灼灼的巨龙;迪齐先生的硬币被视为历史的象征、莫莉圆月形绶带花,等等。种种富有象征性情节的这种异源多相,体现了现代主义神话化的特性,即借助于种种神话、文学典籍和历史典籍中之形象使人物复铸迭现。这种神话成分不同于古代文化中的纯真的神话成分,它属于第二、第三以及其他级类,一般说来是特殊的神话成分,它符合普遍的象征之需要,同时并体现了现今异己世界中个人和各个事物的划一、无个性。就历史范畴而论,对永恒玄学因素施以普遍象征化的意趣,为周而复始迭现这一构想所掩盖。

上文已述及,斯蒂文·戴达卢斯把历史描述为他意欲从中觉醒的噩梦。布卢姆的卜列想法可同上述意向相对比,诸如:事物那种令人窒息的、永恒的周而复始,永无休止的生死交替,住所的辗转易手,种种文化的盛衰。"马戏团的马总在圆圈内兜圈子"、"条条道路通向罗马"等语句,颇为典型。《尤利西斯》中不乏下列情节,即:太阳围绕地球日夜运行;上帝现身于他所创造的世界,继而复归于己;莎士比亚往返于埃

文河畔斯特拉特福与伦敦之间;经商之行的周而复始;布卢姆奔波于
市,——他同莫莉相离异,又去而复返。詹·乔伊斯对别具一格的佛
教、中世纪神秘主义者的秘传学说、E. П. 布拉瓦特斯卡娅的人智学学
说均十分熟悉,并将灵魂转生的观念运用于对普遍化身化和复现的具
体表述。詹·乔伊斯赖以为出发点的秘传学说,其前提为:灵魂永生不
灭、两阶段之间的往事尽被忘却、不灭实体在因果报应(业)律则制约下
经历生死轮回①。

一束脐带这一滑稽可笑、十分离奇的形象,即与上述观念相关联
(肚脐——据某些秘传教说,为灵魂羁留之处);据说,这是通向伊甸园
及始祖母夏娃的电话线;而且,这里所指并非祖先们躯体的联系,而是
神秘的关联和所谓"转生"。借助于这些意象,布卢姆同斯蒂文那种形
同"父"与"子"的神秘关联,乃至荷马叙事诗中英雄人物同其当代化身
的关联,更为明晰;于是,荷马叙事诗的对应者获得进一步论证。毫无
疑问,灵魂转生的构想在詹·乔伊斯作品中之运用,在很大程度上带有
隐喻性,但同循环观念及貌似不同的差异中存在同一的观念(试与其一
章中海景无休止变幻的描述相比拟;该章相应地被称为"普罗忒奥斯")
及有关相互渗透(即"一切俱在一切中")的观念相契合。后一思想见诸
斯蒂文有关莎士比亚所著《哈姆雷特》的评论及小说中其他章节。詹·
乔伊斯诉诸隐喻,运用主要题材的程式化循环(诸如布卢姆的离家与复
返、家庭的破裂与幻想中的重圆)、背井离乡和复返家园的漂泊者之种
种对应形象、都市生活的昼夜交替及灵魂转生观念。严格说来,凡此种
种并非神话范畴的隐喻。

然而,正是《尤利西斯》中所表述的这一哲学理念,已足以说明:乔
伊斯及其追随者所采用的一种异常重要的神话化诗学手法得以形成,

---

① 业(Карма;梵文 Karma,音译"羯磨"),泛指一切身心活动,通常分为:身业(行动)、语
业(言语)、意业(思想)。轮回(Сансараi;梵文 Samsāra),古印度婆罗门教的主要教义之一,佛
教加以沿袭和发展;意谓:众生在三界六道的生死世界循环不已,犹如车轮之回旋。佛教主张
在业报面前众生一律平等;下等种姓今生积"善德",下世即可生为上等种姓。甚至生到天
界,——反之亦然,乃至下地狱。——译者

而这种手法通常被理解为一种自然的复返,即复返古老神话的循环意象。在《魔山》中,托·曼对循环理念,和"迭现"(对静止性的确认)之诗艺亦有所补益。就此而论,这一观念是来自时间的相对论实验。时间的相对论("时间在我们的感觉中……扩延和减缩"——第3卷第254页),导致时间现实性的废止。汉斯·卡斯托普竟在思考:既然时间并未"孕育变动",既然"计量时间的运动呈环状,并自我封闭",那么,运动、变换则同稳定和静止毫无二致;须知,"往昔"通常复现于"现今","彼"则通常复现于"此"(第4卷第7页)。"尚"和"再"似等同于"始终"和"永恒"(第4卷第284页),"任何运动均呈环状"(第4卷第59页);"永恒并不是'向前啊,向前',而是'旋转啊,旋转',犹如转动的木马……堪称太阳复返节!"(第4卷第43页)。"这就是为什么土著居民都围绕篝火欢跳的原因;他们所以这样,是出于绝望,譬如说,以宣泄那永恒的环行所带来的无限懊恼,——这种环行方向无定,一切皆在复现"(第4卷第44页),"普拉—普拉—普拉—普拉,这是坟墓和沉睡所特有的一种神秘莫测的声响"(第3卷第34页)。

主人公爱的感受之复现,在《魔山》中呈现为同一本性的揭示;主人公体验的复现,在一定程度上构成小说的结构[167]。319

小说中时间流程同充斥其中的种种感受的关联,在一定程度上是神话——神幻故事——叙事诗情态的再现;综观上述种种,时间从属于充斥其中的主人公的行为。至于复现的理念,它在古老文化中同仪典有特定的关联;托·曼显示其敏锐的洞察力,他述及的正是"一年四季的周而复始"、"太阳复返节"、环绕篝火之舞,等等。诉诸仪典性时序神话施之于内容的隐喻化,则与之相应(上文已述及)。应当指出,复现和循环的理念作为一种准神话构想,见诸《尤利西斯》和《魔山》:在《尤利西斯》中,这一理念并未寻得神话的增益,尚不成其为神话化诗艺的因素;而在《魔山》中,一成不变的仪典图式则予以隐喻性的模拟。神话复现的诗艺,无论是詹·乔伊斯,还是托·曼,都在其创作道路那继之而来的阶段进行探讨:对詹·乔伊斯说来,这将是其哲学之直接的文学现实化;而托·曼,从哲学角度看来,则置身于这一构想之上,并试图将其导入某种历史范畴。

　　如果说在《尤利西斯》中，为对以"自然主义手法"展示于其中的生活观察所得素材进行象征主义阐释，神话尺度进一步提供了依据，那么在《芬尼根的苏醒》中，神话化则是压倒一切的因素。《尤利西斯》艺术手法的主要特点，在这里获得进一步发展，主导动机的技法更加娴熟；而语义领域和"音乐"领域对词语内在形式的运用、将众多语言的新成分纳入新词语等等——凡此种种，使读书成为一种独特的猜谜游戏，——这种游戏则需要特殊的"秘诀"。拉伯雷式的诙谐（不同于《尤利西斯》中斯威夫特式的冷嘲热讽），同可称之为"浪漫主义讽刺"者形成某种复杂的结合体，使公然施之于生活素材及神话的或文学的同感反响之随心所欲的游戏增色。现代的"低俗"生活在其中所占的地位，较之在《尤利西斯》中要逊色得多，但仍不失为滑稽可笑的怪诞之作的滥觞之一。

　　首先，其中所呈现的神话质料，并不是古希腊罗马传统（如在《尤利西斯》中），而是克尔特传统（芬恩、特里斯丹与绮瑟等系统）；上述传统同其他神话情节（《圣经》神话情节、斯堪的纳维亚神话情节）及非神话情节〔如见诸刘易斯·卡罗尔的《艾丽丝漫游奇境记》（1865年）①中者〕相互交织。《芬尼根的苏醒》中的神话创作，主要不是直觉领悟的结果，而是纯理性主义实验及"深奥的"运用所致。熟谙现代种种神话理论（詹·乔伊斯有意识地加以运用），无非是《芬尼根的苏醒》一书理智负荷极度过量的根源之一。据詹姆斯·艾瑟顿推断[168]，《芬尼根的苏醒》中的题材、人物、引语及语言运用，来自"爱尔兰的故事"、《旧约全书》、《新约全书》、埃及的《死者书》、《古兰经》、《埃达》、佛教典籍、儒家经书、《奥义书》、荷马叙事诗、教父学，来自托马斯·阿奎那、奥古斯丁、哲罗姆、持异端者、但丁、莎士比亚、歌德、布·帕斯卡尔、乔·斯威夫特、乔·贝克莱、奥·哥尔德斯密斯、奥·王尔德、刘·卡罗尔、威·卡

---

①　《艾丽丝漫游奇境记》（《Алис в стране чудес》；《Alice's adventures in Wonderland》），一部为儿童讲述的故事汇集。作者按照儿童的心理，构拟种种幻想及梦中世界，看来似乎荒诞，实则富有寓意，微含嘲讽。——译者

尔顿、亨·易卜生、齐·弗洛伊德、卡·古·荣格等作家和学者的著作。
詹·艾瑟顿指出:《芬尼根的苏醒》中的宇宙结构,系依据詹·维科、
乔·布鲁诺、尼古拉(库萨的)等的理论进行构拟;对数的阐释,是依据
吕·莱维-布吕尔、尼古拉(库萨的)的理论及"喀巴拉"之说;创作思想
则部分袭自斯·马拉梅和埃·庞德等。

　　《芬尼根的苏醒》中的主要人物——都柏林一家酒馆的老板伊尔威
克(他姓名的第一个字母 HCE,可释译为 here comes everybody,意即"人
人皆可光临")及其妻安娜·莉维娅·普吕拉贝尔;前者在一定程度上可
同布卢姆相比拟,而且首先是作为"中介人"、协调者;后者犹如布卢姆的
莫莉,为永恒女性本原的代表;尚有其子女——女儿绮瑟和相互仇视的
两子谢姆和肖恩。谢姆同斯蒂文依稀相似,为詹·乔伊斯本人的影子;
而肖恩这个"一家的希望",则可同窃据者马利甘相提并论。在他们周围
的是一名女厨师、几名侍役,还有酒馆顾客及 4 个说东道西的老者。

　　题材的核心是一件并不确定的"罪行",似为伊尔威克在都柏林凤
凰公园所犯;伊尔威克因此一度被拘留,并受到无休止的追究。最重要
的证据似为安娜·莉维娅的一封信,曾被"作家"谢姆转抄,并被肖恩窃
去,后又公之于众。此信即《芬尼根的苏醒》。伊尔威克的隐恶及面临
受惩之虞,颇似《尤利西斯》"基尔克"一章暗夜幻景中布卢姆之遭受
责难。

　　《芬尼根的苏醒》同《尤利西斯》的根本区别在于:布卢姆可与奥德 321
修斯等神话和叙事诗中人物形成联想(如斯蒂文、莫莉等),却并未真正
与之相混同,——神话在小说结构安排中的作用,因而受到一定的影
响;在《芬尼根的苏醒》中,人物与其神话中形同一体者之完全混同或一
定程度的混同,则时有所见,——部分诉诸梦幻。

　　小说开篇伊始,爱尔兰"巴拉达"①中的英雄人物,即借芬尼根之形

----

　　①　"巴拉达"(Баллада;法语 ballade,普罗旺斯语 balada),种种诗歌体叙事之作的统称;
中世纪时期,为伴之以舞蹈的民间情歌;13 至 14 世纪,广泛传布于意大利,已不再伴之以舞
蹈;14 世纪,在法国宫廷盛极一时。在中世纪的英国,巴拉达是民间戏剧内容的歌唱体裁之
作,大多为颂扬历史传说和幻想中人物(如罗宾汉)而发。——译者

体呈现于读者面前,由这一人物可立即联想到芬恩——爱尔兰叙事歌中著名的英雄人物。据小说继之而来的描述,伊尔威克在梦中把自己视为国王马克,把女儿视为绮瑟,把儿子肖恩视为特里斯丹。至于肖恩与谢姆,可视为神话中典型的为仇作对的孪生两兄弟;他们也为争夺同胞姊妹绮瑟的爱情而角逐。这样一来,上述种种情节则以弗洛伊德"格调"呈现于作品中。在《圣经》及基督教"代码"中,伊尔威克与安娜·莉维娅与亚当与夏娃相对应,都柏林的凤凰公园——天堂的园林伊甸园,伊尔威克隐秘的罪愆——《圣经》中的原罪;谢姆和肖恩相当于该隐和亚伯;此外,谢姆并与卢齐菲尔相连属,而肖恩则与天使长米迦勒相连属;4老者与"福音书"作者等同看待。就自然客体体系而言,男性与女性、伊尔威克与其妻子,还体现为城堡和流经都柏林的利菲河(母性和女性的被动性和恒定性之象征)。谢姆和肖恩的变化极具怪诞性,并为种种相互抗衡之力的二分制对立多样性之体现;两者的变化已超越"神话范畴"的界限:在伊尔威克的梦境中,肖恩相继变化为唐璜、黄、Yawn(呵欠)、Dawn(晚霞);在《译自爪哇语的故事》中(实则来自刘易斯·卡罗尔①),伪善的乌龟同肖恩相对应,而狮身鹰头像则同谢姆相连属。作为谢姆与肖恩两者相互敌对之体现的二元因素,犹如一种回声,缭绕于无休止的含义和语言的对比中,诸如:斯威夫特——斯特恩、拿破仑——惠灵顿,等等。

《芬尼根的苏醒》中的种种神话传统、文学情节和人物、历史的和伪历史的称谓和事件等的融合,犹如在《尤利西斯》中,使"普遍化"更为突出,呈现为种种样态的角色和情态之某种拙劣的延续。普遍主义因神话的和非神话的对应者这种无休止的积聚所导致的过剩而更引人注目。

《尤利西斯》中之个别人物界限的渐趋朦胧,在《芬尼根的苏醒》中则有意识地导致极度怪诞;人物不仅可互变,而且可分解和聚合,甚至分身有术:谢姆"分身"为4老者(即"福音书"作者),而4老者则分为

---

① 英国作家刘·卡罗尔以儿童文学读物见长。第一部作品《艾丽丝漫游奇境记》充满奇异的幻想,尤其是所描写的梦中世界,看来似乎荒诞,回味起来则寓意深远。——译者

12 使徒(即评判委员会成员);安娜·莉维娅·普卢拉贝尔(ALP)有时现身为两诱惑者(p 和 q),而其女绮瑟则现身为一组少女(7 朵彩虹之花、4 轮明月)。

历时性的复现,是"历史噩梦"之恶性的、无休止的延续之标志。在《尤利西斯》中,时间范畴普遍的复现,主要表现为灵魂转生观念;而在《芬尼根的苏醒》中,则表现为 18 世纪初期意大利哲学家维科所阐述的循环说。维科之名在书中多次提及,——始于最初数页。詹·乔伊斯加以运用的只是他那有关历史周而复始循环及四阶段在每一周期中周而复始更替的总构想,而创世神形象(据说,他在每一周期均以另一称谓呈现,并犯有"原罪"),灾厄("雷击")的意象(这一灾厄为转入新周期的标志),以及神话作为文学楷模范畴的消极作用和推本溯源对于历史构拟的作用之命题,——凡此种种,也在其运用之列。乔伊斯还运用埃·基内的理论。基内的下述见解极为乔伊斯所推崇。他认为:每一粒风沙都包蕴着整个世界的胚芽和较之罗马和斯巴达的命运尤为古远的基原;整个历史可由创造性世界的一个局部演绎而出;历史的各个时代铭刻于个体之人的思想。基内的这一观念,在很大程度上同荣格的下意识集体层次说相契合。

维科、基内和荣格的思想,实际上被运用于以"世界通史"为描述对象的神话小说的素材处理和内部结构处理。《芬尼根的苏醒》同《尤利西斯》的根本区别,即在于此。综观《尤利西斯》一书,无论是神话还是历史,只不过是一种背景,似显现于现代生活小说的地平线上。伴随事态的演进可以看出:"神话"与"历史"始终相互对立,而在 20 世纪神话化文学中则不可分割。"历史噩梦",顾名思义呈现为主人公的,乃至其他人物的噩梦(J. E. 哈特不同于某些其他研究者,他把《芬尼根的苏醒》视为梦的一系列级次和梦中之梦![169])。梦中之世界历史的幻象,在该书中以一个臆造的字 collideorscope 示之;此字同《Калейдоскоп》(意即"万花筒")谐音,也与英语中的动词 to collide(意即"行于走廊和阻难重重的迷宫")谐音。卡·古·荣格的深层无意识集体记忆,展现于主人公的梦境;而这种记忆的内容本身,则借助于维科的循环说加以构拟。从这一意义上说来,由《尤利西斯》到《芬尼根的苏醒》的过渡,可视为从弗洛伊德的影响居于主导地位到荣格的影响居于主导地位之过渡。就此说来,值得关注的与其说是这些著作家的思想影响,毋宁说是小说结构和情节处理中其种种理念之建设性的运用;这同詹·乔伊斯对他们所持戏谑的态度全然契合。

詹·乔伊斯对维科的理论则采取尤为郑重和推崇的态度,因为循环观念同他本身的哲学观点非常接近。然而,只有借助于荣格的集体—无意识原始型才能将现代主义哲学转变为神话化诗学,即诉诸神话中的范型和形象予以表达(现代主义哲学旨在论述事件的普遍复现、人物之轻而易举的替代、人性区分之朦胧,等等)。

为了对历史进行神话模拟,詹·乔伊斯大多诉诸相互对立的两兄弟这一神话成分,特别是死而复生之神人这一神话成分。这一仪典性的神话成分,詹·弗雷泽曾予以翔实的探考(参阅上文有关托·曼的《魔山》之评析),继而为文学和文学研究领域所广为关注;在《芬尼根的苏醒》中呈现为主人公坠落、复生或复苏、返老还童及其变化所形成的无休止过程。

始而,这一"梦与苏醒"、"死与复生"、生活之世代相续之主题,以泥瓦匠芬尼根从梁上坠落和佯死为开端(当友人为他举行追荐仪式时,拔去威士忌酒瓶的塞,芬尼根则"复生")。继之,伊尔威克、肖恩和安娜·莉维娅等,无不以这种或那种方式见诸这一神话成分。在小说中,对相应的"仪典"(即丧葬仪礼)有所描述,继而又描述掘墓取尸的情景。死而复生这一神话情节,成为历史循环构想的基本"隐喻"。

死而复生及诸般变化这一链锁中之周而复始的迭现,在《芬尼根的苏醒》中基本上被否定;依据佛教之说,则被视为"解脱"之无望,——但已非对个人而是对整个社会而言。作为所憧憬者,并不是永恒的更新和发展,而是其终结,即涅槃。

在《芬尼根的苏醒》中,无论是题材,抑或题材结构的纯形式范畴,均与这一循环观念及诞生——死亡——复活(新生)这一神话成分紧密相关。循环模式再现于一切级类。

J.E.哈特在其别具一格的论著中指出:小说的每一章均按循环图式构成(包括语言的"节律"、语义)。据他看来,《芬尼根的苏醒》的结构,其基础为循环对位法。维科的三大时期同小说的第Ⅰ—Ⅲ卷(即:诞生——结婚—死亡)相对应;基于上述三大时期,詹·乔伊斯展示其四小循环(第1卷中为 HCE 和 ALP 两系统),可以四大自然元素(土——水——火——气)的用语示之。伴随第Ⅳ卷的喜剧间歇("僧伽"①),诸小循环呈 4+1 对 3+1,同维科的图式形成对位式对立。四大自然元素是"粗料",精神使之有所增益并获得新生。象征、语句、人物,因观点之不同结集于三体或四体组合中(例如,HCE 有 3 子女,而只有孪生子之一归绮瑟所有;四"福音书"宣讲者各有一所房屋,而其中之一则隐而不可见,如此等等)。

相互对立的观点趋于平衡(谢姆——肖恩);因运动的同一化过程,诸循环本身趋于等同并相互对应。另一类型的对位法,据 J.E.哈特看来,包括运行方向各异的诸循环的对立(看来,不乏威·叶芝和威·布莱克的影响):第Ⅰ和第Ⅲ卷中,类似事件的景况迥然不同,表述也全然相反;第Ⅰ卷中为由诞生向象征性的死亡运动,第Ⅲ卷中则为由死亡向诞生运动;第Ⅲ卷中的幻象和梦境为第Ⅰ卷中传说的反映。于是,一个由种种对比构成的动态关系网络得以形成,诸如幼年与成年的对立、男性与女性的对立、积极者与消极者之对立等,均反映于其中。此外,同形形色色的象征级类的循环相对应者,尚有形形色色的自然循环。日常"生活"琐事充斥于一日;而在另一级类,一日之琐事则配置于一周;而一周范畴,则与大祭年相对应。在这一由三时间范畴所构成的统一体中,最终从属于永恒"现时"的时间之相对性清晰可见。在《芬尼根的苏醒》中,经常有这样的暗示,即种种历史循环产生于非历史的非时性。J.E.哈特认为,詹·乔伊斯所设想的,是一种围绕非时性中心之循环式的时间运转(这一中心则是以卡·古·荣格所如此属意的"曼

① 僧伽(Сангха;梵文 Sangha),佛教的僧团,一般在 4 人以上,通常称比丘、比丘尼、沙弥、沙弥尼为"出家四众";广义说来,也包括在家男女居士,称"七众"(七僧伽)。——译者

茶罗"为范型而构拟）：带总括性的第 IV 卷（其中非时的基原清晰可见），可视为一集结点或枢纽，种种小循环均辐辏于此（第 I 卷第 1—4 章；第 I 卷第 5—6 章；第 II 卷；第 III 卷）。哈特所提供的释析，不失为对詹·乔伊斯如何"克服"历史和时间及如何从时间范畴过渡到空间范畴之极好的说明。如上所述，乔伊斯之所为，正是整个现代主义文学的特征之所在。《芬尼根的苏醒》之趋重于空间，首先表现于原始型性的环状和"十"字形等几何图像或球形面的双环。

《芬尼根的苏醒》中的神话象征同集中化的人类意识相适应，确切地说，同集体的、无意识的人类意识相适应；因此，它具有总括的、无所不包的特性。然而，詹·乔伊斯笔下的象征，通常并不带有传统性，而恰与他那乔伊斯式的世界模式相应。

如上所述，《芬尼根的苏醒》中的神话化诗学，在很大程度上产生于现代主义哲学概念和现代主义诗学，并具有理性实验的属性，而并不具有自然的诗歌领悟之属性，其基础为对有关神话、宗教、哲学等之浩如烟海的文献资料之精深而又纯属书本的熟谙。不仅如此，詹·乔伊斯并十分随意地进行神话质料的"游戏"，将来自不同文化领域的神话、神话的和文学的同感反响及种种宗教—哲学学说和科学理论别出心裁地编织在一起。这种异源质料的"配置"，不仅为形形色色外壳掩盖下之其深层的同一提供了佐证，不仅使作者那种有意识的、主观的随心所欲更加突出，——作者戏谑性地进行质料游戏，而且亦庄亦谐，将其所握有的质料任意加以运用。乔伊斯确也将对质料进行诠释的神话手法以十分离奇的方式再现，这自然是囿于极度个体的（而非众所遵循的）和诙谐性的玄学神话。他所模拟的似乎并非神话"体系"，而是这一体系的方法、手法及神话思维的格调。

下述种种，属这一思维格调者，诸如：种种神话的构想和神话化的文学构想，乃至学术的构想（诸如见诸弗洛伊德主义和维科学说者），——三者经历连续的、万花筒式的改组，新的题材布局或"体系"布局从而得以形成，一定的神话成分在不同级类借助于自然元素、自然客体、几何图式、数等用语获致"转"。

对诸如此类神话"分类者",詹·乔伊斯,在从事《尤利西斯》的创作时曾加以思考:如上所述,不仅该书章名来自"荷马之作",其章节并与人体诸部位、光谱诸部、科学和艺术的类别、占主导地位的象征等相对应。而在《尤利西斯》中,上述种种并未纳入定稿;而在《芬尼根的苏醒》中,则构成神话化诗学的一定范畴。

由此可见,神话主义在《芬尼根的苏醒》中不仅表现于运用神话图式和情节对世界历程和心理共相进行诠释,而且表现于运用神话手法对神话本身及非神话质料进行诠释(毫无疑问,这种手法因其极度的主观态度而有异于真正的神话)。

如上所述,《约瑟及其弟兄们》之与《魔山》同《芬尼根的苏醒》之与《尤利西斯》,具有一定的相似之处。《约瑟及其弟兄们》之与《魔山》,还可同歌德《浮士德》第 1 部之与第 2 部(H. 斯洛霍韦尔持此见),或同"学习时代"之与"威廉·迈斯特的漫游时代"①相比拟(弗·考夫曼持此见)[170]。《约瑟及其弟兄们》与《芬尼根的苏醒》,似为并非重在心理、而是重在神话的神话小说之两范型;并不是神话对应者和象征有益于内在情态,有助于深度心理活动和题材本身的普遍性,而是心理描述服务于神话题材系列的诠释。

其复杂性在于:托·曼和詹·乔伊斯的创作之演进,不仅没有使两者接近,反而使其分离。乔伊斯创作中的现实主义因素趋于衰微,而主观主义不断增强;托·曼从事《约瑟及其弟兄们》的创作时,在某种新的基础上加强了现实主义方法,以致有些评论家(如 H. 斯洛霍韦尔)甚至认为:《约瑟及其弟兄们》一书集《布登勃洛克一家》和《魔山》两者之大成。现实主义的客观态度使托·曼之把握其神话质料,并非意在进行随意的"游戏",而是为了对神话意识进行一定程度的客观释析,尽管对神话意识本身的历史性在一定程度上予以关注。因此,托·曼的神话小说不仅是神话小说,而且是关于神话的小说。《约瑟及其弟兄们》中的历史主

327

---

① 《浮士德》分为两部,《威廉·迈斯特》也分为两部:"学习时代"和"漫游时代"。——译者

义,无疑比《魔山》有所增强、有所深化;而"神话与历史"这一课题的处理,托·曼的作品则与《芬尼根的苏醒》迥然不同。综观《约瑟及其弟兄们》,特别是书末的若干章节,对社会进化的信念跃然纸上;而这在詹·乔伊斯的作品中则无迹可寻。此外,托·曼致力于将"人道主义化的"神话主义置于同纳粹主义的政治范畴和人本主义的神话化(包括纳粹主义那种不顾犹太教—基督教传统而施之于痴狂的日耳曼多神教的赞扬)相对立的地位,——托·曼则将上述传统视为欧洲文化最重要的渊源。对詹·乔伊斯的作品说来,至关重要的是一切神话的共性,而不是各自的特性;从根本上说来,他对神话质料的选择十分淡漠——当然,詹·乔伊斯对克尔特的题材仍有所关注,并可归因于他出生于爱尔兰。

托·曼之选用《圣经》题材,一部分可归因于新教(路德宗)文化传统(这种传统对他有一定的影响),一部分则可归因于同德国前纳粹主义的和纳粹主义的民族主义之潜在论战。然而——这一点尤为重要,《圣经》神话中的神话与历史传说相近同、循环因素与直线因素(即历史纵向因素)相结合(尽管《圣经》目的论带有鲜明世界末日论色彩)以及屏弃自然神而崇尚较为共同的精神本原,对托·曼颇具吸引力。据托·曼看来,《圣经》神话为联结较古老的古代东方神话(其主体为死而复生之神的神话)与基督教两者之纽带。同时,在托·曼的作品中,透过《圣经》神话的特质,神话意识总的轮廓清晰可见,其深邃的艺术释析付诸实现。

在从事《约瑟及其弟兄们》创作期间所积累的极为渊博的学识,成为这一释析赖以进行的基础。托·曼熟谙古代埃及神话、巴比伦神话、腓尼基神话(至于《圣经》故事则更不待言),并对《圣经》后的犹太传统("米德拉西"①、"喀巴拉"的传统)、《古兰经》、柏拉图和诺斯替教派的典籍等十分熟悉。托·曼对种种文献典籍的阐释,受到一定的泛巴比

---

① "米德拉西"(Мидраш;希伯来文 Midrāsh 的音译,意为"解释"),犹太教讲解《圣经》的布道书,其内容为对《旧约全书》进行诠释,被视为"教诲"之作。2 世纪已具雏形,6 至 13 世纪成书。此书为犹太教的通俗性典籍,内容分为两类:属于律法和仪礼者,称为"哈拉卡";属于传奇和轶事者,称为"哈加达"。——译者

伦主义学派的影响(胡·温克勒、P. 延森等的影响);这有利于(尚有
詹·弗雷泽的影响)约瑟与古代东方诸死而复生之神相比拟和对月亮
神话的异常关注。不仅如此,人们当然也有所感:托·曼对约·雅·巴
霍芬、吕·莱维-布吕尔、恩·卡西勒的理论以及心理分析理论并不陌
生。由此可见,托·曼以及詹·乔伊斯的作品中对古代神话的诠释,是
以学术传统为依据。约·坎贝尔试图在詹·乔伊斯和托·曼的神话主
义中寻求纯直觉的因素,则徒劳无益。据他看来,詹·乔伊斯和托·曼
处于20世纪,或多或少超脱于宗教意识及与之相应的、众所遵循的、一
定的思维"象征",走上自发地创作其个体的、非宗教的、纯属"心理范畴
的"神话之道路;就其情节而论,这种神话同传统神话体系从根本上极
度契合。从坎贝尔所遵循的荣格原始型理论的立场看来,这种契合清
晰可见。然而,据我们看来,情况却完全相反:在两作家的作品中居于
主导地位的是学术上的唯智论,同种种典籍及学术论著的关联极为明
显,对荣格原始型的崇尚也十分自觉。

　　因旨在揭示质料特性的真正科学态度景况之不同,托·曼亦不同于
詹·乔伊斯;后者对其质料进行随意的、万花筒式的改制,尽管托·曼同
施之于古代神话的"游戏"成分以及幽默同样并非格格不入,并从学术方
法的不契合和显然"非学术的"神话质料中导出幽默。如果说詹·乔伊
斯在《芬尼根的苏醒》中所运用的戏谑反映了某种普遍的相对论,并采取
光怪陆离的怪诞之作的形态,那么,托·曼笔下的戏谑,据他本人的表
述,在严肃对待神话主人公的情况下,是"那种似乎逼真的……底
蕴"[171]。当然,詹·乔伊斯丝毫未执著于这种逼真。上文已多次述及,
一般说来,20世纪的神话主义,如没有幽默和戏谑是不可思议的;两者是
现代作家诉诸古代神话这一事实本身的必然产物。民间创作及中世纪
文学,直接承袭了神话传统;其"壮欢性"(据米·米·巴赫京所述),是严
加制约的领域及包罗万象、众所遵循的世界模式、象征体系等之"透气
孔"(为仪典所神圣化)。这一"透气孔"因时间和空间所限,并未有损于
整个体系。在20世纪的神话小说中,戏谑和狂欢性反而更加反映现代
艺术家施之于传统象征体系的那种不受限制的自由,而这一象征体系早

329

已失去其必须遵循的性质,而作为现代意识的因素之隐喻化的手段,却仍保持其吸引力,——作家把诸如此类因素视为永恒的和普遍的。

综观托·曼的作品,幽默不仅同他那"学术"严肃性不可分割,而且是神话转化为小说所必需的前提;且虽经其转化,神话仍不失为神话。其实,托·曼的幽默不仅同实际上的不可信、奇幻者的因素等(屏除于通常的历史小说)、本质与现象表述的不契合有关联,而且同神话感知本身紧密相关;这种神话感知,同时被客观地描述为幼稚的(吕·莱维-布吕尔的参与以及物与符号之浑然不分等等的结果),被描述为神话诗学的"月亮语法";就根本方面而言,被视为旨在对历史经验加以理智处理的自然手段,甚至视为典型化的形态。这种对待神话的双重态度,为詹·乔伊斯的《芬尼根的苏醒》中所阙如。

托·曼笔下有关约瑟境遇的描述,犹如《魔山》中的汉斯·卡斯托普的经历,堪称别具一格的"教育小说":约瑟与众弟兄截然不同,众弟兄是接近自然的普通牧人,而约瑟则是理智的和艺术的摹本、鲜明个性的体现者、老父雅各之爱子。"暂死"的严酷体验(众兄把约瑟推到井里,他从此流落埃及为奴①;从《圣经》神话的观点看来,这是"下界",即冥世),在异邦的进一步考验(包括其主人、护卫长波提乏之妻——埃及妇女穆特〔同绍莎女士相类似者〕妖魔般的"诱惑",失宠,坐监,等等),使约瑟克服其幼稚型利己主义,获得生活之智。

正是由此产生的、表现于着力描述真实的那种托·曼式的"客观态度",使他有可能把《圣经》神话扩展为名副其实的叙事之作;在这种作品中,富于节律和技法的古代题材,改铸为现实主义小说。因此,就格调而论,托·曼别树一帜,既不同于注重纯实验性叙事手法的詹·乔伊斯,又有异于《圣经》题材的历史小说(弗·韦尔夫、绍洛姆·阿什等)〔172〕,——这种历史小说忽视神话问题。

由于获致理性的与非理性的、有意识的与下意识的之必要的综合,

---

① 据《圣经·创世记》第 37 章所述,众兄初欲害死约瑟,后又把约瑟卖给以实玛利人;他们则把约瑟带到埃及,卖给法老的内臣、护卫长波提乏。——译者

即拥有因经验所获之智识及天赋的先知之聪慧（约瑟为人解梦），约瑟由奴仆一跃而为法老的宰相，甚至成为埃及人及其支派的施惠者①。

个人主义者约瑟之归于社会统一体（部族的和国家的），并意味着精神因素之纳入古老的部族意识，即社会本身属精神范畴者与属自然范畴者之综合[173]。以上所述，与见诸《魔山》和托·曼的其他著作者不无渊源。至于约瑟的命运，犹如汉斯·卡斯托普的命运，诉诸仪典的神话成分得以隐喻化；而且，成年仪式的动机退居次要地位，让位于对死而复生之神的崇拜。约瑟的种种情景颇似塔穆兹、奥西里斯或阿多尼斯。众弟兄把他那撕破的衣衫拿到父亲面前，以证明他确已被野兽撕食，——这颇似阿多尼斯之为野猪伤害致死。约瑟陷身井中及流落埃及，则有置身冥府之感（犹如其父雅各出奔至舅父拉班所居之地，途中也有一井，被视为"冥府门户"）；"暂死"的表征则是法老的监牢，约瑟为穆特陷害而遭监禁；继之而来之对约瑟的审讯，根据一系列征象，可引起对"神判"的联想，而波提乏则在一定程度上被赋予父神的属性。古埃及作为神话中的死亡之域，以穆特为代表，蕴涵妖艳的情欲诱惑，犹如拉班在其所居之地（雅各在此遇拉结—伊什塔尔②），又宛如魔山之情景（汉斯·卡斯托普在此陷入爱情的罗网）。

约瑟不同于汉斯·卡斯托普；其差异在于约瑟屏除冶艳的诱惑，——穆特以妖媚惑其身，而她手中空余其衣物，约瑟丝毫不为所动③（试与《魔山》中的招魂场面及其他"诱惑"尝试相比拟）。约瑟的"自制"与其特异的"天赋"[174]及使命相关联；其表征则是避开众兄而得的"祝福"④，而纯外观标志则是彩衣。诚然，得其"祝福"者最终为远

①　详见《圣经·创世记》第40、41章。——译者
②　拉结为《圣经》故事中拉班之女、雅各之妻，见《圣经·创世记》第29、30章，伊什塔尔则为阿卡得神话中的丰饶和性爱女神。——译者
③　据《圣经·创世记》第39章所述，约瑟的主人波提乏之妻百般引诱约瑟，"约瑟把衣裳丢在妇人手里，跑到外边去了"。该妇人反诬约瑟"戏弄"她，波提乏听信妻子之言，"把约瑟下在监里"。——译者
④　据《圣经·创世记》第37章所述，雅各惊悉其子约瑟"噩耗"，为子哀哭数日；所谓"约瑟的彩衣"，为其父雅各因对他极为疼爱、特地为他制作（见《圣经·创世记》第37章）。此处似为雅各求得其父"祝福"（见《圣经·创世记》第27章）。——译者

非如此受崇敬的犹大,正是约瑟成为民众的施惠者。约瑟的施惠并非宗教性的,却属世俗的实际之行;而其"弥赛亚之行"、受难者和救世主的作用,在与基督的联想中有所增益。所谓"空墓"①即属之,——"空墓"为投放约瑟之井。据说,流便回到井边,不见约瑟在井中②。综观约瑟之母拉结的形象,不无伊什塔尔的种种特质,"童贞女"、圣母的面目亦清晰可见("拉结起有童贞女及蒙受神恩的天之骄子的母亲之作用"——第 1 卷第 353 页);而约瑟则是"神人"特质的体现,——托·曼对这些特质的诠释,无疑是遵循人文主义格调。据上述种种看来,约瑟在一定程度上可同苏美尔—阿卡得神话传说中的英雄人物吉尔伽美什相比拟(后者亦具有文化英雄的属性)。相传,他拒绝了伊什塔尔的求爱,犹如约瑟之屏除穆特的诱惑,——而穆特又可与哈托尔、绮瑟相比拟。约瑟作为法老与民众、神圣(宗教)成分与自然成分之间的"媒介者",可与赫尔墨斯相比拟。

然而,与《魔山》相较,其新创当然并非主要表现于仪典—神话对应者的强化和增益,而在于主要题材的神话性。诚然,这一题材来自同一渊源,如上文所述,即来自"历史化的"神话或神话化的历史传说。在托·曼的作品中,《圣经》神话呈现为历史沿革的模式,特别是社会意识演化的模式。试以《约瑟及其弟兄们》为例(《芬尼根的苏醒》,亦然);可以看出:由于神话对应者向神话题材的过渡,神话之用作隐喻已非囿于个人心理范畴(无论其普遍化程度如何),而且扩及历史范畴(在存在"历史"同"神话"有意识的对立情况下)。

在《约瑟及其弟兄们》中,这一过程同样借助于卡·古·荣格关于集体—无意识原始型的概念。即使在《魔山》中,汉斯·卡斯托普也在思考:"……你在做不知名者和集体的梦想,尽管未脱自我的窠臼。你作为其一个小小成分的那一伟大心灵,对永恒呈现于它的种种事物怀

---

① 据《圣经》所述,当马利亚和耶稣的门徒来到葬耶稣的坟墓那里,只见"石头从坟墓挪开了",裹耶稣身体的"细麻布还放在那里","耶稣的裹头巾另在一处卷着","他们还不明白圣经的意思,就是耶稣必要从死里复活"(《圣经·约翰福音》,第 19、20 章)。——译者

② 见《圣经·创世记》第 37 章。——译者

有梦想,——通过你以及其自身。"[175]综观《约瑟及其弟兄们》,托·曼接近于卡·古·荣格。他写道:"历史是在时间范畴已经发生或正在发生者。因此,它是加之于我们所立足的土壤之层次和沉积……曾几何时,我们有时借助于第一人称对诸如此类积层加以探讨,似乎它们是我们身体的一部分,——就其在我们生活中的意义而言,则尤甚。"(第1卷第189页)在其关于《约瑟及其弟兄们》的报告中,托·曼作了这样的表述:"如果说属神话者在人类生活中为早期的和原始的阶段,那么,在个人生活中则是晚近的和成熟的阶段。"(第2卷第902页)不应否弃"荣格"成分及与詹·乔伊斯的某种类似,而这种类似反映于托·曼在《约瑟及其弟兄们》中展示的、与个人意识中历史往昔相适应的、广泛的集体—无意识层次。历史过程的时间、历史(die Geschichte)本身,改铸为准空间的多层次结构(das Geschichte)。

"井"这一多语义形象,既是"下界"的入口和经历成年程序的雅各和约瑟暂死并复生的象征,又被视为作为个人潜意识的渊源之井(据信,人们在此与死亡相会——《魔山》的主题),又是记忆、历史之井,其原因在于:通过死亡(托·曼就此曾忆及伊什塔尔去往冥府寻访塔穆兹),亦即超脱经验的空间—时间范畴而置身于"永恒"(无限)——既包括"往昔",又延及"未来",两者皆现实化于"今世"。由此可见,神话意味着:下至自身的意识及集体的意识之"冥府",以探寻自身的"历史"根源。逐渐进入历史之井(这样,一些事件只是另一些事件的神话侧幕),最终使托马斯·曼企及"心灵小说"。这种小说并非取自《圣经》,而是源于诺斯替教派的典籍[176],作为别具一格的"天界序幕",并呈现为人类生活灵化过程的初型、原始型。托·曼则把这一过程视为历史思想最重要的范畴之一。在"心灵小说"中所涉及的,是借助于媒介体—心灵克服精神与自然、神祇与世界的二元对立;媒介体—心灵"垂青于"物质并融合于物质;于是,圣灵势必再度降临世间,以解救陷于尘世的灵魂。

综观这种"心灵小说"所涉猎的范畴,"原罪"与"救赎"几融为一体,产生创世之说;而自然的无定形性和魔幻性因圣灵的整饬功能而被克服。"这一学说就是如此。这种心灵小说就是如此。就此而论,最后的'往昔'无疑可获致,人之最邈远的往昔得以呈现,天堂得以确立;而原罪、知识和死亡的历史以其纯正的、亘古有之的形态得以呈现。原始人类之灵是最古老者,确切地说,是最古老的因素之一,因为它始终先于时间和形式,犹如上帝和物质之与时间和形式。"(《约瑟及其弟兄们》,第1卷第64页)"精神"和"灵"对托·曼说来,似为意识和下意识的等同者;"原始人类之灵",则为荣格的含义。然而,对托·曼的荣格学说当然不应予以夸大;通观他把神话视为典型这一总的构想,便可了然。况且,托·曼对诺斯替教派宗教—哲学概念的运用,应从隐喻角度予以理解;至于他对《圣经》题材的运用,当然也是如此。托·曼基于神圣因素与自然因素之趋近及自然的灵化,对《圣经》题材进行诠释。就此而论,据我们所知,最重要的情节是约瑟的经历;而精神的寻求始于"吾珥的漂泊者"亚伯拉罕(他为自己创造了上帝,——不仅与上帝"立约",而且上帝和人之创造也均为相互的)[①],继亚伯拉罕之后者为雅各。不言而喻,这一运动诉诸基督教神话成分得以完成;在一定意义上说来,约瑟那些颇似基督所具特质者跃然纸上。如上所述,托·曼著作中这一"历史"展示之神人问题,不应对之作神学的理解,而在很大程度上应视为文化的历史发展、道德的乃至社会的进步之人文主义的比喻。《约瑟及其弟兄们》的这一人文主义意旨,鲍·列·苏奇科夫在其专著《长篇小说——神话》(俄译本"前言")中对之有明晰的揭示(这一论著对颇具特色的托·曼式"神话创作"的积极因素作了恰如其分的阐释——参见注162)。

同詹·乔伊斯关于历史不可理解之说相对者,为托·曼有关历史具有深刻意义以及其意义伴随文化发展而展示的构想。这一构想借助于《圣经》神话中的形象,在艺术上实现化。托·曼力图诉诸同样形象,并对意识的历史发展之辩证法加以阐释;而这一发展则与个人之从古老集体分离的过程相应。寻神、人的神化和神的人化之过程本身,据

---

① 据《圣经·创世记》所述,亚伯拉罕生于迦勒底的吾珥,是挪亚长子闪的后代。据说,犹太民族的形成始于亚伯拉罕带领部族自迦勒底迁居迦南,后因遇饥荒一度迁居埃及,不久返回。上帝预允其子孙将多如繁星、并命他和子孙后代都受割礼,作为同上帝立约的标记。——译者

托·曼看来,等同于"自我"从集体的分离过程。约瑟既没有众弟兄那样的社团意识,又不能像雅各那样恪守律规;他以其个人主义及更自由的、更主动的态度对待精神遗产及为传统所制约的规范。然而,正如上文所述,约瑟既克服其自身的个人利己主义,甚至又克服其世界感知的某种"尼采式的"契机;这最终导致社会性的胜利,但已属高级阶段。同这一阐释有一定关联的,尚有托·曼对约瑟罪愆的理解;这种理解则与《芬尼根的苏醒》中对伊尔威克罪愆的阐释截然不同。

　　长篇小说中对历史往昔的神话化,必然导致"复现"的诗艺,而这种诗艺又使长篇小说—神话之特殊的结构布局手法得以萌生。托·曼对《圣经》故事中的"复现"予以沿用,予以探讨,加以关注,并以新事物对其有所增益。下述种种均属此类"复现",诸如:亚伯拉罕与撒拉的经历、以撒与利百加(妻子及异乡姊妹)的经历;该隐——亚伯,以撒——以实玛利,以扫——雅各,约瑟众兄长对约瑟所持态度(弟兄为仇作对的情节,在《芬尼根的苏醒》中起有重要作用);雅各冒充以扫,欺哄父亲以撒为他祝福①;一方面拉班欺哄雅各,而嫁以长女②;另一方面约瑟意欲规避众弟兄,得其父祝福。总的说来,约瑟的经历大体上是雅各经历的复现(羁留"下界"、"欺哄"、"祝福"、形成鲜明对比的爱情主题);而约瑟一生中在埃及的经历,则是他少年时期在家中的种种坎坷的变异。

　　此外,据我们所知,神话的对应和对比是"复现"的背景,诸如:约瑟与奥西里斯、与塔穆兹、与阿多尼斯、与赫尔墨斯、与摩西、与基督;拉结与伊什塔尔及童贞女马利亚,等等。古代东方神话,似乎以最贴切的形式使原始型复现于世;例如,雅各的"双婚"③,为奥西里斯在暗夜不辨伊西丝和奈芙蒂斯这一情节所喻示。[177]这便是欺骗之潜意识基原的隐喻;而这种欺骗又似为半真半假,犹如见诸有关"祝福"的叙述者。奥西里斯与塞特之争、奥西里斯的死而复生,均先于基本的、原始型式的《圣经》题

335

---

①② 据《圣经》所述,拉班违背约言,以长女利亚替代其妹拉结,与雅各成亲。参见《圣经·创世记》第27、29章。——译者

③ 据《圣经·创世记》第29章所述,雅各先后娶拉班的两个女儿利亚和拉结为妻。——译者

材,特别是有关约瑟的题材。诸如此类原始型的演化趋向,在一定程度上为基督教之对应者所昭示。凡此种种复现和对应,为叙事结构之所系;在詹·乔伊斯的《芬尼根的苏醒》中,即是如此。

托·曼则诉诸神话的"球体"旋转形象。球体"在旋转,他们或是父与子——这两个大相径庭者,即尊贵者和受祝福者;儿子阉割其父,或父亲刺伤其子。或者……他们又是弟兄,如塞特与乌西尔、该隐与亚伯、闪与含;或三者,如我们所知,化身为两对:一为'父——子',再者为'兄——弟'。被视为象野驴的以实玛利[①],居于亚伯拉罕同以撒两者之间。他是前者之子,又是后者的兄长。"(第1卷第197页)经历似为一定人物的再度演现。然而,我们在一定程度上可以确信:经历中的神话和原始型的复现,为有异于詹·乔伊斯之另一构想所左右。

在《约瑟及其弟兄们》中,这种"复现"并非历史过程之恶性的无休止的重演,而是以往之外在的和内在的体验所呈现的范型之再现;这样一来,循环概念与直线概念两者那种同该神话质料的特征相应之结合得以实现,而又不摈斥人与世界的演化。托·曼笔下的循环性不同于见诸詹·乔伊斯作品中者,它呈现为生命的更新及永恒的复苏,而非呈现为种种变形的封闭式链锁及对历史"噩梦"的诅咒。循环性与直线性的结合(并包容托·曼的球体旋转形象),须以"天界"与"尘世"两者的种种情状相互影响为前提,换言之,即以按神话范型构拟的历史与作为历史经验浓缩体的神话相结合为前提。据托马斯·曼看来,神话不仅是永恒的本质,而且是典型的概括。他将"原始型的"与"典型的"两者等同起来的尝试,不失为对现实主义美学的一种贡献。神话的对应者及局部的混同(包括自我混同)之聚集,其见诸托·曼作品中者与见诸詹·乔伊斯作品中者有所不同,前者囿于文化史领域种种神话体系相互作用的范畴;所谓"聚集",反映古代东方神话和崇拜在《圣经》神话形成中的作用,并反映基督教对《圣经》神话的承袭。某些持泛巴比伦主义的神话学家认为,种种古代神话同出一源;这对托·曼认识某些对应

---

① 参阅《圣经·创世记》第16章。据古闪米特神话,比作"野驴"是一种褒扬。——译者

现象具有提示作用。此外,把约瑟同耶稣相比拟,见诸《圣经》以后的叙
利亚典籍;把约瑟同雅各、波提乏、摩西相比拟,在一定程度上把这些人
物相混同,是犹太教《圣经》以后("米德拉西")的传统之特征;对这一传
统说来,诸如此类相互应合堪称思想的基本范畴。[178] 接引天使这一形
象(在小说中,一定程度上与阿努比斯相混同),既可见于犹太教的传
统,又可见于伊斯兰教(《古兰经》)的传统,等等。从根本上说,诺斯替
教派之说为古代智识与基督教神话的浑融体,对托·曼具有特别重要
的意义。由此可见,在托·曼的作品中,古代世界宗教和文化历史文献
资料对神话浑融体大有补益;诚然,神话浑融体的特性并未因适应 20
世纪的神话创作而遭废弃。

　　至于事迹、情态和角色的复现,托·曼的神话小说同詹·乔伊斯之
作的根本区别在于:在托·曼的《约瑟及其弟兄们》中,这种复现既呈现
为历史的普遍属性,又呈现为《圣经》人物意识之"幼稚的"神话阶段的
客观讲述;而在詹·乔伊斯的《芬尼根的苏醒》中,这种双重性则全然无
迹可寻。在《约瑟及其弟兄们》中,传说的讲述者为某一以利亚萨——
雅各的管家和约瑟的教养者。在讲述过程中,以利以谢本人又把自身
同另一以利亚萨(为亚伯拉罕之子说亲、迎娶利百加的仆人①),并同另
一些以利亚萨(即约瑟祖辈的仆人)相混同。借助于某一"一般的以利
亚萨",如作者所述(第 1 卷第 133 页),"神话的"转化为典型。托·
曼对此作出结论说,"这是一种毫不掩饰的同一,这种现象与模仿或承
袭的现象相伴而行,并与之融合,决定自身的品格感。"(第 1 卷第
138—139 页)这也关系到其他人物,这些人物"尚未对自我"的"个性"
同较早期的亚伯拉罕、以撒和雅各的"个性"作明确的区分(第 1 卷第
139 页)。这些人物尚不善于将"自我"十分明确地区分开来,通常集注
于传说为他们呈现的范型、图式和社会角色。据作者看来,"对其超时
间的、神话的和典型的本质,个个了如指掌"(第 1 卷第 203 页)。试以
以扫这一人物为例。他"痛哭,因为他应当痛哭,因为这同他那角色相

337

---

　　① 　参阅《圣经·创世记》第 24 章。——译者

契合";他"熟谙自己这一角色",作为"为太阳所灼晒的冥世之子","拘泥于图式",成为"打猎者";"他对雅各的态度再现该隐对亚伯的态度,并将它移至现时,即时间的现实";该隐的作用"归之于他这位兄长"(第1卷第144—145页)。雅各"作为被侮辱、被责骂和为子女之手所玷污之父,与挪亚相融合;流便预知即将发生之事,并预知他确将成为卧在挪亚脚边的闪"(第1卷第109页)。当雅各同约瑟相处,他觉得:约瑟之手,"即是亚伯拉罕之手,并留于以撒脑海"(第1卷第118页);"心灵(雅各的)为模拟、创新、复兴所鼓舞、所激励。他是来自东方的亚伯拉罕……数百年转瞬即逝。往昔之事,再现于眼前"(第1卷第169页)。据另一情节,以撒把羊羔之血视为己血,并"咩咩"鸣叫(第1卷第189页)。论及杀戮底拿劫持者①的人们时,指出:"他们行此事之时,为叙事诗中的意象所激励……他们似看到与龙相搏及马尔都克战胜混沌之蛇提亚玛特的情景"(第1卷第185页)。约瑟作为完满的个体,较随意地与种种角色"周旋";然而,他无非是通过对命运的俯首听命,始寻得自身的途径。

托马斯·曼写道:"此时此刻,一种可称之为'模仿'或'承袭'的现象赫然在目;这样一种世界感知,即将以'现时性'对已有的形式及父辈所造成的神话图式加以填充并重新付诸实现视为个体的任务,清晰可见。"(第1卷第138页)托·曼述及"雅各思维的联想多层次性"(第1卷第114页),并指出:"在雅各的世界里,精神的品格和'作用'(就'作用'一词的本意而言),系于神话联想的丰富及神话联想用以充实瞬间之力。"(第1卷第108页)由此可见,问题在于:关于个体与古老共同体分离之不明晰、关于其意识之无意识的、集体的层次、关于对传统角色运用的半自觉的意向、关于联想的多层次性及思维本身的象征性、关于基于莱维-布吕尔的"参与"说精神的前逻辑性——凡此种种,均属原始思维的特征;托·曼意味深长地称之为"月亮语法",以期与严格理性思维那种朗如白昼、"阳光普照"的明晰相对比。然而,托·曼无疑是设

---

① 参阅《圣经·创世记》第34章。——译者

定："在较不确定的时刻",现代人的意识(《魔山》中对此已有表述)也可遵循"月亮语法"的规范。

托马斯·曼对神话思维特殊性不乏颇为正确之见,并反映于他对复现性同仪典之间的特殊关联有所觉察："神话是所谓奥秘之外衣,而'奥秘'之华贵的服饰则是庆典,它迭次复现,使'语法'时间的意义愈益扩延,并为人们把往昔及未来转变为现今。"(第 1 卷第 74 页)实际上,关于往昔之神话记忆,正是有声有色地呈现于仪典;正是在仪典中,神话题材得以显而易见地现实化,并得以运用于现今。所谓神话"复现",实际上是神话在仪典中的再现,尽管循环的意象亦为神话的某些范畴所特有,而在现代文献资料及学术著述中,却往往几视之为同历史思维相对立的神话思维本身之基本的和普遍的显现。这是神话化诗艺中的关键所在。与之相应的事物观,在很大程度上为詹·弗雷泽及其追随者所持著名的仪典论所昭示;其影响无疑也及于詹·乔伊斯和托·曼。

在《约瑟及其弟兄们》中,仪典结构之有意识的运用,对"神话小说"的内在处理具有重大的意义。"叙事节庆"这一十分恰切的托·曼术语,同以上所述不无关联："叙事节庆——你是生活奥秘之庄重服饰,因为你使超时为人们所企及,向神话施以咒术,使之呈现于此时此刻。"(第 1 卷第 75 页)亨·福格尔在就托·曼作品中的时间问题所写的博士论文[179]中有精彩的表述："神话节庆"的时间结构,为叙事布局之所系;譬如,同节庆的神话形态相应者,为雅各经历的时间多层次性;在关于约瑟的题材中,同样如此:思想与生活的种种意象之超时间结构以叙事格调展开,与之相应者则为小说中叙事者的双重作用——置身于叙事之内或叙事之外,置身于历史中或神话中。依据托马斯·曼对神话的细微观察,可以看出:在神话的古典形态中,现实化和现代化的道路较为繁复(托·曼虽致力于《圣经》神话的探讨,却希冀对整个神话加以"描述"):始而,历史经验聚集于前历史的、纯神话的时间"因素"之屏幕;嗣后,则再现于仪典、行为准则,等等。这一为神话所特有的意象似与那一深不可测之井的"底部"相应。托·曼正是借助于深不可测之井,不仅将其对待神话的态度,而且将神话的神秘结构隐喻化。

可以看出:詹·乔伊斯和托·曼两者的作品,不仅创作方法之总的特征有所不同,而且两者所潜心于的神话化诗艺本身之风貌也各有所异。然而,尽管颇多差异,神话小说的现象并未消失于我们的分析过程中;反之,其某些共同属性却分离而出。

神话化诗艺要求以普遍心理(被赋之以原始型式的诠释)与历史的对比、神话浑融体和多元体、讽刺成分和戏谑性模拟成分等为前提。它运用仪典—神话之周而复始的复现性对普遍原始型加以表述,并对叙事之作本身加以构拟;社会角色(面具)迭次替换的构想,亦在被运用之列。凡此种种社会角色(面具),使人物的互换性("变幻性")更加引人注目。神话化诗艺是 19 世纪古典小说结构遭到破坏或剧烈破坏后对叙事之作进行处理的手段之一;这种处理,始而诉诸有助于现代生活素材的整饬及内部(微观心理)活动的构拟之比拟和象征,继而通过对集体意识和普遍历程同时加以构拟之独立"神话"题材的创造。

无论是在詹·乔伊斯的作品中,抑或在托·曼的笔下,神话化诗艺并不是对神话诗作思维之自发的、直觉的复返,而是理性的乃至"哲学的"小说诸范畴之一,并依托于对古代文化、宗教沿革及现代种种学术理论的精深熟谙。至于对古希腊罗马神话和《圣经》神话的诠释,两作家在很大程度上仰赖于"浑融的"秘传学说(旨在对种种神话体系融合于某种玄学神话予以认可),并仰赖于 20 世纪初在一定程度上将神话归源于仪典的种种仪典主义理论(詹·弗雷泽及其追随者所持);以上所述,有助于将循环视为神话意识的普遍属性,有助于将时序农事神话(即有关死而复生之神等的神话)视为一切神话中最有代表性者。至于所谓"分析心理说"(将心理学与神话直接相连属)对神话小说的作用,上文已颇多阐述。然而,凡此种种影响并不有碍于詹·乔伊斯(即使是十分主观地)展示神话思维"手法"的某些特点,并不有碍于托·曼诉诸艺术手段在众多方面对古代世界神话作深入诠释。

小说的"非社会学化",对 20 世纪神话小说与小说早期形态之某种亦实亦虚的类似有所补益;回溯小说的早期形态,社会性格尚未萌生,同纯真的神话传统之遗存相关联的幻想具有一定的作用。中世纪后期小说早期诸形态,即属之;譬如,已提及的《帕尔齐法尔》,可视为代表性之作;在沃尔夫拉姆·封·埃申巴赫的笔下,这一著作的题材经历了极为深邃的思考。将詹·乔伊斯和托·曼的神话化小说同中世纪后期文学(《帕尔齐法尔》、《特里斯丹与绮瑟》等等)相比拟之尝试,已见诸约·坎贝尔关于"创作神话"的论著。然而,坎贝尔却将类似的态势视为上述近同的基础;据他看来,这种所谓类似的态势,呈现于个性之摆脱传统的宗教信仰与其世俗的个性"神话"的创造之间。实际上,这里的态势是对立的;而"近同"的奥秘正是在于这种对立之中,其原因在于:这里所指乃是长篇小说那尚未臻于成熟的形态与古典现实主义小说衰落时期的种种形态之近同;前者正在摆脱、但尚未摆脱神话的和神幻故事的传统,而后者的特点则是基于从书本所得而有意识地诉诸神话。

以上所述,乃是针对20世纪神话化小说之始初的、经典的样本。乔伊斯和托·曼殊途同归,提供了现代文学中神话化诗艺的"公式"。

弗兰茨·卡夫卡的"神话主义"

弗兰茨·卡夫卡的神话创作堪称别具一格;几与詹姆斯·乔伊斯的《尤利西斯》和托马斯·曼的《魔山》同时,他创作了两部长篇小说——《审判》和《城堡》(1922年)[①]。

然而,至于如何看待弗·卡夫卡的创作,下列问题依然聚讼纷纭,₃₄₁即:他是否有意识地对古代神话加以借用,他的表现主义幻想手法在何等程度上可视为神话创作。对卡夫卡作品的阐释颇多,但皆囿于宗教比喻或哲学比喻。这一传统的开先河者,为马丁·布伯及卡夫卡之友马·布罗德。

马克斯·布罗德在弗·卡夫卡的作品中发现对威严的犹太神的敬

---

① 《城堡》(《Замок》;《Das Schloß》),突出地体现了作者的创作特点。主人公 K 来到城堡管辖下的一个村庄;城堡近在咫尺、却始终无法进入。作者运用象征主义手法,有意给社会上苦难的根源蒙上一层神秘的幕纱,把它们归之于与生俱来的人之"原罪"。在作者的笔下,这座城堡成为整个国家统治机器的缩影。——译者

拜以及对公义(《审判》)和慈祥(《城堡》)的寻求;据"喀巴拉"之说[①],通过以上所述,神施惠于人。为了着重探讨弗·卡夫卡的宗教"实证性",马·布罗德援引瑟·克尔凯戈尔的著名论点,即神的宗教和道德的要求同人的逻辑之要求并不契合,上帝期待亚伯拉罕之真正的献祭——犯罪[180](近年来,卡夫卡曾研读克尔凯戈尔的著作)。

在此顺便指出:瑟·克尔凯戈尔对弗·卡夫卡确有一定的影响,使后者不仅醉心于存在主义手法,而且执著于神学—加尔文宗之说(J.凯利、R.O.温克勒即持此见)。对卡夫卡的作品另有一些基于神学的阐释(H.陶伯、H.S.赖斯、F.韦尔奇等),并有反其道而行之的"神学"阐释,即认定卡夫卡作品中的形象和题材来自信仰的衰落(汉·舍普斯、E.赫勒),来自基于诺斯替教派、摩尼教派、马西昂教派乃至无神论对正统神学之修正(君·安德斯)[181]从根本上说来,对卡夫卡作品的神学和准神学阐释,为在卡夫卡作品中探寻犹太教—基督教神话片断的比喻式再现开拓了道路。将卡夫卡的幻想之作索性视为《圣经》神话的蓄意戏谑化者,也不乏其人[182]。

D.M.卡蒂加纳把《审判》解释为约伯故事的有意识的戏谑化(加之以关于亚伯拉罕、以撒、约瑟和耶稣基督的传说中某些细节的"暗示");约伯这一形象,被解释为"父亲"掌握中之无辜受难者的原始型,而关于约伯的题材则被解释为约·坎贝尔所理解的英雄神话,即以弗洛伊德和荣格之说所阐释的成年仪式的叙事化。卡蒂加纳认为:卡夫卡笔下的约伯和约瑟夫 K.求助于父亲,却不知父亲的公正已非其子所知;最初,两子无不显示其蛮勇和刚愎。逮捕约瑟夫的刑事人员、约瑟夫的叔父、律师胡尔德和艺术家蒂托雷尔,卡蒂加纳把他们一概同约伯的三弟兄相等同——其依据为他们都确认法律之公正。《审判》中的女性形象似也包括银行的"母亲"形象,卡蒂加纳均

342

---

① "喀巴拉"(каббала;希伯来文 kabbalah,意即"传授"),中世纪神秘主义学说,传布于犹太教信徒中。《创世之书》为其第一部著作(公元 8 世纪),记述了"喀巴拉"的学说,宣称:万物的本源为独一的上帝。其另一部著作《光辉之书》断言:万物的世界为神圣之力的流溢。又据"喀巴拉"之说,凭借种种"表征",上帝得以显示和被识。——译者

视之为约瑟夫对"母"界的制约异常迟缓的标志(时当谒见其父之前)。在卡夫卡笔下,约瑟夫 K. 不同于约伯,他以自残作为成年仪式的终结(与诺·弗赖之见相较;他认为,卡夫卡这一著作实质上为《圣经·约伯记》的诠释)。

库尔特·韦恩贝格的巨著《卡夫卡的创作。对神话的讽刺性模拟》,可视为对卡夫卡的神话主义的典型著作,正如对乔伊斯的神话主义一样。关于詹·乔伊斯的论著对库·韦恩贝格的影响,下列情况可资说明,即:奥德修斯这一形象在弗·卡夫卡的一则寓言《塞壬的沉默》中被解释为西方犹太人的象征(他们对基督教那种暗示可获拯救的神秘主义吁求置若罔闻)。库·韦恩贝格以西方犹太人的颠沛流离、他们虽有信仰之需要却出现信仰之衰微及对两种宗教持矛盾态度等,对弗·卡夫卡长篇小说中的根本特点及象征加以阐释。正因为如此,据韦恩贝格看来,卡夫卡的创作及对具有共同人性者和宇宙超验者的个人诠释之探索,唤起置身"无所归属"境域的及生与死的临界情势的意象,并使罪愆的主题得以萌生——这种罪愆甚至扩及文学创作本身。

库·韦恩贝格将弗·卡夫卡作品中的人物归结于 4 种原始型的怪诞化身;4 种原始型为:(1)神体,在创世中犯有错误,疲惫不堪,亟望宁静,是"众神衰落"的表征(《审判》和《城堡》中的官吏,《变形记》和《判决》中的父亲);(2)虚假的、命途多舛的救世主,为臆造的感召所蛊惑,徒然向天冲击(《城堡》中的土地丈量员之流,《变形记》中的格雷戈尔·查姆扎);(3)英雄人物,貌似附丽于《旧约》律法,对基督教的"救赎"前景却予以抵制(《审判》中的约瑟夫 K. 之流,《塞壬的沉默》中的奥德修斯等);(4)女性人物,是种种神学德行(笃信、期望、博爱)、英雄人物心灵、教会及对救赎宗教的种种样态的关系之象征。据库·韦恩贝格看来,举凡主人公,均为"帕尔齐法尔式"人物(同国王安福尔塔斯相应者,为克拉姆和蒂托雷尔);然而,据其所作所为的效果看来,则可同西叙福斯相比拟(应当指出,最先将卡夫卡作品中的主人公同西叙福斯相比拟者为阿·加缪)[183]。至于卡夫卡作品中的主人公之命途多舛,库·韦恩贝格则视之为永生和天堂的丧失,因为人们不为知善恶树①的果实予以酬谢,并自私地置身于"律法"遮翳之下。据库·韦恩贝格认为,卡夫卡作品中的主人公中最似基督者,为格雷戈尔·查姆扎;他的悲剧似在于"基督"以魔鬼的面目走向大众,因为撒旦为昆虫之王(! ?);因此,其母皈信犹太教,拯救其姊妹之举化为泡影(她是心灵和慈善、教会和新信仰的象征),而严父则大获全胜。父、母、姊妹的春游恰逢基督受难之期(逾越节);然而,据韦恩贝格看来,它可能意指基督-查姆扎的复活。

为寻求其十分随意阐释的论据,库·韦恩贝格诉诸对象征的"译释",其途径是援引一系列矫揉造作的语文学联想和神学联想——基于依稀近似的谐音:"约瑟夫 K."之名似同巴黎犹太区的名称 Josephs-stadt 相应;《城堡》中的官吏索尔蒂尼之名同一乐器的名称,特别是最末一次审判的"小喇叭们"相连属;"阿玛莉娅"之名同传说中为查理大帝所苦苦追求的阿玛尔堡相连;蒂托雷尔——同沃尔夫拉姆·封·埃申巴赫所著《帕尔齐法尔》中的蒂图雷尔;"查姆扎"之名——同捷克文中的 Sam isem("我孤身一人");而其经历的某些细节,则同格里戈里·斯托尔普尼克的奇闻轶事相等同,如此等等。

D. 卡蒂加纳和库·韦恩贝格真实地觉察到弗·卡夫卡的神话创作是为对传统的犹太教—基督教神话的滑稽化,然而他们的探求确有三大的缺陷。其一,他们将卡夫卡思想意识领域的矛盾几乎只归结于纯宗教范畴(库·韦恩贝格将其归结于对犹太教和基督教两者必选其一的抉择);其二,在卡夫卡运用多义文学象征之处寻求望文生义的比喻(探求卡夫卡笔下形象的确切含义,也是未将卡夫卡著作神学化的研究者的特点,如 W. 埃姆里希);其三,将卡夫卡与乔伊斯等同看待,认为前者同样基于对传统的神话情节和书本中蕴藉的同感反响之有意识的运用,安排叙事的结构和情节。

---

① 知善恶树(Древо познания добра и зла;Tree of knowledge),《圣经》中伊甸园内一棵树的称谓。据《创世记》所述,人吃了这棵树的果子,"眼睛就明亮",同上帝一样"能知道善恶";因上帝曾告知:此树的果子禁止吃,故又称"禁果";后来,亚当和夏娃受蛇的引诱吃禁果,被逐出伊甸园。——译者

弗·卡夫卡作为现代主义小说的奠基人之一，无疑具有某些与詹·乔伊斯相近似的特点。这首先反映于：对19世纪现实主义社会小说传统的屏弃、从社会心理学的心理分析说向世界象征模式的"综合"构拟之过渡（就此而论，詹·乔伊斯和弗·卡夫卡不仅同19世纪的长篇小说、而且同马·普鲁斯特的著作相对立）、创作旨趣超越具体的空间和时间（历史）界限而移至永恒的玄学问题。犹如詹·乔伊斯之在《尤利西斯》中，弗·卡夫卡在其《审判》、《城堡》及中篇小说中，着力描绘个人与社会两者之间根本无法解决的二律背反及与之相应的主人公意志消沉；而其主人公则一向是普遍化的"个体"之表征。在弗·卡夫卡的作品中，世界和人的不可知性，作为荒诞不经的幻想呈现于现象学级类。

弗·卡夫卡与《尤利西斯》的作者詹·乔伊斯，确有一定程度的近似。譬如，乔伊斯着力描述布卢姆试图加强同家庭和社会的联系、在都柏林世俗者中实现"归化"未获成功（试与弗·卡夫卡《城堡》中的情态相较）；特别是在"基尔克"一章中，布卢姆那种下意识的恐惧被物化，而负罪之感则被描述为导致追捕、控告、审讯及面临处决这一完整题材的根源（试与弗·卡夫卡的《审判》相比较）。约瑟夫K.和土地丈量员K.与斯蒂文和布卢姆相比拟，不无一定程度勉强：约瑟夫K.犹如斯蒂文，屏除一切责难、外力的一切引诱，在心灵深处为罪愆情结所困扰；而土地丈量员K.犹如布卢姆，妄图扎根于"乡村"，并获得《城堡》的认可。

弗·卡夫卡仍不同于詹·乔伊斯，他几未诉诸直接的神话对应者，也未将诸如此类对应者用作叙事结构处理和情节安排的手段。弗·卡夫卡是一位极重理性主义的作家，而其主导要素则是艺术的直觉；纯理性主义的、实验性的"处置"同他格格不入；这种"处置"施之于传统神话及其种种神学的和哲学的诠释，施之于种种缊藉的引言，施之于意义和谐音的细微差异所产生的联想（同见诸詹·乔伊斯和斯·艾略特的作品者[184]毫无二致）。况且，他并不把古老神话作为艺术的诠释对象，在一定程度上为"科学的"诠释对象——与托·曼相同。弗·卡夫卡实则并未诉诸神话化诗艺——就迄今有关这一诗艺的论述而言。其作品中对世俗生活的幻想改铸本身,具有某种自发的神话创作或某种同神话创作相类似的属性。卡夫卡的几部长篇小说同《尤利西斯》的若干篇章相近似;综观这些篇章,乔伊斯那种随心所欲的想象,使构成现代日常生活诸因素的物体(电车、肥皂、饼干盒等,见上文)变形化和魔幻化。

弗·卡夫卡文学幻想的神话创作性质,反映于它的象征性(即并非直接的比喻,亦即宗教的、哲学的、政治的或属其他范畴者),反映于:其作品中的题材结构处理,为直接的、意旨十分明确的、世界象征模式的结构处理——这一模式亦为卡夫卡作品总题旨的体现。当然,卡夫卡的题材不同于传统神话,并不是以神幻的往昔为屏幕。他笔下的主人公并不是祖先、神祇、造物主等,而其题材仍取自"世俗的"(即平凡的)、历史性的时间和空间;题材和主人公带有普遍性;作为普通人的主人公,是整个人类的模拟,——而诉诸题材情节的用语,可对世界进行描述和阐释。

正是由于弗·卡夫卡的神话创作幻想基本上带有自发的、直觉的性质,并未借助于传统神话的情节和形象求得周围世界的概念化。这种幻想较准确、较契合地展示"现代主义的"意识状态和卡夫卡其时所处周围"世界"的状貌,特别是异己现象、人性的同一化、个体在现代社会集体中的存在主义孤独感,等等。从这一意义上说来,卡夫卡的神话主义尽管十分繁复,却较为清晰,并有助于揭示 20 世纪神话化诗艺的真谛及其同纯真古代神话的关系。应再一次强调指出,对卡夫卡的神话创作的探讨,势必不无一定的限制,具有某种程度的隐喻性。

在托·曼的《魔山》中,"下界"的世俗生活则有"上界"结核病疗养所的离奇生活与之相对比;这种生活形成于一种临界态势,即无时无刻不与疾病和死亡为邻。在詹·乔伊斯的《尤利西斯》和《芬尼根的苏醒》中,出现名副其实的幻想式"改制",但只是借助于暗夜幻象和梦境。在弗·卡夫卡的笔下,借助于主人公的见解施之于世界的描述,具有真正梦境所特有的结构和"光学因素"(昏暗中的亮点、注意力的易变性、人物一定的反有神论、情节发生地点的变化无常、色情动机的自生,等等[185])。《魔山》中对真实性之幻想的、"荒诞的"改制,不同于见诸《尤利西斯》中者;它留存于日常的和世俗的情势中,具有惊人的不可倒置

性,全面臻于繁盛,并成为某种最高的"现实"和世界的真正本质。《审 346
判》中的约瑟夫 K. 长期意欲藐视神秘法庭,并相安无事;而"审判"本
身,最初在他看来,即使不完全是幻想、儿戏或误会,亦不啻漫无涯际的
真实中的一座孤岛;而这种真实则同他那纯理性主义的、日常生活的意
象相吻合。然而,新的"现实"逐渐将自然主义的"视度"全然屏除,于是
约瑟夫一败涂地,竟面临一场虚构的处决。《城堡》、《变形记》、《判决》
中的情节有某些近似之处。卡夫卡的那种改制,亦即使真实面目全非
而成为幻想的、但较为深刻的现实;在现实主义小说中自然是不可思议
的,表现主义的美学却予以认可——卡夫卡曾受其影响[186]。在詹姆
斯·乔伊斯的著作中,世俗的、乏味的生活平庸之流上空回荡着主人公
的内心独白,对生活平庸作出自己的阐释、评述,并以主人公潜意识中
内心戏剧题材与这种生活平庸相对立;而在弗·卡夫卡的作品中,却并
无双重情节,即涣散之外在的与精约之内在的。对十分紧张的事态也
有描述,其连贯性并不亚于传统小说;而这种描述则系于主人公对诸如
此类情节的观念,主人公之所思也正是产生于这一观念。在卡夫卡的
作品中,不存在叙事的"第三层次";这种"层次"是由使作品含义清晰可
辨的传统神话之对应者形成。但是,不乏一系列神话诗作形象,它们似
乎源于现实的现代生活环境,并借助于"低俗的"生活细节,赋予凌驾于
人之上的、高级的超人之力的描述以尘世的、戏谑化模拟的性质。神秘
的"审判"和城堡之威力是无限的,在任何情况下,都远远高于任何现
实的审判或城堡;同时,诸如此类"神"级呈现于令人厌恶的讽刺性模拟
形态,呈现于沉郁的幽默之"语境"(然而,20世纪的神话创作虽形态各
异,却与这种幽默密不可分)。"高居天界者"呈现为高傲的、昏沉的、好
逸恶劳和贪情好色的灵体;神圣饮料(可使长生不死?),则是上等白兰
地酒或劣等啤酒——啤酒用以供高居天界者的"仆人"饮用。"慈善"
者、律师胡尔德(Huld,为"慈善"之意)及他那位"从良的"助理护士,颇
具戏谑化模拟性:前者为其委托人费尽心机,后者则同任一被告人均有
情爱瓜葛。所谓高超之力,呈现为"城堡"和"法庭",而且呈现为弗·卡 347
夫卡笔下那样的"城堡"和"法庭",——这确是对它们的贬抑。

　　尽管乡村的居民对城堡和城堡的官吏怀有宗教的虔敬,而据所见所闻,神秘的城堡却呈现为重重叠叠的官僚机构;这些机构之理事又是一塌糊涂(村长的文件却交付妻子保存,乱糟糟地堆在他家的柜橱里)。对约瑟夫 K.的案件进行审理的法庭,呈现离奇怪诞、令人生厌的景况。它设在郊外一贫寒之家的阁楼上,处处都是灰尘,并令人窒息;法官衣着粗陋,只是在画面上才按教堂赞美诗被描绘为:身着长衫,端坐于宝座之上;律师从窟窿中跌落到走廊的地板上,走廊内聚集着被拒之于神秘机关门外的被告人;侦查员则把被讯问者的姓名完全弄混,饿狼似的看守侵吞被捕者的早餐和衣物,他们因此在约瑟夫任职的银行的阴暗角落里遭鞭笞。约瑟夫被法庭判处死刑并遭处决,宛如一群匪徒在荒无人烟的偏远地方杀死一个城里人。

　　诸如此类“平庸化”,不仅没有减弱关于高级统治机关具有威力的观念,不仅没有使其功能机制变得滑稽可笑和显而易见,而恰恰相反,使它们那似乎藏匿在阴暗和肮脏的生活角落里的隐秘之力更加突出,使司空见惯的地点、事物、最微不足道的人物突然带有“魔幻性”,并使上述种种成为噩梦的背景和人物。阿·加缪(参见注 183)对弗·卡夫卡的小说作了总的片面的阐述,却正确地指出:卡夫卡作品中的恐惧感正是以日常生活现象为依托。上述这种施之于魔幻因素的平庸化,使主人公对发生的种种现象所产生的荒诞感引人注目,使主人公的压抑感和孤独感令人可信,并使约瑟夫 K.那种“达摩克勒斯之剑”①之感及土地丈量员 K.那种绝望的“西叙福斯劳作式的”努力等之感令人可信。《审判》和《城堡》两者的结构及作为其结构基石的世界模式,完全相类似[187];其差异在于:不知身犯何罪的约瑟夫 K.无法逃脱即将临头的审判;而土地丈量员 K.则无法抵达可望而不可即的城堡,并获致在乡村的归化。从这一意义上说来,两部小说似乎确可互相补益。

　　可以推测,上述“平庸化”及诉诸“平庸化”和其他手段所达到的荒

---

　　① “达摩克勒斯之剑”(Дамоклов меч),意即“危在旦夕”、“千钧一发”。古希腊传说中的叙拉古暴君狄奥尼西奥斯,邀其亲信达摩克勒斯赴宴。席间,狄奥尼西奥斯让达摩克勒斯坐在他的宝座上,并用一根马鬃把利剑预先悬于其上,使他相信人之安乐是不长久的。——译者

诞效果,成为一种讽刺手段,借以揭露奥匈帝国、魏玛共和国、整个资产
阶级社会乃至任一国家机构(从根本上说来)的专横和不公(弗·卡夫
卡并未对资产阶级社会和广义的社会加以区分)及小人物的软弱无力
和无权。那些远远超出平庸化变异的若干成分,似可为之佐证。看来,
阿玛莉娅对城堡官员索尔蒂尼的粗野要求严加拒绝的描述,即带有辛
辣的讽刺。尽管索尔蒂尼官职低微,但主要因其姓与一较大的官吏索
尔迪尼相似而出人头地,——城堡并未就阿玛莉娅及其亲属发出任何
正式指令,其家庭却遭贬斥。父亲失去工作,并于途中守候城堡官员,
以期哀求宽宥;姊妹奥尔伽则成为供城堡官员的差役纵欲淫乐者,以寻
得和讨好索尔蒂尼的差役——他曾将那令人愤懑的要求转告高傲的阿
玛莉娅。法庭对不知身犯何罪的约瑟夫 K. 的追究和土地丈量员 K. 迟
迟不在乡村实现归化那种模棱两可的态度,均可按已有的格调予以阐
释。他笔下相应的怪诞情景无论怎样令人瞠目结舌(为了使之呈现于
作品,作者诉诸他那深入的生活观察和思考),并不成为讽刺。这是因
为:卡夫卡那种世界模式中的社会级类等同于心理级类,两者处于平衡
的相互反映状态,此其一;再则,这种社会级类从属于"玄想"级类,——
正是在这一级类,才提出有关人类生存的条件和意义的问题。"玄想"级
类并与种种宗教观念相应。尽管具有生活色彩,这一级类的存在仍使卡
夫卡的幻想并不成其为讽刺的,而实则为"神话的"。有鉴于此,我们势
必要对卡夫卡创作中的这些特点有所涉及。卡夫卡的世界模式,其特征
在于:主体同客体的相互依属与世界之分为地界和天界这种二分体制的
结合。

　　值得关注的是人物面貌的骤变,而此类骤变则可凭借这些人物的
感受予以摒弃。奥尔伽告诉土地丈量员 K. :克拉姆的形貌早上与晚间
不同,在乡村与在城堡不同,进村时与离村时不同,并因目睹者不同而
有所异。评论界早已指出,卡夫卡小说中的世界景象因主人公意识的
状况而异。在一定意义上说来,无论是那种独出心裁的平庸化,抑或色
情的玄想,均属之;法庭和审判,也是如此——无不因约瑟夫 K. 和土地
丈量员 K. 眼目之所及或所欲而异。当然,断言小说中的一切只是主人

公心灵的反射,同样是走入极端,犹如把卡夫卡的小说视为社会现实主义的样板。在卡夫卡的笔下,"客体"并未归结于"主体",而两者之间却存在着不可屏除的相互渗透性。不仅法庭和城堡等等的外观,而且包括在一定程度上与外观现象相契合的本质——凡此种种,均与主人公深度的、潜在的意识相对应。[188]

主人公深层意识的萌发与周围世界的改造两者之间的相应(见诸詹·乔伊斯的著作和托·曼的《魔山》),亦为弗·卡夫卡的创作所特有;综观卡夫卡的作品,意识的状态与世界的状态两者产生不间歇的相互作用。在卡夫卡的《变形记》和《审判》中,幻想因素之进入主人公的生活,恰恰是在从梦中觉醒之时(这时,理智的控制有所减弱)[189];在一定意义上说来,这势必成为主人公心灵深度层次萌生的隐喻。正是在这一时刻,格雷戈尔·查姆扎变为丑陋的昆虫,约瑟夫 K. 莫名其妙地被捕。土地丈量员 K. 之与幻想相连属,是在他抵达城堡所统摄的乡村之时,犹如汉斯·卡斯托普之来到疗养所。两者确实存在重大差异:魔山令主人公向往,而城堡却把主人公拒之门外。不仅如此,严格说来,幻想因素之进入土地丈量员 K. 的生活,并非在进入乡村之时,而是在从梦中醒来之后。这时,旅馆老板向他索取居留乡村的证件,并向城堡打了一个稀奇古怪的电话(而当时未必有电话),等等。

《审判》和《城堡》中的幻想,就社会级类而论,是资产阶级社会和国家那种触目惊心的个人无权和孤独之展示,——这种幻想在心理上同下意识的负罪情结相适应(而"社会真实或下意识属第一性"这一解答,仍失之于含混);而就玄想级类而言,这种幻想则转化为人类道德罪愆及现实的人类世界无法超脱高超的玄想法则(失天堂)和无法认识这一"法则"的象征手法。约瑟夫 K. 的罪愆彰明较著,在很大程度上正是决定于他那种在资产阶级社会现实的社会机体中的适应性;而资产阶级社会是伪善的,其法制则有名无实(难怪他甘愿在银行供职,并深深陷入官僚阶层,难怪他无时无刻不力求保持其仪表)。这种适应性使其自负得以维系,而将冷漠、利己、纵欲等尽行掩盖。

神秘法庭向约瑟夫 K. 所宣布之道德的无上意旨,带有鲜明的基督教色彩。可资佐证者,不仅限于教堂中的种种情景(如类似基督的狱中神甫同约瑟夫 K. 相见),而且尚有鞭打看守的情景(他们觊觎"被关押者"约瑟夫的早餐和衣物),而使众看守免遭责打的唯一办法,是自己甘受鞭笞,代人受过(甚至宛如"当别人打你的左脸,也要把右脸让他去打");约瑟夫 K. 则不愿对此苟同。约瑟夫的执拗使法庭为之震怒,而他的执拗正是来自那种冠冕堂皇的法制理性观点和不愿反躬自问,不愿看见自己眼中有"梁木"。①

　　审判则被视为某种敌对的现象,同良心的萌现相对应。狱中的神甫对此有所表述,他断言:"你来,法庭就接纳;你走,它就放行。"[190] 尽管土地丈量员 K. 不同于约瑟夫 K. ,但并未能在稳定的社会环境里适应,而只是幻想在其中落足,还借助于形式的理智范畴在思考,并直接取得城堡的认可,而又不放弃其个人主义。最后,应当看到:约瑟夫 K. 和土地丈量员 K. 只是同下级官吏有牵涉:土地丈量员 K. 欲见克拉姆而不得,至于晋谒伯爵韦斯特韦斯特更是无从谈起;约瑟夫 K. 从未见过高级法官,晓谕法典者是一名看守。他从未见过法典,在其之上并有其他看守,如此等等。于是,自然得出这样一个结论:最高的理性和最高的公义,存在于这一不可企及的级类;而见诸人间者,则已遭贬抑。然而,即使这样的结论也并不合时宜,最高法律、最高秩序和生活意义三者之不可知则与之相悖。此外,显而易见,和谐为个人在其一生及社会的甚至玄想的级类所不可企及,其原因在于:和谐化所赖以实现的必需条件,不仅限于个人对理智的屏弃,而且括及个人对其自身的屏弃(这在《城堡》一书中尤为明晰)。个人与社会、个体与玄想中的整体、"地"界与"天"界之不可克服的二律背反和后者之不可知,是卡夫卡的世界模式之最重要的特征。

　　大家知道,体系协调的程度同信息的数量成比例。通观卡夫卡的世界模式,两界的关联因种种"阻碍"和信息的大量散失,几化为乌有。

351

---

　　① 据《圣经·新约全书》所述:"为什么看见你弟兄眼中有刺,却不想自己眼中有梁木呢。你自己眼中有梁木,怎能对你的弟兄说,容我去掉你眼中的刺呢。你这假冒为善的人,先去掉自己眼中的梁木,然后才能看得清楚,去掉你弟兄眼中的刺。"(《马太福音》7:3~5)——译者

在《城堡》中,乡村与城堡之间的电话联系种种隐喻性情景及乡村与城堡间信使之往来,可资说明。第一次,城堡打来电话,一个自相矛盾的消息传到乡间小饭馆:土地丈量员 K. 首次来到此间。继而,情况渐趋明朗:其一,原来是一些不相干的官员在电话中以假情报"作耍";其二,城堡与小旅馆之间实则并无电话线可寻。城堡的信使巴纳巴奔走于各个办公处所,希图为某一官员所委派;而当他接获克拉姆交付的信件时,却又不相信站在他面前的确是克拉姆;第一封信件似乎得自古老的档案馆,并与实际情况相悖,尽管土地丈量员 K. 显然处于克拉姆的暗探监视下。不仅如此,克拉姆并不愿及时地、经常地得到种种信息,他宁肯昏昏入睡。

显而易见,叙事本身在很大程度上受制于"荒诞律",而叙事的各种范畴(诸如以上所述的社会范畴、心理范畴、玄想范畴)显然相互矛盾,乃至互不相容。[191] 正因为如此,将卡夫卡笔下的种种意境和形象片面地比喻化,当然不妥;对卡夫卡笔下种种象征的泛语义性必须予以承认。综观诸如此类象征,当由此级类转入彼级类之时,其含义不仅出现细微差异,而且往往变得截然相反。

弗·卡夫卡笔下种种象征的泛语义性呈现为荒诞的幻想。不言而喻,以上所述伴之以作者极度的相对论。这种相对论并不是伦理的,而属认识论。卡夫卡的世界模式并不呈现于所谓分离(或者/或者),而呈现于接合(和/和),并同"排中律"相契合,犹如吕·莱维-布吕尔所阐述的原始逻辑。下列问题无法作答:K. 是否确是名副其实的土地丈量员(官僚机构的混乱以及城堡的居心叵测,有碍于对其认可),抑或是冒名顶替(城堡并因而有所抵制);同样无法回答的是:约瑟夫 K. 是否确为不公正的法庭所追究,或者所发生的一切均为他之良心发现的隐喻。在短篇小说《乡村医生》(1919 年)①中,卡夫卡的"接合"律堪称彰明较著。这篇小说无疑是最"怪诞者"之一:一个乡村医生夜间被唤醒,去救

---

　　① 《乡村医生》(《Сельский врач》;《Der Landarzt》),其情节神秘而离奇:医生雪天出诊,正苦于没有马车,却从猪圈里冲出两匹神奇的骏马;到病人家里,却被剥去衣服,按到垂危患者的病榻。小说主旨似在于说明:世界上一切都是荒诞的。——译者

治病人;他为此不得不把侍女奉送魔幻的车夫,而患者却十分康健;突然发现,患者受了致命伤,医生又被置于患者的病榻上,他却逃之夭夭。真情究竟何在呢? 在于医生为并不存在的患者所作的不可思议的牺牲,抑或在于医生那种纯属利己主义的(非基督教的)、不愿为他人承受苦难的态度。真情亦在于前者,亦在于后者,——尽管这种结合在叙事中转化为噩梦的荒诞。

既然对弗·卡夫卡的世界模式作了简略的探讨并对其幻想手法的某些特点作了阐释,则可再集注于对其神话创作问题进行论述。个人与超个人之力的二律背反和对后者之不可知性的笃信以及荒诞的接合律,为卡夫卡的社会异化神话提供了前提。值得再次强调指出的是:象征式的神话化(而非讽刺)因社会级类从属于玄想级类及对该两级类的理性阐释而成为可能。异化神话产生于弗·卡夫卡的创作幻想,正表现于人所从属的超个人的社会之力,为超社会、超先验之力的显示,并带有幻想的属性。然而,既然幻象本身在一定程度上取决于人类意识的状况,并产生于其行为,那么,人性本身的一定层次也就纳入异化范畴。与此相应,"神话化者"并不是外在的、名副其实的超个人之力,亦非个体本身,而是前两者的关系;而且主要不是前两者,而是后者。就此而论,关于个性根本一致的概念在不可逾越的离异地带存在的情况下同环境相结合,这一点至关重要。从这一意义上说来,弗·卡夫卡同阿·加缪有着极大的差异:在加缪的作品中,异化呈现为纯属社会范畴者与纯属个人范畴者的异己性,属社会范畴者从外观看来则是一团混乱,而社会动荡则呈现为"流行病"(鼠疫的比喻),等等。 353

由此可见,"审判"和"城堡"主要是个体与超个人之力的关系的表征,即异化本身的表征。另一方面,格雷戈尔·查姆扎之变为丑陋的甲虫,不仅是存在主义的个人孤独之表现力的形象,而且是个人与家庭、个人与社会集体之离异关系的显现。综观弗·卡夫卡的"神话","异化"的意象异常纷繁,并富有表现力。在弗·卡夫卡的笔下,服饰的象征起着十分显著的作用,一向使与身着该服饰的个体相对应的外在社会规制显得尤为突出。试举数例:克拉姆时常变幻不定,而其黑色的长

礼服却并未更易,人们总是见他身着该礼服,因为首先视之为克拉姆的
规制;阿玛莉娅佩戴其姊妹的项链,——这副项链是纵欲性仪典的表
征,而索尔蒂尼对高傲的、忠贞的阿玛莉娅的秉性毫无所知,强使这位
姑娘戴此项链;基于同一原因,土地丈量员 K. 面对巴纳巴的仆役服装
而眼花缭乱,——这套服装系众姊妹为他缝制,是他在城堡供人役使的
标志。看来,《审判》中法庭官员之未穿制服及其服装之粗劣(除代表法
庭向无数询问者作答的问询处长外),也有同样含义,只不过其标志截
然相反罢了。未穿着制服这一现象,对诸如约瑟夫 K. 这样的人物认识
这一法庭,是非常重要的。据我们所知,在名副其实的神话和神幻故事
中,服饰的更易使此人物完全有可能与彼人物相混同(诸如:"易妻"、
"猪披羊皮"、灰姑娘穿太阳、月亮和星辰色调的服饰,等等),——尽管
其所表述的无疑并非社会异化。

　　土地丈量员那些所谓"助手"个性的变异,与服饰的更换颇为近似;
这些被派去监护土地丈量员的丑角式人物,应使他摆脱悲剧性的生活
感受。他们在土地丈量员处"供职"之时,犹如两孪生兄弟,彼此十分相
似(土地丈量员甚至以其中一人之名作为两者之名),两人形影不离,所
作所为如出一辙;一旦供职期满,至少是两者之一的仪表和行为发生急
剧的变化,——这种变易同供职的终结有直接关联。

354　　综观上述种种形象,可看到人性的表现和同一化。同一化的问题,
极其尖锐地、严肃地摆在土地丈量员 K. 面前;如这一问题不能解决,他
就无法进入村社。我们看到的、弗·卡夫卡为表现 20 世纪社会人性的
同一所援用的形象,较之见诸詹·乔伊斯笔下者更趋于等同;乔伊斯为
达到同一目的似乎采用相反的方法:把传统神话中和历史上与布卢姆
和伊尔威克相近似的、种种不同的著名人物加以凑集,乃至达到过剩的
程度。这样,凡此种种名副其实的神话人物则失去其独特性,趋于等同
和划一,并成为形形色色的面具。弗·卡夫卡对现代主义关于人性的
不可更易和冲突的同一性的概念之描述,并非诉诸类似意境那种不厌
其烦地迭现(即准神话循环),而是借助于同一意境不可更易的手法(置
主人公的一切努力于不顾)。

　　既然弗·卡夫卡并未袭用具体的传统情节,其神话创作的特征正是在与真正的原始神话或古代神话的对比中才得以显现;这样,乔伊斯式的神话化之特点则更清晰可见。

　　现在对《变形记》(1912年)①进行探讨。从根本上说来,这一短篇小说可与原始图腾神话和魔幻故事相比拟;在诸如此类神话和故事中,人往往变化为动物。饶有意味的是,弗·卡夫卡的日记中曾提及图腾崇拜。关于卡夫卡的论著中,已提及卡夫卡作品中存在"图腾"情节,当然是经过心理分析式的阐释(约·泽佩尔及其他学者的著作)[192]。卡夫卡小说中的动物形象,曾为 W. 埃姆里希所翔实探讨(见注189),——埃姆里希把上述形象与自然和自由之力相比拟;而查姆扎之变化为甲虫,则视为原遭抑制的"利己主义"中人性之萌发。当然,后一见解则无法苟同;这里所述更似内部视觉的萌生,它以幻想形态探知主人公与世界,首先是与家庭的关系的真情实况。总之,将《变形记》与图腾神话稍加对比,即可看出:就其象征的含义而论,两者不仅大相径庭,而且甚至截然相反。在图腾神话中(试以澳大利亚人的图腾神话为例;在澳大利亚人地区,这种神话仍保持其古典形态),神幻祖先之变化为图腾动物通常发生在叙事的结尾,并意味着主人公的亡逝(有时则为被追逐、被杀害或单纯"衰老"所致);而既已亡逝,则或者转生为后裔,或者博得宗教性的崇拜,即类似再生和永生者。始祖之变化为图腾动物,无疑是家庭—氏族群体团结一致的标志,因为图腾分类的"显示"首先是社会赖以分为氏族的手段。

　　综观主要溯源于诸如此类神话的魔幻故事,女(男)主人公之变化为动物,或者可成为昭示其图腾属性(即从属于某一社会集团)的手段(例如,神异的妻子——天鹅,为丈夫所辱,又化为天鹅,振翼飞去,回到其父天鹅"主宰"栖居之处),或者只是一时化为丑陋不堪的动物——此乃法术所致,每逢故事终结,法术必然解除。奥维德的

355

———————————

　　①　《变形记》(《превращение》;《Verwaandlung》),短篇小说,描写一个小职员格雷戈尔·查姆扎突然变成一只甲虫,成为家庭的累赘,最后在孤寂中死去。作者深刻而生动地揭示了人与人关系的冷漠,描绘了资本主义社会中的"异化"。——译者

《变形记》①，是为神话传统（释源神话）程式化、美学化的代表。

在弗·卡夫卡的《变形记》中，神话传统似乎变得面目全非。格雷戈尔·查姆扎的变形，既非属本氏族群体的表征，也不是家庭—氏族团结一致的标志；恰恰相反，它是涣散的标志，是离异、冲突的标志，是同家庭和社会决裂的标志。至于我们是否采纳 W. 埃姆里希的见解，则无关紧要；据他看来，卡夫卡笔下的动物是无所制约的、自然的本原之象征（埃姆里希同样把《审判》和《城堡》解释为生活本身的情境）。退一步说，即使接受他的见解，那也只是作为我们立场的佐证，其原因在于：在图腾神话中，动物象征的作用具有深刻的社会性。

上文已提及，库·韦恩贝格所持纯属无稽之谈。据他看来，查姆扎-基督将在复活节复活；而在这篇小说中，并无任何复活、转生、对已故祖先的敬拜可言。凡此种种，确见诸名副其实的神话。叙事的结局，往往是皆大欢喜：一家人从已故之子和弟兄所带来的烦恼中完全解脱——他们已成为全家的累赘、耻辱，并招致唾骂。由此可见，弗·卡夫卡的《变形记》在一定意义上是神话的"反面"，即一种反神话——如把原始神话视为别具一格的样本。将弗·卡夫卡的小说同神话、神幻故事或骑士文学相比拟，则可发现某种类似现象（骑士文学保留有神幻故事—神话的情节及神幻故事—神话的结构）。关于施之于高级之力的讽刺性的、平庸化的描述，上文已说得很多，不拟再赘述。威·休·奥登断言：弗·卡夫卡的小说属"求索"（quest）类（《城堡》，尤甚），这一见解不无可取之处。将弗·卡夫卡的长篇小说同这一类型的叙事之作，特别是同作为中世纪求索文学范型的《帕尔齐法尔》相比拟者，不乏其人。诸如此类学者，上文已提及。就起源而论，作为求索小说基原者，为一定组群的魔幻故事（特别是阿尔内—汤普森体系题材№550～

356

---

① 《变形记》（《Метаморфозы》；《Metamorphoses》），古罗马诗人奥维德最重要的著作，全诗共 15 卷，系根据神话传说写成。相传，特洛伊英雄埃涅阿斯在天神护佑下逃出失陷的伊利昂城，辗转漂泊，终于来到意大利，成为古罗马人的祖先，并建立罗马城。其思想倾向为：宣扬罗马的伟大及其光荣历史，赞扬奥古斯都的统治。这一著作堪称"古罗马神话的汇集"。故事按时间顺序叙述，由宇宙创立直至罗马的建立。作者运用了丰富的想象，并着力于人物的心理描写。——译者

551)和与一定类别成年仪式的仪典周期相应的神话(有关诸如此类神话,上文已多次述及)。其实,在神话和神幻故事中,主人公并非总是自己去寻求奇遇和考验(试与土地丈量员 K. 相较),有时则成为众神和妖魔等追逐的对象(试与约瑟夫 K. 相较);主人公或者战胜上述种种灵体,或者因经历严峻考验、猜破其谜语等等而博得这些灵体的垂青。

将《城堡》和《审判》的题材与成年仪式的周期加以对比,十分恰切,——特别是"已领受仪式者"与"未领受仪式者"之对比,在两部小说中起有极大的作用。在《城堡》中,"加入"无非是使之成为该社团拥有全权的成员——而这正是古代加入仪式之鹄的。至于谈到弗·卡夫卡作品中"父亲"和父神的暗喻作用,势必要提及北美或太平洋岛屿的某些神话;据这些地区的神话,作为儿子的主人公,须经其父——太阳神或其他神之测试:他蓄意让儿子备受折磨,因违迕婚姻及他种"塔布"而予以严惩,不许升举于天界;可是,与一切此类题材所描述的相似,儿子最终无不如愿以偿,后来经常得到父亲和众神的祐护。D. M. 卡蒂加纳曾援引约伯的故事对《审判》加以释析,而且不完全确切地视之为"求索"题材的变异;即使在有关约伯的故事中,也无不以妥协告终。这位研究者把《审判》视为上述故事的讽刺性阐释,未免失之偏颇;然而,他又正确地指出:就此说来,《审判》那令人不快的结尾,的确是其主要的、根本的差异。

人们执著于将弗·卡夫卡笔下的主人公(以及詹·乔伊斯和托·曼作品中的主人公)同帕尔齐法尔相比拟;就后者而论,最初,他恪守骑士的规约,未敢询问城堡之主的病状,并未达到"求索"的目的;另一次,他已饱经风霜,行将成为圣杯捍卫者。土地丈量员 K. 的穷途末路,往往与帕尔齐法尔的首次失利相比拟。但是,不应忘记:他的首次失利,犹如神幻故事中所描述,其功用在于衬托主人公的终于大功告成,——情节的两度、三度迭用对此有所助益。约瑟夫 K. 和土地丈量员 K.,既不同于古代神话和神幻故事中的主人公,又不同于中世纪文学等中的主人公,也不同于托·曼作品中的主人公汉斯·卡斯托普和《圣经》故事中的约瑟;他们无法经受"加入仪式"的考验,因而一败涂地——尽管在此期间精神上无疑会得到充实,并臻于对生活意义的理解。对认识弗·卡夫卡创作的特征来说,下列细节颇为重要:少年巴纳巴长大成人,其勇敢的特质已不复存,遂被准许进入城堡。由此可见,K.的勇敢乃是不成熟的标志,——这一意象与神话所特有的标志截然相反。

弗·卡夫卡笔下的主人公之所以惨败,似为咎由自取;他们无法克服其个人主义和理性,无法意识其罪愆;他们桀骜不驯(渎神);两者同乡里人和其他被告不同,每每行为失当。约瑟夫 K.同狱中神甫向他讲述的劝喻性故事中的主人公相似,无法进入法律之门,尽管此门即为他而设;而土地丈量员 K.则无法进入城堡,尽管他与有关律法的劝喻性故事中的主人公不同,意欲冲破“看守者”的层层阻难。甚至已有可能同城堡一官员取得联系,土地丈量员 K.仍然昏昏入睡,乃至误了大事,犹如古巴比伦神话传说中的抗神者吉尔伽美什。相传,他因贪睡而未能享用在另一世界获自乌特纳皮什提姆处的“长生草”①。就此而论,弗·卡夫卡的长篇小说同古巴比伦文学的某些作品依稀相似(例如,埃塔纳落得个粉身碎骨,未能升举于苍穹②)。总之,这绝非偶然;据这些作品所表述,即使半神人物同样无法与神祇相比拟,无法获致永生,因为人是神仆所生。

弗·卡夫卡长篇小说中的主人公之所以惨败,乃是罪有应得。而无论如何,其结局势所难免,其原因在于:“罪愆”是加之于众人(法庭作出开释性宣判,只是传闻而已),世人与统摄他们的超人之力(神祇)赖以交往的共同语言,已不复存;而“神祇”本身,也只是怪诞虚幻的卑劣形象。试将《约瑟及其弟兄们》中的意境同上述相比拟。在弗·卡夫卡的这部小说中,人与神不仅互有往来(犹如《圣经》中所述),而且互为创造者,互为受益者,每一人物无不具有自己的作用——而这一点,却为约瑟夫 K.

---

① 据有关吉尔伽美什的叙事诗所述,吉尔伽美什因遭神惩,在极度悲愤中决意探究永生之法。他历尽艰辛,获悉当年洪水漫世时乌特纳皮什提姆曾得到“长生草”,并潜入海底,终于寻得。不料于归途中,“长生草”不慎被蛇吞食。回到乌鲁克后,在神的帮助下同亡友之灵相会,始知人类不能永生。——译者

② 埃塔纳为古苏美尔神话中众神所推崇的世界首代君王。相传,埃塔纳睿智贤明,却因无嗣而万分苦恼。后来,埃塔纳乘他救助的一巨鹰飞往天界,寻觅所谓“生育之草”。巨鹰执意飞向高邈的天宇,最终双双坠地而亡。——译者

和 K. 所摒弃。

　　神话和仪典最重要的功能在于：使个体附丽于社会共同体，将个 ³⁵⁸
体纳入部落生活和自然两者的总循环。成年仪式仪典的功能也在于
此。因此，K. 之无法见容于社团，犹如约瑟夫 K. 之无法自白，具有
普遍的、根本的意义。无论是在《变形记》中，抑或在弗·卡夫卡的长
篇小说中，生活的自然循环并非获得维系，而是遭到破坏；"死亡——
复活、再生"这一神话成分，在其中则无迹可寻。就此而论，应提及
弗·卡夫卡关于猎人格拉克赫的小说；据说，猎人死后（坠崖而亡），
始终无法抵达冥世，置身于舟中，任凭漂流（颇似阿哈斯费鲁斯这一
主题）。如上所述，弗·卡夫卡并未运用"死亡——复活"这一神话成
分，而它在詹·乔伊斯和托·曼的作品中却居于十分显著的地
位——尽管两作家赋予的诠释凭借不同的方式。乔伊斯虽对这一神
话成分加以运用，却并非把它描述为生命的更始和永恒的持续（犹如
神话本身及对之有精深理解的托·曼的作品中所述），而视为有名无
实的运动和面具式人物永无休止的、令人生厌的更迭递嬗。如将
詹·乔伊斯之援用传统神话成分同弗·卡夫卡那种独出心裁的、公
然现代化的神话创作加以比较，便可发现乔伊斯所持神话化的真谛；
而这种神话化与他所赖以为汲取质料之源的古代传统的种种神话成
分根本相悖，也十分明显。实质上，卡夫卡的神话主义较为真实可
信，因为它着力于新的现代主义悲剧题材的创造，而非醉心于原有传
统遗存的运用，又并非如此不可救药，其原因在于：卡夫卡虽提出一
定的哲学问题，但并未予以解决，也未作出类似乔伊斯所提供的、纯
属冥顽执拗的解答。

现代小说中神话化的种种形态

　　本书不拟对 20 世纪小说中神话化的另一奠基者，即第 4 位奠基者
戴·赫·劳伦斯作详细的介绍。劳伦斯比其他著作家更多地从詹·弗
雷泽《金枝》中（一部分从 E. 克劳利《神秘的蔷薇》中）汲取关于神话和

仪典的观念。他笔下的丰饶之神的"圣婚"、作为无法避免的献祭牺牲的"替罪羊"等模式及具有法力的"异域者"形象,其滥觞正在于此;依托于弗雷泽的种种理论,劳伦斯在其作品中述及古希腊、罗马及古代东方诸神,诸如:狄奥尼索斯、阿多尼斯、阿尔忒弥斯、基伯勒、伊西丝、阿斯塔尔特、佩尔塞福涅、巴力等。劳伦斯还受到弗·尼采和心理分析说的影响。他倾向于神话主义,这无疑是对他所深恶痛绝的当代文明之"资产阶级平庸"的反应。

　　戴·赫·劳伦斯与詹·乔伊斯相反,他是极端的反唯智论者;对他说来,诉诸古代神话,即是遁入直觉、本能、自由发泄、"健康的本性"及借助于堂而皇之的神秘仪典施之于这种本性的神秘主义认定等范畴,即:他的神话主义带有赞颂性,并加之以特殊的新浪漫主义光环。如果说在小说集《英国啊,英国》(1922 年)①中,仪典—神话的情节(诸如:暗将生女献作牺牲;以矿工形象出现的冥世魔怪;祈求丰饶的仪式;替罪羊;"图腾式的"狐狸形象;素昧平生的茨冈,据信确有神秘之力)尚给人以一种蕴藉之感,并在一定程度上为情节的结构连贯性之所系[193],那么,在他那"墨西哥题材的"小说《羽蛇》(1926 年)②中,则索性赞颂施之于阿兹特克人之神克查尔科阿特尔(羽蛇)和威齐洛波奇特利的那种前基督教的(前哥伦布的)、肆狂的血祭;小说中的主人公拉蒙·卡拉斯科和西普里亚诺,即是上述两神的再生。他对神话、仪典、法术等加以赞颂,并视之为艺术范畴中摆脱现代窳败文明的手段。这种态度较之詹·乔伊斯、弗·卡夫卡和托·曼的神话化尤为古旧,并未对神话化诗艺有所发展;而神话化诗艺正是以诉诸神话创作手段施之于现代文化的阐释为基础。与此相应,同样不应把威·戈尔丁着眼于深入的针砭所作的、不同于劳伦斯的描述归之于神话化诗艺;他的描述,见诸其所

---

　　① 《英国啊,英国》(《Англия,моя Англия》;《England,my England》),戴·赫·劳伦斯的作品,包蕴对道德准则和社会规范的阐述,往往运用弗洛伊德心理分析法,对资产阶级文明持批判态度,呼吁复返原始素朴。——译者

　　② 《羽蛇》(《Пернатый змей》;《Plumed Serpent》),其主要内容为描述:一爱尔兰孀妇厌弃旧大陆的文明,到墨西哥去旅行,被卷入当地恢复古老的羽蛇崇拜之狂热运动。作者幻想以异域古文化的活力来拯救欧洲文明。——译者

著长篇小说《蝇王》(1954年)①,其内容为:一群英国儿童流落在荒无人烟的孤岛,原始的本能和肆狂的仪典在他们中间得以复振。

　　通观20世纪早期小说中的种种神话化样态,对继之而来的神话化尝试影响最大者,当推詹·乔伊斯的《尤利西斯》。这部著作居西方现代主义之要冲。托马斯·斯·艾略特在1923年撰文赞扬《尤利西斯》一书,即对其神话主义而发。他写道:"对神话的运用,屡屡将现今与远古相对应,……是进行统摄、整饬的手段,是赋予那种怅惘和涣散的庞复景况以形态和意义之手段,而这种景况就是现代史"。[194]

　　早期托·斯·艾略特的思想和美学之立场,与詹·乔伊斯所持相接近;其神话化手法亦然,特别是在《荒原》(1922年)②中;在这一诗作中,来自"福音书"传说和佛教传说及《帕尔齐法尔》中的同感反响,同源于但丁、莎士比亚、瓦格纳及其他作家著作中蕴藉的片断相交织,形成题材结构。非常值得注意的是:艾略特对《帕尔齐法尔》的领悟是通过A. L. 韦斯顿的论著;在其所著《从仪典到骑士文学》(1920年)[195]中,她把《帕尔齐法尔》的题材归源于詹·弗雷泽所描述的"死而复生"这一神话成分。在艾略特的笔下,"死而复生"这一神话成分竟离奇地转化为这样的情节,即在世界演变而成的死寂的"荒原"上,既不可能也不愿意"复生"。本书不拟对艾略特的创作详加评述;笔者的任务只限于对小说体裁中的神话主义进行探讨。

　　神话成分并见诸其他代表性作家的诗作(威·叶芝、埃·庞德等③),并较为丰富地呈现于戏剧(让·阿努伊、保·克洛代尔、让·科

────────────────

　　① 《蝇王》《Повелитель мух》;《Lord of the flies》),其主要内容为描述:由于离开了文明社会,人性中某些固有的本能得到充分发展;一群流落在孤岛的孩子,因而成了同类相残的野蛮人。作者着力刻画人在无所约束时的恶毒;这反映了两次世界大战后的西方对人性恶的恐惧。——译者

　　② 《荒原》《Бесплодная земля》;《The waste land》),20世纪西方文学中一部划时代的作品。诗人以荒原象征战后的欧洲文明。作者利用神话研究成果,对欧洲文学中的情节、典故等大量加以援用和改铸,借助于隐喻、联想和严密的结构,以鲜明的形象构成一部完美的诗篇。——译者

　　③ 爱尔兰诗人威·巴·叶芝援用爱尔兰民间丰富多彩的神话传说从事创作,其诗剧《胡里痕的凯瑟琳》《Kathleen ni Hoolihan》),借用爱尔兰神话中有关女王凯瑟琳的传说、表达爱尔兰要求独立的愿望。美国诗人埃·庞德的《比萨诗章》,则描写一次穿过"灵魂的黑夜"走向爱之女神的过程。——译者

克托、让·季洛杜、尤·奥尼尔等①)。神话主题在现代戏剧中的普及化,因种种仪典主义论点的传布而日益受到激励(诸如此类论点,把神话解释为仪典宗教剧的叙事化);现代戏剧并不诉诸神话化诗艺,而诉诸对古希腊、罗马剧作之现代主义的改制和再思。[196] 我们之所以侧重于小说,在一定程度上是由于现代小说中这一侧面的概括性论著较少;况且,神话和小说均属叙事范畴,所谓"复返神话",首先是以小说为土壤;而神话情节在诗歌中的广泛运用(即使并非如此"原始型式"的运用),也是在 19 世纪。

第二次世界大战以后,神话化也成为小说中广为采用的手法之一。我们所指的主要不是总的"模式",而是一种手法;它使人们有可能借助古希腊、罗马神话或《圣经》神话中直接的或相反的对应者,使一定的情节和冲突更加鲜明。有关"寓意化"技法(即将神话情节和原始型运用于 40 至 60 年代小说中的手法),伦敦的一位教授约翰·Ⅰ.惠特所著《现代小说中的神话》一书[197] 作了翔实的论述。

约·惠特列举了运用神话情节和原始型的 40 位作者,诸如:《奥德修斯》题材被运用于阿尔贝托·莫拉维亚的《轻蔑》(1954 年)②、Г. К.基尔施的《忒勒玛科斯的通报》、汉·埃·诺萨克的《涅基亚》(1947年)、H.哈特劳布的《并非人人都是奥德修斯》;《伊利昂纪》的题材被运用于 K.博伊赫勒的《在博恩霍尔姆的时日》、吉·布朗的《星辰按其轨道运行》;《埃涅阿斯纪》的题材被运用于赫·布罗赫的《维吉尔之死》

---

① 让·阿努伊曾创作剧本《安提戈涅》(1942 年),借用希腊神话传说中之安提戈涅甘愿自我牺牲颂扬:为了恪守自己的伦理准则,拒绝妥协,甚至不惜献出生命。保·克洛代尔的诗和戏剧往往取材于《圣经》,充满基督教的玄想和炽烈的宗教热忱。让·科克托的作品中,幻想往往与现实相结合,神话人物以现代人物的形象出现。让·季洛杜的作品,题材广阔、内容丰富。有些作品取材于荷马史诗和《圣经》,往往是幻想与幻境相交织,诸如《安菲特律翁》、《犹滴》、《埃勒克特拉》等。——译者

② 《轻蔑》(《Презрение》;《Il disprezzo》),一部抨击性小说,旨在揭露窳败的道德侵入意大利电影,并提出现代艺术家的责任问题。作者对所谓附庸作家的行为进行了心理分析。——译者

(1941年)①、米·布陶的《变化》(1957年)②、A.博尔赫斯的《搏斗的幻影》；奥尔甫斯的故事被运用于赫·布罗赫同一部长篇小说《维吉尔之死》、乔治·艾略特的《会歌唱的头》、汉·埃·诺萨克的《与死亡相会》(1948年)；"阿尔戈"英雄的故事被运用于伊·朗盖瑟的《"阿尔戈"英雄从勃兰登堡启程》(1950年)；奥狄浦斯的故事被运用于马·弗里施的《认为技术决定一切的人》(1957年)③、阿·莫拉维亚的《注意》(1965年)④、阿·罗伯-格里耶的《橡皮》(1953年)⑤；肯托罗伊(马人)的情节被运用于约·厄普代克的《半人半马》、安娜·奎因的《咄咄怪事》；菲洛克忒忒斯的故事被运用于J.鲍恩的《另一世界》；阿里斯泰奥斯的故事被运用于赫·布罗赫的《无罪的人》(1950年)⑥；菲洛墨拉的故事被运用于格·毕希纳的《缓缓而死》；伊卡罗斯的故事被运用于雷·凯诺的《伊卡罗斯的飞行》；普罗塞尔平娜的故事被运用于伊·朗盖瑟的《普罗塞尔平娜》(1932年)；奥瑞斯忒斯的故事被运用于詹·梅里尔的《札记》(1965年)⑦和阿·德布林的《柏林，亚历山大广场》(1950年)⑧，并

---

① 《维吉尔之死》(《Смерть Вергия》；《Der Tod des Vergil》)，作者通过对诗人临终前内心活动的描述，提出艺术作品在现代社会是否还有存在的权利和价值的问题。据作者看来，任何"美"的东西，只有对来世才有价值；这表现了作者对现实的绝望。——译者

② 《变化》(《Изменение》；《La modification》)，作者认为，小说家的主要任务在于寻得反映生活的真实语言，发现新的视野，最终达到改变现实生活的目的；写作手法颇受詹·乔伊斯的影响。——译者

③ 《认为技术决定一切的人》(《Homo Фабер》；《Homo Faber》)，作者在这部小说中提出"工业文明时代"的人性问题；主人公崇尚实用主义哲学，置一切道德准则于不顾，经历了种种严峻的磨难，终于认识到其人生哲学。——译者

④ 《注意》(《Внимание》；《L'attenzione》)，小说主人公为作家梅里吉，每日必有所记录，作为拟议中一部作品的素材。作者沉湎于色情的渲染。——译者

⑤ 《橡皮》(《Резинки》；《Les gommes》)，小说主人公试图制造一件假想案件，而假想的受害者却不幸被杀死。作者似拟借用古希腊神话传说中有关奥狄浦斯的故事，但有所不同。——译者

⑥ 《无罪的人》(《Невинные》；《Die Schuldlosen》)，作者认为：本世纪20年代，一些人政治上的冷漠和道德上的堕落，助长了法西斯独裁的横行无忌；他们表面上似乎无罪，实则负有罪愆。——译者

⑦ 《札记》(《Записная книжка》；《Notebook》)，其内容为描述美国一青年作家试图将他在希腊一海岛上的经历写成小说。——译者

⑧ 《柏林，亚历山大广场》(《Берлин，Александерплатц》；《Berlin, Alexanderplatz》)，作者以接近超现实主义的手法，描述一个运输工人弗兰茨·毕伯科普夫出狱后欲改恶从善而不能如愿，揭示了资本主义大都市中人们的心理状态。——译者

与亚伯拉罕和以撒的故事相交织;忒修斯的故事被运用于米·布陶的《时间的运用》①(与该隐——亚伯这一题材相交织);吉尔伽美什的故事被运用于 H.巴赫曼的《吉尔伽美什》和汉·亨·雅恩的《没有岸边的河流》②,等等。

值得注意的是,约·惠特把一些以传说或文学作品中人物为原型的长篇小说一并列入;诸如浮士德(如托·曼的《浮士德博士》③)、唐璜、堂吉诃德、哈姆雷特乃至特列普列夫,均属之。现代小说家将古代神话和古老文学典籍用于同一目的(试以詹·乔伊斯作品中神话、历史和文学三种联想的交织为例),即可作为以上所述的某种论证。

在约·惠特提及的作者中,最引人注目者当推奥地利作家赫尔曼·布罗赫,他著有:《梦游者》(1931～1932 年)④、《维吉尔之死》(1945年)、《无罪的人》(1950 年)、《诱惑者》(1953 年)⑤——作者的创作和世界观十分矛盾。布罗赫是詹·乔伊斯的崇拜者(著有论述乔伊斯的专著),其写作手法在很大程度上模仿乔伊斯;而托马斯·曼的影响在其著作中也十分清晰。赫·布罗赫似为 30 年代神话小说与战后小说两者之间的桥梁。[198]

---

①　《时间的运用》(《Времяпрепровождение》;《L'emploi du temps》),作者从平凡的日常活动中找出生活的奥秘所在,表现人们在狭小的世界里对时间和空间的感觉。在作者的笔下,时间任意交错,现实、神话、回忆、梦幻浑然杂陈。作者善于运用大量内心独白,以描述意识活动。——译者

②　《没有岸边的河流》(《Рака без берегов》;《Fluß ohne Ufer》),一部三部曲式的长篇小说,旨在描述艺术家在现代资本主义社会中的命运。小说没有连贯的情节,完全仰赖于艺术观念的联想和主导动机的象征表述。——译者

③　长篇小说《浮士德博士》,全称《浮士德博士,由一位友人讲述的德国作曲家阿德里安·莱弗金的一生》,是一部描写艺术家悲剧的"艺术家小说",也是一部描写德国走向法西斯、走向战争和毁灭之历史悲剧的"时代小说"。小说中作曲家莱弗金,试图创新而同魔鬼订约,以弃绝人类爱为条件,求得魔鬼不断供给创新灵感,最后终于醒悟,但已追悔莫及。——译者

④　《梦游者》(《Лунатики》;《Die Schlafwandler》),三部曲式的长篇小说,通过对德国1888 年至 1918 年发展状况的描述,揭示帝国主义崩溃的过程。写作手法深受詹·乔伊斯和弗·卡夫卡的影响。——译者

⑤　《诱惑者》(《Искуситель》;《Der Versucher》),其主旨在于描述:第一次世界大战后社会生活道德基础的没落和瓦解的种种迹象。小说写一个骗子冒充先知,以蛊惑手段使人们热衷于疯狂的偶像崇拜,并实行人祭。——译者

第二次世界大战的历史情势及战后种种冲突的神话预示,Th. 齐奥尔科夫斯基和约·惠特[199]揭示于汉斯·埃里希·诺萨克的作品(《涅基亚》,1947 年;《同死亡晤面》,1948 年)和德国某些作家的作品;至于法国的"新小说"(如米·布陶的《时间的运用》,1959 年),约·惠特则认为其作者把神话原始型运用于纯心理冲突等的象征化。本书不拟对西欧战后神话化小说为数众多的范本加以剖析,请读者参阅约·惠特的有关论著。我们只对一个问题稍加涉猎。显而易见,正是詹·乔伊斯为现代主义神话化提供了基本公式,而这一公式或多或少为西欧战后小说所运用。乔伊斯神话化手法的运用,势必带来这一神话化的乔伊斯世界观基础的复现。以上所述,对米·布陶说来,也是如此。

362

从这一观点看来,美国作家约翰·厄普代克的《半人半马》(1963 年)①值得予以特别关注。厄普代克的世界观几未受詹·乔伊斯颓废派文学的影响,但乔伊斯的神话化诗艺仍为他直接地、广泛地加以援用。在这一著作中,对希腊神话的讽刺性模拟,同样用于题材的处理;就此而论,则是以作家关于其少年时代、学生时代最后数年(其父曾在此任教)之概括的回忆为素材。教师乔治·科德韦尔(约·厄普代克之父为其主要原型)同教师之子彼得形成对比,犹如成年人之与刚刚步入生活的少年;就此而论,他们之间的对比,又如同布卢姆之与斯蒂文(只就想象中的"继子"而言)。乔治·科德韦尔不同于布卢姆,他深具理性,而其生活境遇却与布卢姆相近似;他同样命途多舛,尽管交游甚广,愿施惠于人,却欲在小城镇和地方学校的世俗小天地里寻安身之处而不可得。他的家庭生活同样不无苦痛;就儿女私情而论,他拜倒在女教师维拉面前;维拉则颇似乔伊斯笔下的莫莉(她和全城离齐了她的丈夫;她与丈夫的家庭生活状况,同布卢姆与莫莉的家庭冲突正相对应)。维拉犹如莫莉,为永恒女性本原的体现;其多情,不禁令人忆及地母。

小城镇及学校的生活(犹如《尤利西斯》中都柏林的生活,特别是学

---

① 《半人半马》(《Кентавр》;《The Kentaur》),作者试图借用古希腊神话中有关肯陶罗伊(即半人半马)的故事,赋予其子与一中学教师的关系以神秘意义。——译者

校生活），呈现于低俗、纵欲及资产阶级伪善的种种景象中。这部小说中的人物，同詹·乔伊斯笔下的人物相类似，并可与希腊神话中的人物相比拟：阴险，好色的校长与宙斯相比拟；他的妙龄情人与赫拉相比拟；跛脚的机械工人与赫菲斯托斯相比拟；他的妻子、体育教员维拉与阿芙罗狄忒相比拟；曾参加战争的牧师、一个自负的装腔作势者，相当于玛尔斯；同情法西斯主义的小饭馆老板，相当于弥诺斯；科德韦尔本人，相当于心地善良的半人半马精灵基戎（他是阿基琉斯的老师，赫拉克勒斯之友；而基戎为毒箭射中要害，宁肯忍受百般折磨，却拒不接受永生，以期有助于普罗米修斯①）。这里的普罗米修斯为科德韦尔之子彼得；他之与这一伟大的反主神者相比拟，只限于他同令人厌恶的小饭馆老板的纠葛及对校长的桀骜不驯而言。所谓神箭依然是箭，但为顽皮学生以之射中腿部（癌症即为其体现）。

　　就此而论，对神话的讽刺性模拟，既是对现代市侩人物的讽刺性贬抑，又使所描述的生活冲突之象征意义和全民意义更加突出。在其关于约·厄普代克创作的一篇颇为翔实的专著[200]中，安·阿·叶利斯特拉托娃对把《半人半马》视为詹·乔伊斯著作的"机械"模仿表示异议。她持此论的依据，似为詹·乔伊斯与约·厄普代克两者在思想意识上有着根本差异。厄普代克对其观点作了如下表述："我并不自视为詹·乔伊斯的追随者，并不自视为他的学生，犹如塞·贝克特之与他的关系②……神话为该书的核心，而不是外在手法……肯陶罗伊的形象——半人半马，有助于我以某种充满灵感和善良的世界与龌龊、贪婪、日薄西山的世界相对比……基戎的形象非常感人；他很像基督，为人类甘愿牺牲自己，放弃永生。……惩恶扬善观念是为数众多的变异之一。"[201]在他看来，基戎这一"类似基督的"肯陶罗伊，是以仁慈为本者、甘愿尽高尚的社会职责者，与比比皆是的庸俗、伪善、肆虐、淫乱相

----

　　① 据古希腊神话传说，基戎为赫拉克勒斯射伤，痛苦万分；他本可永生，却渴望一死，以换取被主神宙斯禁锢的普罗米修斯之获释。——译者

　　② 塞·贝克特为爱尔兰戏剧家、小说家。他在创作上深受詹·乔伊斯的意识流之叙事方法的影响。他与其他荒诞派作家一样，把客观世界视为荒诞、残酷、不可思议的。——译者

抗衡。诸如此类情致及此种类型的正面人物,在《尤利西斯》中则不可
思议;但是,正如我们所知,这并不屏除对乔伊斯神话化手法的借用。
持另一世界观的作家对乔伊斯之模式的借用,极引人注目;有鉴于此,
我们不得不将20世纪小说中的神话化视为极为繁复的现象。

　　就我们的主题说来,阿尔贝托·莫拉维亚的长篇小说《轻蔑》中的
神话化颇值得关注。这部小说因与对古代神话的心理分析现代化及乔　364
伊斯式的神话化诗艺相争衡而为人们所关注。小说的主人公、剧作家
莫尔特尼应制片商巴蒂斯塔之聘,依据荷马叙事诗《奥德修斯纪》编写
电影脚本。巴蒂斯塔意在借助于好莱坞手法把《奥德修斯纪》变为低
俗、纯属娱乐之作,德国电影导演赖恩霍尔德则以心理分析式的诠释与
之抗衡:奥德修斯下意识地意欲延宕返回伊塔卡的归期,因为他早在战
前[①]就与佩涅洛佩不睦。(佩涅洛佩不喜欢奥德修斯对那些"求爱者"
的过分"文明的"态度,即彬彬有礼的态度;即使在当时,这些人已使她
十分厌烦;佩涅洛佩虽仍忠于奥德修斯,却对他有轻蔑之意。为了重新
博得她的倾心和敬慕,奥德修斯势必要对"求婚者"进行报复)。

　　莫尔特尼对赖恩霍尔德说:"不,赖恩霍尔德,荷马的《奥德修斯纪》
同你的毫无共同之处。如果你们太过分,我的言词将更有甚于此者:荷
马的《奥德修斯纪》令人赞叹,而你们的诠释则使我厌恶!……

　　"乔伊斯并对《奥德修斯纪》重新加以诠释。……就对它的现代化,
或者充其量对它的庸俗化而论,您,敬爱的赖恩霍尔德,简直是望尘莫
及。他把尤利西斯变成一个'戴绿帽子者'、'手淫者'、无所事事者、'阳
痿者',把佩涅洛佩变成淫荡成性的女人……在他的笔下,报馆即是埃
奥洛斯的海岛,妓院是基尔克的宫院;而返回伊塔卡,则再现为深夜沿
都柏林的小巷还家,并不时站在人家的门槛前便溺。然而,乔伊斯仍有
足够的理智,不去干扰地中海的文化、海洋、太阳、天空、古希腊罗马世
界那未经探考的地域……他的笔下没有太阳,没有海洋……一切都是
现代的,即一切皆属尘世,业已庸俗化,归结于现时繁琐的日常生活……

---

　　①　系指古希腊神话传说中的特洛伊战争。——译者

他笔下的一切都发生于现代城市肮脏的街道上,发生在酒馆、妓院、卧室、厕所。而您,甚至连乔伊斯这种合乎情理都无迹可寻。正因为如此,我认为巴蒂斯塔优于您,尽管他使用的是纸浆板道具……"[202]

然而,在如何将《奥德修斯纪》改编为电影剧本这种聚讼纷纭的气氛中,小说主人公情不自禁将自己同奥德修斯相比拟;而把他的妻子、对他十分冷淡("轻蔑")的埃米莉娅比作佩涅洛佩(充当安提诺奥斯这一角色的是巴蒂斯塔,他对埃米莉娅百般追求)。就此而论,实质上已无乔伊斯式的神话化可言,正如约·惠特所见(惠特之说并不确切:巴蒂斯塔在一起车祸中丧生,他却把车祸解释为命运施之于奥德修斯的特殊报复;而在小说中,死于车祸的只有埃米莉娅一人),与奥德修斯的经历并不存在类比,有的只是现代的软弱和鄙俗与古代叙事诗中的壮伟在一般意义上的对比。这一对比因埃米莉娅贪恋家庭、贪恋自己的安乐窝、贪恋"单元住宅"这一情节,而具有较突出的讽刺意味;小说中的戏剧性情节,在一定程度上也萌生于此。据约·惠特看来,名副其实的对应并非见诸小说中情节与《奥德修斯纪》结尾篇章之间,而见诸莫尔特尼——埃米莉娅——巴蒂斯塔这一情节与赖恩霍尔德施之于荷马《奥德修斯纪》的那种徒有其名的现代主义心理分析的诠释。看来,无论是小说中的情节,无论是赖恩霍尔德对《奥德修斯纪》的阐释,均属现代,与荷马世界相隔甚远。

迨至 50 至 60 年代,神话化诗艺进入"第三世界"的文学,即拉丁美洲和某些亚非国家的文学。毋庸置疑,上述种种文学受到西欧现代主义的一定影响;然而,如果并不是完全昙花一现者,任何外来影响在当地都应具有内在基础——这已是众所周知。20 世纪西欧小说中的神话主义,不同于中世纪的骑士文学,甚至不同于文艺复兴时期的种种叙事体裁(讽刺喜剧诗、拉伯雷的幻想小说,等等),并不是依托于民间文学传统;而当时在拉丁美洲和亚、非的小说中,古老的民间创作传统和民间创作—神话的意识尽管也属遗存,却与纯欧洲式的现代主义唯智论同时并存。诸如此类多层次现象,是这些民族的文化在 20 世纪(特别是战后)"加速"发展的结果。这一特殊的文化—历史态势,使历史主义因素与神话主义因素、社会现实主义因素与名副其实的民间创作性因素之同时并存和相互渗透成为可能（这种相互渗透有时甚至臻于有机的综合）；对民间创作性的阐释，实质上摇摆于浪漫主义对民族特殊性的讴歌与现代主义对迭次复现的原始型的探求两者之间。对这一特殊的现象，西方评论界通常称之为"魔幻现实主义"（这一术语亦偶尔不恰当地附丽于西欧现代主义派，如弗·卡夫卡）。

拉丁美洲的尝试具有特殊的意义，苏联评论界对此进行了翔实的研究（如 B. H. 库泰希科娃等[203]）。通观古巴作家阿莱霍·卡彭铁尔、危地马拉作家米格尔·安赫尔·阿斯图里亚斯和秘鲁作家何塞·马里亚·阿格达斯的长篇小说，其特点是具有既包容社会批判情节、又包容民间创作—神话情节这种既定的两面性；诸如此类情节似与这一被揭露的现实存在着内在对立；在任何情况下，其对立性大于其隐喻性。此外，民间创作—神话的境界总是与民众，而非与其压迫者存在着有机关联。

试以阿·卡彭铁尔的长篇小说《这个世界的王国》（1949年）为例。小说的故事属18世纪末叶的海地革命时期；革命领袖之一、黑人（曼丁戈人）马坎达尔，既是历史人物，又是神幻形象：他可变化为野兽、飞禽和昆虫，并可从刽子手的屠刀下振翼飞去，但最后还是葬身于篝火（民众并未发现，他们笃信他是不可伤害的）。米·阿斯图里亚斯的长篇小说《绿色教皇》（1954年）中的印第安人契波，也类似这样的人物：他既是资本主义企业家迈克·汤普森的仆人，又是人民起义的领袖，又是法力强大的巫师，曾参与筹办其女麦雅丽与河灵莫塔古阿的象征性、仪典性婚事。这一仪典性婚事是其女自杀之民间创作的、浪漫主义的外衣；她借助于玛雅人和克丘亚人（印第安人）神话的用语进行思考，不愿把自己的命运与她正式的未婚夫相连属，——他是一个骨瘦如柴的实业家，对民众的苦难漠不关心，是果品公司的创办者之一。诚然，在阿斯图里亚斯较早期的长篇小说《总统先生》（1946年）中，"总统先生"独裁统治的血腥幻象本身，被想象为浩繁的献祭仪典。

在何塞·马·阿格达斯的长篇小说《深深的河流》（1958年）中，少年主人公埃内斯托在克丘亚人（印第安人）的培育下长大成人，为居无定所的律师之子,被送进该小市镇的僧侣团,并因而成为很多人间倾轧场面的目睹者,他并透过印第安人的神话和仪典来观察周围世界。犹如《绿色教皇》中的麦雅丽,他具有诗歌的、多神信仰的世界感知;正是仰赖于此,他与恶相抗争。其水流不仅带来死亡、而且带来复生的大河,颇似姑娘眼睛并具有法力的陀螺"苏姆拜尔尤",被称为"塞德龙"的村庄,印加人所建的古老城墙——凡此种种,各有所循,不受国家、地主、警察的辖治。

367　　　米·安·阿斯图里亚斯的《玉米人》(1949 年)①、胡·何·鲁尔福的《佩德罗·帕拉莫》(1955 年)②、罗亚·巴斯托斯的《人的儿子》③等等,其中的神话成分同样具有类似的两面性。对拉丁美洲一艺术家的"双重"意识之理性思考,见诸阿·卡彭铁尔的《消逝的脚步》(1953 年)④。综观诸如此类作品,神话成分在不同程度上与具体的、当地民族的民间创作传统直接相关联,并在很大程度上为浪漫主义灵光所笼罩,尽管上述作品中现实主义范畴的社会针砭和讽刺十分辛辣。毫无疑问,以上所述与戴·赫·劳伦斯那种前哥伦布的神话异国情调很少有共同之处,其与西欧神话化诗艺其他种种形态的相似也并非如此显著。

　　从这一意义上说来,哥伦比亚作家加夫列尔·加西亚·马尔克斯居于异常重要的地位。他的小说《百年孤独》(1966 年)⑤,似为神话主

---

　　① 《玉米人》(《Маисовые люди》;《Hombres de maiz》),作者借助于神话传说中的虚幻意境,描写山区农民的现实生活,并以玉米种植问题上的冲突为线索,展示了传统观念与现代思想之间的矛盾。——译者

　　② 《佩德罗·帕拉莫》(《Педро Парамо》;《Pedro Paramo》),作者通过一座破败村庄之鬼魂的对话、独白、回忆和梦境,刻画庄园主佩德罗·帕拉莫的凶残面目,并展示墨西哥农村的愚昧、迷信等。作者突破了小说的传统手法,完全打破时间、空间的界限,打破生与死、现实与梦幻的界限,并诉诸回忆、对话、内心独白等描述种种事件。——译者

　　③ 《人的儿子》(《Сын человеческий》;《Hijo de hombre》),作者借用神话成分写成,主要内容是描述巴拉圭土著居民地区的贫困、落后,描述人们在饥饿和疾病的威胁下痛苦地挣扎。——译者

　　④ 《消逝的脚步》(《Потерянные следы》;《Los pasos perdidos》),作者描写一白种人深入委内瑞拉的奥里诺科原始森林,进行人种学等方面的探考。——译者

　　⑤ 《百年孤独》(《Сто лег одиночества》;《Cien aãos de soledad》),作者通过一家五代人的遭遇,反映当地的政治和历史风貌,并将神话、传说和宗教仪俗穿插其中,形成幻象与现实相交织的画面——这种手法称为"魔幻现实主义"。——译者

义种种变异的综合。

　　早在中篇小说《枯死的树叶》(1955年)[①]中,加·加西亚·马尔克斯
即借助于铭文,赋予叙事以神话的对应者,即与安提戈涅的故事相对
应者,——相传,她曾甘犯禁令收葬其兄波吕涅克斯。不仅诸如此类手
法,而且包括对希腊神话的借用,无不表明加·加西亚·马尔克斯同西
欧现代主义确有关联。然而,保持富有活力的民间创作传统,则赋予种
种幻想形象以尤具民众性的、可以捉摸的、具体可感的形态;诸如此类幻
想形象,令人忆起拉伯雷那种狂欢式的、夸张的诗艺。加·加西亚·马
尔克斯作品中的"拉伯雷手法",同詹·乔伊斯最后一部长篇小说中对拉
伯雷某些手法那种极度理智的和矫揉造作的运用则无法相提并论。

　　《百年孤独》这一史诗般的鸿篇巨作,理应称之为"神话小说"(从
《芬尼根的苏醒》及《约瑟及其弟兄们》的意义说来)。加·加西亚·马
尔克斯在这一著作中极广泛地仰赖于拉丁美洲的民间创作,而对其借
用则堪称随心所欲:辅之以古希腊罗马情节和《圣经》情节、历史传说中
的细节、祖国哥伦比亚及其他拉丁美洲国家的史实,并不乏种种怪诞
的、带有幽默意味的变异及作者异常丰富的虚构,——诸如此类虚构有
时则是对生活和民族历史之任意的神话化。加·加西亚·马尔克斯与
其先驱者相比,对诸如"复现"、"替代"之类的神话化诗艺的运用,尤为
明晰;对种种节律的运用也较娴熟。加·加西亚·马尔克斯创造了异
常明晰的"世界模式"(即马孔多聚落);它既是"哥伦比亚的",又是"拉
丁美洲的"(居于主要地位),在一定程度上也是"全人类的"。马孔多的
历史又是布恩迪亚家族的历史,也是哥伦比亚一个小市镇的历史、哥伦
比亚的历史、拉丁美洲的历史,在某种意义上说也是全世界的历史。就
一个家族的历史说来,《百年孤独》可与《布登勃罗克一家》相比拟;布登
勃罗克一家似与《约瑟及其弟兄们》的经历相融合,而后者的经历则是
一种集中化题材(即关于《圣经》的众族长的题材),它在一定程度上与

368

---

　　① 《枯死的树叶》(《Палая листва》;《La hojarasca》)小说中3个人物参加一自杀医生的
守灵仪式,作者运用内心独白描述他们的心理状态。——译者

现代相对应。加·加西亚·马尔克斯不同于托·曼和詹·乔伊斯,他提供了一个主要属民族范畴的模式。这一模式一方面使生活、心理、政治态势、主要复现"角色"之某种民族的或全人类的"不变量"更加突出,另一方面使拉丁美洲始于哥伦布发现新大陆迄今的历史进程以及人类性格的演化更加引人注目。

加·加西亚·马尔克斯那种别具一格的属历史范畴者与属神话范畴者之平衡、对属神话范畴者的诠释(包括将其作为典型者加以诠释),使人不禁忆起托·曼,——尽管《圣经》关于约瑟及其弟兄们的描述之直接影响在其著作中尚无迹可寻。马孔多那"首创"的父权制时期被戏谑性地再现,即呈现为关于"迷途的"哥伦布发现美洲的历史传说,或呈现为关于"文化英雄"的神话和关于始祖血缘婚配的神话("文化英雄"在此呈现为茨冈人)。首先同奥雷利亚诺·布恩迪亚这一形象相关联的内战时期,在小说中有概括的、极为真实的描述;在果品公司时期(即美国资本的侵入时期),也是如此。这一时期,在拉丁美洲其他小说家的著作中居于同样重要的地位。综观对内战的描述,"历史的"与"永恒的"两者凭借有关战争之不可理解和毫无结果的描述而臻于平衡;在战争中,迫害狂、钻营、政治蛊惑被描述为具有两面性;即使上校奥雷利亚诺·布恩迪亚,本来是寥寥无几的、希图保持原则性和人性者之一,后来渐渐随波逐流,战后则成为丧失一切人之欲望的行尸走肉。由于截然相反的原因,布恩迪亚同何塞·阿卡迪奥二世的生活断绝了联系;其他罢工者("果品"掠夺的牺牲品)均遭枪杀,而他却奇迹般地得以独存;他对这次枪杀铭记不忘,而官方却予以否认,而且也无人置信。

加·加西亚·马尔克斯神话创作的别具一格之处在于:生与死、记忆与遗忘、生者与死者、空间与时间的对比,呈现一派繁复的景象——死者可以复苏,如果为人们忆及而且"确有必要";而生者,如果失去与真正生者的联系,则进入布恩迪亚庄园内的"死"房。失去对家庭眷恋的上校奥雷利亚诺,没有看到他那已故去的父亲,而他人却亲眼目睹;士兵们前来逮捕何塞·阿卡迪奥二世,却视而不见,因为他在他们的意识中已不存在;历史记忆的消失,在马孔多居民中表现于梦境的消失及

周围世界的不可辨识,如此等等。历史的进程为"角色"的再现提供了
新的论据,这种"角色"反映于姓名:命运的两种主要变异,体现于"奥雷
利亚诺"和"何塞·阿卡迪奥"。迨至最后一代的前一代,境遇逆转,老
乌尔苏拉则笃信:孪生兄弟的名字相互更换。在时间的历史直线发展
中,呈现循环现象,它为同一乌尔苏拉所发现,而乌尔苏拉则始终头脑
健全。就外观说来,"循环"同样表现于"始"与"终"的关联:马孔多因生
了长有猪尾的孩子(血缘婚配所致)而注定要早亡,——小说对此一开
始即有所示。循环并作为时间的空间化,呈现于"文化英雄"梅尔基亚
德斯的预言书手稿(试与《芬尼根的苏醒》相比拟,颇似安娜·莉维娅的
手稿);它为末代布恩迪亚所释读,并成为对马孔多经历的阐释,而其经
历则成为时间范畴种种事例的锁链。

最后,援引一些阿拉伯世界法语作家的作品,作为现代文学中神话
化的实例;他们的创作已成为某些苏联学者探讨的对象。[204]

在许多阿尔及利亚作家及马格里布①其他作家的著作中,历史的
和民族志的情节(特别是氏族复仇)、现代的种种细节、民间创作—神话
的情节(带有浓郁的民族复兴的豪迈格调)浑融交织。特别值得提及的
是卡泰布·亚辛,他著有二部曲《娜吉玛》②和《多角星》③。4 位主人公
为现代的青年人,他们亲身参加民族解放运动,并与之共忧患。另一方
面,这一解放运动投射于历史屏幕:它是往昔一系列抗击北非征服者的
历史事件之再现。这些年轻人均属凯卜卢特部族。其传说中的创始人
在敌人面前英勇不屈、慷慨就义;后又死而复生,其灵并显现于其后代,
使他们铭记应负之天职。"死而复生"这一神话成分并扩及小说中的主
人公:他们虽身受致命刀伤,犹能死里逃生,等等。

国家、民族、部落以及永恒女性本原的象征,即是美好的娜吉玛(可

370

---

① "马格里布"(Магриб;Magrib),阿拉伯语中意指"西方",系指北非一濒临地中海的地
区,即阿特拉斯山区以及阿尔及利亚、摩洛哥、突尼斯、利比亚等国的沿海平原。在这一地
区,民间文学蕴藏极为丰富。——译者

②③ 《娜吉玛》(《Наджма》;《Nadjma》),阿尔及利亚作家卡泰布·亚辛以民族解放运动
为背景写成的一部小说。女主人公娜吉玛是新生的阿尔及利亚民族的象征。《多角星》
(《Звездный полигон》),描写同一主题的小说,现代主义色彩较为浓厚。——译者

与阿斯塔尔特和萨兰博相比拟);小说中几位主人公互为亲友,对她无不倾慕。她带给他们希望和死亡。娜吉玛是他们的"姊妹",与她相爱则有导致乱伦和引起部落内部纠纷之虞。娜吉玛的经历无异于其母境遇的再现,她同样是凯卜卢特部落4个男子所钟爱的对象。种种事件和人物按神话化诗艺的律则再现于卡泰布·亚辛笔下;毋庸置疑,詹·乔伊斯对他不无影响(威·福克纳对他亦有影响)。这种影响同带有悲剧性的民族豪迈气概相结合。诸如"复现"和"替代"之类的诗艺,有助于卡泰布·亚辛诉诸象征并以阿尔及利亚民族遭遇为背景,揭示所发生事件的历史自觉性。

这样,神话化诗艺则是赖以进行语义处理和结构处理的手段;不仅对詹·乔伊斯这样典型的现代主义作家,而且对忠于现实主义传统的托·曼说来,无不如此。一些拉丁美洲作家或亚、非作家也不例外;他们将现代主义神话化诗艺的因素(几乎始终与心理分析因素,通常与荣格的心理分析因素相伴而存)同新浪漫主义对民族的民间创作及民族的历史,甚至同政治的、革命的问题相结合。看来,20世纪小说中的神话主义,其作用扩及十分广阔的领域,绝非囿于这一术语的狭义理解,即只归结于20至30年代的西欧现代主义。因此,欲对20世纪神话化现象的根源进行探讨,则须承认诸如此类根源的复杂性和复合性,并对下述种种予以特别关注,即:依据某种原因希图将现时与往昔结成统一的系列,其目的或是为了揭示统一的玄想特质(詹·乔伊斯),或是为了凭借欧洲人文主义思想及古典时期道德的传统(托·曼),或是为了保持和重振思想和创作的种种民族形态(拉丁美洲和亚、非的一些作家)。

371　与此相应,同一传统的神话成分被赋予不同的含义或含义的种种细微差异。例如,"死而复生"对詹·乔伊斯说来,象征着"历史惊恐"种种百无聊赖情态之前景暗淡和永无终期;对托·曼说来,象征着精神生活种种旧有形态之永无休止的新陈代谢;对某些作家说来,则象征着民族文化的复兴,如此等等。

在诉诸现代主义的神话化时,对20世纪神话的"复兴"同纯真的古代神话的关联须有清晰的了解。拒不对小说结构作社会学的论证,并对社会类型的描述转入对个人的普遍微观心理描述，为在一定程度上运用古老的手段对神话类型的叙事和象征加以配置开拓了道路。弗·卡夫卡的小说带有自发神话创作的印记，他创造了自己的文学象征语言；而詹·乔伊斯却诉诸种种传统神话，把它视为别具一格的、既定的新小说语言。这种既有的语言为托·曼所运用，而他基于现实主义立场对其进行客观的艺术剖析，从而显示对古老文化及其种种历史形态的缜密理解。一些作家（如非洲作家）之诉诸神话语言，确有一定的根源。在这些国家的文化领域，民间创作—神话思维的遗存已成为历史实在。然而，20世纪的神话主义语言已与古代神话的语言大相径庭，因为不能把个人与共同体的不可分同这种不可分性在现代工业社会的蜕变及同一化、异化等相提并论。

众所周知的所谓"循环"，同样不是原始神话的普遍特征；它在现代主义小说中的出现尤为频繁，在一定程度上甚至影响詹·弗雷泽及其追随者的仪典主义民族志学，犹如神话心理学化之在心理分析中寻得新的助益。况且，现代神话化诗艺的特点在于：将迥然不同的神话体系加以聚集和混同，以期突出诸如此类神话体系之玄想神话的永恒意义。上述综合现象，并见诸往昔（诸如希腊化时代文化、公元初年的诺斯替教派及其他派别的学说）。而从根本上说来，它们与古代神话格格不入；古代神话甚至将异己之神加以同化，从而确立其独一无二的地位。古代文化和20世纪两者之神话语言的根本差异，即在于此。 ³⁷²

同时不应忘记：神话化诗艺不仅负有对叙事进行处理的功用，而且是诉诸源于传统神话的种种对应者对现代社会的情景予以隐喻性描述的手段；而传统神话则产生于历史发展的另一阶段（现代社会的情景无外乎："彼此讳莫深、各行其是"、个人那种悲剧性的"鲁滨逊式遭遇"、个人面对神秘莫测的社会力量所产生的渺小无力之感）。因此，传统神话被袭用时，其含义则发生剧变，甚至往往截然相反。上述情况，如将弗·卡夫卡与詹·乔伊斯进行比较，则尤为突出；前者直接将现代的生活平庸神话化，后者则依托于传统神话成分进行实验。

弗·卡夫卡笔下之形象的象征，通常与古代神话的涵义截然相反；

古代神话的主要功能，恰恰在于将个体纳入社会的和自然的循环，维系自然的和社会的"和谐"；由此可见，卡夫卡的神话堪称一种不可逾越的异化带之神话，——它介于个体与超个人的社会之力和自然之力之间。

此外，文艺的和神话的幻想及人类的一般幻想中，在既定的限度内不乏一定的共同性；所谓既定的限度，即它未被纯科学的、纯理性主义的认识所"遮翳"（尽管当代科学中存在依据第二性感性特质所进行的分类；就此而论，与古代神话的律则依稀相似），它并未全然归结于其具体的、历史的表述。而致力于揭示这种共性，正是一定的实证意义之所在。

注释与参考书目[*]

第一编　现代种种神话理论以及仪典—神话论的文艺观

〔1〕有关神话研究历史状况的文献资料,尚感不足。在较新的论著中,除 A. Ф. 洛谢夫所著《神话学》(《哲学百科全书》,第 3 卷,莫斯科 1964 年,第 457～466 页)这一翔实之作外,可供参阅的尚有著名的荷兰日耳曼学者 J. 德·弗里斯所著《神话研究史》(慕尼黑—弗赖堡,1961 年)。Дж. 科基雅拉所著《欧洲民俗学(及民间文艺学)史》(译自意大利文,莫斯科 1960 年,E. M. 梅列金斯基为之撰写前言),包容丰富资料。有关俄国神话研究状况,可参阅 M. A. 阿扎多夫斯基所著《俄罗斯民间文艺学史》,第 1～2 卷,莫斯科,1958～1963 年。

〔2〕A. Ф. 洛谢夫:《古希腊罗马美学史》,第 1～4 卷,1963～1975 年(附有丰富的参考书目)。

〔3〕A. Ф. 洛谢夫:《古希腊罗马美学史(智者派、苏格拉底、柏拉图)》,莫斯科,1964 年,第 561 页。

〔4〕Л. 巴特金:《文艺复兴时期有关人的神话》——《文学问题》,1971 年第 9 期第 112～133 页。

〔5〕Дж. 维科:《关于诸民族共同性的新科学原理》(M. A. 利夫希茨为译本撰写前言),列宁格勒,1940 年,第 87 页(书中引文均摘自此版)。

〔6〕卡·马克思:《1862 年 4 月 28 日致斐·拉萨尔》,《马克思恩格斯全集》,人民出版社版,第 30 卷第 512 页。

〔7〕K. Ph. 莫里茨:《神祇信仰和神话的古老诗歌》,柏林,1791 年。G. F. 克罗伊策:《古老民族的象征手法和神话》,第 1～3 卷,莱比锡—达姆施塔特,1836～1843 年;J. 封·格勒斯:《远东神话史》,第 1～2 卷,海德堡,1810 年;I. A. 康纳:《神幻故事或一般神话原初典籍》,柏林,1908 年;J. 格林:《德意志神话》,格廷根,1935 年。

〔8〕Ф. 施莱格尔:《古代与近代文学史》,第 1～2 编,圣彼得堡,1824～1830 年。

〔9〕F. W. 封·谢林:《神话的哲学概论》,《全集》第 2 部第 1 卷,斯图加特—奥格斯堡,1856 年;同上:《神话的哲学》,《全集》第 2 部第 2 卷,斯图加特,1857 年(参阅 Q. 魏斯编《谢林选集》,第 3 卷,莱比锡,1907 年);Ф. B. 谢林:《艺术的哲学》,莫斯科,1966 年(书中引文均摘自此版)。

---

[*]　本部分为原著所附,著者、编者姓氏原文见本书第 484～485 页(俄文版第 397～398 页)。——译者

〔10〕R. 韦曼：《文学史与神话。方法论初探》——《意识与形态》，柏林，1967年，第 2 册（该篇俄译文载于—P. 韦曼：《文学史与神话》，莫斯科，1975 年，第260～302 页）。

〔11〕M. 米勒：《比较神话学》——《罗斯文学典籍与古文物》，第 4 卷，莫斯科，1963 年；同上：《关于语言的科学》，第 1～2 册，沃罗涅日，1868～1870 年；A. 库恩：《火得圣饮的未来》，柏林，1859 年；同上：《神话形成的诸阶段》，柏林，1873 年；A.德·古贝尔纳蒂斯：《动物神话》，伦敦，1872 年；F. L. W. 施瓦茨：《神话的起源》，柏林，1860 年；W. 曼哈特：《林木崇拜与田野崇拜》，第 1～2 卷，柏林，1875～1877 年；Ф. И. 布斯拉耶夫：《俄罗斯民间口头创作和艺术历史概述》，第 1～2 卷，圣彼得堡，1861 年；A. H. 阿法纳西耶夫：《斯拉夫人诗歌中的自然观》，第 1～3 卷，莫斯科，1865～1869 年。

〔12〕Э. 泰勒：《原始文化》，莫斯科，1939 年；Э. 兰格：《神话学》，莫斯科，1901年；A. 兰格：《神话、仪典与宗教》，第 1～2 卷，伦敦，1887 年。关于安·兰格和"人类学派"与马·米勒学派的论争，参阅—R. M. 多尔森：《太阳神话中的日蚀》——《美国民俗学报》，1955 年第 68 期第 393～416 页。

〔13〕H. 斯宾塞：《心理学原理》，伦敦，1855 年。

〔14〕Ф. 尼采，《悲剧之诞生于音乐精神》——《弗·尼采全集》，第 2 卷，莫斯科，1912 年。

〔15〕L. 克拉格斯：《宇宙起源说中的埃罗斯》，斯图加特，1951 年第 5 版。

〔16〕H. 柏格森：《道德和宗教的两个渊源》，巴黎，1932 年。

〔17〕A. 加缪：《西叙福斯的神话。有关种种荒诞的释析》，巴黎，1942 年。

〔18〕关于马·海德格的论点，参阅—П. П. 盖登科：《存在主义与文化问题》，莫斯科，1963 年。

〔19〕G. 索雷尔：《暴力随感录》，巴黎，1906 年。

〔20〕R. 尼布尔：《信仰与历史》，纽约，1948 年；R. 巴尔特：《神话》，巴黎，1957年；H. 哈特菲尔德：《纳粹神话》——《神话与神话创作》，编者亨利·A. 马里，纽约，1960 年，第 199～220 页；J. T. 马尔库斯：《西方的世界冲击。历史上所谓参与的奥秘和观念》——同上，第 221～239 页；M. 埃利亚德：《神话概览》，巴黎，1963年；A. 索维：《现代神话学》，巴黎，1965 年。

〔21〕W. W. 道格拉斯：《现代基督教中"神话"的寓意》——《现代语文学》，1953 年，第 1 集第 232～242 页。

〔22〕Ф. 博阿斯：《原始人的智能》，莫斯科—列宁格勒，1926 年；F. 博阿斯：《普通人类学》，华盛顿，1938 年（该书为《神话与民俗学》的一章）；同上：《人类学中的心理学问题》——《美国心理学学报》，1910 年第 21 卷第 371～384 页；同上：《齐姆什安人神话比较研究》——《斯密斯协会美国民族志局第 31 届年度报告（1909～1910 年）》，华盛顿，1916 年。

〔23〕J. 弗雷泽：《金枝》，第 1～12 卷，伦敦，1907～1915 年第 3 版；俄文节译

本—Дж.弗雷泽:《金枝》,第1~4卷,莫斯科,1923年。

〔24〕M.霍卡特:《王位》,牛津,1927年。

〔25〕A.范·赫内普:《澳大利亚的神话和传说》,巴黎,1906年;同上:《过渡性仪礼》,巴黎,1909年。

〔26〕J.E.哈里森:《希腊宗教探考绪论》,剑桥,1903年;同上:《忒弥斯》,剑桥,1912年;同上:《古代艺术与仪典》,剑桥,1913年;A.B.库克:《宙斯》,剑桥,1914~1940年;《人类学与古代典籍》,编者R.B.马雷特,牛津,1907年;G.马里:《希腊叙事诗的复兴》,牛津,1907年;同上:《欧里庇得斯及其境遇》,牛津,1913年;F.M.科恩福德:《从宗教到哲学》,伦敦,1913年;同上:《阿提卡喜剧的起源》,伦敦,1914年。

〔27〕C.H.胡克:《神话与仪典》,牛津,1933年;《迷宫》,编者C.H.胡克,伦敦,1935年;T.H.加斯特:《忒斯皮奥斯。古代近东之仪典神话与戏剧》,纽约,1950年(参阅—M.霍卡特:《王位》)。

〔28〕E.O.詹姆斯:《古代近东的神话与仪典。考古与典籍探考》,伦敦,1938年。

〔29〕F.R.S.拉格伦:《英雄。传统、神话和戏剧的研究》,伦敦,1936年;同上:《宗教的起源》,伦敦,1949年;同上:《神话与仪典》——《美国民俗学报》,1955年,第68卷第454~461页。

〔30〕J.德·弗里斯:《童话故事,英雄叙事诗与神话的相互关联》——《民间创作研究会通讯》,赫尔辛基,1954年,第50期。

〔31〕S.E.海曼:《从仪典看神话与神话幻想》——《美国民俗学报》,1955年,第68卷第462~472页;同上:《错综复杂的系列:达尔文、马克思、弗雷泽和弗洛伊德论富于幻想的作家》,纽约,1962年。

〔32〕W.巴斯科姆:《神话—仪典论》——《美国民俗学报》,1957年,第70卷第103~114页;W.I.格林韦:《原始人中的文学之作。民俗相应者》,哈特博罗,1964年;C.克拉克洪:《神话与仪典:总论》——《神话与文学》,林肯,1966年,第3~44页;J.冯滕罗兹:《有关神话的仪典论》(《民俗研究》,第18期),伯克利—洛杉矶,1966年;G.S.柯克:《神话。在古希腊罗马及其他时期文化中的意义和功能》,伯克利—洛杉矶,1970年;C.莱维-斯特劳斯:《赤裸的人类》(《神话论》,第4卷),巴黎,1971年。

〔33〕M.威尔逊:《尼亚基乌萨的王位更迭仪式》,伦敦,1957年;同上:《天命神授诸王与人生》,剑桥,1959年;同上:《尼亚基乌萨的公众仪典》,伦敦,1959年(并参阅M.G.麦肯尼著《尼亚基乌萨的社会结构》——《非洲》),1973年,第43卷第2集。

〔34〕W.E.H.斯坦纳:《论土著居民的宗教》(《太平洋岛屿论集》,第11卷),悉尼,1966年。

〔35〕参阅—H.M.屈默尔:《赫梯人之王的仪典替代者》(《博阿兹柯伊典籍研

究》,第 3 册),威斯巴登,1967 年;并参阅较早期论著—K.-H. 贝恩哈特:《近东古代的崇拜与王者》——《古代》,1959 年,第 5 卷第 2 册第 72 页。

〔36〕B. 马利诺夫斯基:《原始心理中的神话》,伦敦,1926 年。

〔37〕K. Th. 普罗伊斯:《神话的宗教形态》,蒂宾根,1933 年;同上:《原始人的宗教崇拜》,莱比锡—柏林,1914 年。

〔38〕E. 迪尔凯姆:《宗教生活的基原形态》,巴黎,1912 年。

〔39〕L. 莱维-布吕尔:《原始思维中的超自然与自然》,巴黎,1931 年;同上:《原始思维》,巴黎,1935 年;同上:《初级社会的思维功能》,巴黎,1951 年第 9 版;同上:《号筒》,巴黎,1949 年(俄译本—Л. 莱维-布吕尔:《原始思维》,莫斯科,1930年);Л. 莱维-布吕尔:《原始思维中的超自然》,莫斯科,1937 年。

〔40〕Л. 莱维-布吕尔:《原始思维》,莫斯科,1930 年,第 6 页(书中以下引文均摘自此版)。

〔41〕E. 卡西勒:《象征形态的哲学》(第 2 部分),柏林,1925 年。

〔42〕E. 卡西勒:《人之试析》,纽黑文,1944 年;同上:《国家的神话》,纽黑文,1946 年。

〔43〕W. M. 乌尔班:《语言与现实》,伦敦,1939 年。

〔44〕S. K. 兰格:《卡西勒关于语言和神话的理论》——《埃·卡西勒的哲学》,埃文斯顿,1949 年。

〔45〕S. K. 兰格:《哲学新解》,坎布里奇(马萨诸塞),1951 年。

〔46〕P. 拉丁:《作为哲人的原始人》,纽约—伦敦,1927 年。

〔47〕E. W. 康特:《作为世界观的神话。生物社会学综合》——《历史文化。纪念保·拉丁论文集》,编者 S. 戴蒙德,纽约,1960 年,第 580～627 页;参阅—K. 普里布拉姆:《头脑的语言》。莫斯科,1975 年,第 18～19 章。

〔48〕W. 冯特:《部族心理学》,第 4～6 卷——《神话与宗教》,莱比锡 1920～1923 年第 3 版;B. 冯特:《神话与宗教》,圣彼得堡,1913 年(参阅—H. H. 兰格:《威·冯特关于神话起源的理论》,敖德萨,1912 年)。

〔49〕L. 赖斯特纳:《斯芬克斯的谜语》,第 1～2 卷,柏林,1889 年;F. 封·德尔·莱恩:《论童话》,莱比锡,1925 年第 3 版。

〔50〕з. 弗洛伊德:《图腾与塔布》,莫斯科,1923 年。

〔51〕O. 兰克:《心理分析学对神话研究的贡献》,莱比锡—维也纳,1919 年;同上:《英雄诞生的神话》,莱比锡—维也纳,1912 年。

〔52〕G. 罗海姆:《神话与民间故事》——《神话与文学》,第 25—32 页。

〔53〕C. C. 阿韦林采夫:《卡·古·荣格的分析心理学与创作幻想的规律》——《文学问题》,1970 年第 3 期第 113～143 页;增订后辑入《论现代资产阶级美学》,第 3 卷,莫斯科,1972 年,第 110～155 页。

〔54〕C. G. 荣格:《意识的根源》,苏黎世,1954 年;C. G. 荣格、K. 凯雷尼:《神话本质导论》,苏黎世,1951 年第 4 版。卡·古·荣格有关原始型理论和神话学的著

作,辑入《卡·古·荣格文集》,英文版第 9 卷第 1 编,伦敦,1959 年。

〔55〕《卡·古·荣格文集》,第 9 卷第 1 编第 43 页。

〔56〕C. G. 荣格、K. 凯雷尼:《神话本质导论》,第 111 页。

〔57〕《卡·古·荣格文集》,第 9 卷第 1 编第 6～7 页。

〔58〕C. G. 荣格、K. 凯雷尼:《神话本质导论》,第 119 页。

〔59〕《卡·古·荣格文集》,第 9 卷第 1 编第 38 页。

〔60〕C. G. 荣格:《恶作剧人物的心理》——P. 拉丁:《恶作剧人物。美洲印第安人神话研究》(附卡尔·凯雷尼和卡·古·荣格所写评述),伦敦,1956 年,第 195～211 页。

〔61〕《卡·古·荣格文集》,第 9 卷第 1 编第 111～147 页。

〔62〕Ch. 博杜安:《英雄的凯旋》,巴黎,1952 年。

〔63〕C. G. 荣格:《生母原始型的心理范畴》——《"埃拉诺斯"年鉴》("埃拉诺斯",拉丁文 Eranos,意即"慈善互济会"。——译者),1938 年;并辑入《卡·古·荣格文集》,第 9 卷第 1 编第 75～110 页。

〔64〕J. 坎贝尔:《千面英雄》,普林斯顿,1968 年(第 1 版——1948 年);同上:《神的面具》,第 1～4 卷,纽约,1959～1970 年;同上:《庇奥斯与神话》——《心理分析与文化》,纽约,1951 年第 324～343 页。

〔65〕M. 埃利亚德:《有关周而复始之神话》,巴黎,1949 年;同上:《萨满教及古老的施术技能》,巴黎,1951 年;同上:《隐喻和象征。法术和宗教的象征手法试析》,巴黎,1951 年;同上:《瑜伽。永生与解脱》,巴黎,1954 年;同上:《神话。幻想与神秘仪式》,巴黎,1957 年;同上:《神秘仪式的起源》,巴黎,1959 年;同上:《梅菲斯托费尔式形象与雌雄同体者》,巴黎,1962 年;同上:《神话诸范畴》,巴黎,1963 年;同上:《神圣与世俗》,巴黎,1965 年。参阅为纪念米·埃利亚德出版的关于埃利亚德及其论点之发展的论文集《神话与象征。纪念米尔恰·埃利亚德论文集》,编者 I. M. 基塔加瓦、Ch. H. 朗,芝加哥——伦敦,1969 年。

〔66〕E. 利奇:《莱维-斯特劳斯》,丰塔纳,1970 年。

〔67〕G. 迪梅齐尔:《永生者的宴席》,巴黎,1924 年;同上:《日耳曼人的神话和神祇》,巴黎,1938 年;同上:《洛基》,巴黎,1948 年;同上:《尤皮特、玛尔斯、奎里努斯》,I～IV,巴黎,1941～1966 年;同上:《密多罗——伐楼那》,巴黎,1946 年;同上:《神话与叙事诗》,I～III,巴黎,1968～1973 年。

〔68〕C. 斯科特·科特尔顿:《新比较神话学。基于人类学对乔治·迪梅齐尔理论的论析》,伯克利-洛杉矶,1966 年。这一著作及乔·迪梅齐尔的观点在爱沙尼亚学者胡戈·马辛加的论著中遭到尖锐抨击(《第二性模拟体系的 3 年体验》,塔尔图,1968 年,第 227～248 页)。参阅——P. 史密斯、D. 施佩伯:《乔治·迪梅齐尔的神话学说》——《编年史》,1971 年第 3～4 期第 559～586 页,文中对迪梅齐尔和莱维-斯特劳斯两者的论点进行比较。

〔69〕J. M. 奥齐亚:《结构主义解说》,巴黎,1967 年,第 1～3 页。

377

〔70〕C.莱维-斯特劳斯:《人类学范畴》——《神祇结构的人类学》,巴黎,1973年。

〔71〕M.梅洛-蓬蒂:《论符号》,巴黎,1960年。

〔72〕C.莱维-斯特劳斯:《悲凄的热带》,巴黎,1962年,第34~44页。基于现象学对结构主义的评析,参阅—E.帕奇:《结构人类学与现象学》——《或此或彼》,米兰,1965年第88期第42~54页。

〔73〕A.J.格雷玛斯:《结构与历史》——《现代》,1966年第246期。

〔74〕C.莱维-斯特劳斯:《亲缘的基本结构》,巴黎,1967年第2版。

〔75〕C.莱维-斯特劳斯:《神话的结构研究》——《美国民俗学报》,第68卷第270期第428~444页(稍加增补,以法文辑入《结构人类学》,巴黎,1968年,第227~255页,题为《神话的结构》;俄译文载于《哲学问题》,1970年第6期第152~164页)。先后发表论文《阿斯迪瓦尔的武功歌》(1958年)、《温尼贝戈的四篇神话》(1960年)、《形态的结构》(1960年)、《论天体的性别》(1967年)、《文化的进展》(1970年)、《关于毗邻民族的仪典和神话中种种对称的探考》(1971年)、《神话的消亡》(1971年)——重新发表于《神祇结构的人类学》(巴黎,1973年,第139~318页),题为"神话与仪典"(文集首篇《人类学范畴》,见该文集第11~44页),即已涉及神话问题。专著—C.莱维-斯特劳斯:《现今的图腾崇拜》,巴黎,1962年;同上:《野蛮人的思维》,巴黎,1962年;同上:《神话论》,I~IV,巴黎,1964~1971年。试与作为神话理论用语、系统摘自其论著的章句相比拟—毛里奇奥·德尔·尼诺:《克·莱维-斯特劳斯作品中对神话的释析。方法论词汇》,〔巴勒莫〕,1975年。

关于克·莱维-斯特劳斯的论著很多,大多带有论辩性。涉及神话理论问题的有下列论著——I.西莫尼:《克洛德·莱维-斯特劳斯论"乱伦情欲"》,巴黎,1968年(附有广泛的参考书目);E.利奇:《莱维-斯特劳斯》,丰塔纳,1970年;并参阅《神话和图腾崇拜的结构探讨》(文集),编者E.利奇,伦敦,1957年;B.纳托尔斯特:《传统故事的形式和结构的研究。弗拉基米尔·普罗普、艾伦·丹德斯、克洛德·莱维-斯特劳斯及埃德蒙·利奇对神话学的增益》——《斯德哥尔摩大学学报。斯德哥尔摩的比较宗教研究》第9期,斯德哥尔摩,1969年;G.S.柯克:《神话,神话在古代及其他时期文化中的意义和功能》,伯克利-洛杉矶,1970年(第2编:《莱维-斯特劳斯与结构探讨》,该书第42~93页);J.库尔泰:《莱维-斯特劳斯与神话思维的制约》,巴黎,1974年。关于历史与神话结构的相互关系的讨论,参阅《编年史》,1971年第3~4期。参阅《克·莱维-斯特劳斯的人类学》,编者H.努蒂尼、I.巴克勒,《阿普尔顿——世纪——机巧》,1972年。参阅—E.梅列金斯基:《克洛德·莱维-斯特劳斯与神话的结构类型学》,载于《哲学问题》,1970年第7期第165~173页;同上:《克洛德·莱维-斯特劳斯。仅仅是民族学吗?》——《文学问题》,1971年第4期第115~134页。

〔76〕C.莱维-斯特劳斯:《神话论》,第1卷:《生食与熟食》,巴黎,1964年。该卷绪论摘录俄译文辑入《符号学与艺术计量》(文集),莫斯科,1972年,第25~49

页。

〔77〕E. 肯加斯、P. 马兰达：《民间创作中的结构模式及其种种变异》，海牙—巴黎，1971 年。

〔78〕R. 雅科布森、C. 莱维-斯特劳斯：《沙·波德莱尔的〈猫〉》——《人类》，　378
1962 年第 2 卷第 1 期第 5～21 页（俄译文辑入 P. 雅科布森、K. 莱维-斯特劳斯所著《沙尔·波德莱尔的〈猫〉》——《结构主义："赞成"与"反对"。论文集》，莫斯科，1975 年，第 231～255 页）。

〔79〕R. 巴尔特：《神话》，巴黎，1957 年（参阅《现今的神话》一文）。

〔80〕C. 莱维-斯特劳斯：《结构与形式。对弗拉基米尔·普罗普一专著的评述》——《应用经济学研究所学报》，M 组，1960 年第 7 期（3 月号）第 1～36 页。重新发表于《斯拉语言学和诗学国际丛刊》，III，海牙 1960 年第 122～149 页（《俄罗斯民间故事形态论析》）。

〔81〕B. P. 阿姆斯特朗：《民俗学释析要义》——《要义分析的动向》，厄巴纳，1959 年，第 151～170 页；J. L. 费舍：《波纳佩人的奥狄浦斯故事》——《从人类学看神话》，编者梅尔维尔·雅科布斯，奥斯汀—伦敦，1966 年，第 109～124 页；同上：《民间故事中的情节和结构》——《人与文化》，费城，1960 年，第 442～446 页。

〔82〕A. 丹德斯：《北美印第安人民间故事的形态学》——《民间创作研究会通讯》，1964 年第 81 卷第 195 期。

〔83〕A. J. 格雷玛斯：《语义结构》，巴黎，1966 年；同上：《词义》，巴黎，1970 年。

〔84〕M. 格里欧尔、G. 迪特伦：《白狐》，第 1 卷（《宇宙起源神话》），巴黎，1965 年（《民族学研究所集刊》，LXXII）。

〔85〕《故事的符号学：〈圣经〉故事》，编者 C. 夏布罗尔、L. 马兰（《语言》专号，巴黎，1971 年第 22 期）；《〈福音书〉故事》，编者 C. 夏布罗尔、L. 马兰，巴黎，1974 年。

〔86〕C. 布雷蒙：《故事的逻辑》，巴黎，1973 年。关于神话的结构研究问题，参阅 Tz. 托多罗夫：《幻想文学概论》，巴黎，1970 年；有关神话结构研究的某些结论，参阅—S. 米切利：《神话的结构和意向》，巴勒莫，1973 年。

〔87〕P. 马兰达：《林莽中的计算机：神话机械分析的工具》——《口头和造型艺术论析》，编者 J. 赫尔姆，华盛顿，1967 年，第 77～83 页；同上：《形态分析与种种文化之关联的探讨》——《社会学学报》，VI，1967 年，第 7～38 页；同上：《关于宗教定神话的定性分析和定量分析》——《人类学中的计算与形式化》，巴黎，1968 年，第 79～86 页；同上：《信息论与神话：拉乌人（所罗门群岛的马莱塔岛）的记述之研究及所获》——《信息论与人文科学》，巴黎，1969 年；同上：《灰姑娘。有关程式和迭现的理论》——《符号学、叙事之作与原著》，编者 C. 夏布罗尔，巴黎，1973 年，第 122～136 页；参阅 I. R. 巴克勒、H. A. 塞尔比：《神话形态探讨》（《得克萨斯州立大学民间创作和历史口头传说的多种文化研究中心（论文集刊）》第 1 期），奥斯汀，1968 年。D. A. 埃默、W. C. 赖默：《计算机技术在神话分析中的运用》（《符号学和

语言学国际中心丛刊》,第 31 期),乌尔比诺,1974 年。参阅美国民俗协会 1974 年代表会议上的报告:《超象征模拟体系中普罗普和莱维-斯特劳斯的模式论》,作者利尔顿·克莱恩,无发表年代(《计算机系。威斯康星大学》)。有关神话结构研究曾发表了一些颇有价值的论文,参阅:《交换与往来:克洛德·莱维-斯特劳斯论集》,第 1~2 卷,编者 J. 普永、P. 马兰达,海牙—巴黎,1970 年;《口头传统的结构分析》,编者皮埃尔·马兰达、埃利·肯加斯·马兰达,费城,1971 年;《民俗中的新意向》,编者阿梅里科·帕拉德斯、理查德·鲍曼,奥斯汀—伦敦,1972 年。

379　〔88〕仪典—神话论学派的代表人物的很多论著问世(包括其"同路人"乃至抨击者的论述),部分辑入《神话与象征》,林肯,1963 年(特别是专集《神话与文学。当代的理论与实践》,编者约翰·维克里,林肯,1966 年);并参阅:《神话与象征。米尔恰·埃利亚德纪念文集》,编者 I. M. 基塔加瓦、Ch. 朗,芝加哥—伦敦,1969 年;《文学中的神话与情节》,编者 D. I. 伯罗斯、F. R. 拉皮德斯,纽约,1973 年。主要有关论著,见注 110。

〔89〕N. 弗赖:《论说之解剖》,普林斯顿,1957 年,第 109 页;J. B. 维克里:《金枝:影响与原始型》——《神话与象征》,林肯,1963 年,第 174~196 页。

〔90〕G. 马里:《希腊叙事诗的起源》,牛津,1907 年。

〔91〕R. 卡彭特:《民间创作,荷马叙事诗中的虚构和传奇》,伯克利—洛杉矶,1946 年。

〔92〕E. 米罗:《荷马叙事诗与希腊历史》,第 1~2 卷,巴黎,1948 年。

〔93〕Ch. 奥特朗:《荷马与希腊叙事诗中祭仪的起源》,巴黎,1943 年;同上:《印度叙事诗》,巴黎,1946 年。

〔94〕G. R. 莱维:《拔自岩石的剑。有关叙事诗典籍起源的探考》,伦敦—纽约,1953 年。

〔95〕B. 菲尔波茨:《〈老埃达〉与古斯堪的纳维亚戏剧》,牛津,1920 年。

〔96〕G. 迪梅齐尔:《洛基》,巴黎,1948 年;F. 斯特勒姆:《洛基·神话学问题》,哥德堡,1956 年。

〔97〕E. 梅列金斯基:《当前国际学术界有关叙事诗理论问题的讨论》——《文学问题》,1957 年第 3 期第 94~112 页;同上:《英雄叙事诗的起源。早期诸形态与古籍》,莫斯科,1963 年("绪论")。

〔98〕P. 圣伊夫:《佩罗的童话及相应的故事》,巴黎,1923 年。

〔99〕J. 韦斯顿:《从仪典到小说》,伦敦,1920 年。

〔100〕J. 斯皮尔斯:《高文爵士与绿衣骑士》——《探考》,XVI,1949 年,第 244~300 页;H. 齐默:《国王与遗体》,纽约,1948 年;Ch. 穆尔曼:《神话和中世纪文学。高文爵士与绿衣骑士》——《中世纪探考》,XVIII,多伦多,1956 年,第 158~172 页(重新发表于《神话与文学》,第 171~186 页)。

〔101〕G. 马里:《诗歌中的古典传统》,坎布里奇(马萨诸塞),1927 年。

〔102〕H. 韦辛格:《基于神话和仪典对莎士比亚悲剧的探讨》——《神话与文

学》,第 149～160 页;同上:《基于神话和仪典对莎士比亚剧作的探考》——《神话与神话创作》,第 132～140 页;F. 弗格森:《戏剧的主旨》,普林斯顿,1949 年;H. H. 沃茨:《神话与戏剧》——《神话与文学》,第 75～85 页;E. 拉加迪亚:《〈皆大欢喜〉中的纯真、新生和世界秩序》——《神话与象征》,第 119～132 页;N. 弗赖:《自然的展示》,纽约,1965 年;同上:《时间的愚者》,多伦多,1967 年。试与同 Л. C. 维戈茨基早期著作中有关哈姆雷特的见解相契合的论点相较,参阅—Л. C. 维戈特斯基:《艺术心理学》,莫斯科,1968 年,第 339～496 页。

〔103〕N. 弗赖:《无节制的道路》——《神话与象征》,第 3～20 页;同上:《可怖的对称》,普林斯顿,1947 年。并参阅—W. W. 琼斯:《弥尔顿两首哀歌中的不朽者》——《神话与象征》,第 133～140 页;R. P. 亚当斯:《弥尔顿笔下吕基达斯中死和再生的原始型模式》——《神话与文学》,第 187～191 页。

〔104〕J. 莱登伯格:《福克纳〈熊〉中的自然神话》——《神话与文学》,第 257～264 页;A. C. 克恩:《福克纳〈熊〉阐释中的神话和象征》——《神话与象征》,第 152～161 页。

〔105〕R. 切斯:《赫尔曼·梅尔维尔》,纽约,1949 年;N. 埃尔温:《赫尔曼·梅尔维尔》,纽约,1950 年;Ch. 奥尔索普:《把我称为以实玛利》,纽约 1957 年;R. L. 库克:《〈莫比·狄克〉中的万灵法术》——《神话与文学》,第 193～199 页。

〔106〕S. E. 海曼:《纳尔基索斯式的批评者》——《特征》,Ⅷ,1948 年,第 187～191 页;K. 罗森菲尔德:《康拉德奥秘的原始型分析》——《神话与文学》,第 315～334 页;J. L. 布洛特纳:《灯塔的神话范型》——《神话与文学》,第 243～255 页;I. M. 科克斯:《哈克贝里·费恩的悲惨开端》——《神话与文学》,第 277～287 页;L. 克朗普顿:《被太阳灼伤的神。〈还乡〉中的仪典和悲剧神话》——《神话与文学》,第 289～297 页;P. B. 马里:《狂欢文学中的神话》——《神话与文学》,第 213～220 页;J. E. 哈特:《神话和象征中红色的勇敢标志》——《神话与文学》,第 221～227 页;W. B. 斯泰因:《沃尔登;肯托罗伊之智》——《神话与文学》,第 335～347 页;R. 哈里森:《恩底弥翁之周而复始神话的象征手法》——《神话与文学》,第 229～242 页;G. R. 斯坦杰:《丁尼生的神话:得墨忒尔和佩尔塞福涅探考》——《神话与文学》,第 357～367 页;J. T. 诺特纳格尔:《阿格里帕·德·欧比涅诗歌创作中的神话》——《神话与象征》,第 61～70 页;W. 特罗伊:《斯丹达尔对昂利·勃吕拉的探索》——《选集》(S. E. 海曼为之撰写绪论),拉特格兹大学出版社,1967 年,第 147～170 页;同上:《重读巴尔扎克的著作:替罪羊式的艺术家》——同上,1967 年,第 171～189 页(参阅—D. 迪朗:《巴马修道院的神话装饰》,巴黎,1961 年);Ph. 沃克:《左拉著作中的预言神话》——《神话与文学》,第 369～376 页。

〔107〕I. 沃特:《小说的兴起》,伯克利—洛杉矶,1962 年,第 85～89 页。

〔108〕T. D. 温纳:《安·契诃夫作品中作为艺术手段的神话》——《神话与象征》。

〔109〕J. I. 惠特:《现代小说中的神话。预兆手法探讨》,普林斯顿,1971 年。

〔110〕M. 博德金：《诗歌中的原始型范型。幻想的心理学研究》,纽约,1934 年（第 3 版—1963 年）；R. 切斯：《神话探索》,巴吞鲁日,1949 年；P. 惠尔赖特：《炽热的喷泉。语言与象征探讨》,布卢明顿,1954 年；参阅—同上：《神话的语义探考》——《美国民俗学报》,第 58 卷,1955 年,第 473～481 页；N. 弗赖：《论说之解剖》,普林斯顿,1957 年；同上：《文学的原始型》——《神话与文学》,第 87～97 页；同上：《新旧倾向的更迭》——《神话与神话创作》,第 118～131 页；J. 维克里：《神话与文学·绪论》,第 1～2 页。并参见注 88。

〔111〕R. 韦曼：《诺斯罗普·弗赖与新论说的终结》——《意识与形态》,柏林,1965 年,第 3～4 册第 621～630 页；P. 韦曼：《"新论说"与资产阶级文学研究的发展。最新阐释方法的沿革与批判》,莫斯科,1965 年（德文本于 1962 年在柏林出版）。参阅—Б. 吉连松：《"新论说"札记》——《美学问题》第 8 册：《西欧艺术的危机与现代国外美学》,莫斯科,1968 年。

〔112〕R. 韦曼：《文学与神话》——《意识与形态》,柏林,1965 年,第 2 册第 117 页〔参阅仪典—神话论代表 J. 维克里对《浮士德》的剖析：《歌德的浮士德》,编者 J. B. 维克里,巴尔莫特（加利福尼亚）,1962 年〕。R. 格雷夫斯所著《公义女神。神话诗中的历史原理》(纽约,1966 年)中,对神话诗"智慧"的释析尝试,并非独出心裁,而纯属虚拟。

〔113〕A. A. 波捷布尼亚：《论某些仪式和信仰的神话意义》——《皇家历史与罗斯古文物协会讲座》,第 2～3 卷,莫斯科,1965 年；同上：《口头创作理论札记》,哈尔科夫,1905 年；同上：《斯拉夫民间叙事诗中某些象征》,哈尔科夫,1914 年；并参阅—Б. 列津：《波捷布尼亚神话论稿摘抄》——《创作的理论和心理学问题》,第 5 卷,哈尔科夫,1914 年。

〔114〕A. A. 波捷布尼亚：《口头创作理论札记》,第 401 页。

〔115〕A. H. 维谢洛夫斯基：《历史的诗学》,编者 B. M. 日尔蒙斯基,列宁格勒,1940 年。对 A. H. 维谢洛夫斯基有关原始浑融体理论的意见和修正,参阅—E. M. 梅列金斯基：《口头艺术的原始根源》——《艺术的诸早期形态》,莫斯科,1972 年,第 149～190 页。

〔116〕Л. Я. 施特恩堡：《从民族志看原始宗教》,列宁格勒,1936 年；В. Г. 博戈拉兹：《原始人的宗教观念》——《自然地理学》,1908 年第 1 册；同上：《楚克奇人》,第 2 卷(《宗教》),列宁格勒,1939 年；同上：《死而复生之兽的神话》——《民间文艺》,1926 年第 1 期；同上：《爱因斯坦与宗教》,莫斯科—列宁格勒,1923 年。

〔117〕В. 伊万诺夫：《狄奥尼索斯的宗教,其起源和影响》——《生活问题》,1905 年第 6～7 期；同上：《狄奥尼索斯与古老的狄奥尼索斯庆典》,巴库,1923 年；同上：《尼采与狄奥尼索斯》——参阅—Вяч. 伊万诺夫：《星辰巡礼》,圣彼得堡,1909 年,第 1～20 页。

〔118〕A. M. 佐洛塔迈夫：《氏族制与原始神话》,莫斯科,1964 年；C. A. 托卡列夫：《宗教诸早期形态及其演化》,莫斯科,1964 年；同上：《何谓神话?》——《宗教

与无神论历史沿革中的问题》，第 10 册，莫斯科，1962 年；А. Ф. 阿尼西莫夫：《埃文克人的宗教》，莫斯科—列宁格勒，1958 年；同上：《西伯利亚诸民族的宇宙起源观念》，莫斯科—列宁格勒，1959 年；同上：《神幻故事与神话中的自然和社会》——《宗教与无神论历史博物馆年鉴》，I，列宁格勒，1957 年，第 144～171 页；Ю. П. 弗兰采夫：《宗教与自由思想初源考》，莫斯科—列宁格勒，1959 年；Б. И. 沙列夫斯卡娅：《赤道非洲古老与新兴的宗教》，莫斯科，1964 年；М. И. 沙赫诺维奇：《原始神话与哲学》，列宁格勒，1971 年。

〔119〕В. Ф. 泽布科韦茨：《前宗教时代》，莫斯科，1959 年。

〔120〕В. В. 伊万诺夫：《原始民族的二元体制与二元宇宙起源论的萌生》——《苏联考古学》，1968 年第 4 期。

〔121〕В. Я. 普罗普：《民间故事的形态学》，莫斯科，1969 年第 2 版；同上：《魔幻故事的历史根源》，列宁格勒，1946 年；同上：《楚克奇人的神话和吉利亚克人的叙事创作》——《国立列宁格勒大学学报》，1945 年；同上：《俄罗斯英雄叙事诗》，莫斯科——列宁格勒，1958 年第 2 版。

〔122〕А. Ф. 洛谢夫：《古希腊罗马象征手法与神话概论》，第 1 卷，莫斯科，1930 年；同上：《神话的辩证法》，莫斯科，1930 年；同上：《奥林波斯神话的社会—历史演化》——《莫斯科国立师范学院学报》，第 72 卷，莫斯科，1953 年；同上：《古希腊罗马神话概论》——《师范学院学报·语文》，第 5 集，斯大林纳巴德，1954 年；同上：《古希腊罗马神话的历史演变》，莫斯科，1957 年；同上：《古希腊罗马美学史》，第 1～4 卷，莫斯科，1963～1975 年，等等。

〔123〕А. Ф. 洛谢夫：《神话的辩证法》，第 7 页。

〔124〕С. С. 阿韦林采夫：《神话》——《简明文学百科全书》，第 4 卷，莫斯科，1967 年；同上：《有关奥狄浦斯的神话之象征手法阐释》——《古希腊罗马与现代》（论文集），莫斯科，1972 年，第 90～102 页，等等。

〔125〕Ф. Х. 凯西季：《从神话到逻各斯（希腊哲学的形成）》，莫斯科，1972 年。

〔126〕И. М. 特龙斯基：《古希腊罗马神话与现代神幻故事》——《奥·米·奥尔登堡纪念文集。为纪念基学术和社会活动五十周年而作》，列宁格勒，1934 年，第 523～534 页，等；И. И. 托尔斯泰：《民间创作论集》，编者 В. Я. 普罗普，列宁格勒，1966 年。

〔127〕《特里斯丹与绮瑟。从欧洲封建言情之作中的女主人公到母权制的阿夫列夫拉齐亚之女神》（神话语义和民间创作论述，集体撰写，主编 Н. Я. 马尔院士），列宁格勒，1932 年（编入伊·格·弗兰克-卡梅涅茨基、奥·米·弗赖登堡等人的论著）；О. М. 弗赖登堡：《题材和体裁的诗学。古希腊罗马文学时期》，列宁格勒，1936 年。已故奥·米·弗赖登堡未发表的专著《古希腊罗马民间创作理论初探（讲演录）》、《形象与概念》，编辑整理中。与此有关篇章"从神话到抒情诗"，已发表，即——О. М. 弗赖登堡：《希腊抒情诗的起源》——《文学问题》，1973 年第 2 期。

〔128〕М. М. 巴赫京：《弗朗索瓦·拉伯雷的创作与中世纪和文艺复兴时期的

民间文化》,莫斯科,1965年。参阅—A. Я. 古列维奇:《荒诞作品的历史。中世纪拉丁文学中的"上"与"下"》——《苏联科学院学报·文学和语言》,1975年,第34卷第4期。

〔129〕V. W. 特纳:《巡列仪式。结构与反结构》,芝加哥,1969年。

〔130〕M. M. 巴赫京:《语言的艺术与民间诙谐文化(拉伯雷和果戈理)》——《语境——1972年》,莫斯科,1973年。

〔131〕J. 克里斯捷娃:《符号学是观念的科学》——《符号学》,I,1969年;同上:《诗歌的衰落》——参阅—M. 巴赫京:《陀思妥耶夫斯基的诗艺》,巴黎,1970年。

〔132〕试比较米·巴赫京和诺·弗赖的观点,参阅—D. 海曼:《巴克蒂内之所未述》——《诗艺》,1973年第13期。

〔133〕M. A. 利夫希茨:《现代神话理论述评》——《哲学问题》,1973年第8期第143~153页、第10期第139~159页(上列引文,均注明杂志期数及页数)。

〔134〕B. B. 伊万诺夫、B. H. 托波罗夫:《斯拉夫模拟语言体系》,莫斯科,1965年;同上:《斯拉夫古文物考》,莫斯科,1974年;同上:《关于暴风雨神逐蛇的印欧语民族神话:神话形象原貌的构拟》——《交换与沟通。纪念克洛德·莱维-斯特劳斯论文集。J. 普永和P. 马兰达编》,第2卷,海牙—巴黎,1970年,第1180~1206页;同上:《从神话领域的探考看晚期第二性文献资料的可信性》——《符号体系论集》,VI,塔尔图,1973年,第32~46页;同上:《凯特人某些符号体系阐释》——《符号体系论集》,II,1965年,第116~154页;同上:《神话和民间创作中的不变成分与变异》——《民间创作类型探考》,编者 E. M. 梅列金斯基、C. Ю. 涅克柳多夫,莫斯科,1975年,第44~76页。

B. B. 伊万诺夫:《罗马神话和印欧语诸民族神话的类型探讨和历史比较探讨概述》——《符号体系论集》,IV,1969年,第44~75页;同上:《与果戈理〈维伊〉相对应者》——《符号体系论集》,V,1973年,第133~142页;同上:《"有形"与"无形"范畴。再论东支斯拉夫人民间创作中与果戈理〈维伊〉相对应者》——《作品的结构与文化的词义学》,编者范·德尔·恩格、M. 格里加,海牙—巴黎,1973年;同上:《赫列布尼科夫诗歌〈用象牙的……把我抬走〉的结构》——《符号体系论集》,III,1967年;同上:《20世纪艺术和文化中的时间范畴》——《文学和艺术中的节律、空间和时间》(文集),列宁格勒,1947年;同上:《非洲和亚洲传统中二分制象征分类》——《亚洲和非洲诸民族》,1969年第5期第105~115页;同上:《各民族方法论的符号学》——《符号学研究》,编者 I. M. 洛特曼和 B. A. 乌斯宾斯基,都灵,1973年,第127~147页;同上:《艺术和绘图文字的古老符号的一种类型》——《艺术诸早期形态》,莫斯科,1972年,第105~148页。

B. H. 托波罗夫:《宇宙之卵的神话之构拟》——《符号体系论集》,III,1967年,第81~99页;同上:《神话传统与学术传统源流考。赫拉克利特》——《罗曼·雅科布松纪念文集》,第3卷,海牙—巴黎,1967年;同上:《某些同宇宙之树观念相应的古籍之结构考》——《符号体系论集》,V,1971年,第9~62页;同上:《历史早期记述中的宇宙起源说》——《符号体系论集》，Ⅵ，1973 年，第 106～150 页；同上：
《宇宙树》——《符号学研究》，第 148～209 页；同上：《诗歌中某些象征的起源》——
《艺术诸早期形态》，第 77～104 页；同上：《从神话思维的古老图式看陀思妥耶夫斯
基长篇小说的结构》——《作品的结构与文化的语义学》，第 225—302 页。

〔135〕Ю. M. 洛特曼、Б. A. 乌斯宾斯基：《神话——称谓——文化》——《符号
体系论集》，Ⅵ，第 282—305 页；Ю. M. 洛特曼：《普希金诗歌〈安杰洛〉的思维结
构》——《列宁格勒国立师范学院学报》（《普希金文集》），普斯科夫，1973 年，第 3～
23 页；И. П. 斯米尔诺夫：《从神幻故事到长篇小说》——《古罗斯文学部论丛》，第
22 卷，列宁格勒，1972 年，第 287～320 页；A. M. 潘琴科、И. П. 斯米尔诺夫：《俄罗
斯中世纪口头创作及 20 世纪初叶诗歌中的隐喻原始型》——《古罗斯文学部论
丛》，第 26 卷，第 33～40 页；有关符号学方法，参见现今出版的论著—E. M. 梅列
金斯基：《东北部古亚细亚人神话的结构类型分析》——《民间创作的类型探讨》，
编者 E. M. 梅列金斯基、C. Ю. 涅克柳多夫，莫斯科，1975 年（英文版 E. M. 梅列金
斯基：《古亚细亚人渡乌神话的类型分析》——《匈牙利科学院民族学学报》，第 22
卷，布达佩斯，1973 年，第 107～155 页）；同上：《斯堪的纳维亚神话体系》——《象
征人类学学报》，第 1 期第 43～58 页、第 2 期第 57～78 页，海牙—巴黎，1973 年。
我的其他若干篇论著辑入《苏联结构民间文艺学》，第 1 卷，海牙—巴黎，1974 年。
参阅—E. 梅列金斯基：《民间创作的结构类型研究》——《社会学》，1971 年，第 3 期
第 64～81 页；E. 梅列金斯基：《结构类型学与民间创作》——《语境——1973 年》。
莫斯科，1974 年，第 329～347 页；C. Ю. 涅克柳多夫：《殛杀者与复仇者之灵》——
《象征体系论集》，Ⅶ，1975 年，第 65～75 页；同上：《民间叙事创作中符号的功能
性和语义性》——《语义学与文学》（排印中）；同上：《前文学叙事艺术中描述体系
的特征》——《艺术诸早期形态》，莫斯科，1972 年，第 191～219 页。

〔136〕关于 20 世纪神话理论评价问题的初步探讨，参阅—E. 梅列金斯基：《西
方 20 世纪种种神话理论》——《哲学问题》，1971 年第 7 期（英、法、西等语译文载
于《社会学》，莫斯科，1975 年第 3 期，并译为匈牙利文和塞尔维亚文）；并参阅—E.
M. 梅列金斯基（无发表年代）：〈俄罗斯民间创作与结构主义方法问题〉——《符号
学研究》，第 401～432 页。

第二编　　神话的种种古典形态及其在民间叙事创作中的反映

〔137〕鉴于旨在进行纯理论性探讨，本编不拟逐一注明引文出处。作者撰写
本编时，除第一编注释中所列文献资料外，并参阅了大量民族志资料，其中最著者
为—H. B. 亚历山大：《北美神话》，波士顿，1916 年；同上：《拉丁美洲的神话》，波士
顿，1920 年；M. 姊崎：《日本神话》，波士顿，1928 年；《宗教研究的人类学方法》，编
者 M. 班通，爱丁堡，1966 年；H. 鲍曼：《非洲各民族神话中的创世和人类原始时
期》，柏林，1936 年；R. 贝内迪克特：《祖尼人的神话》，第 1～2 卷，纽约，1935 年；R.

M. 和 C.H. 伯恩特：《原初澳大利亚人的世界》，芝加哥，1965 年；R.M. 伯恩特：《扎恩加乌尔》，墨尔本，1949 年；同上：《库纳皮皮。土著宗教崇拜研究》，墨尔本，1951 年；B. 布赖齐格：《神祇观念的起源与救世主》，柏林，1905 年；A.J. 卡内：《伊朗神话》，波士顿，1917 年；K.M. 查德威克、M.K. 查德威克：《文学的发展》，第 1～3 卷，伦敦，1932～1940 年(1971 年再版)；A. 克里斯滕森：《伊朗历史传说中的初人与始皇》，第 1～2 卷，乌普萨拉，1918～1919 年；R.B. 狄克逊：《太平洋岛屿的神话》，波士顿，1916 年；E. 多尔姆：《巴比伦与亚述的宗教》，巴黎，1945 年；P. 埃伦里希：《一般神话及其民族志基础》，莱比锡，1910；M. 埃利亚德：《澳大利亚宗教。导论》，伊塔卡—伦敦，1973 年；J. 冯滕罗斯：《皮通。德尔斐神话及基根源的探讨》，伯克利—洛杉矶，1959 年；J.C. 弗格森：《中国神话》，波士顿，1928 年；《古代人的智力举动》，编者 H. 弗兰克福特，芝加哥，1946 年；A. 居斯多夫：《神话与隐喻》，斯特拉斯堡，1950 年；M. 格拉内：《中国宗教》，巴黎，1959 年；H.G. 居特博克：《起源于胡里特人的克罗诺斯的库玛尔比神话》，苏黎世，1941 年；R. 科德林顿：《美拉尼西亚人》，牛津，1891 年；《神话词典》，H.W. 豪西格编，斯图加特(多次再版)；E. 汉迪、S. 克雷格希尔：《波利尼西亚宗教》，火奴鲁鲁，1927 年；A. 海德尔：《巴比伦人的由来》，芝加哥，1951 年；M.J. 与 F.S. 赫斯科维茨：《达荷美叙事创作》，西北大学出版社，1908 年；A. 胡尔特克兰茨：《美洲原始印第安人的宗教》，乌普萨拉，1963 年；A.M. 胡尔特克兰茨：《北美奥尔甫斯教派传统》，斯德哥尔摩，1957 年；J. 胡伊津哈：《Homo Ludens》，波士顿，1955 年；L. 洪科：《宗教学中的神话》——《特梅诺斯》，赫尔辛基，1970 年，第 6 卷；U. 霍尔姆贝格：《芬-乌戈尔语诸民族及西伯利亚诸民族的神话》，波士顿，1927 年；A.E. 延森：《未开化民族的神话和崇拜》，威斯巴登，1951 年；W. 约赫尔松：《科里亚克人》，第 1 编，纽约，1905 年；M. 雅科布斯：《口头文学的内容与风格》，芝加哥，1959 年；《从人类学看神话》，编者 M. 雅科布斯，第 4 期，纽约，1966 年；A.B. 基思：《印第安人的神话》，波士顿，1917 年；K. 凯雷尼：《普罗米修斯》，苏黎世，1946 年；S.N. 克雷默：《苏美尔人的神话》，费城，1944 年；《古代世界的神话》。编者 S.N. 克雷默，纽约，1961 年；S.H. 兰登：《闪米特人的神话》，波士顿，1931 年；W.A. 莱萨：《来自乌利西环礁的故事：太平洋岛屿民间创作的比较研究》，洛杉矶，1961 年；W.A. 莱萨、E.Z. 沃格特：《比较宗教论集》，纽约—伦敦，1965 年；G. van der 莱乌：《宗教现象学》，蒂宾根，1933 年；C.H. 朗：《创世神话》，多伦多，1969 年；R.H. 洛伊：《原始宗教》，纽约，1922 年；《神话论文选》，编者 P. 马兰达，哈蒙德斯沃斯，1972 年；S. 米切利：《神话的结构和意向》，巴勒莫，1973 年；《神话和宇宙》，编者 J. 米德尔顿，纽约，1967 年；W.M. 米勒：《埃及神话》，波士顿，1928 年；I.A. 麦卡洛克：《"埃达"神话》，波士顿，1930 年；G. 尼奥拉策：《西伯利亚诸民族的萨满教》，斯图加特，1925 年；A. 奥尔玛克斯：《萨满教诸问题探讨》，隆德，1939 年；S.I. 雷诺：《传记神话》——《特梅诺斯》，赫尔辛基，1973 年，第 9 卷第 38～54 页；R. 佩塔佐尼：《宗教论述中的神话真谛》，莱顿，1950 年；R. 佩塔佐尼：《宗教史论集》，莱顿，1954 年；J. 皮亚热：《儿童智慧之育成》，纳沙泰尔—巴黎，1936 年；J. 皮亚热：《儿童的世界概念》，纽约，1929 年；A. R. 拉德克利夫-布朗：《原始社会的结构和功能》，格伦科，1952 年；P. 拉丁：《原始宗教：其特征和起源》，纽约，1937 年；同上：《作为哲人的原始人》，纽约—伦敦，1927 年；H. J. 罗斯：《希腊神话手册》，纽约，1959 年；I. C 斯科特：《印度支那半岛神话》，波士顿，1928 年；B. 斯宾塞、F. I. 吉伦：《中澳大利亚北部诸部落》，伦敦，1904 年；同上：《阿兰达人》，第 1～2 卷，伦敦，1927 年；C. 施特雷洛：《中澳大利亚的阿兰达人和洛里查人诸部落》，美因河畔法兰克福，1908 年；T. C. H. 施特雷洛：《阿兰达人的传统》，墨尔本，1957 年；《神话论集》，编者 T. A. 谢贝奥克，布卢明顿，1958 年；W. E. H. 斯坦纳：《梦幻》——《澳大利亚的路标》，编者 T. A. G. 亨格福德，墨尔本，1956 年，第 51～65 页；W. 施密特：《神祇观念的起源》，第 1～12 卷，维也纳，1912～1955年；E. 泽勒：《美洲语言与古代文化研究论文汇编》，第 1—5 卷，柏林，1902～1923 年；E. 坦·拉亚：《神话分析中的谱系法与结构模式》——《文化的演化》，编者 T. O. 贝德尔曼，伦敦，1971 年，第 313～348 页；S. 汤普森：《民间创作》，1946 年；S. 汤普森：《民间文学情节索引》，布卢明顿，1951～1958 年；H. 泰格奈乌斯：《文化英雄》，乌普萨拉，1950 年；E. O. E. 特维尔-彼得：《北方的神话与宗教》，伦敦，1961年；J. de 弗里斯：《古日耳曼宗教史》，Ⅰ～Ⅱ，柏林，1957 年；P. 维尔茨：《荷属南新几内亚的玛林德-阿尼姆人》，第 2～3 卷，汉堡，1922～1926 年；《神祇·婆罗门·凡人。印度教四千年》，莫斯科，1969 年；A. 瓦隆：《由行至思》，莫斯科，1956 年；Я. Э. 戈洛索夫克尔：《巨灵的故事》，莫斯科，1958 年；P. B. 金扎洛夫：《古代马雅人的文化》，列宁格勒，1971 年；E. C. 科特利雅尔：《非洲的神话和神幻故事》，莫斯科，1975 年；M. 莱昂—波尔蒂利亚：《纳瓦人的哲学》，莫斯科，1961 年；M. Э. 马蒂耶：《古埃及神话》，莫斯科—列宁格勒，1956 年；E. M. 皮努斯：《日本人民的古代神话》——《中国——日本。历史与哲学（纪念院士 Н. И. 康拉德逝世七十周年）》，莫斯科，1961 年；同上：《〈古事记〉——有关古事的记载》（博士论文），列宁格勒，1972年；C. 拉达克里什南：《印度哲学》，第 1—2 卷，莫斯科，1956～1957 年；Дж. 汤姆森：《原初哲人》，莫斯科，1958 年；И. 特伦切尼-瓦尔达普费尔：《神话学》，莫斯科，1959 年；特·兰吉·希罗阿：《日出之域的航海者》，莫斯科，1950 年；袁珂：《古代中国的神话》，莫斯科，1965 年。

　　为撰写本编，作者还援用出自其个人手笔的一些著作的部分内容，其中包括：有关大洋洲人的神话者〈澳大利业民间创作——《澳人利亚的神话和神幻故事》，K. 兰格洛-帕克搜集，莫斯科，1965 年；美拉尼西亚人的神话和神幻故事——《太平洋岛屿论集》，莫斯科，1957 年；太平洋岛屿诸民族的民间叙事创作——《太平洋岛屿的神幻故事与神话》，莫斯科，1970 年〉、有关古亚细亚人的神话者〔极北地区诸民族有关渡乌氏的故事——《世界文化史通报》，1959 年第 1 期；东北部古亚细亚人神话（渡乌氏系统）的结构类型分析——《民间创作类型探讨》，莫斯科，1975年；《古亚细亚人渡乌氏神话的类型分析》——《民族学学报》，第 22 卷，布达佩斯，1973 年，第 107～155 页〕、有关西伯利亚地区突厥-蒙古语诸族的神话者〈西伯利亚地区突厥-蒙古语诸族叙事创作中主人公的古老类型——《比较语文学的一些问题》，莫斯科—列宁格勒，1964年）、有关芬人的神话者（卡累利阿-芬语诸族叙事诗的起源——《苏联民族学》，1960年第4期）、有关北高加索地区一些民族的神话者（那尔特的故事在叙事诗演化中的地位——《那尔特叙事诗》，奥尔忠尼启则，1957年）、有关日耳曼人的神话者（作为一个体系的斯堪的纳维亚神话——《芝加哥民族学讨论会论文集》，莫斯科，1973年；"埃达"神话题材的语义学——《斯堪的纳维亚论集》，XVIII，塔林，1973年；作为一个体系的斯堪的纳维亚神话——《象征人类学丛刊》，海牙—巴黎，1973年第1期第43～57页、第2期第57～78页）、有关神话的比较研究者（普罗米修斯的先辈——《世界文化史通报》，1958年第3期；古代世界神话的比较阐述——《古代世界诸文化的类型研究与相互关联》，莫斯科，1971年；口头艺术原始时期的初源——《艺术诸早期形态》，莫斯科，1972年）以及有关神话在神幻故事和叙事诗演化中的作用者（《魔幻故事的主人公》，莫斯科，1958年；《英雄叙事诗的起源》，莫斯科，1963年；《神话与神幻故事》——《民间创作与民族学》，莫斯科—列宁格勒，1970年）。以上所列著作不乏相应补充参考资料。

〔138〕J. 皮亚热：《关于世界的儿童概念》，纽约，1929年。

〔139〕关于科学史中时间的因果阐释，参阅—A. 格伦鲍姆：《空间与时间的哲学问题》，莫斯科，1969年。

〔140〕E. 利奇：《时间之象征描述的两种释析》——《再思之人类学》，伦敦，1961年，第124～136页；参阅—Ohnuki-Tierry（大涂-蒂尔里）：《库页岛西北沿海地区阿伊努人的时间概念》——《美洲人类学家》，1969年，第71卷第3期。

〔141〕A. 胡尔特克兰茨：《美洲印第安人未开化者的宗教》，第33页。

〔142〕C. A. 托卡列夫：《早期宗教诸形态》，莫斯科，1964年，第354～357页。

〔143〕V. N. 托波罗夫：《宇宙树》——《符号学研究》，都灵，1973年，第148～209页。并参阅他的其他有关著作（见注134）。

〔144〕V. W. 特纳：《巡游仪式。结构与反结构》，芝加哥，1969年。类似特纳所持之观念，L. 热尔内早在1938年即有所表述，参阅—L. 热尔内：《绰号为狼的多隆》——L. 热尔内：《古希腊人类学》，巴黎，1968年，第159页及以后诸页。

〔145〕B. Я. 普罗普：《魔幻故事的历史根源》，列宁格勒，1946年；J. 坎贝尔：《千面英雄》，纽约，1948年；W. E. H. 斯坦纳：《论土著居民的宗教》，悉尼，1966年。

〔146〕R. M. 伯恩特：《扎恩加乌尔》，墨尔本，1949年。

〔147〕《古代人的智力举动》，编者 H. 弗兰克福特，芝加哥，1946年；E. O. 詹姆斯：《古代近东的神话与仪典。考古与典籍探讨》，伦敦，1958年。

〔148〕Th. 雅科布森：《古代美索不达米亚的原始民主制》——《近东研究集刊》，1943年第15卷第3期；И. M. 季亚科诺夫：《古代两河流域的社会制度和国家制度。苏美尔》，莫斯科，1959年。

〔149〕W. E. H. 斯坦纳：《论土著居民的宗教》，悉尼，1966年；F. 博阿斯：《夸

扣特尔人的社会体制和秘密会社》,华盛顿,1897 年。

〔150〕А. Ш. 基奇科夫:《叙事诗〈江格尔〉题名之由来》——〈卡尔梅克语言、文学和历史科学研究会学报〉,埃利斯塔,1962 年,第 2 册第 213～214 页。

〔151〕П. А. 格林采尔:〈古代世界的叙事诗〉——《古代世界诸文学的类型和相互关联》,莫斯科,1972 年,第 7～67 页;同上:《古印度叙事诗。起源与类型》,莫斯科,1974 年。

〔152〕早在乔·迪梅齐尔此论之前,约·戈·赫尔德对此即有所论述,参阅——G. H. 赫尔德:《〈摩诃婆罗多〉。人类学探讨》,阿姆斯特丹,1935 年。

第三编　　20 世纪文学中的“神话主义”

〔153〕Л. 巴特金:《文艺复兴时期关于人的神话》——《文学问题》,1971 年第 9 期第 116～118 页。

〔154〕Н. Я. 别尔科夫斯基:《德国浪漫主义》,列宁格勒,1973 年,第 419 页。这一鸿篇巨制没有专篇论述浪漫主义派的神话主义,只有其中若干段落对此有所涉及。

〔155〕F. 施特里希:《从克洛卜施托克到瓦格纳的德国文学中的神话》。第 1～2 卷,萨勒河上的哈勒,1910 年。

〔156〕K. 内古斯:《恩·泰·阿·霍夫曼作品中的另一世界。其浪漫主义与新神话》,费城,1965 年。参阅——P. 叙歇尔:《恩·泰·阿·霍夫曼作品中奇异描述的由来》,巴黎,1912 年。

〔157〕А. Я. 古列维奇:《中世纪文化诸范畴》,莫斯科,1927 年。

〔158〕А. Ф. 洛谢夫:《理查德·瓦格纳在往昔和现今》——《美学问题》,第 8 分册:《西欧艺术的危机与现代国外美学》,莫斯科,1968 年,第 67～196 页。托·曼关于理·瓦格纳的论述,参见注 160。

〔159〕I. 弗兰克:《现代文学中的空间形态》——《愈益扩大的旋圈》,新不伦瑞克—纽约,1963 年,第 3～62 页。

〔160〕T. 曼:《理查德·瓦格纳作品中的厄难与壮伟》——T. 曼:《文集》,第 10 卷第 107～146 页(以第 108 页为主)。

〔101〕J. 坎贝尔:《神的面具》,第 4 卷,《创世神话》,纽约,1970 年;P. 埃格里,《先锋派与现代派》,布达佩斯,1972 年;参阅——J. G. 布伦南:《三位哲学小说家:詹·乔伊斯、托·曼、安·纪德》,纽约,1964 年;F. I. 奥马利:《现代哲学小说:乔伊斯、曼、卡夫卡》,圣母林苑,1951 年。

〔162〕Д. Г. 然季耶娃:《詹姆斯·乔伊斯》,莫斯科,1967 年;Д. M. 乌尔诺夫:《詹·乔伊斯与当代现代主义》——《现实主义和现代主义当前所面临的问题》,莫斯科,1965 年,第 309～344 页;B. Г. 阿德莫尼、T. И. 席利曼:《托马斯·曼。创作述评》,列宁格勒,1960 年;H. 维利蒙特:《伟大的同路人》,莫斯科,1966 年;Б. Л.

387

苏奇科夫:《长篇小说——神话》——T.曼:《约瑟及其弟兄们》,第1卷,莫斯科,1968年,第3~32页;参阅——Б.Л.苏奇科夫:《小说与神话》——《国外现代文学》,莫斯科,1972年;И.М.弗拉德金:《德国理性小说的体裁特征和结构特征》——《社会主义国家文学中的艺术形式》,莫斯科,1969年,第239~257页;A.多罗舍维奇:《20世纪文学中的神话》——《文学问题》,1970年第2期;C.阿普特:《托马斯·曼》,莫斯科,1972年。国外有关詹·乔伊斯的论著,除以上所列外:下述种种尤有参考价值——H.莱文:《詹姆斯·乔伊斯》,纽约,1960年;H.戈曼:《詹·乔伊斯》,纽约,1949年;R.埃尔曼:《詹·乔伊斯》,牛津,1959年;Sh.吉尔伯特:《詹·乔伊斯笔下的尤利西斯》,伦敦,1952年;H.布拉米勒斯:《布卢姆一日谈。乔伊斯笔下的尤利西斯探讨指南》,伦敦,1966年;C.哈特:《詹·乔伊斯笔下的尤利西斯》,悉尼,1968年;M.马加拉纳:《一个人的神话:乔伊斯笔下芬尼根的苏醒》——《神话与文学》,1966年,第201~212页;P.伯恩斯托克:《乔伊斯笔下的又一次苏醒》,西雅图—伦敦,1965年;J.S.艾瑟顿:《有关苏醒的书。詹·乔伊斯〈芬尼根的苏醒〉中的文学隐喻的研究》,纽约,1960年;C.哈特:《〈芬尼根的苏醒〉中的结构和情节》,西北大学出版社,1962年;《尤利西斯探考》,编者Th.E.斯特利、B.伯恩斯托克,匹兹堡。关于托·曼著作中的神话主义,国外学者中有专门论述这一题材者——H.斯洛霍韦尔:《托·曼笔下的约瑟故事释析》,纽约,1938年;H.斯洛霍韦尔:《神话在弗·卡夫卡和托·曼作品中的运用》——《神话与文学》,第349~355页;F.利翁:《托·曼。生活与工作》,苏黎世,1947年;H.阿布茨:《托·曼长篇小说〈约瑟及其弟兄们〉中的神话和宗教成分》(博士论文),波恩,1949年;F.考夫曼:《托·曼。作为意向和表述的世界》,波士顿,1957年;R.舍肯:《托·曼长篇小说〈约瑟及其弟兄们〉中人物的形态》(博士论文),波恩,1957年;B.里希特:《神话概念。托·曼的神话概念与约瑟小说中的典型人物》——《欧福里翁》,第54卷,海德堡1960年,第4版第411~433页;L.普勒格:《创作中的得墨忒尔主题。托·曼》(博士论文),基尔,1961年;U.舍纳贝克:《托·曼作品中神话的阐释功能》(博士论文),基尔,1965年;H.莱纳特:《托·曼。小说、神话、宗教》,柏林,1965年;K.汉布尔格:《托·曼的诙谐。约瑟小说》,慕尼黑,1965年;H.福格尔:《托·曼时代(〈魔山〉、〈约瑟及其弟兄们〉和〈浮士德博士〉等长篇小说探讨)》,明斯特,1971年。参阅——Ct.列姆:《托马斯·曼的神话创作》——《新世界》,1970年第6期。

〔163〕Th.曼、K.凯雷尼:《小说创作与神话》,苏黎世,1945年。

〔164〕J.坎贝尔:《神的面具》,第4卷第662页。

388   〔165〕I.沙夫施沃特:《托·曼与教育小说》,斯德哥尔摩—柏林—科隆—美因茨,1967年。

〔166〕T.曼:《魔山》——T.曼:《文集》,第4卷第214页。本书下文所援用引语,均注明该文集卷次和页数。

〔167〕参阅——H.福格尔:《托·曼时代》,第262页。

〔168〕J. S. 艾瑟顿：《有关苏醒的书。詹·乔伊斯〈芬尼根的苏醒〉中文学隐喻的研究》。

〔169〕C. 哈特：《〈芬尼根的苏醒〉中的结构和情节》。

〔170〕H. 斯洛霍韦尔：《托·曼笔下约瑟的故事》，第 6 页；F. 考夫曼：《托·曼。作为意向和表述的世界》，第 146 页。

〔171〕T. 曼：《约瑟及其弟兄们》，莫斯科，1965 年，第 2 卷第 900 页。本书下文所援用引语，均注明卷次和页数。

〔172〕与历史小说的区别，详见 K. 汉布尔格所著《托·曼的幽默》一书前部。

〔173〕参阅—H. 斯洛霍韦尔：《托·曼笔下约瑟的故事》，第 61 页；F. 考夫曼：《托·曼》，第 139 页。

〔174〕参阅—F. 考夫曼：《托·曼》，第 121 页。

〔175〕T. 曼：《文集》，第 4 卷第 213～214 页。

〔176〕有关诺斯替教派，参阅—K. 汉布尔格：《托·曼的幽默》，第 169～170 页。

〔177〕详见—K. 汉布尔格：《托·曼的幽默》，第 83 页。

〔178〕关于密特拉教等情况，参阅 K. 考夫曼所著《托·曼》一书附录。

〔179〕H. 福格尔：《托·曼时代》。

〔180〕M. 布罗德：《弗兰茨·卡夫卡的信仰与学说》，温特图尔，1948 年；同上；《探索型的弗兰茨·卡夫卡》，圣加伦，1951 年；同上；《卡夫卡〈城堡〉述评》——F. 卡夫卡：《城堡》，慕尼黑，第 492～503 页。

〔181〕H. 陶伯：《弗兰茨·卡夫卡》，苏黎世，1941 年；H. S. 赖斯：《弗兰茨·卡夫卡》，海德堡，1952 年；H. S. 韦尔奇：《弗兰茨·卡夫卡实践和创作中的宗教与幽默》，柏林—格吕讷瓦尔德，1957 年；J. 凯利：《〈审判〉及转换时刻的神学》——《卡夫卡研究》，纽约，1963 年，第 151～171 页；R. O. 温克勒：《三部小说》——同上书，第 192～198 页；J. 沃尔：《克尔凯戈尔与卡夫卡》——同上书，第 262～275 页；H. J. 舍普斯：《背信弃义者的悲剧》——同上书，第 287～297 页；E. 赫勒：《世代相传的精神》，威斯巴登，1954 年；G. 安德斯：《卡夫卡。赞成或反对》，慕尼黑，1901 年。

〔182〕D. M. 卡蒂加纳：《卡夫卡尝试中之约伯和约瑟夫 K. 的神话》——《现代小说研究》，斯普林，1962 年第 8 卷第 31～43 页；参阅—E. 莱热：《约伯在卡夫卡的作品中》——《南方札记》，第 22 期第 49～55 页；参阅—N. 弗赖：《论说之解剖》，第 42 页；K. 韦恩贝格：《卡夫卡的创作。对神话的讽刺性模拟》，慕尼黑，1963 年；参阅—H. 斯洛霍韦尔：《托·曼和弗·卡夫卡作品中的神话》——《神话与文学》，第 349～355 页。关于弗·卡夫卡神话创作的论著，尚有—L. 阿迪恩：《卡夫卡创作中的英雄神话》——《焦点》，1945 年，第 48～56 页；M. 麦克勒姆：《卡夫卡与特里斯丹神话》——《达尔豪齐评论》，1950 年第 30 期第 335～345 页；W. A. 马登：《媒介神话：卡夫卡笔下的种种变形》——《思想》，1951 年，第 246～266 页；M. 埃斯特拉达：《卡夫卡作品中神话的字面含义》——《巴贝尔》，1950 年，第 13 卷第 224～228

页；H. G. 奥利亚斯：《诸般变化的神幻故事。从奥维德到卡夫卡之有关变形的描述》——《新时代》，慕尼黑，1952年，第26、9卷第227期第4页。

涉及弗·卡夫卡并对神话创作问题有所阐述的论著为数颇多，均属基于心理分析观点之作（诸如 G. 凯泽、N. 菲斯特、K. 弗洛雷斯、Ph. 拉夫等众多学者；在一定意义上说，H. 斯洛霍韦尔也属之）。

苏联文艺理论界论述卡夫卡的有价值之作为数众多，最著者有—Д. B. 扎通斯基：《弗兰茨·卡夫卡与现代主义问题》，莫斯科，1972年第2版；Л. З. 科佩列夫：《监孤独之深渊》——《心总是在左面》，莫斯科，1960年；Б. Л. 苏奇科夫：《卡夫卡的世界》——《弗兰茨·卡夫卡的长篇、中篇、童话故事》，莫斯科，1965年，第5～64页（Б. Л. 苏奇科夫颇有见地，据他看来，卡夫卡的艺术手法与奥地利—德国的存在主义，确切地说是有关联的）；A. 古雷加：《弗兰茨·卡夫卡的哲学散文之作》——《美学问题》，第8分册：《西欧艺术的危机与现代国外美学》，莫斯科，1968年，第293～323页。

〔183〕参阅—A. 加缪：《卡夫卡作品中的憧憬与荒诞》——A. 加缪：《西叙福斯的神话》，巴黎，1942年。

〔184〕基于神秘主义对直觉本原居于主导地位的论述，参阅《有关卡夫卡的探讨》，第356页；有关卡夫卡艺术手法的论述，参阅同书第398～445页。并参阅 Д. B. 扎通斯基所著《弗兰茨·卡夫卡与现代主义诸问题》。

〔185〕菲利克斯·韦尔奇对卡夫卡之构想的"梦幻"性及基总的几何透视有翔实的论述，参阅 F. 韦尔奇所著《弗兰茨·卡夫卡生活与创作中的宗教和诙谐》。

〔186〕有关弗·卡夫卡与存在主义的关系，参阅 Б. 苏奇科夫所著《卡夫卡的世界》。

〔187〕有关弗·卡夫卡的世界模式及有关冷、暖、虚、静等被视为这一世界模式的基石的象征，进行了颇有价值的探考，参阅—R. 罗什福尔：《一部字字句句都同生活相关联的作品》——《卡夫卡研究》，第41～46页；参阅有关原始神话中诸如此类感觉对立作用的论述。

〔188〕罗纳德·格雷将下一事实视为对法庭主观描述的论证，即：法庭大门骤然打开，约瑟夫 K. 冒叫了一声"兰茨"。格雷认为：《审判》和《城堡》中的情节，一般说来，可视为英雄行为的讽刺性反映，参阅—R. 格雷：《卡夫卡的"城堡"》，剑桥，1956年。

〔189〕参阅—W. 埃姆里希：《弗·卡夫卡。其创作评析》，纽约，1968年，第331～333页。

〔190〕《弗兰茨·卡夫卡的长篇、中篇、童话故事》，第304页。

〔191〕有关《判决》中观点的不可契合（在一定意义上说，《法律》皆然），参阅—A. 沃伦：《卡夫卡的宇宙》——《卡夫卡研究》，第60～74页。

〔192〕J. H. 泽佩尔：《弗兰茨·卡夫卡作品中的动物题材与图腾崇拜》——《文学与心理学》，1954年第4期；P. P. Y. 卡斯佩尔：《卡夫卡作品中的图腾崇

拜》——《新语文学》，XXXVIII，1954 年第 2 期第 120～127 页。

〔193〕J. B. 维克里：《戴·赫·劳伦斯短篇小说中的神话与仪典》——《神话与文学》，第 299～313 页。有关戴·赫·劳伦斯的评价，在 Д. Г. 然季耶夫所著《20 世纪的英国小说》中辟有专门一章进行论述，莫斯科，1965 年。

〔194〕引语援用 B. C. 穆拉维耶夫译文，参见——T. C. 艾略特：《荒原》，莫斯科，1971 年，第 163 页。

〔195〕A. L. 韦斯顿：《从仪典到骑士文学》，伦敦，1920 年。

〔196〕参阅——W. 阿岑鲍姆：《现代法国戏剧中的希腊神话》，维也纳，1956 年（博士论文）；M. 迪特里希：《现代戏剧中的古希腊罗马神话》——《现代戏剧：流派、人物、情节》，斯图加特，1961 年，第 388～426 页；H. 迪金森：《戏剧中的神话》，芝加哥—伦敦，1969 年；K. 汉布尔格：《从索福克勒斯到萨特：希腊戏剧人物、古希腊罗马与现代》，斯图加特，1962 年；F. 茹昂：《法国当代戏剧中希腊神话的再现》——《吉约姆·布代学会学报》，瑞昂，1952 年；T. 莫尔尼耶：《希腊神话：现代戏剧家灵感的渊源》——《世界戏剧》，1957 年第 6 期第 289～293 页；D. 赖谢特：《现代德国和奥地利戏剧中的希腊神话》，维也纳，1951 年（博士论文）。

〔197〕J. I. 惠特：《现代小说中的神话。预兆手法探讨》，普林斯顿，1971 年。

〔198〕参阅——A. 戈斯托尼：《赫尔曼·布罗赫与现代神话》——《瑞士手册》，XLII，1962 年，第 211～219 页。

〔199〕J. I. 惠特：《现代小说中的神话》，第 182～188、218～228 页；Th. 齐奥尔科夫斯基：《现代德国小说中的奥德修斯题材》——《比较文学》，XIV，1962 年，第 225～241 页。

〔200〕A. A. 埃利斯特拉托娃：《悲剧式动物——人》——《外国文学》，1963 年，第 12 期第 220～226 页。

〔201〕E. 斯托亚诺夫斯卡娅：《同〈肯托罗伊〉作者的谈话》——《外国文学》，1965 年第 1 期第 255～258 页。

〔202〕A. 莫拉维亚：《轻蔑》——《外国文学》，1963 年第 10 期第 162 页（这部小说载于第 9～10 期；Г. 博格姆斯基、P. 赫洛多夫斯基译自意大利文）。

〔203〕B. H. 库泰希科娃：《二十世纪拉丁美洲的小说》，莫斯科，1964 年；同上：《种种时代纷然杂陈的大陆》——《文学问题》，1972 年第 4 期第 74～97 页。参阅——Л. C. 奥斯波瓦特：《阿莱霍·卡彭铁尔创作中的人与历史》——《拉丁美洲》，1973 年第 4 期第 146～157 页。并参阅 A. 格里巴乔夫的报告（记录）及关于加·加西亚·马尔克斯的讨论纪要（《拉丁美洲》，1971 年第 3 期）。

〔204〕有关卡泰布·亚辛，详见——Г. Я. 朱加什维利：《现代阿尔及利亚小说中的奇幻与现实》——《非洲文学与世界文学的相互关联》，莫斯科，1975 年。

390

有关学者和作家索引（Ⅰ）*

A

阿波罗多罗斯（Apollodoros 公元前 2 世纪）古希腊学者、诗人，其著作对理解荷马史诗颇有助益；所著《诸神》对古希腊节期、仪礼的由来有所阐释。——第 211 页。

阿德勒，阿尔弗雷德（Adler, Alfred 1870～1937）奥地利医生、心理学家，个人心理学体系的创始人；初期崇尚弗洛伊德主义。——第 58、71、297 页。

阿德莫尼，弗拉基米尔·格里戈里耶维奇（Адмони，Владимир Григорьевич 1909～）苏联语言学家、文艺理论家、日耳曼学家，对德国文学史及托·曼、歌德、海涅等有所研究。——第 299、387 页。

阿尔内，安蒂·阿玛图斯（Aarne, Antti Amatus 1867～1925）芬兰民间文艺学家，"芬兰学派"的主要代表之一；将题材视为"固定不变的情节组合"，并据以从事民间故事的分类。——第 263、356 页。

阿尔蒂塞，路易（Althusser, Louis 1918～）法国哲学家，从事哲学史、认识论、辩证法和历史唯物主义的研究。——第 76 页。

阿尔尼姆，路德维希·阿希姆（Arnim, Ludwig Achim 1781～1831）德国诗人，海德堡浪漫主义派的主要代表之一；曾与布伦坦诺合编《男童的神号角》。——第 286、287、290 页。

阿法纳西耶夫，亚历山大·尼古拉耶维奇（Афанасьев，Александр Николаевич 1826～1871）俄国民间文艺学家、民间创作搜集家，崇尚神话学派的观点。——第 22、122、374 页。

阿格达斯，何塞·马里亚（Arguedas, Jose Maria 1911～1969）秘鲁小说家，曾发表数部长篇小说及有关克丘亚人的民间故事和短篇小说，《深深的河流》为其代表作。——第 366 页。

阿里斯托芬（Aristophanes 约公元前 466～前 385）古希腊喜剧作家的杰出代表，恩格斯称他为"有强烈倾向的诗人"。——第 17 页。

阿姆斯特朗（Armstrong, B. P.）美国现代学者，曾试图在美国民间文艺学领域寻求对神话的横组合研究。——第 94、378 页。

阿尼西莫夫（Анисимов, А. Ф.）苏联民族志学家，从事早期宗教史的研究，对拜物教及埃文克人和西伯利亚地区诸民族的神话曾进行翔实的探考。——第 125、127、381 页。

阿努伊，让（Anouilh, Jean 1910～）法国剧作家，其剧作总倾向是现实主义，有些剧作带有神话主义色彩。——第 360 页。

阿普列尤斯（卢齐乌斯·阿普列尤斯）（Lucius Apuleius 公元 124 或 125～2 世纪末）古罗马作家，其主要著作为小说《变形记》（一称《金驴记》），取材于古希腊民间故事。——第 105 页。

阿普特，索洛蒙·康斯坦丁诺维奇（Апт，Соломон Константинович 1921～）苏联文艺理论家，写有关于弗·卡夫卡和托·曼的著作。——第 299、387 页。

* 本索引为原著所附。为了有助于阅读，译者作了简要注释。索引中条目后所列为本书汉译本每页的边码（即原著页数）。——译者

(Publius Ovidius Naso 公元前 43～公元
18)古罗马诗人；其代表作为《变形记》，
取材于古希腊罗马神话，展示丰富多彩
的古代神话世界。——第 278、355 页。

B

巴尔特，罗兰（Barthes, Roland 1915～
1980） 法国文艺评论家、社会学家、符
号学家；运用心理分析学、社会学、语言
学等所提供的方法对文学作品进行剖
析，并用符号、代码等加以归纳。他将文
学作品视为语言系统，并认为：除表征者
和被表征者之关系的第一性语义体系
外，尚存在第二性语义体系。他被主张
创造第三性语义体系，即所谓"创作神
话"。——第 28、76、91～93、116、159、
374、378 页。

巴尔扎克，奥诺雷·德（Balzac, Honore de
1799～1850） 法国小说家。早期作品
带有浪漫主义色彩，后转向现实题材，
"人间喜剧"为他所创作的一整套社会长
篇小说的统称。——第 102、104、149、
282、290 页。

巴赫京，米哈伊尔·米哈伊洛维奇
（Бахтин, Михаил Михайлович 1895～
1975） 苏联文艺理论家，对费·米·陀
思妥耶夫斯基、弗·拉伯雷及列·尼·
托尔斯泰的创作有所研究。——第 121、
144～149、151、152、160、382 页。

巴赫曼（Bachmann, H.） 德国现代作家，
运用神话情节和原始型从事创作，著有
《吉尔伽美什》。——第 361 页。

巴霍芬，约翰·雅科布（Bachofen, Johann
Jakob 1815～1887） 瑞士法学史家，著
有《母权论》一书，为家庭史的研究奠定
了基础。——第 25、328 页。

巴克勒（Backler, I. R.） 美国现代学者，与
H. A. 塞尔比合著《神话形态探讨》
（1968）。——第 97、378 页。

巴枯宁，米哈伊尔·亚历山大罗维奇
（Бакунин, Михапл Александрович
1814～1876）无政府主义思想家；1849
年 5 月，曾领导德累斯顿起义。——第
291 页。

巴拉滕斯基，叶甫根尼·阿布拉莫维奇

（Баратынский, Евгений Абрамович
1800～1844） 俄国诗人，曾出版诗集
《埃达》，富于现实主义色彩。——第 131
页。

巴斯蒂安，阿道夫（Bastian, Adolf 1826～
1908） 德国民族志学家，曾在世界许多
地区进行考察，并搜集有大量民族志资
料。——第 62、71 页。

巴斯科姆（Bascom, W.） 美国现代人种学
家，对仪典论的偏颇持批评态度，著有
《神话—仪典论》（1957）一支。——第
35、36、375 页。

巴特金，列奥尼德·米哈伊洛维奇
（Баткин, Леонид Михайлович 1932～）
苏联文化史家，致力于意大利文艺复兴时
期文化的研究。——第 278、373、386 页。

柏格森，昂利（Bergson, Henri 1859～1941）
法国哲学家，生命哲学和现代非理性主
义的主要代表，执著于将生命现象神秘
化。——第 8、26～28、72、115、374 页。

柏拉图（Platon 公元前 427～前 345） 古希
腊唯心主义哲学家，公开宣扬神秘的理
念论和灵魂不灭论，其哲学思想对西方
唯心主义的发展影响极大。——第 12、
15、130、132、177、373 页。

鲍恩（Bauen, J.） 现代作家，运用神话情
节从事创作，著有《另一个世界》。——
第 361 页。

贝迪耶，约瑟夫（Bédier, Joseph 1864～
1937） 法国语文学家，并从事叙事诗的
研究。——第 98 页。

贝克莱，乔治（Berkeley, George 1685～
1753） 英国哲学家，反对霍布斯、斯宾
诺莎等人的唯物主义和无神论，提出"存
在即被感知"的主观唯心主义主
张。——第 320 页。

贝克特，塞缪尔（Beckett, Samuel 1906～）
爱尔兰剧作家、小说家；与其他荒诞派作
家一样，他把客观世界看得荒诞、残酷、
不可思议。——第 363 页。

贝拉尔（Bérard） 法国学者，对荷马叙事的
起源有所研究。——第 310 页。

毕加索，帕布洛（Picasso, Pablo 1881～
1973） 法国画家，法国现代画派的主要
代表。——第 108 页。

毕希纳，格奥尔格（Büchner, Georg 1813～

苏联文艺理论家,对 19、20 世纪西方文学现象有广泛研究。——第 299、387 页。

弗赖,诺斯罗普·赫尔曼(Frye, Northrop Herman 1912~) 加拿大文艺理论家、民间文艺学家,神话学派的追随者,仪典—神话学派的主要代表,潜心于论证神话与仪典的绝对同一。——第 7、98、100~103、109~121、137、139、147、158、160、161、342、379、380、382、388 页。

弗赖登堡,奥莉加·米哈伊洛芙娜(Фрейденберг, Ольга Михайловна 1890~1955) 苏联文艺学家、古典语文学家,从事古希腊、罗马文学以及神话的研究。——第 119、121、123、134、136~141、143、144、147、152、155、160、168、381、382 页。

弗兰采夫(Францев, Ю. П. 1903~) 苏联哲学家、历史学家,著有《偶像化与宗教的起源》(1940)、《往昔的唯物主义者论宗教的起源》(1957)等。——第 125、127、381 页。

弗兰克(Frank, I.) 美国现代学者,著有《现代文学中的空间形态》(1963)。——第 296、387 页。

弗兰克福特(Frankfort, H.) 荷兰考古学家,对埃及神话有所探考,著有《古代人的智力举动》(1946)。——第 254、386 页。

弗兰克-卡梅涅茨基,伊兹拉伊尔·格里戈里耶维奇(Франк-Каменецкий, Израиль Григорьевич 1880~1937) 苏联犹太学家、闪米特学家,从事神话学史的研究。——第 121、123、134~136、143、152、381 页。

弗雷泽,詹姆斯·乔治(Frazer, James George 1854~1940) 英国学者、宗教史研究家,致力于原始宗教和古代民族仪礼的研究,英国古典人类学派的主要代表之一,《金枝》一书作者。——第 8、30~34、37、39、40、42、74、97、98、101、107、109、114、115、124、127、145、153~155、160、161、313、323、328、338、339、358、360、371、374、375 页。

弗里施,马克斯(Frisch, Max 1911~) 瑞士德语作家,曾运用神话情节从事创作。——第 361 页。

弗里斯,扬·德(Vries, Jan de 1890~1964) 荷兰学者,日耳曼学家,对叙事诗的起源有所探讨。——第 34、98、373、375、385 页。

弗洛伦斯基,保尔·亚历山德罗维奇(Флоренский, Павел Александрович 1882~1943) 苏联宗教哲学家、艺术理论家、语文学家,对神话的象征有所探讨。——第 132 页。

弗洛伊德,齐格蒙德(Freud, Sigmund 1856~1939) 奥地利医生、心理学家,精神分析理论的创始人。这一理论后来发展为弗洛伊德主义。——第 8、58、61、63、65、66、69~71、75、108、136、156、200、297、300、320、323、375、376 页。

伏尔泰(Voltaire 1694~1778) 法国自然神话哲学家、历史学家、文学家,18 世纪资产阶级启蒙运动的著名代表,曾对封建专制制度和天主教进行抨击。——第 13 页。

富凯,弗里德里希·德·拉·莫特(Fouque, Friedrich de la Motte 1777~1843) 德国作家,著有 12 部骑士小说,并创作童话《涡堤孩》,描述水妖和骑士的恋爱故事。——第 286 页。

G

盖登科(Гайденко, П. П.) 苏联现代学者,著有《存在主义与文化问题》(1963)。——第 374 页。

高尔基,马克西姆(Горький, Максим 1868~1936) 苏联、俄罗斯作家,将神话视为人在同自然的斗争中所取得成果之反映。——第 127 页。

哥尔德斯密斯,奥利弗(Goldsmith, Oliver 1730~1774) 英国诗人、剧作家、小说家,其最重要的诗作为《荒村》。——第 320 页。

歌德,约翰·沃尔弗冈·封(Goethe, Johann Wolfgang von 1749~1832) 德国诗人、思想家,青年时代为狂飙突进运动的主要人物。其诗作《浮士德》系根据民间传说写成,反映了德国进步的、科学的力量与反动的、神秘的力量之间的斗争。——第 17、20、69、121、278、282、286、299、320、326 页。

格勒斯,约翰·约瑟夫(Görres, Johann Joseph 1776～1848) 德国学者,海德堡浪漫主义派的追随者,从事民间创作的研究。——第 17、373 页。

格雷玛斯,阿尔日达斯·茹利安(Greimas, Algirdas Julien 1917～) 法国文化史家、语言学家,潜心于揭示普遍适用的"魔幻故事"结构法则。——第 78、94～96、377、378 页。

格里欧尔(Griaule, M.) 法国现代学者,与 G. 迪特伦合著《白狐》(1965)。——第 51、96、378 页。

格里巴诺夫(Грибанов, А. Б.) 苏联现代学者,对哥伦比亚作家、魔幻现实主义的代表加·加西亚·马尔克斯的作品有所研究。——第 390 页。

格里尔帕策,弗兰茨(Grillparzer, Franz 1791～1872) 奥地利剧作家,曾在歌德影响下采用古典题材写成悲剧《萨福》,完成取材于古代传说的悲剧《海涛与爱浪》,并创作童话剧《幻梦人生》。——第 290、291 页。

格林兄弟,雅科布和威廉(Grimm, Jacob 1785～1863; Grimm, Wilhelm 1786～1859) 德国语言学家,神话学派的奠基人,从事文化史、神话和语言的研究。——第 17、22、373 页。

格林采尔,保尔·亚历山德罗维奇(Гринцер, Павел Александрович 1928～) 苏联印度学家,从事古印度文学史及古代和中世纪比较类型学研究。——第 274、386 页。

格林韦(Greenway, V. I.) 美国现代人种学家,对仪典论的偏颇持批判态度,著有《原始人中的文学之作》(1964)。——第 35、375 页。

格伦鲍姆(Грюнбаум, А.) 苏联现代学者,著有《空间与时间的哲学问题》(1969)。——第 386 页。

戈尔丁,威廉(Golding, William 1911～) 英国小说家,其成名之作为长篇小说《蝇王》,探索人与社会的关系;其作品中的严肃主题,往往以象征手法加以体现。——第 359 页。

戈洛索夫克尔,雅科夫·埃马努伊洛维奇(Голосовкер, Яков Эммануилович 1890～1967) 苏联文艺理论家,从事古希腊、罗马文学和神话的研究。——第 141～143、385 页。

根内普,阿诺尔德·范 见"范·赫内普,阿诺尔德"。

贡多尔夫,弗里德里希(Gundolf, Friedrich 1880～1931) 德国文学史家、文学批评家,"格奥尔格派"的重要成员,德国所谓"为艺术而艺术"的重要代表之一。——第 121 页。

古贝尔纳蒂斯,安杰洛·德(Gubernatis, Angelo de 1840～1913) 意大利文学史家、民间文艺学家,从事世界神话,特别是欧洲神话与东方神话之关联的研究。——第 22、373 页。

古雷加(Гулыга, А. В.) 苏联现代哲学家,著有《弗兰茨·卡夫卡的哲学散文之作》(1968)。——第 389 页。

古列维奇(Гуревич, А. Я.) 苏联历史学家,对斯堪的纳维亚国家中世纪史和英国史有所研究。——第 293、382、386 页。

果戈理,尼古拉·瓦西里耶维奇(Гоголь, Николай Васильевич 1809～1852) 俄国作家;其有些作品中,民间故事、童话、歌谣中的情节同乌克兰现实生活的描写浑融交织。——第 131、134、140、147、151、160、283、284、290 页。

H

哈代,托马斯(Hardy, Thomas 1840～1928) 英国诗人、小说家。《德伯家的苔丝》为其杰出的代表作,作者不仅揭露了资产阶级道德的虚伪,并抨击资产阶级法律的不公。——第 102、118 页。

哈里森,简·艾伦(Harrison, Jane Ellen 1850～1928) 美国文化史家,从事古希腊艺术和宗教的研究。——第 33、34、37、114、154 页。

哈里森(Harrison, R.) 英国现代学者,著有《恩底弥翁之周而复始神话的象征手法》。——第 102、380 页。

哈特(Hart, C.) 英国现代学者,对詹·乔

怀特赫德，阿尔弗雷德·诺思（Whitehead,
　　Alfred North 1861～1947）　英国哲学
　　家，宣扬新实在论，把构成宇宙的事物分
　　为两部分，即连续不断经验的事物和独
　　立存在的"永恒客体"（即柏拉图的"理
　　念"）。——第 54 页。

惠尔赖特，菲利浦（Wheelwright, Phillip）
　　美国学者，著有《神话的语义探》
　　（1955）。——第 108、158、380 页。

惠特，约翰（White, J. I. ）　美国现代学者，
　　著有《现代小说中的神话。预兆手法探
　　讨》（1971）。——第 105、106、360～362、
　　364、365、380、390 页。

惠特曼，沃尔特（Whitman, Walt 1819～
　　1892）　美国诗人，曾用传说诗法写过悼
　　念林肯之歌《啊，船长啊，我的船
　　长！》第 116 页。

霍夫曼，恩斯特·泰奥多尔·阿马代乌斯
　　（ Hoffmann, Ernst Theodor Amadeus
　　1776～1822）　德国作家，其创作颇受浪
　　漫主义派的影响，笔下人物往往受一种
　　神秘的力量支配，善于以离奇荒诞的情
　　节反映现实。——第 285～287、289、
　　291 页。

霍卡特（Hocart, M. ）　英国现代学者，对原
　　始宗教有所研究，著有《王位》
　　（1927）。——第 32、34、374 页。

霍姆斯基，诺姆（Chomcky, Hoam 1928～）
　　美国语言学家，基于"深层"结构在世界
　　各种语言中无所不在的观念，提出把语
　　言视为研究思维之手段的论点。——第
　　63、97 页。

霍桑，纳萨尼尔（Hawthorne, Nathaniel
　　1804～1864）　美国小说家，在艺术上独
　　具一格，擅长心理描写，善于揭露人物的
　　内心冲突，潜心于挖掘隐藏在事物背后、
　　不易觉察的意义。——第 102、118 页。

J

基尔施（Кирш, Г. К. ）　德国作家，曾运用
　　神话情节和原始型从事创作。——第
　　361 页。

基内，埃德加（Quinet, Edgar 1803～1875）
　　法国历史学家，曾反对反动的天主教僧
　　侣和耶稣会教士；对法国大革命有所研
究，著有《革命与革命的批判》。——第
　　322 页。

基奇科夫（Кичиков, А. Ш. ）　苏联文艺理
　　论家，著有《叙事诗〈江格尔〉题名之由
　　来》（1962）。——第 386 页。

吉连松，鲍里斯·亚历山德罗维奇
　　（Гиленсон, Борис Александрович 1932～）
　　苏联文艺理论家，对所谓"新论"有所探
　　讨。——第 380 页。

吉伦（Gillen, F. J. ）　澳大利亚民族志学
　　家，对澳大利亚原居民的宗教信仰和习
　　俗有所探考。——第 174、179、384 页。

季洛杜，让（Giraudoux, Jean 1882～1944）
　　法国作家、剧作家。其有些剧作借用荷
　　马史诗和《圣经》故事，蕴涵现实意义，其
　　代表作有：《安菲特律翁》、《犹滴》、《特洛
　　伊之战不会爆发》、《埃勒克特拉》。——
　　第 360 页。

季亚科诺夫，伊戈尔·米哈伊洛维奇
　　（Дьяконов, Игорь Михайлович 1915～）
　　苏联东方学家，致力于古代前亚的历史
　　和语文的探考。——第 256、386 页。

济慈，约翰（Keats, John 1795～1821）　英
　　国诗人，英国浪漫主义诗人中的佼佼者，
　　曾写长诗《恩底弥翁》（以凡人恩底弥翁
　　同月亮女神相恋为题材）、《许佩里翁》
　　（以希腊神话中新神同旧神的角逐为题
　　材）。——第 102 页。

加缪，阿尔贝（Camus, Albert 1913～1960）
　　法国小说家、剧作家、评论家；早年曾崇
　　尚存在主义，认为世界是荒诞的，人的生
　　存状态及人与周围社会的关系是不可理
　　解的，其代表作为《局外人》和《西叙福斯
　　的神话》。——第 27、342、347、352、374、
　　389 页。

加斯特（Gaster, T. H. ）　美国现代学者，著
　　有《忒斯皮奥斯。古代近东之仪典神话
　　与戏剧》（1950）。——第 34、374 页。

加西亚·马尔克斯，加卡列尔（Garcia Mar-
　　ques, Gabriel 1928～）　哥伦比亚作家；
　　其创作深受詹·乔伊斯、弗·卡夫卡等
　　作家的影响，并袭用阿拉伯神话故事和
　　印第安人民间传说的技巧，主要特色为
　　幻想与现实的巧妙结合，其代表作为长
　　篇小说《百年孤独》（1967）。——第 7、
　　367～369、390 页。

美国学者,比较神话学家,对原始神话及古代神话有广泛研究,基本赞同卡·古·荣格的论点,并对"新神话学"理论有所阐发。据他看来,关于亚瑟王的许多传说与美国境内印第安人的传说不乏相似之处。——第 30、69～72、97、104、129、157、162、227、263、295、298、300、328、340、341、376、387 页。

康德,伊曼努埃尔(Kant, Immanuel 1724～1804) 德国哲学家,德国古典唯心主义的创始人。他认为:自然界("现象")的一切规定性(因果关系等)都取决于人的意识,为"知性"本身所固有的先天形式。——第 173 页。

康拉德,尼古拉·约瑟福维奇(Конрад, Николай Иосифович 1891～) 苏联东方学家,从事日本文学、历史和中国文学、哲学的研究。——第 386 页。

康拉德,约瑟夫(Conrad, Joseph 1857～1924) 英国小说家,他的创作兼用现实主义和浪漫主义手法,擅长作细致入微的心理描写,其作品往往带有悲观神秘的色彩。——第 102、380 页。

康纳,约翰·阿诺尔德(Kanne, Johann Arnold 1773～1824) 德国语文学家,著有《神幻故事或一般神话原初典籍》(1908)。——第 17、373 页。

康特(Count, E. W.) 美国现代学者,著有《作为世界观的神话。生物社会学综合》(1960)。——第 56、57、375 页。

考夫曼,弗里德里希(Kaufmann, Friedrich 1863～1941) 德国文学史家,对托·曼所著《魔山》、《约瑟及其弟兄们》有所研究。——第 326、387、388 页。

科恩福德(Cornford, F. M.) 英国文化史家,剑桥派的追随者,从事古希腊文化和宗教的研究。——第 33、374 页。

科亨,赫尔曼(Cohen, Hermann 1842～1918) 德国哲学家,新康德主义马尔堡学派的创始人;他抛弃了康德有关"自在之物"(即"物自体")的理论中的唯物主义成分,从而将康德哲学彻底唯心主义化。——第 46 页。

科基雅拉,朱泽佩(Cocchiara, Giuseppe 1904～1965) 意大利学者,著有《欧洲民俗学(民间文化学)史》(1952)。——

第 373 页。

科克斯(Cox, I. M.) 美国学者,认为马克·吐温的作品中存在所谓"成年仪式"的反响。——第 102、380 页。

科克托,让(Cocteau, Jean 1889～1963) 法国诗人;他的作品中,往往幻想与现实相结合,神话人物以现代人形象出现。其剧作有:《奥尔甫斯》、《酒神巴克斯科斯》等。——第 7、360 页。

科佩列夫,列夫·济诺维耶维奇(Копелев, Лев Зиновьевич 1912～) 苏联文艺理论家,对弗·卡夫卡的作品有所研究,著有《临孤独之深渊》。——第 389 页。

科特利雅尔(Котляр, Е. С.) 苏联现代学者,对非洲各民族的神话有所研究,著有《非洲神话和神幻故事》(1975)等。——第 385 页。

柯尔律治,塞缪尔·泰勒(Coleridge, Samuel Taylor 1772～1834) 英国诗人、评论家,所作《古舟子咏》等脍炙人口,是英国诗歌中的瑰宝。这些诗以自然、生动的形象和环境描写,表现超自然的、神圣的、浪漫的内容。——第 106、107 页。

柯克(Kirk, G. S.) 美国现代人种学家,对仪典论持批判态度,著有《神话,它在古代及其他时期崇拜中的意义和功能》(1970)。——第 35、212、375、377 页。

克恩(Kern, A. C.) 美国学者,著有《福克纳〈熊〉阐释中的神话和象征》。——第 102、379 页。

克尔凯戈尔,瑟伦(Kierkegaard, Søren 1813～1855) 丹麦唯心主义哲学家,其思想成为存在主义的理论基础之一。他最终得出结论:理性低于信仰,科学低于宗教;宗教是人生的最高理想,天国是人生的真正归宿。——第 341 页。

克拉格斯,路德维希(Klages, Ludwig 1870～1956) 德国哲学家、心理学家,并对神话有所研究,著有《宇宙起源说中的埃罗斯》。——第 26、374 页。

克拉克洪,克莱德·凯·马本(Kluckhohn, Clyde Kay Maben 1905～1960) 美国人种学家,从事印第安人习俗的研究,著有《纳瓦霍人的法术》。——第 35、36、375 页。

克莱恩(Klein, L.) 美国现代学者,从事神话研究,并试图对神话的横组合进行释析。——第 97、378 页。

克莱恩,斯蒂芬(Crane, Stephen 1871～1900) 美国作家,他的小说带有印象主义色彩,诗作往往通过寓言式的意象揭示生活的某一真理。——第 102 页。

克莱斯特,亨利希·封(Kleist, Heinrich von 1977～1811) 德国戏剧家、小说家。他的创作大多取材于古希腊、罗马和古日耳曼的历史,带有浓重的神秘主义色彩。《安菲特律翁》为其所作悲喜剧,《彭忒西勒娅》为悲剧,均取材于古希腊传说。——第 285、291、294 页。

克朗普顿(Crompton, L.) 现代学者,对托·哈代的作品有所研究,著有《被太阳灼伤的神。〈还乡〉中的仪典和悲剧神话》。——第 102、380 页。

克劳狄安(克劳狄乌斯·克劳狄安)〔Claudius(Claudius Claudianus) 约 360～409后〕 古罗马诗人,作品有神话诗《巨神之战》,并著有长诗《普罗塞尔平娜被劫记》,取材于希腊神话。——第 211 页。

克劳利(Crawley, E. 1869～1924) 英国学者,从事宗教和神话的研究,著有《神秘的蔷薇》。——第 358 页。

克里斯捷娃(Кристева, Ю.) 苏联学者,对结构主义有所研究,著有《符号学是观念的科学》(1969)。——第 147、382 页。

克罗伯,阿尔弗雷德·路易斯(Kroeber, Alfred Louis 1876～1960) 美国民族志学家,美国民族志学领域历史学派的代表。——第 78 页。

克罗伊策,格奥尔格·弗里德里希(Kreuzer, Georg Friedrich 1771～1858) 德国语文学家,写有多种有关古希腊、罗马神话、艺术和文学的著作。——第 17、373页。

克洛卜施托克,弗里德里希·戈特利布(Klopstock, Friedrich Gottlieb 1724～1803) 德国诗人。德国启蒙运动的重要代表之一。他的创作成为狂飙突进运动的先声,《救世主》为其代表作。——第 286 页。

克洛代尔,保尔(Claudel, Paul 1868～1955) 法国诗人、剧作家。他的诗作和戏剧往往取材于《圣经》,为基督教的玄想和炽烈的宗教热忱所充溢,被视为后期象征主义最重要的代表之一。——第 286页。

肯加斯,埃利(Köngäs, Elli) 加拿大现代学者,著有《民间创作中的结构模式及其种种变异》(1971)。——第 87、377、378页。

孔德,奥古斯特(Comte, August 1798～1857) 法国实证主义哲学家,他认为哲学不应以抽象的推理,而应以“实证的”“事实”为依据。主要著作有《实证哲学教程》等。——第 24 页。

库恩,弗兰茨·费利克斯·阿达尔贝特(Kuhn, Franz Felix Adalbert 1812～1881) 德国语言学家、民族志学家,比较神话学派的创始人。他试图借助于对印欧语言的比较研究,恢复原始民族文化的风貌。——第 22、23、373、374 页。

库尔泰(Courtès, J.) 法国现代学者,著有《莱维－斯特劳斯与神话思维的制约》(1974)。——第 95、377 页。

库克,亚瑟·伯纳德(Cook, Arthur Bernard 1868～1952) 英国文化史家,“剑桥派”的追随者,从事古希腊文化和宗教的研究,著有《从哲学到哲学》(1912)。——第 33、374 页。

库克(Cook, R. L.) 美国现代学者,对赫·梅尔维尔的作品有所研究,著有《莫比·狄克》中的万灵法术》。——第 102、379 页。

库泰希科娃(Кутейшикова, B. H.) 苏联现代历史学家,从事拉丁美洲文学的研究,著有《20 世纪拉丁美洲的小说》(1972)。——第 366、390 页。

奎因,安娜(Quain, Anna) 美国作家,曾运用神话情节从事创作,著有《咄咄怪事》。——第 361 页。

L

拉伯雷,弗朗索瓦(Rabelais, François 1493或 1494～1553) 法国小说家、人文主义者,所著长篇小说《巨人传》(中译本题名)以民间故事为蓝本,采用夸张手法,讽刺封建制度,揭露教会黑暗,反映了文艺复兴时期个性解放的要求。——第

144、145、147、365、367 页。

拉达克里希南，萨尔维拉利（Radhakrishnan, Sarveralli 1888～1975）　印度哲学家，对印度古代哲学有精辟阐释，著有《印度哲学》。——第 385 页。

拉丁，保尔（Radin, Paul 1883～1959）　美国民族志学家，致力于北美印第安人习俗及宗教早期形态的研究，著有《作为哲人的原始人》。——第 30、56、67、375、376、384 页。

拉菲托，约瑟夫·弗朗索瓦（Lafitau, Joseph François 1670～1740）　法国传教士，曾在北美印第安人中进行考察，将比较法广泛运用于民族志学领域。——第 13、16 页。

拉夫（Rahv, Ph.）　美国现代文艺评论家，把神话创作视为摆脱面对历史而产生的惊恐之途径。——第 9、74、388 页。

拉格伦（Raglan, F. R. S）　美国现代学者，把传统神话的研究同文艺学相结合，著有《英雄。传统、神话和戏剧的研究》（1936）。——第 34、97、98、158、374 页。

拉康（Lacan, J.）　法国现代学者，持结构主义观点。——第 76 页。

莱昂-波尔蒂利亚，米格尔（León-Portilla, Miguel）　美国现代学者，著有《古代墨西哥的神话》、《纳瓦人的哲学》。——第 385 页。

莱布尼茨，戈特弗雷德·威廉（Leibniz, Gottfried Wilhelm 1646～1716）　德国自然科学家、哲学家，在认识论领域是唯心主义唯理论的主要代表之一，认为普遍理念不是来自经验，而属"先天"。——第 173 页。

莱登伯格（Lydenberg, J.）　美国现代学者，著有《福克纳〈熊〉中的自然神话》。——第 102、379 页。

莱恩，弗里德里希·封·德尔（Leyen, Friedrich von der 1873～1966）　德国日耳曼学家，把神话的原初情节归结于梦，著有《论童话》（1925）。——第 58、376 页。

莱姆，斯塔尼斯拉夫（Lem, Stanislaw 1921～）　波兰作家，著有《托马斯·曼的神话创作》。——第 387 页。

莱萨（Lessa, W. A.）　美国现代学者，对宗教及太平洋岛屿的民间创作和习俗有所探考。——第 201、384 页。

莱维（Levy, G. R.）　英国历史学家，对《奥德修斯纪》、《罗摩衍那》、《吉尔伽美什》等叙事诗有所研究。——第 98、99、274、275、379 页。

莱维-布吕尔，吕西安（Lévy-Bruhl, Lucien 1857～1939）　法国哲学家、民族志学家，从事原始文化的研究，著有《原始思维》、《低级社会中的心理》等。——第 8、16、30、39、40～45、48、51、64、83、103、108、130、131、135～137、141、142、155～158、164、167、168、320、328、352、375 页。

莱维-斯特劳斯，克洛德（Lévi-Strauss, Claude 1908～）　法国社会学家、民族志学家，结构主义理论的主要代表之一，著有《神话论》（Ⅰ～Ⅳ, 1964～1971）等。——第 30、35、36、40、42、55、65、74～88、90～97、121、132、142、143、148、150、155、158、159、167、168、172、177、187、201、229、231、233～236、241、269、308、375～378、382 页。

赖斯（Reiss, H. S.）　德国现代学者，对弗·卡夫卡的作品有所研究，著有《弗兰茨·卡夫卡》（1952）。——第 341、388 页。

赖斯特纳（Leistner, L.）　德国现代民间文艺学家，在一定程度上遵循威·冯特的理论，著有《斯芬克斯的谜语》（1889）。——第 58、376 页。

兰格，安德鲁（Lang, Andrew 1844～1912）　芬格兰学者、民族志学家，曾从事文化史的研究，特别是致力于古希腊宗教和神话的研究。——第 23、24、31、124、374 页。

兰格，尼古拉·尼古拉耶维奇（Ланге, Николай Николаевич 1858～1921）　俄国心理学家，著有《威·冯特关于神话起源的理论》。——第 375 页。

兰格，苏珊娜·凯瑟琳娜·克瑙特（Langer, Susanne Kathrina Knauth 1895～）　美国哲学家、美学家，继恩·卡西勒之后对神话进行阐释，著有《卡西勒有关语言和神话的理论》。——第 54～56、108、375 页。

兰克，奥托（Rank, Otot 1884～1939）　奥

者,仪典—神话论的代表之一,著有《康拉德奥秘的原始型分析》。——第 102、380 页。

罗亚·巴斯托斯,奥古斯托（Roa Bastos, Augusto 1917～） 巴拉圭诗人、小说家,拉丁美洲文学中"神奇的现实"流派的代表。——第 367 页。

洛特曼,尤里·米哈伊洛维奇（Лотман, Юрий Мнхайлович 1922～） 苏联文艺理论家,结构主义者,对神话有所研究。——第 152、168、383 页。

洛谢夫,阿列克塞·费多罗维奇（Лосев, Алексей Федорович 1893～） 苏联哲学家、古典语文学家,对古希腊罗马神话、美学和哲学有翔实探讨。——第 12、30、121、125、129～134、148、151、152、258、295、373、381、386 页。

洛伊,罗伯特·亨利希（Lowie, Robert Henriech 1883～1957） 美国民族志学家,民族志学中所谓反进化论历史学派的代表,晚年转而承认历史唯物主义基本思想的科学性,曾在印第安人中进行考察。——第 78、384 页。

M

马尔,尼古拉·雅科夫列维奇（Mapp, Николай Яковлевич 1864～1934） 苏联语言学家、东方学家,从事高加索地区语言、历史和民族的研究。——第 134～136、381 页。

马尔库斯（Marcus, J. T.） 美国现代学者,对政治神话有所论述,著有《西方的世界冲击。历史上所谓参与的奥秘和观念》。——第 28、374 页。

马季耶,米利察·埃德维诺芙娜（Матье, Милица Эдвиновна 1899～1966） 苏联语文学家、艺术理论家、历史学家,从事古代埃及文化的研究。——第 385 页。

马克思,卡尔——第 16、21、22、77、373 页。

马克·吐温 见"吐温,马克"。

马拉梅,斯特凡（Mallarmé, Stéphane 1842～1898）,法国诗人,他认为:诗的使命在于以非凡的艺术手法,揭示隐藏在平凡事物后面的"绝对世界"。——第 320 页。

马兰达（Maranda, P.） 加拿大现代民间文艺学家,对神话有所研究,与 E.肯加斯合著《民间创作中的结构模式及其种种变异》（1971）。——第 87、97、377、378、382、384 页。

马雷特,罗伯特·拉努尔夫（Marett, Robert Ranulph 1866～1943） 英国原始宗教研究家,提出所谓前万物有灵论;他对宗教起源作了错误的论断,似乎宗教产生于祭仪。——第 30、41、45、51、125、374 页。

马里,亨利·亚历山大（Murry, Henry Alexander 1893～） 一译"默里",美国心理学家,他的 T. A. T.（主观统觉测验）人格研究法颇为著名,其要旨为:给人以图画,使之依据想象编造故事,借以测试内心潜在的愿望、恐怖和焦虑。——第 157、374 页。

马里（Murray, P. B.） 美国现代文艺理论家,对纳·霍桑的作品有所研究,著有《狂欢文学中的神话》。——第 102、380 页。

马里,吉尔伯特（Murray, Gilbert 1866～1957） 一译"墨莱",英国学者,从事古希腊文化的研究,著有《希腊叙事诗的起源》（1907）。——第 33、98～100、114、374、379 页。

马利诺夫斯基,布罗尼斯拉夫·卡斯帕尔（Malinowski, Bronislaw Kaspar 1884～1942） 英国民族志学家、社会学家,民族志学中功能学派的创始人,又译"马林诺夫斯基"。——第 8、30、32、37～39、41、44、45、72、102、103、127、154、375 页。

马辛格,胡戈（Мазинг, Хуго） 爱沙尼亚学者,对乔·迪梅齐尔的论点进行激烈抨击。——第 376 页。

马修（Matthew, W.） 美国现代学者,对印第安人的神话和习俗有所研究。——第 36 页。

马雅可夫斯基,弗拉基米尔·弗拉基米罗维奇（Маяковский, Владимир Владими рович 1893～1930） 苏联诗人。——第 152 页。

迈耶,汉斯（Mayer, Hans 1907～） 德国文学史家、文艺批评家,著有《托马斯·曼》等有关德国文学的论著。——第 42 页。

曼,托马斯(Mann,Thomas 1875～1955)　德国作家,现实主义小说家,进步的人道主义者,对资本主义社会采取批判态度,著有长篇小说《魔山》(1924)、《约瑟及其弟兄们》等。——第 7、9、28、71、72、102、105、108、282、296～304、306、307、311、312～315、318、319、323、326～340、344、345、349、356～359、361、368、370、371、387、388 页。

曼哈特,威廉(Mannhardt,Wilhelm 1831～1880)　德国学者、民俗学家,曾赞同神话学派的观点,后转向人类学派,致力于日耳曼人的低级神话的研究,并有多种著作问世。——第 23、374 页。

梅尔维尔,赫尔曼(Melville,Herman 1819～1891)　美国小说家、诗人。他的最重要著作《白鲸》,带有浓厚的寓言和象征主义色彩,以史诗般的格调和沉郁、瑰奇的笔触,跻于杰作之列。——第 102、379 页。

梅里尔,詹姆斯(Merril,James 1926～)　美国小说家,曾运用神话情节从事创作,著有《札记》。——第 361 页。

梅列金斯基,叶列阿扎尔·莫伊谢耶维奇(Мелетинский, Елеазар Моисеевич 1918～2005)　苏联民间文艺学家,致力于民间创作的历史比较研究,写有多种关于神话、叙事诗的著作。——第 373、377、379、380、382、383、385 页。

梅洛-蓬蒂,莫里斯(Merleau-Ponty,Moris 1908～1961)　法国哲学家,被视为胡塞尔现象学到存在主义之间承前启后的学者,著有《知觉现象学》、《论符号》(1960)。——第 77、78、132、377 页。

弥尔顿,约翰(Milton,John 1608～1674)　英国诗人,早年深受人文主义思想影响,先后写成三部长诗:《失乐园》《复乐园》和《力士参孙》。——第 102、107、115、160、379 页。

米勒,亚当(Müller,Adams)　现代学者,对神话有所研究,将赫拉克勒斯与基督相提并论。——第 285 页。

米勒,弗里德里希·马克斯(Müller,Friedrich Max 1823～1900)　英国语文学家、印度学家,原籍德国,写有多种关于印度文学、历史、宗教和比较神话学的著作。——第 16、22～25、122、373 页。

米勒(Müller,W. M.)　英国学者,从事神话研究,著有《埃及神话》(1928)。——第 384 页。

米罗,埃米尔(Mireaux,Emile 1885～1940)　法国文化史家,从事古希腊宗教和叙事诗的研究。——第 98、379 页。

米南德(Menandros 约公元前 342～前 291)　古希腊新喜剧诗人,其剧作通过爱情故事和家庭关系,反映了社会风尚,被称为"人生的镜子"。——第 118 页。

摩尔根,刘易斯·亨利(Morgan,Lewis Henry 1818～1881)　美国民族志学家、历史学家。他依据对美国印第安人的社会制度和风俗进行考察所得的大量材料,著有《古代社会》(1877)。——第 30、135 页。

默里,亨利·亚历山大　见"马里,亨利·亚历山大"。

墨莱,吉尔伯特　见"马里,吉尔伯特"。

莫拉维亚,阿尔贝托(Moravia,Alberto 1907～)　意大利作家。他在 60 至 70 年代发表的作品中,揭示资产阶级的思想危机,但往往过分渲染人物的两重性、病态心理和荒诞不经的行为。著有《冷漠的人们》、《愁闷》、《注意》等。——第 360、361、363、390 页。

莫里哀(Moliére 1622～1673)　法国古典主义时期剧作家,其剧作表现文艺复兴时期人文主义思想,对欧洲喜剧艺术的发展具有深远的影响。——第 118 页。

莫里茨,卡尔·菲利普(Moritz,Karl Philipp 1757～1793)　德国作家,并写有多种有关美学、神话学和语言学的著作,著有《神祇信仰和神话的古老诗歌》。——第 17、19、22、373 页。

莫里斯,查尔斯·威廉(Morris,Charles William 1901～1979)　美国哲学家,他奠定符号学的基本观念和原理,其哲学观点为实用主义和逻辑实证论观念的结合。——第 54 页。

莫诺,加布里埃尔(Monod,Gabriel 1844～1912)　法国历史学家,崇尚实证论,主张历史研究的对象应当是历史过程,而非个别现象。——第 63 页。

莫斯,马塞尔(Mauss,Marcel 1872～1950)

法国民族志学家、社会学家，埃·迪尔凯姆的追随者，对其理论有所阐发。——第 40、51、78、84 页。

穆尔曼（Moorman, Ch.）　美国现代学者，著有《神话和中世纪文学。高文爵士与绿衣骑士》(1956)。——第 100、379 页。

N

纳托普，保尔（Natorp, Paul 1854～1924）德国哲学家，马尔堡学派的代表之一，亦背离了康德关于"自在之物"的理论。——第 46 页。

奈特（Knight, W.）　美国现代学者，从事莎士比亚剧作的研究。——第 100 页。

内古斯（Negus, K.）　现代学者，著有《恩·泰·阿·霍夫曼作品中的彼岸世界。其浪漫主义与新神话》(1965)。——第 286、386 页。

尼布尔，巴托尔德·格奥尔格（Niebuhr, Barthold Georg 1776～1831）　德国历史学家，致力于古代史的研究，对所谓政治神话有所论述，著有《信仰与历史》(1948)。——第 16、28、374 页。

尼采，弗里德里希（Nietzsche, Friedrich 1844～1900）　德国唯心主义哲学家，唯意志论者。他认为：人生的目的在于发挥权力，"扩张自我"，鼓吹"超人"哲学。——第 8、25～28、70、71、148、154、299、359、374、381 页。

尼古拉（库萨的）（Nicolaus Cusanus 1401～1464）　中世纪德国哲学家、神学家。他认为：人们只能在经验中接触自然，研究自然，间接地领悟"神在万物中，万物在神中"的道理。主要著作有《饱学的无知》。——第 320 页。

涅克柳多夫，С.Ю.（Неклюдов, С. Ю.）　苏联现代学者，从事民间创作特征的研究。——第 152、382、383 页。

诺萨克，汉斯·埃里希（Nossack, Hans Erich 1901～）　德国作家，曾运用神话情节从事创作。——第 106、361 页。

诺特纳格尔（Nothnagel, J. T.）　美国现代学者，著有《阿格里帕·德·欧比涅诗歌创作中的神话》。——第 102、380 页。

诺瓦利斯（Novalis 1772～1801）　德国诗人。他未完成的长篇《亨利希·封·奥弗特丁根》，描写中世纪诗人奥弗特丁根的生平，语言优美，想象丰富。——第 285、287 页。

诺伊曼（Neumann, E.）　德国现代学者，卡·古·荣格对其有关神话的著作曾有一定的影响。——第 69 页。

O

欧比涅，阿格里帕·德（Aubigné, Agrippa d' 1552～1630）　法国作家，著有《悲歌集》，感情深挚、气势雄浑，评论家比之为但丁的《神曲》；还著有长篇小说《弗奈斯特男爵奇遇记》。——第 102 页。

欧赫美尔（Euhemeros 约公元前 4 至前 3 世纪初）　古希腊哲学家，其观点接近昔勒尼学派，著有《神圣的历史》（只余残篇传世）。——第 12 页。

欧里庇得斯（Euripides 约公元前 485～前 406）　古希腊三大悲剧诗人之一，其剧作取材于神话，着重表现自由民的思想感情；相传写有悲剧 90 余种，现存《美狄娅》、《希波吕托斯》、《阿尔克提斯》等。——第 118 页。

欧伦施莱厄，亚当·戈特洛布（Oehlenschläger, Adam Gottlob 1779～1850）　丹麦诗人、剧作家、小说家，早期诗作富于浪漫主义象征手法，并深受民间创作的影响。其长诗《黄金号角》，成为丹麦浪漫主义诗歌的经典之作。——第 291 页。

P

帕斯卡尔，布莱斯（Pascal, Blaise 1623～1662）　法国思想家、散文作家。他认为，只有极少数虔信者始可蒙得天恩而得救，信徒要摆脱一切、刻苦修习。——第 320 页。

派克，肯尼特·利（Pike, Kennet Lea 1912～）　美国语言学家，属描写语言学派，在行为主义的基础上提出"人类行为结构统一理论"。——第 94 页。

潘琴科（Панченко, А. М.）　苏联现代学者，与 И. П. 斯米尔诺夫合著《俄罗斯中世纪口头创作及 20 世纪中叶诗歌中的隐喻原始型》。——第152、383页。

庞德，埃兹拉（Pound, Ezra 1885～1973）
美国诗人、评论家，把自己和友人称为
"意象派诗人"。他的诗歌理论对戴·
赫·劳伦斯、詹·乔伊斯、托·斯·艾略
特和威·巴·叶芝颇有影响。——第
296、320、360页。

培根，弗朗西斯（Bacon, Francis 1561～
1626）　英国哲学家，主张打破"偶像"，
屏除种种幻想和偏见，卡·马克思称之
为"英国唯物主义和整个现代实验科学
的真正始祖"。——第13、15页。

佩罗，沙尔（Perrault, Charles 1628～1703）
法国作家，十七世纪法国文坛革新派领
袖，曾发表多篇童话，意境优美，文笔清
新，歌颂善良和光明，鞭挞邪恶和黑
暗。——第129页。

皮努斯，叶甫根尼娅·米哈伊洛芙娜
（Пинус, Евгения Михайловна 1914～）
苏联文艺理论家，著有《日本人民的古代
神话》(1961)。——第385页。

皮亚热，让（Piaget, Jean 1896～）　瑞士心
理学家，提出所谓发生认识论，并对思维
心理学和儿童心理学有一定贡献，著有
《关于世界的儿童观念》(1929)。——第
37、173、384、386页。

品达罗斯（Pindaros 约公元前518～前442
或438）　古希腊合唱琴歌诗人，一译"平
达"。他写过各种合唱琴歌，如颂神歌、
酒神颂、迎神赛会合唱歌等，尤以写竞技
获胜者颂见长。——第108页。

坡，埃德加·艾伦（Poe, Edgar Allan 1809～
1849）　美国诗人、小说家，一译"爱伦·
坡"；其作品构想怪诞、情节离奇，充满恐
怖气氛，自称"把奇特变成怪异和神
秘"。——第118页。

蒲鲁东，皮埃尔-约瑟夫（Proudhon, Pierre-
Joseph 1809～1865）　法国政论家、社会
学家，无政府主义的创始人之一，把社会
发展的历史视为观念发展的历史，认为
应该消灭"坏的"而建立"好的"资本主
义。——第27页。

普里布拉姆（Pribram, K.）　美国现代心理
学家，著有《头脑的语言》。——第57、
375页。

普鲁斯特，马塞尔（Proust, Marcel 1871～
1922）　法国作家，其长篇小说《追忆逝
水年华》，结构犹如枝丫交错的大树，无
连贯的故事，经常插入种种感想、议论、
倒叙等。他的创作开辟了当代小说的新
篇章。——第72、296、307、344页。

普罗普，弗拉基米尔·雅科夫列维奇
（Пропп, Владимир Яковлевич 1895～
1970）　苏联语言学家、民间文艺学家，
民间文学创作的历史类型研究和结构类
型研究的倡始者之一，著有《民间故事的
形态学》。——第69、93、94、96、99、128、
129、141、160、227、263、377、378、381、
386页。

普罗伊斯，康拉德·泰奥多尔（Preuß, Kon-
rad Theodor 1869～1938）　德国宗教学
家、民族志学家，原始一神说的代表者，
致力于宗教和神话的研究，著有《神话的
宗教形态》、《原始人的宗教崇拜》。——
第30、38、45、375页。

普希金，亚历山大·谢尔盖耶维奇
（Пушкин, Александр Сергеевич 1799～
1837）　俄国诗人，谙熟丰富的俄罗斯民
间语言，并热爱民间文学和诗歌。——
第131、149、151、152、382页。

Q

齐奥尔科尔夫斯基（Ziolkowski, Th.）　现代
学者，著有《现代德国小说中的奥德修斯
主题》(1962)。——第361、390页。

齐默，海因里希（Zimmer, Heinrich 1857～
1910）　德国学者、印度学家，其观点颇
受卡·古·荣格的影响，著有《国王与遗
体》。——第69、100、104、379页。

契诃夫，安东·巴甫洛维奇（Чехов, Антон
Павлович 1860～1904）　俄国小说家、
剧作家，他的现实主义富有鼓舞力量和
深刻的象征意义。——第105、106页。

乔伊斯，詹姆斯（Joyce, James 1882～1941）
爱尔兰小说家，运用内心独白手法，通过
主人公的内心活动，描绘其经历及其所
处的客观世界。其代表作为《尤利西
斯》，运用"意识流"手法写成，成为现代
派小说的先驱。——第7、9、16、69、71、
72、102、114、296～305、307～311、313、
316～320、322～330、332、333、335、336、

338~340、342~346、354、356、358、364、367、368、370~372、387 页。

切斯，理查德（Chase, Richard）　美国现代学者，仪典—神话论的代表，著有《赫尔曼·梅尔维尔》(1949)。——第 57、102、108、109、158、379、380 页。

琼森，本（Jonson, Ben 1572~1637）　英国剧作家、诗人，被文学史家称为"英国文艺复兴时期的'标准'作家"，写过两部罗马历史悲剧及多部喜剧。——第 118 页。

丘特切夫，费多尔·伊万诺维奇（Тютчев, Фёдор Иванович 1803~1873）　俄国诗人，着力描写自然，善于刻画季节的变化和内心的感受。——第 131 页。

屈泽尼耶（Кюизенье）　现代学者，对神话有所研究。——第 97 页。

R

然季耶娃，季莉雅拉·吉列耶芙娜（Жантиева, Диляра Гиреевна 1902~1975）　苏联文艺理论家，著有《詹姆斯·乔伊斯》(1967)。——第 299、387、389 页。

日尔蒙斯基，维克多·马克西莫维奇（Жирмунский, Виктор Максимович 1891~1971）　苏联语言学家，写有多种关于民间创作和文学的著作，并对英雄叙事诗的起源有所探讨，著有《民间英雄叙事诗. 历史比较概述》。——第 380 页。

荣格，卡尔·吉斯塔夫（Jung, Carl Gustav 1875~1961）　瑞士心理学家，现代心理学领域瑞士心理分析学派的创始人之一。——第 8、30、40、57~66、68~70、75、103、104、106、108、109、115、155~157、161、216、297、300、313、320、322、323、325、332、376 页。

S

萨克索·格拉玛蒂库斯（Caxo Grammaticus 1150~1220）　丹麦作家、历史学家，其主要著作为以拉丁文撰写的《丹麦人的业绩》，书中收集有关于丹麦古代英雄的传说。——第 109、120、279 页。

萨特，让-保尔（Sartre, Jean-Paul 1905~1980）　法国作家、哲学家，法国重要文学流派存在主义的倡导者。他的文学主张和创作实践，对法国文学影响极大。主要理论著作有《存在与虚无》、《辩证理性批判》、《存在主义是一种人道主义》等。——第 77 页。

塞尔比，休伯特（Selby, Hubert A. 1928~）　美国学者，从事神话研究，著有《神话形态探讨》。——第 97、378 页。

塞皮尔，爱德华（Sapir, Edward 1884~1939）　美国语言学家、人种学家，对一般语言学和印第安人的语言有翔实研究。——第 80 页。

塞万提斯·萨维德拉，米格尔·德（Cervantes Saavedra, Miguel de 1547~1616）　西班牙作家、剧作家、诗人，《堂吉诃德》为其代表作。——第 20、147、280 页。

沙赫诺维奇（Шахнович, М. И.）　苏联学者，著有《原始神话与哲学》(1971)。——第 125、127、134、381 页。

沙列夫斯卡娅（Шаревская, Б. И.）　苏联学者，从事宗教起源、演化和早期诸形态的研究，著有《赤道非洲古老与新兴的宗教》(1964)。——第 125、381 页。

莎士比亚，威廉（Shakespeare, William 1564~1616）　英国诗人、剧作家，其许多剧作取材于历史传说，如《哈姆雷特》等。——第 20、100、101、108、109、118、120、147、299、303、310、317、318、320、360、379 页。

绍勒（Schorer, M.）　德国现代学者，把神话视为观念的结构。——第 157 页。

舍普斯，汉斯-约阿希姆（Schoeps, Hans-Joachim 1909~1980）　德国历史学家、宗教学家，著有《背信弃义者的悲剧》。——第 341、388 页。

圣伊夫，保尔（Saintyes, Paul 1870~1935）　法国学者、文化史家，著有《关于佩罗的传说以及诸如此类故事》(1923)。——第 99、129、160、263、379 页。

施莱厄马赫，弗里德里希·丹尼尔（Schleiermacher, Friedrich Daniel 1768~1834）　德国神学家、哲学家，持泛神论观点。他对《旧约全书》、《新约全书》进行了考证，却从主体的内在感受中导出

原居民的宗教和神话有所探考，著有《论土著的宗教》(1966)等。——第 36、42、96、129、154、201、227、228、232、236、239、240、263、375、385、386 页。

斯特勒姆(Ström, F.)　瑞典现代学者，从事古斯堪的纳维亚神话的研究，著有《洛基。神话学问题》(1956)。——第 99、379 页。

斯托亚诺夫斯卡娅(Стояновская, E.)　苏联现代学者，著有《同〈肯托罗伊〉作者的谈话》(1965)。——第 390 页。

斯威夫特，乔纳森(Swift, Jonathan 1667～1745)　英国作家，其代表作为寓言小说《格利佛游记》，其描述为影射时弊而发。——第 320 页。

斯温伯恩，阿尔杰农 · 查尔斯(Swinburne, Algernon Charles 1837～1909)　英国诗人、文学评论家；他的诗作瑰丽、优美。——第 106 页。

苏格拉底(Sokrates 公元前 469～前 399)　古希腊哲学家，认为哲学的目的不在于认识自然，而在于"认识自己"，并提出目的论来对抗决定论，笃信他一生为某种精灵所护持和支配。——第 26、373 页。

苏奇科夫，鲍里斯 · 列昂季耶维奇(Сучков, Борис Леонтьевич 1917～1974)　苏联文艺理论家，对当代文学的理论问题有广泛研究。——第 299、333、387、389 页。

梭罗，亨利 · 戴维(Thoreau, Henry David 1817～1862)　美国作家；他认为：自然是美好的，人类应回到自然中寻找生活意义。——第 102 页。

索福克勒斯(Sophokles 约公元前 496～前 406)　古希腊三大悲剧家之一，其最著名的悲剧为《奥狄浦斯》，描写奥狄浦斯弑父娶母的始末，"奥狄浦斯情结"即源出于此。——第 108 页。

索雷尔，乔治(Sorel, Georges 1847～1922)　法国无政府工团主义理论家，著有《暴力随感录》(1906)。他提出关于神话和暴力在历史过程中的作用之理论，认为社会的演变为暴力的创造过程。据他看来，参加总罢工"神话"的程度和能力，是斗争的决定性因素。——第 9、27、28、149、374 页。

索罗金，皮季里姆 · 亚历山德罗维奇〔Сорокин(Sorokin), Питирим Александрович 1889～1968〕　苏联、美国心理学家，社会机制和社会层次理论的创始人之一。——第 73 页。

索维，阿尔弗雷德(Sauvy, Alfred 1898～)　法国社会学家，对政治神话有所论述，著有《当代神话》(1965)。——第 28、29、374 页。

索绪尔，费迪南 · 德(Saussure, Ferdinand de 1857～1913)　瑞士语言学家，从事印欧语的历史比较研究。他是心理社会学语言学派的创始人，对现代结构主义语言学派有重大影响。其语言结构主义模式，将语词的渊源和历史的历时性研究附丽于对一定时期的语言之共时性研究。——第 40 页。

T

泰勒，爱德华 · 伯内特(Tylor, Edward Burnett 1832～1917)　英国民族志学家，文化史和民族志学进化论学派的创始人。著有《原始文化》(1871)。——第 23、24、31、32、40、42、124、154、157、164、374 页。

泰特，艾伦(Tate, Allen 1899～)　美国诗人、文艺评论家，属"新论派"，注重作品的形式和技巧，主张就作品论作品，进行细致的分析。——第 116 页。

汤姆森，詹姆斯(Thomson, James 1700～1748)　英国诗人，其最著名的诗作为《四季》。文学史家视之为划时代作品。其《自由》一诗的内容，则为自由女神自述在古希腊、罗马和不列颠的经历，并展望未来。——第 134、385 页。

汤普森，斯蒂斯(Thompson, Sthis 1885～)　美国民间文艺学家，编有《北美印第安人民间故事》、《民间文学情节索引》(1951～1958)。——第 134、202、203、356、385 页。

陶伯(Tauber, H.)　德国现代学者，著有《弗兰茨 · 卡夫卡》(1941)。——第 341、388 页。

忒奥克里托斯(Theokritos 约公元前 310～前 250)　古希腊诗人。他的田园诗，有些以神话为基础。其作品中也有以神话

1883） 德国作曲家、作家。他的歌剧取材于民间传说，带有神秘主义色彩，在文学领域对尼采、托马斯·曼均有影响。——第 8、25、26、28、71、81、102、131、134、286、291～294、296、299、307、308、311、313、314、360、386 页。

瓦莱里，保尔（Valéry, Paul 1871～1945） 法国诗人，其诗作充满自我陶醉和深奥的玄想，《旧诗集存》则以象征的意境抒发梦思和默想。——第 102 页。

瓦隆，昂利·亚历山大（Wallon, Henri Alexandre 1879～1962） 法国心理学家，致力于儿童心理学和发生心理学的研究，力图运用历史主义原理分析心理现象。——第 37、385 页。

威尔逊（Wilson, J.） 现代学者，对埃及神话有所研究。——第 254 页。

王尔德，奥斯卡尔（Wilde, Oscar 1854～1900） 英国作家、诗人，早期作品有诗歌和童话，并有长篇小说和数部喜剧问世。——第 320 页。

维尔哈伦，埃米尔（Verhaeren, Émile 1855～1916） 比利时法语诗人、剧作家、文艺评论家，初为象征派诗人，后始关注广泛的社会问题。——第 106 页。

维戈茨基，列夫·谢苗诺维奇（Выготский, Лев Семёнович 1896～1934） 苏联心理学家，提出心理学中的文化—历史理论，运用儿童心理学资料对高级心理功能有所研究。——第 379 页。

维吉尔（普布利乌斯·维吉尔·马罗）（Publius Vergilius Maro 公元前 70～前 19） 古罗马诗人，被视为荷马以后最重要的叙事诗人；其最重要著作为《埃涅阿斯纪》，系根据罗马神话传说写成。——第 107 页。

维科，詹巴蒂斯塔（Vico, Giambattista 1668～1744） 意大利哲学家、社会学家，曾致力于宗教和神话起源的研究，开提出社会发展循环说；主要著作为《关于诸民族共同性的新科学的原理》。据维科看来（即所谓"历史循环说"），人类社会由生成逐渐走向衰亡：野蛮时期——神祇时期——英雄时期——世人时期（面临腐朽、衰亡），继而复返"野蛮状态"。——第 13～16、18、19、22、23、320、322、323、373 页。

维克里（Vickery, J. B.） 英国现代学者，著有《戴·赫·劳伦斯短篇小说中的神话与仪典》。——第 98、114、379、380、389 页。

维兰德，克里斯托夫·马丁（Wieland, Christoph Martin 1733～1813） 德国作家，德国启蒙运动后期的重要代表。他第一部成名之作《阿迦通的故事》，描写主人公阿迦通从理想世界转向现实生活的过程。——第 282 页。

维利蒙特，尼古拉·尼古拉耶维奇（Вильмонт, Николай Николаевич 1901～） 苏联文艺理论家，从事德国文学的研究，著有《伟大的同行者》。——第 299、387 页。

维谢洛夫斯基，亚历山大·尼古拉耶维奇（Веселовский, Александр Николаевич 1839～1906） 俄国语文学家、文学史家，从事斯拉夫、拜占庭、西欧文学及民间创作和民族志的研究。——第 97、121、123、124、134、160、380 页。

韦恩贝格（Weinberg, K.） 德国现代学者，著有《卡夫卡的创作。对神话的讽刺性模拟》（1963）。——第 342、343、355、388 页。

韦恩里希，乌里尔（Weinreich, Uriel 1926～1967） 美国语言学家，对克·莱维-斯特劳斯的结构语言学理论有所抨击。——第 81 页。

韦尔夫，弗兰茨（Werfel, Franz 1890～1945） 奥地利作家。他的诗歌带有浓重的宗教色彩。其晚期作品反映作者的悲观和抑郁及从公开反战逃避对宗教的神秘主义。他所著《未出世者的星座》，被称为"理想的天主教教义"。——第 330 页。

韦尔奇（Weltsch, F.） 德国现代学者，著有《弗兰茨·卡夫卡生活与创作中的宗教和幽默》。——第 341、388、389 页。

韦曼（Weimann, R.） 德意志民主共和国文艺理论家，著有《文学史与神话。方法论初探》（1967）。——第 22、118、119、121、373、380 页。

韦斯顿（Weston, A. L.） 现代学者，著有《从仪典到骑士文学》（1920）。——第

360、389页。

韦斯顿(Weston, J.) 现代学者,著有《从仪典到小说》(1920)。——第99、379页。

韦辛格(Weisinger, H.) 美国现代学者,仪典—神话论的代表之一,著有《基于神话和仪典对莎士比亚著作的探讨》。——第100、101、379页。

温克尔曼,约翰·约阿希姆(Winckelmann, Johann Joachim 1717～1768) 德国学者,从事古希腊、罗马艺术史的研究,把古希腊、罗马艺术视为人类最高成就,著有《古代艺术史》。——第17页。

温克勒,胡戈(Winckler, Hugo 1863～1913) 德国亚述学家、考古学家,东方学领域泛巴比伦主义的创始人之一。——第328页。

温克勒(Winchler, R. O.) 现代学者,对弗·卡夫卡作品有所研究,著有《三部小说》。——第341、388页。

温纳(Winner, T. D.) 现代学者,著有《安·契诃夫作品中作为艺术手段的神话》。——第105、106、380页。

沃茨(Watts, H. H.) 美国艺术理论家,仪典—神话论的代表之一,著有《神话与戏剧》。——第100、101、379页。

沃尔夫,弗里德里希·奥古斯特(Wolf, Friedrich August 1759～1824) 德国语文学家;在《荷马绪论》一书中,试图论证荷马史诗无非是民间短歌汇集。——第16页。

沃尔夫拉姆·封·埃申巴赫(Wolfram von Eschenbach 1170～1220) 德国诗人,多年行吟于民间,当时宫廷史诗的主要代表之一。《帕尔齐法尔》(1200～1210)为他所写的3部宫廷骑士叙事诗之一,取材于亚瑟王传说和圣杯故事。——第340、343页。

沃夫,本杰明·李(Whorf Benjamin Lee 1897～1941) 美国语言学家、民族志学家,对语言同思维的关系、印第安人的语言、闪米特语言有所研究。——第80页。

沃克(Walker, Ph) 美国现代学者,著有《左拉著作中的预言神话》。——第103、380页。

沃特(Watt, I.) 现代学者,对丹·笛福的小说有所研究,著有《小说的兴起》(1962)。——第105、281、380页。

乌尔班(Urban, W. M.) 德国现代学者,恩·卡西勒对神话所持象征说的承袭者,著有《语言与现实》(1939)。——第54、375页。

乌尔诺夫,德米特里·米哈伊洛维奇(Урнов, Дмитрий Михайлович 1936～) 苏联文艺理论家,著有《詹·乔伊斯与当代现代主义》。——第299、287页。

乌森纳,赫尔曼(Usener, Hermann 1834～1905) 德国语言学家、宗教史家,曾提出所谓"瞬间神"之说。——第45、132、141、152、168页。

乌斯宾斯基(Успенский, Б. А.) 苏联现代语言学家,持结构主义观点,与Ю. М.洛特曼合著《神话——称谓——文化》。——第152、168、383页。

吴尔夫,弗吉尼亚(Woolf, Virginia 1882～1941) 英国女作家;她那细致的心理描写和"意识流"的创作方法,曾风靡一时。——第102页。

X

席勒,约翰·克里斯托夫·弗里德里希(Schiller, Johann Christoph Friedrich 1759～1805) 德国剧作家、诗人,青年时期为狂飙突进运动的主要人物之一,一度研究康德唯心主义哲学,撰写《论悲剧艺术》、《美育书简》等美学论著。——第25、291页。

席利曼,托玛拉·伊萨科芙娜(Сильман, Томара Исааковна 1909～) 苏联文艺理论家,著有《托马斯·曼。创作评述》(1960)。——第299、387页。

谢林,弗里德里希·威廉·约瑟夫·封(Schelling, Friedrich Wilhelm Joseph von 1775～1854) 德国古典唯心主义哲学家;其哲学发展过程可归结为自然哲学、同一哲学、启示哲学三个阶段。《艺术的哲学》一书为其有关神话的重要论著。——第17～22、25、45、130、149、284、373页。

圣经学家、拉丁教父，曾编定《圣经》拉丁
文本，写有《圣经》注疏和神学著作多
种。——第 320 页。

朱加什维利（Джугашвили, Г. Я.） 苏联现
代学者，著有《现代阿尔及利亚小说中的
奇幻与现实》(1975)。——第 390 页。

卓别林，查尔斯·斯宾塞（Chaplin, Charles
Spencer 1889~1977） 英国电影艺术
家，大多自编、自导、自演；一生拍摄了多
部喜剧影片。——第 118 页。

佐洛塔辽夫，亚历山大·米哈伊洛维奇
（ Золотарёв， Александр Михайлович
1907~1943） 苏联民族志学家，从事原
始社会文化的研究，著有《氏族制与原始
神话》。——第 125、381 页。

左拉，埃米尔（Zola, Émile 1840~1902）
法国作家，有多部小说问世；《萌芽》是左
拉最成熟的一部现实主义杰作，反映左
拉对社会政治问题的强烈兴趣。——第
103、118 页。

有关学者和作家人名索引（Ⅱ）[*]

---

* 本索引为译者编制，条目后所列为本书汉译本边码（即原著页码）。——译者

神话传说和文学作品中人物索引 *

A

阿巴斯（Абаасы） 西伯利亚地区雅库特人神话中上、中、下三界之恶灵。——第270、272页。

阿波罗（Аполлон；Apollo） 古希腊神话中的太阳神之一，并被视为司掌光明、青春、医药、畜牧、音乐、诗歌之神；相传可代宙斯宣示神谕，并可预示祸福、消弭灾难和罪孽；又被视为普射之神。——第25、66、67、192、193、257～259、285、312页。

阿波普（Апоп；Apop） 古埃及神话中的巨蛇，被视为黑暗和恶的化身，太阳神拉的永恒之敌。——第209、218、220、255、256页。

阿波希（Апоши；Aposhi） 古埃及神话中的巨蛇，即"阿波普"。——第209页。

阿布祖（Абзу；Abzu） 苏美尔—阿卡得神话中地下淡水之海。——第206、207页。

阿布尔斯基尔（Абрскил；Abrskil） 阿布哈兹人民间传说中的英雄，善良与正义的化身；相传因不信奉上帝，被禁锢在岩洞中。——第215页。

阿达帕（Адапа；Adapa） 阿卡得神话中的英雄，埃阿之子，为"七贤"之一。——第215、257页。

阿迪尔明明（Адирминмин；Adirminmin） 澳大利亚神话中的神幻人物；相传曾杀死虹蛇。——第238页。

阿多尼斯（Адонис；Adonis） 古腓尼基—叙利亚之神，后见诸古希腊神话，并享有普遍尊崇。其形象为一美男子，被野猪咬伤致死；每年春、夏回到世间，秋、冬复归冥土，与草木枯荣相连属。——第116、221、229、330、334、359页。

阿尔贝里希（Альберих；Alberich） 斯堪的纳维亚神话中众侏儒之王；德国叙事诗《尼贝龙根的指环》中丑陋的侏儒，盗去莱茵少女们守护的黄金宝物，后被抓获，并强迫他交出一切财宝，以换取自由。——第294页。

阿尔蒂拉（Алтьира；Altjira） 澳大利亚阿兰达人对"神幻时期"的称谓之一。——第174页。

阿尔弗（Альвы；古冰岛文 Alfar） 斯堪的纳维亚神话中的卑微的自然精灵。——第249、252页。

"阿尔戈"英雄（Аргонавты；Argonautai） 古希腊神话传说中以伊阿宋为首的希腊英雄；相传曾乘"阿尔戈"号快船寻求金羊毛。——第138页。

阿尔戈斯（Аргос；Argos） 古希腊神话中的牧人；相传脑后、额上长有50对眼睛，可昼夜不停地轮番监视。——第143页。

阿尔克墨涅（Алкмена；A'lcmeene） 古希腊神话中提林斯王安菲特律翁之妻，以秀美著称。——第285页。

阿尔劳恩（Альраун；Alraun） 德国神话中的自然精灵之一；路·阿·封·阿尔尼姆《埃及的伊萨贝拉》和恩·泰·阿·霍夫曼《小查克斯》中加以重新转造。——第286页。

阿尔齐拉（Альтжира；Altzhira） 澳大利亚阿兰达人对"神幻时期"的称谓之一。——第174页。

* 本索引为译者编制。每一人物和形象均附简要注释；索引中条目后所列为本书每页的边码（即原著页数）。——译者

阿尔切拉（Альчера；Alchera）澳大利亚阿兰
达人对"神幻时期"的称谓之一。——第
174 页。

阿尔塔瓦兹德（Артавазд；Artarazd） 亚美
尼亚叙事诗中国王阿尔塔舍特之
子。——第 215 页。

阿尔忒弥斯（Артемида；Artemis） 古希腊
神话中的狩猎女神，又被奉为树木和植
物的保护神，后又演化为丰饶女神以及
生育佑护神，并以贞洁著称。——第
258、259、359 页。

阿芙罗狄忒（Афродита；Aphrodite） 古希
腊神话中爱与美之女神，最初被奉为丰
饶女神、海洋女神和航海佑护者，往往由
时光女神、美惠女神和小爱神埃罗斯伴
随。——第 67、210、258、259、275、342、
363 页。

阿格伯（Агбе；Agbe）非洲达荷美人神话
中的海洋神之首，被视为海洋和水的主
宰。——第 204 页。

阿哈斯费鲁斯（Агасфер；拉丁文 Ahasu-
erus） 西欧中世纪晚期基督教传说中人
物，源于《旧约全书·以斯帖记》中之波
斯王 Ahasuerus，《圣经》中译作"亚哈随
鲁"。相传，耶稣身负十字架，步履艰难，
跋涉于途，阿哈斯费鲁斯竟强令耶稣片
刻不停地行进；阿哈斯费鲁斯因此遭到
严惩，年复一年地漂泊四方。——第 358
页。

阿赫普（Ахпу；Ahpu） 中美基切人（属印
第安人）神话叙事诗《波波尔-乌》中的主
人公，曾与"下界"魔怪搏斗，并有种种文
化业绩（种植玉米等）。——第 190 页。

阿赫萨尔（Ахсар；Akhsar） 奥塞梯人"那
尔特叙事诗"中的始祖，其名意为"勇
力"、"勇敢"。第 273 页。

阿赫萨尔塔格（Ахсартаг；Akhsarg） 奥塞
梯人"那尔特叙事诗"中的始祖，与阿赫
萨尔为孪生兄弟。——第 273 页。

阿胡拉·玛兹达（Ахурамазда；Ahura Maz-
da） 古伊朗神话中琐罗亚斯德教神殿
的至高善神、火神和智慧神，原为多神崇
拜的神灵、自然崇拜的对象，同火崇拜紧
密相关。——第 211、223 页。

阿基琉斯（Ахилл；Achilles） 古希腊神话
传说中的英雄，他与希腊联军统帅阿伽

门农因争女俘而发生争执，因而极度愤
怒，拒不出战，后勉强和解并击杀特洛伊
城主将赫克托尔。相传，他被帕里斯的
暗箭射中脚踵而死。——第 98、274、
275、363 页。

阿杰（Аже；Aje） 非洲达荷美人神话中的
狩猎神；相传为一猎者，栖身林莽，一切
飞禽走兽均归其掌管。——第 204 页。

阿卡（Ака；Aka） 波利尼西亚神话中的形
象，被视为气根的化身。——第 204 页。

阿卡迪奥，何塞（Аркадио，Хосе；Arcadio,
José） 哥伦比亚作家加·加西亚·马尔
克斯《百年孤独》中的国王，即何塞·阿
卡迪奥二世。——第 368、369 页。

阿拉梅姆布（Арамемб；Aramemb） 澳大利
亚玛林德-阿尼姆人神话中的形象；相传
曾建造通向海岛的堤坝。——第 182
页。

阿里斯泰奥斯（Аристей；Aristaios） 希腊
神州中造福人类之神；相传他将狩猎、医
病、预言、放牧、养蜂等技艺传予世
人。——第 361 页。

阿利延努-巴卢（Алийану-Балу；Alijanu-
Balu） 又称"巴卢"、"阿利延"；乌加里特
神话中的主要人物，被视为乌加里特的
守护神。——第 221 页。

阿玛尔堡（Амальбурга；Amalburga） 弗·
卡夫卡《城堡》所描述的传说中人物，相
传曾为查理大帝所钟爱。——第 343
页。

阿玛莉娅（Амалия；Amalia） 弗·卡夫卡
《城堡》中人物，曾拒绝城堡官员索蒂尼
的卑劣建议。——第 343、348、353 页。

阿曼格尔（Амангель；Amangel） 澳大利亚
马里蒂耶尔人神话中的飞狐；相传曾杀
死虹蛇。——第 238 页。

阿米拉尼（Амирани；Amirani） 格鲁吉亚
神话中的英雄，因教人取火和炼取金属
遭受神惩，被禁锢于高加索山脉悬崖上，
饱尝鹰鹫啄食肝脏之苦。——第 215、
271 页。

阿蒙（Амон；Amon） 古埃及神话中的太阳
神，原为底比斯地区的守护神，后成为全
埃及所尊奉之神。——第 255 页。

阿蒙-拉（Амон-Ра；Amon-Ra） 古埃及神
话中的太阳神阿蒙与另一太阳神拉合

而成,被视为群神之首。——第 255 页。

阿纳赫(Анарх;Anarch)　拉伯雷《巨人传》中的国王。——第 145 页。

阿娜特(Анат;Anat)　西支闪米特人神话中的女神,被视为战神和狩猎之神。——第 221、275 页。

阿努比斯(Анубис;Anubis)　古埃及神话中的亡者庇护神,其形象为胡狼或野犬。——第 336 页。

阿普苏(Апсу;Apsu)　阿卡得神话中的淡水之海的化身,即苏美尔神话中的阿布祖。——第 203、209、210、257 页。

阿耆尼(Агни;梵文 Agnf)　"吠陀"和印度教神话中的火神、家灶之神、祭火之神,被视为地神之首;相传,其存在形式有三种:在天上者为太阳,在空中者为雷电之火,在地上者则为惯常之火。——第 216、260 页。

阿日·达哈卡(Ажи-Дахака;Azi Dahaka)　古伊朗神话中的妖龙;相传曾与众神鏖战。——第 192、211 页。

阿瑞斯(Арей;Ares)　古希腊神话中的战神,被视为尚武精神的化身体现;相传凶暴蛮横,但在战斗中常遭挫败。——第 258 页。

阿萨特(Асат;Asat)　古印度神话中地下不可测的深渊。——第 206 页。

阿瑟(Ассы;古冰岛文 Aesir)　斯堪的纳维亚神话中以奥丁为首的群神的统称,有时也泛指"神祇"。——第 249、251、252 页。

阿斯伽尔德(Асгард;Asgard)　斯堪的纳维亚神话中天界一境域,为众阿瑟所居。——第 248、249、252 页。

阿斯塔尔特(Астарта;Astarte)　西支闪米特人神话中的爱神、丰饶之神、女主宰神,被视为金星的化身。——第 359、370 页。

阿塔尔(Атар;Atar)　古伊朗神话中的火神;相传黑暗之力,特别是妖龙,时刻危及其存在,他并与妖龙搏斗。——第 211 页。

阿特阿(Атеа;Atea)　波利尼西亚神话中所谓空间的化身,并被视为文化英雄;相传曾以泥土造人。——第 204 页。

阿特拉斯(Атлас;Atlas)　古希腊神话中被

称"提坦"的众神之一,因与宙斯抗衡而受惩,被罚在西隅以头部和手臂支撑天宇。——第 213 页。

阿特里代(Атриды;Atridae)　古希腊神话传说中阿特柔斯之子,即阿伽门农和墨涅拉奥斯。——第 138 页。

阿特纳图(Атнату;Atnatu)　澳大利亚阿兰达人神话中的天神,被视为神祇最古老的原型,先于"梦幻时期"的图腾始祖形象。——第 181 页。

阿提斯(Аттис;Attis)　古希腊神话中人物,源于弗里吉亚,与对母神基伯勒的崇拜相关联,被视为土地丰饶之力的赐予者。——第 221 页。

阿图姆(Атум;Atum)　古埃及神话中的太阳神,最古老的神祇之一,被视为造物主,在许多典籍中被称为"傍晚之落日"。——第 206、255、257 页。

阿图姆—拉(Атум-Ра;Atum-Ra)　古埃及神话中阿图姆与拉两太阳神复合而成。——第 255 页。

阿湿宾(Ашвины;梵文 Aśvín)　"吠陀"和印度教神话中的孪生兄弟,又称"阿须云"、"双马童";相传每天黎明驱车驶过天宇,可救苦救难,使病者痊愈、盲者复明,等等。——第 275 页。

阿周那(Арджуна;梵文 Arjuna)　古印度神话中的英雄;相传为因陀罗的化身,并且是武士的楷模,既勇武绝伦,又品德高尚。——第 275 页。

埃阿(Эа;Ea)　苏美尔—阿卡得神话中的主神之一,又称"恩基";被视为地下和地表的淡水之主宰,又被视为人及牲畜、谷物的首创者。——第 203、210、257 页。

埃奥洛斯(Эол;Aiolos)　古希腊神话中的风神,又被奉为爱奥尼亚人的始祖。——第 308、364 页。

埃庇米修斯(Эпиметей;Epimetheus)　古希腊神话传说中普罗米修斯("先知"神)之弟,被视为"后知"之神。——第 192、209、253 页。

埃恩赫里(Эйнхерии;古冰岛文 einherjar)　斯堪的纳维亚神话中捐躯的壮士,奥丁在天界的扈从。——第 253 页。

埃尔达(Эрда;Erda)　斯堪的纳维亚神话中自然原初质料的化身,即宇宙梣

安提诺奥斯（Антиной；Antinoos）　古希腊神话中人物，佩涅洛佩的追求者之一。——第308、364页。

奥（Ao；Ao）　波利尼西亚地区毛利人神话中光之化身。——第204页。

奥德修斯（Одиссей；Odysseus）　古希腊神话中的英雄，勇敢机智，在特洛伊战争中献木马计，希腊联军因而获胜；在回国途中，历尽艰险，始得重返故里；最后以巧计把向其求婚者全部射死，终于合家团聚。《奥德修斯纪》即以其战后经历为题材。——第105、275、308～311、314～316、321、342、364、365页。

奥狄浦斯（Эдип；Oidipous，Oedipus）　古希腊神话中忒拜王拉伊奥斯之子，因神曾预言他将弑父娶母，出生后被其父弃于山崖，但为牧人所救；长大后，欲逃避弑父娶母的厄运，却在无意中杀死亲父；后又因降除魔怪斯芬克斯，被忒拜人拥为新王，并娶生母为妻。后来，获悉真情，他在悲愤中刺瞎双目，后流浪而死。——第82、86、87、104、105、108、138、142、143、199、201、361页。

奥丁（Один；Odin）　斯堪的纳维亚神话中的至高神，有"天父"之称，又被视为暴风雨之神、胜利的赐予者、亡者之神、宇宙和人类的创造者。——第180、192、209、213、214、249、251～254、273、285页。

奥杜姆拉（Аудумла；Audhumla）　斯堪的纳维亚神话中一牡牛，生于冰霜。相传，它以乳汁哺育巨人伊米尔。——第251页。

奥尔甫斯（Орфей；Orpheus）　古希腊神话中的诗人和歌手，善奏竖琴，弹奏时顽石点头、猛兽俯首；相传，为河神奥阿格罗斯之子。有些学者把他视为奥尔甫斯教的创始人。——第105页。

奥尔伽（Ольга；Olga）　弗·卡夫卡《城堡》中阿玛莉娅之姊，后沦为娼妓。——第348页。

奥尔托斯（Орф；Orthos）　古希腊神话中欧吕提翁的双首犬，提丰的后代，后为赫拉克勒斯所杀。——第211页。

奥菲奥赫（Офиох；Ophioch）　恩·泰·阿·霍夫曼的《公主布兰比拉》中的国王。——第287页。

奥雷里亚诺·布恩迪亚　见"布恩迪亚，奥雷里亚诺"。

奥里翁（Орион；Orion）　古希腊神话中的巨灵，海神波塞冬之子；相传为一猎者，具有行于海上的异能。——第143页。

奥列佛·特维斯特　见"特维斯特，奥列佛"。

奥林匹娅（Олимпия；Olympia）　恩·泰·阿·霍夫曼的《沙人》中一能言的木偶，并被描述为一少年幻想者的未婚妻。——第290页。

奥瑞斯忒斯（Орест；Orestes）　古希腊神话中阿伽门农之子。阿伽门农被妻子克吕滕涅斯特拉谋杀；他为父复仇，杀死生母，因而遭到复仇女神追究，后为雅典娜、阿波罗所救，归国继承父位。古希腊悲剧作家埃斯库罗斯三部曲《奥瑞斯忒亚》，即以此为内容。——第105、316页。

奥瑟罗（Отелло；Othello）　威·莎士比亚《奥瑟罗》中主人公，坦率、诚挚而又疾恶如仇，在阴谋家伊阿古调唆下杀死爱妻。——第105、107页。

奥西里斯（Осирис；Osiris）　古埃及神话中自然界繁生力之神，并被视为冥世之主；相传，曾被其弟塞特以毒计害死，其妻伊西丝又使他死而复生。据信，奥西里斯为给植物带来复苏之力的河水的化身；枯而复荣的自然现象之神化，为奥西里斯崇拜的基础。——第19、205、217、220、221、229、254、255、330、334、335页。

B

巴蒂斯塔（Баттиста；Battista）　詹·乔伊斯的《尤利西斯》中人物，被描述为古希腊神话中人物、佩涅洛佩追求者安提诺奥斯之对应者。——第364、365页。

巴尔德尔（Бальдер；古冰岛文 Baldr）　斯堪的纳维亚神话中的光明之神，奥丁的爱子，被视为聪慧、勇敢之神；相传，火神洛基以槲寄生制成箭，唆使黑暗之神赫德尔将他射死。——第251、253页。

巴尔恩德（Барнда；Barnda）　古印度达罗毗荼人（奥朗人）神话中家宅保护者。——第274页。

巴格达萨尔（Багдасар；Bagdasar）　亚美尼亚叙事诗中的英雄人物，与萨纳萨尔为孪生兄弟，相传为萨逊氏族的奠基者。——第 273 页。

巴卡布（Бакабы；Bacabs）　玛雅人神话中的四兄弟神，矗立于地之四隅，使苍穹得以不坠。——第 216 页。

巴卡罗罗（Бакароро；Bakaroro）　南美博罗罗人（属印第安人）神话中的文化英雄，与伊图博里为孪生兄弟；相传为一妇女同美洲豹所生。——第 189 页。

巴克科斯－狄奥尼索斯（Бакх-Дионис；Bacchus-Dionysus）　古希腊、罗马神话中酒神狄奥尼索斯的称谓。"巴克科斯"为古希腊人和古罗马人对酒神狄奥尼索斯的称谓，故有此称，并往往用以作为美酒佳酿及宴饮之乐的比喻。——第 312 页。

巴力（Баал；Baal）　西支闪米特人神话中神祇的统称，其前身为巴卢，通常被视为司掌暴风雨、雷电、雨泽及同雨紧密相关的丰饶之神。——第 211、221、359 页。

巴纳巴（Барнаба；Barnaba）　弗·卡夫卡的《城堡》中人物，城堡一差人。——第 351、353、357 页。

巴汝奇（Панург；Panurge）　弗·拉伯雷《巨人传》第 3 卷中的人物，主人公庞大固埃之友，庞大固埃并在其帮助下击败巨人军首领"人狼"。——第 280 页。

拜雅梅（Байаме；Baiame）　澳大利亚东南部地区原居民神话中的始祖、文化英雄、成年仪式监护者；相传居于天界。——第 180 页。

般度（Панду；Pandu）　印度叙事诗《摩诃婆罗多》中婆罗多的两子之一，共生 5 子，与其后裔通称"般度族"。——第 275 页。

保罗（Паоло；Paolo）　但丁《神曲》中人物，作者将他同弗兰齐斯嘉作为有淫行的罪人置于地狱，却又对他们的命运极度同情。——第 106 页。

贝什陶（Бештау；Beshtall）　高加索地区阿迪格人叙事诗中洪荒太古时期的一境域。——第 270 页。

贝雅特里齐（Беатриче；Beatrice）　但丁所终生爱慕的女性；在《神曲》中，以恋人、长姊、慈母的身份出现，给予教诲、激励

和救助。——第 107 页。

本吉尔（Бунджиль；Bundjil）　澳大利亚东南部地区原居民神话中的始祖、文化英雄、成年仪式监护者；相传居于天界。——第 180、182 页。

本吉尔—帕利安（Бунджиль－Палиан；Bundjil－Palian）　澳大利亚东南部地区原居民神话中的孪生兄弟，被视为偶神。——第 182 页。

比拉尔（Бирал；Biral）　澳大利亚东南部地区原居民神话中的始祖、文化英雄、成年仪式监护者。——第 180 页。

比雅尔基（Бьярки；古冰岛文 Bjarki）　冰岛"萨迦"中的半人半熊形象；相传机智勇敢，善于变化，曾战胜魔怪。——第 279 页。

彼得（Петер；Peter）　约·厄普代克的《半人半马》中人物；为一刚刚走上生活道路的少年，却已十分成熟。——第 362、363 页。

毕纳姆（Бинам；Binam）　澳大利亚贡维尼古人对所谓"神幻时期"的称谓。——第 174 页。

波（По；Po）　波利尼西亚神话中的幽冥之域；相传为冥世主宰所统摄。——第 204、206 页。

波哩提毗（Притхиви；梵文 Prthivi）　古印度神话中地的神格化和化身，为天的化身帝奥斯的配偶；最初两者联结难分，后为因陀罗强行分开。——第 208 页。

波吕斐摩斯（Полифем；Polyphemus）　古希腊神话中海神波塞冬之子；相传为一嗜血成性的独目巨灵，栖身于洞穴。——第 308、309 页。

波吕涅克斯（Полиник；Polyneikes）　古希腊神话中忒拜王奥狄浦斯与约卡斯忒之子；相传，因同其兄争夺王位而被杀。——第 367 页。

波罗阇婆底（Праджапати；梵文 Prajāpati）　古印度神话中对世界万有创造者的称谓，意即"生主"。——第 202 页。

波塞冬（Посейдон；Poseidon）　古希腊神话中的海神，最初似为地震之神和水神，其表征为三股叉；相传为宙斯之弟或兄。——第 258 页。

波提乏（Потифар；Potiphar）　《圣经》中埃

及之内臣；相传约瑟被卖予其家为仆。——第329、330、336页。

博尔（Бор；古冰岛文 Borr）　斯堪的纳维亚神话中布里之子；相传为奥丁及其众弟兄（维利和韦）之父。——第251页。

博伊伦（Бойлен；Boylen）　詹·乔伊斯的《尤利西斯》中的企业主，为莫莉所钟爱者，似可与古希腊神话中的欧律玛科斯相比拟。——第303、308、316页。

布恩迪亚，奥雷里亚诺（Буэндиа，Аурелиано；Buendia，Aureliano）　加·加西亚·马尔克斯的《百年孤独》中人物，小说即通过其一家五代人的经历，描绘某小城马孔多百余年的历史。——第368、369页。

布伽里（Бугари；Bugari）　澳大利亚卡拉杰里人对所谓"神幻时期"的称谓。——第174页。

布兰比拉（Брамбилла；Brambilla）　恩·泰·阿·霍夫曼的《公主布兰比拉》中的主人公。——第288页。

布里（Бури；古冰岛文 Buri）　斯堪的纳维亚神话中诸神之祖，博尔之父和奥丁的祖父；相传生于牝牛奥杜姆拉所舐之盐石。——第251页。

布里塞伊斯（Брисеида；Briseis）　古希腊神话传说中阿波罗的祭司布里塞斯（布里修斯）之女，阿基琉斯的女俘和所钟爱者。——第275页。

布卢姆，莱奥波尔德（Блум，Леопольд；Bloom，Leopold）　詹·乔伊斯的《尤利西斯》中主人公，作者将他在都柏林的游荡同尤利西斯（即奥德修斯）的10年漂泊相比拟。——第301～309、312、314～318、320、344、354、362页。

布伦希尔德（Брюнхильд；古冰岛文 Brynhildr，德文 Brunhild）　日耳曼—斯堪的纳维亚神话、叙事诗中人物，在"埃达"诗歌中则呈现为女壮士。——第294页。

C

策赫里特（Цехерит；Zeherit）　恩·泰·阿·霍夫曼的《跳蚤王》中所描述的神幻飞帘，并将佩普什什与之相比拟。——第288页。

查克（Чаки；Chac）　玛雅人神话中雨神和闪电之神，始而显然为伐木之神，后被视为雨泽、田野和玉米之神。——第216页。

查理大帝（Карл Великий；Charlemagne）　法兰克国王（公元768～814），法国中世纪英雄叙事诗《罗兰之歌》中贯串全诗的中心人物，人民理想中的君主形象。——第276、343页。

查姆扎，格雷戈尔（Замза，Грегор；Samsa，Gregor）　弗·卡夫卡的《变形记》中一小职员，一译"萨姆沙，格里高尔"，突然变成一只甲虫，成为家庭的累赘，最后在寂寞和孤独中死去。——第343、349、353页。

查姆扎—基督（Замза-Христ；Samsa-Christ）　弗·卡夫卡的《变形记》中人物；据认为，他颇具基督的特质。——第343、353页。

彻（Чэ；Che）　波利尼西亚神话中的形象，被视为声的化身。——第204页

茨阿格恩（Цагн；Cagn）　南非布须曼人神话中的主要形象、图腾式的文化英雄、始祖、造物主和性喜恶作剧者。——第185页。

茨韦尔格（Цверги；Dvergar）　日耳曼—斯堪的纳维亚神话中的侏儒，在后期信仰中，则与种种自然精灵相混同。——第249、252页。

D

达尔杜弗（Тартюф；Tartuffe）　莫里哀的《伪君子》（《达尔杜弗》）中的人物，作者借这一人物抨击一切悖谬现象，特别是经院哲学。——第118页。

达弗尼斯（Дафнис；Daphnis）　古希腊神话中一牧人、传说中的田园诗创始者，希腊作家朗戈斯（公元？～3世纪）的《达夫尼斯与赫洛娅》中的人物，是为热恋中的牧人的典型。——第143页。

达拉穆伦（Дарамулун；Daramulun）　澳大利亚东北部地区原居民神话中的文化英雄、成年仪式监护者。——第180页。

达·佐吉（Да Зоджи；Da Zodji）　非洲达荷美人神话中众地神之首；相传与其妻为

第一双孪生者。——第 204 页。

大梵天（Брахма；梵文 Brahmā） 古印度神话中的创造之神，与湿婆、毗湿奴被奉为印度教三大神；相传世界万物（包括神、人）均为他所创造。——第 202、209、223、260 页。

达摩克勒斯（Дамокл；Damokles） 古希腊传说中叙拉古暴君狄奥尼西奥斯的亲信。——第 347 页。

大国主命（Окининуши；Oho-kuni-nushi） 日本神话中的日本国土开拓神；相传他奉天神之命开拓国土、垦殖荒地、发展畜牧、除灾祛病。——第 185 页。

戴达卢斯，斯蒂文（Дедалус，Стивен；Daedalus，Stephen） 詹·乔伊斯的《青年艺术家的肖像》中的主人公，通过他的成长过程，描绘现代艺术家与社会之间的关系：走向艺术即走上流亡的道路。——第 297、301～304、306～310、314～318、320、321、344 页。

德蒂耶·埃尔韦丁格 见"埃尔韦丁格，德蒂耶"。

德玛（Дема；Dema） 巴布亚新几内亚地区玛林德-阿尼姆人神话中的始祖。——第 175 页。

德维（Деви；Devi） 玛林德-阿尼姆人神话中的始祖德玛的另称。——第 182 页。

得墨忒尔（Деметра；Demeter） 古希腊神话中司掌谷物的女神，并被视为农事及社会习俗和家庭生活的维护者。相传，冥后佩尔塞福涅为她的爱女，希腊一些地区盛行的秘密仪式，即以两女神为崇拜对象。——第 67、68、219、259 页。

迪奥（Дьо；Djo） 非洲达荷美人神话中空气和气息之神；相传，给人以生命，并司掌天地之空间。——第 204 页。

迪齐（Дизи；Dizzy） 詹·齐伊斯的《尤利西斯》中的校长，为一笨拙的爱说教者。——第 302、308、309、317 页。

迪尔蒙（Дильмун；Dilmun） 苏美尔神话中的幸福境域，又称"提尔蒙"；相传，为光明、洁净，无毒蛇猛兽袭扰之虞。——第 222 页。

迪格内姆（Дигнем；Dignem） 詹·乔伊斯的《尤利西斯》中人物，作者将其安葬同

奥德修斯之赴冥府相比拟。——第 308 页。

迪瓦希布（Дивахнб；Divahib） 澳大利亚原居民神话中的雷神；相传曾授予世人以投矛。——第 182 页。

敌基督（Антихрист；Antichrist） 《圣经》故事中基督之大仇敌，后终为基督所战胜。——第 224 页。

狄安娜（Диана；Diana） 古罗马神话中的古老月神，后演化为狩猎、生育的佑护神。——第 32 页。

狄奥尼索斯（Дионис；Dionysos） 古希腊神话中的酒神，并被视为酿酒和葡萄种植的佑护者，为崇奉此神而举行的庆典，具有神秘仪式的特点，往往演变为狂欢暴饮。——第 25、67、98、221、258、285、290、312、358 页。

狄奥斯库里（Диоскуры；希腊文 Dioskuroi） 古希腊神话中宙斯之孪生子，即卡斯托尔和波吕杜克斯。——第 79 页。

狄多（Дидона；Dido） 维吉尔《埃涅阿斯纪》中的迦太基女王；相传曾与埃涅阿斯相爱，后者离去后，她悲痛已极，自焚而亡。——第 107 页。

底拿（Дина；Dinah） 《圣经》中雅各与利亚之女，遭示剑玷污，其兄西缅和利未后设计杀示剑并血洗全城。——第 337 页。

帝奥斯（Дьяус；梵文 Dyāus，意即"明朗的天宇"、"昼"） 古印度神话中的天神、天宇的化身，并被视为父神。——第 208、253 页。

地母（Богиня земли） 古墨西哥人神话中的形象；相传天地即为其躯体所造。——第 190 页。

蒂图雷尔（Титурелль；Titurell） 沃尔夫拉姆·封·埃申巴赫骑士叙事诗《帕尔齐法尔》中人物。——第 342 页。

蒂托雷尔（Титорелль；Titorell） 弗·卡夫卡的《城堡》中的艺术家，似可与沃尔夫拉姆·封·埃申巴赫的《帕尔齐法尔》中的蒂图雷尔相比拟。——第 342、343 页。

杜卡利翁（Девкалион；Deukalion） 古希腊神话中普罗米修斯之子；相传曾祈求正义女神再造人类。——第 192 页。

杜穆济（Думузн；Dumuzi） 苏美尔—阿卡

得神话中,情爱和丰饶女神英安娜所钟情者和丈夫。相传,他曾被英安娜遣至冥府为己赎身;遵照英安娜之意,杜穆济每年在冥府羁留半载(俨然是死而复生之神),被视为草木春季繁茂之化身,后来显然被视为丰饶男神。——第37、221、257页。

渡乌氏(Ворон)　古亚细亚人及北美印第安人的神话中的文化英雄、始祖、造物主。相传,宇宙、星辰、陆地、人和动物等均为其所造,围绕这一神幻形象,形成十分繁复的神话。——第175、186～188、194、208、244、245、247、248页。

E

恩基(Энки;Enki)　苏美尔—阿卡得神殿地下淡水及地表水之主宰、智慧与咒术之神;相传经常给予人和神以襄助。——第191、206、209、256、257、259页。

恩基都(Энкиду;Enkidu)　苏美尔神话中吉尔伽美什的仆人;阿卡得神话中吉尔伽美什的战友。——第211、212、271、274、275页。

恩伽伊(Нгаи;Ngai)　非洲班图人神话中的天神、雷神,又被视为战神。——第185页。

恩利尔(Энлиль;Enlil)　苏美尔—阿卡得神话中丰饶和生命力之神,又是死而复生之神及暴风雨之神。——第191、203、208、209、211、256、257页。

鸸鹋氏(Эму;Emu)　澳大利亚穆林巴塔人神话中的图腾始祖、文化英雄;相传为达拉姆伦之母。——第180页。

F

伐楼那(Варуна;梵文 Varuna)　古印度神话中同宇由之水紧密相关之神,被视为真理和公义的维护者、"宇宙之主",与因陀罗同为"吠陀"神殿的至大神;被描述为以天为座处,着金色之衣,以阿耆尼为面,以苏利耶为目,以伐由为呼吸器官,以星为使者。——第216、260页。

伐由(Ваю;梵文 Vāyu)　"吠陀"和印度教神话中的风神;相传行动迅速,为因陀罗的盟友,可给人以声誉、子孙、福德。——第275页。

法伯尔(Фабельъ;Fabel)　诺瓦利斯的《亨利希·封·奥弗特丁根》中神幻人物,亦为寓言中人物。——第285页。

法夫尼尔(Фафнир;古冰岛文 Fafnir)　斯堪的纳维亚神话和叙事诗中的巨龙;相传杀死其父,取得异宝(即安德瓦里所藏之黄金),后为西古尔德所杀。——第294页。

法罗(Фаро;Faro)　西非班巴拉人神话中的水神、雷神和造物主;相传无所不在,并司掌种种水域。——第185页。

达哩摩(Дхарма;梵文 Dharma)　古印度神话中人物,始初为神圣的仙人,后被视为公义之神,即"法"的化身;大梵天之子,生主之一。——第275页。

法索尔特(Фазольт;Fasolt)　斯堪的纳维亚神话传说中的巨灵;相传曾收藏夺取的宝物,并因而为法弗尼尔所杀。——第294页。

费厄(Феи;Fees)　欧洲神幻故事或童话中的仙女或美貌女妖。——第287、290页。

费恩,哈克贝里(Финн,Гекльберри;Finn,Huckleberry)　马克·吐温的《哈克贝里·费恩历险记》中主人公,心地善良,正直无私,厌恶所谓文明和礼法,堪称文学作品中一璀璨形象。英国诗人托·艾略特认为:它可同奥德修斯、浮士德、堂吉诃德、唐璜、哈姆雷特等相比拟。——第282、283、320、321页。

非洛克忒忒斯(Филоктет;Philoktetes)　古希腊神话传说中的"阿尔戈"英雄、赫拉克勒斯的挚友;相传曾参与特洛伊战争。——第361页。

菲洛墨拉(Филомела,Philomela)　古希腊神话传说中雅典王潘狄翁之女,为其妹夫忒柔斯所辱,后变为夜莺。　第361页。

菲纽斯(Финей;Phineus)　古希腊神话中的色雷斯王,阿格诺与忒勒法萨(或阿尔吉奥佩)之子。相传,"阿尔戈"英雄泽托斯等曾助菲纽斯摆脱女妖哈尔庇埃加之于他的厄难,菲纽斯则助"阿尔戈"英雄安然通过"撞岩"。——第143页。

芬恩（Финн；Finn）　爱尔兰传说中的英雄；相传原为神，来到人间降除作为自然界邪恶势力之化身的妖魔。——第200页。

芬里尔（Фенрир；古冰岛文 Fenrir）　斯堪的纳维亚神话中的狼妖。——第209、251页。

芬尼根（Финнеган；Finnegan）　詹·乔伊斯的《芬尼根的苏醒》中人物，小说描写老芬尼根垂危时的一场噩梦。——第323页。

佛陀（Будда；梵文 Buddha）　一般用作对释迦牟尼的尊称，"大乘"除意指释迦牟尼外，还泛指一切觉行圆满者。——第229页。

弗拉维（Флауэр）　詹·乔伊斯的《尤利西斯》中主人公之名的种种变异之一。——第307页。

弗兰齐斯嘉（Франческа；Francesca）　但丁《神曲》中人物，作者将她作为曾有淫行的罪人置于地狱受磨难，却又对其命运极度同情。——第107页。

弗雷尔（Фрейр；古冰岛文 Freir）　斯堪的纳维亚神话中的丰饶、繁盛、爱情、和平之神；一说与巴尔德尔同为光明之神。——第253页。

弗蕾娅（Фрейя；古冰岛文 Freyja）　斯堪的纳维亚神话中的春神，又被视为爱情女神。相传，她善良可亲，为人们所喜爱，常浓妆丽服，或披挂上阵，率众仙女为奥丁遴选死难壮士。——第285、294页。

弗栗多（Вритра；梵文 Vrtra）　古印度神话中的魔怪，因陀罗的敌对者；相传曾据有水源，被视为混沌之力的象征。——第209、210、261页。

福斯福尔（Фосфор；Phosphor）　恩·泰·阿·霍夫曼的《金罐》中人物，与绿蛇莉莉娅相恋。——第286、288页。

浮士德（Фауст；Faust）　西欧传说中的浮士德与魔鬼结盟，演出许多罪恶的奇迹，死后灵魂被魔鬼攫去。歌德在《浮士德》中把这一形象提高为一个在人间不断追求最丰富的知识、最美好的事物、最崇高的理想的人物。——第105、278、302、304、361页。

伏羲氏（Фу-си；Fuxi）　中国古代神话中人类的始祖；相传人类为由他同女娲氏兄妹相婚而生，他并教人结网捕鱼、从事狩猎畜牧。——第190、216页。

G

该隐（Каин；希伯来文 qayin）　《圣经》中人类始祖亚当的长子，曾因妒忌，杀弟亚伯。西方文学中常以此比喻骨肉相残。——第105、321、334、335、337、361页。

盖娅（Гея；Gaia）　古希腊神话中的地母。相传，在天地开辟中有着举足轻重的作用，继混沌而生，自孕而生天神乌兰诺斯，并与之相婚生众提坦。——第58、208、210、211、259、316页。

格卜（Геб；Geb）　古埃及神话中的地神，舒和泰芙努特之父，与妻子苍天神努特拥合不分；后来舒强行把努特托起。——第205、208页。

格蒂（Герта；Gerty）　詹·乔伊斯的《尤利西斯》中人物，布卢姆曾希图与之相爱。——第315页。

格拉克赫（Гракх；Grakch）　弗·卡夫卡的《变形记》中一猎人，后坠崖而死。——第358页。

格雷戈尔·查姆扎　见"查姆扎，格雷戈尔"。

格蕾欣（Гретхен；Gretchen）　约·弥尔顿作品中的形象，一译"甘泪卿"，是为世间完美爱情的象征。格雷欣·格林为苏格兰一村庄，旧日私奔者常去该地结合。——第107页。

格里戈里·斯托尔普尼克　见"斯托尔普尼克，格里戈里"。

格卢斯卡普（Глускэп；Glooscap）　北美阿布纳基人（属阿尔衮人）神话中的创世者，又称"格卢斯凯普"、"格卢斯卡贝"；相传，他以其母的躯体造对人类有益者，而其孪生兄弟马尔逊创造荆棘、毒蛇等有害者。——第188页。

格吕克（Глюк；Glück）　恩·泰·阿·霍夫曼作品中人物，历史上确有其人，为奥地利著名作曲家。——第289页。

格伦德尔（Грендель；Grendel）　《贝奥武甫》中半人半怪的恶魔；相传，夜出害人作恶,后为贝奥武甫所杀。——第 271 页。

格诺姆(Гномы;Gnome)　欧洲所谓低级神话中的类人自然精灵,据信居于地下、山中和林内。——第 285 页。

格萨尔(Гэсэр;Gesar,Geser)　广泛流传于我国藏族、蒙古族民间的英雄叙事诗《格萨尔王传》中主人公,被描述为勇武的英雄,不仅被视为降服邪恶的英明君主,而且被奉为神圣的佑护者。——第 211、274 页。

格乌(Гу;Gu)　非洲达荷美人神话中司掌铁、锻造、征战、工具、武器之神。相传,仰赖此神之力,大地不再是一片林莽。另据工匠神话,格乌跻于主神之列,并参与所谓创世。——第 204 页。

戈莱姆(Голем;希伯来文 golem)　犹太人民间传说中的泥塑巨人,据说凭借法术之力,宛如生人。——第 286 页。

戈伊特基乌姆(Гоиткиум;Goitkium)　新不列颠(西南太平洋地区)拜宁人神话中的文化英雄。——第 182 页。

古恩盖泽,莱翁哈德（Гурнгейзер,Леонхард;Gurngeiser,Leonhard)　恩·泰·阿·霍夫曼作品中人物,历史上确有其人,生活于十六世纪。——第 289 页。

广延天女(Урваши;Urvasī)　古印度神话中的天女;相传姿色出众,为众多神祇和仙人所倾慕,曾诱惑阿周那,后者严词拒绝。——第 275 页。

共工(Гун-гун;Gong Gong,kung kung)　中国神话中水神,相传为人面蛇身、赤发、乘二龙。相传,共工为炎帝的后裔,后与黄帝之孙颛顼争斗,战败后怒触不周山;结果,天倾西北,地陷东南,日月星辰移向西北,水潦尘埃流向东南,寰宇一片紊乱。——第 210 页。

贡勒德(Гуннлёд;Gunloed)　斯堪的纳维亚神话中巨灵苏通之女,守护所谓"诗歌之蜜"。——第 250 页。

鲧(Гунь)　中国传说中原始时代的部落首领,奉尧命治水,九年未平,为舜所杀。——第 190、191 页。

H

哈得斯(Аид;Hades)　古希腊神话中的冥王。关于他把得墨忒尔爱女佩尔塞福涅劫往冥府为后的神话,流传颇广。"哈得斯"又是古希腊神话中冥府之称。——第 219、308 页。

哈根(Хаген;Hagen)　德国叙事诗《尼贝龙根之歌》中,勃艮第王巩特尔的侍臣,在布伦希尔特唆使下,杀死齐格弗里德,并将他所藏的尼贝龙根宝物沉入莱茵河,后被杀。——第 66、294 页。

哈姆雷特(Гамлет;Hamlet)　威·莎士比亚的《哈姆雷特》中主人公,父亲被叔父杀害,母亲嫁与叔父。这一严酷的事实使他发现"整个时代脱了榫",毅然担负起"重整乾坤"的责任,最终因寡不敌众,遭受失败。——第 105、279、306、361 页。

哈托尔(Хатор;Hathor)　古埃及神话中的女神,被视为天之化身。据最古老的神话,为一天牛,太阳即为其所生,后被描述为一生有牛角的妇女。——第 223、331 页。

海伦(Елена;Helen)　古希腊神话中斯巴达王墨涅拉奥斯的妻子。相传,特洛伊王子帕里斯得爱神阿芙罗狄忒之助,将她诱走,从而引起特洛伊战争。——第 98、140、275 页。

海姆达尔(Хеймдалль;古冰岛文 Heimdall)　斯堪的纳维亚神话中主神奥丁之子;相传为能见善视之神、众神和宇宙之树的捍卫者。——第 213、249、250 页。

海努维勒(Хаинувеле;Hainuwele)　东印尼韦马莱人神话中的女神;相传,其尸骸之一半窬割后埋于地下,被视为丰饶的象征。——第 203、218、219 页。

海因斯(Гейнс;Heins)　詹·乔伊斯的《尤利西斯》中人物,强占塔楼,迫使斯蒂芬离去。——第 300、310 页。

含(Хам;希伯来文 hâm)　《圣经》故事中挪亚的次子;相传为含族的始祖。——第 335、337 页。

汉斯　见"卡斯托普,汉斯"。

何塞·阿卡迪奥二世　见"阿卡迪奥二世,何塞"。

赫尔(Хель;古冰岛文 Hel)　斯堪的纳维亚神话中的冥世;冥世主宰亦称"赫尔",为洛基与巨灵安格罗博达所生。——第

209、214、249～251页。

赫尔吉（Хельги；古冰岛文 Helgi）　斯堪的纳维亚神话和叙事诗中的英雄人物。据古老的丹麦传说，为一传说中的酋长之父，《老埃达》中对其英雄事迹有所描述。——第274页。

赫尔墨斯（Гермес；Hermes）　古希腊神话中司幸运和财富之神，又被奉为商人和窃贼的庇护神；相传，为奥林波斯诸神的使者。——第67、192、209、258、331、334页。

赫尔摩德（Хермод；Hermod）　斯堪的纳维亚神话中的奥丁之子；相传曾试图将光明之神巴尔德尔救出冥世。——第285、288页。

赫菲斯托斯（Гефест；Hephaistos）　古希腊神话中的火神和工匠神，技艺高超，被视为工匠的始祖，并遵照宙斯之意，用泥土塑造潘多拉。——第192、209、258、363页。

赫卡忒（Геката；Hekate）　古希腊神话中的黑暗、幽冥和魔法女神；相传，曾为大地、海洋命运的司掌者，并干预分娩、财富、渔猎、航海等。——第67页。

赫拉（Гера；Hera）　古希腊神话中的天后，主神宙斯之妹和妻子，并演化为司婚姻、分娩和妇女的保护神。相传，她刻薄而残暴，并极尽迫害之能事。——第258、275、363页。

赫拉克勒斯（Геракл；Herakles）　古希腊神话传说中最著名的英雄，神勇无敌，建立12项英雄业绩。相传，婴孩时即扼杀赫拉遣来的两条毒蛇，后又擒狮斩蛇，驱妖除怪，到世界极隅夺取金苹果，解救普罗米修斯，并战胜死神。——第209、211、253、271、285、363页。

赫利奥斯（Гелиос；Helios）　古希腊神话中古老的太阳神，又被奉为阳光之神、盲人的医治者。——第142、143、193、257、285页。

赫努姆（Кхнум；Khnum）　古埃及神话中的丰饶之神，后被视为造物主；相传曾在制陶盘上造人。——第191页。

赫努姆—拉（Кхнум-Ра；Khnum-Ra）　古埃及神话中的合成神。——第255页。

赫斯提娅（Гестия；Hestia）　古希腊神话中的灶神和家宅女神；相传为家庭的创立者，并矢志不嫁，永葆少女之贞。——第258页。

黑公主（Драупади；梵文 Draupadi）　印度叙事诗《摩诃婆罗多》中般度族五弟兄的妻子，被视为吉祥天女在世间的化身。——第275页。

黑天（Кришна；梵文 Krsna）　古印度神话中婆苏提婆和提婆吉之子，大神毗湿奴的化身；在《摩诃婆罗多》中，被视为阿周那的御者和谋士；在《薄伽梵歌》中，被称为"最高宇宙精神"。——第211、261页。

胡尔德（Гульд；Huld）　弗·卡夫卡的《审判》中的律师，约瑟夫的叔父。——第341、346页。

胡尔-奥蒂尔（Хуль-отыр）　见"库尔-奥蒂尔"。

胡卢普（Хулуппу；Huluppu）　巴比伦神话中的"生命之树"；相传近似柳树，生长于幼发拉底河畔。——第270页。

胡姆巴巴（Хумбаба；Humbaba）　苏美尔—阿卡得神话和叙事诗中的魔怪；相传为大神恩利尔所遣，守护黎巴嫩的雪松林，后为众英雄所杀。——第275页。

胡瓦瓦（Хувава；Huvava）　苏美尔、巴比伦、胡里特、赫梯神话中之魔怪，即"胡姆巴巴"。——第271页。

胡瓦瓦-胡姆巴巴（Хувава-Хумбаба；Huvava-Humbaba）　苏美尔—阿卡得神话中的魔怪。——第211页。

黄帝（Хуан-ди；Huang Di）　中国古代神话中五天帝之一，系主中央之神。——第190、216页。

灰姑娘（Золушка；Cinderella）　欧洲许多民族童话故事中的主人公，为一善良、纯真、正直、温柔、勤劳的姑娘，却受尽欺凌。——第242、266、267、353页。

霍鲁斯（Гор；Horus）　古埃及神话中的鹰首人躯神，被视为法老王权的庇护者。相传，他为女神伊西丝所生，其父为奥西里斯，为塞特害死；为报杀父之仇，霍鲁斯曾同塞特殊死鏖战。——第211、220、221、255、256页。

霍塞德姆（Хоседэм；Khosedem）　西伯利亚地区凯特人神话中的主要女神；相传为

邪恶之源,其形象为一令人生畏的老妪,居于地上(一说:居于叶尼塞河口或海洋中、山崖上);为数众多的神话题材,与这一神幻人物相关联。——第 271 页。

J

基伯勒(Кибела;Kybele)　古希腊神话中源于小亚细亚之神;相传为众神之母,司掌山岳、森林和兽类,并使动物繁衍、植物繁茂。——第 68、221、359 页。

基督(Христ;Christ)　《圣经》中耶稣的称谓,意指上帝所差遣的救世主。——第 110、224、225、229、285、290、331、334、363 页。

基督-查姆扎(Христ-Замэа;Christ-Samsa)查姆扎为弗·卡夫卡的《变形记》中人物;据说,因他具有基督的特质,故有此称。——第 343 页。

基克(Цирцея;Circe)　古希腊神话中太阳神赫利奥斯之女。——第 308、309、311 页。

基克洛普斯(Киклоп;Kyklopes, Cyclops)古希腊神话中乌兰诺斯与盖娅所生巨灵的统称;独目,生于额上,暴戾凶残。——第 142、143 页。

基戎(Хирон;Cheiron)　古希腊神话中称为"肯托罗伊"的半人半马者之一,以聪慧和慈善著称。——第 363 页。

基迈拉(Химера;Chimaera)　希腊神中的魔怪;为埃基德纳与提丰所生;相传,危害极大,使赤地千里。——第 211 页。

吉尔奥(Джильо)　恩·泰·阿·霍夫曼的《公主布兰比拉》中王子科内尔奥·基雅佩尔和国王奥菲奥赫的扮演者和再现者。——第 288 页。

吉尔伽美什(Гильгамош;Gilgamesh)　古代美索不达米亚叙事诗中的英雄人物。据考证,历史上确有其人,即芳美尔之乌鲁克第一王朝第 5 代统治者。相传,他因拒绝女神伊什塔尔求爱而触恼天神安努,安努遣牛精下界,吉尔伽美什奋力殄杀牛精,为民除害。——第 211、215、257、270、271、273～275、357、361 页。

吉侬伽伽普(Гинунгагап;古冰岛文 Ginungagap)　斯堪的纳维亚神话中的始初混沌、世界深渊,第一个灵体伊米尔即由此而生。——第 206 页。

伽玛赫娅(Гамахея;Gamachea)　恩·泰·阿·霍夫曼的《跳蚤王》中泽卡基斯之女、百花王后,莱温胡克收她为义女。——第 288 页。

江格尔(Джангар)　流传于蒙古族民间的英雄叙事诗《江格尔》的主人公;相传他生于太古时期,幼年时即战胜种种魔怪,后来成为一理想国度的君主,并建有抵御外侮、降除魔怪的英雄业绩。——第 272 页。

金古(Кингу;Kingu)　阿卡得神话中的魔怪;相传为提亚玛特所造,并成为其夫,在与马尔都克的鏖战中被杀;马尔都克以其血和以泥土造人。——第 203 页。

郊狼氏(Койот;Coyote)　北美印第安人高原、草原大部分地区及加利福尼亚地区诸部落所信之文化英雄及神幻狡黠者。——第 187、188 页。

K

卡迪尔雅克(Кардильяк;Cardillac)　恩·泰·阿·霍夫曼的《玛德穆阿泽尔·德·斯居德丽》中悲剧式人物,为一首饰艺人。——第 290 页。

卡迪雅里(Кадьяри;Kadjari)　澳大利亚北部地区原居民神话中的始祖母,被视为土地沃力的象征。——第 181 页。

卡尔达什(Калдаш;Kaldas)　乌戈尔语诸族神话中的胞族始祖母,其形象为一天鹅;相传,为主要神话人物埃克瓦-佩里什之母。——第 187 页。

卡尔钦(Картжин;Kartjin)　澳大利亚原居民神话中一胞族之始祖。——第 240 页。

卡拉马佐夫,伊万(Карамазов, Иван)　费·米·陀思妥耶夫斯基的长篇小说《卡拉马佐夫兄弟》中人物,以这一人物为中心展示了错综复杂的悲剧主题。——第 310 页。

卡拉斯科,拉蒙(Карраско, Рамон;Carrasco, Ramon)　戴·赫·劳伦斯《羽蛇》中主人公。——第 359 页。

卡吕普索(Калипсо;Kalypso)　古希腊神话

天神乌兰诺斯与地神盖娅之子，主神宙斯之父，为"提坦"众神之一；相传，曾推翻其父，统摄寰宇，后又被其子宙斯推翻。——第58、210页。

克瓦特（Кват；Kuat） 美拉尼西亚群岛原居民神话中身躯矮小的造物主和文化英雄。——第183、184页。

克瓦西尔（Квасир；古冰岛文 Kvasir） 斯堪的纳维亚神话中身躯矮小的智者，生于众神的唾液。——第235页。

克沃伊亚姆（Квойам；Kvoiam） 西南太平洋地区巴布亚人神话中的文化英雄和成年仪式监护者。——第182页。

肯陶罗伊（Кентавр；Kentauroi） 古希腊神话中半人半马之马人，居于深山，性残暴，嗜酒色，喜与人格斗。——第361页。

库尔（Кур；Kur） 苏美尔—阿卡得神话中地下世界的称谓之一，又称"基·伽尔"。——第209、219页。

库尔-奥特尔（Куль-отыр；Kul-oter——"奥特尔"意即"勇士"） 西伯利亚地区曼西人神话中地下世界的主宰；相传为致病恶灵的统摄者。——第187页。

库克皮（Кукпи；Kukpi） 澳大利亚穆林巴塔人神话中的形象；相传为一蛇妇，曾杀死成年男子。——第242、243页。

库莱尔沃（Куллерво；Kullervo） 芬-卡累利阿神话中的英雄、复仇者；相传，入水不沉，火中不焚，最后终于得报灭族之仇。——第279页。

库纳皮皮（Кунапипи；Kunapipi） 澳大利亚北部地区原居民神话中的始祖母，被视为土地沃力的象征。——第181、182、218、220、226页。

库涅（Куне；Kune） 波利尼西亚原居民神话中的神人，据信司掌发育。——第204页。

库特赫（Кутх；Kutkh） 堪察加半岛伊捷尔缅人神话中的文化英雄，拥有法力的萨满式人物，性喜恶作剧。——第247页。

魁肯尼雅库（Куйкыняку；Kuykeniaku） 堪察加半岛科里亚克人神话中的文化英雄，拥有法力的萨满式人物，性喜恶作剧。——第247页。

昆曼古尔（Кунмангур；Kunmangur） 澳大利亚穆林巴塔人神话中的始祖；相传世人为其所造，并处于其监护下。——第182、228、238～243页。

L

拉（Ра；Ra） 古埃及神话中太阳神，其最早的崇拜中心为赫利奥波利斯，后与阿图姆和阿蒙相并合；迨至新王国时期，其主神地位渐为奥西里斯所取代。——第202、217、218、220、221、223、254～256、259页。

拉—阿图姆（Ра-Атум；Ra-Atum） 古埃及神话中的合成神，参见"拉"、"阿图姆"。——第191、205～207、209、260页。

拉班（Лаван；Laban） 《圣经》中，雅各的舅父，亦为其岳丈。——第330、334页。

拉尔（Лары；Lares） 古罗马神话中的群神（灵），被视为人类群体及其土地的守护者。——第138页。

拉哈布（Рахаб；Rahab） 《圣经》中的魔怪，被视为水之混沌的表征。——第210页。

拉结（Рахиль；Rachel） 《圣经》中，拉班之女，雅各之妻。——第331、334页。

拉结—伊什塔尔（Рахиль-Иштар；Rachel-Ishtar） 拉结与伊什塔尔两者合成的形象，参见"拉结"、"伊什塔尔"。——第330页。

拉蒙·卡拉斯科 见"卡拉斯科，拉蒙"。

拉伊奥斯（Лай；Laios） 希腊传说中的雅典王，奥狄浦斯之父，在途中为其子所误伤致死。——第292页。

莱尔温（Лервин；Lervin） 澳大利亚马里蒂耶尔人神话中的虹蛇，因抢劫阿曼格尔的妻子，被后者所杀。——第238页。

莱格巴（Легба；Legba） 非洲达荷美人神话中性喜恶作剧之神，并长于骗术；相传，因操多种乐器和善舞而使众神折服，遂居神祇之首。——第186、188、204页。

莱斯特吕贡人（Лестригоны；Laistrygones） 古希腊神话传说中一部族；相传以人为食。——第309页。

莱翁哈德·古恩盖泽　见"古恩盖泽,莱翁哈德"。

莱温胡克(Левенгук;Leuwenhoek)　恩·泰·阿·霍夫曼的《跳蚤王》中的跳蚤驯养者。莱温胡克亦为 17 世纪的荷兰博物学家。——第 288、289 页。

莱扎(Леза;Leza)　赤道非洲班图人神话中的雷神、雨神;相传,居于天界,雷、雨、闪电均为其化身;又被视为文化英雄和造物主,所谓初人即为其所造。——第 185 页。

赖恩霍尔德(Рейнгольд;Reinhold)　阿·莫拉维亚的《轻蔑》中的德籍导演。——第 364 页。

朗吉(Ранги;Rangi)　波利尼西亚神话中之天神,为苍天的化身。——第 204、207 页。

里根穆哈(Ригенмуха;Rigenmuha)　西南太平洋地区巴布亚人神话中成年仪式的监护者。——第 182 页。

利百加(Ревека;Rebekah)　《圣经》中拉班之妹,以撒之妻,亚伯拉罕的侄女。——第 334、336 页。

利波尔德(Липпольд;Lippold)　恩·泰·阿·霍夫曼作品中人物。——第 289 页。

利维坦(Левиафан;希伯来文 Liwyātan)　《圣经》中的海中动物,被描述为鳄鱼、巨蛇或巨龙。——第 210 页。

利萨(Лиза;Lisa)　非洲达荷美神话中的主神,详见"玛乌"。——第 204 页。

莉莉娅(Лилия;Lilia)　恩·泰·阿·霍夫曼《金罐》中的小绿蛇,与福斯福尔相恋。——第 286、288 页。

莉丽斯(Лирис;Liris)　恩·泰·阿·霍夫曼的《公主布兰比拉》中的王后。——第 287、288 页。

林德霍斯特(Линдхорст;Lindhorst)　恩·泰·阿·霍夫曼的《金罐》中形象,作者把它描述为迷信观念中的火妖。——第 288 页。

林凯奥斯(Линкей;Lynkeus)　古希腊神话中人物,以目光锐利著称;相传可视地下、水中之物,曾参加"阿尔戈"号快船远航。——第 142、143 页。

流便(Рувим;Rubim)　《圣经》中雅各的长子,约瑟之兄。——第 331、337 页。

龙戈(Ронго;Rongo)　波利尼西亚神话中的大神,或被视为雷神、农业神、和平之神,或被视为农业神、战争之神。——第 184、204 页。

卢伽尔尔班达(Лугаль Банда;Lugalbanda)　苏美尔神话、叙事诗中的英雄人物,半传说中乌鲁克第一王朝统摄者。——第 211 页。

卢齐菲尔(Люцифер;拉丁文 Lucifer,意即"晨星"、"金星")　在基督教传统中,通常被视为高傲而不自量力的撒但的表征之一。——第 315、321 页。

鲁(Ру;Ru)　波利尼西亚神话中的神幻形象。据某些地区的神话,鲁曾使天地分离。——第 208 页。

鲁滨逊·克鲁索(робинзон Крузо;Robinson Crusoe)　丹·笛福《鲁滨逊漂流记》中主人公。鲁滨逊出海经商,贩卖黑奴,在海上遇难,流落荒岛 28 年,在岛上与自然界展开斗争,最终回到祖国。——第 105、281、282、315 页。

鲁迪(Руди;Rudy)　詹·乔伊斯的《尤利西斯》中主人公布卢姆之子。——第 303、306 页。

鲁菲雅蒙特(Руфиамонте;Ruphiamonte)　恩·泰·阿·霍夫曼的《公主布兰比拉》中的神话讲述者,颇似斯堪的纳维亚神话中的智者赫尔摩德。——第 288 页。

鲁萨尔卡(Русалка;Rusalka)　斯拉夫神话中的精灵,通常被视为降灾致厄者。——第 285 页。

吕库尔戈斯(Ликург;Lykourgos, Lucurgus)　古希腊神话中弗拉基亚地区埃冬人之王;相传曾阻挠狄奥尼索斯崇拜的传布,并因而遭受该神严惩。——第 143 页。

吕西安·德·吕班普雷(Люсьен де Рюбампре;Lucien de Rubampre)　奥·德·巴尔扎克作品中典型人物。——第 103、104 页。

罗宾汉(Робин Гуд;Robin Hood)　英国民间传说中人物,似属公元 12 世纪,因不堪诺曼封建主的压迫,啸聚反抗,出没于森林,劫富济贫,专与官吏和教士为仇作对。——第 111 页。

罗密欧(Pомео;Romeo)　威·莎士比亚的《罗密欧与朱丽叶》中的男主人公。——第 106 页。

罗摩(Pама;梵文 Rāma)　印度叙事诗《罗摩衍那》的主人公,十车王之子,为一神勇无敌的英雄,叙事诗即描述他同悉多悲欢离合的故事;后来渐被神化,印度教奉之为毗湿奴的第 7 化身。对罗摩的崇拜在印度民间十分盛行。——第 211、261、274、275 页。

洛吉(Логи;古冰岛文 Logi)　斯堪的纳维亚神话中火的化身,就起源而论,为洛基之前身。——第 294 页。

洛基(Локи;古冰岛文 Loki)　斯堪的纳维亚神话中的火神,狡黠成性,经常惹是生非,同其他神作对,甚至怂恿黑暗之神以暗箭将巴尔德尔射死。相传,他精于法术,神通广大。——第 66、99、192、209、211、250、251、253、254、273、274、294 页。

洛托法格人(Лотофаги;拉丁文 Lotophagi)古希腊神话中的部族,以莲子为食;相传奥德修斯的船只被风暴吹至其所居之地。——第 308 页。

洛希(Лоухи;芬兰文 Louhi)　芬人和卡累利阿人叙事诗《卡勒瓦拉》中"北域"之主;相传洛希曾盗取日、月,维奈默伊宁设法从洛希那里夺回,归还人类。——第 197、271 页。

M

马尔都克(Мардук;Marduk)　巴比伦神殿主神,并被视为水神和植物神。相传,他曾殛杀太初混沌之化身、魔怪提亚玛特,并裂其尸,一半造天,一半造地。——第 181、203、209、210、221、256、337 页。

马尔古蒂(Маргутте;Margutte;)　路·浦尔契《摩尔甘提》中巨人摩尔甘提的伙伴,为半巨人流氓的典型,其冒险经历的描述,堪称全书最精彩的篇章。——第 280页。

马坎达尔(Макандаль;Mackandal)　阿·卡彭铁尔《这个世界的王国》中曼丁戈人的革命领袖之一。——第 366 页。

马克(Марк;Mark)　詹·乔伊斯的《芬尼根的苏醒》中伊尔威克梦中所见的国王(即《特里斯丹与绮瑟》中的国王)。——第 321 页。

马孔多(Макондо;Macondo)　哥伦比亚作家加·加西亚·马尔克斯的《百年孤独》中人物,又是小说所描述的加勒比海沿岸某国一小城的名称。——第 368、369页。

马里奥(Марио;Mario)　詹·乔伊斯的《尤利西斯》中人物,被描述为布卢姆的化身。——第 315 页。

马利甘(Маллиган;Mulligan)　詹·乔伊斯的《尤利西斯》中窃取塔楼居室钥匙的大学生。——第 308、310、320 页。

马利亚(Мария;Maria)　《圣经》中耶稣的母亲;据《福音书》所述,因"圣灵感孕"而生耶稣。——第 285、316、334 页。

马威(Мауи;Maui)　波利尼西亚神话中的文化英雄,并见诸密克罗尼西亚和美拉尼西亚的神话。——第 184、186、188、207、208 页。

玛阿特(Маат;Maat)　古埃及神话中的真知和智慧女神,被视为智慧之神托特的妻子。——第 255 页。

玛尔斯(Марс;Mars)　古罗马神话中的战神,最初似为与农业有关之神。——第 363 页。

玛尔塔(Марта;Martha)　詹·乔伊斯的《尤利西斯》中人物,布卢姆曾希图与之相爱。——第 307、315 页。

玛克迈涅(Макемайне;Makemaine)　美洲加勒比地区原居民神话中的神幻形象,与皮格为孪生兄弟,通常被想象为创世主和文化英雄之子。——第 189 页。

玛丽(Мари;Marti)　恩·泰·阿·霍夫曼作品中一少女。——第 288 页。

玛纳博若(Манабозо;Manabozho)　北美阿尔衮琴人(属印第安人)神话中的文化英雄,被视为神幻的狡黠者。——第 188面

玛乌(Маву;Mawu)　非洲达荷美人神话中群神之首,又称"玛乌-利萨",被视为始祖和造物主。相传,诸神均出自玛乌-利萨;另说,玛乌和利萨为孪生两兄弟,文化英雄。——第 186、204 页。

麦克白(Макбег)　尼·谢·列斯科夫的《姆岑斯克县的麦克白夫人》中的主人

公,因情欲不可自制而杀人,再现了商人阶层的腐败和残酷。——第106页。

麦雅丽(Майари;Mayari) 米·安·阿斯图里亚斯的《绿色教皇》中一少女,同河灵莫塔古阿举行象征性结婚仪式。——第366页。

迈克·汤普森 见"汤普森,迈克"。

迈斯特,威廉(Мейстер,Вильгельм;Meister,Wilhelm) 约·沃·封·歌德长篇小说《威廉·迈斯特》的主人公,力图摆脱狭隘的环境、向往广阔天地和崇高的境界,经历种种挫折、迷误,最后终于如愿以偿。——第302、304页。

梅德布(Медб;Medb) 爱尔兰"萨迦"中的神幻女王,埃利尔的妻子。——第271页。

梅尔基亚德斯(Мелькиадес;Melkiades) 加·加西亚·马尔克斯小说中的"文化英雄"。——第369页。

梅菲斯特费尔(Мефистофель;Mephistopheles) 约·沃·封·歌德的《浮士德》中的魔鬼,它同浮士德是两个截然不同而又结成伙伴的形象,堪称丑与美、消极的与积极的这种辩证关系的体现。——第66、148页。

梅拉-姆布托(Мера-мбуто;Mera-mbuto) 美拉尼西亚神话中愚拙的魔怪。——第183页。

门托尔(Ментор;Mentor) 古希腊神话中奥德修斯之友;相传雅典娜通常以其貌显形与奥德修斯,以瞒众人耳目。——第308页。

蒙伽姆(Мунгам;Mungam) 澳大利亚北部地区宾宾加人对所谓"神幻时期"的称谓。——第174页。

蒙图(Монту;Montu) 古埃及神话中的战神,其形象为鹰首人身。——第255页。

蒙图-拉(Монту-Ра;Montu-Ra) 古埃及神话中的合成神,参见"蒙图"、"拉"。——第255页。

弥诺斯(Минос;Minos) 古希腊神话中宙斯与欧罗巴之子;相传借助于神牛之力取得为克里特王位。——第363页。

弥诺托(Минотавр;Minotaur) 古希腊神话中的牛首人躯魔怪,栖居于克里特岛的迷宫。——第211页。

米德伽尔德(Мидгард;Midgard) 斯堪的纳维亚神话中的"中界",为人类所居。——第248、249页。

米蒂(Мити;Miti) 堪察加半岛科里亚克人和伊捷尔缅人神话传说中渡乌氏的妻子。——第247页。

米迦勒(Михаил;Michael) 《圣经》故事中的天使长。——第321页。

米米尔(Мимир;古冰岛文 Mimir) 斯堪的纳维亚神话中"智泉"的主宰。——第250页。

米斯蒂莉斯(Мистилис;Mist ilis) 恩·泰·阿·霍夫曼的《公主布兰比拉》中的另一公主。——第288页。

米赞特罗普(Мизантроп;Misanthrope) 文学作品中的形象,为愤世嫉俗者、遁世者的典型。——第279页。

密多罗(Митра;梵文 Mitra) "吠陀"神话中的昼神,同伐楼那形成对偶,密多罗主白昼,伐楼那主暗夜,两神共同统摄寰宇、惩治邪恶,故有"宇宙之王"和"真理主宰"之称。——第211页。

摩尔甘提(Морганте;Morgante) 路·浦尔契的《摩尔甘提》中的巨人,主人公奥尔兰多(即罗兰)使他皈依基督教,并成为他的忠顺侍从。——第280页。

摩西(Моисей;Moses;希伯来文 mōsheh) 《圣经》中犹太人的古代领袖;相传曾向犹太民族传授上帝律法。——第118、315、334、336页。

摩伊拉(Мойры;Moirai) 古希腊神话中三命运女神的统称。——第68页。

莫尔特尼(Мольтени;Molteni) 阿·莫拉维亚的《轻蔑》中的主人公,剧作家。——第364、365页。

莫里摩(Моримо;Morimo) 南非巴苏托人神话中的始祖和文化英雄。——第185页。

莫莉(Молли;Molly) 詹·乔伊斯的《尤利西斯》主人公布卢姆的妻子,小说即以他们及青年学生斯蒂芬·德达斯一昼夜的经历为内容。——第308、309、311、316、317、320、321、362页。

莫诺菲蒂(Монофити;Monophiti) 波利尼西亚神话中的半神人物,据信曾使天地分离。——第208页。

莫塔古阿（Мотагуа；Motagua）　米·安·阿斯图里亚斯的《绿色教皇》中的河灵。——第366页。

莫特（Мот；Mot）　西支闪米特人神话中司掌死亡之神，又称"穆图"（Mutu），被视为地下冥界的主宰。——第211、221页。

墨杜萨（Медуза；Medusa）　古希腊神话中的魔怪；相传原为美女，因触犯女神雅典娜，头发变为毒蛇，面貌也变得奇丑无比，谁看她一眼，谁便立刻成为岩石。——第211页。

墨罗佩（Меропа；Merope）　古希腊神话传说中奥诺皮翁与赫莉克之女；相传，曾拒绝奥里翁求爱，后又为其所辱，其父奥诺皮翁怒不可遏，使奥里翁双目失明。——第143页。

墨丘利（Меркурий；Mercury）　古罗马神话中的商业神，被奉为商贾和贸易的佑护神，与古希腊神话中的赫尔墨斯相混同。——第67页。

姆赫尔（Мгер；Mher）　又称"米赫尔"（Михр；Mihr），亚美尼亚神话中的天神和太阳神；相传为阿胡拉·玛兹达之子。据另说，姆赫尔有大、小之分，小姆赫尔则为萨逊族大卫之子。——第215页。

姆瓦里（Мвари；Mvari）　非洲绍纳人神话中的始祖和雷神；相传既赐雨泽，又降干旱。——第185页。

穆库鲁（Мукуру；Mukuru）　非洲赫雷罗人神话中的始祖、文化英雄、造物主。——第185页。

穆拉-穆拉（Мура-мура；Mura-mura）　澳大利亚神话中的造物主；相传以石刀分手、足，并造面、耳、目、口，割去尾，并赋之以性器官，使人最终定型。——第174页。

穆伦古（Мулунгу；Mulungu）　非洲班图语诸族神话中的始祖和雷神。——第185页。

穆廷伽（Мутинга；Mutinga）　澳大利亚穆林巴塔人神话中的"老媪"；相传曾将众子女吞入腹内，后又被解救。——第182、219、227、228、237、238、242、243页。

穆特（Мут；Mut）　古埃及神话中的天神，被视为阿蒙的妻子。——第330、331页。

N

瑙西卡（Навсикая；Nausicaa）　古希腊神话中费阿基亚王阿尔基诺奥斯与阿瑞忒之女；相传，对奥德修斯有爱慕之情，奥德修斯思乡心切，毅然离去。——第308页。

纳夫塔（Нафта；Naphta）　托·曼的《魔山》中人物，宗教神秘主义者，被描写为极权主义思想家。——第301、303、304、312、313页。

纳纳-布卢库（Нана-Булуку；Nana-Buluku）　非洲达荷美人神话中雌雄同体的造物主。——第204页。

纳尔基索斯（Нарцисс；Narkissos）　古希腊神话中的美少年，因拒绝仙女埃科求爱，为阿芙罗狄忒所惩，顾影自怜，竟致憔悴而死，死后化为水仙花。——第105页。

那尔特（Нарты；Narts）　高加索地区奥塞梯等民族民间的"那尔特叙事诗"中英雄人物的统称。——第270页。

娜吉玛（Наджма；Nadjma）　卡泰布·亚辛的《娜吉玛》中的女主人公，为新生的阿尔及利亚民族的象征。——第370页。

奈尔伽尔（Нергал；Nergal）　苏美尔-阿卡得神话中地下王国的主宰，始而被视为天神。——第205页。

奈芙蒂斯（Нефтида；Nephthys）　古埃及神话中地神格卜和天神努特之女，被视为塞特之妻、伊西丝之姊妹；古希腊学者普卢塔克将她与贫瘠的土地相连属。——第205、335页。

奈斯托尔（Нестор；Nestor）　古希腊神话中的皮洛斯王。相传皮洛斯人曾与赫拉克勒斯相斗，奈斯托尔为涅琉斯12子中的唯一幸存者。——第308、309页。

南纳（Нанна；Nanna）　苏美尔-阿卡得神话中的月神，被视为恩利尔和宁利尔的头生子女，又被奉为乌尔城邦的守护神，并代世人向恩利尔祈求丰饶。——第205、209页。

尼汉桑（Нихансан；Nihansan）　北美阿拉帕霍人（属印第安人）神话中形象，与渡乌氏和水貂氏相类似。——第188页。

尼努尔塔（Нинурта；Ninurta）　苏美尔神话

中的丰饶之神、牲畜和狩猎的庇护神,曾被奉为战神。——第 209 页。

尼德赫格(Нидхёгг;Nidhögg) 斯堪的纳维亚神话中的妖蛇。——第 214、250 页。

宁胡尔萨格(Нинхурсаг;Ninhursag) 苏美尔—阿卡得神话中的母神;相传曾参与创世造物之举。——第 191、205、257 页。

宁库鲁(Нинкуppy;Ninkurru) 苏美尔神话中的女神,为恩利尔与女神宁穆所生。——第 205 页。

宁利尔(Нинлиль;Ninlil) 苏美尔神话中的女神,被视为恩利尔的配偶。相传,恩利尔曾劫持宁利尔,并因而被逐至冥世,宁利尔随之同往,生月神南纳等。——第 205、257 页。

宁玛赫(Нинмах;Ninmah) 苏美尔—阿卡得神话中的母神;相传曾以泥土造人。——第 191 页。

宁穆(Нимму;Nimmu) 苏美尔神话中的女神,为恩利尔与宁胡尔萨格所生。——第 205 页。

纽尔贡·博图尔(Нюргун Боотур;Njurgun Bootur) 雅库特叙事诗中的勇士;相传为天神遣至人寰,以剪除魔怪阿巴斯。——第 272 页。

努恩(Нун;Nun) 古埃及神话中始初的宇宙神,为弥漫寰宇之洪水的化身。——第 206、257 页。

努雷利(Нурелли;Nurelli) 澳大利亚东南部原居民神话中的始祖、文化英雄、成年仪式监护者。——第 180 页。

努伦德雷(Нурундере;Nurundere) 澳大利亚东南部原居民神话中的始祖、文化英雄、成年仪式监护者。——第 180 页。

努米-托鲁姆(Нуми-Торум;Numi Torum) 西伯利亚鄂毕河流域乌戈尔人神话中的至高神、天神、造物主。——第 187 页。

努特(Нут;Nut) 古埃及神话中的苍天神,地神格卜的妻子。——第 205、208、213 页。

女娲氏(Нюй-Ba;Nuwa) 中国神话传说中人类的女始祖;一说,人类由伏羲、女娲兄妹相婚而生;另说,她用黄土造人,并

炼五色石补天,断鳌足支撑四极,治洪水,杀猛兽,使人民得以安居。——第 190 页。

挪亚(Ной;Noah;希伯来文 nōah) 《圣经》中洪水灭世后人类的新始祖。相传,上帝降洪水灭世,挪亚一家因持守正义,乃得神谕遂造方舟,幸免于难。——第 337 页。

诺恩(Норны;古冰岛文 Nornir) 斯堪的纳维亚神话中众低级女神的统称;相传其职司为在分娩时预决初生者的命运。——第 68、249 页。

诺格迈茵(Ногемайн;Nogemain) 澳大利亚穆林巴塔部落神话中的苍天神。——第 181 页。

O

欧律玛科斯(Эвримах;Eurymachos) 古希腊神话传说中伊塔卡一贵族,曾向佩涅洛佩求婚,后为奥德修斯所杀。——第 308 页。

P

帕尔齐法尔(Парцифаль;Parsival) 沃尔夫拉姆·封·埃申巴赫的《帕尔齐法尔》中的主人公,为一天真无邪的少年,最终成为标准的基督教骑士。——第 282、313 页。

帕-里根穆哈(Па-Ригенмуха;Pa-Ri-gen-muha) 澳大利亚神话中神幻形象,与季节仪礼和田园法术紧密相关联;就类型而论,颇似澳大利亚东南部地区原居民所信之始祖。——第 182 页。

帕里斯(Парис;Paris) 古希腊神话中的特洛伊王子,在阿芙罗狄忒襄助下,诱走海伦,酿成特洛伊战争。——第 140、275 页。

帕利安(Палиан;Palian) 澳大利亚神话中的图腾始祖,与本吉尔为孪生兄弟,以蛮野和愚拙著称。——第 180、182 页。

帕帕(Папа;Papa) 波利尼西亚群岛毛利人神话中形象;相传为最早出现的配偶神中的地神,女性,与火山岛相连属。——第 204、208 页。

帕特罗克洛斯(Патрокл;Patroklos) 古希

腊神话中墨涅提奥斯之子，阿基琉斯的挚友，与赫克托尔决斗时被杀。——第275 页。

帕瓦赫通（Павахтуны；Pavahtun）玛雅人神话中东、西、南、北四风神的统称，始而与查克相浑融，后又与巴卡布相混同。——第216 页。

潘多拉（Пандора；Pandora）古希腊神话中主神宙斯命赫菲斯托斯用黏土造成的美女，送给埃庇米修斯为妻，并借助于她的手，把种种灾厄带给人间。——第192 页。

盘古氏（Пань-гу；Pangu）中国古代神话中开天辟地者。相传，他生于混沌，日、月、星辰、风云、山川、田地、草木、金石，均为其骸体各部位形成。——第190、202、203、208 页。

庞大固埃（Пантагрюэль；Pantagruel）弗·拉伯雷的《巨人传》中的主人公，在民间故事中为一海鬼，在拉伯雷的笔下却成为贤明的君主，身躯硕大无朋，性粗野，喜戏谑。——第280 页。

佩尔齐法尔（Персеваль）即"帕尔齐法尔"。

佩尔塞福涅（Персефона；Persephone）古希腊神话中的冥后，又是谷物女神，崇奉此神及其母得墨忒尔的神秘仪式，在埃莱夫西斯地方极盛。第219、221、359 页。

佩尔修斯（Персей；Perseus）古希腊神话传说中的英雄；相传曾得众神帮助，戴隐身帽，穿飞行鞋，用神剑砍下魔怪墨杜萨的头，后又降除海怪。——第118、211、271 页。

佩雷格里努斯（Перегринус；Peregrinus）恩·泰·阿·霍夫曼的《跳蚤王》中人物形象，似为神幻之王。——第288 页。

佩姆巴（Пемба；Pemba）非洲班巴拉人神话中的造物主；相传出于精灵伊奥。第186 页。

佩涅洛佩（Пенелопа；Penelope）古希腊神话传说中奥德修斯的妻子，矢志忠于久离故乡的丈夫，并以巧计屏除众多求婚者的纠缠，最后终于同奥德修斯团聚。第275、308～311、316、364 页。

佩佩科恩（Пеперкорн；Peperkorn）托·曼的《魔山》中的荷兰富者，以自杀了结一生。——第304、312 页。

佩普什（Пспуш；Pepusch）恩·泰·阿·霍夫曼的《跳蚤王》中加玛赫娅的未婚夫。——第288 页。

彭修斯（Пенфей；Pentheus）古希腊神话中的忒拜王，因反对敬拜巴克科斯被生母和姊妹撕裂肢体。——第143 页。

毗湿奴（Вишну；梵文 Visnu）古印度神话中的至高神之一，与大梵天、湿婆并称三大神。相传他曾 3 步跨越大地，不仅有保护之力，并可创造和降魔，曾 10 次下凡救世。——第207、211、260、261 页。

毗首羯磨（Вишвакарман；梵文 Viśvakarman）"吠陀"和印度教神话中的宇宙创造者，并被称为"造一切者"。相传，地为其所造，天为其所开，可知一切，并将自身献祭。——第202、260 页。

毗首卢婆（Вишварупа；梵文 Viśvarūpa）"吠陀"和印度教神话中的三首魔怪；相传因盗皮而遭因陀罗严惩。——第210 页。

皮格（皮亚）〔Пиге（Пиа）；Pige（Pia）〕美洲加勒比海地区神话中形象，同玛克迈涅为孪生兄弟。——第189 页。

皮克罗霍尔（Пикрохол；Pikrochole）拉伯雷的《巨人传》中的国王。——第145 页。

皮拉（Пирра；Pyrrha）古希腊神话中埃庇米修斯与潘多拉之女。相传她同丈夫杜卡利翁在宙斯制造的灭世洪水后幸免于难，并与杜卡利翁再造人类。——第192 页。

皮利林（Пилирин；Pilirin）澳大利亚原居民神话中的红隼人；相传以摩擦再度取火。——第240 页。

皮通（Пифон；Python）古希腊神话中守护德尔斐的巨蟒，后为阿波罗所杀。——第211 页。

皮尤法（Плюрфа）詹·乔伊斯作品中人物。——第30 页。

普（Пу；Pu）非洲神话中的文化英雄，性喜恶作剧，为半兽形。——第186 页。

普（Пу；Pu）波利尼西亚神话中的神幻形象，被视为根的化身。——第204 页。

普勒阿得斯（Плеяды；Pleiades）古希腊神话中提坦神阿特拉斯与普勒奥涅所生 7

女的统称,7女为:埃勒克特拉、阿尔基奥涅、克莱诺、迈娅、斯忒罗佩、泰格忒、墨罗佩。——第 91 页。

普罗米修斯(Прометей;Prometheus)　古希腊神话中造福人类之神,曾盗取火种带给人间,并授人以多种技艺,因而触怒主神宙斯,被锁缚在山崖,日受鹰鹫啄食肝脏之苦。马克思称之为“最高尚的圣者和殉道者”。——第 192、209、253、258、259、271、273、363 页。

普罗塞尔平娜(Прозерпина;Proserpina)　古希腊神话中女神佩尔塞福涅的古罗马名称或异体;相传为普卢托的妻子。——第 361 页。

普鲁沙(Пуруша;梵文 Purusa)　意译“原人”,古印度神话中原初第一人;宇宙一切成分、宇宙精神、“我”,均因之而生。——第 50、203、213、219、261 页。

普塔赫(Птах;Ptah)　古埃及神话中孟菲斯地方之神,被视为造物主;相传曾造始初 8 神及动物、植物、人类、城市、寺庙等世间的一切,并倡始种种技艺和艺术。——第 191、202、205、206、260 页。

Q

齐格弗里德(Зигфрид;Siegfried)　斯堪的纳维亚神话和叙事诗中的英雄人物,通常称为“西古尔德”,德国传统中称为“齐格弗里德”。——第 294 页。

齐格琳德(Зиглинда;Sieglinde)　斯堪的纳维亚神话和叙事诗中人物,曾与齐格蒙德相爱。——第 294 页。

齐格蒙德(Зигмунд;Sigmund)　斯堪的纳维亚神话和叙事诗中人物,以勇武著称。——第 294 页。

齐尼敏(Тжинимин;Tjinimin)　澳大利亚原居民神话中形象,虹蛇昆曼古尔之子;相传有种种乱伦之行。——第 237~243 页。

契波(Чипо;Chipo)　米·安·阿斯图里亚斯的《绿色教皇》中的一印第安人,又是企业主迈克·汤普森的仆人。——第 366 页。

乔治·科德韦尔　见“科德韦尔,乔治”。

琼斯,托姆(Джонс,Том;Jones,Tom)　亨·

菲尔丁的《弃婴托姆·琼斯的故事》中的主人公,真诚、热情、善良,但又轻率、放纵;小说即分别描述托姆及其女友苏菲娅的种种遭遇。——第 118 页。

R

瑞娅(Рея;Rhea)　古希腊神话中古老女神,乌兰诺斯和盖娅之女,与克罗诺斯生宙斯等神。——第 58、210 页。

S

撒但(Сатан;希伯来文 Sātan)　《圣经》中对魔鬼的称谓;在《旧约》中被描述为上帝众侍者之一。——第 107 页。

撒拉(Сарра;Sarah)　《圣经》中亚伯拉罕之妻,以撒之母,并为亚伯拉罕同父异母之妹。——第 334 页。

萨旦娜(Сатана)　奥塞梯人“那尔特叙事诗”中的女主人公,美貌绝伦;其面颊之光彩,可使黑夜明如白昼。——第 271、273 页。

萨兰博(Саламбо;Salambo)　西方文学作品中人物,卡泰布·亚辛的小说《娜吉玛》的女主人公娜吉玛可与之相比拟。——第 370 页。

萨纳萨尔和巴格达萨尔(Сана сар и Багдасар;Sanasar and Bagdasar)　亚美尼亚叙事诗中的孪生兄弟,具有非凡的勇力;相传为萨逊之国的奠基者。——第 273 页。

萨逊(Сасун)　亚美尼亚民间叙事诗《萨逊族的大卫》所讴歌的古老家族,其第 3 代英雄大卫为其佼佼者,成为叙事的主人公,堪称人民心目中崇高、豪迈、无畏的化身。——第 273 页。

萨图尔努斯(Сатурн;Saturnus)　古罗马神话中司谷物播种之神。相传,他教人从事农耕、栽种葡萄及其他果木,在他治理下,大地出现“黄金时期”。——第 144 页。

塞德娜(Седна;Sedna)　爱斯基摩人神话中的女神;相传为海豹及其他一切海生动物的主宰,栖身海底,并将所属生物赐予人类。——第 271 页。

塞壬(Сирены;Seirenes, Sirens)　古希腊神

苏尔海伊尔（Сурхайиль；Surkhayil）　流传于突厥语许多民族民间的英雄叙事诗《阿尔帕梅什》中的老妪。——第271页。

苏克玛图阿（Сукематуа；Sukematua）　西南太平洋地区新赫布里底群岛原居民神话中塔伽罗的弟兄和对立者，以蠢笨著称。——第183页。

苏摩（Сома；梵文 Sōma）　古印度神话中的酒神；相传乘太阳神苏利耶之车监视下界，扫清黑暗、降除恶魔；祭神的"圣饮"，也称"苏摩"。——第216、260页。

苏通（Суттунг；古冰岛文 Suttung）　斯堪的纳维亚神话中的巨灵，被视为古老智慧的据有者，将圣蜜、法术、古歌传予后世。——第250页。

素盏鸣尊（Сусаново）　日本神话中的风雨之神，又称"须佐之男命"；相传为出云族的始祖，曾杀死八首八尾大蛇，为民除害。——第185页。

娑维陀利（Савитри；梵文 Savitar）　古印度神话中太阳神，被称为创造之主和宇宙主宰。——第260页。

索（赫维奥索）〔Со（Хевиозо）；So（Hevioso）〕非洲达荷美人神话中的雷神，并被视为雷神之首；相传其子女为苍天、雷、雨等的化身。——第204页。

索贝克（Собек；Sobek）　古埃及神话中奈特之子，鳄首人身，其形象或为鳄鱼，后与拉相混同；其崇奉地为法尤姆的克罗科狄洛波利斯。——第255页。

索贝克—拉（Собек-ра；Sobek－Ra）　古埃及神话中的复合神。——第255页。

索尔蒂尼（Сортини；Sortini）　弗·卡夫卡的《城堡》中的官员，在该城堡飞扬跋扈，为所欲为。——第343、348、353页。

索斯兰（Сослан；Soslan）　奥塞梯人民间的"那尔特叙事诗"中的英雄；相传生于一牧人使之受精的石块，经锤炼，终于成为所谓常胜不败者；与阿迪格人民间的"那尔特叙事诗"相关联，索斯兰相当于索斯鲁科。——第270、273页。

索斯鲁科（Сосруко；Sosruko）　又称"索兹鲁科"奥塞梯人民间的"那尔特叙事诗"中的英雄；相传生于一牧人使之受精的石块，被视为文化英雄。据说，他将失去

的火和黍种归还众那尔特，并将称之为"萨诺"的饮料赐予人类，通常借助于种种伎俩和法术。——第270、273页。

索索斯特里斯（Сосострис；Sosostris）　托·斯·艾略特作品中人物。——第108页。

索耶，汤姆（Сойер，Том；Sawyer，Tom）　马克·吐温的《汤姆·索耶历险记》中主人公，为哈克贝里·费恩的伙伴。——第282页。

T

塔尔戈（Тагро；Targo）　波利尼西亚大多数地区原居民神话中的文化英雄，即"塔伽罗"，并保留有图腾始祖和胞族始祖的遗迹。——第183页。

塔法基（Тафаки；Taphaki）　波利尼西亚神话中的英雄人物，又称"塔哈基"；相传，他之战胜对手，主要不是仰赖体力，而是借助于法术和亲人之助。——第266页。

塔伽罗（Тагаро；Tagaro）　美拉尼西亚大多数地区原居民神话中的文化英雄，并保留有图腾始祖和胞族始祖的遗迹（鹞图腾的化身）；又称为"塔尔戈"、"坦伽罗"。——第183页。

塔伽罗（愚者）〔Тагаро（глупый）〕美拉尼西亚神话中人物；相传以愚拙著称，专事破坏。——第192页。

塔伽罗（智者）〔Тагаро（умный）〕美拉尼西亚神话中人物；相传以睿智、聪慧著称，与塔伽罗（愚者）相对立。——第192页。

塔伽罗（小）〔Тагаро（младший）〕美拉尼西亚地区奥巴岛神话中人物，塔伽罗中的主要者。——第183页。

塔伽罗-姆比蒂（Тагаро-мбити；Tagaro-mbiti）　即小塔伽罗，与梅拉-姆布托相争，并战而胜之。——第183页。

塔龙海雅瓦贡-茹斯克雅（约斯克哈）〔Таронхайавагон-Жускея（Иоскега）；Taronhaiwagon-Juskea(Ioskeha)〕北美易洛魁人（属印第安人）神话中的造物主和狩猎庇护神。——第189页。

塔穆兹（Таммуз；Tammuz）　前亚一些民族

神话中的丰饶之神；据苏美尔神话，为畜牧神，又被视为女神英安娜的情人和丈夫。——第 37、221、330、332、334 页。

塔涅(Тане；Tane)　波利尼西亚神话中的创世者；相传，在水中造陆地，并招来光。——第 184、204、208 页。

塔塔罗斯(Тартар；Tartaros)　古希腊神话中的一境域，位于冥府"哈得斯"之下；相传，为大地和海洋的根源之所在，众提坦被宙斯战败后，即打入此间。——第 206、210 页。

塔维斯卡龙(Тавискарон；Tawiskaron)　北美易洛魁人(属印第安人)神话中神幻人物；相传为塔龙海雅瓦斯-茹斯克雅的孪生兄弟和对立者。——第 189 页。

苔丝(Тэсс；Tess)　托·哈代的《德伯家的苔丝》中的女主人公，她在短促的一生中无时不在向往真善美，又无时不遭到伪、恶、丑的摧残；通过这一形象，作者揭露了资产阶级道德的伪善。——第 118 页。

泰芙努特(Тефнут；Tephnut)　古埃及神话中司掌雨露的女神；相传为大气之神舒的妻子，与舒为第一对孪生配偶神，其父为阿图姆，格卜和努特为其子女；又被视为拉之女，据信为其一目，每当拉自东方升起，泰芙努特即以烈焰焚灼该大神之敌。——第 205 页。

泰莱皮努斯(Телепинус；Telepinus)　赫梯与哈梯神话中的丰饶之神；相传为失而复归之神；伴随其因恼怒而不知所往，牲畜不育，五谷不生；待其复归故地，则万物繁生，欣欣向荣。——第 219 页。

泰特尔(Тетел；Thetel)　恩·泰·阿·霍夫曼的《跳蚤王》中人物，曾杀死咬伤公主伽玛赫娅的水蛭王子。——第 288 页。

坦伽罗(Тангаро；Tangaro)　美拉尼西亚神话中的大神，被视为文化英雄和性喜恶作剧者，并保留有图腾始祖和胞族始祖的遗迹；又称"塔伽罗"、"塔尔戈"。——第 183、184 页。

坦伽罗(愚者)〔Тангаро(глупый)〕美拉尼西亚地区班克斯群岛神话中人物，以愚拙著称，专事破坏。——第 183 页。

坦伽罗(智者)〔Тангаро(умный)〕美拉尼西亚地区班克斯群岛神话中人物，以聪慧著称，为人造福。——第 183 页。

坦伽罗阿(Тангароа；Tangaroa)　波利尼西亚神话中的大神、文化英雄，性喜恶作剧者；又称"塔伽洛阿"、"塔伽罗阿"、"卡纳洛阿"。——第 184、204、205、208 页。

汤豪泽(Тангейзер；Tannhäuser)　理·瓦格纳的《汤豪泽》中的主人公，通过这一形象，作者揭示了资本主义社会中艺术家与社会的关系。汤豪泽原为德国游吟诗人(约 1200～1270)，有抒情短诗(6 首)传世。——第 311 页。

汤姆·索耶　见"索耶，汤姆"。

汤普森，迈克(Томпссн，Мейкер；Thompson，Meiker)　米·安·阿斯图里亚斯的《绿色教皇》中的企业主。——第 366 页。

堂璜(Дон Жуан；Don Juan)　乔·戈·拜伦《堂璜》的主人公，拜伦借用有关堂璜的传说，加以改铸，把主人公从浮华的贵公子变成善良的热血青年。唐璜原为西班牙传说中一浪荡公子，以勾引女性为能事。——第 165、279、361 页。

堂吉诃德(Дон Кихот；Don Quixote)　塞万提斯·萨维德拉的《堂吉诃德》中主人公，他终日耽于幻想，屡遭失败，而他的动机却纯真善良，立志锄强扶弱，具有无私无畏的精神。这一人物堪称世界文学中的著名典型。——第 105、279、280、303、361 页。

忒尔西忒斯(Терсит；Thersites)　古希腊神话传说中的特洛伊战争参加者，阿基琉斯和奥德修斯的反对者；相传曾当众责骂阿伽门农霸占掳掠的人和物。——第 98 页。

忒勒玛科斯(Телемак；Telemachos)　古希腊神话中奥德修斯和佩涅洛佩之子；相传曾与其父设计向追逐其母的贵族求婚者进行报复。——第 308～310 页。

忒修斯(Тесей；Theseus)　古希腊神话中阿提卡的英雄，雅典王埃勾斯之子。相传，忒修斯在去雅典见父途中，为民除害，屡建功业，又降妖除怪，杀死牛首人身的弥诺托，后继任雅典王。——第 209、211、271、361 页。

特赖陶纳(Траэтаона；Thraetaona)　古伊朗

神话传说中的始皇;相传曾与妖龙搏
斗。——第 211 页。

特赖陶纳 - 费里顿(Третона-Феридун;
Thraetaona-Feridun) 古伊朗神话传说
中的始皇;相传有所谓创造文化成果的
业绩。——第 191 页。

特里斯丹(Тристан;Tristan) 中世纪克尔
特人传说中的英雄人物;相传为国王玛
克的侄子,一个勇敢英俊的青年,同绮瑟
结下永恒不变的爱情,最后双双殉情而
死。特里斯丹,又称"特里斯特拉姆"
(Tristram),原为亚瑟王传奇中圆桌骑士
之一,因误食"爱药"与国王玛克之妻绮
瑟相恋。——第 294、320、321 页。

特霍姆(Техом;Techom) 《圣经》中的魔
怪。——第 210 页。

特列普列夫(Треплев) 安·巴·契诃夫的
《海鸥》中的人物,有些学者将他同哈姆
雷特相比拟。——第 105、106、361 页。

特舒布(Тешуб;Teshub) 胡里特-乌拉尔
图神话中的雷雨神。据胡里特神话,特
舒布为群神之首,对此神之崇拜,后广布
于赫梯王国全境。——第 211 页。

特斯卡特利波卡(Тескатлипока;Tezcatli-
poca) 中美印第安人神话中之神,既被
视为善神,又被视为恶神;既是世界的创
造者,又是世界的毁灭者。——第 216
页。

特-图穆(Те Туму;Te-Tumu) 波利尼西
亚神话中源泉的化身。——第 204 页。

特维斯特,奥列佛(Твист,Оливер;Twist,
Oliver) 查·狄更斯的《奥列佛·特维
斯特》的主人公。通过孤儿奥列佛的遭
遇,作者展示处于社会底层人们哀苦无
告的生活,并揭露资产阶级的伪善面
目。——第 118 页。

提尔(Тюр;古冰岛文 Tyr) 斯堪的纳维亚
神话中的形象,始而似为天神,相当于古
希腊神话中主神宙斯,后被视为机智、勇
敢之神。——第 253 页。

提丰(Тифон;Typhon) 古希腊神话中的
魔怪;相传为地神盖娅与塔塔罗斯所
生。——第 210 页。

提基(Тики;Tiki) 波利尼西亚神话中的初
人;相传为坦伽罗阿等大神以泥土、贝壳
和南瓜所造。——第 184 页。

提瑞西阿斯(Тиресий;Tiresias) 古希腊神
话中宁美女神卡里克洛之子,又称"忒瑞
西阿斯",斯巴达人的后裔,忒拜的预言
者。——第 142、143 页。

提什特里雅(天狼星)〔Тиштрйа
(Сириус);Tishtrйa(Sirius)〕古伊朗神话
中天狼星的化身,夜空群星之神;相传其
主要职司为以雨泽滋润干旱的土
地。——第 209 页。

提坦(Титаны;Titans) 古希腊神话中的首
代神,为地神盖娅与天神乌兰诺斯所生。
相传 6 提坦兄弟神与 6 提坦姊妹神相婚
配(克里奥斯与欧律彼娅、科奥斯与福
伯、克罗诺斯与瑞娅、许佩里翁与忒娅、
伊阿佩托斯与忒弥斯、奥克阿诺斯与忒
提斯),复生普罗米修斯、赫利奥斯等新
的一代神。——第 25、193、258 页。

提提奥斯(Титий;Tityos) 古希腊神话中
的巨灵,相传为宙斯与埃拉拉所生(另
说,为盖娅之子),赫拉使他刻意向宙斯
所钟爱的勒托寻衅,后为勒托之子阿波
罗射杀。——第 211 页。

提乌古(Тивугу;Tivugu) 澳大利亚原居
民神话中一胞族之始祖母。——第 240、
243 页。

提亚玛特(Тиамат;Tiamat) 阿卡得神话
中始初自然状态的人格化,被视为宇宙
混沌的化身,与其夫阿普苏造第一代神
祇;相传,在以她为首的老辈神同以马尔
都克并为首的幼辈神的鏖战中,为马尔
都克所杀,马尔都克并裂其尸,一半造
天,一半造地。——第 181、203、209、
210、219、256、261、271、337 页。

图(Ту;Tu) 波利尼西亚神话中的造物主、
文化英雄。——第 184、204、208 页。

图尔斯(Турсы;Thurs) 古日耳曼神话,特
别是斯堪的纳维亚神话中的巨灵,又称
"约通"。——第 249、252 页。

托·卡比纳纳(То Қабинана;To Kabinana)
美拉尼西亚神话中的胞族始祖,与人同
形同性,并被视为造地貌、造动物、人群
及种种工具的文化英雄。——第 183、
187、192 页。

托·科尔乌乌(托·普尔戈)〔То Корвуву
(То Пурго);To Korvuvu(To Purgo)〕美
拉尼西亚神话中的胞族始祖、文化英雄,

与托·卡比纳纳为孪生兄弟，并与之相对立。——第183、187、192页。

托尔(Тор；Thor)　斯堪的纳维亚神话中的雷神、暴风雨和丰饶之神，被视为主神奥丁的长子，在众神中所居地位仅次于奥丁。——第192、207、209、213、249、251、253、254、273页。

托坎·维拉科查(Токан Виракоча；Tocan Viracocha)　南美印加人神话中的创世者，两孪生子之一。——第190页。

托姆·琼斯　见"琼斯·托姆"。

托特(Тот；Thoth)　古埃及神话中的智慧之神，并司掌计算和书写；又被视为月神、司掌历法之神，称为"时光的主宰"。——第191页。

陀湿多(Тваштар；梵文 Tvastar)　古印度神话中的造物主，宇宙万有的创造者。——第210页。

W

瓦奥·努克(Вao Нук；Vao Nuk)　波利尼西亚神话中的形象，被视为森林的化身。——第204页。

瓦恩(Ваны；古冰岛文 Vanir)　斯堪的纳维亚神话中众丰饶之神的统称，弗蕾尔和弗雷娅等女神均属之。——第251、253页。

瓦尔哈拉(Вальхалла；古冰岛文 Valhalla，德文 Walhalla)　斯堪的纳维亚神话中的境域，位于天界，为奥丁及其所属众神和英勇捐躯者所居。——第214、250、251、294页。

瓦尔基丽娅(Валькирии；古冰岛文 Valkyrja)　斯堪的纳维亚神话中众战武女神的统称，隶属于主神奥丁，参与战斗胜负和参战者生死之预决，并将死难壮士之灵接引至天界的瓦尔哈拉。——第249、252页。

瓦克迪尤恩卡伽(Вакдьюнкага；Vakdjunka-ga)　北美温内巴戈人(属印第安人)神话中的形象，与渡鸟氏相类似。——第188页。

瓦罗胡努卡(Варохунука；Varohunuka)　西南太平洋地区所罗门群岛神话中的文化英雄。——第183页。

瓦乌瓦卢克(Ваувалук；Vauvaluk)　澳大利亚尤伦戈尔人及其他部落神话中始祖母两姊妹的统称，被视为丰饶的化身。——第181、218、219、239、242页。

威廉·迈斯特　见"迈斯特，威廉"。

威齐洛波奇特利(Уидилопочтли；Huitzilo-pochtli)　中美阿兹特克人神话中的至高神，初被视为部落神，后演化为朗空之神、太阳神、战神、狩猎神等。——第359页。

韦阿(Веа；Vea)　波利尼西亚神话中的形象，被视为植物的化身。——第204页。

韦罗尼卡(Вероника；Veronika)　恩·泰·阿·霍夫曼的《金罐》中人物，为一贩卖水果的妇女。——第289页。

韦斯特韦斯特(Вествест；Westwest)　弗·卡夫卡的《城堡》中人物，为一伯爵。——第350页。

韦乌(Вey；Veu)　波利尼西亚神话中的形象，被视为幼根的化身。——第204页。

维拉(Вepa；Vera)　约·厄普代克《半人半马》中女教师，作者把她与古希腊神话中的阿芙罗狄忒相比拟。——第362、363页。

维拉格(Вираг；Virag)　詹·乔伊斯的《尤利西斯》中的所谓学者，被描述为布卢姆的化身之一。——第307、315页。

维拉科查(Виракоча；Viracocha)　中、南美克丘亚人神话中的至高神、造物主；相传曾在的的喀喀湖上造日、月、星辰，并造人、将人从江湖和大地唤出，使之安居乐业。——第190页。

维纳斯(Венера；Venus)　古罗马神话中的园圃女神，后与阿芙罗狄忒相认同，演化为美与爱之女神及古罗马人的佑护神。——第311页。

维奈默伊宁(Вяйнямейнен；芬兰文 Väinämöinen)　卡累利阿人和芬人神话和叙事诗中的文化英雄和造物主，智者。相传，他曾出波希约拉窃取幸福之源"萨姆波"，因误听约卡海宁之言，以歌声惊醒该地域之主洛希。——第187、235、270、273页。

维斯科迪雅克(Вискодьяк；Wiskodjak)　北美阿尔衮琴人(属印第安人)神话中的形

象,与渡乌氏相类似,即维塞克迪雅克。——第 188 页。

温迪娜(Ундины;Undine,来自拉丁文 unda) 欧洲一些民族低级神话中的水中女精灵。——第 285 页。

温古德(Унгуд;Ungud) 澳大利亚温加里宁人对所谓"神幻时期"的称谓。——第 174 页。

温加拉(Вингара;Wingara) 澳大利亚瓦拉蒙加人对所谓"神幻时期"的称谓。——第 174 页。

温库伦库卢(Ункулункулу;Unkulunkulu) 非洲,祖鲁人神话中的始祖、文化英雄。——第 185 页。

沃尔伽 - 沃尔赫(Вольга-Волх;Volga — Volh) 东支斯拉夫人神话中的神幻人物。——第 274 页。

沃尔庞(Вольпон;Volpone) 莫里哀剧作中的人物,被视为"替罪羊"原始型的体现。——第 118 页。

沃恩吉纳(Вонджина;Wondjina) 澳大利亚北部地区原居民所信的神秘形象。——第 174 页。

沃坦(Вотан;Wotan) 古日耳曼人所信之神,又称"沃丹",在斯堪的纳维亚神话中,相当于主神奥丁。——第 294 页。

乌尔达尔(Урдар;古冰岛文 Urdar) 斯堪的纳维亚神话中的神异泉源。——第 285、287 页。

乌尔苏拉(Урсула;Ursula) 加·加西亚·马尔克斯《百年孤独》中人物,被描述为一头脑清醒者。——第 369 页。

乌赫拉卡尼雅纳(Ухлаканьяна;Uhlakanjana) 非洲祖鲁人民间创作中的人物,性喜恶作剧,具有种种魔幻异能。——第 186 页。

乌克(Вук;Vuk) 塞尔维亚古歌中的神幻形象;相传为火蛇。——第 274 页。

乌科(Укко;Ukko) 波罗的-芬语诸族神话中的至高神、雷神;相传庇护牲畜、助人磨粉、赐人以丰稔。——第 187 页。

乌兰诺斯(Уран;Ouranos) 古希腊神话中最古老之神,为天宇的化身,同生育他的盖娅相婚,生称为"提坦"的诸神及宁芙女神等。——第 58、181、208、210 页。

乌雷兹玛格(Урызмаг;Uryzmag) 奥塞梯

人地区的"那尔特叙事诗"中的英雄人物,哈梅茨的孪生兄弟。——第 273 页。

乌利库梅(Улликумме;Ullikumme) 胡里特神话中既聋又瞎的石怪,后为特舒布所败。——第 211 页。

乌姆韦林甘吉(Умвелинганги;Umvelingangi) 非洲祖鲁人神话中的天神、至高创世神,似即乌姆韦林坎吉。——第 185 页。

乌皮卡克(Упикак;Upikak) 巴布亚新几内亚地区玛林德-阿尼姆人神话中的形象;相传曾造通向一海岛的堤坝。——第 182 页。

乌特伽尔德(Утгард;古冰岛文 Utgard) 斯堪的纳维亚神话中的极隅,为魔怪和巨灵所居。——第 248、249 页。

乌特纳皮什提姆(Утнапиштим;Utnapishtim) 巴比伦神话和叙事诗中的人物,又称"乌特-纳皮什提";相传在洪水漫世时,因得神助曾获得永生。——第 357 页。

乌图(Утту;Uttu) 苏美尔神话中的女神;相传为纺绩技艺的倡始者。——第 205 页。

乌西尔(Усир;Usir) 古埃及神话中奥西里斯和塞特的弟兄。——第 335 页。

X

西尔费德(Сильфида;Sylphid) 欧洲一些民族所谓低级神话中的女气灵。相传,西尔弗(Sylph)被视为气灵,原为 15～16 世纪瑞士医师帕拉克乌斯想象中苗条、轻盈的空中精灵。——第 285 页。

西里尼(Сирини;Sirini) 西南太平洋地区新不列颠岛原居民神话中的文化英雄。——第 182 页。

西纳涅芙特(Синаневт;Sinaneut) 堪察加半岛伊捷尔缅人民间传说中渡乌氏之长女。——第 244、246 页。

西普里亚诺(Сиприано;Sipriano) 戴·赫·劳伦斯的《羽蛇》中的主人公。——第 359 页。

西特孔斯基(Ситконски;Sitkonski) 北美阿西尼本人(属印第安人)神话中的形象,文化英雄,与渡乌氏相类似。——第

188 页。

西叙福斯（Сисиф；Sisyphos）　古希腊神话中科林斯的创建者；相传他死后遭受神怨，推一巨石上山，每当抵达山顶，巨石则滚回山下，如此日复一日，永无休止。——第 342 页。

席多（Сидо；Sido）　西南太平洋地区巴布亚人神话中的文化英雄和成年仪式监护者。——第 182 页。

悉多（Сита；梵文 Sītā）　"吠陀"神话中人物，被视为耕地的化身。在印度叙事诗《罗摩衍那》中，她为遮那竭王的养女，罗摩的妻子，贤惠、忠贞，经历种种厄难，终于同罗摩团聚。——第 275 页。

希波吕托斯（Ипполит；Hippolytos）　古希腊神话中雅典王忒修斯之子；相传因鄙弃爱情并以猎者和阿尔忒弥斯的崇拜者自诩，招致阿芙罗狄忒的愤恨，后者使其继母费德拉对他百般惑引，遭到拒绝，则向忒修斯诬告；忒修斯勃然大怒，祈求司掌马匹的海神波塞冬予以严惩，希波吕托斯被遂马践踏而亡。——第 104 页。

希普（Хипп；Hipp）　托·曼的《魔山》中的一少年，为少年时期的汉斯所钟爱。——第 307 页。

夏洛克（Щейлок；Sheylock）　莎士比亚喜剧《威尼斯商人》中的人物，残酷的高利贷者，如不能按期归还债务，他便要按借约割下借债者身上的一磅肉。——第 118 页。

夏娃（Ева；Eve；希伯来文 hawwāh）　《圣经》故事中上帝创造的第一个女人；相传为人类始祖亚当的妻子。——第 316、317、321 页。

相繇（Сянлю）　中国神话中共工之臣，蛇身，生有 9 首。——第 210 页。

肖恩（Шон；Shaun）　詹·乔伊斯的《芬尼根的苏醒》中伊尔威克之子，与谢姆为孪生兄弟。——第 320、321、323、324 页。

谢姆（Шем；Shem）　詹·乔伊斯的《芬尼根的苏醒》中伊尔威克之子，与肖恩为孪生兄弟。——第 320～322、324 页。

辛德巴德（Синдбад；Sindbad）　《一千〇一夜》同名故事的主人公；相传为巴格达的富有者，曾七次远航，历尽艰险。——第 316 页。

叙姆普勒伽得斯（Симплегады；Symplegades）　古希腊神话中的所谓"撞岩"，详见"撞岩"。——第 308 页。

玄鸟（Феникс）　《诗·商颂·玄鸟》："天命玄鸟，降而生商"。据中国古代神话传说，殷商的始祖契，为他的母亲简狄吞燕卵而生，显然带有图腾崇拜色彩。——第 214 页。

Y

雅典娜（Афина；Athene，Athena）　古希腊神话中的智慧女神，司掌战争、文艺、技艺的女神，又被奉为雅典城邦的守护神；相传她全身披挂，生于宙斯头颅。——第 192、258、259、275、308 页。

雅各（Иаков；Jacob）希伯来文 Ya'āqobh）《圣经》中以撒的次子，生约瑟等 12 子，即犹太 12 部族的祖先。——第 300、329、330、332～334、336、337 页。

雅赫维（Яхве；Yahweh）　犹太教的"唯一真神"，被奉为流徙和征伐的佑护者；在希伯来文《圣经》中写作 YHWH，近代学者推测，应读作"雅赫维"，似为"永生者"之意又译"亚卫"。——第 224 页。

雅伽婆婆（Баба-яга；Jaga-baba；波兰文 jedza，捷克文 jezinke，意即"林中妖婆"）斯拉夫人神话中的女妖；相传以人为食。——第 219、242 页。

雅迈玛纳·维拉科查（Ямаймана Виракоча；Yamaimana Viracocha）　中美印加人神话中的孪生兄弟之一；相传为创世主之子。——第 190 页。

亚伯（Авель；Abel）　《圣经》中亚当之子，该隐之弟。——第 105、321、334、335、337、361 页。

亚伯拉罕（Авраам；Abraham；希伯来文 'abraham）《圣经》中犹太人的始祖，挪亚长子闪的后代，以撒和以实玛利为其子。——第 307、333～337、341、361 页。

亚当（Адам；Adam；希伯来文 'ādām）《圣经》中人类的始祖；相传为上帝按自己形象所造，后因同其妻夏娃吃禁果犯罪，被逐出伊甸园。——第 315、321 页。

炎帝（Янь-ди）　中国古代神话传说中姜姓部族首领；相传为少典娶于有蹻氏而生；

一说,炎帝即神农氏。——第 190、216
页。

阎摩(Яма;梵文 Yama) 古印度神话中司
掌冥世之主宰,其形象在《梨俱吠陀》中
即已有迹可寻。——第 191、203、216、
220 页。

尧(Яо;Yao) 中国古代传说中父系氏族社
会后期部落联盟领袖;相传曾设官掌管
时令、制定历法,推选舜为继任者。——
第 190 页。

耶稣(Иисус;Yesus;希腊文 Iesous) 基督
教信奉的救世主,又称"基督"。——第
336、341 页。

一切形 见"毗首卢婆"。

伊阿济吉(Иазиги;Iazigi) 非洲达荷美人
神话中的形象,白狐伊乌鲁吉的对立
者。——第 202 页。

伊奥(Йо;Yo) 非洲达荷美人神话中性喜
恶作剧者。——第 186、188 页。

伊奥洛法特(Иолофат;Iolofat) 密克罗尼
西亚神话中的天界精灵,具有文化英雄
和恶作剧者的属性。——第 184 页。

伊甸园(Эдем;Eden)《圣经》中果木繁茂、
景色优美的园林,上帝命亚当和夏娃居
住其中。——第 317、321 页。

伊迪尔(Идиль;Idil) 高加索地区阿迪格
人叙事诗中洪荒太古时期一地域。——
第 270 页。

伊尔玛里宁(Ильмаринен;芬兰文 Ilmarin-
en) 芬-卡累利阿语诸族神话和叙事诗
中的文化英雄、造物主,这一形象似来源
于芬-乌戈尔语诸族所信奉的天和风以
及大气之神。——第 187、235、273 页。

伊尔威克(Ирвек;Irewick) 詹·乔伊斯的
《芬尼根的苏醒》中人物,都柏林一家小
酒馆的老板。小说描写他梦中的经历,
以表现当今世界的混乱。——第 320、
321、323、334、353 页。

伊格德拉西尔(Иггдрасиль;Iggdrasil) 斯
堪的纳维亚神话中的宇宙之树(即参天
的梣木),被视为宇宙的主干、生命和命
运之树。——第 213、214、249、270 页。

伊卡罗斯(Икар;Ikaros) 古希腊神话中代
达洛斯之子;相传与其父以蜡制作双翼,
飞上苍穹,后因阳光将蜡翼熔化,坠入大
海。——第 361 页。

伊克托米(蜘蛛) (Иктоми;Iktomi)北美
苏人及达科他人(属印第安人)神话中的
文化英雄、人类语言的首创者,又被视为
种种纠纷的制造者和性喜恶作剧
者。——第 188 页。

伊利亚(Иля;Ilya) 堪察加半岛科里亚克
人和伊捷尔缅人神话中形象,与克柳为
孪生兄弟。——第 200 页。

伊玛(Йима;Yima) 古伊朗神话中的始
祖、文化英雄、世界的主宰、社会秩序的
调整者。——第 203 页。

伊玛·杰姆希德(Йима-Джемшид;Yima
Djemshid) 古伊朗神话中的始皇之一,
被视为始祖和文化英雄。——第 191
页。

伊米尔(Имир;古冰岛文 Ymir) 斯堪的纳
维亚神话中第一个巨灵;相传世界即以
其躯体造成。——第 179、203、213、250、
252 页。

伊摩(Имо;Imo) 澳大利亚神话中的形
象,土著居民的崇祀对象。——第 182
页。

伊纳拉(Инара;Inara) 赫梯神话中哈图萨
斯的守护神,尚武女神。——第 219 页。

伊尼雅纳乌特(Йинианаут;Yinianaut) 堪
察加半岛科里亚克人神话中渡乌氏的长
女。——第 200、244～246 页。

伊什蒂尼克(Иштинике;Ishtinike) 北美
洲蓬卡人(属印第安人)神话中的形象,
与渡乌氏相类似。——第 188 页。

伊什塔尔(Иштар;Ishtar) 阿卡得神话中
的丰饶、性爱及征战女神,并被视为金星
的化身。——第 202、221、257、275、332、
334 页。

伊塔卡(Итака;Ithaka) 伊奥尼亚海中的
一岛屿,位于希腊西方;相传为古希腊神
话传说中奥德修斯的故国。——第 364
页。

伊图博里(Итубори;Itubori) 南美博罗罗
人(属印第安人)神话中的文化英雄,与
巴卡罗罗为孪生兄弟;相传为一妇女同
美洲豹所生。——第 189 页。

伊万·卡拉马佐夫 见"卡拉马佐夫,伊
万"。

伊乌鲁吉(Иуруги;Iurugi) 非洲达荷美人
神话中的形象;相传为一白狐。——第

202 页。

伊西丝（Исида；Isis）　古埃及神话中司掌丰饶、水、风的女神，被视为女性、忠贞的象征；相传是奥西里斯之妹和妻子，曾收集被塞特碎分的奥西里斯之尸，并使之死而复生。——第 205、220、255、331 页。

伊邪那美命（Изанами；Izanami）　也称"伊奘册尊"，与伊邪那岐命为最后一代配偶神；相传为一女神，日本国土、山川以及主宰万物的神灵均出于此两神。——第 204 页。

绮瑟（Изольда；Isolde）　中世纪克尔特人传说中女主人公，与特里斯丹结下永恒不变的爱情，后双双殉情而死。——第 294、320～322、324 页。

以利以谢（Елиезер；Eliezer）　《圣经》中摩西之子。——第 336 页。

以撒（Исаак；Isaac；希伯来文 yitsāq）　《圣经》中亚伯拉罕之子、古犹太人的族长和祖先之一，亚伯拉罕曾把他作为牺牲献给上帝。——第 307、334～337、341、361 页。

以扫（Иоав；Esau；希伯来文，Esāw）　《圣经》中以撒之子、雅各的兄长。——第 300、334、337 页。

以实玛利（Измаил；Ishmail）　《圣经》中亚伯拉罕与埃及女子夏甲之子。——第 334、335 页。

以太（Эфир；Aether；希腊文 Aither）　古希腊神话中大气或天宇的化身，地下幽暗之神埃瑞玻斯与黑夜之神尼克斯所生。——第 285 页。

羿（И）　中国古代神话中人物；相传尧时 10 日并出，植物枯死，猛兽长蛇为害，羿射去 9 日，射杀猛兽长蛇，为民除害。——第 191、209 页。

英安娜（Инанна；Inanna）　苏美尔神话中的丰饶女神，被视为性欲和争执之神，并被视为金星的化身。——第 191、209、221、257 页。

因陀罗（Индра；梵文 Indra）　古印度神话中的雷电之神，后演化为战神，因手持金刚杵，故名"金刚手"。其最大的功绩为杀死妖蛇弗栗多，劈山引水，作为氏族保护神，渐居于统治地位。——第 192、

208、209、260、275 页。

犹大（Иуде；Judas；希腊文 'Ioudas）　《圣经》故事中人物；相传为耶稣 12 使徒之一；另说，为出卖耶稣的人，即加略人犹大。——第 331 页。

尤伦-乌奥兰（Юрюн-Уолан；Yurun—Uo-lan）　雅库特人叙事诗中的勇士；相传为所谓"孤独者"，不知其父母。——第 272 页。

于连·索累尔（Жюльен Сорел；Julian Sorel）　斯丹达尔《红与黑》中主人公，通过这一人物的冒险行动，展示了法国各阶层人士的真实面貌。——第 136 页。

禹（Юй；Yu）　中国古代传说中部落联盟领袖；一说，为鲧之子，原为夏后氏部落领袖，奉舜命平治洪水，后以治水有功，被舜选为继承者。——第 191、210 页。

原人（Пуруша；梵文 Purusa）　见"普鲁沙"。

约伯（Иов；Job）　《圣经》故事中一正直和敬畏上帝者，虽身受莫大困苦仍对上帝恭顺虔敬，并因而为上帝所赐福。——第 118、341、342、356 页。

约尔蒙甘德（Ёрмунганд；Jormungand）　斯堪的纳维亚神话中的宇宙之蛇，冥世三魔怪之一；相传栖居于宇宙之洋，盘曲其体，环绕大地（即米德加尔德）。——第 209、213、214、248、249、251 页。

约卡海宁（Ёукахайнен；芬兰文 Joukahain-en）　芬-卡累利阿语诸族神话、叙事诗中人物，因愚拙而往往碰壁。——第 270 页。

约瑟（Иосиф；Yoseph；希伯来文 ｙōseph）　《圣经》中雅各和拉结之子，在弟兄 12 人中居第 11；因兄长忌妒，流落到埃及，卖给法老护卫长波提乏，后遭诬，被投入狱中。不久，得宠幸，荣任宰相，父死后，遵遗嘱成为一族之长。——第 108、300、328～337、311 页。

约瑟夫 K.（Иосиф К.；Joseph K.）　弗·卡夫卡的《审判》中主人公，为一家大银行的襄理，通过他的境遇，作者试图告诉人们：对命运的安排，只能俯首听命。——第 341～344、346～350、352～353、357～358 页。

约通海姆（Ётунхейм；古冰岛文 Jotunheim）

斯堪的纳维亚神话中怪石遍布、奇寒冰
封的极隅,为巨灵约通所居。——第
249、252 页。

约通〔Етуны;古冰岛文 Iotunn(单数),古
英语 eoton〕斯堪的纳维亚神话中的巨
灵,既包括先于众神和世人存在于世者,
如伊米尔及其后裔等,又包括智者米米
尔等。——第 249、252 页。

Z

扎恩伽乌尔(Джангавул;Djanggawul) 澳
大利亚一些地区原居民神话中的虹
蛇。——第 182、242 页。

扎格琉斯(Загрей;Zagreus) 古希腊神话
中狄奥尼索斯古老等同体之一;相传为
克里特的宙斯与佩尔塞福涅所生。——
第 221 页。

扎格琉斯-狄奥尼索斯(Загрей-Дионис;
Zagreus-Dionysos) 古希腊神话中的混
成神。扎格琉斯为主神宙斯与佩尔塞福
涅之子,通常与酒神狄奥尼索斯相混同。
相传,宙斯十分器重扎格琉斯,提坦诸神
将其吞噬,仅留心脏。雅典娜将其心脏
奉与宙斯;宙斯遂置令于塞墨勒体内,狄
奥尼索即育成于此。——第 221 页。

扎格乌特(Джагвут;Djagwut) 澳大利亚
一些地区原居民神话中的虹蛇,属所谓
"下界"。——第 237 页。

扎琴塔(Джачинта;Djachinta) 恩·泰·
阿·霍夫曼的《公主布兰比拉》中人物,
公主布兰比拉和王后莉丽斯的扮演者和
再现者。——第 288 页。

泽彭蒂娜(Серпентина;Serpentina) 恩·
泰·阿·霍夫曼的《金罐》中人物,作者

在某种程度上将她同小绿蛇相比
拟。——第 288~290 页。

泽卡基斯(Сесакис;Sekakis) 恩·泰·
阿·霍夫曼的《跳蚤王》中的国王,公主
伽玛赫娅之父。——第 288 页。

撞岩(Симплегады;Symplegades,音译"叙
姆普勒伽得斯") "阿尔戈"英雄途经的
航海通道两侧之山崖;相传每逢航海者
通过,则相互撞击;英雄们遵照菲纽斯之
嘱,先放一只鸽子从岩石间飞过,然后乘
两岩合而复开的一刹那,迅即驶
过。——第 308 页。

宙斯(Зевс;Zeus) 古希腊神话奥林波斯众
神之首,被视为"众神和众人之父"及全
能的主宰,可左右人间的吉凶祸福;他授
人以法制,定社会秩序。——第 58、67、
181、210、213、253、258、266、363 页。

朱恩克戈瓦(Джуннгова;Djunkgowa) 澳
大利亚神话中始祖母两姊妹的统
称。——第 181 页。

朱古尔(Джугур;Djugur) 澳大利亚阿卢
里查人对所谓"神幻时期"的称谓。——
第 174 页。

祝融(Чжу-жун;Chu Jung) 中国古代神
话传说中的帝王,一说为帝喾的火官,后
人尊为火神。——第 216 页。

颛顼(Чжуань-сюй;Chuang Tzu) 中国古
代神话传说中部族首领;相传,为黄帝之
孙,号高阳氏,曾命人掌管祭祀和民
事。——第 216 页。

兹乌(Зу;Zu) "安祖德"的旧称,苏美尔—
阿卡得神话中的巨鸟,被想象为狮首鹰
躯。——第 211 页。

名词术语索引 *

A

阿波罗崇拜（Аполлонизм）——第 25、147、259 页。

《阿尔帕梅什》（《Алпамыш》）——第 271、274 页。

阿卡得神话（Аккадская мифология）——第 205、206、219、256、257、260、261、331。

阿提卡喜剧（Аттическая комедия）——第 33 页。

《阿维斯陀》（《Авеста》）——第 98 页。

《埃达》（《Элда》）——第 206 页。

古埃及神话［古代］（Египетская мифология）——第 71、217～220 页。

《奥德修斯纪》（《Одиссей》）——第 98、212 页。

"奥狄浦斯情结"（《Эдиповой комплекс》）——第 58、59、70、104、200 页。

《奥龙霍》（《Олонхо》）——第 175、272 页。

奥伦达（Оренда）——第 155、165 页。

B

巴登学派（Баденская школа）——第 46 页。

巴罗柯（Барокко）——第 278 页。

八正道（《Восьмеричный благородный путь》）——第 61 页。

拜物教（Фетишизм）——第 133、165、263、290 页。

胞族（Фатрия）——第 79、180、183、192、240 页。

保守主义（Консерватизм）——第 27 页。

《贝奥武甫》（《Беовульф》）——第 271、274 页。

本体论（Онтология）——第 72、170、178

比较进化论（Сравнительный эволюционизм）——第 37 页。

比较民族志学（Сравнительная этнография）——第 24 页。

比较心理学（Сравнительная психология）——第 70 页。

比较语言学（Сравнительное языкознание）——第 16、24、87 页。

比喻，比喻说（Аллегория）——第 12、13、16、17、19、48、65、156、277、351 页。

必然与自然（Неизбежность и природа）——第 17 页。

必然与自由（Необходимость и свобода）——第 17 页。

表现主义（Экспрессиснизм）——第 290、341 页。

不可知论（Агностицизм）——第 47 页。

C

参与律（Захон партиципации〔сопричастия〕）——第 43、68、166、168 页。

超决定论（Гипердетерминизм）——第 81 页。

超批判主义（Геперкритицизм）——第 78、301 页。

超我（Сверх-я）——第 59、107 页。

超现实主义（Сюрреализм）——第 92 页。

超自然（Сверхьестественные）——第 42、163 页。

成年仪式，加入仪式（Инициации）——第 32、99、102、107、129、160、179～198、213、218～220、226～228、232～239、264、282、313、315、330、341、356、358 页。

＊ 本索引为译者编制。条目后所列为本书汉译本每页的边码（即原著页码）。——译者

译　者　后　记

　　叶·莫·梅列金斯基(1918～2005 年)，是世界神话学领域造诣极深的学者，毕生从事民间创作、神话、叙事诗的探考和比较研究，有多种学术论著问世，并与谢·亚·托卡列夫共同担任神话百科全书《世界各民族的神话》(1982～1983 年出版，1987～1988 年再版)的主编。1990 年，其主编的《神话词典》问世。《神话的诗学》为其最重要的论著之一，堪称神话学领域经典式的集大成之作。

　　神话是原始人借以认识世界并对世界和自身加以阐释的方式，是"通过人民的幻想用一种不自觉的艺术方式加工过的自然和社会本身"。神话创作被视为人类精神文化的初始形态，堪称人类文化史上至关重要的现象。

　　神话是其萌生时期的世界感知和世界观念的反映。由于其浑融性，神话在种种意识形态形成过程中有着至关重要的作用，并成为哲学、科学观念和文学艺术赖以发展的原初质料。伴随时光的推移，哲学、文学艺术、政治思想等诸多社会意识形态，便是从神话这一原始浑融中分离而出。

　　自古以来，神话以及神话学领域一向为智者呕心沥血所探究。迨至近代和现代，颇多哲学家、民族志学家、宗教学家、语言学家、文艺学家、文化史家倾注毕生心血，不倦求索。在漫长的历史长河中，虽不无踟蹰彷徨、迂回曲折、迷茫谬误，而数千年来众多志士仁人的真知灼见，却永远闪耀着人类智慧的灿烂光辉！18、19 世纪，神话和神话学领域更是新说朋兴，派别迭起，学术成果纷至沓来，令人应接不暇！这是人类异常宝贵的文化遗产。时至今日，有关神话和神话学的文献资料，已是浩如烟海。而神话和神话学作为众多学科之源，势必成为进入知识宝库不可逾越的门径。如何予以认识和把握，成为极为艰巨的课题。对我国的读者说来，尤甚！

　　著名学者叶·莫·梅列金斯基，以其渊博的学识、敏锐的洞察力、缜密而严谨的笔触，完成了这部迄今最为完备的神话学论著。作者不仅从有关神话和神话学之繁多的文献资料中撷取最为典型的事例，对神话的古典形态、神话和神话思维的特征、神话与原始文化、民间文化以及古代文化的关联进行了翔实阐述,而且从哲学、文化学和诗学(文艺学)角度,对神话和神话学的重要原理和理论范畴进行深入的释析。作者并援用语言学、心理学、社会学、逻辑学、文化学以及自然科学的原理和术语,对有关神话和神话学的理论和观点,特别是对现代的种种学说以及神话领域的演化,进行了介绍和评述。神话与神话学的基本状貌以及与众多学科的关联,系统地、清晰地呈现在面前。

作者广征博引,述古论今,大大有助于神话和神话学向广度和深度扩延,同时使读者的眼界更加开阔。这无疑也增加了阅读和理解的难度。然而,经过一番思索和探求,读者最终会领悟其中的奥妙,获得丰厚的酬报。

本书作者叶·莫·梅列金斯基博览世界难以数计的神话,汇集古今千百名家之精要,高谈雄辩而又缜密翔实,洋洋洒洒而又言简意赅,读来令人颇有置身文化精品殿堂之感!

译者在本书作者的激励下完成《神话的诗学》的译本是在 20 年前。回顾其时,有关的中、外文资料颇为匮乏,译者在这一领域亦涉猎不深。在商务印书馆的主持和协助下,本书中译本于 1990 年首次出版,对在我国读者中传播有关神话和神话学的知识有所裨益。

《神话的诗学》堪称神话学领域教科书式之作,书中不乏精辟的、经典式的论述以及确切、翔实的介绍。承蒙商务印书馆近期再次推出本书中译本,深感欣慰,并致谢意。

趁此难得良机,对译文作了必要的校订,并增加一些注释和提示,以期有助于阅读和理解,力求不辜负作者、出版社和广大读者的期望!

神话是"文学艺术的武库",又是其土壤和原初质料,同文学艺术以及哲学、历史等社会科学众多学科紧密相关。本书作者恳切希望他的这部著作"对中国读者有所裨益"。

谨此向本书作者叶列阿扎尔·莫伊谢耶维奇·梅列金斯基表示深切的敬意和谢忱!

魏庆征

2008 年 2 月 1 日于北京

图书在版编目(CIP)数据

神话的诗学/〔俄〕梅列金斯基著;魏庆征译.—北京:
商务印书馆,2009
ISBN 978-7-100-05180-4

I.神… II.①梅…②魏… III.神话—关系—文学学
IV.B932

中国版本图书馆 CIP 数据核字(2006)第 092069 号

SHÉHUÀ DE SHĪXUÉ

神 话 的 诗 学

〔俄〕叶·莫·梅列金斯基 著

魏 庆 征 译

商 务 印 书 馆 出 版
(北京王府井大街36号 邮政编码100710)
商 务 印 书 馆 发 行
北京市白帆印务有限公司印刷
ISBN 978-7-100-05180-4

1990年10月第1版   开本787×960 1/16
2009年5月第2版   印张31½
2009年5月北京第2次印刷

定价:53.00元